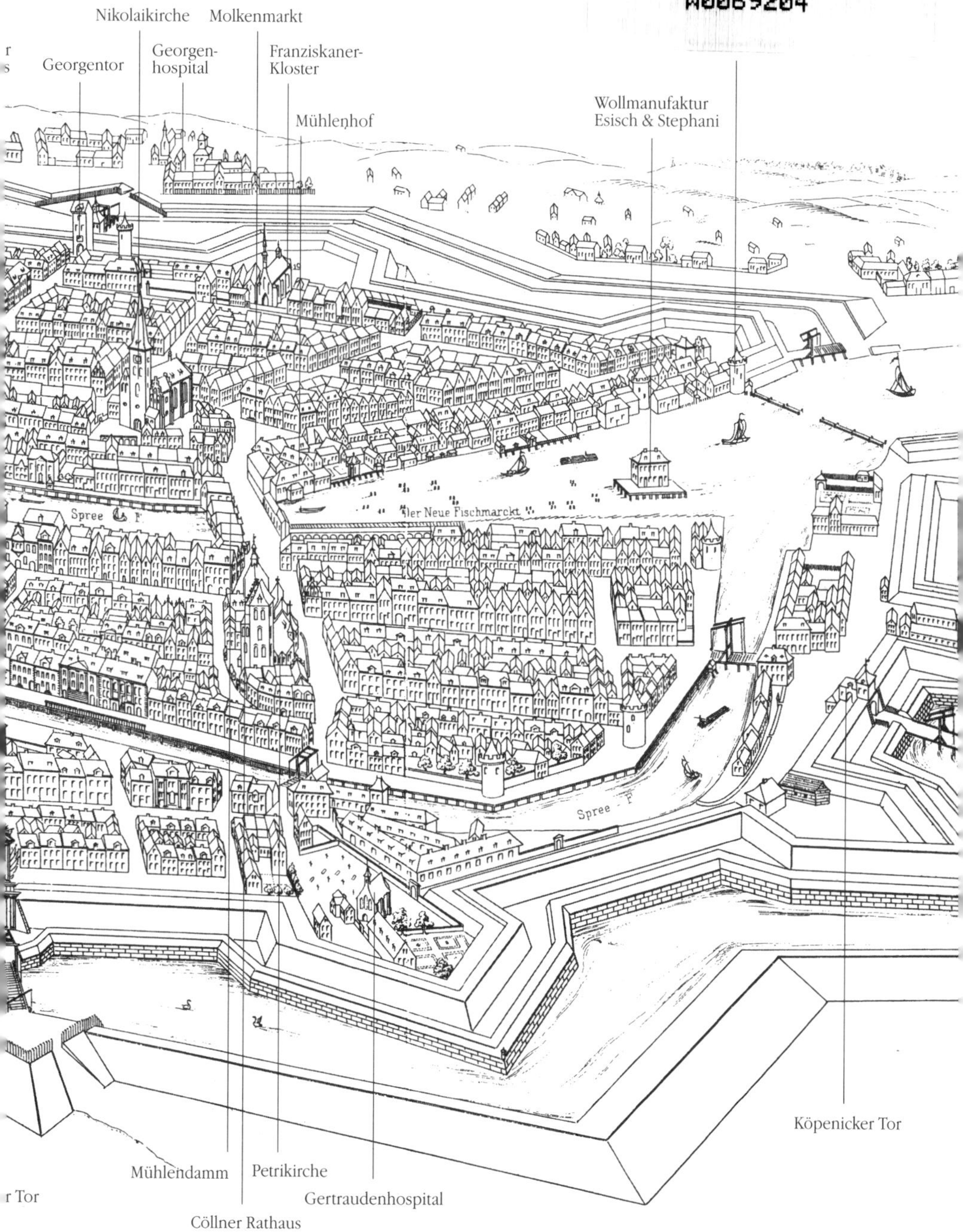

Nikolaikirche   Molkenmarkt

r
s   Georgentor   Georgen-   Franziskaner-
hospital   Kloster

Mühlenhof   Wollmanufaktur
Esisch & Stephani

Spree

der Neue Fischmarckt

Spree

Köpenicker Tor

Mühlendamm   Petrikirche
r Tor   Gertraudenhospital
Cöllner Rathaus

SCHULTZ (AUS: BERLIN UND SEINE BAUTEN, AUSG. 1896).

BERLIN IM SPIEGEL SEINER BAUTEN

BAUMEISTER – ARCHITEKTEN – INGENIEURE

BERLIN IM SPIEGEL SEINER BAUTEN

Stadt und Architektur
Baukultur in der Geschichte

Was kann über das bald 800-jährige Berlin und seine Erbauer noch Neues, noch Interessantes gesagt werden? Auf diesem Gebiet ist gerade in den letzten Jahrzehnten und besonders seit der Wiedererlangung der Würde als gesamtdeutsche Hauptstadt so viel geforscht, entdeckt und publiziert worden. Und Berlin stand als administratives, politisches, ökonomisches und kulturelles Zentrum eines Landes – vom Kleinstaat gewachsen zur Weltmacht und nach dem selbstverschuldeten Untergang mit anschließender Teilung wieder geeint – stets im Blickpunkt der Forschung und Publizistik. Trotzdem erweist sich noch immer der Kontext von Leben und Werk der in Berlin wirkenden Architekten als Quelle neuer Erkenntnisse und Schlüssel zum Verständnis der Baugeschichte. Bekanntes wie Neues in einen neuen Zusammenhang gebracht, lässt vielfach neue Sichten zu. Die Bauwerke Berlins können nicht als Summe von Objekten in den Schubkästen der Stilepochen oder Territorien betrachtet werden, sondern sie sind eingebettet in den Gang der Geschichte, als Objekt menschlichen Schaffens, als Stätte historischer Ereignisse und als Zeugnis künstlerischen Trachtens, als Denkmale der gesellschaftlichen Existenz und Evolution des Menschen.

Die Bauten sind aber auch und besonders Werke kreativer Gestalter, geschaffen im Laufe eines individuellen Lebensweges und unter konkreten gesellschaftlichen Bedingungen. Über die Bauten und ihre Schöpfer erschließt sich so unaufdringlich die Geschichte – und Gegenwart – der Stadt aus neuem Blickwinkel, unterstützt durch eine Fülle historischer Daten und Fakten.

Wenn die Bildung von Groß-Berlin durch die umfangreichen Eingemeindungen 1920 die erste große Zäsur in der modernen Geschichte der Stadt markierte und die trotz des explosionsartigen Wachsens der neuen Reichshauptstadt seit den Gründerjahren erhaltene Übersichtlichkeit der Baugeschichte verloren ging, so war das Ende des großen Krieges der weitaus schwerwiegendere Schnitt. Die ungeheuren Zerstörungen veränderten Berlin bis zur Unkenntlichkeit und machten den Streit um Wiederaufbau oder Neubau der Stadt zu mehr als einem nur akademischen Thema. Die Irrläufe stadtplanerischer und städtebaulicher Wegfindungen führten durchaus zu weiteren Verlusten und ließen bauliche Traditionen – vorerst – abrupt enden. Diese Situation des Neu-Beginns bei Null war zudem unter dem immensen politischen Druck der Teilung der Stadt und des Landes zu bewältigen. Vier Jahrzehnte separater Städtebau und weitgehend unterschiedliche Architektur unter völlig andersartigen Bedingungen bedürfen einer eigenen Betrachtung. Diese bleibt einer zukünftigen Neuausgabe vorbehalten.

Das Erleben einer Stadt hängt von vielen objektiven und subjektiven Faktoren ab. Am stärksten empfindet der Mensch aber, ohne sich dessen immer bewusst zu sein, den Einfluss der ihn umgebenden und durch ihn selbst gestalteten künstlichen Umwelt – der Bauten und Monumente, der Straßen und Plätze. Zur Tiefe dieses Erlebens trägt wesentlich die Vertrautheit mit den äußeren Erscheinungsformen der Bauten, mit den gesellschaftlichen und künstlerischen Bedingungen ihrer Erschaffung und mit den Persönlichkeiten ihrer Schöpfer bei.

Natürliches Formempfinden, Stilkenntnis und geschichtliches Wissen mögen vielfach dem modernen Menschen unserer Gesellschaft eigen sein, die Schöpfer der steinernen Umwelt bleiben für ihn aber zumeist anonym. Die Spezifik der

Architektur als einer für den Menschen notwendigen zweckgebundenen Gebrauchskunst, ihrer Gesamtheit als kollektives Werk vordringlich auf die aktive Nutzung und nicht auf die passive Betrachtung gerichtet, schuf hier zeitweise eine Kluft zu den bildenden Künsten mit ihrer individuellen Autorenschaft. Der Kunstschriftsteller Karl Scheffler schrieb dazu vor über fünfzig Jahren: „Daraus ergibt sich, dass Baustile nicht der freien Entschließung genialer Individuen ausgeliefert sind; der Baumeister ist vielmehr, in höherem Maße als ein anderer, der Beauftragte eines Kollektivwillens, er ist das denkende und schaffende Organ eines Kollektivinstinktes für das zeitlich Unabwendbare." *[Scheffler/13]* Und: „Eine Folge ist, dass sich Mitwelt und Nachwelt um die Namen bedeutender Baumeister nicht groß kümmern. (...) Es ist bezeichnend, dass der Laie einerseits von großen Malern und Bildhauern spricht, andererseits aber von der Baukunst. Dort stellt er die Persönlichkeit voran, hier ist ihm das Allgemeine wichtiger als die Persönlichkeit." *[Scheffler/16]*
Aber auch in der Architektur ist der Mensch das Maß der Dinge – als Nutzer des Bauwerkes und auch als sein Schöpfer. Setzen die herausragenden Werke großer Meister die Akzente, so prägen die vielen Bauten kaum bekannter Architekten in ihrer Summierung das allgemeine Bild und den Charakter einer Stadt. Das Niveau der Baukultur ist in hohem Maße von der Wechselwirkung zwischen den Großen und den Kleinen des Metiers abhängig. Ihnen allen sollte beim Gang durch die Stadt, beim Verweilen vor den Bauten, unser Interesse auch gelten. So wie sie durch ihr Werk in gewissem Maße zu historischen Persönlichkeiten wurden, sind ihre Bauten kulturelle Zeugnisse der Geschichte geworden. „Die Werke der Baukunst bilden eine steinerne Urkunde der Weltgeschichte aller Völker und Zeiten", schrieb 1877 der in Paris lebende Berliner Kunstschriftsteller August Demmin, „von der ersten Morgenröte der

Bildung ab bis zu unseren Tagen – eine Urkunde, welche dem Verderben, der Fälschung etc. minder ausgesetzt ist, als die dem Papier oder Pergament anvertrauten es sind ..." *[Demmin/249]*
Regionalgeschichtliche Betrachtungen haben ihre Eigenarten und bergen mannigfalte Probleme. Sie lassen sich nicht von der Landesgeschichte trennen, sie laufen aber Gefahr, in diese auszuufern. Die Hauptstadtfunktion ergibt eine besonders enge Verflechtung von Stadt- und Landesgeschichte, so dass beide oft identisch scheinen. Politische Entscheidungen, wirtschaftliche Prozesse und kulturgeschichtliche Ereignisse im Land haben meist ihren Ausgangspunkt in der Hauptstadt oder werden in ihr zuerst am deutlichsten spürbar. Eine Hauptstadt trägt die Last der Repräsentanz eines Staates, in ihr konzentrieren sich auch seine Organe. Das verleiht ihr keine Sonderstellung, prägt aber Besonderheiten. Solche Wechselwirkungen muss man auch beim Gang durch die Berliner Baugeschichte bedenken. In Berlin fällt die geringe Zahl der Bauten des 13. bis 18. Jh.s auf. Andere Städte, wie die gleichaltrigen Wismar (Gründung 1226) und Stralsund (Stadtrecht 1234) oder das ältere Brandenburg (948 Bischofssitz), lassen noch das mittelalterliche Stadtgefüge erkennen, die Baugeschichte ist dokumentiert. Die Andersartigkeit der überlieferten Bausubstanz Berlins hat vielfältige Ursachen. Eine ist die Bauweise. Bis in das 16. Jh. herrschte für Bürgerbauten eine Holz-Lehm-Bauweise vor. Verheerende Stadtbrände legten die Fachwerkbauten der Doppelstadt in Schutt und Asche, so 1376, 1380, 1484 und 1581. Tiefgreifender als Brände und natürlicher Verschleiß wirkten politische und ökonomische Entwicklungen auf das Antlitz der Stadt. Verkam durch den Dreißigjährigen Krieg Berlin fast völlig, so vernichtete der nachfolgende Ausbau zur Residenzstadt die Bauten der Gotik und Renaissance weitgehend. Der Festungsbau unter Kurfürst Friedrich Wilhelm bestimmte langzeitig

die Struktur der – heutigen – Innenstadt. König Friedrich Wilhelm I. betrieb nicht nur die Bebauung der westlichen neuen Stadtteile, er ließ auch ganze Straßenzüge der alten Stadt barock verändern.

Dem unter Friedrich II. anfangs forcierten Residenzausbau fielen weitere Bauten zum Opfer. Die industrielle Revolution stellte im 19. Jh. neue Anforderungen. Die gravierenden Veränderungen der Wirtschafts- und Bevölkerungsstruktur wurden auch in der Bebauung sichtbar. Der aus politischen Gründen geförderte Ausbau zur Industriegroßstadt und später zur Reichshauptstadt gab der Innenstadt zwischen 1860 und der Jahrhundertwende ein völlig anderes Gesicht. Nach Flächenabrissen – wie den Arealen Rosen-, Neue Friedrich- und Kaiser-Wilhelm-Straße oder um den Jüdenhof zwischen Molkenmarkt und Klosterstraße – wurden ganze Viertel neu bebaut; wenig Historisches blieb Bestand des 20. Jahrhunderts.

Die „Alte Post" Andreas Schlüters konnte Karl Friedrich Schinkel aus Hochachtung vor dem großen Bildhauer vor dem Abriss retten, das Jahr 1889 überstand auch sie nicht. Die Heilig-Geist-Kapelle wurde 1905 nur durch die Mobilisierung der Fachwelt und der Öffentlichkeit erhalten, ebenso 1911/12 das Knobelsdorffsche Opernhaus. Für beide Bauten hatte sich über Jahre besonders der Architekturhistoriker Peter Wallé engagiert. Das Palais Redern am Pariser Platz aber, erbaut 1729–36 von Johann Friedrich Grael als Palais Kamecke und 1828/29 umfassend umgebaut durch Schinkel, wurde ohne Aufsehen 1905 abgerissen.

Noch gravierendere Folgen hätte der von den Nationalsozialisten geplante gigantische Umbau Berlins zur Hauptstadt „Germania" für das historische Stadtbild gehabt. Stattdessen aber brachte ihre Herrschaft fast die Vernichtung der Stadt. Von 1,56 Mio. Wohnungen Berlins waren noch 1,06 Mio. bewohnbar, 34,6 % aller Gebäude des historischen Stadtkerns, dem damaligen Stadtbezirk Mitte, waren total zerstört und 17 % schwer beschädigt, darunter zahlreiche unersetzliche historische Bauten und Ensembles – im historischen Kern Berlins lagen 51,6% aller Gebäude in Trümmern.

Verlorene Werke und vergessene Meister
Gotik und Renaissance in Berlin

Steinzeitliche, germanische und slawische Siedlungsfunde – u. a. in Biesdorf, Britz, Buch, Köpenick, Marzahn, Rahnsdorf und Tegel – zeugen von der frühen Besiedlung des Berliner Raumes. Diese Siedlungen hatten aber mit der späteren Stadt nichts gemein. Die Gründung der zu einer Stadt werdenden Orte Ende des 12. Jh.s geschah durch deutsche Siedler im menschenarmen Gebiet zwischen der ehemaligen Herrschaft der Heveller (Burg Brandenburg), die 1150 über einen Erbvertrag vom Slawenfürsten Pribislaw von Brandenburg an den Askanier Albrecht den Bären übergegangen war, und jener der Sprewanen (Burg Köpenick).

Für Datierungen aus früherer Zeit ist die Forschung auf Ausgrabungen, Analysen machtpolitischer Verhältnisse und Analogieschlüsse angewiesen. Schriftliches ist erst ab Mitte des 13. Jh.s überliefert. Diese Dokumente lassen keine Schlüsse auf den genauen Siedlungsbeginn und die Stadtrechtverleihung zu. Die frühen Urkunden der Doppelstadt fielen wahrscheinlich dem Stadtbrand vom 10./11. August 1380 zum Opfer, der – nach Überlieferungen ein Racheakt des Ritters Erich Valke v. d. Lietzenitz auf Saarmund – beide Städte fast völlig vernichtete. 1391 wurde das Berliner Stadtbuch als Rechtssammlung und Chronik begonnen. Bis 1498 geführt, ist es heute die wertvollste schriftliche Quelle der städtischen Frühzeit.

Zwischen Spandau und Köpenick, den beiden slawischen, dann askanischen Burgorten an der Spree, suchten Ende des 12. Jh.s Fernhändler einen neuen Spreeübergang in weitgehend unbesiedeltem Gebiet für die sich hier kreuzenden Fernstraßen von Magdeburg über Frankfurt/O. nach Posen und Gnesen (Stralauer Straße) und die „via regia" aus der Mark Meißen, d. h. von Leipzig nach Stettin und zur Odermündung (Spandauer Straße). Der Übergang in Köpenick war durch territoriale Ansprüche – die mit kriegerischen Mitteln geltend gemacht wurden – der polnischen Piasten, der Norddeutschland beherrschenden Dänen und der Markgrafen von Meißen stark gefährdet. Berlin und Cölln – erst Ende des 19. Jh.s wurde die Schreibweise Kölln amtlich – entstanden aber nicht als gezielte landesfürstliche Gründungen, sondern aus noch vor 1190 an der Furt durch den Spree-Hauptarm wild angelegten Handelsrastplätzen mit Handwerkeransiedlung. Berlin (etwa 47 ha) entwickelte sich ringförmig um die Nikolaikirche am Molkenmarkt, jener Fernstraßenkreuzung mit dem südlich davon an der Spree gelegenen Mühlenhof; Cölln (etwa 23 ha) um die etwa gleichzeitig gebaute Petrikirche am Cöllnischen Fischmarkt. Die ersten Siedlungsplätze, markiert durch die Pfarrkirchen St. Nicolai, St. Petri und St. Marien, befanden sich auf den größten Sandinseln im sumpfigen Spreetal; die vierte nahm Ende des 13. Jh.s das Berliner Rathaus ein. Als Gründungsjahr muss die erste urkundliche Erwähnung gelten. Cölln wurde in einer Urkunde vom 28. Okt. 1237 als Wirkungsort des Pfarrers Symeon genannt, der gleiche Symeon erschien in einem Dokument vom 26. Jan. 1244 als Propst von Berlin. In beiden Fällen war von Städten die Rede. Das Stadtrecht erhielten die Schwesterstädte um 1230, nachdem 1227 die dänische Bedrohung abgewendet worden war und damit die Zukunft der beiden Ansiedlungen gesichert schien.

Während Cölln sich später nicht wesentlich vergrößerte – der Norden der Insel war Sumpf –, wuchs Berlin bald über seine ursprünglichen Grenzen hinaus. Nach Osten erweiterte es sich längs der Stralauer Straße und bis zur Klosterstraße; nördlich der Oderberger Straße entstand als planmäßige Erweiterung nach 1250 die Neustadt mit der Marienkirche am Neuen Markt, der den Molkenmarkt an Bedeutung bald überflügelte. Als erstes städtisches Zentrum war der Molkenmarkt Standort des Rathauses und bis in das 17. Jh. Richtplatz. Neben der Gerichtslaube im Mittelalter und der Richtstätte am Rabenstein nahe des heutigen Strausberger Platzes gehörte im 15./16. Jh. – bis 1848 – auch der Galgenplatz im Wedding (heute Gartenplatz, nahe der Scharfrichterei an der späteren Invalidenstraße) zum öffentlichen Arbeitsplatz des Henkers. Mit dem Ausbau der Neustadt erhielt Berlin um 1290 ein neues Rathaus an dem bis heute beibehaltenen Standort. Cöllns Rat residierte am Fischmarkt.

Zwischen 1247 und 1290 entstand die im 14. Jh. ausgebaute und 1319 als endgültig vollendet genannte Stadtmauer beider Städte; die Spree mit dem Mühlendamm und der Langen Brücke war die gemeinsame Grenze. Die Mauer mit Wieckhäusern und Türmen hinter einem Stadtgraben verlief auf Berliner Seite etwa innerhalb des Bogens der Neuen Friedrichstraße. Um Cölln folgte die Mauer dem westlichen Spreearm und querte die Insel am Nordrand der Stadt, dem heutigen Schlossplatz, bis zu einem Turm am Spreeufer. Ausgrabungen in der Poststraße förderten 1982 Reste eines Spitzgrabens zutage – zusammen mit einer Palisade vielleicht die erste Befestigung Berlins. Die Spree war zu dieser Zeit wesentlich breiter als heute und reichte mit stark versumpften Ufern bis zur Poststraße. Sie konnte mit schwimmenden Balken („Bäume") gesperrt werden, später entstanden daraus Ortsbezeichnungen (Oberbaum, Unterbaum). Zugang hatten beide Städte auf Cöllner Seite durch das Köpenicker Tor (Roßstraße) und das Teltower (Gertrauden-) Tor an der Gertraudenbrücke. Auf Berliner Seite gab es das Spandauer Tor am Heilig-Geist-Hospital, das Oderberger (Georgen-) Tor in der heutigen Rathausstraße und das Stralauer Tor in der Nähe des Oberbaums nahe der heutigen Jannowitzbrücke.

Den Rittern und Kaufleuten auf dem Fuß folgten Mönchsorden zur Christianisierung auf dem Lande und zur Kontrolle sozialreligiöser Bewegungen in den Städten; sie widmeten sich auch christlich-karitativen Aufgaben. In Berlin-Cölln ließen sich zwei Bettelorden sehr verschiedenen Charakters nieder; in Berlin vor 1249 die Franziskaner mit ihrem dem Papsttum kritisch gegenüberstehenden Askese- und Armutsideal; in Cölln spätestens 1296 die Dominikaner, seit 1232 Träger der Inquisition in Deutschland. Nur die Franziskaner erlangten zeitweise durch ihre politische Solidarität mit den Bürgern einen gewissen Einfluss auf das geistige Leben.

Die Anziehungskraft der jungen Städte bewies 1280 die erste von fünf Versammlungen der Landstände, die bis 1400 hier abgehalten wurden. Urkundlich erwähnt wird bereits 1261 ein markgräflicher Besitz, die „aula Berlin" (der „Alte Hof") in der Klosterstraße. Bis 1316 ließen sich die Askanier das gegenüberliegende Hohe Haus zwischen Oderberger Tor und Franziskanerkloster als neue Herberge erbauen – Berliner Landesherrensitz bis zur Vollendung des Cöllner Schlosses 1451.

Zwischen den wesentlich älteren ehemals slawischen Burgorten Spandau, 1197 erstmals urkundlich erwähnt (1232 Stadtrecht), und dem 1209 zum ersten Mal schriftlich erwähnten Köpenick (1239 Stadtrecht) entwickelte sich die Doppelstadt schnell und überflügelte die Nachbarn bald. Zu Beginn des 15. Jh.s, in der Blütezeit der unabhängigen Stadt, standen in Berlin etwa 700 Häuser, in Cölln um 300. Hinzu kamen drei Kirchen und zwei Klöster, drei Rathäuser, drei Hospitäler, zwei Kaufmannshäuser, der markgräfliche Mühlenhof und der Besitz in der Klosterstraße, vier Bischofsresidenzen – und ein Hurenhaus. Auf weniger als 1 km² lebten etwa 6.000 Menschen.

Die wirtschaftliche Grundlage blieb der Fernhandel. Mitte des 14. Jh.s wurde Berlin-Cölln wie andere märkische Städte Mitglied der Hanse. Zu den beiden Land-Handelswegen kam als Wasserweg bald die Spree, stromauf bis Fürstenwalde befahrbar und stromab mit Verbindungen bis Lübeck und Hamburg. Die Handelsbeziehungen nach Hamburg waren eng, „Berliner Roggen" und märkisches Holz galten als Handels- und Qualitätsmarken. Ende des 13. Jh.s hatte sich der Berliner Handel bis Flandern und England ausgedehnt. Berlin war seit der Stadtrechtsverleihung mit dem Niederlags-(Stapel) Recht ausgestattet, Cölln profitierte davon nur indirekt. Der schleusenlose Mühlendamm zwang die Handelsschiffer zur Umgehung des Staues über Land unter das Niederlagsrecht; die Cöllner Schleuse wurde erst 1550 gebaut. Oberhalb des Mühlendammes führte ein Kanal zum „Koophus" (Kaufmannshaus) am Molkenmarkt. Später zugeschüttet, war er als Krögel-Gasse noch in unserem Jahrhundert bekannt. Dem Niederlagsrecht folgend, wurden alle Berlin passierenden Waren vor dem Weitertransport erst auf dem Molkenmarkt feilgeboten, der mit dem Kaufmannshaus an der Spandauer Straße und dem Stichkanal – nach der Überwölbung 1612 Kleine Burgstraße – das Gegenstück unterhalb des Mühlendammes bildete. Die Stärke des Berliner Handels gründete sich außer auf dem Niederlagsrecht auch auf eine kluge Zollpolitik und die Hansemitgliedschaft. Handwerk und Landwirtschaft dienten im Wesentlichen der Eigenversorgung.

Die reichen Kaufleute wurden durch Anlage ihres Handelsgewinns bedeutende Grundbesitzer. Nach dem Landbuch Kaiser Karls IV. aus dem Jahr 1375 besaßen 42 Familien aus Berlin und Cölln – vor allem die traditionellen Ratsherrengeschlechter der Wins, Beelitz, Ryke (Reiche), Blankenfelde u. a. – in 94 Dörfern der Umgebung komplette Wirtschaften mit allen feudalen Rechten. Viele der damals Berlin-Cölln umgebenden Dörfer, später teils in städtischem Besitz, sind schon im 13. Jh. angelegt worden.

Die Bindung zwischen beiden Städten war sehr eng. Nach dem Bündnis vom 20. März 1307 in Landes- und Verteidigungsangelegenheiten, de facto eine Vereinigung gegen die askanischen Markgrafen, wurden die Ratsherren der einen Stadt von denen der anderen bestimmt; beide besaßen das Brandenburger Stadtrecht, die innerstädtischen Rechte galten wie das Bürgerrecht gegenseitig. Kommunale Einnahmen und Ausgaben wurden im Verhältnis der Mitglieder im gemeinsamen Rat (2:1) geteilt. Nur in wenigen eng auf die eigenen Belange beschränkten Fragen entschieden die Räte getrennt. Das gemeinsame Rathaus erhielt seinen Standort auf neutralem Boden an der damals wirklich Langen Brücke (Rathausbrücke). Trotz aller Gleichberechtigung hatte Berlin eine Vormachtstellung, territorial und ökonomisch war es bedeutender. So besaß der Berliner Bürgermeister auch Amtsrechte in Cölln und das Berliner Gericht bezog von dort Einnahmen. Mindestens seit 1244 war Berlin Sitz eines Propstes, 1319 wurde Cölln seiner Kirchenhoheit unterstellt.

Als Markgraf Waldemar am 14. August 1319 kinderlos starb, endete die askanische Herrschaft in der Mark Brandenburg. Die Mark wurde Streitobjekt deutscher Fürsten, die sie als Geldquelle betrachteten und Gebiete verpfändeten oder verschacherten. Diese Umstände boten den Städten zwar breiten Raum zur Entfaltung und Festigung der eigenen Autonomie, gleichzeitig aber verwilderte das Land. Das Raubritterwesen nahm Formen an, die Wirtschaft und Territorialmacht gefährdeten. Berüchtigt waren die v. Bredow, v. Rochow und v. Quitzow und ihre Gefolgschaft, die nicht selten im Bündnis mit den wechselnden Landesherren und mit manchen Städten agierten. Diese Situation animierte fremde Fürsten zu Raubzügen in die Mark, große Gebiete wechselten ihren Besitzer und ließen das Land schrumpfen, die wirtschaftliche Entwicklung stagnierte. Schon frühzeitig schlossen deshalb die mittelmärkischen Städte Bündnisse gegen markgräfliche Gewalt, Raubritter und fremde Fürsten. Berlin entwickelte sich zum Zentrum der bis Mitte des 15. Jh.s ständig erneuerten Koalitionen. Sie retteten der Stadt in den fast eineinhalb Jahrhunderten politischer Landeswirren die Unabhängigkeit.

Zur Wiederherstellung der Territorialgewalt und einer außenpolitisch notwendigen Stabilisierung bestellte König Sigismund am 8. Juli 1411 seinen Schwager, den Burggrafen Friedrich VI. v. Nürnberg als „rechten Obristen und gemeinen Verweser und Hauptmann" [Materna/33], d. h. als Statthalter der Mark. In der Hoffnung auf Beistand gegen die Raubritter huldigten die Städte 1412 dem Statthalter, als erste Berlin-Cölln am 6. Juli im Hohen Haus. Friedrich erhielt alle Unterstützung, die Stadt stellte Truppen und schmolz die Glocken der Marienkirche für Geschütze ein. 1414 war das Raubritterwesen als unmittelbare Gefahr gebannt, gänzlich beseitigt war es nicht. Auf dem Konzil von Konstanz (1414–18) wurde der Statthalter am 30. April 1415 als Friedrich I. erblich mit dem Kurfürstentum belehnt und erhielt am 18. April 1417 formal die Kurwürde und das Amt des Reichserzkämmerers – die Hohenzollern waren für 500 Jahre in der Mark angekommen.

Nachdem innerhalb des Adels die Machtverhältnisse geklärt waren, wandten sich die neuen Herren den Städten zu. Berlin-Cölln bot Friedrich II. selbst den Anlass einzugreifen. Soziale Spannungen unter der Stadtbevölkerung hatten zur latenten Rebellion der Zunfthandwerker gegen das Patrizierregime und zur Trübung des Verhältnisses zwischen Berlin und Cölln geführt. Als Schiedsrichter angerufen, stellte sich der Kurfürst scheinbar auf die ihre Rechte fordernde Seite; in ähnlicher Weise ergriffen die Hohenzollern 1488 die Gelegenheit zur Unterwerfung der altmärkischen Städte. Im Februar 1442 setzte Friedrich den Patrizierrat ab und einen ihm hörigen Rat der Zünfte ein. Seine Forderung des Öffnungsrechtes für das Oderberger Tor als freier Zugang zum Hohen Haus verfiel selbst in diesem Rat der Ablehnung und schuf neue Spannungen. Die erneute

Machtergreifung der Patrizier im Sommer 1442 bot den nächsten Vorwand für Restriktionen: Am 29. August wurde die Trennung der Städte und ihr Austritt aus den Städtebünden und der Hanse verfügt, sie verloren die Gerichtsbarkeit und Berlin das Stapelrecht; Cölln hatte den Bauplatz für eine kurfürstliche Burg zur Verfügung zu stellen. Zwischen Dominikanerkloster und dem Turm an der Spree fiel die Stadtmauer, am 31. Juli 1443 soll Kurfürst Friedrich II. eigenhändig den Grundstein für die Zwingburg gelegt haben.

Noch aber war der städtische Selbstbehauptungswille nicht gebrochen, zumal die Zwillingsstadt die Unterstützung der Hanse und der Städtebünde hatte. Ein nichtiger Anlass führte Ende 1447 zum offenen Aufstand. Die kurfürstlichen Beamten und Gefolgsleute wurden aus der Stadt getrieben, das Hohe Haus, das kurfürstliche Archiv und der Mühlenhof verwüstet und die Schlossbaustelle unter Wasser gesetzt. Nach Schließung der Mauerlücke und der Tore erwartete die wiedervereinte Stadt den Angriff des Landesherren – und die zugesagte Bündnisunterstützung. Dieser Beistand blieb aus, nur Neuruppin und Mittenwalde stellten sich an Berlins Seite. Allein mussten die Patrizier an der Spree scheitern, für 400 Jahre war dies das letzte ernsthafte Aufbegehren gegen feudale Gewalt. Kampflos zog Friedrich II. „Eisenzahn" zwischen dem 20. und 25. Mai 1448 mit 600 Reitern in die Stadt ein.

Für Berlin und Cölln brach ein zweifaches Strafgericht an. Im ersten Prozess vor einem Ständegericht wurde die Unterwerfung von 1442 erneuert, der städtische Landbesitz und die Mühlen eingezogen und das ehemalige gemeinsame Rathaus beschlagnahmt; die Ratswahl bedurfte künftig kurfürstlicher Bestätigung. Der zweite Prozess im Herbst 1448 sah die führend beteiligten Patrizier vor den Schranken, gestraft mit Geldbußen und Einzug des privaten Landbesitzes. Berlin und Cölln erholten sich von diesem Schlag über Jahrhunderte hinweg nur langsam.

1448 markierte den Beginn des Zurückbleibens der bürgerlichen Entwicklung in der Mark Brandenburg, mit dem Bezug der Burg durch den Kurfürsten am 12. März 1451 betrat die mittelalterliche Bürgerstadt den Weg zur Residenzstadt. Das mittelalterliche Berlin war eine Stadt der Gotik, ein Abbild ist nicht überliefert. Die Drucke über die Massenhinrichtungen Berliner Juden (1510) enthalten als Staffage erstmals eine Darstellung Berliner Bauten. Erst 1652 erschienen der erste Plan der Doppelstadt von Johann Gregor Memhardt und die Stadtansicht von Caspar Merian für seine „Topographia Electoratus Brandenburgici".

Cölln und Berlin besaßen ein im Wesentlichen rechtwinkliges Straßenraster, eine Ausnahme bildete nur der älteste Teil Berlins in seiner engen Gruppierung um die Nikolaikirche. Die wichtigsten Plätze der Stadt, die Märkte, hatten unterschiedliche Anfänge. Der Molkenmarkt entstand ungeplant an der Kreuzung der Handelsstraßen, seine unregelmäßige Gestalt hat sich bis Mitte des 20. Jh.s erhalten. Der Cöllnische Markt ging aus einem Straßenmarkt hervor, spätere Bebauungen gaben ihm die in das Raster passende Gestalt. Nur der Neue Markt wurde planmäßig durch Aussparung eines Baublockes angelegt. Für alle drei trifft die typische Stellung der Pfarrkirche zu – zwar in Nähe des Platzes, aber durch dessen Umbauung von ihm abgeschieden. Die religiöse Stätte erhielt so die ihr zukommende Ruhe, das Bauwerk wurde als Dominante in seinen Dimensionen durch die umgebenden niedrigen Bürgerbauten betont. Erst die gezielten Freilegungen von Stadtkirchen seit dem 19. Jh. – so auch der Marienkirche – aus falsch verstandenem Aufwertungsstreben, nahmen ihnen diese Maßstäblichkeit und manches vom ästhetischen Reiz.

Dominierten die Pfarrkirchen die zentralen Plätze, so lagen die übrigen Sakralbauten – Klöster und in weiterem Sinne Hospitäler – am Rande der Stadt, letztere wegen der Seuchengefahr vor den

Mauern. Bis in unsere Tage überliefert sind nur die Nikolai- und die Marienkirche sowie Reste des Franziskanerklosters und des Heilig-Geist-Hospitals. Wenn im Vergleich zu den großen Stadtkirchen des märkischen Umlandes, wie Prenzlau, Brandenburg und Frankfurt/O., die Berlin-Cöllner Bauten bescheiden erscheinen, so spiegelt sich darin nur die seinerzeit geringe politische und wirtschaftliche Bedeutung der Doppelstadt wider.

Spurlos verschwunden ist ST. PETRI, Cöllns Pfarrkirche. Wie die Nikolaikirche hatte sie einen romanischen Vorgängerbau, gegründet auf einem älteren Friedhof. Die bis spätestens 1237 fertig gestellte und 1285 urkundlich erwähnte frühgotische Kirche erhielt 1379 einen Nachfolgebau, dessen Geschichte 1726 endete, als Philipp Gerlach d. J. nach Entwurf von Martin Heinrich Böhme einen Neubau begann. Doch war der barocken Kirche kein Bestand beschieden. Während der Bauzeit mehrmals abgebrannt oder einge-

stürzt, vernichtete sie 1809 ein Blitzschlag endgültig. Der von Johann Heinrich Strack 1846–53 errichtete neogotische Bau fiel den Bomben zum Opfer. Nicht mehr auffindbar sind das außerhalb des mittelalterlichen Cölln 1405 gegründete GERTRAUDEN-HOSPITAL, dessen 1411 geweihte Kirche Schinkel 1833 umgestaltet hatte und die 1881 dem Verkehr auf dem Spittelmarkt weichen musste; das GEORGENHOSPITAL nördlich des heutigen Alexanderplatzes, dessen Kirche 1894–96 durch einen Neubau von Johannes Otzen ersetzt wurde (Zerstörung März 1945) und das DOMINIKANERKLOSTER in Cölln (etwa am Standort des ehem. Staatsratsgebäudes), dessen 1536 zum Dom umgestaltete Kirche, benannt nach St. Paul, wegen Baufälligkeit 1747 fiel. Auch die 1484 noch weit vor der Stadt geweihte JERUSALEMS-KAPELLE wurde, nachdem Giovanni Simonetti sie 1689 erweitert hatte, 1726 ein Opfer des barocken Stadtumbaus.

Unbekannt ist der Baubeginn der ersten steinernen Kirche Berlins, der NIKOLAI-

Die eintürmige gotische Petrikirche und das kurfürstliche Reithaus (Ausschnitt Merian-Kupferstich, 1652).

KIRCHE am Molkenmarkt. Ein hölzerner Vorgängerbau wird aufgrund der Grabungsfunde und des älteren Friedhofs angenommen. Vermutlich wurde seit 1220 auf dem Friedhof – unter den Fundamenten fanden sich bei Ausgrabungen 1956–58 und 1980–82 etwa hundert Gräber – eine vor 1244 vollendete dreischiffige kreuzförmige Feldsteinbasilika errichtet. Das Westwerk aus Granitquadern, mit erstaunlicher Exaktheit aus Findlingen geschlagen, ist als Turmunterbau erhalten. Diese rein zweckgebundene Bauweise ohne Möglichkeit gestalterischer Extravaganz war typisch für die Frühzeit der Besiedlung in der Mark. Noch im 13. Jh. wurde St. Nicolai zu einer gotischen Hallenkirche umgebaut. Vor 1460 begann schließlich der Bau der um 1470–80 vollendeten Backsteinhalle; die Liebfrauenkapelle südlich des Turmes hatte Ulrich Zeuschel 1452 gestiftet. Ende des 15. Jh.s erfolgte der nördliche Anbau für Sakristei und Bibliothek.

Die Turmspitze musste mehrfach erneuert werden, so 1514 (Peter Ottner), 1551 (Lorenz Franke und Asmus Schulze) und 1584 (Jacob Holtwin van Delft). Das Bild der unsymmetrischen Einturm-Fassade blieb bis ins 19. Jh. erhalten. Der Innenraum wurde dagegen mehrfach umgestaltet, u. a. 1817 durch Schinkel und Friedrich Wilhelm Langerhans. Von der mittelalterlichen Ausmalung hat sich nur das Fragment eines Weltgerichtes in der Manier des Totentanzes über der Empore am Nordturm erhalten.

Die Nikolaikirche ist in vielfacher Hinsicht eine historische Stätte. Für Berlin steht sie am Beginn der Reformation. Im Oktober 1517 trieb hier der Dominikaner Tetzel sein Ablassunwesen. Im gleichen Monat löste Luther mit den 95 Thesen wider diesen Missbrauch des Ablasses die Reformation aus. Aus machtpolitischen und ökonomischen Beweggründen ging Joachim II. am 5. Okt. 1539 – aus außenpolitischen Gründen heimlich – zum Protestantismus über, öffentlich dazu bekannte er sich erst 1563. Der Hof vollzog den Übertritt am 1. Nov. 1539, der Berliner Rat und die Bevölkerung folgten einen Tag später mit einem Gottesdienst des Bischofs Georg Buchholzer in der Nikolaikirche. Dessen Sohn Abraham bezeugte 1580 die Domkirche als den Ort des kurfürstlichen Übertritts, als der bis in die Gegenwart auch die Spandauer Nikolaikirche genannt wird. 1540 erschien die weitgehend von Joachim II. persönlich initiierte und gegen den Widerstand der Geistlichkeit beschlossene neue Kirchenordnung.

Am 6. Juli 1809 erfolgte in dieser Kirche auf der ersten Tagung der vom 18. bis 22. April in 22 Kirchen der Stadt gewählten Stadtverordnetenversammlung die Amtseinführung des nach hundert Jahren erstmals wieder gewählten Magistrats. Die Steinsche Städteordnung von 1808 hatte

Rekonstruktionsversuch (Kieling u.a., 1984) der romanischen Nikolaikirche.

Gegenentwürfe Otzens zum Umbau der Nikolaikirche durch Blankenstein.

15

den Kommunen wieder ein gewisses Selbstverwaltungsrecht gegeben. Demokratisch war dieser Vorgang aufgrund des besitzorientierten Wahlrechts aber nicht zu nennen. Die 102 Stadtverordneten repräsentierten über 155.000 zivile Einwohner, gewählt waren sie aber nur von 12.800 Wahlberechtigten aufgrund von deren Vermögenslage, knapp 8,3% der Einwohner! Der Magistrat bestand aus dem Oberbürgermeister, einem Bürgermeister, 9 besoldeten und 15 ehrenamtlichen Stadträten. Der Magistrat bezog das Berliner Rathaus, die Stadtverordnetenversammlung etablierte sich nach mehrjährigem Umherziehen, u. a. 1809/10 im Palais Prinz Heinrichs und 1814–22 in der Börse, im Cöllner Rathaus.

Eine bürgerliche Selbstverwaltung war damit aber nur in den Anfängen erreicht. Abgesehen von den Jahren 1816–21 als eigener Regierungsbezirk unterstand Berlin bis zur Erhebung zur Reichshauptstadt unmittelbar dem Regierungspräsidenten in der Provinzhauptstadt Potsdam. Die Voll-

machten des Berliner Polizeipräsidenten, der direkt dem preußischen Innenminister unterstand, erstreckten sich auf ein breites Zuständigkeitsspektrum, das auch das städtische Bauen einschloss.

Neben der Wirkungsstätte bekannter Theologen wie Paul Gerhardt, Philipp Jakob Spener und Johann Joachim Spalding war die Nikolaikirche Begräbnisstätte bedeutender Persönlichkeiten. In und an der Kirche sind u. a. beigesetzt Caspar Theiss, Johann Andreas v. Krautt, Lamprecht und Christian Distelmeier, Samuel v. Pufendorf (Rechts- und Staatsgelehrter), Spener, Ambrosius Haude (Schwiegersohn Speners, Buchhändler und Verleger) und Spalding. Vom ehemals reich vorhandenen Schmuck der Kapellen und Grabmale, z. T. von Andreas Schlüter und Johann Georg Glume d. Ä., wurde weniges über den Krieg gerettet.

Massive Bauschäden erforderten Mitte des 19. Jh.s eine umfassende Rekonstruktion. Hermann Blankenstein verwendete für seinen Entwurf eine Idee Stülers aus den Jahren um 1860, dessen Veröffentlichung stürmische Debatten in der Fachwelt hervorrief. Die neogotischen Zwillingstürme veränderten die Berliner Silhouette beträchtlich. Die Konfrontation zwischen Befürwortern (Orth, Adler u. a.) und Gegnern (Otzen, Möller u. a.) kennzeichnete den beginnenden Auffassungswandel der Denkmalpflege im Umgang mit der originalen Substanz. Blankenstein ließ bei der Rekonstruktion (1877/78) den Turm abtragen sowie Teile des granitenen Unterbaus erneuern, den Innenraum neu gestalten, die Seitenemporen entfernen und eine massive Orgelempore einbauen sowie das neue Dach durch einen kleinen Reiter zieren.

Am 16. Juni 1944 brannten die Türme, bei Straßenkämpfen 1945 fing das Kirchenschiff Feuer, niederstürzende Dachteile durchschlugen die Gewölbe, der Giebel der Liebfrauenkapelle wurde zerstört. Von der Witterung zermürbt, stürzten 1949 die Gewölbe ein und rissen die nördlichen Pfeiler mit. In diesem Zustand

Nikolaikirchenumbau 1878, Variante von Blankenstein.

Geschichte in Trümmern – links Nikolaikirche, rechts Kaufhaus Israel.

wurde die Ruine bis zum 1980 begonnenen Wiederaufbau gesichert. Seit dem 20. August 1982 bestimmen wieder die Turmspitzen von St. Nicolai das Panorama der Innenstadt.

Der Bau der erstmals 1294 namentlich erwähnten dreischiffigen Halle der MARIEN-KIRCHE am Neuen Markt, heute an der Karl-Liebknecht-Straße, begann um 1270, Anfang des 14. Jh.s war sie fertig gestellt. Ungewöhnlich ist die Errichtung des Backsteinbaus auf einem relativ hohen Feldsteinsockel. Um 1340 wurde an der Südseite die Sakristei angebaut, die Instandsetzung nach dem Brand von 1380 veränderte die Gestalt der Kirche kaum. Die umfassende Rekonstruktion 1817–19 durch Langerhans brachte im Innern größere Veränderungen mit dem Emporen-Neubau und der Trennung von Turmhalle und Schiff durch eine Glaswand. Die unter Tünche verborgene Malerei des Totentanzes wurde dabei mehrfach beschädigt. Die umfassendsten Veränderungen nahm

Blankenstein 1893/94 vor: Neuwölbung der Turmhalle und Bau einer massiven Trennwand zum Schiff, Abriss der Seitenemporen, Neubau der Orgelempore und Vereinheitlichung der südlichen Anbauten (Magistratsloge von 1729 und Sakristei) nach dem Vorbild des Sakristei-Giebels mit Südeingang.
Wechselvoll ist die Geschichte des Kirchturmes. Zu Beginn des 15. Jh.s wurde die Kirche um ein Joch, die Turmhalle, erweitert, noch heute durch den letzten schräg gestellten Strebe- (urspr. Eck-) Pfeiler markiert. Ab 1418 ist der Turmbau belegt, er stand zeitweise unter Leitung von Steffen Boxthude. Die Wölbung der Turmhalle war 1468 vollendet, der Turm zwischen 1490 und 1500, das Portal datiert von 1613. Wie andere hölzerne Türme, wurde auch der Helm des massiven Marienkirchturmes regelmäßig ein Opfer von Blitz und Brand. Hanns Schwabach, Zimmermann, baute ihn 1538 neu auf, dem Blitzschlag von 1661 folgte 1663–68 die Wiederherstellung durch Michael

Matthias Smids. Nach den schweren Blitzschlägen von 1683, 1706, 1719 und 1720 war auch die Mauerkrone baufällig; Carl Samuel Held und Georg Friedrich Boumann leiteten 1789/90 den Bau des neogotischen Turmaufsatzes von Karl Gotthard Langhans. Die kupferbelegte Holzkonstruktion wurde im Innern 1926/27 umfassend instand gesetzt.

Zwei Bomben, abgeworfen am 3. Febr. 1945 zwischen 11.01 und 11.51 Uhr durch Bomber der 8. US Air Force während des schwersten Luftangriffes auf Berlin im Zweiten Weltkrieg, genügten, den mächtigen Turm in seiner Gesamtheit zu erschüttern, hinzu kamen Granattreffer. Bereits im Herbst 1945 begann die Restaurierung der Kirche, sie war im Wesentlichen 1950 abgeschlossen. Im Innern hatte die Kanzel den schwersten Schaden davongetragen, Teile waren durch die Erschütterung geborsten und Verankerungen gelöst. Bereits in den 80er Jahren mussten Notmaßnahmen zur Erhaltung des Totentanzes getroffen werden, der

Die Marienkirche in der Neustadt.

wegen der Folgen der permanenten Mauerfeuchte gefährdet ist. Nach der Erneuerung der Dachdeckung erfolgte 2001/02 die Sanierung des Turmoberbaus, begleitet von einer Diskussion über die Sponsorenwerbung am Baugerüst.

Die von Schlüter 1702/03 geschaffene Kanzel gehört zu den Glanzstücken der bemerkenswerten Ausstattung. Ursprünglich in den vorletzten – von Osten gesehen – Nordpfeiler eingefügt, wurde sie nach ihrer Restaurierung 1949 an den zweiten Nordpfeiler versetzt und um 90° gedreht. Der Altar entstand 1757–62 nach einem Entwurf von Andreas Krüger, die Altargemälde und die Farbfassung schuf Christian Bernhard Rode. Von historischer und künstlerischer Bedeutung sind zahlreiche Einzelkunstwerke (liturgische Gegenstände, Epitaphien, Votivtafeln u. ä.) und Grabmale, z. T. aus der Nikolai-und der Klosterkirche hierher gerettet. Zu ihnen zählen u. a. die der Blankenfelde, Distelmeier, Wins, Reiche und Steinbrecher, die von Otto Christoph v. Sparr, Ehrenreich v. Röbel und Joachim Zerer.

In der südlichen Eingangshalle weist eine neuzeitliche Bronzetafel auf den hier beigesetzten Carl Hildebrandt v. Canstein hin, einen der bedeutendsten Pietisten Berlins. In Zusammenarbeit mit August Hermann Francke in Halle begründete er 1710 in der Poststr. 27, heute Biergarten an der – angeblichen – Gerichtslaube, die erste Bibelanstalt der Welt. Sein Vater Raban v. Canstein, als weitgereister und hochgebildeter Politiker seit 1650 in brandenburgischen Diensten, gehörte seit 1655 zu den einflussreichsten Persönlichkeiten am Berliner Hof. Im Auftrag seines Landesherren schloss er zahlreiche der wechselnden Bündnisse Brandenburgs. 1658 vertrat er den Kurfürsten bei der Kaiserwahl auf dem Frankfurter Reichstag. Unter Cansteins Leitung stand auch die für die Herausbildung einer deutschen Münzeinheit bedeutsame Münzreform, abgeschlossen 1667 mit der brandenburgischen. Münzordnung und der Zinnaer Münzkonvention mit Sachsen.

Links befindet sich in der Turmhalle die einzige am Ort original erhaltene Totentanzdarstellung Deutschlands als 22,66 m langes und 1,98 m hohes Fresko, um 1484 entstanden, 1730 übertüncht und 1860 von Friedrich August Stüler wiederentdeckt. Die 28 Vertreter der geistlichen und weltlichen Stände werden von Leichnamen in hierarchischer Ordnung zum Reigen geführt, eröffnet von einem predigenden Franziskaner. Die Gleichheit aller im Tod postuliert ihre Gleichheit auch im Leben: „Ach guter Tod! Ich kann Dir nicht entweichen. Du holst den Armen und den Reichen." Diese kühne politische Aussage unterstreichen die nur unvollständig erhaltenen 362 begleitenden Spottverse, die allein Kaufleute und Handwerker – Auftraggeber des Werkes – glimpflich davonkommen lassen.

Kurfürst Friedrich II. hatte 1469 die Einkünfte des Sigismund-Altars, zu dem evtl. die Kreuzigungsgruppe im Zentrum des Freskos gehört hatte, seinem Domstift übertragen. Wenige Jahre nach dieser ausgerechnet am Schutzpatron gegen Seuchen begangenen Demütigung der Bürger brach die Pest aus, der Heiligenglaube schlug um in ein künstlerisches Dokument mit politischer Aussage.

Das kleine Steinkreuz links des Portals erinnert an ein lokales Ereignis innerhalb der großen Auseinandersetzung zwischen Papst und Kaiser um die politische Macht. König Ludwig (IV.) der Bayer, 1328 auch deutscher Kaiser, hatte 1323 die herrenlose Mark seinem unmündigen Sohn Ludwig d. Ä. zum Lehen gegeben und mit diesem Machtzuwachs den die Wettiner protegierenden Papst brüskiert. Am 8. Okt. 1323 verhängte Johannes XXII. den Bann über Ludwig und drohte den Ständen, die dem neuen Landesherrn huldigten, mit Kirchenstrafen. Dieses päpstliche Gebot sollte von allen Kanzeln verkündet werden. Der papsttreue und wettinerfreundliche Bernauer Propst Nikolaus Cyriakus heizte mit einer rüden Predigt gegen die Wittelsbacher am 16. August 1324 in der Marienkirche die Stimmung so an, dass er vor der Kirche von der Menge gelyncht wurde. Am Rande des Neuen Marktes, etwa an der Spandauer/ Ecke heutige Karl-Liebknecht-Straße, wurde die Leiche verbrannt.

Der Papst verhängte umgehend den Bann über die Doppelstadt, der Magdeburger Erzbischof das Interdikt, d. h. das Verbot aller religiösen Handlungen. Erst der Sühnevertrag von 1335 mit den Brüdern des Propstes löste das Interdikt, der Bann wurde erst am 18. August 1347 aufgehoben. Neben einer Sühnegeldzahlung und anderen Auflagen forderte der Vertrag die Errichtung eines über 12 Fuß (ca. 3 m) hohen Sühnekreuzes. Im 16. Jh. musste das Kreuz der östlichen Bebauung der Spandauer Straße weichen, 1726 erhielt es seinen heutigen Platz. Die Differenz der wirklichen zur geforderten Höhe lässt offen, ob es ursprünglich auf einem hohen Sockel stand oder ein späterer Ersatz ist.

Unweit der Marienkirche hat sich in der Spandauer Straße mit der **HEILIG-GEIST-KAPELLE** der letzte Bau des gleichnamigen Hospitals – ebenso wie das Georgenhospital 1272 im Gildebrief der Bäcker erstmals erwähnt – erhalten. Die Ende des 13. Jh.s errichtete Kapelle ist seit 1313 bekannt, 1476 wurde das Sterngewölbe ein-

Heilig-Geist-Kapelle und Spandauer Tor (Auschnitt Schultz-Plan).

Heilig-Geist-Kapelle und Handelshochschule.

gebaut. Trotz mehrfacher Veränderungen, u. a. 1752 Einbau der großen Südfenster und 1835 Instandsetzung durch Karl Ferdinand Langhans, blieb die gotische Gestalt gewahrt.

Das Hospital einer mittelalterlichen Stadt als kommunale Einrichtung unter geistlicher Leitung hatte viele Funktionen zu erfüllen: Altersheim, Siechen- und Krankenhaus. Neben humanitären Zwecken diente das Heilig-Geist-Hospital auch der städtischen Versorgung. Noch 1600 befand sich hier ein Brauhaus, und im Mittelalter lag zwischen Kapelle und Spree der Wursthof (Schlachthof). Eine Urkunde von 1354 erwähnt sogar den Rüsthof (Arsenal) im Hospitalgelände.

Die Explosion des Pulverturmes am Spandauer Tor vom 12. August 1720, die 72 Menschenleben forderte, beschädigte den Westturm der Kapelle so, dass er abgetragen werden musste. Der Hospitalkomplex, seit der Reformation Armenhaus, wurde 1818-25 abgerissen, an seine Stelle trat 1828 ein 2-geschossiger Neubau,

der mit dem Bau des städtischen Obdachs an der Fröbelstraße durch Blankenstein seine Funktion verlor. Die Kapelle, 1829 gründlich instand gesetzt, wurde 1905/06 durch Cremer & Wolffenstein in den Neubau der Handelshochschule, heute Lehrgebäude der Humboldt-Universität, einbezogen. Ihr Abriss konnte in letzter Minute verhindert werden. Die gründliche bauliche Instandsetzung und Restaurierung der von der Universität genutzten Kapelle in den Jahren 2000-03 stand im Zusammenhang mit dem Abriss und Neubau des 1976-79 durch ein schwedisches Unternehmen auf dem einstigen Hospitalgelände errichteten Palasthotels.

Vom 1249 erstmals erwähnten **FRANZIS-KANERKLOSTER** an der Klosterstraße blieb nur die Ruine der Kirche. Reste des vermuteten Feldsteinmauerwerks aus der Baubeginnzeit haben sich eventuell im nördlichen Seitenschiff erhalten, die eigentliche frühgotische Backsteinbasilika – erster Ziegelbau Berlins überhaupt – entstand etwa 1250-65, der Chor wurde um 1300 vollendet. Nachdem das von Markgraf Otto III. neben seinem Hohen Haus zur Verfügung gestellte Gelände den Franziskanern 1271 offiziell überschrieben worden war, schenkte ihnen 1290 Jacob de Nybede seine am Kreuzberg, damals Tempelhofer Berg, gelegene Ziegelei, deren Reste um 1835 gefunden wurden. Damit nahm der Bau seinen gesicherten Fortgang. Meister Bernhard errichtete 1471-74 einen 2-geschossigen Hallenbau (Kapitel- und Säulensaal), der 1-geschossige Konventsaal entstand 1516-19. Mit der ersten protestantischen Predigt am 8. Okt. 1539 in der Klosterkirche hielt die Reformation auch hier Einzug. Den Mönchen wurde aber wie in der Mark allgemein üblich unbefristet Wohnrecht in der Klausur gewährt, als letzter starb hier Bruder Peter am 4. Jan. 1571. Die Einrichtung des Gymnasiums 1574 veränderte die Anlage wenig, da der Kurfürst angewiesen hatte, „dass nichts Unnötiges abgebrochen oder gebauet, sondern alles ordentlich gebessert und zugerichtet" werden sollte. Durch Thurneysser wurde nur 1578 der Treppenturm und 1583/84 das Innere der Kirche instand gesetzt. Am 12. Sept. 1712 brannte das Kloster teilweise nieder, der Wiederaufbau war eine Erweiterung. Erheblich verändert wurde die Anlage durch die Rekonstruktion von 1786–88, der 1828–32 ein umfassender Umbau des Gymnasiums durch Gottlieb Christian Cantian und Theodor Stein folgte. Eine weitgehende Entstellung im Äußeren brachte der Umbau von 1842–45 durch Wilhelm Berger unter zeitweiser Mitarbeit von Ferdinand v. Quast und T. Stein mit sich. Diese Zutaten – u. a. Flanken- und Giebeltürmchen mit Gusseisenspitzen, Bogengang an der Klosterstraße – wurden 1926 bis 1936 zurückgenommen.

Das Kloster spielte in Berlin eine bedeutende Rolle, es war die Wirkungsstätte Thurneyssers und Heimstatt eines Gymnasiums. Mit dem Niedergang der Stadt geriet auch das Schulwesen in einen erbärmlichen Zustand. Die ehemaligen Parochialschulen, seit der Reformation städtisch, die 1276 erstmals erwähnte Lateinschule der Petrikirche, die Nikolaischule (1385 erwähnt) und die Schule der Marienkirche (gegr. 1420) vermittelten alles andere als eine gediegene Bildung; die Schule am Grauen Kloster war geschlossen worden. Da der Schulbesuch nur Söhnen der Oberschicht möglich war – Anfang des 16. Jh.s waren über die Hälfte der Berliner Bürger Analphabeten, „Armenschulen" gab es erst seit 1699 –, griff der Rat ein. Am 13. Juli 1574 öffnete mit Unterstützung des Kurfürstlichen Rates Lamprecht Distelmeier das „Berlinische Gymnasium zum Grauen Kloster" seine Pforten, hervorgegangen aus den zusammengelegten Pfarrschulen bei der Nikolai- und der Marienkirche; aus der Pfarrschule bei St. Petri entwickelte sich das Cöllnische Gymnasium (1600). Zwar wurde die feudale Eliteschule, das Joachimsthalsche Gymnasium, 1607 nach Berlin verlegt, aber erst Mitte des 18. Jh.s wurden – abgesehen vom

Franziskanerklosterkirche und Gymnasium zum Grauen Kloster mit den Zutaten des 19. Jahrhunderts.

Französischen Gymnasium (1689) – weitere höhere Schulen gegründet.

Der Leipziger Schneidersohn Lamprecht Distelmeier († 12. Okt. 1588 Berlin), Jurist, Professor und in jungen Jahren bereits erfahren in den Händeln der Reichspolitik, war lange Zeit einer der einflussreichsten Männer am Hof. Distelmeiers Wirken hat wesentlich dazu beigetragen, Brandenburgs Position unter den Territorialstaaten zu festigen und gleichzeitig die kaiserliche Zentralmacht zu schwächen sowie frühzeitig die spätere Annexion bedeutender Gebiete vorzubereiten. Seit 1530 am Berliner Hof, wurde er 1551 Rat und 1558 Kanzler. In diplomatischer Mission agierte Distelmeier im Hintergrund der Fürstenrevolte 1551/52 und half den Augsburger Religionsfrieden (1555) vorzubereiten. Er zog auch die Fäden zur Einsetzung des unmündigen Sigmund, Sohn des protestantischen Joachim, 1552 als Erzbischof v. Magdeburg. Der prompt zum Protestantismus übergetretene Sigmund sicherte auf Dauer den Einfluss Brandenburgs, 1680 wurde das Erzbistum einverleibt. Der Kanzler hatte maßgeblichen Anteil an der Mitbelehnung Joachims mit dem Herzogtum Preußen (1569), das 1618 endgültig zu Brandenburg kam, wofür er am 28. August 1569 im Dom zum Ritter geschlagen wurde. Nach dem Tod Joachims II. verlor er an Einfluss. Nachfolger im Amt war sein Sohn Christian.

Die erste Landesschule der Mark wurde, obwohl von Anfang an mit wirtschaftlichen Schwierigkeiten ringend und von der Geistlichkeit bekämpft, zur traditionsreichsten Berliner Schule, zu ihren bekanntesten Schülern zählten später Schadow, Schinkel und Bismarck. Da die Stadt die Schule nicht finanzieren konnte, überlebte diese den schweren Anfang nur durch Spenden der Patrizier und wegen der Finanz- und Tatkraft ihres zweiten Mitbegründers, des Lehnssekretärs Joachim Steinbrecher.

Mit der Magisterwürde hatte Steinbrecher 1539 seine Studien beendet und war in brandenburgische Dienste getreten, wo er als Geh. Rat eine einfluss- und ertragreiche Position einnahm. Nach Überweisung der Räume im Kloster am 24. Febr. 1574 wurde Steinbrecher, Verfasser der ersten Schulordnung, gemeinsam mit den beiden Berliner Bürgermeistern und dem Amtmann des Mühlenhofes als Provisor der Schule eingesetzt, 1586 zog er sich nach erfolgreicher Tätigkeit aus dem Amt zurück. Sein Grab fand er in der Marienkirche.

Zur Zeit der Schulgründung beherbergte der Klosterkomplex einen Mann und seine Unternehmen, die im rückständigen Brandenburg ihrer Zeit weit voraus waren. Der aus Basel gebürtige Leonhard Thurneysser zum Thurn, von Haus aus Goldschmied, war als Arzt, Alchimist, Gelehrter, Buchdrucker, Verleger und Unternehmer von erstaunlicher Vielseitigkeit. Nach 20 Jahren abenteuerlicher Reisen durch Europa, Kleinasien, Syrien und Ägypten kam er 1571 aus geschäftlichen Gründen nach Frankfurt/O. Thurneysser hatte sich, oft verfolgt von seinen Gläubigern, in vielen Berufen für seine Zeit überragende Kenntnisse angeeignet. Kurfürst Johann Georg, der ihn in Frankfurt kennen lernte, stellte ihn sofort als Leibarzt an und richtete ihm im Kloster Wohnung, Druckerei und Laboratorium ein. Thurneysser zog eine umfangreiche Produktion von Wundermedizinen auf, einige waren in ganz Europa gehandelte Heilmittel. Noch bekannter machten ihn seine Kalender mit einer Fülle von Informationen über viele Wissensgebiete. Mit der Druckerei, die bis zu 200 Arbeiter und teils namhafte Künstler beschäftigte, führte er den Buchdruck und Holzschnitt zu einer später lange nicht wieder erreichten Qualität. Zur Druckerei gehörte eine Schriftgießerei, die abessinische, altsyrische, arabische, armenische, griechische, hebräische, indische, kyrillische, lateinische, persische und türkische sowie koptische – zu dieser Sprache betrieb Thurneysser eigene Studien – Schriftzeichen herstellen konnte. Das Reliefbildnis des Hl. Bernhard aus der Klosterkirche, heute in der Marienkirche, trägt unübersehbar den

Kapitellfries der menschlichen Untugenden aus der Gerichtslaube.

Restaurierungsvermerk (1584) Thurneyssers und zeugt, wie die Restaurierung zahlreicher anderer Kunstgegenstände, von künstlerisch-handwerklichem Geschick. Außer Alchimie betrieb er naturwissenschaftliche Studien, beschäftigte sich mit Landeskunde, verlieh Geld zu extremen Wucherzinsen, handelte mit Edelmetallen und -steinen, gründete Glashütten, Teppichwebereien, Salz-, Gips- und Hüttenwerke und gehörte zu den Handelsherren auf der Leipziger Messe. 1580 besaß der verschuldet nach Berlin gekommene Thurneysser ein Barvermögen von 100.000 Talern! Die Ehescheidung von seiner in Basel lebenden dritten Frau ruinierte ihn völlig. 1584 verließ er mittellos und von seinen Gegnern als Zauberer verfolgt heimlich Berlin. Sein Wanderleben führte über Prag und Rom nach dem Sterbeort Köln.

Die Klosteranlage endete am 3. Febr. und 19. April 1945 im Bombenhagel. Die Kirchenruine wurde gesichert, die Ruinen der mehrfach stark veränderten Klosterbauten wurden wegen der neuen innerstädtischen Verkehrslösung abgetragen. Die wertvollen Sammlungen, die der frühere Schüler Sigismund Streit – von Venedig aus – dem Gymnasium zwischen 1760 und 1771 geschenkt hatte, sind, soweit sie den Krieg überstanden, heute in der Zentral- und Landesbibliothek Berlin, Haus Berliner Stadtbibliothek, aufgestellt. Der größte Teil der kostbaren Gemäldesammlung befindet sich in der Gemäldegalerie des Museums Dahlem.

Die mittelalterlichen RATHÄUSER der Doppelstadt sind nicht erhalten. Das Cöllner Rathaus am Fischmarkt wurde 1612 umfassend verändert und 1656

durch einen nur bis 1709 existierenden Neubau ersetzt. Berlins Rathaus, Ende des 13. Jh.s vom Molkenmarkt an die Oderberger/Ecke Spandauer Straße verlegt, brannte mehrmals ab, 1484 baute der Zimmermann Clemann Lindemann den Fachwerkbau neu auf. Der Uhrenturm vom Beginn des 15. Jh.s musste Anfang des 19. Jh.s wegen Baufälligkeit abgerissen werden. Der aus Gebäuden verschiedenster Zeiten, 1692–95 hatte Johann Arnold Nering noch den Neubau an der Spandauer Straße angefügt, zusammengesetzte Komplex war zu dieser Zeit so baufällig und unzulänglich, dass er ab 1865 dem Bau von Hermann Friedrich Waesemann weichen musste. Allein die ursprünglich offene, Anfang des 16. Jh.s zugemauerte, 2-geschossige mittelalterliche GERICHTS-LAUBE mit einem Netzgewölbe (Obergeschoss) von 1555 wurde in einer Phantasiegestalt durch Strack nach Vorarbeit von Blankenstein 1871/72 im Schlosspark Babelsberg wiederaufgebaut. Vom gemeinsamen Rathaus der Doppelstadt (1307–1448) geben nur Urkunden Nachricht, nach dem Berliner Unwillen war es Sitz des Hofrichters und wurde 1514 abgerissen.

Bei Abrissen der 30er Jahre und bei Enttrümmerungsarbeiten nach 1945 wies man, unter späterer Bausubstanz verborgen, mehrere mittelalterliche Wohnhäuser nach. Von einigen sind Bauteile und plastischer Schmuck geborgen und dem Märkischen Museum übergeben worden. So wie auch vom HAUS DER BLANKENFELDE aus dem Jahr 1390 (Spandauer Str. 49, heute Parkplatz hinter dem Rathaus), das 1889 einer Elektrizitätszentrale (Christian

Heidecke) weichen musste. Die Blankenfelde hatten von den Anfängen bis 1572 durch Ratsmitglieder oder Bürgermeister aus ihren Reihen stets an der Stadtherrschaft teilgenommen. Ihre Uneigennützigkeit für die Stadt endete da, wo ihr Interesse am Geldbeutel und politischen Einfluss begann.

In zwei der ältesten Urkunden, im Innungsbrief der Schuhmacher (2. Juni 1284) und im Schneider-Gildebrief (10. April 1288) wurde schon der Kaufmann und Bürgermeister Johannes Blankenfelde erwähnt. An der Spitze des städtischen Aufgebots bei der Rückeroberung Prenzlaus von den Pommern 1426 stand der greise Paul B., 1390–1429 Bürgermeister. Sein Sohn Wilke, 1448 einer der Berliner Bürgermeister, gehörte zu den von Friedrich II. scheinbar hart gemaßregelten. Dieser Friedrich und Kurfürst Johann waren beim Ratsherren, Besitzer eines der bedeutendsten Berliner Handelshäuser und Hoflieferant für Tuche, Thomas B., hoch verschuldet. Johannes B., seit 1542 im Rat und 1558–72 Bürgermeister, war der Initiator der ersten Berliner Wasserleitung (1572), zeitweilig hatte er auch das Amt des kfstl. Vorlegers und Küchenmeisters inne. Als eine der vermögendsten Familien und städtische Amtsträger blieben die Blankenfelde 1569–81 der Stadt allerdings den gesamten Schoss (Steuer) schuldig. Der Onkel des letztgenannten B., ebenfalls Johannes mit Namen, fungierte 1507–17 als Rektor der Universität Frankfurt/O. und wurde 1518 Bischof von Dorpat und 1523 Erzbischof von Riga. Seine Schwester

Konsolsteine am Blankenfelde-Haus, etwa 1390.

Katharina, verheiratete Hornung, war in eine öffentliches Aufsehen erregende Affäre mit Joachim I. verwickelt, die die Kurfürstin Elisabeth 1528 ins Exil und der Reformation in die Arme trieb.

Erhalten blieb aus der Renaissance das 1624 für den Rat Hans Georg v. Ribbeck aus zwei vorhandenen Gebäuden entstandene RIBBECK-HAUS, Breite Str. 35. Für Kurfürst Johann Sigismunds Tochter Anna Sophie baute Balthasar Benzelt 1629 das Haus um, nach ihrem Tod nutzte es der benachbarte Marstall, später beherbergte es das Oberappellationsgericht und die Oberrechnungskammer. Das ursprünglich 2-geschossige Gebäude wurde 1803/04 mit alter Firsthöhe und leicht veränderten Zwerchgiebeln aufgestockt. Bei der Restaurierung 1964/65 entfernte man historisierende Fassadenzutaten aus dem Jahr 1866.

Der repräsentativste Bau der Residenz, das barocke SCHLOSS, ist ein Opfer der politischen Nachkriegsentwicklung geworden. Von der vorangegangenen Hohenzollernburg (1451–1538) sind keine Abbildungen überliefert, das Renaissanceschloss (1538–1699) endete im Umbau Berlins zur barocken Königstadt. Die ahistorische und undifferenzierte Verteufelung Preußens als – eine – Quelle des gerade untergegangenen Nationalsozialismus und das klassenkampfgeprägte ausgesprochen selektive Kulturverständnis der damaligen Partei- und Staatsführung in der DDR waren die ideologischen Motive, um die Schlossruine im Herbst 1951 ohne großes öffentliches Aufsehen verschwinden zu lassen. Die zuweilen heftigen Proteste der wenigen Fachleute beeindruckten die Verantwortlichen nicht. Vor dem Beginn der Sprengung am 7. Sept. geborgene plastische Teile, insbesondere der Fassaden, irren noch heute und manchmal unerkannt durch Berliner Archive, Lapidarien und über – Schutthalden.

Ein vom Deutschen Bundestag im Juni 2002 beschlossener Wiederaufbau des

Ribbeck-Haus Breite Straße, Berlins letztes Renaissance-Stadthaus, heute Sitz des Zentrums für Berlin-Studien der ZLB.

mächtigen barocken Baukörpers ist heftig umstritten. Die im historischen Zeitraum vollzogenen irreversiblen Veränderungen des Umfeldes ließen eine Kopie ohnehin wie an anderem Ort entstehen. Die ursprüngliche künstlerisch-handwerkliche Qualität in wirtschaftlich vertretbarem Rahmen wieder zu erreichen, erscheint mehr als zweifelhaft, und am Ende stände doch nur das handwerkliche Produkt einer „Naturstein GmbH" und nicht die Kunst Andreas Schlüters. Kulissen hat Berlin genug. Und das Schloss in die Diskussionen um die ominöse Mitte Berlins zu mengen, ist schwer nachvollziehbar; weder ist es für deren Definition zwingend notwendig, noch war es, wie schon jeder Altberliner Stadtplan zeigt, jemals der städtebauliche Angelpunkt des historischen Zentrums. Mit Broebes und Schlüters unausgeführten Entwürfen waren zu Beginn des 18. Jh.s eine städtebauliche Neuordnung des Schlossbereiches und seine Akzentuierung als Zentrum im Wesentlichen gescheitert.

Die Existenz des Schlosses hatte für Berlin tiefgreifende und auch negative Folgen. In der Bevölkerungsstruktur trat ein bleibender Wandel ein. Zu den Kaufleuten, Handwerkern, Ackerbürgern und Tagelöhnern sowie Geistlichen kamen nun der Hofstaat, Beamte der Landesbehörden und das höfische Leben suchende Adlige. Zwar hatte die Hofhaltung auch die Ansiedlung neuer Gewerke und Dienstleistungen zur Folge – bis Mitte des 16. Jh.s erweiterte sich die Zahl der Zünfte um 23, darunter solch residenztypische wie Messingschläger, Hosenstricker und Pergamentmacher –, wirtschaftlich entstand der Stadt daraus kaum ein Vorteil. Die eigentliche Versorgung des Hofes erfolgte durch den kurfürstlichen Mühlenhof am Molkenmarkt, der auch die herrschaftlichen Güter und Mühlen verwaltete.

Das leibliche Wohl des Landesherrn oblag zu dieser Zeit dem Küchen- und Mühlenmeister und Kfstl. Rat Ulrich Zeuschel aus Franken, einem der Nutznießer der

25

*Schloss mit den Smids'schen Arkaden
(Zeichnung nach einem Gemälde von A. Begeyn, 1690).*

*Schloss-Modell (1698) von Andreas Schlüter für den Umbau
(Zeichnung von C. F. Blesendorff).*

Eosander-Portal (1716) und Schloss-Kuppel (1853) an der Schlossfreiheit,
rechts Kaiser-Wilhelm-Nationaldenkmal (R. Begas, 1897).

27

Repressalien von 1448. Der Küchenmeister stand der gesamten Hofhaltung – der Küche, der Kammer, dem Keller und dem Marstall – vor und war eine einflussreiche Persönlichkeit. Das Amt setzte ein großes Vermögen seines Inhabers voraus, er hatte die gesamten Unterhaltungskosten des Hofes vorzuschießen. Da Bargeld knapp war, bekam Zeuschel stattdessen vom Kurfürsten umfänglichen Grundbesitz überschrieben und war an den Einkünften der kfstl. Mühlen und „Haiden Spandau" (Grunewald), der Mühlen und Zölle von Trebbin und Saarmund sowie der Orbede, einer direkten Steuer, beteiligt. Dieser Zeuschel mit einem Vermögen von etwa 70.000 Gulden – bei ihrer Heirat mit Friedrich II. v. Brandenburg erhielt 1441 Katharina v. Sachsen 19.000 Gulden Mitgift (!) – bekam 1448 die Nutzung der vormals städtisch betriebenen Mühlen, die Zölle, den Landbesitz und die Gerichtsbarkeit als Lehen.

Das neue Schloss belastete zudem die Stadt zusätzlich. Geringsten Anteil daran hatten sicher die Unterhaltungskosten für die Schlosswache. Schwerwiegender waren die Sonderrechte und Vergünstigungen für den Hofadel, der wie die Beamten frei war von jeglicher Steuer und nicht der städtischen Gerichtsbarkeit unterlag. Wie hoch die dadurch der Stadt entgangenen Einnahmen gewesen sein müssen, verdeutlicht die Tatsache, dass bis 1654 etwa 9% aller Häuser abgabefreie Burglehen oder Freihäuser des Adels waren. Zwar hatte Joachim II. in einer Verfügung von 1541 die Bestimmung von Freihäusern allein den Städten zugebilligt, wie seine Vorgänger und Nachfolger aber handhabte er dieses Recht allein.

Der prunkliebende Kurfürst ließ ab 1538 schrittweise die Zwingburg abreißen und durch sächsische Baumeister als ersten Renaissancebau der Kurmark auf den alten Grundmauern das Schloss neu errichten. Der Torgauer Schlossbaumeister Konrad Krebs übergab im April 1537 das Holzmodell des neuen Schlosses und empfahl seinen Schüler Caspar Theiss als Schlossbaumeister. Bis 1540 wurden der Spreeflügel, danach der Schlossplatzflügel erbaut. Von der alten Bausubstanz blieben nur der „Grüner Hut" genannte Turm und die Schlosskapelle bis zur Zerstörung erhalten. Unter Leitung Rochus v. Lynars wurde das Schloss um zahlreiche Anbauten erweitert. Mit dem Nahen des Dreißigjährigen Krieges kam die Bautätigkeit zum Erliegen, bis Mitte des 17. Jh.s verfiel das Schloss weitgehend. Unter Friedrich Wilhelm wurde es weiter ausgebaut; so errichtete Memhardt in der Achse der Breiten Straße 1659 ein Prunkportal mit Galerie. Nering und Smids gaben dem Schlosshof und der Stechbahn durch Arkadenbauten ein neues Aussehen, sie bauten auch das Innere weitgehend um.

Alle Umbauten überdauert hatte der Apothekerflügel, 1585 nach den Angaben des Hofapothekers und Münzmeisters Michael Aschenbrenner, Schüler Thurneyssers und ab 1588 Besitzer der „Apotheke zur Goldenen Kugel" am Cöllnischen Fischmarkt und der „Apotheke am Molkenmarkt", von Peter Kummer in Dresden entworfen. Er beherbergte die Hofapotheke, ein Alchimistenlaboratorium und die Münze, später die Bibliothek. Ein Teil wurde wegen des Baues der Kaiser-Wilhelm-Brücke (heute Liebknechtbrücke) durch James Hobrecht 1886–89 abgerissen.

Wenn das JAGDSCHLOSS GRUNEWALD auch ein halbes Jahrtausend überdauert hat, so ist sein äußeres Erscheinungsbild doch weitgehend verändert und baugeschichtlich nicht endgültig geklärt. Im Anschluss an das Berliner Schloss 1542 von Theiss unter Mitarbeit des Bildhauers Hans Schenk gen. Scheutzlich errichtet, erfuhr der kleine Bau – im Ursprung vermutlich ein „Festes Haus" – vielerlei Veränderungen. Rochus v. Lynar baute das Haus zum Lustschlösschen um und erneuerte 1580 die hufeisenförmig das Schloss umgebenden Wirtschaftsgebäude und das Torhaus. Ab 1669 erfolgte ein barocker

Umbau, den Martin Grünberg 1705/06 mit der Aufstockung des Schlösschens beendete, und dem auch die charakteristischen Renaissancegiebel zum Opfer fielen. Unter Friedrich II. erfolgte um 1770 der Bau weiterer Wirtschaftsgebäude und des Jagdzeugmagazins. Die Absenkung des Grunewaldsees 1903 legte den das Schloss umschließenden Wassergraben trocken, der später verfüllt wurde. Dieser war vom – wie der dahinterliegende Treppenturm noch originalen – Vorbau durch eine Zugbrücke zum Hof überbrückt gewesen. Die ursprünglichen Renaissanceformen sind aber in den Räumen der 1932 hier eingerichteten Gemäldegalerie erhalten bzw. in mehreren Restaurierungsetappen wiedergefunden worden.

Die bedeutendsten und heute weitgehend unbekannten Wochen der Schlossgeschichte fallen in das Jahr 1814. Die am 21. April gestartete Rückkehr der 1806 auf Befehl Napoleons nach Paris geschafften Quadriga vom Brandenburger Tor endete nach einem Triumphzug durch Deutschland am 9. Juni vorerst im Jagdschloss Grunewald. Unter Leitung des Architekten Friedrich Moser wurden unter Mitarbeit des Kupferschmieds Emanuel Jury die in Paris nur provisorisch zusammengesetzten Bildwerke, die auch noch die Beschädigungen vom Zerlegen und dem Transport von 1806 aufwiesen, gründlich restauriert und in kleinen Teilen ergänzt, die Wirtschaftsgebäude – die Küche im Ostflügel war zur Schmiede umgebaut worden – und vor allem der Hof wurden zur Restaurierungswerkstatt. Vom 24. bis 27. Juli in Einzelteilen zum Tor geschafft, ließ Friedrich Wilhelm III. am 7. August den wieder aufgestellten Siegeswagen enthüllen – nun mit dem Schinkelschen Eisernen Kreuz als Siegeszeichen.

Für die Doppelstadt hatte das ältere Spandau mit seiner **Zitadelle** im Mittelalter eine gewisse Schutzfunktion. Entstanden war der Ort am Havelübergang der Fernhandelsstraße vom Rheinland über Magdeburg-Brandenburg-Köpenick nach Lebus und Gnesen, im Unterschied zu Berlin-Cölln aber einem slawischen Burgort folgend und durch eine 1197 erstmals erwähnte askanische Burg geschützt. Auch unter den Hohenzollern als Residenz genutzt, wurde die Burg 1521-23 zu einem bereits vier Jahrzehnte später aufgegebenen Schloss umgebaut. Nach Entwurf und unter Leitung Christoph Römers begann 1560 der Bau der Anlage in Form eines regelmäßigen vierzackigen Sterns, der eine nahezu quadratische Innenfläche mit Teilen der Vorgängerbauten umschloss. 1562 übernahm der Italiener Francesco Chiaramella de Gandino die Bauleitung, 1578-83 Rochus v. Lynar. Endgültig fertig gestellt war die Zitadelle 1597.

Die vollständig von Wasser umgebene Anlage besteht aus vier pfeilförmigen Bastionen, deren Spitzen 307 m bzw. 301 m auseinander liegen und wie die Kurtinen in Backsteinmauerwerk ausgeführt sind, und einem westlich vorgelagerten Ravelin. Der einzige Zugang führt über das asymmetrisch in der Südkurtine eingeordnete 1578-83 errichtete Torhaus mit der Kommandantenwohnung, das 1622/23 beidseitig über die Wallkrone erweitert wurde. Mit dem aus dem 12. Jh. stammenden 32 m hohen Juliusturm, 1838 durch Schinkel mit einem Zinnenkranz gekrönt, und dem aus der Mitte des 14. Jh.s stammenden und 1521-23 umgebauten Palas bildet es ein Ensemble.

Die Zitadelle war nicht nur militärisches Bollwerk, sie war auch ein Kerker. Sofort nach Joachims II. Tod 1571 ließ sein Sohn des Vaters Geliebte Anna Sydow, die „schöne Gießerin", bis zu ihrem Tode dort inhaftieren. Hier saßen aber auch missliebige Minister ein, wie 1698/99 und 1698-1700 die unschuldigen Eberhard v. Danckelmann bzw. Benjamin Raulé. Das Zitadellengefängnis schloss erst 1879.

Der Juliusturm spielte auch eine besondere Rolle als Staatstresor. In den Nachwirren des Dreißigjährigen Krieges lagerte hier 1650 der kurfürstliche Silberschatz. Nach dem Gesetz zur Bildung eines Reichs-

Zitadelle Spandau (Zeichnung nach einem Kupferstich von M. Merian d. Ä., um 1650). Im Hintergrund Spandau mit der Nikolaikirche.

kriegsschatzes vom 11. Nov. 1871 erhielt der Turm zusätzliche Sicherungen, u. a. wurden die Schießscharten vermauert und ein Tresor-Zugang angelegt. Ab Juli 1874 lagerten hier 120 Millionen Mark in gemünztem Gold aus den französischen Reparationen, die erst 1919 in den Keller der Reichsbank verlegt wurden. Die überlieferten Kasernen und Magazine wurden in verschiedenen Epochen bis 1890 errichtet. Die nach der – einzigen stattgefundenen – Belagerung von 1813 zerstörte Renaissancefassade mit dem barocken Segmentgiebel (1680) wurde 1839 in klassizistischen Formen erneuert. Den ursprünglichen Holzsteg mit zwei Zugbrücken ersetzte man 1882 durch den Erddamm. Umbauten bei der Einrichtung eines Heeresgasschutzlaboratoriums 1935/36 hatten starke Eingriffe in die historische Substanz und Verluste zur Folge; in den Juliusturm zog 1943 eine Luftsicherungszentrale.

Zu den drei Pfarrkirchen der Doppelstadt Berlin und Cölln war 1454 gleichberechtigt die öffentlich zugängliche und am 20. Jan. 1469 in den Rang eines Domstifts erhobene Schloss-Kapelle St. Erasmus gekommen. Mit der Franziskanerklosterkirche, der Klosterkirche der Dominikaner, den Kapellen des Georgen-, des Heilig-Geist- und des Gertraudenhospitals sowie der Jerusalemskapelle war Berlin genügend mit Kirchen bedacht. Der hohe Anteil der Geistlichkeit an der Bevölkerung und ihr für die Stadtbürger sowohl politisch wie moralisch negatives Erscheinungsbild bereiteten ebenso wie die Verhältnisse am Hof die Reformation in Berlin vor.

Wandel einer Stadt
Die barocke Residenz – Stadtplanung und Bauten

Zu Beginn des 17. Jh.s wurde die seit einigen Jahrzehnten zu verzeichnende Stagnation der Stadtentwicklung gravierend. Die Einwohnerzahl war bis zum Beginn des Dreißigjährigen Krieges stetig gewachsen, zwar immer wieder dezimiert durch Epidemien und Seuchen (u. a. 1576 fast 4.000, 1598 über 3.000 und 1611 etwa 2.000 Tote), hatte aber die 12.000 nie überschritten. Der Memhardtsche Plan zeigt die Doppelstadt Berlin-Cölln 1652 noch in ihren alten Grenzen. Im Dreißigjährigen Krieg folgte der bis dahin größte Niedergang Berlins.

So vielfältig die auslösenden Momente für den Krieg auch sein mochten, so wechselhaft waren Bündnisse und Kriegsverlauf. Hauptkriegsschauplatz war das durch innere Widersprüche zerrissene Deutschland, wobei die Mark allerdings bis 1626, dem Jahr der Besetzung durch kaiserliche Truppen, verschont wurde; der Durchzug von 3.000 englischen Söldnern nahe Berlins im Juni 1620 hatte keine Folgen. Militärisch hilflos – 1620 hatte der Kurfürst gerade ein 1.000-Mann-Regiment aufstellen können –, versuchte Georg Wilhelm, das Land aus dem Krieg herauszuhalten und mit den Parteien wechselnd zu paktieren. So geriet die Mark mitten hinein in die Kriegswirren, meist verlassen vom in Königsberg residierenden Landesherrn, der Berlin letztmalig Anfang 1638 besuchte und 1641 fern der Residenz starb. Im März 1643 verlegte sein Sohn die Residenz offiziell wieder nach Cölln.

Als Wallenstein 1626 sein Quartier in Cottbus aufschlug, musste Berlin große Lebensmittelmengen liefern, seine Visiten in der Residenz (November 1627, Juni 1628 und 1630) mit den begleitenden Truppen hätten jede märkische Stadt auch im Frieden ruinieren können. Die Stadt war wirtschaftlich schon schwer geschädigt durch den fast völligen Niedergang des Handels seit Mitte der 20er Jahre. Zudem hatten die bis 1631 die Mark besetzt haltenden kaiserlichen Truppen das Umland ruiniert; schwere Seuchen, so 1626 und 1630/31 (3.000 Tote) die Pest, 1628 die Pocken sowie 1624 und 1626 die Ruhr, entvölkerten Berlin zusehends. Allein die Besetzung von 1628 soll Berlin und Umgebung 140.000 Taler Kontri-

butionen gekostet haben. Zerstörung und Brandschatzung konnte die offene Stadt nur durch Freikauf abwenden. 1623 besaß Berlin 1.163 waffenfähige Männer mit 498 Büchsen, 269 Piken und 355 Hellebarden! Die Kaiserlichen wurden durch die Schweden vertrieben. Am 1. Mai 1631 stand Gustav II. Adolf, ein Schwager Georg Wilhelms, in Köpenick und am 3. Mai vor Berlin. Georg Wilhelms Zögern, ihm brandenburgische Festungen zur Sicherung seines Hinterlandes zu übergeben, störte Gustav Adolf wenig. Am 4. Mai besetzte er Berlin und quartierte sich im Schloss ein, einen Tag später war die Festung Spandau schwedisch. Nachdem Anfang Juni einige Geschütze probeweise gegen Berlin gefeuert hatten, kam am 11. Juni der Vertrag mit Brandenburg zustande, der Spandau endgültig den Schweden auslieferte und eine monatliche Zahlung von 30.000 Talern festlegte. Der Kurfürst verspielte damit die kaiserliche Gunst, die Schweden aber betrachteten die Mark dennoch als besetztes Feindesland. Sie erpressten u. a. im Oktober/November 1636 ca. 25.000 Taler Kontributionen von Berlin, 1639 fast die gleiche Summe und im August 1641 nochmals über 30.000 Taler.

Nicht besser hausten die brandenburgischen Truppen. Erstmals bekam das Berlin 1634 mit 1.000 Soldaten als Einquartierung zu spüren. In den schlimmsten Kriegsjahren 1638–40 zahlten Berlin und Cölln 69.740 Taler für landeseigene Truppen, die der Stadt nie Schutz gewährten. Auch Seuchen forderten wieder Opfer: 1635, 1637 und 1638/39 die Pest, 1636 die Ruhr. Von den ehemals 1.209 Häusern der Stadt lagen 1637 bereits 168 verlassen. 1639 ließ der Statthalter Adam zu Schwarzenberg die Stadtmauer freilegen und alle Anbauten, meist Wohnhäuser und Viehställe, abreißen. Im Februar 1640 wurde die Vorstadtbebauung Berlins abgebrannt (Taxwert 5.360 Taler), im Januar 1641 die von Cölln (Taxwert 38.000 Taler). Die dieser sinnlosen Aktion folgenden Schadensersatzforderungen der betroffenen Bürger wurden sogar vom Kurfürsten unterstützt. Die Einwohnerzahl betrug unter 6.000, das war die Hälfte der Vorkriegszeit. Dies entsprach dem prozentualen Bevölkerungsverlust der Mark Brandenburg von 50%. 1645 wurden noch 999 Hausstellen von ehemals 1.236 – nach anderen Quellen 1.209 (Berlin 845, Cölln 364) – gezählt. Alle Baulichkeiten vor den Mauern waren zerstört, besonders schwer wog der Verlust der Mühlen. In der Stadt bedeckten Trümmer die Straßen und Plätze, in den Ruinen hielten die Bürger ihr Vieh. Stadtmauer und Schloss waren verfallen. 1648 ergab eine Zählung 750 bewohnte Häuser. Noch vor dem Friedensschluss verließ Kurfürst Friedrich Wilhelm im Oktober 1646 Berlin, um in ihrer Heimat Louise Henriette v. Nassau-Oranien zu heiraten. Bis April 1650 regierte er das verwüstete Land von den kriegsverschonten westfälischen Besitzungen aus. Seine enge Bindung mit den Niederlanden bekam für Berlins Wirtschaft und Architektur eine ähnliche Bedeutung wie im 16. Jh. die dynastische Beziehung zu Sachsen. Mit dem Dreißigjährigen Krieg ging eine Epoche Berliner Geschichte zu Ende.

Erste Maßnahmen zum Wiederaufbau der Stadt wurden schon vor dem Frieden von 1648 eingeleitet. Nicht nur weil die Bürger „... auf den freien Straßen und oft unter dem Stubenfenster Sau und Schweineställe machen, welches ein E[hrbarer] Rath durchaus nicht leiden und haben will" *[Materna/59]*, erließ Friedrich Wilhelm am 30. Nov. 1641 für Berlin eine Bauordnung, die, 1763 ergänzt, bis 1853 Gültigkeit hatte. Sie war nur eine regellose Zusammenstellung von Gewohnheitsrechten und -pflichten. Die bau- und feuerpolizeilichen sowie hygienischen Forderungen hatten aber langzeitig Auswirkungen auf Bauweisen und Städtebau. Die Verdichtung und zunehmende Massivbebauung ließ die hygienisch üblen Gaten – schmale Feuer-Sicherheitsstreifen zwischen den Gebäuden – verschwinden, die stinkenden Straßenrinnen mussten ab 1657 überwölbt wer-

den, Tierhaltung und Wirtschaftsbauten verlagerten sich vom Straßenraum auf den Hof, etwa Mitte des 18. Jh.s begann die planmäßige Hof-Wohnbebauung. Dem Stadtbrand von 1659 folgte im Jahr darauf eine 1672, 1678 und 1681 erweiterte erste Brand- und Feuerschutzverordnung, die gleichzeitig erlassene Brunnen- und Gassenordnung verordnete erstmals die Pflasterung und regelte die Reinhaltung der Straßen und Gassen. Diese Entwicklung wie auch stilistische Einflüsse führten zur Drehung des Hauses von der Giebel- in die Traufenstellung.

Aber nicht die Bauordnung, sondern ökonomische Fortschritte, steuerliche Maßnahmen, Baukostenzuschüsse und Baulandverbilligung führten zum schnellen Wiederaufbau. Wenn auch diese Lasten letztlich der arbeitende Untertan trug, ist die konsequente Wiederaufbaupolitik ein Verdienst Friedrich Wilhelms. Die Anlage der knapp einen Kilometer langen Lindenallee zwischen Schloss und Tiergarten noch vor Kriegsende war ein äußerlich sichtbares Zeichen. Der Wiederaufbau ging zwar relativ schnell voran, 1654 hatte Berlin-Cölln mit 6.194 Steuerpflichtigen (ca. 10.000 Einwohner) aber den Vorkriegsstand noch nicht wieder erreicht.

Der 1683 vollendete FESTUNGSBAU begann 1658 unter Leitung Memhardts nach dem damals modernsten holländischen System. Zahlreiche holländische oder in Holland geschulte Baumeister wirkten daran mit, so Tielemann Jungblut, Hendrik Ruse, Johann ten Venhuys, Smids und J. Groende. Das Anwachsen der Bevölkerung und kriegstechnische Entwicklungen ließen die Wälle mit den 13 Bastionen schnell städtebaulich hinderlich und militärisch überflüssig werden, schon Anfang des 18. Jh.s begann ihre Beseitigung.

Der Bau der Festung – eine verspätete Schlussfolgerung aus der Verlagerung der politischen Brennpunkte Richtung Mittel- und Nordeuropa nach dem vergangenen

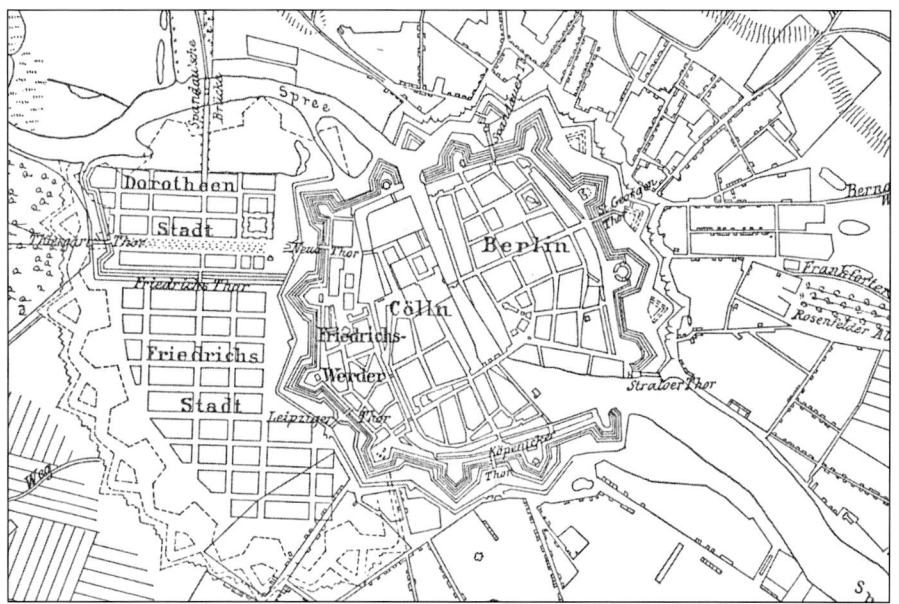

Erweiterung der Memhardtschen Festung um Dorotheen- und Friedrichstadt (Umzeichnung eines anonymen Pergament-Originals von 1698).

Krieg – bürdete den Bürgern ungeheure Lasten auf. Täglich musste ein Viertel der Einwohner zum Schanzdienst antreten. Mit dem Einschluss des Werders (ab 1660 Friedrichswerder) und Neuköllns erfuhr die Stadt eine erste große Erweiterung. Die militärische Verwaltung der Festung schränkte die städtischen Rechte weiter ein, bereits 1658 war Berlin Garnisonstadt geworden. Entschädigungslos mussten von den Bürgern in 508 Häusern 1.500 Soldaten mit etwa 900 Familienangehörigen und zahlreichem Offiziersdienstpersonal als Einquartierung aufgenommen werden, im Durchschnitt fünf Personen pro Haus. Ausgenommen waren nur die 108 Freihäuser.

Parallel zum Festungsbau begannen die planmäßigen STADTERWEITERUNGEN. Auf Berliner Seite lagen die Wälle dicht vor der alten Stadtmauer, später folgte die Stadtbahn dieser Trasse (Jannowitzbrücke–Hackescher Markt). Auf Cöllner Seite dagegen schlossen sie mit dem schmalen Streifen von Neukölln am Wasser und dem Werder Erweiterungsflächen ein. Damit war die Entwicklung der Stadt in westliche Richtung vorgezeichnet, die Joachim I. 1527 mit dem Erwerb großer Teile des so genannten Tiergartens (später Werder und Friedrichstadt) eingeleitet hatte. Das regellose Straßensystem des Werders entstand bereits damals durch die Zufahrten zu den kurfürstlichen Bauten im Grünen, dem Ballhaus (später Raulés Hof zwischen Kurstraße und Schleusengraben), dem Reithaus (Friedrichwerdersche Kirche) und dem Jägerhof (Reichsbank Jägerstraße). Schon 1631 wurden Baustellen an diesen Wegen vergeben, die Anfänge der Jäger- und der Französischen Straße entstanden. Stadtrecht erhielt der Werder 1662, das Rathaus errichtete Simonetti 1672–78 am Werderschen Markt.

Ab 1674 entstand die im gleichen Jahr mit Stadtrecht ausgestattete und schnell bebaute Dorotheenstadt zwischen der 1647 angelegten Linden-Allee, der Spree- und der Friedrichstraße, ab 1734 nochmals

33

nach Westen bis zur späteren Wilhelm-straße erweitert. Der Bebauungsstreifen südlich der Linden bis zur Behrenstraße, die kleine Friedrichstadt, wurde 1681 der Dorotheenstadt angegliedert. Die Residenz war wirtschaftlich deutlich gesundet und gewachsen, architektonisch hatte Friedrich Wilhelm jedoch kaum Akzente setzen können. In dessen Todesjahr schrieb der Berlin besuchende schwedische Architekt Nicodemus Tessin: „In Berlin siehet man von gebeuden nicht dass geringste artiges, wie sehr auch sich der Sehl. Churfürst darumb hat bemühet" *[Müller/296].*

Südlich davon wurde ab 1688, Berlin hatte noch nicht 20.000 Einwohner, die 1732 nach Süden und Westen erweiterte Friedrichstadt angelegt. Stadtrecht erhielt sie pro forma 1692, wurde aber wie die Dorotheenstadt von kurfürstlichen Beamten verwaltet. Durch den hier torlosen Festungswall war sie von den alten Städten abgeschnitten, im Straßenraster ganz auf die Dorotheenstadt orientiert und nur

Barocke Pracht: Leipziger Tor von Johann Arnold Nering.

über das Leipziger Tor und die Linden mit dem alten Berlin verbunden. Nach Öffnung der Wälle erschwerte das unregelmäßige Straßensystem des Werders eine organische Verbindung zwischen Cölln und der Friedrichstadt.

Alle Neugründungen hatten eigene Märkte, die Friedrichstadt sogar drei. Die drei unbebauten Karrees des Gendarmenmarktes – auch Friedrichstädter oder Mittel-Markt – hatten keine geplante städtebauliche Funktion. Nutzung und Bebauung wechselten. Für die neuen Städte war auch ein Festungswall geplant, es blieb jedoch bei den Entwürfen von Jean de Bodt, Johann Heinrich Behr, Jean Louis Cayart u. a. Die Bebauung wie auch ihre planmäßige Erweiterung oblag unter fachlicher Leitung von Baumeistern – Joachim Ernst Blesendorf (Dorotheenstadt), Nering und Johann Heinrich Behr (Friedrichstadt) – speziellen Baukommissionen. In diesen Jahren begann die Herausbildung von Bauverwaltungen, die Amtsbezeichnungen wechselten aber häufig und sind oft nicht eindeutig Vorgängern oder Nachfolgern zuzuordnen, zeitweise handelte es sich um militärische Administrationen. Funktionell eindeutig festgelegte Bauverwaltungen konsolidierten sich erst Ende des 18./Anfang des 19. Jh.s

Ein letzter Versuch der städtebaulichen Orientierung auf das Schloss als Mittelpunkt der Stadt war Schlüters Entwurf für die Neubebauung des Schlossplatzes, bekannt durch Stiche von Jean Baptist Broebes, und den Ausbau der Königstraße, der einzigen direkt zum Zentrum führenden Radiale, zur Magistrale. Wenig später gab Johann Friedrich Nilsson Eosander von Göthe mit der auf keine Achse bezogenen westlichen Schaufassade des Schlosses diesen Gedanken endgültig auf. Die Ausführung des von Kronprinz Friedrich und Georg Wenzeslaus v. Knobelsdorff geplanten Forum Fridericianum mit dem nördlich der Linden in der Achse der Markgrafenstraße gelegenen Residenzschloss hätte eine neue städtebauliche Ordnung mit der

Anbindung des Gendarmenmarktes bringen können, die Orientierung Friedrichs auf Potsdam als zweiter Residenz ließ nur eine nach Osten verschobene kleinere Variante (Lindenforum/Bebelplatz) zu. Dieses städtebauliche Dilemma versuchte in gewisser Weise Ende des 19. Jh.s der Durchbruch der Französischen Straße zum Schlossplatz und die Verbindung der Linden über die Kaiser-Wilhelm-Brücke mit der Berliner Seite zu lösen.

Mit der eigenhändigen Krönung zum König Friedrich I. am 18. Jan. 1701 in Königsberg wurde Kurfüst Friedrich III. König in Preußen, einem außerhalb der Reichsgrenzen gelegenen Land. Zum König von Preußen fehlte ihm der Besitz des polnischen Westpreußens und des Ermlandes. Wie der Verleihung der Kurfürstenwürde 1415 ging auch dem Königtum ein Handel mit dem Kaiserhaus voraus, größtenteils geführt im Schloss (Nieder-) Schönhausen. Zu 300.000 Talern Bestechungsgelder bekam der Kaiser noch 8.000 Mann für den spanischen Erbfolgekrieg und die Unterstützung Habsburgs für die Kaiserwahl. Vom Papst wurde das preußische Königtum erst 1787 anerkannt, nachdem Friedrich II. mit der Annexion Westpreußens 1772 den Titel König von Preußen erworben hatte. Trotzdem urteilte dieser über seinen Großvater recht sarkastisch: „30.000 Untertanen opferte er in den verschiedenen Kriegen des Kaisers und der Verbündeten, um sich die Königskrone zu verschaffen. Und er begehrte sie nur deshalb so heiß, weil er seinen Hang für das Zeremonienwesen befriedigen und seinen verschwenderischen Prunk durch Scheingründe rechtfertigen wollte" [Müller/13].

Für die europäische Politik vorerst ohne Wichtigkeit, hatte dieser Akt aber für Berlin Bedeutung. Jahre zuvor war auf Friedrichs Befehl der repräsentative Ausbau der Stadt und des Schlosses begonnen worden. Die Dorotheen- und die Friedrichstadt wurden forciert erweitert, die Festungsanlage durch Ravelins verstärkt und zahlreiche Prachtbauten errichtet. Am 17. Jan. 1709 erfolgte der Befehl zum Zusammenschluss der fünf Residenzstädte. Dem neuen Magistrat waren aber die französische Gemeinde, die kgl. Beamten und das Militär ausdrücklich nicht unterstellt. Als Rathaus der Residenzstadt Berlin war das Cöllnische bestimmt. Da dieses aber erst neu gebaut werden sollte, zog der neue Magistrat in das Berliner Rathaus an der Spandauer Straße – wo er fortan blieb. Statt der einst insgesamt 17 Bürgermeister und 48 Ratsherren amtierten nun vier Bürgermeister, zwei Syndici, drei Kämmerer und zehn Ratsherren im Range von Staatsbeamten unter Aufsicht des Gouverneurs und des Steuerkommissars – in nichts machtvollkommener als ihre Vorgänger. Einem Bürgermeister unterstand auch das 1710 gegründete Stadtgericht; als staatliche Instanzen gab es noch das Koloniegericht, die Hausvogtei und den Mühlenhof. Das Stadtgebiet umfasste eine Fläche von 63 km² mit rund 57.000 Einwohnern, auf ein Haus kamen 16,2 Einwohner (in den Vorstädten 7,8) und – 1,3 Soldaten. Für 100 Jahre bestimmten allein die kgl. Verwaltungen das Geschick der Stadt.

Aus der Zeit der Städteneugründungen hat sich nur der 1667–70 von Smids erbaute frühbarocke **MARSTALL**, Breite Str. 36, erhalten. Sein Vorgängerbau, einst Wohnhaus Aschenbrenners, kam Ende des 16. Jh.s in kurfüstlichen Besitz und wurde ab 1610 als Marstall genutzt. Am 27. August 1665 brannte das Haus mit anderen Gebäuden des Quartiers ab. Der Neubau mit mehreren Innenhöfen erstreckte sich bis zur Spree, vom Schlossplatz nur durch eine Häuserzeile getrennt, und geht vermutlich auf eine Konzeption Memhardts zurück. Das Haus beherbergte über der Reitbahn auch das von Eosander eingerichtete erste Hoftheater, das 1700 mit der Oper „La Festa del Hymeneo" von Attilio Ariosti eröffnete, 1713 fiel es den Sparmaßnahmen des Soldatenkönigs zum Opfer. Im gleichen Jahr eröffnete im Hof des Heßigschen Hauses, Poststr. 5, in einem Holzbau das erste öffentliche – bürgerliche – Theater Berlins. Wie das Ribbeckhaus erhielt der Marstall 1865/66 Fassadenergänzungen (u. a. Porträtbüste von Smids), die bei der Renovierung 1964/65 des 1953 wiederaufgebauten kriegszerstörten Gebäudes entfernt wurden. Für eine Rekonstruktion des plastischen Giebelfeldes reichten die überlieferten Unterlagen nicht aus. Ein denkmalpflegerischer Missgriff ist der 1983/84 erfolgte Dachausbau.

Das ZEUGHAUS, Unter den Linden 2, war nach Friedrich Nicolai (1786) „eins der schönsten Gebäude von Europa. Es verdient von jedem Kenner der Baukunst aufmerksam betrachtet zu werden"

[Nicolai/912]. Durch stilistische Vergleiche, die bereits unter Friedrich Wilhelm begonnene Planung – im Frühjahr 1683 war ein heute verschollenes detailliertes Modell zu besichtigen – und aufgrund der missverständlichen Beschriftung einer Zeichnung Broebes (1701) wurde ein früher Entwurf von Nicolas François Blondel angenommen. Der Mathematiker, Baumeister und Diplomat weilte als wenig angesehener französischer Gesandter 1657/58 am brandenburgischen Hof und wurde 1666 Hofarchitekt. Doch gibt es weder von Blondel Äußerungen zum Zeughaus noch Spuren dazu in seinem Nachlass. Fest steht dagegen, dass Nering bereits 1688, kurze Zeit nach Friedrich Wilhelms Tod, mit der

Alter Marstall Breite Straße von Michael Matthias Smids in der Fassung vom Ende des 19. Jahrhunderts.

36

Zeughausplanung betraut worden war und mit der Grundsteinlegung am 28. Mai 1695 die Bauleitung übernommen hatte. Obwohl relativ jung, hatte Nering durchaus die Kenntnisse und Fähigkeiten zum Entwurf eines solchen Baues. Sowohl der unveröffentlichte Nachlass Nikolaus Goldmanns als auch die Werke von Charles Philippe Dieussart und Sebastiano Serlio, deren Spuren man im gebauten Entwurf zu finden meint, standen ihm zur Verfügung. Dem Bau musste auch Nerings Wohnhaus weichen. Nach seinem Tod am 21. Okt. 1695 folgte Grünberg, von diesem übernahm am 30. Mai 1698 Schlüter die Bauleitung.

Am Zeughaus musste der Bildhauer erstmals dem für die frühen Barockbaumeister – soweit sie nicht vom Festungsbau wie Eosander kamen – typischen Mangel an konstruktiven Kenntnissen Tribut zollen; aufgrund von Fehlern bei der Ausführung stürzte am 5. August 1699 ein Teil der Rückfront ein. Maßgeblich beteiligt war der Hofmaurermeister und Bauunternehmer Leonhard Braun d. Ä., einer der reichsten Bürger Berlins, der sofort von Schlüter entlassen wurde. Ähnlich erging es Schlüter am Portal V des Schlosses, als er Braun im September 1700 wegen Rissen im Mauerwerk wiederum entlassen musste. Aus dem Vertrag zum Bau der Marienkirche in Crossen wurde Braun wegen seiner Entwurfsfehler 1707 ebenfalls entlassen.

Nach dem Einsturz musste Schlüter die Bauleitung am 16. Sept. an de Bodt abgeben, dafür erhielt er am 2. Nov. die Bestallung als Schlossbaudirektor. Hatte schon Schlüter den ursprünglichen Entwurf des plastischen Schmucks nach eigenen Intentionen verändert, so prägte de Bodt maßgeblich die architektonische Gestalt des 1706 vollendeten Zeughauses, die Restarbeiten zogen sich bis zum Treppeneinbau 1730 hin. Markanter plastischer Schmuck sind die ab 1696 entstandenen über 100 Schlusssteine aus Schlüters Werkstatt und seine 22 Masken sterbender Krieger, Trophäen und An-

Zeughaus – Mittelrisalit der Hauptfassade in der von de Bodt entworfenen Gestaltung.

klage zugleich. Die Entwürfe für die Giebelreliefs und Attika-Trophäen stammen von de Bodt.

Die rücksichtslose Nutzung durch französische Truppen 1806–13 machte eine umfassende Instandsetzung notwendig, sie nahm Friedrich Moser unter Leitung von Karl Friedrich Schinkel 1818–21 vor, Johann Gottfried Schadow leitete die Wiederherstellung der Plastiken der Dach-Balustrade. Der Schinkel-Entwurf für den Einbau einer Trophäenhalle 1815 kam dagegen nicht zur Ausführung. Durch Karl Hampel folgte 1829–33 eine weitere Fassadeninstandsetzung. Unter Leitung Friedrich Hitzigs, nach dessen Tod 1881 folgte Hermann Ende, und unter Mitarbeit Richard Cramers und des Bauleiters Karl Hinckeldeyn wurde das Arsenal 1877–83 zur Ruhmeshalle für die preußische Armee umgebaut, ein Wandel, dem mit der Anhäufung historischer Beutewaffen und der rasanten Entwicklung der Kriegstechnik die meisten Zeughäuser unterlagen. Besonders gestaltverändernd wirkte die Überdachung des Innenhofes und der Bau der Kuppelhalle im Nordflügel. Der bereits vom Kaiser genehmigte Neubau eines Reichskriegsmuseums – erste Entwürfe legte August Endell 1916 vor – scheiterte am Ausgang des Ersten Weltkrieges. Ebenso wenig kamen Wilhelm Kreis' Entwürfe von 1941–43 – über einen Verbindungsbau angeschlossener nach Norden orientierter gigantomanischer Neubau – zur Ausführung. 1936 war lediglich der Einbau eines Kinos erfolgt.

Die Nutzung des Zeughauses dokumentiert deutsche Geschichte. Auf Einladung Friedrich Wilhelms IV. fand die erste deutsche Gewerbeausstellung 1844 hier statt. Am 14. Juni 1848 stürmten rev. Handwerker und Proletarier die Waffenkammer, ihre Bewaffnung half aber der unvollendeten Revolution wenig. Der nationalistische Taumel der Reichsgründung 1871 bescherte der preußischen Armee ihre Ruhmeshalle, nachdem 1872 mit der Kunstgewerbeausstellung kurzfristig bürgerlicher Geist in die Hallen eingezogen war. In den ersten Jahren der Weimarer Republik war es still um das in den Beständen nach dem Versailler Vertrag ausgedünnte Zeughaus, ab 1925 erfuhr es aber wieder öffentliche Aufmerksamkeit, u. a. wurden ausländische Monarchen hier empfangen. Wie die Potsdamer Garnisonkirche nutzten die Nazis und Hitler persönlich auch dieses Haus als Stätte preußischmilitaristischen Geistes für ihre Auftritte, hier fanden so genannte Heldengedenkfeiern und auch Trauerakte für hohe Militärs statt. Am 21. März 1943 blieb im Zeughaus ein Attentat auf Hitler unausgeführt. Bereits im Januar 1946 fand im Haus die programmatische Ausstellung „Berlin baut auf" statt.

Seit dem Bombenangriff am 23. Nov. 1943 wurde das Zeughaus immer öfter schwer beschädigt. Der 1948 als „Haus der Kultur" und „Kulturhistorisches Museum" durch Werner Harting begonnene Wiederaufbau endete vorerst 1950, als sich die Notwendigkeit des Abrisses der originalen Pfeilerreihen erwiesen hatte und stattdes-

sen ein stabilisierendes Stahlskelett eingebaut werden musste. Nach Entwürfen der 1950–52 verantwortlichen Otto Haesler und Karl Völker wurde bis 1965 in mehreren Etappen das Zeughaus als „Museum für deutsche Geschichte" aufgebaut. Am 3. Okt. 1990 nahm das 1987 gegründete Deutsche Historische Museum im Zeughaus seinen Sitz, dessen ursprünglich geplanter Standort war dem Bau des Kanzleramtes zum Opfer gefallen. Der bis 2003 errichtete rückseitige Ergänzungsbau mit dem gläsernen Treppenturm ist ein Auftragswerk von Ioeh Ming Pei. Mit dem damit gekoppelten Innenumbau des Zeughauses, der Überdachung des Innenhofes und der Restaurierung der Fassade wurden auch die Dachbildwerke weitgehend durch Kopien ersetzt.

Berlins Silhouette bestimmte einst eine Vielzahl barocker Kirchtürme, unter ihnen auch der Turm der **PAROCHIALKIRCHE** in der Klosterstraße. Als die Kirche am 24. Mai 1944 ausbrannte, stürzten Spitze und Turmobergeschoss herab. Der Turmstumpf auf der Vorhalle wurde 1946 gesichert, 1950/51 erhielt die Kirche ihre Schiefereindeckung zurück. Wiederaufbauprojekte liegen seit einigen Jahren vor. Wie beim Zeughaus übernahm Grünberg nach Nerings Beginn (Grundsteinlegung 15. August 1695) den Weiterbau der Parochialkirche und vereinfachte dessen Entwurf. Die Kirche war 1703 fertig gestellt, 1705 die von Grünberg entworfene Vorhalle an der Klosterstraße, auf die nach einem Entwurf de Bodts 1713/14 Gerlach den Glockenturm setzte. Auf den ursprünglich über dem mittleren Quadrat des Zentralbaues vorgesehenen Turm hatte man nach dem Einsturz von 1698 verzichtet.

Als Hofmaurermeister Braun statt mit der vorgesehenen Bohlenkuppel die Vierung massiv einwölbte, stürzte die östliche Außenwand unter der Last um und die Kuppel brach ein. Braun wurde kurzzeitig inhaftiert und musste den Schaden auf eigene Kosten beseitigen lassen, den Bau führte – als Strohmann der Firma – sein

Vetter Leopold weiter. Das Glockenspiel, ursprünglich für Schlüters Münzturm in Holland gefertigt, wurde wegen seines Missklanges 1717 durch ein neues, ebenfalls holländisches, ersetzt. Zusätzliche Emporen wurden 1837–39 eingebaut. 1884 gestalteten Gustav Knoblauch und Hermann Wex den Innenraum um. In und an der Kirche sind bekannte Persönlichkeilen bestattet, so die beiden „Kammertürken" Friedrich Aly und Friedrich Wilhelm Hassan, der Baumeister Johann Boumann, der Organist August Wilhelm Grell, der Manufakturunternehmer Wilhelm Caspar Wegely, der Bürgermeister Thomas Matthias (vom Domkirchhof überführt), die Minister J. K. Kolbe v. Wartenberg, Heinrich Rüdiger v. Ilgen und Heinrich v. Podewils.

Gegenüber der Parochialkirche steht an der Ecke Parochial-/Klosterstraße das **PALAIS PODEWILS**, eines der wenigen erhaltenen Stadtpalais vom Anfang des 18. Jh.s, benannt nach dem hier seit 1732 wohnenden Heinrich v. Podewils, seit 1730 Minister des Auswärtigen sowie Etats- und Kabinettsminister unter Friedrich Wilhelm I. und Friedrich II. Ein Hofrat ließ dieses Palais Klosterstr. 68 von de Bodt 1701–04 unter Einbeziehung eines Hauses aus dem 16. Jh. erbauen. Nach Erwerb des Gebäudes 1874 durch den Magistrat wurde die 1. Etage 1875–81 Domizil des Märkischen Provinzialmuseums (gegr. 1874). Mit den architektonisch angeglichenen Erweiterungsbauten an der Parochial- und Waisenstraße (1881–86) erhielten zahlreiche Magistratsdienststellen neue Räume. Ab 1920 waren hier Teile der Bezirksverwaltung Mitte untergebracht, 1937 auch der Bezirksbürgermeister. Das schwer zerstörte Gebäude wurde 1952–54 unter Beseitigung der Fassadenvereinfachungen des 19. Jh.s als „Haus der Jungen Talente" wiederhergestellt. Ein Brand am 20. Febr. 1966 erforderte bis 1970 eine nochmalige Rekonstruktion. Nach neuerlichem Umbau 1991/92 wurde das Palais als „Podewil" Sitz der Berliner

Parochialkirche in der originalen Gestalt (um 1890).

Kulturveranstaltungs- und Verwaltungs-GmbH und senatseigenes Kulturzentrum. Unweit der Klosterstraße steht ebenfalls aus dieser Zeit das **PALAIS SCHWERIN**, Molkenmarkt 3, vermutlich auch von de Bodt entworfen. Das Grundstück kam 1698 in den Besitz Otto v. Schwerins, Diplomat und Staatsmann unter Friedrich Wilhelm und Friedrich III., der unter Verwendung vorhandener Bausubstanz bis 1704 hier seinen Alterssitz errichten ließ. Seit 1766 als Verwaltungsgebäude in Staatsbesitz, erhielt es 1794 die Stadtverwaltung; mit dem 1791 erworbenen Molkenmarkt 12 vereinigt, diente der Komplex als Kriminalgericht, Polizeipräsidium und Stadtvogtei. „Molkenmarkt" wurde zum übel beleumundeten Begriff. 1889 wurde das Palais zu einem Wohn- und Geschäftshaus umgebaut. Der Baubeginn einer Magistrale vom Potsdamer Platz zum Stadthaus, die in einem Aufmarschplatz endete, griff in den

Das barocke Palais Schwerin am Molkenmarkt mit dem verlegten Zugang, links die Krögelgasse.

30er Jahren des 20. Jh.s einschneidend in die historische Substanz des Molkenmarktes ein. Dem verbreiterten Neubau der Mühlendammbrücke fiel 1935 das Ephraim-Palais zum Opfer; der Gebäudekomplex Molkenmarkt 12, z. T. noch aus der Zeit des kurfürstlichen Mühlenhofes, wurde 1934 abgerissen. Ab 1935 entstand hier das Verwaltungsgebäude der Münze, seit 1954 Ministerium für Kultur der DDR. Das Schwerinsche Palais wurde 1937 um mehrere Meter zurückgesetzt und der Eingang von der rechten Balkonachse in die Mitte zurückverlegt. Beidseitig wurde in angeglichener Form das Palais um je fünf Achsen erweitert. Eine dem Denkmalwert des Palais adäquate Nutzung ist nach 1990 noch nicht gefunden worden.

An Stadtvogtei und Stadtgericht knüpfen sich zahlreiche Ereignisse aus den demokratischen Kämpfen des 19. Jh.s und der Frühzeit der Berliner Arbeiterbewegung. Fritz Reuter saß als Opfer der Demagogenverfolgung vom 31. Okt. 1833 bis 1. Jan. 1834 in der Stadtvogtei, dann bis 12. Nov. 1834 in der Hausvogtei auf dem Werder. Auf dem Weg von einem Haftort zum anderen, seiner „Festungstid", war Reuter vom 18.–20. Juni 1839 nochmals „Gast" am Molkenmarkt. Hier fanden auch 1847 und 1850 die ersten beiden Berliner Kommunistenprozesse statt.

Wie die Parochialkirche ist die SOPHIEN-KIRCHE, Große Hamburger Str. 29-31, ein Zeugnis des frühen sakralen Berliner Barocks. Als querorientierter Emporensaal – eine für damalige protestantische Predigtkirchen Berlins typische Anlage – wurde sie 1712 erbaut. Grael fügte 1732–34 den an Schlüters Münzturm orientierten Westturm hinzu. Im Zweiten Weltkrieg unbeschädigt geblieben, ist er heute der einzige originale Barockturm Berlins. Im Innern schon 1834 durch Friedrich Moser und 1864 durch Adolf Lohse umgebaut, gestalteten Friedrich Schulze-Kolbitz und Adolph Heyden 1892 den Innenraum neobarock um. Von den wenigen erhaltenen

Grabstätten des Kirchhofes sind die des Schiffsbaumeisters Friedrich Johann Köpjohann, vermutlich von Wilhelm Christian Meyer, der Dichterin Anna Luise Karsch, des Dichters Karl Wilhelm Ramler, des Historikers Leopold v. Ranke und des Baumeisters und Musikers Karl Friedrich Zelter kulturhistorisch von Bedeutung.

Einige wesentliche Bauten der Jahrhundertwende haben sich an damals weit vor der Stadt gelegenen Orten erhalten, so das **SCHLOSS CHARLOTTENBURG**, 1695-99 nach Nerings Entwurf von Grünberg als 2-geschossiges 11-achsiges Lustschloss „Lietzenburg" der Kurfürstin Sophie Charlotte ausgeführt und nach ihrem Tod 1705 so benannt. 1698-1701 nahm Schlüter heute unbekannte Umbauten vor. Dem 1701 schlagartig gewachsenen Repräsentationsbedürfnis folgend, ließ König Friedrich I. durch Johann Friedrich Nilsson Eosander v. Göthe 1701-13 die Anlage durch seitliche je 13-achsige Anbauten und daran anschließende Seitenflügel zur Dreiflügelanlage – mit einem durch ein gusseisernes Ziergitter mit zwei skulpturengeschmückten Torhäuschen abgeschlossenen „Cour d'honneur" – erweitern. Westlich an den Hauptbau schloss Eosander eine 1-geschossige 143 m lange Orangerie an; das die Symmetrie vollendende östliche Pendant kam nicht mehr zur Ausführung, ebenso wenig das Gros der barocken Bauplastik: Ab 1713 herrschte königlicher Sparzwang. Krönung – im Sinne des Wortes – des Eosanderschen Werkes, das in seiner opulenten Plastizität von den schlichten Fassaden abstach, wurde jedoch der dominante 48 m hohe Turm mit der die Kuppel krönenden im Wind drehbaren Fortuna, bei dem er auf einen Entwurf des Hannoveraner Hofarchitekten Remy de la Fosse zurückgriff.

Mit dem Schlossbau entwickelte sich am Schloss auch eine vom Dorf Lietzow unabhängige Ansiedlung für die Schlossbediensteten und die hier ständig tätigen Handwerker. „Charlottenburg" erhielt bereits am 5. April 1705 Stadtrecht, das Dorf wurde 1720 eingemeindet. Als Stadtkirche begann 1710 Philipp Gerlach d. J. die Luisenkirche am heutigen Gierkeplatz, nach Unterbrechungen durch Böhme nach dessen vereinfachtem Entwurf 1713-16 weitergebaut. Umfassende Umbauten Schinkels einschließlich des Neubaus des Turmes 1823-26 und der wiederum verändernde Wiederaufbau der 1943 ausgebrannten Kirche durch Hinnerk Scheper 1950-56, dem 1987/88 ein neuerlicher Umbau durch Jochen Langeheinicke folgte, ließen von der originalen barocken Erscheinung der Emporenkirche wenig übrig.

Erst unter Friedrich II., der nach seinem Regierungsantritt selbst hier gewohnt hatte, ehe er sich endgültig in Potsdam niederließ, wurde weitergebaut. Knobelsdorff fügte zur Herstellung der Symmetrie 1740-47 östlich am Hauptbau den Neuen Flügel an. Der Siebenjährige Krieg erreichte auch Charlottenburg, das Schloss wurde 1760 durch russische und österreichische Truppen geplündert. Mit dem hier fast wuchtig scheinenden Theaterbau von Karl Gotthard Langhans 1787-91 war das Hauptgebäude nach fast 100 Jahren vollendet, ungewöhnlich in seiner extrem queroblongen Figur mit 505 m Länge und bemerkenswert in der Vielfalt der barocken Stilformen.

Nach dem Luftangriff vom 22. Nov. 1943 schien das Schicksal des 1888 von Friedrich III. letztmalig als Residenz genutzten und 1918 verstaatlichten Schlosses besiegelt. Die ausgebrannte Ruine stand offiziell „auf Abriss", entsprechend zurückhaltend waren die Sicherungsmaßnahmen der ersten Jahre. Erst im Frühjahr 1955 begann die systematische Wiederaufbau, am 30. April 1956 drehte sich die neue Fortuna wieder im Wind. 1973 war das „neue Schloss" weitgehend baulich vollendet. Der bereits 1697 von Simon Godeau angelegte Schlossgarten wurde vielfach umgestaltet und erweitert, heute präsentiert sich sein Mittelteil in ursprünglicher französischer Form, der größere anschließende Teil als späterer englischer Landschaftsgarten. Wenn auch das Charlottenburger Schloss als Residenz keine herausragende Rolle in Preußens Geschichte spielte, so war es am 29. Dez. 1994 doch ein historischer Ort, hier erfolgte die offizielle Bekanntgabe der Vereinigung der Schlösser und Gärten Berlins und Brandenburgs.

Aufgrund des fast totalen Verlustes des Interieurs und der weitgehenden Zerstörung der Bausubstanz wurde der Weg der ehrlichen Rekonstruktion gewählt: Restaurierung des wenig original Überlieferten; bei Vorhandensein von Bilddokumenten und ausreichenden Fragmenten Herstellung von Kopien, sonst freie Nachschöpfungen. So stammt die „barocke" Fortuna von Richard Scheibe, die Attika-Figuren der Gartenfront wurden 1977/78 von fünf Bildhauern – Karl Bobeck, Joachim Dunkel, Harald Haake, Jochen Ihle und Günter Anlauf – geschaffen. Der absolute Verlust von Raumfassungen führte letztlich zu ganzen Fluchten neutral-modern gestalteter Räume. Im bereits 1902 zum Möbellager degradierten Hoftheater fand das Museum für Ur- und Frühgeschichte sein Domizil.

Den Ehrenhof schmückt seit 1952 das zwei Jahre zuvor aus dem Tegeler See geborgene Reiterstandbild des Großen Kurfürsten. 1696-1700 von Schlüter modelliert und 1703 auf der Langen Brücke (heute Rathausbrücke) aufgestellt – die Sockelfiguren waren erst 1709 komplett-, war es 1944 per Lastkahn aus der dauerbombardierten Stadtmitte abtransportiert worden und untergegangen. Das „bedeutendste erhaltene barocke Reiterstandbild nördlich der Alpen" – so die allgemeine kunsthistorische Bewertung – wurde 1896 wegen des Brückenneubaus demontiert und kopiert und auf erneuertem Sockel wieder aufgestellt. Die Kopie des Reiters kam mit dem originalen Sockel in die Rotunde des 1904 fertig gestellten – heutigen – Bode-Museums. Erst Ende der 90er Jahre wurde die Diskussion über die Wiederaufstellung des Reiters auf einer erneuerten Rathausbrücke mit deren „reiterlosen" Entwürfen beendet.

Neben der Kleinen und Großen Orangerie gehört das 1788-90 von Langhans d. Ä. erbaute und 1956-60 im Äußeren wiederhergestellte Belvedere – schon im Übergang zum Klassizismus – im nördlichen Park nahe des Spreeufers zu den kriegszerstörten und rekonstruierten barocken Bauten. Zwar entspricht die Konfiguration der Innenräume wieder dem Original, die historischen Raumfassungen aber sind verloren. Die Kuppelfigur wurde bis 1960 von Karl Bobeck neu geschaffen.

Einen durchaus patriotischen Hintergrund hatte das 1810 erwachende Interesse für Charlottenburg in Preußen: In dem 1810-12 nach Schinkels Entwurf verändert durch Heinrich Gentz, ausgeführten Mausoleum im westlichen Schlosspark wurde am 23. Dezember die verehrte und jung verstorbene Königin Luise beigesetzt. Den Sandstein-Portikus des Mausoleums in Form eines griechischen Tempels versetzte man 1828/29 auf die Pfaueninsel und erneuerte ihn hier in Granit. Zur Beisetzung Friedrich Wilhelms IV. an der Seite seiner Gattin musste 1841/42 der Grabtempel nach einem Schinkelschen Entwurf erweitert werden. Der Tod Wilhelms I. machte 1890/91 nochmals eine Erweiterung nötig, ausgeführt von Schlossbaumeister Albert Geyer.

Ebenfalls nach Schinkels Entwurf errichtete Albert Dietrich Schadow 1824/25 für Friedrich Wilhelm IV. das heute „Schinkel-Pavillon" genannte 2-geschossige Sommerhaus nach dem Vorbild er 1822 vom König in Neapel bewohnten Villa Chiatamone. Der traditionsbewusste König entwickelte zeitweise eine gewisse Vorliebe für Charlottenburg. Friedrich Wilhelm IV. ist zwar in der Potsdamer Friedenskirche beigesetzt, sein Herz aber ruht im Charlottenburger Mausoleum.

Zwischen 1682 und 1695 kaufte der „Generaldirecteur" der kurfürstlichen

Marine Benjamin R. Raulé zu einem großen Teil das Dorf Rosenfelde, ab 1699 Friedrichsfelde, auf und ließ sich, vermutlich von Nering, ein Lusthaus, SCHLOSS FRIEDRICHSFELDE, bauen. Seine Berliner Wohnung hatte der Marinechef in Raulés Hof auf dem Werder zwischen Alter Leipziger und Adlerstraße, einem Neubau anstelle des Ballhauses, zugleich Speicher und Seehandlungsbüro. Heute steht hier die zum Auswärtigen Amt umgebaute ehemalige Reichsbank. 1683 legte Raulé als einer der ersten in der damals noch unerschlossenen Stralauer Vorstadt einen großen Garten an, daneben befand sich eine nach seinen Angaben 1684–86 gebaute und von Smids gepachtete Windmühle. Admiral Raulé war eine der abenteuerlichsten und skrupellosesten Gestalten aus dem Umkreis des Großen Kurfürsten. Der Einfall Frankreichs 1672 in seine Heimat ruinierte den holländischen Reeder fast gänzlich, er trat daraufhin in die Dienste des verbündeten Brandenburg. Seine mit kfstl. Mitteln 1675 gegründete Schifffahrtsgesellschaft landete im Krieg gegen Schweden brandenburgische Truppen an der pommerschen Küste und machte, ausgestattet mit Kaperbriefen Friedrich Wilhelms, auf schwedische Handelsschiffe Jagd, ab 1684 auch auf spanische. Vom Erlös dieses „Geschäftes" erhielt der Kurfürst 6%. Nach Bruch des Bündnisses flüchtete Raulé nach Berlin, ab 1. Jan. 1679 war er als Marinechef de facto auch Kolonialminister. Unter Friedrich III. avancierte er zum Oberintendanten der Finanzen, seine Karriere endete 1698 wegen – angeblicher – Vernachlässigung und Veruntreuung im Juliusturm Spandau. Nach der Freilassung 1702 ging Raulé nach Emden und Hamburg.

Der spätere Besitzer Friedrichsfeldes, Albrecht Friedrich v. Brandenburg-Schwedt, ließ durch Böhme 1719 das Schlösschen auf seine heutige Größe erweitern. Trotz fortwährenden Besitzerwechsels blieb das Gebäude bis auf den 1786 vorgenommenen Dachumbau – die Attika fiel der neuen Dachform zum Opfer

und der Mittelrisalit erhielt einen Dreiecksgiebel – äußerlich relativ unverändert, Umbauentwürfe von J. und G. F. Boumann, Carl Philipp Christian Gontard und Langhans d. Ä. wurden nicht verwirklicht. Das vergessene Dasein des Schlosses, nur 1814/15 bekannt als Internierungsort des in der Völkerschlacht gefangengenommenen napoleonischen Bundesgenossen Friedrich August I. v. Sachsen, endete mit der Eröffnung des ersten Teilabschnittes des Berliner Tierparkes am 2. Juli 1955.

Bei der aufwändigen Wiederherstellung 1970–81 wurde das Schloss, dessen originale Innenausstattung verloren gegangen war, mit geborgenen Einrichtungsgegenständen, Tapeten und Wandbespannungen aus märkischen Schlössern und Herrenhäusern ausgestattet. Der Schlosspark, 1821 von Peter Joseph Lenné als Landschaftspark in die östliche Parkerweiterung einbezogen, wurde in Etappen, zuletzt das nördliche Parterre, nach einem Plan von 1761 rekonstruiert.

Die Baugeschichte des Friedrichsfelder Schlosses beginnt wie die des Charlottenburger Schlosses mit Nering, die von SCHLOSS KÖPENICK auf der Schlossinsel endet mit ihm. Der heutige Bezirk – bis 1930 Cöpenick – war bis 1920 selbstständige Stadt, bereits im 9. Jh. slawischer Burgort und 1239 mit Stadtrecht ausgestattet. Dem Barockschloss gingen eine mittelalterliche Burg und das Renaissanceschloss voraus. Als Residenz des Kronprinzen hatte Rütger v. Langerfeld 1677 den Neubau begonnen, Nering löste ihn 1684 ab, von ihm stammt außerdem der Torbau (1682), die Kapelle mit den Wirtschaftsgebäuden (1682–84) und der Galerieanbau (1688). Letzterer stand – als Teil eines künftigen Ehrenhofes – vermutlich schon im Zusammenhang mit der geplanten Umwandlung des Schlosses in eine Dreiflügelanlage durch den Bau eines querstehenden Gartenflügels (Nering) als neues Corps de Logis. Dieser kam über die 1938 ergrabenen Fundamente nicht hinaus. Baulich blieb das Schloss in den folgenden Jahrhunderten äußerlich unverändert, nur die ehemals offene Galerie wurde im 18. Jh. geschlossen.

Das Schloss hat vielfältige Beziehungen zur Geschichte. Hier tagte im Wappensaal im Oktober 1730 das Kriegsgericht, das den Kronprinzen Friedrich und seinen Helfer Katte nach der missglückten Flucht vor der väterlichen Willkür exemplarisch strafen sollte. Als das Gericht dem nicht folgte, ließ der König Katte kurzerhand hinrichten und den Sohn bis zu dessen Unterwerfung in Küstrin internieren. 1804 kaufte der Gelehrte, Kartograph und Offizier Graf v. Schmettau das seit 1782 unbewohnte Schloss. Wegen aufklärerischer Ideen von Friedrich II. entlassen, von Friedrich Wilhelm II. erst rehabilitiert und dann zum „freiwilligen" Abschied bewegt, wurde er 1797 als Generalmajor reaktiviert. Er starb an seinen Verwundungen aus der Schlacht von 1806. Nachdem der Militärfiskus das Schloss 1819 erworben hatte, diente es als Militärdepot, seit 1830 als Staatsgefängnis. Im Kapellenbau und im Schlosskeller wurden ab 1823 Opfer der Demagogenverfolgungen, u. a. Arnold Ruge und Fritz Reuter, eingekerkert. 1846 an das Provinzialschulkollegium überwiesen, war es bis 1926 Lehrerseminar, später Studentenheim.

Die neue Nutzung führte 1846–51 zu zahlreichen Umbauten. Die historische Ausstattung wurde entfernt, es verblieben allein die prachtvollen, teilweise durch Zwischendecken verkleideten Stuckdecken, an denen auch Simonetti gearbeitet hatte. Im Nordteil war stilwidrig in Gusseisen eine zweite Treppe eingebaut worden, die 1934 durch eine Holztreppe aus dem 1931 abgebrochenen Hohen Haus in der Klosterstraße ersetzt wurde. Nach der Restaurierung 1926 erfolgte ab 1960 eine umfassende denkmalpflegerische Instandsetzung der gesamten Anlage, in die 1963 das Kunstgewerbemuseum einzog. Seit 1982 war hier auch das vermutlich nach einem Entwurf Schlüters angefertigte Silberbuffet aus dem Berliner Schloss ausgestellt. Nach Feststellung des massiven Schwammbefalls folgte ab Ende der 90er Jahre eine langwierige Grundsanierung der Bausubstanz.

Als Friedrich III. nördlich der Residenz umfänglichen Grundbesitz erwarb, so 1691 Pankow und (Nieder)Schönhausen, entstanden auch hier Schlösser. Eines errichtete Nering 1691-93 durch den Umbau des alten Gutshauses von 1662 als SCHLOSS SCHÖNHAUSEN, Eosander v. Göthe erweiterte es 1704 zu einer repräsentativen Dreiflügelanlage. Bis 1700 hatten hier die Verhandlungen über das Äquivalent für die kaiserliche Duldung der geplanten Königskrönung stattgefunden. Nach seiner Thronbesteigung wies Friedrich II. seiner ihm vom Vater aufgezwungenen Gemahlin Elisabeth Christine, geb. v. Braunschweig-Bevern, das Schloss als Wohnsitz zu. Zeitlebens durfte Christine die Residenz Potsdam nicht betreten, nur bei wenigen offiziellen Anlässen sah sich das Paar im Berliner Schloss.

Die heutige Rechteckanlage ist das Ergebnis der von J. Boumann 1763/64 vorgenommenen Wiederherstellung des im Siebenjährigen Krieg zerstörten Baues. Der Barockgarten wurde 1829-32 von Lenné zum Landschaftsgarten umgestaltet. 1935/36 erfolgte ein Umbau des Schlosses für die „Reichskammer der bildenden Künste".

Mit der Gründung der DDR wurde das Schloss Niederschönhausen Amtssitz des ersten Präsidenten Wilhelm Pieck. Nach dessen Tod amtierte hier bis zur Fertigstellung des eigenen Gebäudes 1964 der Staatsrat. Historische Bedeutung erlangte das Schlösschen als Regierungsgästehaus der DDR – als letzter steht im opulent gefüllten Gästebuch im Oktober 1989 Michail Gorbatschow mit Frau Raissa. Das nur sporadisch genutzte Ensemble bedarf dringend einer gründlichen Restaurierung zur Beseitigung der denkmalwidrigen Umbauten - und Einbauten im Park - aus sieben Jahrzehnten.

Als Knobelsdorff ab 1743 westlich des Tiergartens auf einer ehemaligen Maulbeerbaumplantage eine Meierei als Sommerhaus erbaute, begann die Geschichte des SCHLOSSES BELLEVUE, Spreeweg 1. Nach mehrfachem Besitzerwechsel erwarb 1784 der jüngste Bruder Friedrichs II., Prinz August Ferdinand v. Preußen, das Grundstück. Michael Philipp Daniel Boumann errichtete den prinzlichen Sommersitz 1785/86 unter Verwendung eines Gebäudes von 1764 als - erste preußisch-königliche - frühklassizistische Dreiflügelanlage, anstelle der Knobelsdorffschen Meierei entstanden die Wirtschaftsgebäude. 1791 baute Langhans einen ovalen Saal ein, eines der frühklassizistischen Standard-Raumelemente des Schöpfers des Brandenburger Tores. Bis Mitte des 19. Jh.s - 1844 hatte sein damaliger Besitzer, Friedrich Wilhelm IV., noch eine Gemäldegalerie eingerichtet - logierten hier zahlreiche Hohenzollern-Prinzen, dann geriet das Schloss in Vergessenheit. Ab 1916 nutzte die oberste Heeresleitung das Gebäude, noch am 21. Okt. 1918 empfing hier - nicht im Schloss - Wilhelm II. die neue und letzte „kaiserliche" Regierung des Prinzen Max v. Baden. Überstand das Schloss die Verstaatlichung 1928 und die Einrichtung des Volkskundemuseums 1935 noch schadlos, veränderte der Umbau zum Reichsgästehaus 1938 durch Paul Baumgarten d. Ä. nicht nur das Äußere. Hier logierten u. a. der sowjetische Außenminister Molotow und sein japanischer Kollege Matsuoka. Beim Wiederaufbau des teilzerstörten Schlosses zum Berliner Sitz des Bundespräsidenten 1954-59 durch Carl-Heinz Schwennickes konnte im sonst einfach gestalteten Inneren zwar nur der Langhanssche Saal rekonstruiert werden, die entstellenden Anbauten aber verschwanden. Nahe der Südwestecke des Baues waren 1954-79 die Statuen der Siegesallee vergraben und so den Blicken der Alliierten, die ihre Zerstörung angeordnet hatten, entzogen. Neben dem Schloss als nunmehr ständigem Sitz des Bundes-

präsidenten, wurde 1996-98 in gebührendem Abstand das Bundespräsidialamt, ein mit dunkelgrünem Granit verkleideter elliptischer Bau nach Entwurf von Martin Gruber und Helmut Kleine-Kraneburg errichtet.

Grünberg, Nerings Nachfolger als Hofbaumeister, und Cayart legten durch die Neue (DEUTSCHE) und die FRANZÖSISCHE KIRCHE auf dem GENDARMENMARKT den Grundstein zu einem der bemerkenswertesten Ensembles Berlins. Beide Kirchen wurden 1701 begonnen, die Ausführung der 1708 vollendeten Deutschen Kirche mit der technisch beachtenswerten Dachkonstruktion über fünfeckigem Grundriss von Michael Kemmeter d. Ä. oblag Simonetti, die Französische führte Abraham Quesnay nach Cayarts Tod bis zur Fertigstellung 1705 weiter. Die überlieferte Vorbildwirkung der 1685 zerstörten Kirche von Charenton war wohl eher ideeller Art, im Erscheinungsbild gibt es keine Beziehung. Als 1774-82 die 1732-36 gebauten und die Kirchen einschließenden Ställe des Regiments Gens d'Armes abgerissen wurden und J. Boumann das Französische Komödienhaus (1774-76; Portikus von Georg Christian Unger) errichtete, war die spätere Gestalt des Platzes mit der einheitlichen Wohnhausumbauung nach Entwürfen Gontards und Ungers (etwa 1775-80) vorgegeben.

Von großer Bedeutung für Berlins Entwicklung war die Ansiedlung der nach der Aufhebung des Ediktes von Nantes (18. Okt. 1685) aus Frankreich flüchtenden Hugenotten. Bereits 1672, dem Beginn erneuter Verfolgungen, kamen die ersten Refugiés nach Berlin, 1677 waren in der Stadt über 700 sesshaft. Die Gewährung von politischen und wirtschaftlichen Privilegien war primär wohl weniger ein humaner Akt oder Ausdruck von Glaubensfreiheit, sie war vordringlich für die Entwicklung der rückständigen brandenburgischen Wirtschaft erforderlich. Von den bis 1700 in das Land gekommenen 20.000 Refugiés blieben etwa 6.000 in

Gendarmenmarkt nach der gärtnerischen Umgestaltung von 1895/96. Im Vordergrund die Deutsche, im Hintergrund die Französische Kirche.

Berlin und bildeten zeitweise ein Viertel der Einwohnerschaft. Frankreich verlor in den ersten vier Jahren des Massenexodus 80.000 bis 100.000 Staatsbürger, vielfach hervorragende Vertreter von Wirtschaft, Kunst und Wissenschaft.

Die Hugenotten gründeten feste Gemeinden mit eigener Gerichtsbarkeit, Bürgerrecht und Schulhoheit. Diese Sonderrechte wurden erst mit der Steinschen Städteordnung vom Okt. 1809 beseitigt. Neben der schon seit 1673 bestehenden Berliner Gemeinde, die im benachbarten Altlandsberg existierte nur 1670–72, wurden in Brandenburg bis 1700 weitere 38 gegründet, noch 1884 gab es 20 in Preußen. Die Hugenotten erneuerten die Wirtschaft durch fortgeschrittene Technologien und Verfahren, begründeten neue Gewerbezweige, beeinflussten nachhaltig die Künste, die Geistes- und

Naturwissenschaften und nicht zuletzt die groben Berliner Sitten. Sowohl in der Armee wie bei Hofe waren Hugenotten in hohen Ämtern vertreten. Ihre religiös begründeten Sozialeinrichtungen waren beispielgebend.

Die französischen Refugiés waren nicht die einzigen Neu-Berliner. Friedrich Wilhelm setzte schon frühzeitig auf die wirtschaftsfördernde Kraft von Einwanderern, zu denen zahlreiche Baumeister und Bauhandwerker gehörten. Bereits 1661 ließ er vor allem niederländische Bauern und Gärtner werben, 1667 und 1669 veranlasste er den Magistrat zu günstigen Konditionen für bauwillige Zuwanderer; mit der dekretierten Ansiedlung von 50 aus Wien vertriebenen reichen jüdischen Familien gründete sich am 10. Sept. 1671 die Jüdische Gemeinde neu. Im Todesjahr des Großen Kurfürsten

46

hatte Berlin mit 18.000 etwa die dreifache Einwohnerzahl als bei seinem Regierungsantritt. Sein Nachfolger setzte diese Politik, wenn auch nicht so konsequent, fort – um 1700 wohnten in Berlin je 500 Pfälzer und Schweizer Reformierte. 1734 waren in der Umgebung etwa 2.000 böhmische Protestanten ansässig.

Die Bedeutung des Platzes wurde durch den von Friedrich II. befohlenen Bau der beiden architektonisch identischen Kuppeltürme (1780–85) neben den Kirchen betont. Der Entwurf der Türme stammte von Gontard, der nach Einsturz des Deutschen Turmes am 28. Juli 1781 die Bauleitung an Unger abgeben musste. Den plastischen Schmuck und die Kuppelfiguren entwarfen Christian Bernhard Rode (Deutscher und Französischer Turm) und Daniel Chodowiecki (Französischer Turm). Für den durch den Turmbau verlorengegangenen Friedhof erhielt die Französische Gemeinde das Grundstück Chausseestr. 127 zugewiesen, auf dem später das Hospital und das Gymnasium entstanden.

Beide Türme – die später gebrauchte Bezeichnung Dom leitet sich von der architektonischen Form und nicht von einem kirchlichen Rang her – blieben ohne innere Verbindung mit den Kirchen und waren als reine Repräsentationsbauten nicht ausgebaut. Nur für einige Räume der Turmvorbauten – Sakristei, Brot- und Suppenverteilung, Küsterwohnung u. a. – erhielt die Französische Gemeinde am 16. August 1785 symbolisch die Schlüssel. Erst Ende des 19. Jh.s etablierte sich im Deutschen Turm, nach vorübergehender Nutzung durch die Armendirektion, der Verein für die Geschichte Berlins, das nördliche Pendant wurde 1929/30 für das Hugenottenmuseum – u. a. Ausbau des Erman-Saales – eingerichtet. Die Deutsche Kirche, einst Grabstätte Knobelsdorffs und Pesnes und 1834 von Langerhans wiederhergestellt, gestalteten Hermann v. d. Hude und Julius Hennicke 1881/82 unter Mitarbeit Richard Cramers völlig neobarock um und beseitigten den westlichen, nicht weitergeführten Turmunterbau von Grünberg. Lediglich äußerer Umriss und Grundriss blieben erhalten. Die Instandsetzung der Französischen Kirche 1861 durch David Barraud erbrachte keine Veränderungen, Otto March dagegen veränderte 1905 das Innere weitgehend, die schmucklose 5-achsige Westfassade erhielt einen 3-achsigen Mittelrisalit.

Die Kriegszerstörung machte auch vor dem Gendarmenmarkt nicht halt. Türme und Kirchen wurden durch mehrere Bombenangriffe in der Zeit vom 23. Nov. 1943 bis 30. Jan. 1945 bis auf die Umfassungsmauern zerstört. Mit der Wiederherstellung des Platzes (zu DDR-Zeiten „Platz der Akademie" genannt) ab 1977 erhielten Kirchen und Türme wieder ihre ursprüngliche Gestalt, im Innern der neuen Nutzung angepasst. Als erstes wurde am 17. April 1983 die Französische Kirche mit ihrer Weihe und einer Ausstellung des Hugenottenmuseums im zusätzlich eingebauten Sockelgeschoss wiedereröffnet. Der 2-geschossige Ausbau bedingte die neue Freitreppe. Die zwischenzeitlich durch einen Brand während der Rekonstruktion erneut beschädigte Deutsche Kirche wurde 1992–96 nach Entwurf von Jörg Pleuser endgültig zur Ausstellungshalle umgebaut.

Die Regierung des Soldatenkönigs (1713–40) wirkte sich nachhaltig auf das Bauen in Berlin aus. An die Stelle des holländisch und französisch geprägten Barock trat eine ökonomischen und militärischen Belangen verpflichtete schlichte Bauweise und klare Grundrissgestaltung der Stadterweiterungen, die den Ausbau zur größten preußischen Garnison bewirkten. Die drastische Kürzung der Ausgaben für Wissenschaft und Kunst im Frühjahr 1713 zugunsten des Militäretats ließen bedeutende Architekten und Bildhauer (Eosander, Schlüter u. a.) ihren Abschied nehmen, die Akademien der Künste und der Wissenschaften – erstes Statut der „Königlich Preußischen Akademie der bildenden

Künste und der mechanischen Wissenschaften" vom 20. März 1699 – führten fortan ein Schattendasein.

Unter diesen Vorzeichen vollzog sich die weitere bauliche Entwicklung Berlins. Gefragt waren nicht mehr residenzgemäße Prachtbauten – einzige Ausnahme bildete das königliche Kirchturm-Faible – und künstlerische Gestaltung, sondern standardisierte Bürgerhäuser mit Einquartierungsmöglichkeiten für Soldaten – Kasernen entstanden erst nach dem Siebenjährigen Krieg –, breite Straßen im Raster der Stadterweiterungen und weite Plätze zum Drillen der Armee. Schon 1715 wurde der Lustgarten zum Exerzierplatz planiert. Der Massenwohnungsbau sollte die städtische Ansiedlung zur Erhöhung der Gewerbeproduktion und des Steueraufkommens fördern. Allein 1725–37 entstanden fast 1.000 Wohnhäuser, in der Friedrichstadt wurden neben den vorhandenen 719 Häusern von 1725–32 149 Baulücken geschlossen, 1737 betrug der Bestand 1.682 Häuser. Der drastisch ausgeübte Bauzwang traf Bürger wie Adel gleichermaßen. Der vorhandene Wohnraum übertraf bald den wirklichen Bedarf.

Die „Ortgies'sche Correspondenz" – ihr Verfasser F. H. Ortgies wurde ob seiner offenen Berichterstattung im Juli 1735 nach fünfmonatiger Haft nach Sachsen ausgewiesen – schrieb dazu: „Es ist hiebey wegen der neuen Häuser auf der Friedrich-Stadt zu gedencken, dass dieselben mehrentheils ledig stehen, viele von ihnen den Eigenthümern geben Leute die freye Wohnung, andere müßen noch Geld zu geben, damit sie jemand bewohnet, weilen die Diebe solche besuchen, die Fenster und die Schlösser von den Thüren auch ander Eisenwerk aus solchen Häusern stehlen. Der König hat dieserhalben einen Geheimten Rahte vom General Directorio befohlen in allen fremden Lande Kund zu machen, dass außer denen vorhin bekandten Freyheiten und vielen Douceurs die hier sich zu etablieren gesonnene Handwerker auch 2 Jahre freye Wohnung genießen sollen" (15. Jan. 1735).

„Auf geschehene Vorstellungen des Magistrats ist demselben zur finalen Resolution geworden, dass aus jedem Hause, worin 4 familien zur Miethe sitzen, eine in die Friedrichs-Stadt zu wohnen sich begeben soll, welches bei vielen Handwerkern ziemliche Unruhe machet, weilen sie besorgen, dass ihnen in dem Verdienst Vieles abgehen würde" (22. Jan. 1735).

Als ersichtlich wurde, dass die ungehemmte Zwangspressung von Rekruten das Gewerbe zu ruinieren begann – bis Ende 1714 sollen über 7.000 Handwerker vor den Werbern aus Berlin geflüchtet sein –, wurden die wichtigsten Städte von Soldatenwerbungen befreit. Im Kantonreglement von 1733, das jeder militärischen Einheit ein bestimmtes Gebiet zur Auffüllung seiner Mannschaften zuwies, wurden Berlin und andere Gewerbezentren ausdrücklich ausgespart. Das Generalkriegskommissariat und das Generalfinanzdirektorium wurden 1723 zum Generaldirektorium vereinigt, dem die gesamte finanzielle und innere Verwaltung des Landes oblag und das die absolutistische Staatsmacht weiter festigte. Der letzte Rest städtischer Souveränität wurde beseitigt. Mit dem „Rathäuslichen Reglement" vom 21. Febr. 1747 war in Berlin dieser 1735 eingeleitete Prozess beendet. Der Polizeidirektor, ein 1742 geschaffenes Amt, stand als Stadtpräsident der städtischen Verwaltung vor, die für die vier Departements Finanzen, Justiz, Polizei und Ökonomie mit kurfürstlichen Beamten besetzt war. Erster Stadtpräsident wurde Karl David Kircheisen. 1740 betrug die Einwohnerzahl mit Garnison bereits – innerhalb der bis 1736 errichteten Zollmauer – über 100.000 in 4.000 festen Gebäuden. Ungeplant gewachsen waren die Spandauer, Königs-, Stralauer und Köpenicker Vorstadt.

Die Militarisierung des Staatsapparates und des öffentlichen Lebens wirkte bis in die Bauadministration, sowohl der Chef der 1721 gegründeten Baukommission (Christian Reinhold v. Derschau) wie auch

Selbst als Ruine beeindruckt der Chor der Franziskanerklosterkirche an der Littenstraße durch die schlichte Schönheit des Baukörpers.

Torhaus der Zitadelle Spandau, links hinter der Bastion König der Juliusturm, ältestes profanes Bauwerk Berlins.

Zwischen Schloss und Festungswall – das barocke Zeughaus auf dem Werder.

Parochialkirche in der Klosterstraße, seit dem 24. Mai 1944 turmlos und ohne das be-rühmte Glockenspiel.

Sophienkirche in der Spandauer Vorstadt, der einzige noch erhaltene Barock-Turm der Altstadt.

Schloss Charlottenburg, Corps de logis mit dem Neringschen Kernbau, davor Schlüters Großer Kurfürst.

Schloss Friedrichsfelde – ursprünglich Lusthaus, dann königlicher Arrest, jetzt architektonisches Glanzstück des Tierparks.

Schloss Bellevue am Rande des Tiergartens – einst Prinzendomizil, heute Amtssitz des Bundespräsidenten.

Wiedererstanden nach Kriegszerstörung – der Gendarmenmarkt mit dem Schauspielhaus und der Französischen Kirche.

Königliches Kammergericht (Collegienhaus) in der Friedrichstädter Lindenstraße, heute Berlin-Museum.

Ephraimpalais – nach 50 Jahren wiedererstandene schönste Rokoko-Ecke Berlins, heute Austellungsgebäude der Stiftung Stadtmuseum Berlin.

Bebelplatz mit Opernhaus, St-Hedwigs-Kathedrale und Dresdner Bank – Teil des nur reduziert ausgeführten Forum Fridericianum.

Königliche Bibliothek („Kommode"), im Hintergrund das die Forums-Achse abschlie-ßende Palais Prinz Heinrich, die heutige Humboldt Universität.

der 1720 eingesetzte Generalbaudirektor (Christian v. Linger) waren aktive Militärs. Diese Situation änderte sich unter Friedrichs II. Regierung. Der gezielte Ausbau des Staates, die zunehmende Bedeutung von Wissenschaft und Kunst für die Festigung der absolutistischen Macht und zur Erringung internationalen Ansehens ließen die barocke Architektur zu neuer Blüte kommen.

Als neue Bauaufgabe bildete sich in dieser Zeit das MANUFAKTURGEBÄUDE – Urahn des Industriebaus – heraus, überliefert ist keines. Bestimmten anfangs naturgemäß Um- und Einbauten in vorhandene große Gebäude, wie Lagerhäuser und Adelspalais, die Aufträge, so entstanden bald eigenständige funktionsbestimmte Bauten, wie die vorbildhafte Gold- und Silbermanufaktur. Über diesen Bautyp ist in Berlin wenig bekannt. Im ehemaligen Palais Grumbkow, Königstr. 60 (1724/25; Martin Heinrich Böhme), richtete sich 1747 die Seidenmanufaktur Girard & Michelet ein, die Wollenmanufaktur und Maschinenspinnerei Kaapcke war ab 1800 im Arbeitshaus An der Contrescarpe (Alexanderstraße; 1756–58 von Christian Friedrich Feldmann und Christian August Naumann) beheimatet.

Die ersten Manufakturen dienten vor allem der Armee. Die früheste bekannte Manufaktur dürfte das um 1700 nach Entwurf Schlüters errichtete Gießhaus hinter dem Zeughaus – heute Standort des Erweiterungsbaus – sein, das schon 1704/05 erweitert wurde. In der Fassadengestaltung entsprach es etwa einem italienischen Palazzo. Neben Geschützrohren wurden hier gelegentlich in königlichem Auftrag auch Bildwerke gegossen. 1872 wurde der Bau abgerissen.

Wie wenig die Manufakturen der ersten Generation bei ihrer Unterbringung wählerisch sein konnten, zeigt das Beispiel des Alten Marstalls Unter den Linden. In dem ab 1687 von Nering, Grünberg und später J. Boumann errichteten Komplex, der auch die Akademie der Wissenschaften,

die Sternwarte und andere Einrichtungen aufgenommen hatte, logierten im Flügel an der Stallstraße (heute Universitätsstraße) auch Manufakturen, so die Seidenstrumpfmanufaktur Duchesne, die Gobelinmanufaktur Mercier und die Tapetenmanufaktur John Christian.

Friedrich Wilhelm I. zwang den Kaufmann und Bankier Johann Andreas v. Krautt 1713 zur Gründung einer Uniformtuchmanufaktur im Lagerhaus an der Klosterstraße (ehemaliges Hohes Haus) mit dem Reithaus der ehemaligen Ritterakademie, die 1723 verstaatlicht und spätestens 1830 stillgelegt wurde. Diese mehrfach erweiterte Manufaktur war die Keimzelle des die Berliner Wirtschaft im 18. Jh. bestimmenden Textilgewerbes. „Diese Anstalt hatte einen so glücklichen Fortgang, dass schon im Jahre 1716 die ganze Armee aus dem Lagerhause gekleidet werden konnte." [Nicolai/503]. In den 30er Jahren beschäftigte sie 500 Arbeitskräfte, damals schon ein Großunternehmen. Zum Textilgewerbe zählten aber nicht nur Wollzeughersteller, sondern die vor allem von Friedrich II. geförderten Seidenmanufakturen. Die Seidenmanufaktur der Brüder Bernhard in der Spandauer Straße hatte da einen prominenten Teilhaber – kein geringerer als Moses Mendelssohn legte hier den Grundstock für sein Vermögen ...

Bereits 1686 hatte Krautt das Privileg für eine GOLD- UND SILBERMANUFAKTUR – Herstellung von Drähten und Tressen für Uniformen und Fahnenschmuck – erhalten, das er an Leipziger Unternehmer weiterverkaufte, die 1692 diese Manufaktur in der Stralauer Str. 33 gründeten. Über Erbschaft kam sie an Severin Schindler, den Begründer des Schindlerschen Waisenhauses (1730 Rittergut Schöneiche, ab 1812 Friedrichsgracht 57). 1707 ließ Schindler vermutlich durch de Bodt auch das straßenseitige Wohnhaus zu Gewerbezwecken umbauen. Nach seinem Tode wurde 1737 die Manufaktur am Molkenmarkt aufgelöst und unter Übernahme allen Inventars und Halbzeugs als

Königliche Gold- und Silbermanufaktur – für die Philipp Gerlach das Manufakturgebäude Wilhelmstr. 79 errichtete – weitergeführt. 1762 pachtete Veitel Heine Ephraim das Unternehmen, dessen Erben es 1843 stilllegten. Aufgrund des zunehmenden Einbaus von Wohnungen erfolgte 1823 durch Ludwig Ferdinand Hesse eine Aufstockung der Seitenflügel. Dieser Bau spielte als Mustervorlage für Manufakturen noch eine Rolle.

Als private Konkurrenz zum Lagerhaus gründete Johann Georg Wegely um 1723 eine Wollzeugmanufaktur auf der Cölln vorgelagerten Spreeinsel gegenüber Neukölln am Wasser. Sie überflügelte an Produktivität das Lagerhaus bald und ging 1753 an seine Söhne über, die 1791 auch auf der Insel Wohnung nahmen; 1797 wurde sie stillgelegt. Der Sohn und Nachfolger Wilhelm Caspar Wegely betrieb ab 1751 im von Philipp Gerlach d. Ä. erbauten ehemaligen KLEINEN KOMMANDANTENHAUS in der Neuen Friedrichstr. 21 (etwa Standort S-Bhf. Alexanderplatz), an dessen Stelle er zwei Jahre später durch C. A. Naumann einen Neubau aufführen ließ, die erste Porzellanmanufaktur Berlins, die 1757 wegen des Siebenjährigen Krieges einging. Johann Ernst Gotzkowsky, Samt-

u. Seidenfabrikant, erneuerte 1761 die Gründung im ehemaligen Dorvilleschen Haus, Leipziger Str. 4, wo er im gleichen Jahr im Hof ein Manufakturgebäude errichten ließ. Er musste aber schon 1763 den Betrieb wegen Finanzproblemen für 225.000 Taler an Friedrich II. verkaufen, der ihn als Königliche Porzellanmanufaktur (KPM) zum Staatsunternehmen ausbaute. Gotzkowsky, wohnhaft Brüderstr. 28 und 1747–70 Besitzer des heutigen Nicolai-Hauses Brüderstr. 13, hatte durch geschickte Verhandlungstaktik und Einsatz privater Gelder – die er nie zurückerhielt – im Oktober 1760 Berlin vor Plünderungen durch russische und österreichische Truppen bewahrt. 1765 erweiterten J. Boumann und 1776 August Gotthilf Naumann die Produktionsgebäude. Nach einem Entwurf Gontards stockte Unger 1783 das Hauptgebäude auf. 1871 wurde die KPM nach Charlottenburg verlagert und ab November hier der Provisorische Reichstag eingerichtet. An der Wegelystr.1 entstand nach den Entwürfen des 1868 zum KPM-Direktor berufenen Architekten Gustav Möller ein in Teilen noch heute genutztes neues Betriebsgelände.

Eine große Rolle in Berlins Wirtschaft spielte das im Juli 1712 von Gottfried

Gerlachs Entwurf für das Kleine Kommandantenhaus, Bollwerk 10, heute etwa Bhf. Alexanderplatz.

Adolph Daum und David Splittgerber gegründete Handelshaus. Durch veraltete Zunftgesetze am Einzelhandel gehindert, stiegen Daum & Splittgerber in den Großhandel ein und verdienten mit Metall- und Munitionslieferungen bald ein Vermögen. Neben Großhandel und Bankgeschäften betrieb das Unternehmen auch Fabrikationsstätten des Metall- und Rüstungsgewerbes, im internationalen Handel war es an der Russischen (1725) und an der Asiatischen Handelskompanie (1750) beteiligt. Ab 1749 baute Splittgerber Berlins erste Zuckersiedereien vor dem Stralauer Tor. Nach den Geschäften des Siebenjährigen Krieges betrug 1762 sein Kapital 2 Mio. Taler.

Von der Massenbebauung aus des Soldatenkönigs Zeit ist kein Haus überliefert. Nur die beiden PFARRHÄUSER DER DREIFALTIGKEITSKIRCHE, Tauben/Ecke Glinkastr. (J. K. Stoltze u. T. Favre; 1738/39) – im kriegszerstörten dritten Haus wohnte 1812–18 Friedrich Schleiermacher – sowie das Gouverneurshaus (Unter den Linden 11) und das Prinzessinnenpalais (Unter den Linden 5) sind Zeugnisse dieser Zeit. Ursprünglich stand das GOUVERNEURSHAUS – als solches seit 1732 genutzt, 1808 Stadt- und 1879 Amtsgericht I und ab 1907 Zentral-Finanzamt – in der Jüden/Ecke Königstr. 19. Für den Staatsminister Christian v. Katsch erbaut, war es Friedrich Wilhelm Dieterichs erster Bau in Berlin, 1721 gemeinsam mit Martin Böhme errichtet.
Die schlichte Fassade ist nur durch den die Torachse betonenden Balkon und die darüber liegende plastische Dekoration geschmückt. Das 1742 umgebaute und 1838–46 von Georg Heinrich Bürde erweiterte Haus musste der Neubebauung der Rathausstraße weichen, die Kopie seiner Fassade mit originalen Teilen des Bauschmuckes wurde 1963/64 anstelle des kriegszerstörten Niederländischen Palais eingefügt. Statt der Tordurchfahrt wurde die Freitreppe des Vorgängerbaues übernommen. Das neue Gouverneurshaus ist heute Institutsgebäude der Universität.
Das PRINZESSINNENPALAIS (Operncafé) schuf ebenfalls Dieterichs. 1733 vereinte er durch Umbau zwei 1730 errichtete Bürgerhäuser zum Palais des Ministers Samuel v. Cocceji, das später in königlichen Besitz überging. Als 1809 Friedrich Wilhelm III. seinen Wohnsitz im Kronprinzenpalais nahm, wurde ein Erweiterungsbau notwendig. Gentz setzte diesen als Kopfbau 1810/11 vor das Prinzessinnenpalais und verband beide durch einen Übergang. Durch Lohse wurde es 1841 im Innern weitgehend erneuert.
An der Ecke Poststr. 16/Mühlendamm errichtete Dieterichs 1761–65 mit dem EPHRAIM-PALAIS das schönste Rokoko-Palais Berlins. Besonders betont wurde der abgerundete Eingang des Eckhauses. Die balkontragenden Säulen und die Gitter sollen ein Geschenk Friedrichs II. aus seiner Kriegsbeute des Jahres 1757 vom Schloss Pförten sein. Am 6. März 1761 hatte Ephraim mit der Verleihung der bürgerlichen Rechte christlicher Kaufleute auch die Erlaubnis zum Grundstücksbesitz und Hausbau erhalten.
Ephraim übernahm 1748 allein die bis dahin mit seinem Vater geführte Bank. Durch das Monopol der Silberlieferungen für die kgl. Münze erlangte er eine beherrschende Stellung im Geldgeschäft. Er betrieb Juwelenhandel, verdiente durch Getreide- und Salzlieferungen an Friedrichs Armeen, hatte Manufakturen zur Produktion von Spitzen, Gold und Eisendrähten, die in der von ihm 1762 gepachteten Kgl. Gold- und Silbermanufaktur verarbeitet wurden, besaß in Berlin und Magdeburg mehrere Häuser und am Schiffbauerdamm ein großes Manufakturgelände mit Mühlen.
Ephraims größte Unternehmung war das Münzgeschäft zur Finanzierung der Kriege Friedrichs. 1757 hatte er gemeinsam mit Daniel Itzig und anfangs Moses Isaak die Münzen Leipzig und Dresden zur Pacht erhalten. Durch ständiges Senken des Edelmetallgehaltes erwirt-

schaftete er 29 Mio. Taler für Friedrich, verdiente selbst ein Vermögen und ruinierte die Kaufkraft der Währung. Diese Manipulation war keineswegs eine private Initiative Ephraims, sie war Staatspolitik Friedrichs II. Nur, der König blieb im Hintergrund, der Münzjude aber wurde in der Öffentlichkeit zum Erzgauner. Die Geschäfte zwischen König und Bankier wurden geheim über General Boguslaw v. Tauentzien in Breslau abgewickelt, dessen Sekretär 1760–65 Gotthold Ephraim Lessing war. Dieser konnte so in Kenntnis der Vorgänge seinen Freund Moses Mendelssohn, Philosoph und Vorkämpfer der Judenemanzipation, vor einer von Ephraim angebotenen Geschäftsbeteiligung warnen.

Als Behördensitz wurde das Gebäude 1892–95 durch Blankenstein aufgestockt, in angeglichener Gestaltung bis in die Burgstraße und in der Poststraße um zwei Achsen mit Durchfahrt erweitert. Beim Abbruch 1935 wurden die wichtigsten Fassadenteile geborgen und eingelagert. Im Winter 1983/84 begann der Wiederaufbau etwa 20 m nördlich des alten Standortes.

Von Diterichs Berliner Kirchen ist nur die SCHLOSS- UND GEMEINDEKIRCHE BUCH, Alt Buch, erhalten, 1731–36 anstelle einer baufälligen Fachwerkkirche auf der Besitzung des Ministers v. Viereck erbaut. Bereits 1724 hatte Diterichs das Gutshaus zum Schloss umgebaut, das nach Kriegsschäden 1964 beseitigt wurde. Der unter Mitarbeit seines Lehrers Konrad Wiesend errichtete Zentralbau auf kreuzförmigem Grundriss mit dem charakteristischen Kuppelturm wurde – 1891 restauriert – am 18. Nov. 1943 ein Opfer der Bomben. Vorerst ohne Turm, wurde die Kirche 1950–53 wiederhergestellt. Im Inneren bemerkenswert – von Diterichs Kanzelaltar sind nur Teile eingebaut – ist das Grabmal v. Vierecks als letztes Werk J. G. Glumes d. Ä. Für den Minister baute Diterichs 1734 auch dessen Stadthaus in der Spandauer Straße.

Nicht nur einzig überliefertes Werk von Gerlach d. J., sondern auch erstes Verwaltungsgebäude Berlins ist das in der südlichen Friedrichstadt 1734/35 errichtete COLLEGIENHAUS, Lindenstr. 14, Amtsgebäude des Kammergerichts, der Konsistorialbehörde, des Kurmärkischen Landesarchivs und anderer kleinerer Behörden. Die 2-geschossige Dreiflügelanlage mit dem recht voluminösen Mansarddach ist von zeittypischer schlichter Gestalt. So bleibt auch der einachsige Mittelrisalit bescheiden mit Balkon und wappengeschmücktem Giebelfeld gestaltet, die Seitenflügel markieren sich straßenseitig nur durch glatt geputzte Lisenen. Das im 19. Jh. mehrfach, u. a. 1859/60 durch Waesemann, umgebaute Haus, seit 1913 allein Sitz des Evangelischen Konsistoriums der Mark Brandenburg, wurde im Zweiten Weltkrieg wie die gesamte südliche Friedrichstadt schwer zerstört und erst 1963–69 durch Günter Hönow im Äußeren originalgetreu als Berlin-Museum wiederaufgebaut. Mit dem IBA Wohnpark am Berlin-Museum, nach Gesamtentwurf von Hans Kollhoff und Arthur Ovaska von mehreren Architekten 1984–86 errichtet, bekam das bis dahin einsame Haus auch wieder ein bauliches Umfeld. Nach umfassender Rekonstruktion 1998–2001 eröffnete das Museum ohne das Sachgebiet Jüdische Geschichte wieder.

Im Rückblick könnte man den Eindruck haben, dass das Kammergericht ein Tummelplatz verkappter oder künftiger Literaten war, hier wirkten als Juristen u. a. 1794–98 der jung gestorbene Dichter Wilhelm Wackenroder, 1815–32 der Schriftsteller Julius Hitzig, Nachfahre des jüdischen Bankiers Friedrichs II., Daniel Itzig, und Vater des Architekten Friedrich Hitzig, ab 1816 der Dichter E. T. A. Hoffmann und 1820–23 der Historien-Schriftsteller Willibald Alexis. Ausgerechnet zwischen Wiener Kongress und der 48er Revolution zeigte die Berliner Justiz Ansätze zur politischen Unabhängigkeit: 1819 konnte der Kammergerichtsrat E. T. A. Hoffmann den „Turnvater" Jahn vom Vorwurf der „geheimen und hochverräterischen Verbindung" befreien, 1843 sprach das Gericht den Arzt J. Jacoby frei, der versprochene politische Freiheiten eingefordert und des Hochverrats angeklagt worden war. Die 254 Angeklagten, die 1846 die Wiederherstellung Polens in den Grenzen von 1772 gefordert hatten, erhielten in ihrem in der Gefängniskirche Lehrter Str. 1847 stattfindenden Prozess dagegen hohe Strafen, wurden aber nach der Märzrevolution 1848 begnadigt.

Obwohl in den Dimensionen und der Gestaltung nicht vergleichbar, dürfte das ursprünglich nur als Abteilung des Berlin-Museums geplante und nun als selbstständige Institution 1993–2000 errichtete und 2001 eröffnete Jüdische Museum, Lindenstr. 13, das barocke Palais in der Straßenfront kaum dominieren. Der unter 165 Wettbewerbseinsendungen siegreiche Entwurf von Daniel Libeskind entwickelt sich im Gebäudegrundriss aus einem gebrochenen Judenstern und gibt mit den weitere Brüche suggerierenden sich durchdringenden Baukörpern, den sich außerhalb des Gebäudes treffenden Raumkanten, den abseits des Herkömmlichen angeordneten Lichtöffnungen und anderen Ungewöhnlichkeiten – definiert oft als Dekonstruktivismus – Raum für vielerlei Interpretationen.

Wenige Bürgerhäuser des 18. Jh.s haben Stadtumbau und Krieg überstanden. Bekannt ist das **ERMELER-HAUS**, heute Märkisches Ufer 10. Als 1760 das Haus Breite Str. 11 den Besitzer wechselte, baute es Diterichs weitgehend um, Karl Friedrich Fechhelm und Johann Christoph Frisch statteten es ab 1762 in Rokokoformen aus. 1804 wurde die Fassade klassizistisch umgestaltet und erhielt die Attika-Zinkgussvasen und -figuren, das Steildach wurde durch ein Mansarddach als Trockenboden für die im Hof untergebrachte Tabakfabrik ersetzt. Der Tabak-

fabrikant Wilhelm Ferdinand Ermeler erwarb das Haus 1824, es blieb bis 1914 in Familienbesitz. Mit der Auflage, bis 1965 die Einrichtung nicht zu verändern, verkauften es die Erben an die Stadt, die 1932 hier eine Zweigstelle des Märkischen Museums einrichtete. Die Kriegsschäden wurden 1952/53 beseitigt, seit 1945 war das Haus Sitz der Ratsbibliothek und des Stadtarchivs. Im Zuge der Neugestaltung des Stadtzentrums wurde das Ermeler-Haus – einziges Gebäude von Wert auf dieser Straßenseite – nach sorgfältigem Aufmaß 1968/69 nach Entwurf von Klaus Pöschk am neuen Standort als Kopie mit originalem Bauschmuck wiedererrichtet und die geborgene originale Innenausstattung wieder eingebaut.

Erwähnenswert ist auch das **MAGNUS-HAUS** Am Kupfergraben 7, von G. F. Boumann vermutlich nach einem Knobelsdorff-Entwurf einige Jahre nach dessen Tod für einen Bankier errichtet. Als Mieter hatte dieser 1776–82 den Mathematiker Joseph-Louis Lagrange, Direktor der mathematischen Klasse der Akademie der Wissenschaften. Das elegant dekorierte Gebäude wurde 1822 zur Dorotheenstraße und mit einen Hofflügel durch den Oberbaurat Adolph Günther erweitert, der es bis 1838 bewohnte.

Als Wohnhaus des Physikers Heinrich Gustav Magnus, der es 1840 erworben hatte, wurde es 1842 Sitz des ersten physikalischen Laboratoriums Deutschlands, hier begründete Magnus 1843 das Physikalische Kolloquium, aus dem 1845 die Deutsche Physikalische Gesellschaft hervorging. Die hier stattgefundene Begegnung zwischen Georg v. Siemens und Johann Georg Halske führte 1847 zur Gründung der späteren Weltfirma. Nach dem Tod von Magnus' Witwe erwarb Max Reinhardt 1911 das Haus und bewohnte es bis 1921, das letzte Mitglied seiner Familie ging 1934 von hier aus in die Emigration. 1945 exmittierte der NKWD die den Reinhardts nachgefolgten Universitäts-Institute und richtete im Haus eine Filiale ein, die 1948 der später im Palais Donner

Wissenschafts- und Kulturgeschichte wurde im Magnus-Haus am Kupfergraben geschrieben.

ansässigen Gesellschaft für Deutsch-Sowjetische Freundschaft Platz machte. Die Physikalische Gesellschaft der DDR hatte ab 1958 ihren Sitz im Haus. Hier vereinten sich 1990 die Ost- und die West-Gesellschaft wieder. Der 1993/94 auch durch die Firma Siemens unterstützten Restaurierung des Hauses folgte eine unerquickliche Affäre um die Besitzrechte, die im Oktober 2001 mit dem heimlichen Verkauf des Hauses durch den Berliner Senat an die Firma Siemens AG, die hier ihre Repräsentanz einrichten will, endete.

Wenn sich von Knobelsdorffs wenigen Bürgerhäusern in Berlin keines erhalten hat, so überdauerte doch sein größtes Werk, das **KÖNIGLICHE OPERNHAUS**, die **DEUTSCHE STAATSOPER**, Unter den Linden. Es ist der einzige original ausgeführte Bau des seit 1735 vom Kronprinzen und Knobelsdorff konzipierten Forum Fridericianum, der repräsentativen zentralen Platzanlage der Residenz mit dem neuen Königsschloss. Als erstes frei stehendes, vom Schloss gelöstes Theater (1741–43, Voreinweihung Dezember 1742), war es für seine Zeit revolutionär. Berlin spielte in der Politik des neuen Königs nur wenige Jahre eine Rolle. Die mit Knobelsdorff ab 1735 zumeist in Rheinsberg ausgearbeiteten Entwürfe kamen nur reduziert oder überhaupt nicht zur Ausführung, nach anfänglicher Bevorzugung des Schlosses Charlottenburg residierte Friedrich II. seit der Fertigstellung von Schloss Sanssouci 1747 zumeist in Potsdam.

K. G. Langhans modernisierte 1788 das Innere des Opernhauses, sein Sohn Karl Ferdinand Langhans baute die Oper nach einem Brand 1843/44 wieder auf, veränderte aber ihr Äußeres durch das Vorsetzen der Längsfront-Mittelrisalite. Der unter Leitung Johann August Nahls entstandene plastische Schmuck wurde erneuert, der Hauptgiebel erhielt durch Ernst Rietschel 1844 eine neue Gestaltung. Zahlreiche Um- und Ausbauten zwischen 1867 und 1928 entstellten das Gebäude beträchtlich. Bereits im April 1941 teilzerstört, wurde das 1942 aus Propagandagründen wiederaufgebaute Opernhaus im Februar 1945 endgültig zerstört. Die Neuordnung der räumlichen und funktionellen Zusammenhänge während des Wiederaufbaus 1952–55 durch Richard Paulick machte einige Anbauten überflüssig, die einheitliche, der ursprünglichen Anlage nachempfundene Gestaltung aller Bauteile führte zu einer Annäherung an das ursprüngliche Aussehen.

Nach Skizzen Friedrichs II. und einem Entwurf aus Knobelsdorffs Atelier errichtete J. Boumann südlich der Oper die erste katholische Kirche Berlins nach der Reformation. Der Grundstein für die dem römischen Pantheon nachempfundene HEDWIGSKIRCHE, Behrenstraße/Hedwigkirchgasse, wurde am 13. Juli 1747 gelegt. 1755 wegen Finanzierungsschwierigkeiten eingestellt, konnte der Bau erst 1773–78 notdürftig abgeschlossen werden und erhielt die Giebelbekrönung von W. C. Meyer. Die Supraportenreliefs schuf 1837 Theodor Wilhelm Achtermann; vollendet wurde die Kirche 1884–87 durch Max Hasak und Richard Cramer. 150 Jahre nach der Grundsteinlegung war auch das Giebelrelief von Nikolaus Geiger fertig gestellt. Der 1930–32 zur Bischofskirche umgestaltete Rundbau brannte in der Nacht zum 2. März 1944 völlig aus. Beim Wiederaufbau 1952–63 wurde die Kuppelumrisslinie in Krümmung und Höhe verändert und auf die Laterne zugunsten eines einfachen Kreuzes verzichtet. Der Innenraum erhielt eine moderne Ausstattung, die Krypta wurde in eine Unterkirche umgewandelt. Wichtig war die während der Rekonstruktion des Bebelplatzes vorgenommene Rücknahme der die gesamte Maßstäblichkeit beeinträchtigenden Aufstockung (1923; L. Hoffmann) des benachbarten Bankgebäudes.

Statt des für das Forum geplanten Königsschlosses entstand 1748–53 auf der Nordseite der Linden das **PALAIS PRINZ HEINRICH**, Unter den Linden 6, im Entwurf angelehnt an das ursprüngliche Schlossprojekt und ausgeführt von J. Boumann. Aufgrund finanzieller Schwierigkeiten konnte das Palais erst 1764–66 durch Carl Ludwig Hildebrandt vollendet werden. Die von Wilhelm v. Humboldt gegründete Universität erhielt 1809 das Palais zugewiesen und nahm am 29. Okt. 1810 in einigen von Gentz umgestalteten Räumen den Lehrbetrieb auf. Weitere Innenumbauten folgten durch Friedrich Schramm (um 1825) und Carl Ferdinand Busse (1844/45). Seit 1883 flankieren die Denkmale Wilhelms und Alexanders v. Humboldt von Reinhold Begas und Martin Paul Otto den Eingang zum Ehrenhof. Lange Zeit wurde ihre Aufstellung von den Konservativen verhindert. Die Berliner Universität war 1908 die letzte Deutschlands, die das Frauenstudium zuließ.
Die ursprüngliche Dreiflügelanlage mit dem sich zum Bebelplatz öffnenden Ehrenhof – damit eine räumliche Querachse zu den Linden schaffend – erweiterte L. Hoffmann 1913–19 durch die nördlichen Flügelanbauten. Im Krieg erlitt auch das Universitätsgebäude schwere Zerstörungen und brannte teilweise aus. Ab 1950 wurde der Bau im Äußeren original wiederhergestellt, geborgene Bildwerke vom zerstörten Stadtschloss Potsdam ersetzten verlorene Attikafiguren. Die nach der Wiedervereinigung einsetzenden permanenten Umbauten betrafen das Innere des Palais. Im Außenraum erfuhren nur die Denkmalstandorte im Zusammenhang mit der Umgestaltung des hinteren Kastanienwäldchens und der Beseitigung der ehemaligen Straßenbahn-Tunnelrampe Veränderungen. Nach langen politischen Querelen erhielt hier endlich ein Berliner Platz – oder besser Plätzchen – eine an die Märzrevolution erinnernde Benennung.

Als letztes Gebäude des verkleinerten Forums errichtete G. F. Boumann 1775–80 die **KÖNIGLICHE BIBLIOTHEK**, Bebelplatz, der Form wegen bald Kommode genannt. Der Weisung Friedrichs II. folgend, legte Unger seinem Entwurf den J. E. Fischers v. Erlach für den 1725 begonnenen und bald eingestellten Michaelertrakt der Wiener Hofburg zugrunde. Da dieser erst 1889–93 modifiziert fertig gestellt wurde, ist die Berliner Kopie älter als das Wiener Original. Die Kommode nahm die 1661 begründete Königliche Bibliothek auf und war der erste Bibliotheksbau Berlins. Der Bibliothek (Innenausstattung Gontard) stand nur das Obergeschoss zur Verfügung, das Erdgeschoss – im Gegensatz zur 4-geschossigen Fassadengliederung gab es im Inneren nur zwei Geschosse – war bis 1814 Montierungsdepot und dann Dekorationsmagazin der Oper. Heinrich Krahmer baute 1838 ein neues Magazin an der Französischen Straße, 1845 durch K. F. Langhans erweitert, und richtete 1840/41 nach einem Schinkel-Entwurf auch das Erdgeschoss mit Zwischendecke für die Bibliothek ein. Nach Fertigstellung der Staatsbibliothek kam die Kommode zur Universität. Anfang 1945 brannte die Alte Bibliothek bis auf die Umfassungsmauern aus. Der Wiederaufbau – im Inneren modern – erfolgte 1965–69, die bekrönenden Plastiken von W. C. Meyer erhielten leicht reduziert ihren alten Standort.

Diesen traditionellen Platz entweihten die Nationalsozialisten, vor allem Studenten der Berliner Universität, am 10. Mai 1933 mit der Bücherverbrennung von 149 jüdischen, kommunistischen und liberalen Autoren. Die Ergänzung der Gedenktafel an der Bibliothek durch ein Denkmal auf dem Platz wurde buchstäblich in letzter Minute durch die Vereinigung verhindert, ein maßstabgerechtes Modell der Plastik „Brennender Dornbusch" war am Ort bereits eingemessen gewesen. Am 20. März 1995 schließlich wurde nach einem Wettbewerb das Denkmal des israelischen Bildhauers Micha Ullmann – eine nicht betretbare unterirdische, völlig leere weiße Bibliothek, sichtbar nur durch eine mitten im Platz eingelassene Glasplatte – einge-weiht. Erst über zwei Jahre nach dem definitiven Beschluss zum Bau der seit 1992 diskutierten Tiefgarage im Januar 1999 löste der Einspruch des Künstlers am 29. März 2001 eine für das breite Publikum sicher höchst akademische und nicht nachvollziehbare Kontroverse um den unsichtbaren Untergrund des Platzes aus, Ullmann wollte sogar beim Bau der Garage das Denkmal abreißen.

Nördlich der Linden errichtete Feldmann 1751–53 das **PALAIS DONNER**, Am Festungsgraben 1, seit 1787 Dienstwohnung des Finanzministers. In den Jahren 1804–07 wohnte hier Freiherr v. Stein. Nach Ablehnung eines Stüler-Entwurfes erweiterten 1861–63 Bürde und Hude das Palais mit Nebengebäuden zum Finanzministerium, 1879/80 kam durch Wilhelm Neumann der rückwärtige Bau Dorotheenstr. 84 hinzu. Als das Weydinger-Haus, Unterwasserstr. 5, 1934 dem Reichsbank-Neubau weichen musste, wurde sein – vermutlich von Schinkel ausgestatteter – Festsaal im Erdgeschoss des Donnerschen Palais eingebaut; das Treppenhaus wurde in den 70er Jahren im Quergebäude Brüderstr. 13 rekonstruiert. Jahrzehntelang „Zentrales Haus der Deutsch-Sowjetischen Freundschaft", wurde nach der Wiedervereinigung das „Palais am Festungsgraben" mit vielen Einrichtungen Heimstatt für Kultur und Kommerz. Bei den fälligen Umbauten wurde auch eine später hier eingebaute und Schlüter zugeschriebene Saaldecke entdeckt.

Eines der letzten barocken Bürgerhäuser – wenn auch von einem anonymen Baumeister – ist das **KNOBLAUCH-HAUS** Poststr. 23. Erbauen ließ es 1759–61 der Nadlermeister Johann Christian Knoblauch. Er war 1738 zur Lehre aus Eberswalde, wohin die Familie wegen der Beteiligung am antihabsburgischen Kurucenaufstand (1703–11) aus Ungarn emigriert war, nach Berlin gekommen. Das Wohnhaus nahm auch das Kontor der

1789 gegründeten Seidenbandfabrik auf, bis 1928 befand es sich in Familienbesitz. In diesem Haus wurden auch seine beiden Enkel Carl und Eduard geboren. Eduard Knoblauch wurde Architekt, Carl übernahm Fabrik und Haus, das er 1835 im Inneren umbauen ließ. Die Fassade erhielt den Rankenfries und eine Terrakotta-Türeinfassung. Nach dem Krieg wurde das Haus rekonstruiert, im Erdgeschoss erhielten die „Historischen Weinstuben" ihr Domizil. Im Rahmen des Wiederaufbaus des Nikolaiviertels wurde es in den 80er Jahren gründlich überholt, im 1. Stock fand ein Knoblauch-Museum sein Domizil.

Carl Knoblauch machte sich im Berlin der industriellen Revolution einen Namen als liberaler Gewerbepolitiker und Parlamentarier. Er gehörte 1821 zu den Begründern des „Vereins zur Beförderung des Gewerbefleißes in Preußen" um Peter Beuth, dem auch Schinkel angehörte, und fungierte seit 1826 als Schatzmeister des von Beuth und W. v. Humboldt 1824 gegründeten „Vereins der Kunstfreunde". Ab 1822

war C. Knoblauch ehrenamtlicher Stadtrat, später Abgeordneter des Preußischen Herrenhauses. Der Geh. Finanzrat Knoblauch unterhielt neben engen Kontakten zu W. v. Humboldt, Wach, Beuth, Schinkel, Rauch und Tieck auch Beziehungen zu Schleiermacher, Zelter, Cantian, Karl Friedrich Klöden, Adalbert v. Chamisso, Karl Begas d. Ä. und J. G. Schadow. Ein Teil dieser Persönlichkeiten verkehrte im Knoblauch-Haus. Einen regen Briefwechsel führte Knoblauch zur Überarbeitung der Städteordnung und der Gewerbeordnung mit dem Freiherrn v. Stein. Nachfahren von C. Knoblauch begründeten das Böhmische Brauhaus am Friedrichshain (1868) und die Berliner Unfallstationen, zahlreiche Mathematik-, Physik- und Medizin-Professoren gingen aus der Familie hervor.

Besonders reizvoll durch die barocke Hofanlage – einmalig für Berlin – ist das **NICOLAI-HAUS**, Brüderstr. 13. Errichtet wurde der straßenseitige Bau um 1670

Knoblauch-Haus an der Nikolaikirche, rechts das Devarannesche Haus, Poststr. 12.

unter Verwendung älterer Substanz, von der noch die Kellergewölbe künden. Der linke Seitenflügel, nach Kriegszerstörung ab 1950 wiederaufgebaut, und das Quergebäude wurden 1709/10 angefügt. Nachdem der Aufklärer, Schriftsteller und Verleger Nicolai 1788 das Haus erworben hatte und zu einem geistigen Zentrum Berlins machte (s. Gedenktafeln), baute sein Freund Zelter 1803 den rechten Seitenflügel an und verlegte die Tordurchfahrt in die Mitte des Hauses, der Saal wurde durch eine Zwischendecke beseitigt. Neben dem Hof ist die mit einem reich ornamentierten geschnitzten Geländer ausgestattete Haupttreppe (um 1710) von besonderem Reiz. Im Quergebäude wurde ab 1977 die klassizistische Treppenanlage aus dem 1935/36 abgerissenen Weydinger-Haus – später in einem Seitenflügel des 1968 versetzten Ermeler-Hauses untergebracht – mit ihrem zierlichen Messinggeländer und Farbglas-Fenster rekonstruiert.

Vom „Zopfstil", dem späten Barock im Übergang zum Klassizismus, ist im Gegensatz zu Potsdam in Berlin fast nichts erhalten. So sind die zahlreichen Wohnbauten, besonders um den Gendarmenmarkt, sowie die Stadttore G. C. Ungers und Gontards verschwunden. Zumindest das HAUS NEUE SCHÖNHAUSER STR. 8 ist vermutlich von Unger 1770 errichtet worden. Als Schmuck der den Festungsgraben querenden Brücke in der Leipziger Straße baute Gontard 1776 die SPITTELKOLONNADEN. Die südliche der halbelliptisch geschwungenen ionischen Säulenhallen mit rückwärtigen Läden wich bereits 1929 einem Geschäftshaus. Die im Krieg ausgebrannte nördliche Kolonnade wurde 1960 abgetragen und eingelagert. 1979 entstand sie neu an der Leipziger Straße (ehemaliger Dönhoffplatz) unweit des alten Standortes. Fast am ursprünglichen Platz steht vor der Kolonnade eine Kopie der Postmeilensäule von 1730, die schon auf alten Stadtplänen verzeichnet war. Die KÖNIGSKOLONNADEN, die ursprünglich die

Brücke über den hier Königsgraben genannten einstigen Festungsgraben am Alexanderplatz schmückten, waren nach Entwurf von Gontard 1777-80 durch G. F. Boumann ausgeführt worden. Sie wurden als Verkehrshindernis bereits 1910/11 zum anstelle des ehemaligen Botanischen Gartens angelegten Kleistpark an der Potsdamer Straße versetzt und markierten den Anfang der Zugangsachse zum neuen Kammergericht von Thoemer & Mönnich (1909-13). Ein Teil der Sandsteinbildwerke, u. a. von W. C. Meyer und Johann Wilhelm Schultze, wurde bei der Restaurierung 1955-58 durch Kopien ersetzt. Wenn schon keine der Kolonnadenbrücken erhalten ist, so ist zumindest eine Brücke dieser Zeit – wenn auch ganz andersartig als reiner Zweckbau konstruiert – überliefert. Die JUNGFERNBRÜCKE zwischen Friedrichsgracht und Unterwasserstraße wurde 1798 als zweiteilige Klappbrücke (Durchfahrtsbreite 8 m, Brückenlänge 28 m) anstelle mehrerer Vorgängerbauten errichtet. Die charakteristische Silhouette erinnert an holländische Grachtenbrücken.

Die Stadt wuchs trotz kriegsbedingter Bevölkerungsrückgänge – allein der Siebenjährige Krieg kostete Preußen etwa 500.000 Menschen – unaufhaltsam. 1786 wurden 6.888 Häuser mit knapp 150.000 Menschen, davon 33.625 Mann Militär, gezählt. Dazu gehörten auch die Insassen des INVALIDENHAUSES. Die Anlage – ursprünglich drei zur Scharnhorststraße offene Höfe entlang eines Hauptbaues umfassend – hatte Isaak Jacob Petri ab 1747 auf direkten Befehl Friedrichs II. errichtet; am 15. Nov. 1748 wurde das Haus eingeweiht.

„Sämmtliche Regimenter gaben ihre in dem Schlesischen Kriege verstümmelten, zum Felddienst untauglichen Soldaten in diese Anstalt. Ihr Etat ist auf einen Kommandanten, 12 Offiziere und 600 Mann berechnet, die in drei Kompagnien zerfallen." [Zedlitz/345] „Ausserdem sind dabei große Wirthschaftsgebäude zur Viehzucht, Backen, Brauen und Branteweinbrennen ... An den Ecken des Hauptgebäudes stehen zwey Kirchen, deren eine lutherisch und reformiert, und die andre katholisch ist. Auch sind im Hause zwey Schulen, eine lutherische, und eine katholische, für die Kinder der Invaliden." *[Nicolai/623]* „Vor dem Hause sind Gärten und Aecker, und besonders eine große Maulbeerplantage. An dem Wege ... stehn rechts und links zwey große Gebäude, die zum Seidenbau gewidmet sind." *[Nicolai/56]* Den Invaliden – auch den in Potsdam, Werder und anderen Garnisonen stationierten – winkte also kein geruhsamer Lebensabend, sie erarbeiteten dessen finanzielle Grundlage großenteils noch selbst.

Nach der Kriegszerstörung des Gebietes um den 1843 von Lenné angelegten Invalidenpark waren von der Invalidenhausanlage nur noch die beiden Seitenflügel des – mittleren – Ehrenhofes, Scharnhorststr. 34/35, erhalten. Als Erweiterung des in der benachbarten ehemaligen Kaiser-Wilhelm-Militärärzte-Akademie residierenden Bundesministeriums für Wirtschaft und Technologie errichteten 1997–99 Thomas Baumann & D. Schnittger einen die beiden 3-geschossigen schlichten barocken Flügel integrierenden Verbindungsbau.

In der Wollfabrikation waren zu dieser Zeit ca. 15.000 Arbeitskräfte tätig, in der Seidenherstellung etwa 5.000. In der Nähe der Manufakturen entstanden reine Handwerker- und Arbeitersiedlungen, so bereits 1752 vor dem Oranienburger und Hamburger Tor die Kolonie Neuvoigtland, die bald ein Elendsviertel wurde. Der Armenkasse oblag 1788 die Versorgung von 13.992 Personen, jeder 10. Berliner war ein sozialer Notfall. Mit der Inbetriebnahme der ersten englischen Spinnmaschine 1791 in der Manufaktur von Johann Georg Sieburg nahe des Brandenburger Tores kündigte sich die industrielle Revolution an. 1793 wurde in der KPM die erste Berliner Dampfmaschine installiert.

Bürgerliche Ideale
Der Berliner Klassizismus um Schinkel

Als Preußen 1792 mit Österreich gegen das revolutionäre Frankreich marschierte und sich später für die im Westen erlittenen Niederlagen mit Annexionen im Osten schadlos hielt, ahnte kein Berliner, dass nach dem preußischen Debakel von Jena und Auerstedt am 27. Okt. 1806 Napoleon Bonaparte durch das Brandenburger Tor einziehen würde. Erst der Schock über die militärische Niederlage, der Einfluss von Ideen der französischen Revolution und der Widerstandswille gegen die Fremdherrschaft ermöglichten bürgerlichen und liberalen adligen Reformern gegen den Willen des Königs die Reformierung des Staates. Mit den Reformen erfolgte auch eine – vorsichtige – Modernisierung der Regierungsbehörden. Am 16. Dez. 1808 wurden die Ministerien des Innern, für Finanzen, für Justiz, für Auswärtige Angelegenheiten und das Kriegsministerium gebildet, wenige Tage später entstanden anstelle der Kriegs- und Domänenkammer die Provinzialregierungen.

Berlin hatte 1806 7.314 Häuser, 242 Straßen, Gassen und Plätze, fünf Gymnasien, 31 Kirchen, zwei Theater und elf Kasernen; die Einwohnerzahl betrug 155.700 Zivilpersonen und 13.600 Militärangehörige. In den 317 Manufakturen und Fabriken waren etwa 40.000 Menschen beschäftigt. Unter Napoleons persönlicher Aufsicht und Auswahl wurde im Herbst 1806 eine erste städtische Selbstverwaltung (Comité administratif) installiert, der u. a. Zelter angehörte. Dieses Siebener-Kollegium stand einem städtischen Verwaltungsausschuss (60 Personen) vor. Nachdem am 3. Dez. 1808 die Franzosen Berlin verlassen hatten und am 10. die preußischen Truppen zurückgekehrt waren, wurde die Stadt zum Zentrum des Widerstands gegen die Fremdherrschaft. Namen wie Fichte, Turnvater Jahn, Schleiermacher, Kleist und Arndt stehen hierfür. Mit der durch Freiherr v. Stein ausgearbeiteten und im November verkündeten Städteordnung war auch für die Hauptstadt – zumindest vorübergehend – die Grundlage für eine vom Staat unabhängige Selbstverwaltung durch die im April 1809 gewählte Stadtverordnetenversammlung und den von ihr eingesetzten Magistrat gegeben.

Mit Teilen der benachbarten Kreise Teltow und Niederbarnim sowie der Stadt Charlottenburg bildete Berlin 1815–21 einen eigenen Regierungsbezirk. Nach dessen Auflösung bis Ende März 1822 gingen die wenigen wirklichen kommunalen Kompetenzen nur teilweise auf den Magistrat zurück, wichtige Befugnisse übernahmen einzelne Ministerien. Ab dem 17. Nov. 1828 unterstand der Magistrat direkt der 1809 von Berlin nach Potsdam übersiedelten Regierung der Kurmark. Erst mit der Provinzialordnung vom 29. Juni 1875 schied Berlin als Reichshauptstadt aus dem Bestand der Provinz Brandenburg aus.

1815 zählte Berlin 192.000 Einwohner, die Bevölkerungsdichte hatte sich in einem Jahrhundert mehr als verdoppelt (30 Einwohner/Grundstück). Die Städteordnung begrenzte das Stadtgebiet auf das Areal innerhalb der Stadtmauer, die sich daraus ergebende administrative Abtrennung bebauter Vorstadtgebiete und unbebauter Erweiterungsflächen ließ die Einwohnerzahl anwachsen. Die Bebauung noch vorhandener Freiflächen scheiterte auch an der alleinigen Verantwortung des Staates für den Bau der städtischen Straßen, zudem erfolgte die Ablösung der bäuerlichen Weiderechte für diese Flächen schleppend. Erst 1831/32 revidierte die Regierung die Stadtgrenze; bis auf Moabit, Wedding und kleinere Flächen kam Berlin wieder auf sein vor 1808 bestehendes Gebiet, das bis 1861 unverändert blieb.

Die Bevölkerungsstatistik widerspiegelte bis zur Reichsgründung drei Entwicklungsetappen der Industriestadt. Zwischen 1815 und 1845 verursachte der Arbeitskräftezuzug während der Indus-

trialisierung – auch eine Folge der bäuerlichen Landflucht und des Eisenbahnbaus – einen steilen Anstieg auf 380.103 Einwohner. Eine ruhige kontinuierliche Steigerung erfolgte 1845–60 auf 493.394 Einwohner. Die Eingemeindungen von 1861 – mit Wedding, Gesundbrunnen, Moabit, Neu-Schöneberg und dem nördlichen Tempelhof vergrößerte sich das Stadtgebiet von 3.511 ha auf 5.923 ha –, die einsetzende Massenmietshausbebauung und die Konzentration von Industrie und Handel ließen die Einwohnerzahl bis 1865 schon auf 657.690 steigen. Am Ende der Gründerzeit 1873 waren es 900.620. Die Anziehungskraft Berlins wird durch den hohen Anteil (1873: 37%) der Zuwanderungen aus einer Entfernung von über 50 km belegt. Die sich um 1800 ankündigenden gesellschaftlichen Umwälzungen bedingten auch im Bauwesen – an das die Industrialisierung besondere Anforderungen stellte und das durch diese grundlegend gewandelt wurde – gravierende Veränderungen. Insbesondere die einheitliche Ausbildung der Baumeister und eine von den Hof-Instanzen unabhängige Staatsbauverwaltung waren überfällig, sie wurden von konservativen Kräften verhindert. Auch die 1790 an der Akademie der Künste eingerichtete Architektonische Lehranstalt als Ergebnis der ab 1786 von Heinitz durchgeführten Akademie-Reform – nach Gontard stand ihr Becherer vor – war nur auf die künstlerische Gestaltung von (Hof-) Prachtbauten orientiert; technisch-konstruktive und funktionelle Probleme sowie die Nutzbauten wurden negiert.

Karl Friedrich Anton v. Heinitz, bis 1774 führend bei der Reorganisation des sächsischen Berg- und Hüttenwesens (u. a. 1765 Gründung der Bergakademie Freiberg), stand als Minister und Vizepräsident des Bergwerks- und Hüttendepartements seit 1777 in preußischen Diensten. Neben seiner Tätigkeit in der Wirtschaftsadministration war Heinitz auch Chef des Accise-, des Fabriken- und des Salz-Departements und seit Februar

1798 Mitglied der Immediatkommission für innere Reformen. Seit dem 2. Febr. 1786 Kurator der Akademie der Künste, setzte er sich vor allem für die Einrichtung öffentlicher Museen und der damit einhergehenden kulturellen Emanzipation des Bürgertums ein.

Ungeachtet aller administrativen Hindernisse legten David Gilly, der 1793–96 selbst eine private Bauschule betrieben hatte, Albert Eytelwein und Heinrich August Riedel, wie sein Bruder Heinrich Karl später Lehrer an der Bauakademie, Mitte Februar 1798 im Auftrag des Oberbaudepartements den Plan für eine BAUSCHULE vor. Etatsminister Friedrich Leopold v. Schroetter, dem das Oberbaudepartement unterstand, folgte am 6. Dez. 1798 mit einem ähnlichen Vorschlag. Im Widerspruch zur kgl. Kabinettsorder vom 15. Dez. 1798 für die Erweiterung der Architekturausbildung an der Kunstakademie reichte eine gemeinsame Kommission des Oberbaudepartements (Riedel, Gilly, Eytelwein), des Oberhofbauamtes (Boumann, Langhans, Becherer) und der Akademie (Schadow, Hirt, Genelli) am 14. Febr. 1799 einen Gründungsvorschlag ein, ergänzt um den Finanzierungsplan der Minister Heinitz und Schroetter vom 13. März. Durch seine eigene Administration bedrängt, gab der König am 18. März notgedrungen seine Zustimmung und bestätigte am 13. April das Statut der Bauakademie.

Struktur, Lehrplan und Studentenzahl – ständig Veränderungen unterworfen – spiegelten die politische und sozialökonomische Entwicklung Preußens wider. Vor allem die Unterstellung unter das Direktorat der Kunstakademie 1799–1801 und 1809–24 wirkte hemmend auf die Komplexität der Ausbildung. Der Schwerpunkt der Lehre wechselte in den einzelnen Perioden und unter den verschiedenen Direktoren und war zwischen künstlerischen und technisch-konstruktiven Fächern selten ausgewogen. Gleich blieb der Studiengang: Feldmesserlehre, Studium mit Abschluss als Kondukteur (Bauführer), ein- bis zweijähriges Praktikum und abschließendes Studium mit der Baumeisterprüfung.

Bis 1805 schwankten die jährlichen Immatrikulationen zwischen 49 und 69, nach dem extremen Rückgang während der französischen Besetzung (1808: 11 Studenten) stieg die Zahl bis 1829 auf 139, mit dem sinkenden Ausbildungsniveau nahm sie rapide ab (1849: 49). Die Kabinettsorder vom 31. Dez. 1823 gab der Bauakademie endgültig den Status einer höheren Fachschule, die als einzige für die Ausbildung preußischer Regierungsbaumeister zugelassen war. Durch Beuth (Direktor 1831–45) wurde die Anstalt zu einer Allgemeinen Bauschule, im Ergebnis der 48er Revolution erhielt sie 1849 Status und Namen der Bauakademie zurück.

Aufgrund der bis zur Jahrhundertmitte andauernden Verwaltungsreformen und der besonderen Stellung als Hauptstadt boten die in Berlin ansässigen BAUVERWALTUNGEN ein verwirrendes Bild, ihre Kompetenzen überschnitten sich oft. Das bis 1808 staatsunterstellte städtische Bauen oblag seit 1809 dem Stadtbaurat, Bedeutung erlangte es erst nach 1860. Dem 1810 aufgelösten Königlichen Oberhofbauamt – 1788 aus dem Potsdamer Baucomptoir hervorgegangen – folgte die bis 1921 bestehende Schlossbaukommission nach. Der 1809 gegründeten Regierungsbaukommission für die Kurmark und Berlin – ab 1816 nur noch für Berlin – unterstanden die Staats- u. Regierungsbauten. Als völlig neue Verwaltung übernahm ab dem 1. Jan. 1822 die Ministerial-Militär- u. Baukommission zahlreiche übergreifende Funktionen, u. a. die Verwaltung aller nicht genutzten staatseigenen Grundstücke einschließlich der öffentlichen Straßen, Plätze, Brücken und Wasserläufe, die Verwaltung des Tiergartens (ab 1827) und die Leitung ausgewählter Bauvorhaben, wie Verwaltungs-, Museums-, Theater-, Hochschul-, Krankenhaus- und Kirchenbauten.

Ein Ergebnis der staatlichen Zentralisierung war 1770 die Bildung des Oberbaudepartements, ihm unterstanden die Provinzial-Baudirektoren und erstmals eine Kommission zur Prüfung der Baumeister auf ihre fachliche Eignung für den Staatsdienst. Erster Prüfling war am 4. August 1770 D. Gilly. Ab Juni 1804 wurden die eigentlichen Aufgaben dieser Behörde – Prüfung, Überarbeitung und Revision der Kostenanschläge von Bauentwürfen – den Provinzial-Baudirektoren übertragen. Die 1809 nachfolgende (Techn.) Oberbaudeputation fungierte als beratendes und repräsentierendes Organ mit weitreichenden Befugnissen und Rechten bis 1848, ihre ministerielle Unterstellung wechselte etwa alle fünf Jahre.

Die Widerspiegelung der gesellschaftlichen Umwälzung in der Baukunst zeigt die daraus resultierende grundlegende Wandlung der Bauaufgabe. Im 19. Jh. wurde das emanzipierte Bürgertum privater wie auch kollektiver (Staats-) Auftraggeber, am Ende des Jahrhunderts traten bereits Arbeiter als Bauherren auf. Der Wohnbau wurde mit der zunehmenden Urbanisierung zum Massenwohnungsbau, Schloss- und Kirchenbau verloren an Bedeutung bzw. stagnierten zeitweise. Das Theater erhielt durch seine inhaltliche wie bauliche Lösung vom Hof neue Dimensionen, Museen und Bibliotheken als solitäre Bauten entwickelten sich als neue Bauaufgabe. In der ersten Hälfte des 19. Jh.s lösten sich Park- u. Gartenanlagen aus der alleinigen Fixierung auf den Feudalsitz, öffentliche Volks- und Erholungsparks mit neuen Gestaltungsanforderungen begannen das Weichbild der Städte zu prägen. Ohne Vorbild sowohl in Dimension als auch künstlerischer wie konstruktiver Aufgabe waren die Nutzbauten – Bahnhöfe, Industriebauten, Geschäfts- u. Warenhäuser, Speicher, Banken, Verwaltungsbauten und Krankenhäuser.

Bereits die Anfänge der industrialisierten Gesellschaft ließen frühzeitig bürgerliche

Zeitschrift für Bauwesen Nr. 1 (1851).

Intellektuelle deren Janusköpfigkeit erkennen – der Mensch nach antikem Vorbild im Mittelpunkt des Weltbildes und Maß aller Dinge, aber gleichzeitig ungehemmtes materielles und damit inhumanes Gewinnstreben als höchstes Daseinsziel. Die daraus erwachsende latente Kulturfeindlichkeit ließ sie in die Romantisierung des Feudalismus und Idealisierung des Mittelalters flüchten. Sowohl in der klassizistischen Suche nach der kulturellen Identität des Bürgertums wie in der Erschließung mittelalterlicher Kunst durch die Romantik liegen die Wurzeln der DENKMALPFLEGE.

Betrieben die Herrschenden seit dem Alten Ägypten Denkmalpflege im wörtlichen Sinne mit der Erhaltung oder Wiederherstellung von Kultstätten, materiellen Zeugnissen ihrer Herrschaftsansprüche u. ä., war im Italien der Renaissance durch kunstliebende Päpste der Ansatz einer Denkmalpflege in heutigem Sinne – bezogen auf antikes Kulturgut – erkennbar. So wurde Raffael, Maler und Baumeister, durch päpstliche Bulle vom 17. August 1515 als erster „Commissario della Antichità" – Konservator der römischen Altertümer – eingesetzt. Zu diesen frühen Denkmalpflegern gehörte in gewissem Sinne auch Thurneysser in seiner Berliner Zeit. Wenn auch bereits in der Französischen Revolution Gesetze zum Schutze historischen Kulturgutes erlassen wurden und unter dem Einfluss der Aufklärung einige deutsche Zwergfürstentümer ähnliche Schritte unternahmen, so hat die Denkmalpflege im heutigen Sinne zu Beginn des 19. Jh.s ihren Ursprung.

Dem ideologischen Ausgangspunkt folgend, wurde die Gotik zum Ziel erster denkmalpflegerischer Bemühungen. Kein geringerer als Goethe hatte 1772 geschrieben, die Gotik „... ist deutsche Baukunst, unsere Baukunst, da der Italiener sich keiner eigenen rühmen darf, viel weniger der Franzos ..." [Goethe/76] Geradezu ein Schock musste es für deutschtümelnde und chauvinistische Kreise gewesen sein, als Franz Mertens Mitte des 19. Jh.s wissenschaftlich den Ursprung der Gotik in Frankreich nachwies und damit nicht nur eine kunsthistorische Theorie korrigiert werden musste. Das Interesse an der Gotik erlosch deswegen nicht, an der TH Charlottenburg blieb „Mittelalterliche Baukunst" selbstständiges Lehrfach. Mertens hatte sich schon während seines Studiums an der Bauakademie mit architekturhistorischen Studien beschäftigt und betrieb diese 1835–40 in Frankreich weiter. Nach Reisejahren in West- und Mitteleuropa wurde er 1846 als Privatbaumeister – u. a. Villen im Tiergartenviertel – und Kunsthistoriker in Berlin ansässig. Schon 1835 erschienen erste Artikel Mertens' zur mittelalterlichen Kunst, nach seinen Forschungen erarbeitete er Denkmalkarten zur territorialen Verteilung von Objekten verschiedener mittelalterlicher Bauschulen. Massive chauvinistische Hetze verhinderte eine Staatsanstellung; er starb völlig verarmt. Hasak und Karl Marggraff konnten den

unveröffentlichten Nachlass sichern und verpfändete Teile auslösen. Die „Zeittafel der Denkmäler mittelalterlicher Baukunst von F. Mertens" gab die Akademie des Bauwesens erst 1910 heraus.

Noch Mitte des 18. Jh.s als eckig, spitzig, unangenehm, dunkel und veraltet abgetan, erhielt die Gotik eine erste Aufwertung durch Friedrich Gilly, der als Begleiter seines Vaters 1794 die Marienburg besuchte. Seine und Martin Friedrich Rabes Zeichnungen von 1797, gestochen von Johann Friedrich Frick, erschienen 1799 als Mappe und lösten erstmals großes Interesses für die Backsteingotik aus. Als Hausgenosse Gillys erlebte Schinkel dieses Ereignis aus nächster Nähe. Durch den Artikel Max v. Schenkendorffs „Ein Beispiel von der Zerstörungssucht in Preußen" in der Berliner Zeitschrift „Der Freimütige" (1803) wurde der Wiederaufbau der Marienburg fast zu einer nationalen Angelegenheit, Napoleons Einmarsch setzte dem ein Ende.

Als Geburtsjahr der systematischen Denkmalpflege in Deutschland kann 1815 gelten. Auf einer Inspektionsreise erhielt Schinkel am 19. Juni den Auftrag für ein Gutachten über die Wittenberger Schlosskirche. Das von ihm ausgearbeitete Schreiben der Oberbaudeputation an das Innenministerium vom 17. August 1815 forderte eine selbstständige Behörde für den Denkmalschutz zur Unterbindung der Willkür gegenüber den Denkmalen. Wenn es nicht gelänge, „diesen Gang der Dinge zu hemmen, so werden wir in kurzer Zeit unheimlich nackt und kahl, wie eine neue Colonie in einem früher nicht bewohnten Lande dastehen". [Denkmalpflege/6] Schinkel begründete auch die Erfassung der Bau- und Bildwerke mit Zustandsgutachten in Verzeichnissen. Denkmalwürdig waren ihm die bis Mitte des 17. Jh.s geschaffenen Werke, jüngere schienen ihm bis auf wenige Ausnahmen uninteressant. Zwar wurde keine Behörde installiert – wie Schinkel treffend bemerkte, hätte sie ja keinen ökonomischen Nutzen erbracht – und keine Denkmalerfassung angeordnet, der König erließ aber am 4. Okt. 1815 den Befehl, Veränderungen an öffentlichen Gebäuden und Denkmälern nur nach Rücksprache mit der Oberbaudeputation, d. h. mit Schinkel selbst, vorzunehmen.

Schinkels Verdienst ist nicht allein die Formulierung erster Prinzipien der Denkmalpflege und Ausarbeitung zahlreicher Gutachten und Rekonstruktionsentwürfe für mittelalterliche Bauten wie Kölner, Magdeburger und Brandenburger Dom, Kloster Chorin, Marienkirche Frankfurt/O. und Klosterkirche Berlin, sondern auch die Popularisierung des Denkmalpflegegedankens vor allem unter den Baubeamten. Schinkel sah hier eine ethische Verpflichtung gegenüber den historischen Kunstwerken und eine öffentliche Aufgabe in – wie er formulierte – unschöpferischer Zeit. Die patriotische und ästhetische Erziehung in dieser Ära, in der nach Schinkel die Menschheit im Konflikt zwischen industriellem Fortschritt und fortschreitendem Kulturverfall keine Schöpferkraft entwickle – ein Grundgedanke der Romantik –, konnte sich nach seiner Auffassung nur am Ideal der nationalen Geschichte orientieren. Denkmalpflege ohne die Komponente des Dokumentar- und Kunstwertes führte Schinkel zwangsläufig nicht über die Grenzen zeitgenössischer Auffassungen hinaus. Sie gipfelten in dem jede historische Entwicklung negierenden Ideal puristischer Stilreinheit – wie sie der Klassizismus verstand – bei der Wiederherstellung historischer Bauten und negierten ganze Stilepochen, wie den Barock als Kunst der politisch entmachteten Feudalherren. Erst Ende des 19. Jh.s setzte sich die Auffassung vom Bauwerk als einer historisch gewachsenen Einheit, auch mehrere Stile in sich vereinend, durch. Korrigierende oder verschönende Eingriffe der Restauratoren waren nunmehr als denkmalwidrig verpönt.

Noch zu Lebzeiten Schinkels erschienen zahlreiche Kabinettsordern, Zirkularverfügungen und ministerielle Weisungen zur Denkmalpflege, bis zum Ersten Weltkrieg waren es insgesamt 144! Ein Denkmalpflegegesetz, seit 1887 im Entwurf vorliegend, erhielt Preußen jedoch nie. Als unmittelbare Frucht der Schinkelschen Bemühungen bekam es allerdings mit Kabinettsorder vom 1. Juli 1843 in Quast den ersten „Konservator der Kunstdenkmäler", damit war die Denkmalpflege staatlich institutionalisiert.

Wilhelm Robert Alexander Ferdinand v. Quast (23. Juni 1807 Radensleben b. Neuruppin – 11. März 1877 ebd.) studierte nach Schulbesuch in Berlin und Neuruppin 1825-27 Theologie und Kameralistik und nebenbei Kunstgeschichte in Berlin. 1827 wechselte er an die Bauakademie und war 1829/30 Kondukteur bei Schinkel. Als sein Vater starb, unterbrach er 1830-32 zugunsten der Verwaltung des Familiengutes sein Studium, das er 1836 mit der Baumeisterprüfung abschloss. Während des Studiums reiste Quast mehrfach durch Deutschland, Holland, Belgien und Frankreich, später Italien. Der finanziell unabhängige und nicht staatsangestellte Quast reichte bereits 1836 eine Denkschrift zur Einrichtung einer Denkmalbehörde ein. Im 2. Halbjahr 1842 war Quast bei Schinkels Schwager Wilhelm Berger tätig, nahm aber Ende des Jahres seinen Abschied wegen Differenzen mit Bergers Konzeption zum Umbau und zur „Verschönerung" der Berliner Klosterkirche. Auf dem 1. Dt. Architektentag im Herbst 1842 in Leipzig rief Quast zur Bildung von Provinzialvereinen zur Erhaltung der Kunstdenkmale auf.

Der Denkmalkonservator war gemäß Geschäftsinstruktion vom 24. Jan. 1844 dem Kultusministerium unterstellt, hatte aber wenig Befugnisse, keine Mitarbeiter und nur sehr beschränkte finanzielle Mittel zur Verfügung. Wenngleich Quast persönlich ein umfangreiches Arbeitspensum bewältigte und mit zahlreichen Initiativen – so 1851 zu einer neuen Gemeindeverordnung mit Berücksichtigung der Denkmalpflege und 1853 zur

Gründung der Kommission zur Erforschung und Erhaltung der Denkmale – sowie praktischen Maßnahmen an die Öffentlichkeit trat, blieben seinem Wirken doch enge Grenzen gesetzt. Als Mitbegründer der modernen Kunstgeschichtsschreibung neben dem befreundeten Franz Theodor Kugler wirkte er bahnbrechend für eine auf vergleichender Denkmalkenntnis und dem Quellenstudium basierenden entwicklungsgeschichtlich orientierten Architekturforschung. Mit zahlreichen Bauaufnahmen und Fragebogenaktionen bereitete Quast die spätere Inventarisierung maßgeblich vor. Die nach seinen Entwürfen bzw. unter seiner Aufsicht ausgeführten Restaurierungen – Liebfrauenkirche Halberstadt (1839/40), Havelberger Dom (1840–42), Innenraum Basilika Trier (1847; mit Stüler), Rathaus Arendsee und Stiftskirche Petersberg b. Halle (1853–57), Rekonstruktion der Augustinerklosterkirche Klosterlausnitz (1855–66), Stiftskirche Gernrode (1858–66) – zeugen von einer für diese Zeit nicht typischen Vorsicht im Umgang mit der historischen Substanz.

Mit den Bauten von K. G. Langhans blieben die frühesten Berliner Zeugnisse des Klassizismus erhalten. Bekanntestes Werk und ein Wahrzeichen der Stadt ist das BRANDENBURGER TOR, westlicher Abschluss der Straße Unter den Linden. Als erstes der nachmittelalterlichen Stadttore folgte es nicht dem Vorbild römischer Triumphbögen, sondern dem antiken griechischen Vorbild der Propyläen der Akropolis von Athen. Minister Woellner stellte am 16. August 1789 auf einer Tagung der Akademie der Künste seinen Verschönerungsplan der Residenz vor – und das Modell des bereits in Bau befindlichen Tores. Unmittelbar nach dem Abriss des alten Tores 1788 – zwei einfache Torpfeiler und Wachhäuschen – war mit dem Neubau begonnen worden. Am 6. August 1791 zog erstmals die Wache am neuen Tor auf. Der reiche Bildschmuck, entworfen von Schadow (Plastiken), und Rode (Reliefs), war erst mit Schadows Quadriga 1793 vollendet, Restarbeiten wurden 1795 abgeschlossen.

Die sichtbar größte Veränderung erfuhr das Tor 1867/68 – bis dahin war nur die fast nackte Victoria „bekleidet" und das Siegeszeichen mehrfach verändert worden – durch den Umbau der Seitenhallen. Mit dem Abriss der Zollmauer nach den Eingemeindungen von 1861 stand das Tor frei und musste städtebaulich neu eingeordnet werden. Nach Vorentwürfen Blankensteins wurden unter seiner Leitung nach Stracks Plänen in den winkelförmigen Torhäuschen Fußgängerdurchgänge geschaffen, die unansehnliche Westfront der Torhäuser erhielt jeweils eine verbindende Säulenhalle.

Mit dem ursprünglichen Namen „Tor des Friedens" – so auch die Konzeption des Bildschmuckes mit dem Attikarelief „Zug des Friedens" – hatte das weitere Schicksal des Baues wenig gemein. Wegen des Symbolgehalts ließ Napoleon die Quadriga 1806 nach Paris schaffen, erst im Juni 1814 stand sie wieder auf dem Tor. Nun führte aber nicht mehr Eirene, die Friedensgöttin, mit dem römischen Vorbildern nachempfundenen Feldzeichen das Viergespann, sondern Victoria, die Siegesgöttin. Sie trug das Eiserne Kreuz als Siegeszeichen. Im Auftrag Friedrich Wilhelms III. hatte Schinkel den im März 1813 gestifteten Orden für die Sieger der Befreiungskriege entworfen – der erste preußische Orden, der auch an Mannschaften verliehen wurde. Die neu geschaffene preußische Landwehr trug das Kreuz sogar als Kokarde. Der Plan, statt der Quadriga ein mehrere Meter hohes Eisernes Kreuz auf das Tor zu stellen, war zwar schnell verworfen worden, dennoch geriet das Tor jetzt zum Staatsmonument und zur Staffage politischer Inszenierungen. Hohenzollernsche Hochzeits- und Trauerzüge, Staatsbesuche und vor allem Siegesparaden, alle zogen nun durch das Tor – auch Hitlers fackeltragende SA-

73

Kolonnen, die ihrem Führer am 30. Jan. 1933 auf diese martialische Art und Weise huldigten.

Das bei den Kämpfen um den Reichstag schwer zerstörte Tor wurde 1946 gesichert, die Torhallen waren fast gänzlich vernichtet, von der Quadriga fanden sich nur noch Reste. Der 1951/52 begonnene Wiederaufbau wurde zugunsten des neuen Wohnungsbauprogramms – Aufbau der Stalinallee im NAW – eingestellt. Der endgültige Wiederaufbau 1956–58, unfreiwillig geteilt zwischen Magistrat (Torbau) und dem die Quadriga-Abgüsse von 1942 besitzenden Senat (Kopie der Quadriga), ließ das Berliner Wahrzeichen wiedererstehen. Vom Original abweichend wurden die Seitenhallen nun für einen freigestellten Bau mit einer Säulenreihe abgeschlossen. Das Eiserne Kreuz und der Preußenadler waren wenige Stunden vor der Wiederaufstellung der Quadriga als „militaristische Symbole" vom Siegeszeichen entfernt worden.

Drei Jahre später war das Tor für fast drei Jahrzehnte geschlossen – nicht nur als Teil der die Stadt trennenden Berliner Mauer, sondern mit vorgelagerter Panzersperre in mehreren Stufen regelrecht zur Zitadelle ausgebaut. Auf dem Dach war in reichlichem Maße Beobachtungselektronik stationiert, die – wie Teile der Quadriga und des Daches – der temperamentvollen ersten Silvesterfeier nach der friedlichen Öffnung des Tores am 22. Dez. 1989 zum Opfer fielen. Eine Restaurierung der wegen konstruktionsbedingter Korrosionsschäden nicht mehr standfesten Quadriga war bereits seit April 1989 geplant. Sie nahm nun – ungeplant – völlig andere Dimensionen an. Beendet war diese erste gründliche Nachkriegsinstandsetzung, die auch einen Teil der in den 50er Jahren unterlassenen Maßnahmen nachgeholt hatte, zur 200-Jahr-Feier der Toreröffnung im August 1991. Die 2000–02 mit viel Publicity inszenierte nochmalige – nun privat finanzierte – Restaurierung war öffentlich sehr umstritten, schloss aber letztlich einige verbliebene

Lücken in den notwendigen Arbeiten. Dem Abriss der Zollmauer bis 1869 fielen auch das Oranienburger (Gontard), Rosenthaler (Gontard u. Unger) und Hamburger Tor (Unger) zum Opfer; bis zu ihrer Zerstörung im Zweiten Weltkrieg blieben allein das Potsdamer und das Neue Tor (Schinkel) verschont, die aber nur aus je zwei Torhäusern bestanden. Mit den gleichfalls künstlerisch bedeutenden Brückenkolonnaden gingen die Bauplanungen ähnlich rücksichtslos um. Die **KÖNIGSKOLONNADEN** (Gontard) vom Alexanderplatz erhielten 1911 im Schöneberger Kleistpark einen zur einstigen Funktion beziehungslosen neuen Standort, die südliche Spittelkolonnade (Gontard) wich 1929 einem Geschäftshaus. Die Neringschen Mühlendamm-Kolonnaden waren bereits Ende des 19. Jh.s dem Neubau der Mühlen- und Verwaltungsgebäude Blankensteins gewichen. Die einzigen am Ort erhaltenen Brückenkolonnaden – wenn auch heute wie eine Dekoration der dahinterliegenden Geschäftshäuser wirkend – sind die 1787 von K. G. Langhans erbauten **MOHRENKOLONNADEN**, Mohrenstr. 37b bzw. 40/41. Auch hier wirkten am plastischen Schmuck Schadow und Rode mit.

Die **ANATOMIE DER TIERARZNEISCHULE** hinter dem ehemaligen Lehrgebäude Luisenstr. 56 ist neben dem ältesten in Padua (1594) eines der wenigen erhaltenen typischen Anatomischen Theater, erbaut 1789/90 nach Entwurf von K. G. Langhans. Die Übernahme antiker Formen erstreckte sich nicht nur auf den Außenbau, die Form des Amphitheaters fand auch Anwendung für Konzert- sowie Hörsäle und Theater. Im Äußeren bis auf einen Anbau (1874; F. Schulze) unverändert, ist auch der 1970 restaurierte Innenraum original erhalten. Bemerkenswert ist der versenkbare runde Seziertisch für Großvieh inmitten der steil ansteigenden Sitzreihen mit gotisierenden Brüstungen. Die Grisaille-Ausmalung nahm Rode vor. Die Kuppel besteht aus Bohlenbindern, hat also keinen Dachstuhl. Diese materialsparende Konstruktion war durch D. Gilly in Preußen eingeführt worden.

Die Gründung der Tierarzneischule am 1. Juni 1790 unter Leitung von Georg Friedrich Sick galt nicht der Wissenschaft und der Landwirtschaft, sondern den Bedürfnissen der preußischen Kavallerie. Erst die Reorganisation 1817 durch Johann Gottfried Langermann und Karl Asmund Rudolphi stellte die Weichen für die kommende wissenschaftliche Entwicklung, die mit dem Reglement vom 6. Juli 1839 – Gleichberechtigung gegenüber der (Human-)Medizin – einsetzte. Die Veterinärmedizinische Hochschule (seit 1887) wurde am 1. Nov. 1934 gemeinsam mit der ehemaligen Landwirtschaftlichen Hochschule als Fakultät der Universität angegliedert.

Die Neuorientierung führte 1839/40 durch den Bau des Lehrgebäudes von Hesse an der Luisenstraße auch zu einer spürbaren räumlichen Verbesserung. Die Bauplastik der um einen Ehrenhof gruppierten Dreiflügelanlage schuf Ludwig Wilhelm Wichmann.

Zu den frühklassizistischen Bauten zählte auch das ehemalige GEBÄUDE DER GROßEN LANDESLOGE Deutschlands, Oranienburger Str. 71/72. Von Becherer 1789–91 2-geschossig erbaut, wurde es 1839 aufgestockt; es ist sein einziges erhaltenes Berliner Werk. Wilhelm Schwedler fügte 1866/67 die eiserne Saaldecken-Konstruktion ein.

Die Landesloge war die jüngste der drei in Berlin wirkenden Mutterlogen der Freimaurer, gegründet 1770. Dieser, der Großen National-Mutterloge zu den Weltkugeln (1740) und der Großen Loge Royal York zur Freundschaft (1767), waren eine Vielzahl Tochterlogen nachgeordnet. Seit Regierungsantritt Friedrichs II., selbst Freimaurer, erfreuten sich die Logen der Gunst des Hofes. Das Verbot aller Geheimgesellschaften Preußens vom 20. Okt. 1798 nahm als einzige die Freimaurer aus. Berühmte Namen standen in den Mitgliederlisten der Logen: Lessing, Herder,

Anatomisches Theater der Tierarzneischule (Zeichnung von F. Gilly).

75

Fichte, Goethe, Schiller, Haydn, Mozart, Blücher, Stein, Scharnhorst und Gneisenau. Als aufklärerische bürgerliche Bewegung mit philantropischem Anspruch verfochten die Freimaurer in oft mystischen Formen – Riten und Bräuche fußen z. T. auf den mittelalterlichen Bauhüttenbräuchen – die Gleichheit aller Menschen. Bauten der Architektengeneration zwischen Langhans und Schinkel – wie F. Gilly, Gentz, Paul Ludwig Simon – haben sich außer dem Kopfbau des Prinzessinnenpalais (1810/11), dem Luisen-Mausoleum in Charlottenburg (1810/11) und dem Wrangel-Schlösschen (1804) in Steglitz, Schlossstr. 19, alle von Gentz, in Berlin nicht erhalten. So ist die Blüte des Berliner Klassizismus in Schinkel personifiziert.

Der heute älteste Schinkel-Bau ist die NEUE WACHE, Unter den Linden, neben dem Zeughaus, erbaut 1816–18. Wie der Kopfbau des Prinzessinnenpalais gehörte der Neubau der Königswache zu den Baumaßnahmen, die wegen des Umzugs des Königs in das Kronprinzenpalais notwendig geworden waren. Die geforderte Repräsentativität des Gebäudes erlaubte Schinkel, seine Konzeption einer „via triumphalis" der Befreiungskriege für die östlichen Linden einschließlich der Feldherren-Standbilder umzusetzen. Der einem römischen Kastell nachempfundene relativ kleine Bau mit dem dorischen Portikus behauptet sich gleichwertig zwischen Zeughaus und Universität. Nach Schinkels Entwurf entstand auch der plastische Zinkgussschmuck, 1818 die Viktorien (J. G. Schadow), ab 1842 das Giebelrelief von August Kiß, unter Leitung von Ernst Kreye 1846 angebracht.
Als Wache diente der Bau bis 1918. Hier lieferte das angeheuerte Kommando am 16. Okt. 1906 die vom „Hauptmann v. Köpenick" Wilhelm Voigt arretierten Köpenicker Honoratioren ab. Das Innere baute Heinrich Tessenow 1930/31 zum Gefallenen-Ehrenmal um. Nach der Wiederherstellung 1951–57 unter Leitung Heinz Mehlans wurde die Wache 1960 als

Mahnmal für die Opfer des Faschismus und Militarismus eröffnet. 1969 gab Lothar Kwasnitza der Gedenkstätte ihre bis 1993 bestehende Form mit der Ewigen Flamme im Glas-Prisma, die in der jetzigen „Zentralen Gedenkstätte der Bundesrepublik Deutschland" durch die Plastik „Trauernde Mutter" ersetzt wurde. Gemäß Regierungsbeschluss vom 27. Jan. 1993 wurde das Innere unter – denkmalwidriger und ahistorischer – Beseitigung aller Spuren der DDR-Geschichte umgestaltet und anstelle der Flamme am 14. Nov. 1993 ein vergrößerter Abguss der „Trauernden Mutter" von Käthe Kollwitz aufgestellt. Bot dieser politische Eingriff schon ausreichend Diskussionsstoff, so wirkte sich das Kleingedruckte in der vom damaligen Bundeskanzler betriebenen Vereinbarung mit den Kollwitzschen Nachlassverwaltern auch auf die Gestaltung des Umfeldes der Wache aus: Durch den Antikriegscharakter des Kollwitzschen Werkes ist die Wiederaufstellung der von Christian Daniel Rauch geschaffenen Statuen der Generäle Scharnhorst und Bülow – Helden der Befreiungskriege – an den von Schinkel gewählten originalen Standorten neben der Wache auf unabsehbare Zeit blockiert. Wegen dieses politisch begründeten historischen Dilettantismus läuft die Schinkelsche Idee einer Denkmalstraße für die Befreiungskriege zwischen Friedrich-Denkmal und Schlossbrücke – mit viel Aufwand nach dem Krieg baulich wiederhergestellt – Gefahr, dauerhaft entstellt zu werden.
Den Endpunkt der geplanten Triumphstraße – heute Beginn der Linden – bildet Schinkels 1821–24 gebaute SCHLOSSBRÜCKE. Obwohl 1804 nach einem Entwurf von F. Gilly durch Gentz umgebaut, war die einstige Hundebrücke zu klein geraten. Der Entwurfs-Vorlage am 30. Juni 1819 folgten umfängliche wasserbautechnische Vorbereitungen bis zur Grundsteinlegung am 29. Mai 1822. Statt des mittleren kleinen Bogens wurden Klappen für den Schiffsdurchlass eingebaut, erst nach dem Bau der Mühlendammschleuse erhielt die

Neue Wache Unter den Linden – Königswache und Auftakt der Via triumphalis.

Brücke 1912 mit dem Mittelgewölbe ihre geplante Gestalt. Vor der Fertigstellung im März 1824 war sie, provisorisch gesichert, beim Einzug der Braut des Kronprinzen am 28. Nov. 1823 vorübergehend freigegeben worden – 22 Menschenleben kostete der Bruch des Behelfsgeländers.
Bereits 1819 entwarf Schinkel nach Motiven der griechischen Mythologie die Figurengruppen, die schließlich der Brücke die charakteristische Silhouette und den Beinamen „Puppenbrücke" geben sollten; ihre Ausführung scheiterte am königlichen Einspruch. Von Schinkels Entwürfen z. T. abweichend und statt als Kupfertreibarbeit in Marmor, schufen Gustav Hermann Bläser, Johann Friedrich Drake, Karl Heinrich Möller, Hermann Schievelbein, Ludwig Wilhelm Wichmann, Albert und Emil Wolff und August Wredow 1842-57 die acht Gruppen. Nach einer gründlichen Instandsetzung der Gewölbe 1880 wurden diese 1927/28 durch Stahlbetonbögen ersetzt. Die schweren Beschädigungen der Brücke aus dem

Zweiten Weltkrieg wurden 1955-61 beseitigt. Die im Krieg ausgelagerten Figuren kehrten 1981 u. a. im Tausch von Teilen des KPM-Archivs aus West-Berlin zurück und wurden – restauriert und konserviert – 1983/84 wieder aufgestellt, 1989 folgten die Medaillons in den Postamenten.
Städtebaulich stellte Schinkel dem königlichen Schloss das bürgerliche Museum gegenüber und setzte sich damit gegen die Versuche einer Bindung der Kunstsammlungen an den Hof (A. Hirt) durch. Das ALTE MUSEUM (1825-30) am Lustgarten bildete den vorläufigen Höhepunkt der Bemühungen v. Heinitz', W. v. Humboldts u. a. für eine bürgerliche Öffnung des Kulturlebens. Architektonisch und museumstechnisch wirkte Schinkel damit beispielgebend für die neue Bauaufgabe. Der von 18 ionischen Säulen getragenen Vorhalle schließt sich ein offenes – heute als Witterungsschutz verglastes – Treppenhaus an, durch das der Besucher die dem römischen Pantheon nachempfundene 22,8 m hohe Rotunde betritt.

Schinkel schuf, beginnend mit der auf das Sockelgeschoss führenden 28,5 m breiten Freitreppe, einen allmählichen Übergang von klassischer Schönheit vom Außen- zum Innenraum. Den Bau schmücken zahlreiche plastische Werke von A. Wolff, Kiß, Christian Friedrich Tieck, Hugo Hagen und Schievelbein, z. T. nach Entwürfen von Rauch. Die nicht immer den Schinkelschen Vorgaben folgenden Arbeiten waren 1861 vollendet, das zweiflügelige Bronzetor nach Stülers Entwurf stellte A. Wolff 1860 fertig. Die Inschrift an der Vorderfront verfasste – wie beim Schauspielhaus – der Kunsthistoriker und Museologe Hirt. 1868–71 baute August Tiede erste Oberlichter ein. Cramer nahm 1876–84 konstruktive Veränderungen vor.

Als am 30. April 1945 vor dem schwer beschädigten Museum ein Tankwagen explodierte, ging der gesamte Bau in Flammen auf. 1951 begannen die Sicherungsarbeiten, 1966 öffnete das im Äußeren originalgetreu wiederhergestellte Museum erneut seine Pforten. Die Restaurierung der Rotunde, des Treppenhauses und der Vorhalle erfolgte bis in die 80er Jahre. Die monumentalen Wandmalereien in der Vorhalle und im Treppenhaus, nach Schinkels Entwürfen 1841–47 entstanden, konnten nicht wiederhergestellt werden, hier wurde die Farbfassung aus den Jahren vor 1841 rekonstruiert.

Als Platz der **GRANITSCHALE** vor dem Museum, 1827–29 von Cantian nach Schinkels Entwurf aus dem Großen Markgrafenstein bei Fürstenwalde gefertigt, war ursprünglich die Rotunde vorgesehen. Wegen des von Cantian eigenmächtig vergrößerten Durchmessers – knapp 7 m bei etwa 80 t Gewicht – konnte sie 1831 nur vor dem Museum platziert werden. Bei der Umgestaltung des Lustgartens zu einem Aufmarschplatz wurde die Schale 1934 nördlich des Domes aufgestellt, 1981 kehrte sie auf den ursprünglichen Standort zurück. Um die Grüngestaltung des Lustgartens wurde seit den 80er Jahren gerungen; gegen zerstörerische Pläne einer Verunstaltung mit

Pavillons setzte sich schließlich die 2000 fertig gestellte Fassung in Anlehnung an die historische Gestalt durch.

Das weitere Schicksal des Alten Museums kann nur im Kontext mit der gesamten Museumsinsel gesehen werden. Trotz des 1985 in der DDR verkündeten Partei- und Regierungsbeschlusses zum Wiederaufbau des Neuen Museums und der Rekonstruktion der gesamten verfallsbedrohten Museumsinsel begannen, nicht zuletzt aus finanziellen Gründen, konkrete Arbeiten für das Neue Museum nach heftigen Kontroversen zwischen Museologen und Denkmalpflegern erst 1989. Die nach der Vereinigung absehbare Zusammenführung von Beständen und die Neuordnung der Berliner Museumslandschaft machten die Einstellung der Arbeiten erforderlich. Nicht nachvollziehbar ist das intensive, zeitweise planlos scheinende zehnjährige Hin und Her von Konzeptionen, Wettbewerben und Kontroversen bis zum endlichen Beschluss des so genannten Masterplanes 1999 durch den Stiftungsrat der Stiftung Preußischer Kulturbesitz; im gleichen Jahr fand das Ensemble Aufnahme in die UNESCO-Liste des Weltkulturerbes.

Die auf zehn Jahre terminierten Maßnahmen umfassen im Wesentlichen: Wiederaufbau des Neuen Museums und Bau eines neuen Haupteingangs zwischen diesem und der Spree (D. Chipperfield), Umbau des Alten Museums (Hilmer&Sattler&Albrecht), Rekonstruktion des Bode-Museums (Heinz Tesar), Rekonstruktion des Pergamonmuseums mit dem Bau des gläsernen Querflügels (Oswald Mathias Ungers) und Rekonstruktion der Alten Nationalgalerie (hg Merz). Als unter Fachleuten äußerst umstrittene Lösung zahlreicher Probleme gilt der Bau der unterirdischen Erschließung, der „Archäologischen Promenade". Die Wiedereröffnung der Nationalgalerie Ende 2001 bewies die Ernsthaftigkeit des Unternehmens.

Vom Nationaltheater auf dem Gendarmenmarkt blieben nach dem Brand vom

29. Juli 1817 nur die Umfassungsmauern. Bereits 13 Tage später reichte der Sohn des Erbauers, K. F. Langhans, drei Entwürfe für den Neubau ein, später auch Johann Gottlieb Schlätzer – den Auftrag bekam am 2. April 1818 allerdings Schinkel. Die am 28. April vorgelegten Entwürfe für das SCHAUSPIELHAUS genehmigte der König zwei Tage später. Schinkel war durch eine Reihe von Vorgaben gebunden: Verwendung der Umfassungsmauern und der Portikus-Säulen der Ruine, Reduzierung der Bühne und des Zuschauerraumes (1.600 Plätze) zugunsten eines Konzertsaales sowie von Neben- und Funktionsräumen. Der Einsturz einer Ruinenmauer kostete am 23. März 1819 ein Menschenleben, die Aufgabe der Ruinennutzung verteuerte den Bau dann beträchtlich. Nach Einweihung der Säle im Februar folgte die offizielle Eröffnung des Schauspielhauses am 26. Mai 1821 mit Goethes „Iphigenie" in Schinkelschen Dekorationen, nachdem erst in der Nacht die Baugerüste gefallen waren.

Wie das Nationaltheater ist das Schauspielhaus in Nord-Süd-Richtung eingeordnet. Im Gegensatz zum langgestreckten Langhansbau erzielte das Schauspielhaus eine mit den Türmen der beiden Kirchen korrespondierende platzgestaltende Wirkung – hervorgerufen durch den quer auf den Platz orientierten überhöhten Mittelbau mit dem ionischen Portikus über der Freitreppe. Abgesehen von der städtebaulichen Dominanz, wurde das Schauspielhaus vorbildlich für den bürgerlichen Theaterbau. Den reichen plastischen Schmuck entwarfen bzw. modellierten Rauch und Tieck nach Schinkels Angaben, die farbigen Raumfassungen schufen Wilhelm Hensel, Wilhelm Wach u. a. Die den Tagungen der Preußischen Nationalversammlung 1848 im Konzertsaal folgende längere militärische Besetzung des Hauses und die Nutzung 1851 durch die Erste Kammer (ab 1855 Herrenhaus) des preußischen Parlamentes machten eine gründliche Renovierung notwendig, 1851/52 einfühlsam durch Bürde und

„Der Koffer" – so hieß im Volksmund das Nationaltheater des älteren Langhans auf dem Gendarmenmarkt.

Schinkels Schauspielhaus als zwei sich durchdringende Baukörper.

Stüler vorgenommen. Umfängliche Putzschäden führten 1883/84 zur Verblendung des Gebäudes mit Sandstein. Schinkel hatte seinerzeit aus Kostengründen darauf verzichtet. Unter Leitung von Reinhold Persius erfolgte durch Richard Cramer 1888/89 wegen neuer Feuerschutzbestimmungen ein umfassender Umbau der Bühnenmaschinerie und der Treppenhäuser, die elektrische Beleuchtung erhielten; den neuen Bühnenvorhang entwarf Eduard Jacobsthal. Die 1905 von Felix Genzmer unter der Leitung von Oskar Launer vorgenommene Umgestaltung des Inneren im wilhelminischen Stil wurde 1935 zurückgenommen, gleichzeitig aber eine entstellende Brücke über die Charlottenstraße angefügt und der Platz vor dem Theater bis 1936 unter Demontage des Schillerdenkmals umgestaltet. Wenn auch in klassizistischer Manier ausgestattet, war vor der Zerstörung des Schauspielhauses im Zweiten Weltkrieg von den Malereien der Schinkelzeit außer jenen im Konzertsaal

und an wenigen anderen Stellen nichts Originales mehr vorhanden. Unter Beibehaltung der ursprünglichen Funktionsstruktur – der nördliche Seitentrakt enthält Funktions- u. Probenräume, der südliche den Kammermusiksaal – wurde das Schauspielhaus beim Wiederaufbau im Mittelbau in einen Konzertsaal verwandelt. Das Gebäude – nach Entwurf von Manfred Prasser im Äußeren originalgetreu wiedererstanden und im Inneren klassizistisch nachempfunden – wurde am 1. Okt. 1984 eröffnet.
Von zahlreichen Kirchenentwürfen für Berlin – u. a. 1810/11 Petrikirche, 1814 Gedenkdom, 1819 Kirche Spittelmarkt, 1827 Dom-Neubau – konnte Schinkel fünf verwirklichen. Als bedeutendste entstand 1824–30 nach verschiedenen Variantenentwürfen und Projekten von Schlätzer (1820) und Hirt (1820/21) unter der Bauleitung von Hesse die FRIEDRICHWERDERSCHE KIRCHE als Nachfolgebau der aus dem kurfürstlichen Reithaus hervorgegangenen provisorischen Simultan-

kirche der deutsch- und lutherisch-reformierten sowie der französisch-reformierten (bis 1841) Gemeinden an der heutigen Werderstraße. Der Entwurf lehnte sich architektonisch an die englische Gotik an. Im Material folgte Schinkel bei der ersten neogotischen Kirche Berlins der märkischen Backsteintradition – unterstützt durch die außerordentliche Qualität der Erzeugnisse aus der Tonwarenfabrik von Tobias Christoph Feilner. Diese Firma brannte auch das Modell des Erzengels Michael von Ludwig Wilhelm Wichmann über den Hauptportalen. Die gusseisernen Türen (1829/30) mit jeweils 10 Medaillons schuf Tieck. Die ursprünglich niedrigeren Fialen ersetzten Stüler und Stein 1843 durch hohe Spitzen. Artilleriebeschuss zerstörte den vor allem an der Turmfront stark beschädigten Bau am 29. April 1945 auch im Innern: Die malerische Ausgestaltung – vorwiegend neben Schinkel von Wach, K. Begas und Wilhelm Schadow – ging fast völlig verloren. Seit den 50er Jahren wurde der Bau umfangreich gesichert. Die Wiederherstellung des Außenbaus der für Schinkels Lebenswerk bedeutenden Kirche als Schinkel-Museum erfolgte 1982–87, nachdem eine Einbeziehung in den Komplex des damaligen DDR-Außenministeriums endgültig vom Tisch war. Die Stülerschen wurden nun wieder gegen die Schinkelschen Fialen getauscht. Bauliche Probleme, wie die nachträgliche Feststellung von Schwamm im Dachstuhl oder die Verwendung ungeeigneten Ziegelmaterials, machten langzeitige Nacharbeiten notwendig, die erst 2000 beendet werden konnten. Die Restaurierung im Inneren mit gleichzeitig behutsamem Umbau zum Museum – wegen der nun fehlenden Bestuhlung nur durch den leicht veränderten Fußboden und am Fehlen des zerstörten Altars zu erkennen – war zum Berlin-Jubiläum beendet. Die 2001 beschlossene Wiederbebauung des brachliegenden Umfeldes wird der Kirche die einstige Maßstäblichkeit zurückgeben. In unmittelbarer Nachbarschaft der

Kirche stand am Schleusengraben Ecke Werderstraße das Gebäude der **BAUAKADEMIE** (ehemals Schinkelplatz 6), gleichzeitig Amtssitz der Oberbaudeputation. Emil Flaminius leitete 1831-36 den durch die Firma Bürde ausgeführten Bau, das Hauptwerk aus Schinkels Spätzeit. In der Dienstwohnung im oberen Geschoss starb Schinkel am 9. Okt. 1841. Der 4-geschossige quadratische flachgedeckte Backsteinbau wirkte wie die Vorwegnahme moderner Skelettbauten, die Tragkonstruktion war als Fassadenraster mit Wandpfeilern und Stockwerksgesimsen sichtbar, dezent geschmückt durch ornamentale und figürliche Terrakottareliefs; die Portalrahmungen schufen Kiß und Tieck. Nach dem Umzug der in der TH aufgegangenen Bauakademie nach Charlottenburg (1884) erhielt das 1874/75 durch Richard Lucae im Inneren umgebaute Gebäude neue Nutzungen; zeitweise waren hier die Messbildanstalt, Sammlungen der Nationalgalerie und ab 1933 das Schinkelmuseum untergebracht. Die Ruine des am 3. Febr. 1945 nach Bombentreffern völlig ausgebrannten Baues wurde bis zum Richtfest im Nov. 1962 wieder ausgebaut, dann aber kurzerhand beseitigt. Teile der geborgenen Architekturplastik befinden sich heute in der Nationalgalerie und im Märkischen Museum. Die Rahmung des Hauptportals wurde an der nahegelegenen ehem. „Schinkelklause" wiederverwendet. Die Initiativen zum Wiederaufbau der Bauakademie – de facto galt bis 1990 noch ein Magistratsbeschluss von 1962 zum Wiederaufbau an anderer geeigneter Stelle – mehrten sich nach dem von Mai bis Dezember 1995 erfolgten Abriss des an seiner Stelle 1963–66 errichteten DDR-Außenministeriums. Eine originalgetreue Gebäude-Ecke an originalem Ort, errichtet durch privat gesponserte Lehrlinge, soll seit 2001 dafür werben. Noch nicht wieder aufgebaut ist die am 18. März 1945 völlig ausgebrannte **ELISABETHKIRCHE**, Invalidenstr. 3, von Schinkel in „antikischem Stil" errichtet. Sie gehörte, wie die 1832–35 ausgeführten Nazareth- und Paulskirche im Wedding und die Johannis-kirche in Moabit, zu einer mehrfach modifizierten Serie von Vorstadtkirchen für Berlins Norden. Die Kirche im Neuen Voigtland war bereits 1830 begonnen worden, wurde aber erst 1832–34 – den anderen angeglichen – in reduzierter Größe weitergebaut. Obwohl gesichert und konkreten Nutzungen zugedacht, scheiterten alle bisherigen Wiederaufbauversuche trotz prominenter – rhetorischer – Unterstützung an der fehlenden Finanzierung. Die Paulskirche hatte in ihrer ursprünglichen Konfiguration aufgrund ihrer klassizistischen Formen große Ähnlichkeit mit der Elisabethkirche, die Johannis- und die Nazarethkirche sind in ihrer Backsteinarchitektur eher der italienischen Romanik entlehnt.

Die 1885 angebaute Sakristei, der 1889/90 durch Max Spitta errichtete Glockenturm und das 1910/11 durch Johannes Kraaz ergänzte Gemeindehaus haben das äußere Erscheinungsbild der **PAULSKIRCHE**, Badstr.

50/51, deutlich verändert. Der Wiederaufbau 1956/57 durch Hans Wolff-Grohmann löschte im Inneren Schinkels Spuren weitgehend. Nicht anders – wenn auch auf andere Weise – erging es dem Innenraum der **NAZARETHKIRCHE** am Leopoldplatz. Wegen der gewachsenen Gemeinde wurde 1891–93 von Spitta die benachbarte – größere – neogotische Neue Nazarethkirche errichtet; die alte Nazarethkirche wurde nach Einbau einer Zwischendecke 1906 zum Gemeindesaal und Ausstellungsraum umfunktioniert und seit 1972 auch als Kita genutzt. Die Restaurierung der Farbfassung der Decke und von Teilen der Wände 1981 hat eher Modellcharakter, der originale Raumeindruck war mit der entstellenden Zwischendecke ohnehin nicht wieder zu gewinnen.

In Berlin wie auch in Potsdam stammten zahlreiche Militärbauten – Verwaltungen, Magazine, Kasernen – aus Schinkels Atelier. Bei Entwurfsrevisionen nahm die-

Die Bauakademie. Gemälde von Eduard Gärtner, 1868 (Ausschnitt).

82

ser in der Oberbaudeputation meist eine Überarbeitung der Fassadengestaltung vor. Diese Praxis blieb mit der Gründung der Militärbauverwaltung im Kriegsministerium 1821 bestehen, so dass auch die Entwürfe von dessen Direktor Hampel oft Schinkels Handschrift tragen. Einer der wenigen Reste dieser Bauten – früher häufig in der Innenstadt – ist der Mittelrisalit vom kriegszerstörten ehemaligen EXERZIERHAUS, Reinhardtstr. 23, nach dem Krieg als Theatermagazin genutzt, der heute als Versatzstück die 1996-98 von Bellmann & Böhm sowie Krüger, Schuberth, Vandreike errichtete Wohnanlage schmückt. Diesem ursprünglich langgestreckten Gebäude, erbaut 1827/28 und nach 1918 Polizei-Turnhalle, stand bis zum Zweiten Weltkrieg die 1833-35 ebenfalls von Hampel unter Schinkels Einfluss erbaute zugehörige Kaserne gegenüber. An ihrer Stelle befindet sich heute die Grünanlage vor dem Deutschen Theater und die 1974/75 von Ulf Zimmermann errichtete Mensa Nord der Humboldt-Universität. Wenn auch nur noch zehn von ursprünglich 25 Achsen erhalten sind, kann das ebenfalls nach Hampels Entwurf von August Ferdinand Fleischinger 1829/30 errichtete EXERZIERHAUS, Heinrich-Heine-Platz 9-12, schon eher einen Eindruck von dieser Gebäudekategorie vermitteln. Die damalige Kasernen-Architektur ist auch mit der ehemaligen GARDE-DRAGONER-KASERNE am Mehringdamm 20-25, ohne Schinkels direkte Mitwirkung 1851-53 von Wilhelm Louis Drewitz gebaut, überliefert. Der langgestreckte 3-geschossige Bau bedient sich zwar der damals gängigen Formen normannischer Kastelle, die sparsame Dekoration versucht aber nicht die Zweckbestimmung des Gebäudes zu kaschieren. Von den ursprünglich drei Exerzierhöfen bildenden Stallflügeln ist nur ein Teil erhalten.
Eine völlig andere Formensprache liegt den beiden ehemaligen – als Nr. 1 und Nr. 70 beidseitig den Beginn der Charlottenburger Schlossstraße markierenden –

KASERNEN DES REGIMENTS GARDE DU CORPS zugrunde. Die beiden 3-geschossigen würfelförmigen Gebäude mit einem rundtempelähnlichen Dachaufsatz, der sich über dem Oberlicht des mittigen Treppenhauses erhebt, errichtete Stüler 1851-59 unter Bezugnahme auf die Architektur des gegenüberliegenden Charlottenburger Schlosses. Den westlichen Bau gestaltete Karl Heinz Wuttke 1956-58, den östlichen Wils Ebert 1966/67 zum Museum um. Der an den westlichen Bau bis zur Nithackstraße anschließende ehemalige Marstall, 1855-58 von Drewitz errichtet, zeigt das bescheidene Bild schmucklosen Backsteins.

Die Prägung des Berliner Klassizismus durch Schinkel soll nicht vergessen lassen, dass zu seiner Zeit zahlreiche bedeutende Bauten auch anderer Architekten entstanden – die wenigsten jedoch sind erhalten. Vom Werk des damaligen Stadtbaurates Langerhans kündet nur – außerhalb der damaligen Stadt – der Turm der DORFKIRCHE STRALAU, den er 1823/24 in siegreicher Konkurrenz mit Schinkel errichtete, die Kirche selbst datiert von 1459-64. Der baufällige Turm, dessen Fachwerk durch Langerhans nur mit Ziegelmauerwerk ummantelt worden war, musste 1935 abgerissen werden und wurde – äußerlich dem Original gleichend – 1936/37 massiv wiederaufgebaut. Von Langerhans stammt auch die Anlage des JÜDISCHEN FRIEDHOFES, Schönhauser Allee 23/25 (1827), Bauten sind nicht überliefert. Für den Volkspark Friedrichshain, angelegt 1846-48 nach Entwurf Gustav Meyers, hatte Langerhans die Bauleitung.
Nach abgelehnten Entwürfen von Gottfried Steinmeyer (1823) und Schinkel (seit 1812) baute dann schließlich Carl Theodor Ottmer 1825-27 in Anlehnung an Schinkel-Entwürfe die SINGAKADEMIE, Am Festungsgraben 2, hinter dem Kastanienwäldchen. Den Vorzug erhielt er wegen des niedrigsten Kostenvoranschlages – am Ende lagen die Kosten weit darüber; finanzielle Auseinandersetzungen zwi-

schen Ottmer und der Singakademie zogen sich bis 1839 hin. Durch Bürde erhielt das Haus 1848 eine neue Ausstattung für die Tagungen der Preußischen Nationalversammlung (Mai-Sept). Unter Beseitigung der seit 1865 durch Martin Gropius u. a. vorgenommenen Anbauten wurde nach dem Krieg das Gebäude außen restauriert, im Inneren jedoch völlig umgebaut; seit 1952 spielt hier das Maxim Gorki Theater.

Im September 1791 trat in der Marienkirche erstmals ein Chor öffentlich auf, der sich als „Singakademie" (1793) zu einer Berliner Institution entwickelte. Zur privaten Freude sangen Musikfreunde unter Leitung von Karl Friedrich Fasch seit 1790 in Privatwohnungen; im November 1793 erhielt der Chor ein Domizil im Akademiegebäude. Besondere Verdienste erwarb er sich mit der 1794 begonnenen Pflege des Bach-Werkes, das unter seinem zweiten Direktor Zelter zur Tradition wurde. Unter dessen Leitung stieg die Mitgliederzahl von 148 (1800) auf 240 (1833), neben dem Chor hatte die Singakademie ab 1806 auch eine Orchesterschule und seit 1809 die Liedertafel. Die meisten Mitglieder zählte die Singakademie unter Zelters Nachfolger Karl Friedrich Rungenhagen mit rund 600 (1841). Prominente Mitglieder waren Beuth, Schinkel, Felix Mendelssohn Bartholdy und E. Devrient.

Karl Friedrich Zelter (11. Dez. 1758 Berlin – 15. Mai 1832 ebd.) folgte als Sohn eines Bauunternehmers dem väterlichen Vorbild, 1774 absolvierte er die Maurerlehre. Nach Tätigkeit beim Vater wurde er 1779 Gehilfe von H. A. Riedel am Oberbaudepartement und trat nach der Meisterprüfung am 1. Dez. 1783 als Teilhaber in das väterliche Geschäft ein, das er 1787 übernahm. Seit 1774 hatte Zelter an der Akademie der Künste Musik- und Zeichenunterricht genommen und trat als Tenor 1791 der Singakademie bei, deren Direktorat er 1800 übernahm. Das Baugeschäft gab Zelter 1815 auf und trat aus der Maurerinnung aus. Mit Ernennung

Berliner Singakademie am Festungsgraben – Chorhaus, Parlament, Theater.

zum Akademie-Professor (27. Mai 1809) wandte sich Zelter gänzlich der Musik zu. 1823 wurde er auch Direktor des neugegründeten Institutes für Kirchenmusik. Zelter pflegte freundschaftliche Beziehungen zu Schiller, Hegel, Rauch, Schadow, W. v. Humboldt und Ottmer, seit 1799 stand er mit Goethe im Briefwechsel und besuchte ihn als dessen einziger Duzfreund häufig. Als Mitglied des Comité administratif (3. Nov. 1806 – 6. Juli 1809) trat er auch politisch hervor, aus Protest gegen die französische Besetzung schloss er 1806/07 die Singakademie. Neben dem Umbau des Nicolai-Hauses sind die nicht mehr vorhandenen Wohnhäuser Neue Schönhauser Str. 5 (um 1790, vermutl. nach Entwurf G. C. Ungers) und Tiergartenstr. 28 (1800) sowie das Militärlazarett, Georgenkirchhof 19 (später Blindenanstalt), Werke Zelters.

Das Besitztum der Markgrafen v. Schwedt begrenzte einst die westliche Seite des Opernplatzes. Nacheinander in Teilen vom Staat erworben, entstanden hier die

Königliche Bibliothek und die Witwenverpflegungsanstalt in der Behrenstr. 41 von Konrad Titel. Das Schwedische Palais an der Linden-Ecke kam 1829 in königlichen Besitz, für Prinz Wilhelm im Inneren umgebaut von Schinkel. Neubauentwürfe Schinkels wurden wegen ihrer übersteigerten Monumentalität abgelehnt, das KAISER-WILHELM-PALAIS (1834–37) von K. F. Langhans als eines der bedeutendsten klassizistischen Stadtpalais fügte sich dagegen trotz der komplizierten Grundstücksgestalt ohne große Abrisse harmonisch in das Ensemble ein. Den plastischen Schmuck entwarf Wichmann. Das 1854 von Strack neu ausgestattete Gebäude brannte am 23. Nov. 1943 aus, 1963/64 erhielt es sein historisches Äußere zurück, im Inneren für die Universität modern ausgebaut.

Schinkels bürgerliche Wohnbauten sind aus Berlin völlig verschwunden; nur das „kleine Palais" – oder Schlösschen – ist mit dem 1820–24 aus einem Gutshaus umgebauten SCHLÖSSCHEN TEGEL für die Familie

Humboldt und dem villenähnlichen so genannten SCHINKELPAVILLON am Schloss Charlottenburg für Friedrich Wilhelm III. von 1824/25 vertreten.

Viele der Schinkelschen Wohnbauten in Berlin verschwanden schon vor dem Krieg, übertriebener Respekt vor seinem Werk war der Stadt nie eigen. Die Landhäuser Graefe (1824) am Tiergarten und Behrend (1823) in Charlottenburg wichen gründerzeitlichen Bauten, das 1828–30 durch Umbau entstandene Palais Redern am Pariser Platz wurde 1905 zugunsten des Hotels „Adlon" abgerissen. Die vielgestaltigen Umbauten und Einrichtungen der Palais preußischer Prinzen gingen im Bombenhagel unter, der Pavillon am Schloss Bellevue von 1826 wurde 1943 zerstört. Das teilzerstörte und dann abgerissene Feilner-Haus (1828/29) diente dafür 1982–86 als Vorlage für eine – allerdings untaugliche – Adaption durch Rob Krier in Kreuzberg.

Wenn auch oft versteckt, existieren aus der Schinkel-Zeit noch zahlreiche BÜRGER-

Schinkels Palais Redern am Pariser Platz wurde 1905 abgerissen.

HÄUSER, ihre Schöpfer sind meist anonym. Zu nennen sind die Häuser Schadowstr. 10/11 (1805; Wohnhaus des Bildhauers J. G. Schadow), Bauhofstr. 2, die 1827 bis um 1840 bebaute Marienstraße - in Nr. 32 Ecke Luisenstr. 39 wohnte 1887/88 der Arzt und erste japanische Übersetzer der deutschen Klassik und Romantik Mori Ogai -, Schumannstr. 14-17 (um 1830-40), Gipsstr. 11 und 13 (Anf. 19. Jh.), Auguststr. 26 b und 69 (Anf. 19. Jh.), Joachimstr. 15 (1. H. 19. Jh.), Charitéstr. 2 (etwa 1830-40) und Luisenstr. 18 (um 1830).

Die bewegteste Geschichte hat sicher das heutige - bis 2003 rekonstruierte - HAUS DER LANDESVERTRETUNG SACHSEN-ANHALTS, Luisenstr. 18. Erbaut um 1830 für den damaligen Generalmajor Wrangel, kam das Palais 1848 nach Wrangels Umzug zum Pariser Platz in den Besitz der Familie v. Bülow, die es repräsentativ erweitern ließ. Anfang des 20. Jh.s tagte hier eine Freimaurerloge, in den 20er Jahren ein Jüdischer Kulturverein. Im Zweiten Welt-krieg war im Palais das Casino des Generalstabs der Wehrmacht untergebracht. Als Club der Gewerkschaft Kunst „Die Möwe", die es 1962 und nach einem Brand 1975-78 restaurieren ließ, erreichte das Haus 1946-90 sicher seinen größten Bekanntheitsgrad. Trotz des häufigen Nutzerwechsels haben sich einige bemerkenswerte Raumfassungen und Treppen erhalten.

Das bedeutendste Werk des nachschinkelschen Klassizismus in Berlin, das 1856 eröffnete NEUE MUSEUM, Bodestr. 4, entstand 1843-46 nach einem Entwurf Stülers, im Inneren erst 1855 fertig gestellt. Es war der erste Neubau für die Verwirklichung der Konzeption Friedrich Wilhelms IV. zum Ausbau des Packhofgeländes als „Freistätte für Kunst und Wissenschaft" (1835). Der 3-geschossige, 1885 durch Cramer um die beiden Innenhöfe aufgestockte Bau beherbergte das Ägyptische Museum und die Kupferstichsammlung. Museumsgeschichtlich bemerkenswert und erstmals in dieser Größenordnung ausgeführt, war die konsequente Abstimmung der Raum-

P. L. Simon, Entwurf für Haus Umlang, Brüderstr. 40, um 1805.

gestaltung auf die Exponate, z. B. der Säulenhof als ägyptischer Tempel (Stüler) und der Griechische Hof mit dem Pompeji-Fries (Schievelbein). Auch bautechnisch wurden zahlreiche moderne Lösungen angewandt, so die Wölbung einiger Säle mit leichtgewichtigen konischen Hohlkörpern (Topfziegel), gusseiserne Deckenkonstruktionen (Adolph Ferdinand Wenzeslaus Brix) und hochfester Zement. Eine der imposantesten Raumschöpfungen des 19. Jh.s war das dreiläufige Treppenhaus im giebelgeschmückten überhöhten Mitteltrakt, ausgestattet mit sechs monumentalen Wandgemälden (Hauptereignisse der Menschheitsgeschichte) von Wilhelm Kaulbach, die er 1847-68 in der von ihm in München entwickelten Technik der Silikat-(Wasserglas) Malerei ausgeführt hatte. Die nach unten offene Konstruktion des Treppenhausdaches mit doppeltem Hängewerk ging auf Schinkel-Entwürfe zurück. Das wasserseitige Giebelrelief entstand in Zinkguss nach Entwurf von Kiß, das östliche schuf 1854 Drake, die Bronzegreife als Dachbekrönung stammten von A. Wolff. Von Bläser, Drake, K. H. Möller und Schievelbein geschaffene allegorische Atlanten über griechischen Medaillons schmückten die von Flachkuppeln gekrönten Eckrisalite der Hauptfassade.

Im Februar 1945 wurde der Bau zerbombt, das Treppenhaus mit den Kaulbach-Fresken war schon am 23. Nov. 1943 ausgebrannt. Die dorischen Säulengänge vor der Hauptfassade und in der Bodestraße waren schwer beschädigt, der dreibogige Übergang zum Alten Museum wurde zerstört. Die Vorbereitungen zum Wiederaufbau des Museums begannen bereits 1986, wurden aber erst mit dem Beschluss des Masterplans 1999 konkret.

Auch die ursprünglich als Festhalle der Universität geplante NATIONALGALERIE, Bodestr. 1-3, entwarf Stüler (1862-65). Seinen von Strack noch modifizierten Entwurf führte Georg Gustav Erbkam 1866-76 unter Leitung von Strack aus. Als römischer Tempel erhebt sich der Bau auf hohem Sockelgeschoss, die Freitreppe wird vom Reiterstandbild Friedrich Wilhelms IV. beherrscht, das Alexander Calandrelli 1886 nach Bläsers Entwurf schuf. Neben Moritz Schulz, der das gesamte Bildprogramm konzipierte, waren am plastischen Schmuck Julius Moser, Calandrelli, Rudolf Schweinitz u. a. beteiligt. Die enge Vorgabe der Form des Baues, die auf Skizzen Friedrich Wilhelms IV. zurückging, hatte museumstechnische Mängel zur Folge, die später mehrere Umbauten erforderten.

Nach schweren Kriegsschäden eröffnete am 18. Juni 1949 die erste Ausstellung, 1951/52 wurde das am 3. Febr. 1945 eingestürzte Treppenhaus wieder aufgebaut. 1963 waren die Schäden im Wesentlichen beseitigt. Eine umfassende Wiederherstellung, vor allem der Freitreppenanlage und der Vorhalle, begann 1985 und war nach mehreren Etappen Ende 2001 abgeschlossen. 2002 eröffnete das Museum nach kompletter Innenrestaurierung einschließlich neu gewonnener Räume wieder. Wie die Nationalgalerie, so zeigen auch die nachfolgend vorgestellten Bauten Entwicklungslinien auf, die vom Klassizismus zu den Neostilen führen.

Allein die Summe seiner Kirchenbauten hätte Stüler einen bedeutenden Platz in Berlins Baugeschichte gesichert. Weitgehend unbekannt sind dabei seine relativ bescheidenen und zumeist in den kostengünstigen und pflegeleichten Backsteinbauweise ausgeführten Dorfkirchen im damaligen Umfeld der Residenz. Bekannt in Brandenburg sind noch heute u. a. die Dorfkirchen Birkenwerder (1847-49), Brodowin (um 1852), Caputh (um 1850), Christdorf (1837), Glindow (1852/53), Hohensaaten (1858-60), Reitwein (1855-58), Saarmund (1846-48), Werder-Petzow (1841/42; nach Schinkel), die Pfarrkirchen Niemegk (1853), Oderberg (1853-55), St. Nikolai Oranienburg (1864-66) und Werder (1857), die Stadtkirche Fehrbellin (1867) und die Kirche Bornstedt (1854/55). Im heutigen Berliner Stadtgebiet zu nennen sind die Erweiterung der ehemaligen DORFKIRCHE PANKOW aus dem 15. Jh. durch den Anbau einer dreischiffigen Halle mit zwei schlanken Türmen 1858/59, die den Ursprungsbau zum Chor werden ließ. Die reizvolle neue Westfassade wurde 1908 durch den Anbau einer Vorhalle zerstört. Die DORFKIRCHE MARZAHN, 1870/71 nach Stülers hinterlassenen Plänen von Edward Bürkner gebaut, folgte ebenfalls der märkischen Backsteingotik. Zusätzlich eingebrachte romanische Formelemente und die Kombination streng stereometrischer Baukörper geben der 1858/59 enstandenen ehemaligen DORFKIRCHE STOLPE, heute Kirche am Stölpchensee in Wannsee, einen völlig anderen - monumentalen - Charakter. Nach ähnlichem Baukastenprinzip ist in Kreuzberg der ebenfalls in Backstein ausgeführte Komplex JACOBIKIRCHE (1844/45) mit Pfarrhaus (1857-59) und Predigerhaus (1865/66), Oranienstr. 132-134/Jacobikirchstr. 5-6, gestaltet. Die schweren Kriegsschäden beseitigten 1954-57 Paul und Jürgen Emmerich; 1979-82 rundeten Dieter Frowein und Gerhard Spangenberg das Backstein-Ensemble durch zwei Pfarrhäuser in angeglichenen Formen ab. Wie hier und in

Moabit entstand in Kreuzberg an der Bernburger Str. 3-5 ein geschlossenes Backstein-Ensemble von Kirche, Pfarr- und Küsterhaus. Die Ausführung der LUKASKIRCHE erfolgte 1859-61 durch G. Möller nach einem veränderten Stüler-Entwurf. Die vereinfachende Wiederherstellung 1954 durch Georg Thoefern näherte das äußere Erscheinungsbild wieder etwas Stülers Intentionen an.

Das Krankenhaus der DIAKONISSENANSTALT BETHANIEN am Mariannenplatz 1-3 gehört zu jenen Bauten der Nach-Schinkel-Zeit, an deren ideeller Begründung und dessen Entwurf Friedrich Wilhelm IV. beteiligt war. Wie die Gründung einer Wohnungsbaugenossenschaft nach den reformatorischen Ideen Victor Aimé Hubers zur sittlichen Besserung des Kleinbürgertums, sollte eine Ausbildungs- und Krankenpflegeanstalt die tätige Nächstenliebe fördern und ebenso den zersetzenden Einfluss liberaler und sozialistischer Ideen eindämmen. Auf der Grundlage des Bebauungsplanes Lennés für das Köpenicker Feld (Luisenstadt) von 1842 – nach dem 1848 in dem letzten unbebauten Gebiet innerhalb der Stadtgrenze auch der an Bethanien vorbeiführende Luisenstädtische Kanal angelegt worden war – entwarfen der König, der 1844 vom Projekt zurückgetretene und bei Baubeginn bereits schwerkranke Ludwig Persius und Stüler die mehrfach geänderten Pläne. Ausgeführt wurde der Bau schließlich 1845-47 von Th. Stein, der mit Stüler die Entwürfe letztmalig modifizierte. Die in der Gestalt an mittelalterliche Klöster erinnernde und nach hinten geöffnete 3-geschossige Dreiflügelanlage aus gelbem Ziegelmauerwerk mit Rundbogenfenstern – die durch die beiden Türmchen in der Vorderfront markierte Kirche ist zum Hof durchgesteckt – wurde durch je ein Pfarr- und ein Beamtenwohnhaus flankiert. Wirtschaftsgebäude an der Adalbertstraße und am Kanalufer komplettierten die Anlage. 1877 wurde das Krankenhaus um das Feierabendhaus (L. Heitling) und 1893/94 um das „Martha-Maria-Haus"

(Mühlke) für Lehrschwestern ergänzt, beide 1911 von Julius Boethke erweitert. 1930 entstand durch Mohr & Weidner das Schwesternwohnheim „Haus Tabea". Zwar veränderte die Verfüllung des Kanals 1926 das städtebauliche Umfeld, die Existenz der Anlage war aber erst nach dem Beschluss der Krankenhausschließung im Oktober 1968 gefährdet, als das Kuratorium Sigrid Kressmann-Zschach mit einem internen Bebauungsplan beauftragte – vorgesehen waren elfgeschossige Betonwände hinter einem reduzierten historischen Bau. Ab 1971 zogen schließlich soziale Nutzungen in den Komplex, ab 1974 wurde im Hauptgebäude das Künstlerhaus Bethanien eingerichtet. Mit der Bearbeitung des Sanierungsgebietes Kreuzberg-Nord 1975-81 wurde auch der Mariannenplatz in Anlehnung an die Lennésche Fassung von 1853 durch Grötzebach, Plessow & Ehlers instandgesetzt.

Beherrscht Bethanien die westliche Längsfront des Mariannenplatzes, so setzt die 1865-69 von Friedrich Adler errichtete THOMASKIRCHE an seiner Nordseite den städtebaulichen Akzent. Die Mischung rheinischer Romanik mit Elementen der Schinkelschule und italianisierenden Formen ergab letztlich einen bemerkenswerten Platzabschluss.

Nach Stülers Entwurf baute Adler 1854-58 die neogotische BARTHOLOMÄUSKIRCHE, Friedenstr. 1, als Vorstadtkirche am Königstor. Die dreischiffige Backsteinhalle wurde im Krieg stark zerstört, beim Wiederaufbau 1952-57 wurden Seiten- und Mittelschiff – ursprünglich jeweils mit eigenem Satteldach – unter einem Dach vereint. Die beim Wiederaufbau beibehaltene Dreischiffigkeit im Inneren ist durch die Wandschließung unterhalb der umlaufenden Empore gestört. Bemerkenswert sind die aus der Mariengemeinde stammenden drei Ölgemälde von Johann Chrysanth Bollenrath auf der Südempore. Die nahegelegene, 1848-55 von Stüler errichtete Markuskirche ist dagegen Kriegsverlust.

Am Koppenplatz steht das nach Stülers Entwurf 1855 errichtete Denkmal für Christian Koppe, ein tempelartiges Monument mit vier korinthischen Säulen. Der Rats- und Stadthauptmann Koppe hatte das südlich des Platzes in der Auguststr. 59 (bis 1833 Hospitalstraße) 1706–08 errichtete Frauen-Armenhaus gestiftet, der zugehörige Friedhof erstreckte sich über den heutigen Platz bis zur Linienstraße (Stadtmauer).

Unweit des Koppenplatzes befindet sich in der Auguststr. 14/16 das 1858–60 erbaute ehemalige KRANKENHAUS DER JÜDISCHEN GEMEINDE, bis zur Einweihung dieses Baues von Eduard Knoblauch seit 1756 in der Oranienburger Str. 6-9 gelegen. Das Krankenhaus im Hofgebäude – im Straßentrakt befand sich die Verwaltung – galt vor Einführung des Pavillonsystems (Krankenhaus am Friedrichshain) als mustergültig. 1914, nach dem Umzug des Krankenhauses in den Wedding, waren in der Auguststraße soziale und kulturelle Einrichtungen der Jüdischen Gemeinde untergebracht, bis es die Gestapo 1941–43 als Sammellager für alte und kranke Juden zweckentfremdete. Zu DDR-Zeiten als Schule genutzt, erhielt die Jüdische Gemeinde die Anlage zurück.

Zur gleichen Zeit baute Knoblauch in der Oranienburger Str. 30 die NEUE SYNAGOGE. Den Auftrag bekam er als Leiter der Jury einer der ersten deutschen Architekturwettbewerbe, die keinen Sieger hatte ermitteln können. Der Grundstein wurde am 17. Mai 1859 gelegt, der Bau begann aber erst mit der behördlichen Genehmigung 1860. Nach Knoblauchs Erkrankung übernahm 1862 Stüler die Oberleitung, nach dessen Tod Knoblauchs Sohn Gustav bis zur Einweihung am 5. Sept. 1866, die Bauleitung hatte 1859–66 Hermann Hähnel inne. Max Nohl konstruierte die gusseisernen Decken-, Dach- und Kuppeltragwerke. Mit der prachtvollen Ausstattung und 4.000 Sitzplätzen galt die Synagoge als größte Europas, von Knoblauch sowohl funktionell wie gestal-

terisch hervorragend auf dem unregelmäßigen Grundstück eingeordnet. Dieser Bau in maurischem Stil verkörperte den Höhepunkt in der Geschichte der Berliner Synagogen, die erste hatte Kemmeter gebaut. In der so genannten Reichskristallnacht am 9. Nov. 1938 konnte der Polizei-Reviervorsteher Wilhelm Krützfeld die zündelnde SA-Horde an der Brandstiftung hindern. Zwar wurde die Synagoge von April 1939 bis März 1940 nochmals als Gebetstätte genutzt, dann aber richtete die Wehrmacht hier ein Uniformdepot ein.

Bomben zerstörten den Bau am 23. Nov. 1944 bis auf den straßenseitigen Trakt, 1958 wurde die Ruine der Haupthalle gesprengt. Am 10. Nov. 1988 erfolgte in Anwesenheit von Erich Honecker die Grundsteinlegung für den Wiederaufbau der straßenseitigen Gebäudetrakte mit den Kuppeln nach der Konzeption von Bernhard Leisering, der auch den rechts anschließenden Neubau Oranienburger Str. 29 mit dem Besuchereingang zur

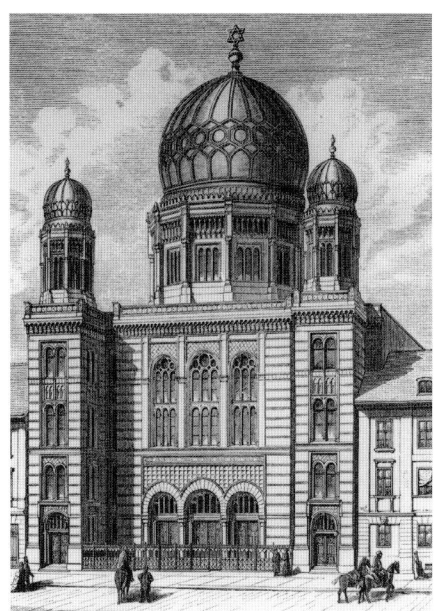

Zeitgenössische Zeichnung der Neuen Synagoge.

Synagoge entwarf. Das plötzliche staatsoffizielle Engagement nach Jahrzehnten des Schweigens über das Judentum in der DDR sollte nichts weniger als eine Verbesserung der Beziehungen zu den USA und der dortigen jüdischen Wirtschaftslobby bewirken. Seit Juni 1991 ist die weithin sichtbare Hauptkuppel wieder in Berlins Silhouette präsent. Der verlorene Hauptsaal wurde im Grundriss markiert, die Abbruchstelle seiner Mauern betont und sichtbar konserviert. Am 7. Mai 1995 erfolgte die Neueinweihung.

Seit Mitte des 19. Jh.s wurden die Flächenprobleme Berlins gravierend. Rings um die Stadt, besonders nach dem Süden und Westen, wuchsen außerhalb der Stadtmauern Vorstadtsiedlungen und Landhauskolonien, der Tiergarten war bald komplett umbaut. Im Norden und in Richtung Spandau entstanden größere Industriegebiete. Zwischen 1860 und 1910 mutierte Berlin durch die permanente Verdichtung der Bebauung zur „größten Mietskasernenstadt" der Welt. Die wohlhabenden angrenzenden Landgemeinden und Städte, wie Charlottenburg und die großbürgerlichen Villenkolonien, sträubten sich mit Erfolg gegen die Eingemeindung. Der hohe Anteil der Arbeiterbevölkerung in Berlin gefährdete zum einen die parlamentarischen Mehrheiten der Bürgerlich-Konservativen in den potenziellen Eingemeindungsgebieten, zum anderen würden notwendigerweise höhere Sozialleistungen den eigenen Profit schmälern. Die Eingemeindungen von Wedding, Gesundbrunnen, Moabit und der nördlichen Teile Tempelhofs und Schönebergs im Jahr 1861 sowie 1879 Charlottenburger Teile des Tiergartens brachten zwar keine Verbesserungen, schufen aber bereits das Territorium des späteren Bezirks Tiergarten. Topographisch war der 1920 gebildete Bezirk in Nord-Süd-Richtung deutlich dreigeteilt. Nördlich des namensgebenden Parks erstreckte sich bis zum Berlin-Spandauer Schifffahrtskanal das eigentli-

che Bezirksterritorium um den 1861 eingemeindeten Ortsteil Moabit mit zahlreichen Industrie- und Gewerbestandorten und Hafenanlagen. Südlich des Parks gehörte das schmale Gebiet beidseits des Landwehrkanals zwischen Tiergarten und Kurfürstenstraße, einst exklusive Wohngegend und Diplomatenviertel und als Schöneberger Vorstadt 1861 zu Berlin gekommen, dazu. Der grüne Tiergarten selbst wurde erst 1881 eingemeindet. Mit dem Kauf von Cöllnischen Bürgeräckern 1530 zur Abrundung des westlich des Werders gelegenen kurfürstlichen Jagdgebietes begann der TIERGARTEN seine Form anzunehmen. 1697 wurden der Weg zum Schloss Lietzenburg (Charlottenburg), heute Straße des 17. Juni, in Verlängerung der Linden mit dem Großen Stern und der Kurfürstenplatz angelegt. Nach Aufgabe als Jagdgebiet 1717 verlor der Tiergarten große Teile seines Territoriums, die Flächen nördlich der Spree wurden bis 1719 für die Refugié-Kolonie Moabit und für den Bau von Pulvermühlen abgetrennt, der so genannte Kleine Tiergarten ist der letzte heute sichtbare grüne Rest. Ab 1730 wurden der Exerzierplatz (Platz der Republik) angelegt und das Areal zwischen Stadtgrenze (Schadowstraße) und neuer Akzisemauer (Ebert-/Stresemannstraße) der Erweiterung der Friedrich- und Dorotheenstadt geopfert. 1740 begann Knobelsdorff mit der Umgestaltung des Tiergartens zu einem öffentlichen Park, fortgesetzt von Justus Ehrenreich Sello d. J. und 1833–40 durch Lenné mit der Umwandlung in einen Landschaftspark im Wesentlichen abgeschlossen. Westlich ist der Tiergarten durch das Schloss Bellevue und den anstelle der königlichen Fasanerie 1842 eröffneten Zoologischen Garten begrenzt. Als 1730 Friedrich Wilhelm I. südlich der Holzplätze im Spreebogen den „Exerzierplatz vor dem Brandenburger Tor" anlegen ließ, war das bizarre Schicksal des Areals nicht abzusehen. Fast 100 Jahre lang fanden hier die großen Jahresrevuen der Berliner Garnison statt. Ab Ende des 18.

Jh.s entstanden im Umfeld „wild" die ersten Landhäuser, am Ostrand dann 1821 der Richtersche Zirkus, der schon 1840 abbrannte. An seiner Stelle ließ Athanasius Graf v. Raczynski, polnischer Edelmann in sächsischen und preußischen diplomatischen Diensten und bekannter Kunstsammler, nach einem Entwurf Stracks 1844–47 sein Palais errichten. Diesen Bauplatz hatte der Graf zugewiesen bekommen, brauchte doch Lenné in seiner Planung für den – 1864 so benannten – Königsplatz ein Pendant für den 1843/44 von E. Knoblauch nach Entwürfen von L. Persius und K. F. Langhans gegenüber errichteten Krollschen Wintergarten.

Beide spätklassizistischen Anlagen überdauerten nur wenige Jahrzehnte. Das gräfliche Palais musste 1884 dem Reichstagsgebäude weichen, und das Etablissement Kroll wurde 1851 von Eduard Titz nach einem Brand neu errichtet. Nach wechselvollem Schicksal und mehreren Umbauten funktionierten die Nationalsozialisten nach dem Reichstagsbrand die Kroll-Oper im März 1933 zum provisorischen Reichstag um. Dessen Ende bestimmten sowjetische Geschütze am 2. Mai 1945.

Die zwischen den Holzplätzen im Spreebogen entstandenen Straßen bezog Lenné in seine städtebauliche Planung von 1843/44 ein. Das hier entstehende Alsenviertel mit Villen und herrschaftlichen Mietshäusern war vor allem vom Spätklassizismus F. Hitzigs und Stracks geprägt. Als einziger Bau am Platz hat die heutige **SCHWEIZER BOTSCHAFT**, Otto-von-Bismarck-Allee. 4, die Speerschen Abrisse und die alliierten Bomben überstanden. Als Wohnhaus mit Arztpraxis 1870/71 für Friedrich Theodor v. Frerichs inmitten ähnlich vornehmer Bauten von F. Hitzig errichtet, erweiterte es Paul Baumgarten d. Ä. 1910/11. Ernst Meier-Appenzell nahm 1919/20 einen umfassenden Umbau für die Einrichtung der Schweizer Gesandtschaft (Botschaft) vor. Da alliierte Bomber kurz vor der Fertigstellung das neue Botschaftsgebäude in der Rauchstr.

15/Lichtensteinallee 4 lädierten, blieb die Schweiz als einziges Land inmitten des Abrissgebietes Alsenviertel mit seiner Vertretung präsent. 1999/2000 erweiterten Diener & Diener durch einen umstrittenen Anbau – Interpretationsbedürftigkeit ist für Architektur nicht unbedingt ein Qualitätsmerkmal – das denkmalgeschützte Gebäude erneut.

Ein zweiter und heute ebenso verschwundener Siedlungskern nahe des Königsplatzes war – durchmischt mit zahlreichen Bierhallen und Kaffeegärten – am so genannten „Zirkel", einem umpflanzten Platz nahe der Spree, entstanden. Nachdem 1745 zwei Hugenotten die Konzession für zwei Erfrischungszelte erhalten hatten, etablierten sich hier in der Folge weitere Restaurationen, ab 1820 folgte eine lockere Villenbebauung, die um die Jahrhundertwende ihren Abschluss fand. Anstelle dieses kriegszerstörten Gebietes steht heute die inzwischen auch geschichtsträchtige Kongresshalle von Hugh A. Stubbins, John Myer und Jack Gensemer, amerikanischer Beitrag zur Interbau 1957. Früher noch als „In den Zelten" hatten sich am südlichen Tiergartenrand Ausflugslokale etabliert, das älteste dürfte „Zum letzten Heller" im ehemaligen Stakensetzerhaus von 1685 gewesen sein, das ab 1787 „Richardscher Kaffeegarten" hieß, als „Kempers Hof" und „Günters Konzert-Saal und Garten" bekannt wurde und 1855 der Bebauung der Viktoriastraße – heute Areal des Kulturforums – zum Opfer fiel. Bis um 1860 war aus den vereinzelt seit etwa 1750 im Grünen errichteten Landhäusern – um 1800 waren bereits 18 sowie acht Gartenlokale bekannt – zwischen Potsdamer und Stauffenbergstraße und entlang der Tiergartenstraße eine lockere Villenbebauung entstanden, die, 1864 an der Margarethenstraße beginnend, zunehmend mehrgeschossigen repräsentativen Mietshäusern wich. Am Landwehrkanal, 1845–50 durch Lenné aus dem mittelalterlichen Schafgraben entstanden, wurden vereinzelt auch Großbauten errichtet. Den Vorstadtvillen aus der Mitte des Jahrhunderts folgten gegen dessen Ende herrschaftliche Mietshäuser und diplomatische Vertretungen.

Die **MATTHÄIKIRCHE**, am Matthäikirchplatz einst Mittelpunkt des Viertels und heute historischer Akzent des Kulturforums, errichtete Stüler 1844–46 als Pfarrkirche der Friedrichvorstadt. Im Tiergartenviertel, durch Abrisse für Speers Germania-Planung und den anschließenden Bombenangriffen fast völlig zerstört, war sie, wenn auch schwer beschädigt, 1945 der einzige Fixpunkt. Die dreischiffige Hallenkirche in Formen der italienischen Romanik vermeidet jedes aufgesetzte Historisieren, der klar gegliederte gelbe Ziegelbau erscheint deutlich als Zweckbau des 19. Jh.s. Der in einfachen geometrischen Formen aus Backsteinen gebildete Bauschmuck und der schlanke spitzenbekrönte Turm verleihen der Kirche sogar eine gewisse Eleganz. Durch Jürgen Emmerich wurde die Kirche 1956–60 im Äußeren original, im Inneren modern vereinfacht wiederhergestellt.

Eines der letzten Berliner Beispiele der klassizistischen Villenarchitektur und typisch für das Tiergartenviertel ist die 1860–62 errichtete **VILLA V. D. HEYDT** in der gleichnamigen Straße, Haus-Nr. 18, westlich des Kulturforums. Den ersten Entwurf Hermann Endes von 1860 mit flachem Walmdach über einem niedrigen Dachgeschoss und dem um ein Geschoss erhöhten Turm änderte später der bauleitende Gustav Adolph Linke in den klassischen symmetrischen blockhaften Bau mit zwei Vollgeschossen und einer vasengekrönten durchbrochenen Attika.

Zur Einweihung am 7. Nov. 1863 empfing der Bauherr Finanzminister a. D. August v. d. Heydt sogar König Wilhelm I. 1872 bauten Ende & Böckmann die Gewächshäuser am Wirtschaftsgebäude und nahmen 1877 Anbauten an der Westfassade vor. 1878–90 residierte im Haus die Chinesische Gesandtschaft. Anstelle des Wirtschaftsgebäudes ließ die Familie v. d. Heydt 1880 –82 für sich ein dreistöckiges Wohnhaus und daneben zwei weitere Mietshäuser er-

richten; 1890 übernahm sie wieder die Villa, die in den 20er Jahren einen 1933 geschlossenen Spielklub beherbergte. 1938 wurde das bis 1941 umgebaute Anwesen Dienstwohnung des seit 1933 amtierenden Chefs der Reichskanzlei Hans Heinrich Lammers, auch Reichsminister und SS-Obergruppenführer, der hier bis zur Zerstörung beim Luftangriff am 22. Nov. 1944 wohnte. Von seinen 20 Jahren Kriegsverbrecherhaft saß er übrigens ganze drei Jahre ab. Ab 1947 wurde das Haus provisorisch instand gesetzt und für gewerbliche Zwecke – Bonbon- und Pralinenherstellung – genutzt. Nach ersten Sicherungsarbeiten und der Beseitigung späterer Anbauten 1967–72 erfolgte 1977–79 der Wiederaufbau der nun um eine Fensterachse verlängerten Villa. 1980 etablierte sich hier das Präsidium der 1957 gegründeten Stiftung Preußischer Kulturbesitz.

Der Siedlungskern des späteren Bezirks lag jedoch jenseits des Tiergartens nördlich der Spree, wo 1716 Hugenotten auf sumpfigem Gelände eine Gärtnerkolonie gründeten und sie nach dem biblischen „la terre de Moab" benannten. Blieb auch die vom König befohlene Seidenraupenzucht erfolglos, so brachten der Gemüseanbau und die Restaurationsbranche Gewinne. Weniger wirtschaftsfördernd als der Ansiedlung hinderlich erwiesen sich die ausgedehnten Anlagen der Königlichen Pulvermanufaktur auf dem Gebiet des späteren Lehrter Bahnhofs, die erst 1838 nach Spandau umzog. Moabit wurde eine von Berlin verwaltete Gärtnerkolonie und Sommerfrische im Niederbarnim, ohne bis Mitte des 19. Jh.s eine nennenswerte Rolle in der Berliner Geschichte zu spielen. 1801 zählte Moabit 120 Einwohner, 1819 umfasste Alt-Moabit gerade 52 Grundstücke mit 564 Einwohnern. Die 1818 nördlich der späteren Turmstraße gegründete Kolonie Neu-Moabit hatte 1830 bereits 400 Einwohner.

Zwischen 1839 und 1859 legte Lenné, bis 1840 noch mit Schinkel, in königlichem Auftrag mehrere stadtplanerische Entwürfe für das so genannte „Pulvermühlengebiet" und angrenzende Areale vor, die vor allem mit der Anlage von Kasernen, Bahnhöfen und dem nach seinen Plänen 1848–59 gebauten Berlin-Spandauer Schifffahrtskanal mit dem Humboldt- und dem Nordhafen begründet waren. Erst im 19. Jh. erfolgte mit der fortschreitenden Bebauung des südlichen Spreeufers – nördlich des Königsplatzes mit dem Alsenviertel und westlich des Schlosses Bellevue mit der Parzellierung innerhalb der beiden Spreebögen – der Brückenschlag über die Spree. Den Anfang machte die direkt ins Alt-Moabiter Zentrum führende Moabiter Brücke von 1821, militärische Erwägungen ließen 1851 die Moltkebrücke folgen. Stadträumlich war Moabit in seinem östlichen Teil mit den großen Justiz- und Kasernenkomplexen von den Lennéschen Planungen geprägt. Die um die Mitte des 19. Jh.s auch dank der extrem niedrigen Bodenpreise einsetzende Verlagerung von Industrieunternehmen aus der Innenstadt, wie Borsig, und Neugründungen, wie die Meierei Bolle, wandelten Moabit langfristig – vor allem in seinem westlichen Teil – zum Industrie- und Arbeiterbezirk, regelrecht von einem Gürtel von Hafen-, Speicher- und Industrieanlagen eingeschlossen.

Das heute – seit den Gründerjahren – dicht bebaute Moabit hat kaum Spuren aus seiner ereignisarmen barocken Gründerzeit und wenig aus den Anfängen der Urbanisierung und Industrialisierung bewahrt, seine Baugeschichte ist aber noch am Stadtgrundriss ablesbar. Die lange Zeit Moabit prägenden KASERNEN sind nur noch in späten Resten vorhanden, die erste – Ulanenkaserne Invalidenstr. 56/56a/Seidlitzstr. 11, 1846–48 nach Entwurf von Stüler und Fleischinger unter Bauleitung Drewitz' errichtet – ist ebenso verschwunden wie der benachbarte gleichzeitig als Ersatz für den zum Königsplatz mutierenden „Exerzierplatz vor dem Brandenburger Tor" angelegte „Exerzierplatz Moabit". Anstelle der um 1968 abgerissenen Kaserne steht die Heinrich-Zille-

Siedlung (1976–81; Gesamtplanung Volker Theissen) und auf dem ehemaligen Exer liegt das Poststadion von 1926–29 und der Fritz-Schloss-Park.

So steht das HAUS CABANIS, Alt-Moabit 71/71a Ecke Zinzendorfer Str. 10/11 mit dem Baujahr 1851 im Wohnbau ziemlich allein. Architekturgeschichtlich bedeutsamer bietet sich der Komplex der JOHANNISKIRCHE, Alt-Moabit 23-25, dem Betrachter. 1828 hatte Schinkel den Auftrag für den Entwurf zweier bescheidener Vorstadtkirchen erhalten, den er selbst auf fünf Idealentwürfe erweiterte: turmloser Rechteckbau im Rundbogenstil, dito mit Vorhalle, Rechteckbau mit vier zierlichen Ecktürmchen, Kirche in Kreuzform und zuletzt eine Rotunde. Von den beiden 1829 vom König ausgewählten Varianten wurde 1830 als erste die Elisabethkirche im Neuen Voigtland begonnen, ab 1832 wurde diese mit drei anderen vereinfacht weitergeführt. Für alle vier 1835 eingeweihten Kirchen hatte Schinkels Schwager Berger die Bauleitung. Der schlichte Backsteinsaal mit romanischen Anklängen wurde auf königliche „Bitte" von Stüler 1844–56 durch eine Vorhalle, den freistehenden Campanile, das Pfarr- und das Schulhaus – alle vier Bauten mit einem Arkadengang verbindend – in den gleichen architektonischen Formen zu einem malerischen Ensemble erweitert. Der Bau des Küsterhauses 1865 durch Gustav Assmann – sein einziger bekannter Berliner Bau – beeinträchtigte das Ensemble nicht, dagegen Spittas überdimensioniertes Querschiff von 1895/96. Der am 23. Nov. 1943 schwer beschädigte Komplex wurde 1952–57 durch Otto Bartning und Werry Roth äußerlich dem Original nahe, im Inneren jedoch vereinfacht gestaltet wiederaufgebaut. 1963 fügten Hans Christian Müller und Georg Heinrichs dem Ensemble noch ein Gemeindehaus hinzu.

Abseits dieses im Entstehen begriffenen Zentrums entwickelte sich an der Spree-Einmündung des 1704 von Eosander v. Göthe angelegten 2 km langen Schönhauser (später auch Charité-) Grabens, der die Spree direkt mit der Panke verband und so Treckschutenfahrten zum Schloss Schönhausen als höfische Lustbarkeit ermöglichte, ein Verkehrsknoten, der die weitere Stadtplanung bestimmte. Um die Verbindung von der Innenstadtspree zum Finowkanal zu verkürzen, begann 1847 aus privater Initiative der Ende 1842 beantragte Bau des 12,1 km langen SPANDAUER SCHIFFFAHRTSKANALS nach einem Entwurf Lennés. Bis zur Pankemündung am Nordhafen folgte die Trasse dem Schönhauser Graben und damit der Grenze zwischen Berlin und Moabit. Nach längerer durch die Revolution 1848 bedingter Pause und Übernahme durch den preußischen Staat wurde der Kanal 1859 fertig gestellt. Im Verlauf der Invalidenstraße überbrückte die hölzerne Sandkrugbrücke – 1881–83 als eine der ersten in Berlin durch eine schmiedeeiserne Bogenträgerkonstruktion ersetzt – den Kanal. Radikal jedoch veränderte erst der 1848–59 gebaute HUMBOLDT-HAFEN zwischen Spreebogen und Kanal die Gegend, und hob die von Schinkel und Lenné gedachte Nord-Süd-Achse auf.

Die besondere T-Form der ALSENBRÜCKE, 1858–65 nach Entwurf von Stüler errichtet, als gleichzeitige Querung der Spree und der rechtwinklig dazu verlaufenden Hafeneinfahrten, war wohl eine letzte bauliche Reverenz an diese stadtgestalterische Idee. Die Stülersche Gusseisen-Konstruktion mit teilweisen Klinkergewölben – eigentlich zwei rechtwinklig zueinander stehende Brücken – hatte nur bis 1898 Bestand. Binnen eines Jahres wurde sie durch eine Eisenbogenbrücke von L. Hoffmann und F. Krause ersetzt, die als technisches Bauwerk relativ sparsam geschmückt war. Nach noch kürzerer Standzeit kam 1925–28 mit der rein funktionell gestalteten Hängebrücke von Richard Ermisch, die nur die Hafenzufahrt überspannte, eine stilistische Zäsur und mit dem Verzicht der Spreequerung eine städtebauliche Wende.

Noch vor dem ersten Spatenstich zum

Kanalbau begann nördlich des künftigen Hafens der Bau des HAMBURGER BAHNHOFS, für die Berlin-Hamburger Eisenbahngesellschaft 1846/47 von deren Begründer und Direktor Friedrich Neuhaus errichtet. Der in spätklassizistischen Formen mit italienischem Einschlag errichtete Monumentalbau war mit seiner turmgekrönten Villenarchitektur und der Anordnung der einzelnen Funktionsbereiche als Bahnhof der ersten Generation Vorbild für weitere Anlagen.

Die den Mittelbau dominierenden Bogenportale waren ursprünglich Durchfahrten zu der auf dem Vorplatz installierten Drehscheibe, die 1874 durch eine Schiebebühne innerhalb der Halle ersetzt wurde. Im gleichen Jahr war auch das ebenfalls von Neuhaus – in Zusammenarbeit mit Ferdinand Wilhelm Hol(t)z – geplante Verwaltungsgebäude der Berlin-Hamburger Eisenbahngesellschaft (nach 1990 Landessozialgericht), Invalidenstr. 52/ Ecke Heidestr., fertig gestellt. Dank der ausgedehnten Güterabfertigungsanlagen mit eigener Zollabfertigung und der Nachbarschaft zum Humboldt- und Nordhafen hatte der Bahnhof immense Bedeutung für Berlins Wirtschaft. Mit dem Neubau der Sandkrugbrücke wurde 1883 der Vorplatz neu gestaltet und die Porträtbüste Neuhaus' (Karl Keil) – heute im Technik-Museum – aufgestellt, 1928 folgte das 1918 geschaffene Gefallenenehrenmal von Emil Cauer.

Kurz nach der Verstaatlichung der Eisenbahnlinie wurde am 15. Okt. 1884 der Hamburger Personenbahnhof mangels Erweiterungsmöglichkeiten geschlossen und nach dem Abriss der Bahnhofshalle und der Bahnsteige zu Wohn- und Verwaltungszwecken umgebaut. Die Personenbeförderung übernahm der benachbarte, 1879 verstaatlichte LEHRTER BAHNHOF, 1869–71 von Alfred Lent, Richard Lapierre und B. Scholz westlich des Humboldthafens anstelle des 1843 hier angesiedelten Magdalenenstifts in Formen der italienischen Renaissance errichtet. 1957–59 erfolgte der Abriss seiner

Kriegsruine. Der – denkmalgeschützte – zugehörige S-Bahnhof von 1882 fiel 2002 dem Neubau des Fernbahnhofes, Entwurf von Gerkan, Marg & Partner (gmp), zum Opfer. Mit der Einrichtung eines Verkehrs- und Baumuseums 1905 im Hamburger Bahnhof setzten mehrfache Um- und Erweiterungsbauten ein, so der umfassende Umbau 1905/06 durch Schwarz & Doerge, 1911–16 der Anbau von West- und Ostflügel durch Schwarz, 1935 die nochmalige Erweiterung und 1984/85 nach Übergabe des seit 1948 nicht zugänglichen Bahnhofes durch die Deutsche Reichsbahn an den Senat von Berlin die Wiederherstellung durch Ute Weström und Winnetou Kampmann. Der endgültige Umbau zu einer Dependance der Nationalgalerie durch Josef Paul Kleihues mit dem Anbau zweier die historische Halle flankierender Galerien – ausgeführt wurde vorerst nur die östliche –erfolgte 1993–96.

Das 1842–49 von A. Busse erbaute ZELLENGEFÄNGNIS Moabit, Lehrter Str. 3-5/ Invalidenstr. 54-55, ist sowohl historisch als auch baugeschichtlich noch immer von Bedeutung, auch wenn dies nur noch in den Grundriss-Spuren der Anlage mit der Umfassungsmauer, an drei Beamtenwohnhäusern und dem Beamtenfriedhof zu erkennen ist. Ausgehend von der Kabinettsorder vom 26. März 1842 zum Zweck und Bau der „Kgl. Neuen Strafanstalt bei Berlin", baute man nach gründlichem Studium amerikanischer Erfahrungen an dem von Lenné geplanten Standort eine für Berlin völlig neue fünfstrahlige sternförmige Anlage.

Die konsequente Einzelhaft zur Vermeidung gegenseitiger negativer Beeinflussungen war nicht nur eine bauliche Lösung in dem zumeist 3-geschossigen Komplex für – anfangs – etwa 500 Häftlinge, sondern Teil der gleichzeitigen preußischen Justizreform mit dem Grundgedanken staatlicher Erziehung statt Leibesstrafe als öffentlicher Rache. Gleichzeitig war Moabit bis zum 11. Mai 1949 – Exekution des Raubmörders

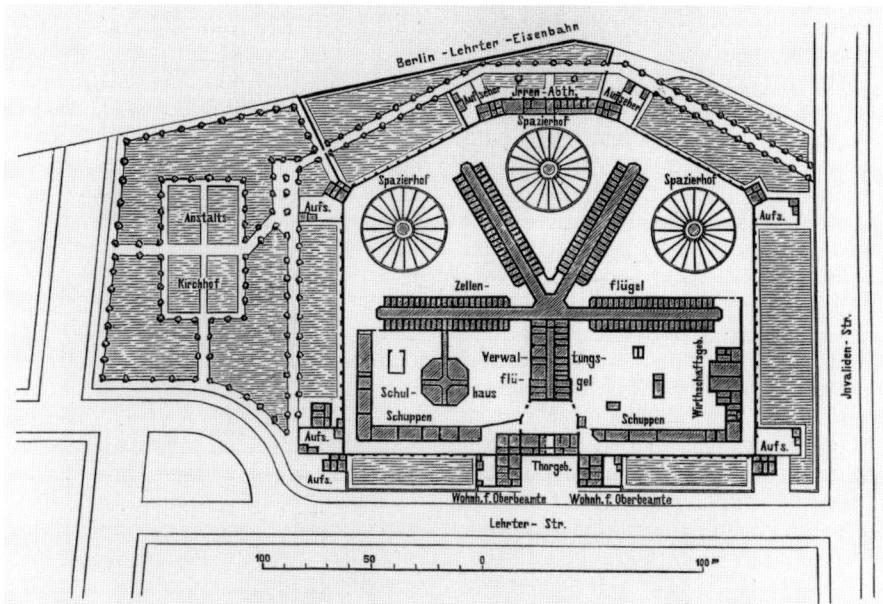

Lageplan von A. Busses Zellengefängnis Moabit – unübersehbar sind die amerikanischen Vorbilder.

Berthold Wehmeyer – Hinrichtungsstätte. Hier starben jeweils ohne Prozess am 16. August 1878 der Kaiser-Attentäter Max Hödel, 1944 der Reichstagsabgeordnete Eduard Hamm (DDP) und 1945 sein Kollege Ernst Schneppenhorst (SPD). Dem offiziellen Mord ohne Urteil in den Mauern folgte nach Einrichtung eines Teils der Anlage als Gestapogefängnis für die Gefangenen des 20. Juli 1944 der Mord vor den Mauern.

Am 23. April 1945 starben auf dem Gelände des gegenüberliegenden Landesausstellungsparks durch Genickschuss die Häftlinge Albrecht Haushofer (Geograph, Dichter, einstiger Berater von Rudolf Heß und Verfasser der „Moabiter Sonette"), Friedrich Justus Perels (Jurist), Claus Hans Martin Bonhoeffer und sein Schwager Rüdiger Schleicher, Hans John, Hans Ludwig Sierks, Carl Adolph Marks, Wilhelm zur Nieden und Richard Kuenzer.

Die Ruine der umfänglichen Anlage wurde 1956–58 ohne Rücksicht auf ihren historischen Wert abgerissen und der Beamtenfriedhof geschlossen, die spärlichen Reste stehen zumindest unter Denkmalschutz.

Die Potsdam östlich umfassende und heute großenteils auf Berliner Gebiet liegende Parklandschaft von Babelsberg bis Sacrow in ihrer Einheit von Landschaft und Architektur hat zwar mit dem Jagdschloss Glienicke und der Pfaueninsel barocke Wurzeln, in ihrer endgültigen Ausprägung aber ist sie Teil der von Lenné 1833 formulierten Konzeption von der solcherart verschönten „Insel Potsdam" als Verwirklichung klassizistisch- romantischer Ideale. So sind die Pfaueninsel, das Blockhaus Nikolskoe und die Kirche St. Peter und Paul, Schloss und Park Kleinglienicke und das Jagdschloss Glienicke im westlichen Zehlendorf eigentlich Teil der wesentlich vom „Romantiker auf dem Thron" Friedrich Wilhelm IV. geprägten Potsdamer Kulturlandschaft.

Friedrich Wilhelm II. kaufte am 12. Nov. 1793 den Kaninchenwerder (1,5 km x 0,5 km), den Kurfürst Friedrich Wilhelm am 27. Okt. 1685 dem Alchimisten Johannes Kunckel geschenkt hatte, aus dem Besitz des Potsdamer Militärwaisenhauses zurück und ließ ihn in die romantische Gartenlandschaft einbeziehen. Nach Entwurf G. F. Boumanns errichtete 1794–97 der Potsdamer Hofzimmermeister Johann Gottfried Brendel auf der Südspitze der Pfaueninsel als Lusthaus für die königliche Mätresse Gräfin Lichtenau, bürgerlich Wilhelmine Encke, eine weitgehend hölzerne künstliche Ruine eines zweitürmigen Kastells. Die Holzbrücke zwischen den Türmen wurde 1807 durch eine der Kgl. Eisengießerei Berlin ersetzt.

Bedeutend sind die original erhaltenen Innenräume mit exotischen oder antikisierenden Wand- und Deckenmalereien als einzige Berlins aus der Zeit Friedrich Wilhelms II. Mit dem Schlösschen entstanden zeitgleich die nahe Küche (v. d. Leyden), der Jacobsbrunnen, das Kastellanhaus anstelle des Kaninchenhegerhauses von 1683 und am anderen Ende der Insel die künstliche „gotische Ruine" einer Meierei von Brendel mit dem von M. P. D. Boumann gestalteten Saal. In dieser ersten – phantastisch-romantischen – Phase waren nur die Areale um das Schlösschen und die Meierei gestaltet, den Rest der Insel bedeckte urwüchsiger Eichenwald, der nahe des östlichen Ufers die alte Kunckelsche Glashütte – heute nur an spärlichen Resten und dem Gedenkstein erkennbar – verbarg.

Johannes Kunckel, erblich vorbelastet als Nachfahre holsteinischer Glasmacher, ging als einer der ersten wissenschaftsgeschichtlich ernst zu nehmenden Alchimisten und als Wiederentdecker der Rubinglas-Herstellung in die Geschichte ein. Nachdem er Venedig und die Niederlande bereist hatte, wurde er um 1670 Leiter des kursächsischen Laboratoriums in Dresden. 1678 als kfstl. Kammerdiener in Berlin angestellt, erhielt er gleichzeitig den Titel „Hofglasmacher" sowie Haus und Laboratorium, das er im Jahr darauf auf die Pfaueninsel verlagerte, wo auch noch eine Glashütte für Experimente entstand. Zutritt hatte hier nur Kurfürst Friedrich Wilhelm, der an der Rubinglasherstellung kräftig partizipierte. Die kommerzielle Herstellung erfolgte in der Drewitzer Glashütte. Als Chemiker stellte Kunckel als erster weißen Phosphor dar. Wie die meisten Günstlinge blieb auch er beim Tod seines Gönners auf der Strecke – Friedrich III. drohte ihm einen Prozess an und gab ihm den „Rat" zur Ausreise. Die Berufung durch Karl XI. 1693 als Kgl. Bergrat nach Schweden, wo er als Kunckel v. Löwenstern geadelt wurde, rettete ihn sicher vor Schlimmeren. Die meisten seiner brandenburgischen Besitzungen verlor er jedoch.

Friedrich Wilhelms III. Vorliebe für die Pfaueninsel führte zwischen 1802 und 1833 zu einer permanenten Bautätigkeit und Parkgestaltung, die aber auch praktische Ziele – u. a. für die Landwirtschaft – verfolgte. Ab 1804 gestaltete Joachim Anton Ferdinand Fintelmann die gesamte Insel um, ein Teil des Eichenwaldes fiel der Anlage von Versuchsfeldern zum Opfer. Nach Entwürfen Carl Ludwig Krügers entstanden der Kuhstall bei der Meierei (1802) und das Gutshaus (1803/04). 1816 setzte eine neue Bau-Periode ein: 1821 Anlage des ersten preußischen Rosengartens (Lenné), 1822 Maschinenhaus (A. D. Schadow/Rabe), ab 1822 Anlage der Menagerie zur Züchtung exotischer Tiere (Lenné), 1824/25 Gutshaus-Umbau – mit Anbau einer gotischen Sandsteinfassade aus Danzig – zum Kavalierhaus (Schinkel), 1825 Installation einer englischen Dampfmaschine zum Betreiben der Wasserspiele als Premiere in der Potsdamer Gartenlandschaft, 1829 Gedächtnistempel für Königin Luise mit dem Sandsteinportikus vom Charlottenburger Mausoleum (A. D. Schadow), 1829/30 Schweizer Haus (Schinkel), 1829–31 das 1880 abgebrannte Palmenhaus im „indischen Stil" (A. D. Schadow und Schinkel), 1832/33 Fregattenschuppen und 1833

Voliere (Rabe). Unter Friedrich Wilhelm IV. verlor die Pfaueninsel ihre Bedeutung für die Hohenzollern, zumal 1842 der Tierbestand und die meisten Tierhäuser als Grundstock des Berliner Zoos zum Tiergarten verlagert wurden.

1819 ließ Friedrich Wilhelm III. auf der Höhe gegenüber der Pfaueninsel als Reverenz an seine Tochter Charlotte – als Alexandra Feodorowna war sie seit 1817 mit dem späteren Zaren Nikolaus I. verheiratet – am Nikolskoer Weg ein russisches **BLOCKHAUS** errichten. Aus dem illegalen Ausschank des russischen Verwalters entwickelte sich dann die heutige Gaststätte. Nach einer Brandstiftung baute Wolf-Rüdiger Borchert 1984/85 das Ensemble wieder auf.

1835–37 folgte dem Blockhaus Nikolskoe in Anlehnung an die russische Sakralarchitektur die **KIRCHE ST. PETER UND PAUL** für die Pfaueninsel und die Gemeinden Klein-Glienicke und Sacrow. Der Entwurf stammte von Stüler und A. D. Schadow unter Mitarbeit Schinkels und folgte in der Innenraumgestalt dessen Vorstadtkirchen. Die Mosaikmedaillons „Petrus und Paulus" waren ein Geschenk Papst Clemens XIII. an Friedrich II. In der Gruft fanden u. a. die Prinzen Karl und Friedrich Karl ihre Ruhestätte. Die königliche Freischule, heute Forsthaus, wurde 1837 südlich der Kirche gebaut. Auf dem nahegelegenen Friedhof fanden Förster und Gärtner, wie der Hofgärtner der Pfaueninsel Gustav Adolph Fintelmann, und Bedienstete der Pfaueninsel und der Glienicker Schlösser ihre letzte Ruhe.

Nach mehrfachem Besitzerwechsel hatte 1859 Prinz Karl das jenseits der Königstraße gelegene barocke **JAGDSCHLOSS GLIENICKE** für seinen Sohn Prinz Friedrich Karl erworben. Die bis 1862 durch Ferdinand v. Arnim vorgenommenen Umbauten orientierten sich am französischen Frühbarock. Der u. a. neu angebaute, auf Karyatiden ruhende Balkon stammte vom Palais Donner in Berlin, wo er 1861 einem Umbau geopfert worden war. Das Jagdschloss, 1682–84 Sommersitz für Kurprinz Friedrich, 1688 für Kurfürst Friedrich III. und 1701 für Kg. Friedrich I., war von Dieussart als 2-geschossiger 7-achsiger Bau mit übergiebeltem 3-achsigen Mittelrisalit unter flachem Walmdach errichtet worden. Die gärtnerische Gestaltung oblag Martin Heydert. Der Haupteingang war der Glienicker Brücke zugewandt, die große Landschaftsachse – heute Waldmüllerstraße – führte von einem durch die Wirtschaftsgebäude gebildeten Ehrenhof in Richtung Griebnitzsee. Die heutige Gestalt des Schlosses schuf Albert Geyer 1889/90. Er erhöhte den Mittelbau, bekrönte ihn – wieder – mit einem Giebel und fügte den Turm in Formen des süddeutschen Frühbarock an, außerdem kam das Maschinenhaus am Wasser hinzu. Nach Kauf des Schlosses durch die Stadt Berlin nutzte es 1939–45 die Babelsberger UfA, dann war dort eine Kadettenanstalt der Roten Armee untergebracht, bis 1947 Kinderheim und Jugendherberge einzogen.

Die seinerzeit als gelungene Synthese gefeierten und heute umstrittenen modernen Zutaten fügte 1963/64 Max Taut beim Umbau zur Internationalen Jugend-Begegnungsstätte hinzu. Wegen des damals durch die Mauer eingeschränkten Zugangs verlegte er den Haupteingang in den funktionalen Glaserker und schloss den Vorplatz durch eine Pergola, im Park entstanden eine Gymnastikhalle und Wohnbungalows. 1985 wurden Marstall und Kavalierhaus denkmalgerecht für die vom Schloss Klein-Glienicke hierher verlagerte Heimvolkshochschule umgebaut. Der 1939 – mit dem beim Ausbau der Königstraße angefallenen Sandaushub – verunstaltete Park wurde 1984–88 in der Lennéschen Fassung aus den Jahren um 1862 wiederhergestellt.

Das 2-geschossige SCHLOSS KLEIN-GLIENICKE schuf Schinkel im Wesentlichen 1825–28 durch den Umbau eines 1753 errichteten Gutshauses, das Prinz Karl v. Preußen 1824 von den Erben Fürst v. Hardenbergs er-

worben hatte. Dabei griff er kaum in das Innere ein; der Stallhof entstand 1832. Schinkel vermied Symmetrien oder Dominanten, der Bau bestimmte nicht das Umfeld, sondern fügte sich in die Landschaft ein. Die streng klassizistischen Formen und die feinen Profilierungen suggerieren die erwünschte Vornehmheit. Der durch Balkon und Dachterrasse betonte Risalit der Hauptfront – die Ranken und Putten ergänzte Persius 1842 – markiert die Mittelachse des einstigen Gutshauses, der eigentliche Zugang liegt im Hof. Aufgestockt wurde nur der linke Seitenflügel, den winkelförmigen rechten Flügel erhöhte Persius erst 1844, womit er Schinkels Öffnung des zuvor geschlossenen Hofes zum Park relativierte. Schon 1840 hatte Persius den tempelartigen, mit Zinkgussdekor geschmückten Portikus angefügt. Mit der Remise und den Ställen am Kavalierhaus, das durch eine Pergola mit dem Schloss verbunden ist, formte Schinkel einen zum Park offenen zweiten Hof. Der 1832 gemeinsam mit der Remise errichtete kleine Turm erhielt erst 1872 mit der Aufstockung durch Ernst August Petzholtz eine deutliche Dominanz.

Nach Abschluss des Schlossbaues entstand das Ensemble des Haupteingangs. Das Johanniter-Tor mit dem Johanniterkreuz – Prinz Karl war Herrenmeister des Ordens – und das Pförtnerhaus mit den Zinkguss-Karyatiden errichtete 1842 Ferdinand v. Arnim. Die vergoldeten Greife von Kiß wurden 1862 anstelle der zum Jagdschloss verlagerten Hirsche aufgestellt. Der anschließende Wirtschaftshof (1843–45; Persius) ist mit seinem Villenstil gestalterisch vollkommen in die Anlage integriert. Dieser Gebäudegruppe gegenüber legte Persius 1840 das Stibadium an, einen erhöhten Sitzplatz in Form einer überdachten halbrunden Bank. Die Granitschale stammt von Cantian. An der 1839 von Persius nördlich des Schlosses errichteten Orangerie, 1940 zerstört und 1980/81 rekonstruiert, steht ein Säulenbrunnen (1850; Stüler) mit knieendem Knaben von Friedrich Wilhelm Dankberg.

Beliebte Gartenarchitekturen der Romantik waren Aussichtstempelchen jeder Größe. Aus einem bereits vorhandenen Bau schuf Schinkel 1825 den „Kleine Neugierde" genannten tempelartigen Teepavillon mit dem Blick über die Glienicker Lake. Die florentinische Renaissancearkade und der ornamentale Schmuck des Giebels wurden 1847/48 eingefügt. Der 1835–37 von Schinkel an der westlichen Spitze des Schlossgartens errichtete Aussichtstempel „Große Neugierde" als säulengetragene Rotunde mit laternenförmigem Aufsatz nach dem Vorbild des Lysikratesmonumentes von Athen lag seiner 1831–35 gebauten Glienicker Brücke mit weitem Blick nach Potsdam gegenüber. Wegen des Neubaus der GLIENICKER BRÜCKE von 1905–07 – eine Stahlbogenbrücke von Steffens & Noelle mit neobarocken Kolonnaden von S. Walter – musste der Pavillon angehoben und beim Straßenbau 1938 um 4,5 m zurückgesetzt werden.

Am 19. Dez. 1949 war die am 28. April 1945 gesprengte Brücke als „Brücke der Einheit" wiederaufgebaut worden. Ab dem 13. August 1961 blieb sie den Alliierten vorbehalten, die Einheit war in weite Ferne gerückt. Spätestens seit dem 10. Febr. 1962, als auf der Brücke die Spione Rudolf Iwanowitsch Abel und Francis Gary Powers ausgetauscht wurden, hatte sie den Beinamen „Agentenbrücke". Den beiden folgten weitere Kollegen der Branche, abgeschobene östliche Bürgerrechtler, auch sterbliche Reste kriegsgefallener Militärs der Gegenseite, am 25. März 1985 die Leiche des bei verbotener Annäherung an eine sowjetische Militäranlage in der DDR erschossenen US-Majors Arthur D. Nicholson. Selbst rückgeführte Fluchtflugzeuge von DDR-Flüchtlingen passierten die Brücke.

Seitwärts der Orangerie lagern in einer Senke malerisch drapiert antike Trümmer aus dem 5. Jh. v. u. Z. Diese dekorative Verwendung historischer Architekturteile und Plastiken an den Bauten und als Brunnen ist ein wesentliches Gestaltungselement, eingebracht durch den sammelfreudigen Prinzen.

Wie auch auf der Pfaueninsel war dies eine für ihre Zeit bemerkenswerte Methode der Sicherung und Präsentation von Altertümern. So sind die Rückwände des Schlosses und des Kavalierhauses mit antiken Fragmenten bedeckt, in die Wände der Pergola sind Renaissance-Bauteile eingelassen. Im Gartenhof wurde 1828 die Kopie der antiken Ildefonso-Gruppe als Brunnenplastik aufgestellt, 1838 kam am Stallhof der Neptunbrunnen mit der 1827 von Rietschel geschaffenen Statue und der Brunnenschale von Knobelsdorff hinzu, Rudiment der 1745 angelegten Marmorkolonnaden von Sanssouci. Die reiche Brunnenkollektion besteht aber nicht nur aus historischen Stücken. Statt der zur Proportionierung des Sockelgeschosses vorgesehenen Terrasse legte Schinkel 1837/38 die nach dem Vorbild der römischen Villa Medici gestaltete Löwenfontäne mit den Löwen von Rauch in der Risalitachse an.

Der eigenartigste Bau, der Klosterhof (1850; F. v. Arnim), ist mit Teilen vom Kreuzgang des Klosters auf der Insel Certosa bei Venedig in Anlehnung an die byzantinisch-venezianische Romanik errichtet. Der außen völlig geschlossene Bau ist nach innen mit Arkaden geöffnet, die südliche Schmalseite schließt eine Kapelle. Der Klosterhof war äußerer Rahmen für die romanischen Sammlungsstücke des Prinzen, die zumeist in den Bau eingebunden sind. Das spektakulärste Stück war sicher der 1820 beim Abriss des Domes zu Goslar erworbene Kaiserstuhl aus dem 11. Jh. Der dem Aachener Pendant nachempfundene Sandsteinsitz mit verzierten Bronzelehnen diente Wilhelm I. am 21. März 1871 im Weißen Saal des Berliner Schlosses zur Eröffnung des ersten Deutschen Reichstags der Neuzeit. Inzwischen ist die „Staatsreliquie" wieder in Goslar.

Zum unmittelbaren Schlossareal gehört auch das nach Skizzen des Kronprinzen 1824 von Schinkel aus dem Billardhaus umgebaute Kasino am Uferweg. Seine seitlichen Pergolen sind vermutlich Zeugnis der frühesten Verwendung des ursprünglich aus dem Mittelmeerraum stammenden Laubenganges in Berlin-Potsdam. Nördlich des Kasinos liegt das 1836–38 von Persius erbaute Maschinenhaus mit dem Wasserturm und das alte Gärtnerhaus. Wie das Maschinenhaus-Ensemble ist das östlich gelegene Matrosenhaus (1840; Persius) in Rundbogenformen mit italienischen Anklängen gehalten.

Stilistisch in schroffen Kontrast stehen dazu Jägertor und Jägerhof in Formen der englischen Gotik mit Zinnen und Tudorbogen. Die kleine Baugruppe auf einem Hügel schuf Schinkel schon 1828, das Tor von Persius folgte 1838. Das an einer Bucht gelegene Restaurant Moorlake war ursprünglich Försterhaus, 1841 von Persius in Form eines Schweizerhauses errichtet. Den Abschluss bildeten 1851/52 am Nikolskoer Weg die schlichten Pförtnerhäuser von Arnim am Wildparktor und am Obertor.

Mit der Parkerweiterung 1831 gestaltete Lenné in gleicher Weise als Landschaftsgarten auch den Böttcherberg, der 1869 anstelle eines Aussichtsplatzes durch Petzholtz die **LOGGIA ALEXANDRA** mit dem plastischen Schmuck von Alexander Gilli erhielt. Den schlichten halbkreisförmigen Backsteinbau benannte Prinz Karl nach seiner Schwester, der russischen Zarin. Aus den Arkaden in Formen der italienischen Frührenaissance öffnet sich der Blick auf die Potsdamer Nikolaikirche. Der Restaurierung 1998/99 folgte aber prompt die Zerstörung durch Vandalen, im Frühjahr 2002 waren deren Spuren wieder beseitigt.

Anleihen in der Vergangenheit
Alte Stile und neue Bauaufgaben

Bestimmt wurde das Bild der Bauten nach Schinkel bis um den Ersten Weltkrieg von einer wachsenden Vielfalt gestalterischer Elemente. Alle bereits durchlaufenen Stilepochen kehrten – modifiziert und übersteigert – wieder. Vergebliche Versuche, einen allgemeingültigen bürgerlichen Baustil zu finden – weshalb man sogar eine Reihe von Wettbewerben veranstaltete – sowie die Entwicklung völlig neuer Baumaterialien und -stoffe führten zeitweise zu Diskrepanzen zwischen Form, Konstruktion und Funktion. Die Fassade hatte als Kulisse kaum eine inhaltliche Bindung zur Konstruktion, die Funktion war im äußeren Erscheinungsbild des Bauwerkes meist nicht ablesbar. Hinter Palastfassaden nach italienischem Vorbild verbargen sich sowohl Verwaltungs- wie Industriebauten; griechische Tempel beherbergten Wohnhäuser, Museen oder Theater; Moscheen konnten sowohl eine Tabakfabrik, eine Synagoge oder ein Pumpwerk umkleiden. Bauteile aus Gusseisen wurden gestalterisch wie Stein behandelt, hingegen eiserne Konstruktionen „versteckt". Die Trennung zwischen Ingenieur und Architekt bei inhaltlich nur gemeinsam zu lösenden Fragen verstärkte das Dilemma.

Ungeachtet dieser Tatsache riss jedoch die progressive Entwicklung der Architektur nicht ab, auch wenn sie zeitweise durch den staatsgeförderten Eklektizismus überdeckt wurde. Als tragende Kraft traten neben die in Berlin vor allem aus der Schinkel-Schule hervorgegangenen Architekten liberale Sozialreformer, Wohnungswirtschaftler und städtebauliche Theoretiker der noch im Entstehen begriffenen Arbeiterbewegung. Die stürmische Entwicklung des Bauwesens seit Mitte des Jahrhunderts durch neue Materialien und Technologien, entscheidend gefördert durch die Industrialisierung mit ihrem erhöhten Baubedarf sowohl an Industrie- und Verkehrsbauten wie auch des Massenwohnungsbaues mit den sozialen, kulturellen und kommunalen Nachfolgeeinrichtungen, hatte wiederum Rückwirkungen auf die Struktur und Organisation des Bauwesens.

Die mit einer restaurativen Konsolidierung einhergehende Zentralisierung des preußischen Staates wirkte sich unmittelbar auf das Bauwesen aus. Entscheidende Befugnisse verlagerten sich von den Provinzial-Baudirektoren auf die Abteilung Bauwesen des 1848 gegründeten Ministeriums für Handel, Gewerbe und öffentliche Arbeiten als oberster preußischer Baubehörde. Durch Umstrukturierungen infolge der Reichsgründung wurde 1879 das Ressort für öffentliche Arbeiten mit der Abteilung Bauwesen separates Ministerium (bis 1920). Die „Technische Baudeputation", als reines Beratungsorgan ohne administrative Kompetenzen im März 1850 neu formiert, ging am 1. Okt. 1880 in der neugegründeten „Akademie des Bauwesens" auf, die aus den Abteilungen Hochbau sowie Ing.- und Maschinenwesen (!) bestand. Unter ihren Präsidenten befanden sich bekannte Berliner Architekten wie Paul Spieker, Albert Kinel und Karl Hinckeldeyn.

Die städtische Bauverwaltung und die des Hofes bestanden unverändert weiter, ebenso die Fach-Abteilungen einiger Ministerien. Die zunehmende Industrialisierung und die Entwicklung zur Industriegroßstadt sowie die gezielte Förderung als Hauptstadt ließen die Magistratsbauverwaltung aus ihrer Bedeutungslosigkeit heraustreten. Als Wendepunkt können der Bau des Roten Rathauses (1861-69), die Berufung von James Hobrecht als Chefingenieur der Kanalisation (1869) und der Amtsantritt des Stadtbaurates Hermann Blankenstein (1872) gelten. Für die Verwirklichung der Bebauungspläne wurden 1851-60 ganze 318.225 M (31.822,50 M/Jahr) ausgegeben. 1861-76 waren es schon 3.788.616,00 M (236.788,50 M/Jahr) und 1877-81 dann 6.183.316,00 M (1.236.663,20 M/Jahr). Die administrative Herauslösung der Hauptstadt aus der Provinz Brandenburg 1875 führte endlich zur Übernahme der Straßen, öffentlichen Plätze, Brücken usw. durch die Stadt. Hatte die erste Berliner Bauordnung (1641) noch zwei Jahrhunderte Bestand, so folgte der Bauordnung vom 21. April 1853 nach mehreren Ergänzungen bereits am 18. Jan. 1887 eine neue, in der allerdings soziale Belange nicht berücksichtigt wurden; Hinterhöfe behielten Lichtschachtcharakter, hygienische Anforderungen blieben auf ein Minimum beschränkt.

Aus dem 19. Jh. haben sich aufgrund der Abrisse in den 80er Jahren – neben den weitgehend davon verschonten Schinkelbauten – im Wesentlichen Bauten des letzten Jahrhundertviertels erhalten. Frühere Werke sind nur punktuell im Stadtgebiet zu finden. Eines dieser Gebäude ist das KRONPRINZENPALAIS, Unter den Linden 3. Der Ursprungsbau wurde 1663 neben dem ersten Haus der Linden, dem Memhardtschen Wohnhaus, für den Kfstl. Rat und späteren Werderschen Bürgermeister Johann v. Martitz erbaut. Nach mehrfachem Besitzerwechsel 1689/90 durch Nicolaus Reichmann erweitert, bewohnte es ab 1706 der Gouverneur von Berlin, v. Wartensleben. Im Februar 1732 zog der Gouverneur in die Königstr. 19, bis Juni 1733 baute Gerlach d. J. das Gebäude zum Palais für Kronprinz Friedrich um, der hier aber nur als Gast weilte. Ab 1809 bewohnte Friedrich Wilhelm III. das Palais und ließ es mit dem benachbarten Prinzessinnenpalais verbinden. Schinkel stattete es gleichzeitig neu aus und fügte 1827 unter Verkleinerung des Thronsaales eine Kapelle ein.

Für den späteren „99-Tage-Kaiser" Friedrich III. wurde das Palais 1856-58 durch Johann Heinrich Strack umgebaut. Durch den Anbau des Ostflügels, die Aufstockung eines Attikageschosses und den 3-achsigen Mittelrisalit mit dem Portikus über der Rampe erhielt es eine neue Gestalt. Dieser äußeren Erscheinung folgte 1968/69 der Wiederaufbau durch Paulick, nachdem die Kriegsruine 1961 beseitigt werden musste. Im Treppenhaus des modern ausgestalteten Baues wurde das Giebelrelief (Entwurf J. G. Schadow) des kriegszerstörten Potsdamer Schauspielhauses (1793-96; M. P. D. Boumann) eingefügt.

Kronprinzenpalais Unter den Linden –
Rekonstruktion der Strackschen Fassung nach Kriegszerstörung.

Die anderen historistischen Bauten der Linden und der Friedrichstadt sind jünger. Die **DEUTSCHE STAATSBIBLIOTHEK**, 1903–14 von Ernst v. Ihne als Königlich-Preußische Staatsbibliothek errichtet, nimmt das Karree zwischen den Linden (Nr. 8), Universitäts-, Dorotheen- und Charlottenstraße ein. Hinter der straßenseitig 2-geschossigen neobarocken Fassade verbergen sich um mehrere Innenhöfe gruppierte z. T. 13-geschossige Flügel, die zeitweise auch die Universitätsbibliothek und Einrichtungen der Akademie der Wissenschaften beherbergten. Der plastische Schmuck stammt vorwiegend von Otto Lessing.

An den Linden hatte 1687/88 Nering um einen Innenhof den 1-geschossigen neuen Marstall errichtet, den er 1695-97 für die Akademie der Künste aufstockte. Die Unterbringung auch der Societät (Akademie) der Wissenschaften führte 1696-1700 zur Erweiterung bis zur Dorotheenstraße und 1700-04 zum Bau des Observatoriums auf dem Nordflügel durch Grünberg. Den 1743 abgebrannten Lindentrakt baute J. Boumann 1747 wieder auf, als bemerkenswerte technische Leistung konstruierte Becherer für den südlichen Innenhof 1792 eine Reitbahnüberdachung (37,67 m x 18,83 m). Der im Inneren mehrfach – vor allem ab 1815 für das Kunstmuseum – umgebaute und bis 1836 durchgängig auf zwei Geschosse aufgestockte Komplex wurde 1902 abgerissen.

Der große Kuppelsaal und einige Hofflügel wurden 1944/45 zerstört, ein Teil der Bestände vernichtet. Etwa 1,8 Mio. ausgelagerte und dann in der Bundesrepublik verbliebene Bände sorgten permanent für kulturpolitische Querelen zwischen Ost und West. Bereits am 1. Jan. 1946 eröffnete im notdürftig instand gesetzten Gebäude die „Öffentliche Wissenschaftliche Bibliothek" ihren Betrieb, 1954 erhielt sie ihren heutigen Namen. Mit 6,7 Mio. Bänden (1984) und zahlreichen Spezialsammlungen war sie die größte wissenschaftliche Allgemeinbibliothek der DDR. Die Fassade des Gebäudes wurde 1982–86 restauriert, gleichzeitig begann der Wiederaufbau der zerstörten Hofflügel und der unmaßstäblichen Magazin-Türme anstelle des zerstörten Kuppel-Lesesaales von Anton Adams. Nach dem Wettbewerb von 2000, den HG Merz gewann, wurde die komplexe Instandsetzung fortgesetzt.

Gegenüber der Deutschen Staatsbibliothek steht das ehemalige STAMMHAUS DER DISCONTO-GESELLSCHAFT, in der DDR Sitz des IDFF, Unter den Linden 13, erbaut 1889–92 von Ende & Böckmann anstelle eines Hotels. Die 1851 von David Hansemann gegründete Bank vereinnahmte zahlreiche Konkurrenten, so auch 1914 die Preußische Central-Bodenkredit-AG (gegr. 1869) auf dem Nachbargrundstück. Auf der linken Hälfte des Grundstücks (Nr. 15) hatte diese Bank 1872 durch W. Neumann ein Gebäude errichten lassen, 1894 kaufte sie auch das anschließende Wohnhaus Ecke Charlottenstr. (rechter Teil von Nr. 15; 1875 von Ende & Böckmann). Schon 1873 hatte sie das Haus Hinter der kath. Kirche 2 – erbaut von Ende & Böckmann anstelle des ehem. Hauses von J. Boumann, heute Standort des Staatsoper-Funktionsgebäudes – bezogen. Nachdem Disconto die beiden Linden-Gebäude erworben hatte, ließ sie den Komplex durch den heutigen Bau Nr. 15 von Bielenberg & Moser (1922–25) abrunden, der in der DDR der Zentralbibliothek und anderen Einrichtungen des FDGB diente. Die Aufstockung des Gebäudes 1910 verletzte zwar das Linden-Statut, war der Bank aber gestattet worden. Für die Deutsche Bank baute B. Tonon 1994–97 den Komplex denkmalgerecht um, wobei die Aufstockung abgerissen und nach innen versetzt wurde. An der Charlottenstr. 37/38 geht ihr filigranes Glasdach in eine vorgesetzte voll verglaste Fassade über der 2-geschossigen ehem. Kassenhalle über und verfremdet dadurch den massiven Bau wie durch einen Vorhang. An prominentem Ort hat hier die Kulturstiftung der Deutschen Bank ihr

Domizil, im Erdgeschoss ist die Deutsche Guggenheim Berlin etabliert. Die historischen historisierenden Formen des Eckhauses übernahmen Patzschke, Klotz & Partner für den Neubau nebenan, Charlottenstr. 36, anstelle eines völlig unpassenden Plattenbaus in einer Bombenlücke – Extreme pur.

Das andere Eckhaus der Charlottenstr. 46/ Unter den Linden 17 war 1902 in Nachfolge des seit um 1830 hier etablierten Gasthofes Meinhardt von Carl Gause als HOTEL CARLTON erbaut worden. Im Panorama der Linden fiel der Bau weniger wegen seiner Architektur, sondern wegen seines reichhaltigen plastischen Schmucks auf. Bereits 1922 übernahm die Disconto-Gesellschaft das Haus, das 1939 in Besitz des Reichsfiskus überging und das Reichs- und das Preußische Arbeitsministerium beherbergte. Die provisorische Wiederherstellung des kriegsbeschädigten Baues 1952 vereinfachte das Äußere deutlich, die Rekonstruktion als Preußag-Repräsentanz 2000/01 gab der Ecke die historische Gestalt weitgehend zurück.

Ebenfalls für die Disconto-Gesellschaft baute Ludwig Heim 1899–1901 das 1910 auf 13 Achsen erweiterte und aufgestockte Gebäude Charlotten-/Ecke Behrenstr. 42-45, später Bezirksbauamt des Magistrats und heute Senatsdienstgebäude. Die noch immer monumentale Fassade wurde später vereinfacht, der Giebel über dem 3-achsigen Mittelrisalit abgenommen. Die Westseite der Charlottenstraße beherrscht die als Hauptgeschäftsstelle der BERLINER BANK 1900/01 von Wilhelm Martens errichtete Bebauung, Behrenstr. 46, rückseitig bis zur Rosmarinstraße reichend und nachträglich aufgestockt. In der Charlottenstraße sind die Obergeschosse zur besseren Belichtung der ehemaligen Kassenhalle im Mittelbereich zurückgesetzt. Als Sitz des Dt. Sparkassen- und Giro-Verbandes wurde das Bankhaus 2000–02 rekonstruiert.

Mit der DRESDNER BANK, Behrenstr. 37/39 neben der Hedwigskathedrale, 1887–89

Dresdner Bank – eklektizistische Nachbarschaft zur Hedwigskirche.

ebenfalls von Heim erbaut, später Staatsbank der DDR und heute Dienststelle des Bauministeriums, ist etwa die nord-östliche Begrenzung des sich bis zur Leipziger-/Ecke Mauerstraße erstreckenden ehemaligen Bankenviertels gegeben. Das ursprünglich 9-achsige Gebäude wurde später nach Westen erweitert, der Mittelrisalit auf 5 Achsen verbreitert. Die 1923 vorgenommene Aufstockung fiel 1952 zur Wiederherstellung der Maßstäblichkeit des Bebelplatzes. Der anschließende Bau Behrenstr. 35/Ecke Markgrafenstraße gehörte der POMMERSCHEN HYPOTHEKEN-AKTIENBANK (1895–97; Wittling & Güldner); jenseits der Markgrafenstraße steht die ehemalige BERLINER HANDELSGESELLSCHAFT, Behrenstr. 32-34/ Französische Str. 42 (1899/1900; Alfred Messel), 1911 von Heinrich Schweitzer erweitert um einen östlichen Seitenflügel an der Behrenstraße sowie das Eckhaus Französische Str. 43-44/Charlottenstraße. Weitere architektonisch bedeutsame Bank- und Geschäftsbauten sind die Jägerstr. 49/50 (BANKHAUS

MENDELSSOHN; 1891–93 Schmieden & Speer), die Mauerstr. 29-32 (DEUTSCHE BANK; 1882 Martens), die Mohrenstr. 22-23/Ecke Charlottenstr. 60 (BERLINISCHE BODENGESELLSCHAFT; 1907 Cremer & Wolffenstein) und die Jerusalemer-/Ecke Schützenstr. 22-25 (MOSSE-HAUS; 1901–03 Cremer & Wolffenstein).

Mit den beiden von Behren-, Glinka-, Jäger- und Mauerstraße begrenzten Quartieren, heute vom Bundestag genutzt, hatte die Deutsche Bank das größte Areal im Bankenviertel belegt. Seinen Ursprung hat der Komplex in der UNION-BANK, Behrenstr. 9/10 (1872–74; Ende & Böckmann), die Martens 1882-91 in seinen Neubau der DEUTSCHEN BANK, Mauerstr. 29-32/Französische Str. 66-68, einbezog. Erst 1908-10 folgte durch Martens mit der Behrenstr. 11-13, Glinkastr. 27-33 und Französische Str. 63-65 die Blockrandschließung sowie der gesamte Nachbarblock. Während Martens an der Behrenstraße noch ganz dem traditionellen Historismus verhaftet war, sind die Fas-

Postmeilensäule und südlicher Bau der Spittelkolonnaden, Kopien von 1980 nahe des ursprünglichen Standortes am Dönhoff-Platz.

Bauliches Wahrzeichen Berlins – das von Karl Gotthard Langhans erbaute Brandenburger Tor in der Gestalt von 1991.

Blick zum Lustgarten auf die Figuren der Schlossbrücke, das Alte Museum und den Berliner Dom.

Die klassizistische Schaufassade an der Südseite des Alten Museums am Lustgarten.

Die von Karl Friedrich Schinkel entworfene Friedrichwerdersche Kirche am Werderschen Markt – heute Schinkel-Museum.

Blick über die Friedrichsbrücke auf die Museumsinsel mit dem Neuen Museum (links) und der Nationalgalerie.

Dorfkirche Marzahn, nach August Stülers Tod vermutlich als letzte seiner zahlreichen Dorfkirchen erbaut.

Villa von der Heydt – Relikt des einstigen Tiergartenviertels, heute Sitz der Stiftung Preußischer Kulturbesitz.

Hamburger Bahnhof von 1847 – typprägender Bahnhof der zweiten Generation und ältester erhaltener Bahnhofsbau Berlins.

Schloss Klein-Glienicke mit Löwenfontäne – Landschaft im Potsdamer Schlösserring als Wirkungsstätte Schinkels.

Stammhaus der Disconto-Gesellschaft Unter den Linden/Ecke Charlottenstraße nach dem Dachgeschoss-Rückbau, heute Deutsche Bank.

Physikalisches Institut der Universität, Dorotheen-/Ecke Wilhelmstraße, heute Berliner Ländervertretung.

Deutsches Theater, erst durch Kriegszerstörung der Vorderhäuser wurde der Ursprungsbau von Eduard Titz freigestellt.

Preußisches Herrenhaus (1892-1904) an der Leipziger Straße, heute Sitz des Bundesrates.

Bedeutendstes Werk von Martin Gropius ist das als Kunstgewerbemusum erbaute Gebäude in der Niederkirchnerstraße.

saden der zweiten Bauphase durch die Zusammenfassung der 3-geschossigen Fensterachsen und die betonten zurückgesetzten Brüstungen ausgewogen vertikal und horizontal gegliedert. Der Hauptzugang an der Mauerstraße war – ähnlich wie der Nebeneingang an der Behrenstraße – durch einen flachen 9-achsigen Mittelrisalit hervorgehoben, dessen Säulenordnung im dritten Obergeschoss die Kriegszerstörung mit anschließend weitgehender Vereinfachung beim Wiederaufbau und der Aufstockung überdauert hat. Während am Altbau neben den flachen Mittelrisaliten nur die Ecken an der Behrenstraße durch turmartige Rundungen betont sind, ist die Hauptfassade des Neubaus sowohl durch die vorgezogenen Blockränder an der Französischen und der Jägerstraße als auch durch den polygonal vorspringenden Haupteingang monumental bewegt. Die gegenüberliegende NORDSTERN-LEBENSVERSICHERUNG, Mauerstr. 39/40 (1900/01; Kayser & v. Großheim), nahm die Deutsche Bank

nach Umbau 1914 durch Hans Jessen ebenfalls in Besitz. Auf die originale Gestaltung verweisen noch das Sockelgeschoss und die Reliefs am nördlichen Seitenflügel.

Die großen Banken und Geschäfte waren auch die ersten Interessenten am neuen Nachrichtenmedium Telefon, das sich in Berlin nur zögernd durchsetzte. Einer Werbung folgten 1880 im kleinen Mühlhausen/Elsaß 71, in Berlin 48 Interessenten! Noch im gleichen Jahr eröffnete jedoch in der Französischen Str. 33 das erste Fernsprechamt mit 220 Anschlüssen, 1885 hatte Berlin 6.000 und 1890 15.000 Anschlüsse. Vom Postkomplex zwischen Französischer und Jägerstraße hat sich original nur das 1877/78 in italienischen Renaissanceformen errichtete HAUPTTELE-GRAFENAMT von Carl Schwatlo in der heutigen Oberwall-/Ecke Jägerstr. 42-44 erhalten. Die damalige Telegrafendirektion Oberwall-/Ecke Französische Straße (1862–64, Entwurf Wilhelm Salzenberg) wurde mehrfach umgebaut und im Krieg

Deutsche Bank – Bauteil Ende & Böckmann vor dem Umbau durch Martens.

teilzerstört und ist heute als historischer Bau nicht mehr erkennbar, der Flügel entlang der Oberwallstraße wurde 1902 ergänzt. Nach einer denkmalgerechten Instandsetzung und moderner Ergänzung zog hier die Repräsentanz der Deutschen Telekom ein.

Am westlichen Beginn der Leipziger Straße ist mit dem Preußischen Herren- und dem Abgeordnetenhaus ein Komplex von historischer Bedeutung überliefert. 1892–99 wurde von Friedrich Schulze-Kolbitz auf dem Südteil der Grundstücke an der Prinz-Albrecht-Straße das Abgeordnetenhaus gebaut, von Göring später als Haus der Flieger dem benachbarten Reichsluftfahrtministerium angegliedert. Wie das Herrenhaus mit einer durch eine Kolossalordnung gegliederten 4-geschossigen Fassade macht das Gebäude eher den Eindruck eines Stadtpalais als den eines bürgerlichen Parlaments.

Bedeutender als manch Redeschlacht im Plenarsaal des Abgeordnetenhauses war für die deutsche Geschichte die Reichskonferenz des Spartakusbundes im Kleinen Sitzungssaal am 29. Dez. 1918, die sich am 30. zum Gründungsparteitag der KPD konstituierte. Zu den Begründern der Partei gehörten Rosa Luxemburg, Karl Liebknecht, Wilhelm Pieck, Franz Mehring, Hugo Eberlein, Fritz Heckert u. a. Sieben Jahrzehnte später hatten sich die Träume dieser Gründerväter als politische Sackgasse erwiesen.

Das ehemalige Herrenhaus in der Leipziger Str. 3/4, in der DDR Sitz der Akademie der Wissenschaften und einiger Ministerien, wurde – ebenfalls durch Schulze-Kolbitz – 1892–1904 errichtet und war mit dem Abgeordnetenhaus durch einen Funktionsbau verbunden. Dem Charakter eines Herrenhauses entsprechend, zeigt das Gebäude als monumentale Dreiflügelanlage das Äußere eines feudalen Palastes. Den figürlichen Schmuck beider Gebäude schuf Otto Lessing.

Auf dem Höhepunkt der Baukonjunktur unter Friedrich Wilhelm I. hatte 1735–37

J. H. v. d. Groeben in der späteren Leipziger Str. 3 sein Palais errichten müssen, der Bau verursachte fast den Ruin der Familie. Später erwarb Gotzkowsky das Grundstück für seine Seidenmanufaktur. Bürde baute 1850/51 das nunmehrige Wohnhaus Mendelssohn zum Herrenhaus um, das erste Tagungslokal Oberwallstr. 4 war abgebrannt. Am 25. März 1867 fand hier die 1. Sitzung des „Reichstages des Norddeutschen Bundes" statt, am 19. Juli 1870 wurde der Beschluss zum Krieg gegen Frankreich gefasst, die letzte Sitzung am 12. Dez. 1870 vor dem Umzug in die Leipziger Str. 55 nahm die Verfassung des Norddeutschen Bundes, die auch die des Deutschen Reiches wurde, an. 1874/75 erweiterte Julius Emmerich den Bau. Das 1735–37 erbaute Haus Leipziger Str. 4 erwarb Gotzkowsky 1761 für seine Porzellanmanufaktur. Nachdem 1865 der Ausbau des KPM-Geländes am westlichen Tiergartenrand durch G. Möller begonnen hatte, ordnete Bismarck 1871 die Räumung der Leipziger Str. 4 an. Nach F. Hitzigs Entwurf leiteten Gropius & Schmieden den Umbau des Vorderhauses und den Saalbau im Hof, an der Ausführung war auch die Firma Heinrich Lauenburg beteiligt. Unterbrochen wurde der Bau durch einen sechswöchigen, mit aller Härte geführten erfolgreichen Streik aller beteiligten Baugewerke. 1874 nahm Neumann eine Erweiterung vor. In diesem Haus tagte der Reichstag bis 1894.

Nach der Wiedervereinigung wurden beide Bauten parlamentarisch genutzt. Die Architektengemeinschaft Rave/Krüger/Stancovic baute das im Inneren seit 1936 weitgehend veränderte Haus an der Niederkirchnerstraße 1991–93 umfassend für das nunmehrige Gesamtberliner Abgeordnetenhaus um, das Herrenhaus wandelte sich 1998–2001 durch Peter Schweger zum Bundesratssitz.

Im alten Berlin sind im Gegensatz zu Potsdam nur wenige der monumentalen Bauten der nachschinkelschen Ära erhal-

ten. Am anschaulichsten repräsentiert das Werk von Martin Gropius, zu dessen Familie Schinkel enge private Beziehungen gehabt hatte, und Heino Schmieden diese Architektur-Kategorie. Das dem Parlamentskomplex an der Niederkirchnerstraße gegenüberliegende ehemalige KUNSTGEWERBEMUSEUM, errichtet 1877-81 und heute MARTIN-GROPIUS-BAU Stresemannstr. 110, gehört zu den bedeutendsten Werken der Schinkel-Schule. Schon die zeitgenössischen Würdigungen konstatierten eine „gewisse innere Verwandtschaft" des Kunstgewerbemuseums mit dessen Bauakademie. Sicher war dies auch den vergleichbaren Funktionen geschuldet, wesentlicher aber war die richtungweisende konstruktive, gestalterische und funktionelle Qualität des Schinkel-Baues, die Gropius inspirierte. Der nach Schinkels Altem und Stülers Neuem Museum bedeutendste Berliner Museumsbau des 19. Jh.s beherbergte sowohl das 1867 gegründete Kunstgewerbemuseum als auch die angeschlossene Lehranstalt für Produktgestaltung unter dem Direktorat von Gropius. Anders als Schinkel, der den Bauschmuck (Terrakotta) aus dem Baumaterial (Backstein) entwickelte, ließ M. Gropius mit dem Backstein und farbiger Terrakotta eine ganze Materialpalette harmonisch kontrastieren. An der künstlerischen Ausgestaltung wirkten seinerzeit bedeutende Maler, Bildhauer und Mosaizisten mit. Zum Abriss zugunsten einer innerstädtischen Verkehrslösung vorgesehen, blieb der unmittelbar an der Mauer gelegene Bau, nach dem Krieg teilzerstört, lange dem Verfall preisgegeben. Erst 1979-81 erfolgte durch Kampmann und Weström die aufwändige Restaurierung, 1998/99 stellten Hilmer & Sattler dann auch das ursprüngliche Erschließungssystem wieder her.
Als wohl frühestes erhaltenes Werk der seit 1866 zusammengeschlossenen Architekten, wenngleich die Entwurfsanteile beider hier ungeklärt sind, kann das SCHLÖSSCHEN BIESDORF, Alt Biesdorf 55, gel-

ten. 1868 für einen Gutsbesitzer vor den Toren der Stadt errichtet und seit 1887 im Besitz der Familie Siemens, erwarb es 1927 die Stadt. Der ursprünglich 2-geschossige Putzbau über T-förmigem Grundriss auf einem hohen Sockelgeschoss wird im äußeren Erscheinungsbild durch säulengestützte Veranden und Pergolen sowie das achteckige hohe Türmchen, abgeschlossen durch ein Belvedere, bestimmt. Obwohl mehrfach geplant, das 1945 zerstörte Obergeschoss mit dem 1897 vergrößerten Balkon wieder aufzubauen, blieb ein Entwurf von 1991 unausgeführt. Der notdürftig gesicherte Bau soll nunmehr bis 2007 wiederhergestellt werden.
Außerhalb der Innenstadt gelegen, entstand 1875-78 das GARNISONLAZARETT TEMPELHOF, heute das Städtische Wenckebach-Krankenhaus, Wenckebachstr. 23. Wie das kurz zuvor gebaute Krankenhaus am Friedrichshain ist es - nur in bescheideneren Größen - auf symmetrischem Grundriss mit ziegelsichtigen Bauten im damals modernen Pavillonsystem angelegt.

Nur wenige Bauten von Kulturstätten sind aus jener Zeit überliefert. Als CLUB VON BERLIN der Industrie- und Finanzprominenz - auch „Millionenclub" genannt - bauten Kayser & v. Großheim 1892/93 das Gebäude Jägerstr. 2/3. Clubvorsitzender war 1901-10 Wilhelm v. Siemens (1855-1919), dessen Vetter Georg (1839-1901) 1870 Gründer und erster Direktor der bis zum Kriegsende gegenüber etablierten Deutschen Bank wurde. In den 3-geschossigen, üppig geschmückten Bau integriert war das 1871 in klassizistischen Formen erbaute 4-geschossige Eck-Wohnhaus Nr. 1 zur Mauerstraße. Von seiner Gründung am 26. August 1946 bis zur Schließung 1990 „Club der Kulturschaffenden" des Kulturbundes der DDR, residiert heute nach einem gründlichen Umbau die Hamburger Landesvertretung in dem Gebäude.
Ebenfalls von Kayser & v. Großheim wurde 1885-87 der PSCHORR-PALAST, Friedrichstr. 165/Ecke Behrenstr. 25/26, errich-

Pschorr-Bräu, Bauteil Französische Straße.

tet. Neben den Berliner Lagerbierbrauereien, 1880 waren es 23, ließen vor der
Jahrhundertwende die namhaftesten
deutschen Brauereien – von Dortmunder
Union bis Hofbräu München – Ausschank-
lokale in Berlin bauen. Die reich gegliederte
te Fassade des Baues hat sich im Wesentlichen unverändert erhalten, später
vorgenommen wurden lediglich die ko-
lonnadenartige Öffnung des Erdgeschosses an der Friedrichstraße sowie
der stark vereinfachte Wiederaufbau der
Dachzone.
Im Hauptbau des Pschorr-Palastes – das
überlieferte Eckhaus – befanden sich ein
großes Bierlokal, ein Kneiphof und die
Küche. Die rechten drei Achsen der
Behrenstr. 25 führten durch den gesamten
Baublock zur Französischen Straße, neben
einem weiteren Kneiphof und zwei
Bierstuben gab es hier einen Pferdestall
für sechs Brauereipferde, erreichbar durch
die neben einer Bierstube befindliche
Toreinfahrt von der Französischen Straße
mit Rampe in den Keller. Dieser Bauteil

wurde für das Bürohaus Friedrichstr.
169/170/Ecke Französische Str. 1937
abgerissen, das trotz seines Status als Baudenkmal 1999 selbst fiel. In der 1. Etage des
Pschorr-Palastes befand sich 1888–1922
das in der gegenüberliegenden Kaiser-
Passage (heute Standort Appartement-
haus und Grand Hotel) begründete
Castansche Wachsfigurenkabinett
Auf traditionellem Boden errichteten die
auf Theaterbauten spezialisierten Wiener
Architekten Ferdinand Fellner und Hermann Helmer 1891/92 als Teil der Blockrandbebauung in der Behrenstr. 55/57 das
Theater Unter den Linden, später Metropol-Theater und heute KOMISCHE OPER.
Geplant war der Bau bereits 1872 durch
den im gleichen Jahr gegründeten
„Aktien-Bauverein Unter den Linden". An
der Behrenstraße sollte das Theater, rück-
wärtig an den Linden ein Riesenhotel mit
Ladenstraßen und Passagen errichtet werden, westlich war ein Durchbruch zwischen beiden Straßen vorgesehen. Der
Gründerkrach jedoch kostete die Ak-
tionäre 2 Mio. Mark. Die der Pleite folgende Stagnation ließ erst knapp 20 Jahre später das Projekt wieder aktuell werden. Statt
des Straßendurchbruchs wurde die
schmale Lindenpassage angelegt, das
Lindenhotel mit Erdgeschossläden und
Galerie, das spätere Westminsterhotel, errichteten 1889 bis 1892 Cremer & Wolffenstein.
Nach dem Theaterbau im Hof des
Heßigschen Hauses (1700) blieb es in
Berlin lange Zeit ruhig um dieses
Metier. 1764 wurde am Monbijoupark/
Hackescher Markt durch einen französischen Theaterunternehmer ein Holzbau
für ca. 1.000 Zuschauer errichtet, der etwa
10 Jahre stand. Im gleichen Jahr ließ der
Schauspieler Franz Schuch d. J. im Hof der
Behrenstr. 55 – im Vorderhaus wohnte die
Familie – einen ebenfalls hölzernen Bau
mit 700 Plätzen errichten, der Zuschauer-
raum befand sich unter dem Hofniveau
und das Ganze ähnelte eher einer
Scheune. In diesem „Deutschen Komödienhaus" wurden u. a. Shakespeare und

Lessing gespielt. Nach Schuchs Tod führte Gottfried Heinrich Koch das Theater weiter, hier fand im April 1774 die Uraufführung des „Götz v. Berlichingen" von Goethe statt. Unter Carl Doebbelin bot die Bühne die ganze Breite des zeitgenössischen Repertoires, von Shakespeare, Goethe und Wieland bis Ballett und Singspiel. Nach mehrmaligen vergeblichen Versuchen gelang es Doebbelin 1786, das stillgelegte Französische Komödienhaus auf dem Gendarmenmarkt als Spielstätte zu erhalten, am 3. Dez. fand die letzte Vorstellung in der Behrenstraße statt, 1799 erfolgte der Abriss.

Nach der schweren Beschädigung am 9. März 1945 und dem vereinfachenden Wiederaufbau wurde am 23. Dez. 1947 in der Behrenstraße die neue Komische Oper eröffnet, das provisorisch untergebrachte Metropol-Theater zog 1955 vom heutigen „Colosseum", ehemals Pferdebahndepot und dann Kino, in die erste Nachkriegsspielstätte der Staatsoper, den Admiralspalast in der Friedrichstraße. Die 1964-67 von Kunz Nierade geleitete Rekonstruktion des technisch veralteten Baues bewahrte das Treppenhaus und den 1928 durch Alfred Grenander überarbeiteten Zuschauerraum im Wiener Neobarock; mit den notwendigen Funktionsgebäuden wurde das Theater unter eine einheitliche Bauhülle gebracht und weitgehend freigestellt. Der verglaste Eingangsbau lässt den Mittelrisalit der historischen Fassade sichtbar bleiben, das ornamentale Kupferrelief stammt von Fritz Kühn.

1909/10 hatten Walter Hentschel und Kurt Berndt auf den Nachbargrundstücken Nr. 53/54 den „Metropol-Palast" errichtet, einen neobarocken Vergnügungspalast mit Ballsaal und Weinrestaurant im 1. Obergeschoss. Im Konzertsaal des Erdgeschosses richtete sich bald das „Theater an der Behrenstraße" ein. Nach der kriegsbedingten Schließung im September 1944 wurde der Metropol-Palast am 9. März 1945 zerstört und die Ruine später abgerissen.

In der 2. Hälfte des 19. Jh.s wurde das Baugeschehen der Dorotheenstadt - und auch des nördlich der Spree anschließenden Areals - durch zahlreiche Neubauten der sich ständig vergrößernden Universität und Charité geprägt. Die erste UNIVERSITÄTSBIBLIOTHEK, Dorotheenstr. 28, errichtete 1871-74 Paul Spieker für die 1831 gegründete Einrichtung. An der schlichten Fassade des 3-geschossigen Baues ist nur das obere Geschoss durch reich profilierte Fensterarkaden betont, hinter denen sich der Lesesaal befand. Die Dreiflügelanlage wird im Westen durch einen Galeriebau geschlossen. Heute ist das Haus nur noch eine Zweigstelle, der Hauptsitz ist gegenüber in der Staatsbibliothek (Dorotheenstr. 27). Das Nebengebäude, Dorotheenstr. 26/Ecke Universitätsstr. 5, wurde 1903/04 von Cremer & Wolffenstein als HANDELSKAMMER BERLIN mit stark plastischer barockisierender Fassade erbaut und beherbergt heute Fakultäten der Humboldt-Universität.

Neben der Universitätsbibliothek mit etwa 300.000 Bänden besaß Berlin Ende des 19. Jh.s die von Kfst. Friedrich Wilhelm gegründete Kgl. Bibliothek - später Staatsbibliothek - in der „Kommode" (400.000 Bände) und die 1815 begründete Magistratsbibliothek (50.000 Bände) sowie die Bibliothek des Klostergymnasiums (ca. 30.000 Bände), die, 1674 gegründet, von Johann Christian v. Tieffenbach 1714/15 stark vergrößert worden war. Aus der 1850 von Friedrich v. Raumer in der Kochstr. 67 eröffneten ersten Volksbibliothek waren um 1900 bereits 27 mit einem Bestand von 40.000 Bänden geworden.

Auf Betreiben Hermann v. Helmholtz' und Emil DuBois-Reymonds wurde - ebenfalls von Spieker - auf dem ehemaligen Pontonhof zwischen Dorotheenstraße und Spree an der Marschall-Brücke ein Institutskomplex errichtet. Das ehemalige PHYSIOLOGISCHE INSTITUT, Dorotheenstr. 96, entstand 1873-78 mit einem hofseitigen Hörsaalanbau und dem Direktorenwohntrakt Wilhelmstr. 67, der bis 2002 die

Senatskanzlei und die Berliner Landesvertretung beherbergte. Gleichzeitig wurde am späteren Reichstagsufer 7/8 das im Zweiten Weltkrieg zerstörte PHYSIKALISCHE INSTITUT errichtet, an dessen Stelle sich heute das ARD-Hauptstadtstudio von Ortner & Ortner (1996-98) erhebt. Der Flügel an der Bunsenstraße – das ehemalige TECHNOLOGISCHE INSTITUT an der Ecke Reichstagsufer, das ehemalige II. CHEMISCHE INSTITUT, Bunsenstr. 1, und das PHARMAKOLOGISCHE INSTITUT, Dorotheenstr. 94 – wurden 1879-83 erbaut. Die durch Risalite gegliederten Klinkerfassaden sind mit ornamentalen Friesen in feiner Terrakotta verziert, die rundbogigen Fenster des Obergeschosses haben eingestellte Säulen. Das rundum laufende Attikageschoss setzte Georg Thür 1907/08 auf. Das terrakottengeschmückte Hauptportal trägt die Medaillons des Mediziners Johannes Peter Müller und des Naturforschers Albrecht v. Haller. Den historischen Instituten sind heute die Institute für Pharmakologie und Toxikologie sowie für Mikrobiologie und Hygiene der Charité nachgefolgt.

In der Dorotheenstr. 96 mit z. T. originalem Interieur und einer Gedenkstätte für Robert Koch verkündete der Mediziner am 24. März 1882 die in seinem Labor Luisenstr. 57 – in der DDR Zentralinstitut für Bibliothekswesen – gelungene Entdeckung des Tuberkelbazillus (Gedenktafel). Am ARD-Gebäude erinnert ebenfalls eine Gedenktafel an die Vorstellung der von Max Planck am 14. Dez. 1900 entwickelten Quantentheorie im zerstörten Physikal. Institut.

Durch Gedenktafeln wird auch an das Wirken von M. Bodenstein (Chemiker), DuBois-Reymond (Physiologe), J. Franck (Physiker), H. Helmholtz (Physiker), G. Hertz (Physiker), W. Nernst (Physiker) und W. Wien (Physiker) erinnert. Das Wirken Robert Havemanns am Pharmak. Institut Dorotheenstr. 94 von 1937 bis zu seiner Verhaftung 1943 mit anschließendem Todesurteil sowie seine Tätigkeit als Direktor des Instituts für physikalische

Chemie Bunsenstr. 1 (1950-64) sind allerdings nirgends gewürdigt.

Im Einzugsbereich der zentralen militärischen Administration bauten Hude & Hennicke 1886/87 im Auftrag des Deutschen Offiziersvereins in Form eines französischen Renaissancepalastes das WARENHAUS FÜR ARMEE UND MARINE in der Neustädtischen Kirchstr. 4/5, das 1906-35 als allgemeines Warenhaus firmierte und dann Sitz des Dt. Handwerks- und Gewerbekammertags war. 1975 übernahmen die USA den Sitz der Handwerkskammer der DDR als ihre Botschaft, die zu gegebener Zeit durch einen Neubau am angestammten Ort am Pariser Platz abgelöst werden wird. Am original erhaltenen Bau ist nur das Dach verändert, der plastische Bauschmuck mit seinen militärischen Motiven weist noch auf den Erbauungszweck hin.

Zwar hatte Schinkel bereits 1827 den Entwurf für ein Kaufhaus vorgelegt, Th. Stein bereits 1848/49 das Kaufhaus Gerson am Werderschen Markt 5 geschaffen. Die – in heutigem Sinne – bauliche Hülle für die Unterbringung der übereinanderliegenden funktionellen Einheiten Verkaufsfläche/Inhaberwohnung in variablen Größen im EG/1.OG und 2./3.OG sowie die Entwicklung des Bautyps Kaufhaus erfolgten wie auch die des universell nutzbaren City-Geschäftshauses als Einheit von Form und Funktion jedoch erst gegen Ende des 19. Jh.s

Das zu seiner Bauzeit epochemachende Messelsche Kaufhaus am Leipziger Platz (1896-1906) ist zwar kriegszerstört, das Geschäftshaus POLNISCHE APOTHEKE, Friedrichstr. 153a/ Ecke Mittelstr., des Messel-Schülers und -Mitarbeiters Alfred Breslauer von 1898-1900 kann ebenso als Beispiel dienen.

Schon in der Spandauer Vorstadt, aber doch in unmittelbarer Nähe der Universität, errichteten Gropius & Schmieden 1878-83 die CHIRURGISCHE U. AUGEN-UNIVERSITÄTSKLINIK, heute Universitäts-

Augenklinik, Ziegelstr. 5-9. Diese Anlage folgte der 1820 durch Umbauten entstandenen Klinik. Teile der Spreeuferbebauung der umfangreichen 3-geschossigen Anlage wurden im Krieg zerstört. Der durch Risalite gegliederte ehemalige Verwaltungsbau an der Ziegelstraße wird beidseitig begrenzt durch die bis zur Spree reichenden Seitenflügel, die die Hofbauten umfassen. Die Klinkerfassade wurde durch unterschiedliche Materialfarbigkeit und Terrakotta-Umrahmungen der Fassadenöffnungen gestaltet. Die heute in die Augenklinik einbezogene ehemalige CHIRURGISCHE POLIKLINIK, Ziegelstr. 10/11, baute 1892/93 in ähnlicher Gestaltung Eduard Haesecke. Jenseits der Tucholskystraße entstand 1879-82 in der Ziegelstr. 14-18 ebenfalls durch Gropius & Schmieden die erste Berliner (Universitäts-) FRAUENKLINIK, 1927-33 nach Plänen von Martin Kießling durch Walter Wolff völlig umgebaut und heute nicht mehr als Bau des 19. Jh.s erkennbar.

Eine große Rolle in der deutschen Kulturgeschichte spielten zwei Bauten in der Friedrich-Wilhelmstadt und ihrem Vorfeld westlich der Chausseestraße. Als am 29. Sept. 1983 das DEUTSCHE THEATER, Schumannstr. 13a, nach mehrjähriger Rekonstruktion wieder eröffnete, war mit seinem Rangfoyer einer der wenigen erhaltenen Festräume des späten 19. Jh.s in seiner originalen Gestalt wiedererstanden, auch der Zuschauerraum mit den vergoldeten eisernen Säulen zeigt sich in alter Schönheit. In seiner äußeren Gestalt geht das Haus auf das Friedrich-Wilhelm-Städtische Theater von Eduard Titz (1849/50) zurück, das repräsentative Foyer entstand bei einem Umbau 1872, 1883 wurde es nochmals verändert. Die benachbarten KAMMERSPIELE des „DT" gingen 1906 aus einem ebenfalls von Titz 1848 errichteten Konzertsaal, später Kasino und Balllokal „Emberg-Säle", hervor. Der Theaterplatz entstand nach 1945 durch den Abriss der kriegszerstörten Vorderhäuser der Schumannstraße.

Bereits 1842 hatte ein Zimmermann in der Schumannstr. 14 – heute 13a – inmitten der 1827 begonnenen Wohnbebauung ein selbstgebautes Casino eröffnet. Sein Sohn Friedrich Wilhelm Deichmann jun., Zimmermann, Sänger und Schauspieler, übernahm das Unternehmen und erhielt am 24. Mai 1848 die Genehmigung zum Bau eines Sommertheaters, als „Parktheater" ein Provisorium aus Holz und Leinwand. Diese de-facto-Aufhebung des Verbots von Theatergründungen innerhalb der Stadt zur Wahrung des Monopols der kgl. Bühnen war eine Folge der 48er Revolution. Die Eröffnungsvorstellung im Titzschen Massivbau, zu dem Deichmann noch das Nachbargrundstück erworben hatte, dirigierte am 17. Mai 1850 der schon kranke Albert Lortzing, der zu dieser Zeit im Haus Nr. 15 wohnte. Deichmann verkaufte 1872 das Unternehmen an ein Konsortium, das vornehmlich Operetten spielen ließ. 1881 erwarb der Theaterdirektor u. -dichter Adolf L'Arronge das Haus, das als „Deutsches Theater" am 29. Sept. 1883 mit Schillers „Kabale und Liebe" eröffnet wurde und das er bis 1894 leitete. Bereits 1866 war er bei Deichmann als Kapellmeister engagiert gewesen. Von L'Arronge ging eine kontinuierliche Entwicklung über die Direktorate von Otto Brahm (1894-1904) und Max Reinhardt (1905-20 u. 1925-32) zum deutschsprachigen Nationaltheater.

Auf dem Gelände der ehemaligen Königlichen Eisengießerei vor dem Neuen Tor, die am 5. Jan. 1874 schloss, entstand 1875-89 ein großzügiges Ensemble, errichtet von Tiede unter Mitwirkung Cramers. Den Mittelpunkt bildet das MUSEUM FÜR NATURKUNDE, Invalidenstr. 43, errichtet 1883-89. Der auf fast quadratischem Grundriss – nur der verlängerte Hinterflügel verbindet vier rückwärtige Trakte – errichtete 3-geschossige Bau mit betontem Mittelrisalit in französischen Renaissance- und Barockformen ist nicht nur Museum mit über 6.200 m² Ausstellungsfläche, sondern auch bedeutende Forschungsstätte. Hervorgegangen aus drei 1810 an der Universität gegründeten naturkundlichen Museen, deren Sammlungen auf das Naturalienkabinett der Akademie von 1716 und der Bergakademie von 1770 zurückgingen, eröffnete das Naturkundemuseum 1890. Die sandsteinverkleidete Hauptfassade – alle anderen Trakte sind Klinkerbauten – zieren die Standbilder der Wissenschaftler Leopold v. Buch und J. Müller sowie Porträtreliefs von A. v. Humboldt, Christian Gottfried Ehrenberg und Christian Samuel Weiss. Im Lichthof – Standort der großen Saurierskelette – und in einigen Treppenhäusern sind die originalen Ausstattungen z. T. erhalten, u. a. Gusseisensäulen und -treppen.

Im Auftrag des Ministers Heinitz arbeitete Friedrich Wilhelm v. Reden, ein Freund des Freiherrn v. Stein, seit 1789 mit englischen Ingenieuren an der Planung der Eisengießereien Gleiwitz und Berlin; 1783 war Heinitz mit diesen Plänen von Friedrich II. noch abgewiesen worden. Am 8. Okt. 1803 erteilte Friedrich Wilhelm III. die Genehmigung zur Einrichtung der Kgl. Berliner Eisengießerei, nachdem bereits 1799 die Hummelsche Maschinenbauanstalt vor dem Oranienburger Tor gegründet worden war. Errichtet wurde das 1804 in Betrieb genomme kgl. Unternehmen dann bis 1805 auf dem um 1700 privatisierten Gelände der 1650 gegründeten ehem. Kfstl. Eisenschmelze an der Panke vor dem Neuen Tor, Keimzelle der schnell aufblühenden und im 19. Jh. die Berliner Wirtschaft bestimmenden Maschinenbauindustrie.

Seitlich des leicht zurückgesetzten Museums stehen die – außer im ornamentalen Bauschmuck – identischen Bauten für die PREUßISCHE BERGAKADEMIE und GEOLOGISCHE LANDESANSTALT (Invalidenstr. 44; 1875–78), 1890–92 erweitert durch Fritz Laske, und die LANDWIRTSCHAFTLICHE LEHRANSTALT (Nr. 42; 1876–80; heute Sektionen der Universität). Die 3-geschossigen werksteinverkleideten Bauten um einen in Glas-Eisen-Konstruktion überdachten Lichthof zeigen spätklassizistische Formen, die

Bergakademie und Geologische Landesanstalt Invalidenstraße; heute Bundesministerium für Verkehr, Bau- und Wohnungswesen.

*Kaiser-Wilhelm-Militärärzteakademie an der Invalidenstraße;
heute Bundesministerium für Wirtschaft und Technologie.*

Gebäudeecken sind durch Risalite betont. Das ehemals vor der Bauakademie aufgestellte Denkmal für Albrecht Thaer, als C. D. Rauchs letztes Werk (1856–59) von Hagen vollendet, steht seit 1949 im Lichthof von Nr. 42. Im Foyer von Nr. 44, bis 1990 Ministerium für Geologie der DDR und seit 1993 Sitz des Verkehrsministeriums und 1996–99 durch einen großen Solitärbau von Max Dudler erweitert, befinden sich einige in der Eisengießerei gefertigte Plastiken.

Von den sich nördlich der Charité anschließenden zahlreichen medizinischen Einrichtungen haben nur wenige überdauert. In der Nähe des Neuen Tores am Luisenplatz – ab 1932 Robert-Koch-Platz – errichtete Ihne 1904–06 die Akademie für ärztliche Fortbildung, das KAISERIN-FRIEDRICH-HAUS, R.-Koch-Platz 7. Die 3-geschossige 9-achsige Fassade zeigt die typisch monumentalen Formen des Neobarock. Neben Lehr- und Laborräumen beherbergte das Haus auch umfangreiche Lehrmittelsammlungen und eine Biblio-

thek sowie eine Niederlassung des Hygiene-Museums Dresden. 1945–49 war das Haus von der Sowjetischen Stadtkommandantur besetzt, 1950 bis zum Umzug 1977 in das Langenbeck-Virchow-Haus Luisenstr. 57/58 residierte hier die Akademie der Künste der DDR, der die Baudirektion Berlin folgte. 1993 hat die 1972 wiedergegründete Kaiserin-Friedrich-Stiftung das Haus zurückerhalten. Nordwestlich des Platzes steht die ehemalige KAISER-WILHELM-MILITÄRÄRZTEAKADEMIE, Invalidenstr. 48/49/Ecke Scharnhorststr. 36/37, nach 1945 zuerst Oberstes Gericht der DDR und dann Regierungskrankenhaus. Den für Staatsbauten vorgesehenen Neobarock entsprachen Cremer & Wolffenstein bei dem 1903–10 errichteten Bau auf ausdrücklichen Wunsch Wilhelms II., die Statik berechnete Cramer. Für die umfängliche Anlage mit einer Kaserne für 300 militärische Medizinstudenten wurde auch ein Teil des Invalidenhausgartens überbaut. Ein kleiner Akzent ist das ehemalige Hörsaalgebäude, der halbrunde

Hauptportal der Kaiser-Wilhelm-Militärärzteakademie.

Pavillon im Verbindungsbau an der Scharnhorststraße, das Hauptgebäude mit der aufwändig gestalteten Fassade ist zur Invalidenstraße ausgerichtet. Durch Baumann & Schnittger wurde der Komplex 1997–99 unter Einbeziehung des Invalidenhausgeländes für das Bundesministerium für Wirtschaft und Technologie umgebaut.

Der Beginn einer systematischen ärztl. Ausbildung ging in Preußen traditionellerweise auf militärische Anforderungen zurück. Dem 1713 gegründeten „Theatrum anatomicum", 1724 in das „Collegium medico-chirurgicum" umgewandelt und 1726 mit der Charité verbunden, oblag die Ausbildung von Militärärzten, für Zivil-Ärzte gab es eine vergleichbare Anstalt nicht. Sie etablierte sich erst mit der Einrichtung der med. Fakultät der Universität 1810. Auf Initiative des General-Chirurgen J. Görcke wurde am 2. Aug. 1795 die rein militärische Pépinière gegründet, bis 1826 in der Artillerie-Kaserne Georgen-/Ecke Universitätsstraße untergebracht. Als Kgl. med.-chir. Friedrich-

Wilhelm-Institut bezog die Anstalt dann die von Hampel und F. Triest umgebauten Häuser Friedrichstr. 139–141. Die 4-jährige theoretische Ausbildung erhielten die künftigen Militärärzte im Institut, das praktische Jahr wurde in der Charité absolviert. Absolvent der Anstalt war übrigens auch Rudolf Virchow, Demokrat und Barrikadenkämpfer von 1848. Aus diesem Institut ging die o. g. Akademie hervor, die 1873/74 einen Neubau (Entwurf H. Steuer) am Reichstagsufer erhalten hatte.

Ein weiteres militärmedizinisches Gebäude war das 1850–53 von Drewitz im spätklassizistischen Normannen-Burgenstil erbaute **GARNISONLAZARETT I** nach Entwurf von Fleischinger, später Polizei- und seit 1990 Bundeswehr-Krankenhaus, Scharnhorststr. 13/14. Die ursprüngliche Gestalt ist durch zahlreiche Umbauten, so 1866 durch Erweiterung mit Baracken, 1919/20 bei der Übernahme durch die Polizei und Ende der 30er Jahre durch ein zusätzliches Bettenhaus und einen OP-Bunker, stark verändert. Die militärische Prägung des Areals vor dem Neuen Tor, die sich nach Westen – Moabit – fortsetzte, ist heute auch durch die weitgehende Zerstörung der Kasernen und Lazarette und die Überbauung der Exerzierplätze nach 1945 aufgehoben. Selbst der Invalidenpark existiert nur noch als kleine, modern gestaltete Grünfläche – verschwunden sind die den soldatischen Opfern der 48er Revolution gewidmeten Stätten, aber auch die kriegszerstörte Gnadenkirche von Spitta.

Zwei Kirchen Spittas sind jedoch in der Spandauer Vorstadt erhalten. Der **GOLGATHAKIRCHE**, Borsigstr. 5/6, ein neogotischer Backsteinbau von 1898 bis 1900 in Form eines kreuzförmigen Emporensaales mit reich gestaltetem Portal, ging 1867–69 eine Kapelle von Erbkam voraus. Sie war nach Schinkels Elisabethkirche die zweite in diesem Industrie- und Proletarierviertel. Etwa um die gleiche Zeit baute Spitta auch die Kirche **ST. JOHANNES EVANGELIST**, Auguststr. 90 (1890). Die neoromanische Gestaltung entsprach dem

Postfuhramt Ecke Oranienburger/Tucholskystraße, Haupteingang zur überkuppelten Schalterhalle.

Kodex des 1890 gegründeten Kirchenbauvereins, der diesen Stil als Ausdruck wiedererstandener kaiserlicher Größe verstand. Der die Bebauungshöhe weit überragende Giebel fügt sich durch vorgelagerte Treppenhäuser mit Portalnische gut in die Straßenfront ein.

Wenn auch Conrad Wilhelm Hase, Begründer der neogotischen „Hannoverschen Schule" mit Einfluss in allen deutschen Ländern, in Berlin selbst keine Kirche errichtete, so sorgte doch Spitta für seine Präsens. Nach dem von ihm veränderten Entwurf Hases für die Apostelkirche Hannover (1880–84) baute Spitta 1890–92 die ERLÖSERKIRCHE in der Rummelsburger Prinz-Albert-Str., heute Nöldnerstr. 43, in Berlin-Lichtenberg.

An der Oranienburger Str. 35/36/Ecke Artilleriestraße errichtete Schwatlo 1875–81 in italienischen Renaissanceformen den mächtigen Klinkerbau für das POSTFUHRAMT. Beherrscht wird der Bau von der achteckigen Tambourkuppel und den Seitenkuppeln über dem abgeschrägten Eck-Eingang mit der mehrgeschossigen Rundbogennische. Bemerkenswert unter dem reichen Terrakotta-Schmuck sind zwischen den Rundbögen der Erdgeschossfenster die 25 Porträtmedaillons von Persönlichkeiten, deren Leben und Wirken auf das Post- u. Telegrafenwesen Einfluss hatte. Das 26. Medaillon und Teile des figürlichen Schmuckes sind Kriegsverlust. Erhalten blieb im Hof ein großes Relief (Postkutsche) von Hermann Steinemann. Auf dem ausgedehnten Hofgelände konnten in 2-geschossigen Ställen 240 Postpferde untergebracht werden. Der Raumeindruck der ehemals 3-geschossigen Kuppelhalle – früher Schalterhalle Postamt 24 – war über Jahrzehnte durch eine Zwischendecke verloren. Der bei Luftangriffen am 23. Nov. 1943 und 19. Mai 1944 schwer beschädigte Bau wird seit 1973 ununterbrochen schrittweise restauriert, allein die Nutzung des fast völlig leerstehenden Baues ist nach wie vor ungeklärt.

Das Grundstück wurde bereits seit 1705 durch die Post genutzt. Nach dem Bau des Postillonwohnhauses (1705–13), das die

Fassadendetail Bahnhof Friedrichstraße nach Entwurf von Vollmer.

Postillone selbst zu über zwei Dritteln finanzierten, folgten Pferdeställe und Remisen. 1874, nach der Übernahme des Postfuhrwesens in Reichsverwaltung, wurden nach einer verlustreichen Epidemie unter den Pferden die – auch für Menschen – unzumutbaren und zu klein gewordenen Gebäude abgerissen. Der Bau beherbergte neben Wohnräumen und Ställen auch – z. T. nur zeitweise – Werkstätten, ein Kessel- u. Maschinenhaus, das Postamt 24 und Teile des Fernsprechamtes 3, eine Rohrpostmaschinenstelle, Unterrichtsräume der Post- u. Telegrafenschule und andere Einrichtungen.

Geradezu stürmisch verlief in der zweiten Jahrhunderthälfte die Entwicklung der Transportmittel. Schwerpunkt war dabei der Ausbau der Stadtbahn. Ihre Einrichtungen erfuhren durch technische Neuentwicklung ständig Veränderungen und Umbauten; von den Fernbahnhöfen des späten 19. Jh.s ist allerdings keiner überliefert. Zu den wenigen baulich original erhaltenen anderen Bahnhöfen gehören der

1892 eingeweihte BAHNHOF PRENZLAUER ALLEE an der 1871 eröffneten Ringbahn und der ehemalige BAHNHOF BÖRSE, heute S-Bhf. Hackescher Markt. Der von Johannes Vollmer 1878–82 errichtete Bau von 100 m Länge folgt in seiner Fassadengliederung den Formen des Viaduktes, auf dem die Trasse im Bereich des ehemaligen Festungsgrabens zwischen Jannowitzbrücke und Museumsinsel verläuft. In ähnlicher Gestaltung mit farbigen Ziegelornamenten war Vollmers BAHNHOF FRIEDRICHSTRAßE ausgeführt, heute wie der BAHNHOF ALEXANDERPLATZ (Entwurf Jacobsthal) völlig verändert.

Drei Jahre nach der ersten deutschen Eisenbahnlinie eröffnete am 29. Okt. 1838 die erste Berliner Strecke nach Potsdam den Betrieb, seit 1835 von August Leopold Crelle geplant. Unter seiner Leitung stand auch die Planung der Strecke Berlin–Frankfurt/O. Die Potsdamer Strecke wurde 1846 bis Magdeburg verlängert und schloss die Verbindung Berlin–Paris. Bis Ende der 50er Jahre war die 1. Etappe im Eisenbahnbau beendet, Berlin hatte direkten

Anschluss nach Dessau (1841), Frankfurt/O. (1842), Breslau (1846), Magdeburg (1846), Stettin (1843) und Hamburg (1846). Als Privatunternehmen baute jede Eisenbahngesellschaft einen eigenen Bahnhof. Berlin hatte um das Zentrum gruppiert fünf Kopfbahnhöfe. Bis Ende der 70er Jahre verdichtete sich das Fernbahnnetz; durch Haltepunkte an den Strecken bildete sich ein regelmäßiger Lokalverkehr heraus. Neu hinzu kamen 1867 die Ostbahn über Küstrin nach Königsberg und die Görlitzer Bahn, 1871 die Lehrter Bahn bis Hannover, 1877 die Nordbahn nach Stralsund und 1879 die Wetzlarer Bahn. Die Ringbahn für den Nahverkehr wurde in zwei Etappen (1871 und 1877) in Betrieb genommen, die Stadtbahn Schlesischer (heute Ost-) Bahnhof–Charlottenburg folgte 1882.

In streng neogotischen Formen errichtete Kinel, ab 1857 im Eisenbahnbau tätig, 1851–55 das St.-Hedwig-Krankenhaus in der Großen Hamburger Str. 5-11, der künstlerische Entwurf stammte vom Kölner Dombaumeister Vincenz Statz. Den 3-geschossigen winkelförmigen Klinkerbau stockte Wilhelm Fahlbusch – über dem Haupteingang mit Zinnengiebeln und den Figuren des Ursprungsbaues (Hl. Hedwig, Hl. Karl Borromäus) – 1926/27 auf. Erhalten ist auch die rechts vorspringende, durch die Aufstockung wie ein Anbau wirkende Kapelle. Die meist 4-geschossigen straßenseitigen Bauten wurden später in historisierenden Formen errichtet, Nr. 5/6 1888/89 von Hasak, Nr. 10/11 1881 und Nr. 7-9 1905 von Carl Moritz.

Durch Propst Anton Brinkmann wurde in der Kaiserstraße am Alexanderplatz das erste kath. St.-Hedwig-Krankenhaus gegründet, am 14. Sept. 1846 siedelten Barmherzige Schwestern des hl. Borromäus vom Mutterhaus in Nancy/Frankreich um, am 3. Dez. nahmen sie den ersten Kranken auf. Schon 1854 zog die Einrichtung ins neue Haus. Zu dieser Zeit lag die gesundheitliche Betreuung der

Stadt allein bei der Charité (gegr. 1710), den Universitätskliniken (seit 1810), der Diakonissenanstalt Bethanien (1847) und einigen bis auf das Mittelalter zurückgehenden konfessionellen Hospitälern, es gab weder staatliche noch kommunale Krankenhäuser. Die drei Gesundheitsbehörden – Medicinalpolizei, Sanitätskommission und Armendirektion – nahmen nur administrative Aufgaben in der Seuchenhygiene und im Armenwesen wahr. Zur Zeit des Baues des ersten städtischen Krankenhauses (1874) lag die Sterblichkeit in Preußens Städten um 7,6 % höher als auf dem Lande, 1869 war sie in Berlins Proletariervierteln zweieinhalbmal so hoch wie in bürgerlichen Wohngegenden, Auswirkungen der extremen Siedlungsdichte bei mangelhaften hygienischen Bedingungen und medizinischer Betreuung.

Vom großen Schulkomplex zwischen Weinmeister-, Gormann- und Steinstraße ist nur das Direktorenwohnhaus des Sophien-Gymnasiums, Weinmeisterstr. 15, erhalten. Der 3-geschossige Klinkerbau wurde 1865-67 von Carl Adolph Ferdinand Gerstenberg errichtet. Unter dem Terrakotta-Dachgesims befand sich ursprünglich ein Sgrafittofries mit Motiven aus der antiken Mythologie von Max Lohde, Sohn des Architekturtheoretikers Ludwig Lohde. Wegen der fortschreitenden Verwitterung wurde der Fries 1886 in der Tonwarenfabrik O. March auf farbige Tonplatten übertragen. Das Portal ist von allegorischen Sandsteinfiguren bekrönt. Von der Sophien-Töchterschule (1874-76; Blankenstein), Weinmeisterstr. 16/17/ Gormannstr. 4, der Realschule und der Turnhalle ist kein Bau mehr erhalten. In der Töchterschule war 1901-11 als Lehrer Albert Kiekebusch tätig, Berlin-Historiker und ab 1921 Direktor des Märkischen Museums.

Vermutlich nach Typenentwürfen von Carl Wilhelm Hoffmann wurden 1849-51 durch die Berliner Gemeinnützige Baugesellschaft die Häuser Wollankstr. 8/9 (heute Torstr. 85/87) gebaut, die ältesten erhaltenen dieser Gesellschaft. Den sozialen Reformbestrebungen ihres geistigen Vaters Huber entsprach der Verzicht auf Keller- und Hinterhofwohnungen. Die original materialsichtigen Klinkerbauten sind unter Verzicht auf plastischen Schmuck nur durch Bandfriese und flache Pfeilervorlagen gegliedert. Spätere Bauten der ältesten Wohnungsbaugesellschaft Berlins haben sich an der Schönhauser Allee/Buchholzer Straße/Pappelallee (1870–1913) erhalten.

Durch relative Verbesserung der materiellen Lage und sittlich-christliche Erziehung des Kleinbürgertums und von Teilen der Arbeiterschaft nach der von ihm 1844 entwickelten Konzeption der „Inneren Kolonisation" meinte Huber den Anfängen der prol.-rev. Bewegungen entgegenwirken zu können. Auf dieser Basis gründete C. W. Hoffmann nach mehrjährigen Bemühungen – beschleunigt durch die Furcht vor weiteren rev. Prozessen – die am 16. Jan. 1849 sich offiziell konstituierende Baugesellschaft. Sowohl Hubers soziale Reform-Projekte wie auch Hoffmanns Gründung wurden insgeheim vom preußischen Staat finanziert. 1848 beteiligte sich das Gründungskomitee aktiv am Notstands-Bauprogramm der Konservativen. Die dem Reformversuch innewohnende Zwiespältigkeit kennzeichnet auch die Zusammensetzung des Vorstandes – neben Hohenzollernprinzen, Bankiers und Industriellen stehen Namen wie A. v. Humboldt und F. K. v. Savigny. Das Genossenschaftsprinzip und die Wohnungs-Eigentumsbildung scheiterten schon 1857 an den sozialen Realitäten. Huber, seit 1849 Vorstandsmitglied, und C. W. Hoffmann schieden 1852 enttäuscht aus dem Vorstand, das Konzept Hubers kam im preußischen Junkerstaat für das Bügertum zu früh.

Nur drei der seinerzeit über das ganze Stadtgebiet verteilten Einzelhandels-Markthallen sind – mehr oder weniger verändert – erhalten. Eine ist die **ACKERHALLE**, Invalidenstr. 158/ Ackerstr. 23, 1886–88

von Blankenstein erbaut als Halle Nr. VI und äußerlich relativ unverändert. Die symmetrische fünfschiffige Halle – je zwei 6 m breite Seitenschiffe und ein überhöhtes 12-m-Mittelschiff – ist parallel zur Ackerstraße angeordnet. Der nüchterne Backsteinbau ist mit Terrakottaschmuck in Renaissanceformen dekoriert. Das Innere wurde 1970 durch Standeinbauten völlig entstellt, 1990/91 aber wieder rückgebaut. Heute ist sie die einzige im Inneren wieder dem Original nahe kommende Halle.

Nachdem B. H. Strousbergs „Berliner Immobilien-Aktiengesellschaft" bereits nach halbjährigem Betrieb 1868 mit der ersten 1865–67 von Hitzig und A. Lent erbauten Markthalle an der Karlstraße gescheitert war – als ehem. „Friedrichstadtpalast" endete sie 1985 im Abriss – hielten die Bestrebungen zur überdachten Zentralisierung der im wachsenden Verkehr störenden und hygienisch problematischen offenen Märkte an. Unter Leitung von Stadtbaurat Blankenstein entstanden

Ackerhalle – äußerliche Erinnerung an Blankensteins Markthallen-Programm.

126

nach der Zentralmarkthalle (ZMH I 1883–86 u. ZMH II 1891–93) beidseits der damaligen Kaiser-Wilhelm-Straße zwischen S-Bahn und Neuer Friedrichstraße (1967/68 abgerissen) bis 1892 weitere 13 Hallen unterschiedlicher Typengröße, u. a. Lindenstr. 88-90/Friedrichstr. 18 (II; 1886), Andreasstr. 56 (VIII; 1888), Badstr. 10/10a (XII; 1892) und Wörther Str. 45 (XIII; 1892).

Überdauert haben noch die stark veränderte EISENBAHNHALLE (MH IX; 1891) in Kreuzberg, Eisenbahnstr. 40, und die weitgehend original erhaltene, aber wie die Ackerhalle im Inneren umgebaute dreischiffige ARMINIUSHALLE (MH X; 1892), Bremer Str. 9, in Moabit. Da vielfältig nutzbar und meist in eine Blockrandbebauung integriert, haben mehrere Eingangsbauten von Markthallen die Modernisierung des Handels, Kriegszerstörung und Neubauwahn überstanden. Diese im Äußeren als normale Wohnhäuser angelegten, funktionsbedingt aber mit großer Rundbogendurchfahrt ausgestatteten, mehrgeschossigen Klinkerbauten beherbergten meist Wohnung und Büro des Markthallenaufsehers sowie später häufig eine Filiale der Berliner Sparkasse. Der KOPFBAU DER MH IV (1884–86), Dorotheenstr. 84, wurde 1913-17 durch Alfred Lempp in den hofseitigen Neubau des Postscheckamtes integriert, 1918-23 folgte die Erweiterung Reichstagsufer 12-14, damit war das eigentliche Hallenareal komplett neu überbaut. Mit dem Nebenhaus Nr. 82, dem ehemaligen Hotel Prinz Heinrich (1887), und der Nr. 80, einem DDR-Plattenbau, wurde der Komplex mit einigen Ergänzungsbauten 1996-2001 durch KSP Engel u. Zimmermann zum Presse- und Informationsamt der Bundesregierung umgebaut.

Eine besonders interessante Geschichte hatte die MARKTHALLE III (1884–86), Zimmerstr. 90-91/Mauerstr. 82, von der nur der Eingangsbau an der Zimmerstraße mit der prägnanten Rundbogengliederung im Erdgeschoss überliefert ist. Prominentester Vorgänger war auf dem Grundstück Nr. 91 sicher Simeon Pierre Devaranne, Meister des filigranen Eisenschmuckes und Zinkguss-Künstler, der 1834 von der Poststr. 12 hierher gezogen war. Das 1874 gegründete und mehrfach umgezogene Märkische Provinzialmuseum fand in der MH III von 1899 bis zum Umzug ins eigene Haus 1908 hier Unterkunft, ebenso 1907-21 die Stadtbibliothek. Nach Umbau 1910-12 durch Johannes Kraaz eröffnete in dem Gebäude das „Konzerthaus Clou", in dem am 1. Mai 1927 Hitler seine erste Rede in der Reichshauptstadt hielt. Der 1930 zum Tanzpalast umgebaute Komplex wurde ab Februar 1943 als Sammellager für die Deportation der letzten Berliner Juden genutzt.

Nach dem Vorentwurf von Gustav Möller entwarf und baute Orth 1866-73 die ZIONSKIRCHE auf dem Zionskirchplatz, als Votivkirche 1860 nach dem missglückten Attentat auf Wilhelm I. gestiftet; ihr Bau war 1868 aus finanziellen Gründen vorübergehend eingestellt worden. Die umfangreichen Kriegsschäden waren 1952 beseitigt. Durch die Höhenlage des Zionskirchplatzes dominiert die vertikal betonte Backsteinkirche im Rundbogenstil die Umgebung. Die aufstrebende Wirkung wird durch die hohen Maßwerkfenster, die umlaufenden Zwerggalerien und das stark aufgelöste Turmobergeschoss erzielt. Das Tympanon über dem Portal schuf Louis Brodwolf. Die Grundriss- und Innenraumgestaltung ruft im Gegensatz zur äußeren Wirkung den Eindruck einer Zentralanlage hervor, ähnlich wie die von Orth 1891-93 an der Stargarder Str. 77 errichtete GETHSEMANEKIRCHE. Beide Kirchen entstanden auf Plätzen des Hobrechtplanes von 1861 etwa gleichzeitig mit der Umgebungsbebauung. Die Innenraumausbildung war ebenfalls Ergebnis der umfangreichen Akustikstudien Orths.

In die bestehende Bebauung eingefügt wurde 1905-08 die SEGENSKIRCHE, Schönhauser Allee 161, von Dinklage & Paulus und Olaf Lilloe. Um einen kleinen Innenhof gruppieren sich 4-geschossige Klinker-Wohnbauten und die Kirche. Markante Gestaltungselemente der Straßenfassade sind der Spitzbogen mit Balkonerker und Galerie sowie der schlanke quadratische Turm mit dem Kupfer-Spitzhelm in barocken Formen. Diese Elemente sind an die nordische – besonders schwedische – Backsteinarchitektur angelehnt, die Hoffassade der Kirche dagegen an die oberitalienische Renaissance. Im Inneren des kreuzförmigen Zentralbaues sind die massiven Emporen in drei Kreuzarmen mit Reliefs geschmückt, im westlichen befindet sich der Kanzelaltar mit Orgel. In ähnlichen Formen bauten Dinklage & Paulus auch die **GALILÄAKIRCHE**, Rigaer Str. 9/10 (1909/10) und die **ADVENTSKIRCHE**, Danziger Str. 201 (1910/11).

Dieses Gebiet um die Schönhauser Allee südlich der Ringbahn wurde erst nach 1850 durchgängig bebaut, als Gewerbestätten siedelten sich nur kleinere Handwerksbetriebe an. Einzige große Unternehmen waren vier Brauereien, am Senefelderplatz die Brauerei Pfefferberg, Schönhauser Allee 176; die Schultheiß-Brauerei, Nr. 36-39, und auf Nr. 10 die Brauerei Königstadt, vorm. Busse bzw. Wagner (1900; Cremer & Wolffenstein), sowie an der Ecke Milastraße 1897-1907 die Brauerei C. Groterjan, noch erkennbar an den Fassadenreliefs.

Der Apotheker August Prell gründete 1842 in der Neuen Jakobstr. 26 die erste norddeutsche Lagerbierbrauerei und leitete damit die Ablösung der seit dem Mittelalter gepflegten traditionellen Weiß- und Braunbierbrauerei ein, die in den Gründerjahren beendet war. 1872 verfügte Berlin bereits über 22 Lagerbierbrauereien (Bayrisch Bier), dagegen standen 15 Betriebe für Weiß-, Bitter- und Braunbier. Acht Großbrauereien wurden in Aktiengesellschaften umgewandelt, 1873 waren es schon 14. Jobst Schultheiß kauf-

te 1853 die Brauerei mit den Kellern in der Schönhauser Allee 39 und richtete hier die Braustätte ein, die Neue Jakobstr. 26 – nun Mälzerei – wurde mit einem Ausschanklokal auf Nr. 24/25 (Entwurf Oskar Appelius) verbunden. Seit Mai 1871 Aktiengesellschaft, begann 1891 mit dem Erwerb der Tivoli-Brauerei am Kreuzberg eine Entwicklung, die Schultheiß mit 68 Niederlagen (1910) im Deutschen Reich zu Europas größter Brauerei werden ließ. Zum Fuhrpark gehörten neben über 1.000 Pferden und 888 Wagen auch 110 Eisenbahnwaggons und der Binnendampfer „Martha".

Bis 1891 errichtete Franz Heinrich Schwechten das Stammhaus der **SCHULTHEISS-BRAUEREI** an der Schönhauser Allee 36-39b und der damaligen Fransecki- und Treskow-Straße, nach Produktionseinstellung 1972 Jugendklub, Sportlercasino, Möbellager u. -Verkaufsstelle und Ruine. Der ausgedehnte Komplex (25.000 m²) gelber Klinkerbauten in – wie damals üblich – dem Zweck fremden historisierenden neoromanischen Formen ist heute ein seltenes Beispiel der Industriearchitektur vom Ende des Jahrhunderts. Dominante ist der übereck gestellte Turm mit dem Restauranteingang. Bis auf geringfügige Kriegszerstörungen – Arbeitssaal des Kinderheims – blieben sowohl die Produktionsgebäude mit dem 1926 anstelle des Eismaschinenhauses in expressiven Formen errichteten Kesselhauses als auch die vielfältigen Werkstätten, Ställe und Sozialeinrichtungen in den hinteren Höfen sowie die beiden Beamtenwohnhäuser an der Schönhauser Allee erhalten. Das in den 70er Jahren abgebrannte Sudhaus war, wenn auch vereinfacht, als Baukörper umgehend wieder aufgebaut worden. Nach langjährigen Querelen und mehrfachem Wechsel der Investoren wurde das Areal 1998-2000 nach einem Konzept des Büros Weiß & Faust von der Treuhand Liegenschaftsgesellschaft (TLG) weitgehend denkmalgerecht endgültig zur „KulturBrauerei" mit dem „Kinopolis" (8 Säle, 1.600 Plätze) ausgebaut. Der Produktionsablauf einer Brauerei blieb trotz der Nutzungsvielfalt von der spartanischen Teestube bis zum Museum „Plagiarius" – der Welt einziges Museum über Ideen-Diebstahl – ablesbar.

Die von Schultheiß 1891 vor der Stadt am so genannten Kreuzberg – seit der Denkmaleinweihung 1821 – erworbene TIVOLI-BRAUEREI hatte eine lange Vorgeschichte als Vergnügungsstätte. 1829 eröffnet, wurde der „Tivoli-Vergnügungspark" bereits 1837 zwangsversteigert; bis zum Brand 1856 folgten Erweiterungen und Neubauten. Mit der Gründung der Berliner Brauerei-Gesellschaft Tivoli 1857 begann eine neue Entwicklung. Nach städtebaulichen Vorgaben Lennés und Entwurf von Christian August Hahnemann wurde 1858–60 eine komplette Brauerei einschließlich der zugehörigen Werkswohnungen errichtet. Mit dem großen Saalbau über dem Sommerbierkeller, 1862 durch Gustav Junghahn, war zwar die frühere Restauration wiederhergestellt, aber auch die Lennésche Konzeption unterlaufen worden. Bis 1883 folgten weitere Restaurationsgebäude.

Während der Anlage des VIKTORIAPARKS durch Hermann Mächtig 1888–93 übernahm Schultheiß 1891 den in Schwierigkeiten geratenen schärfsten Konkurrenten in Berlin als „Abt. II". Da sich das Vergnügungsverhalten stetig wandelte, wurden die großflächigen Biersäle durch gediegene Speiselokale ersetzt, zuletzt durch Carl Teichen 1901 mit dem Gasthaus am Haupteingang. Mangels Erweiterungsmöglichkeiten verkündete der Schultheiß-Vorstand 1993 die Schließung der einstigen „Abt. II". Nach dem Masterplan von Frederick Fisher begann 1999 der Bau des „Viktoria-Quartiers", d. h. die Wiederherstellung und Umnutzung der neogotischen Brauereibauten in Ergänzung durch Wohn-Neubauten zahlreicher prominenter Architekten.

In der offenbar für Brauereien reservierten Burgen-Architektur hatte 1871 auch Friedrich Koch für die auf dem Grundstück Stromstr. 17 ansässige „Ahrens & Co.

Bayrische Brauerei zu Neu-Moabit" Neubauten errichtet, von denen heute nur noch das mächtige SUDHAUS erhalten ist. Die langgestreckte straßenseitige gelbe Ziegel-Fassade wird nur durch schmale Lisenen, Spitztürmchenaufbauten und durch in Zweier- und Dreiergruppen gekoppelte Rundbogenfenster gegliedert, der hohe Mittel-Dreiecksgiebel wirkt dagegen etwas verloren. 1920 übernahm Schultheiß auch diese 1896 großzügig erweiterte Brauerei, die 1980 ihren Betrieb einstellte.

Der JÜDISCHE FRIEDHOF, Schönhauser Allee 23/25, wurde wegen der hygienisch notwendigen Schließung des Friedhofs in der Großen Hamburger Str. 26 (gegr. 1672) 1827 von Langerhans angelegt. Vor 1896 errichtete Johann Hoeninger anstelle der Langerhansschen Bauten eine neue Kapelle, Leichenhalle und Treibhäuser, obwohl 1880 der Begräbnisplatz mit Einrichtung des Weißenseer Friedhofs offiziell geschlossen wurde. Wenn auch hier wegen der Kriegszerstörung keine Baulichkeiten mehr erhalten sind, so dokumentiert der bis etwa 1940 belegte Friedhof eine ganze Epoche Berliner Kulturgeschichte. Bestattet sind hier auch die Begründer zweier ehemals an der Schönhauser Allee gelegener Jüdischer Anstalten.

Baruch Auerbach gründete 1832 in der Rosenstr. 12 das erste jüdische Waisenhaus. Aufgrund einer Stiftung von Moritz Reichenheim konnte die Anstalt 1872 vergrößert werden und dann das 1896/97 von Hoeninger & Sedlmeyer erbaute Heim auf dem Hintergelände Schönhauser Allee 162 beziehen.

Für das 1834 begründete JÜDISCHE ALTERSHEIM baute Schwatlo – 1883–87 erweitert – den Klinkerbau in der Schönhauser Allee 22, nach dem Krieg zum Polizeidienstgebäude umfunktioniert. Die vom Konfektionsfabrikanten Moritz Mannheimer finanzierte Anstalt neben dem Jüdischen Friedhof ist heute durch Kriegszerstörungen reduziert.

Ende des 19. Jh.s baute im Weichbild der Stadt vor allem Hermann Blankenstein zahlreiche kommunale Einrichtungen. Zwischen Prenzlauer Allee und Diesterwegstraße entstand 1886–89 das HOSPITAL und nördlich davon das SIECHENHAUS, zwischen Diesterweg- und Winsstraße 1886/87 das OBDACH (Asyl). Die gelben und roten Klinkerbauten sind typische Blankenstein-Bauten in spätklassizistischen Formen mit zahlreichem Terrakotta-Schmuck. Der noch vor der Jahrhundertwende erweiterte Komplex ist heute durch Kriegszerstörungen reduziert, die Schlafsaal-Hallen des Obdachs wurden beseitigt. Die Dachzone des heutigen Krankenhauses (ehemaliges Obdach) wurde durch die Zerstörungen der Ecktürme und des Mittelgiebels sowie eine Aufstockung entstellt. In den Gebäuden des ehemaligen Hospitals, 1896 durch Vincenz Dylewski an der Prenzlauer Allee erweitert, und des Siechenhauses haben Teile der Bezirksverwaltung Pankow, Ortsteil Prenzlauer Berg, ihren Sitz.

Nachdem die städtische Versorgung zu einem privaten Monopol u. a. durch Bethel Henry Strousberg zu werden drohte, rang sich der Magistrat endlich zu dringend notwendigen Maßnahmen durch und kaufte von der Gemeinde Lichtenberg dafür ein verkehrsgünstig an der Ringbahn gelegenes Gelände von 38,6 ha. Zwischen 1878 und der Einweihung am 1. März 1881 wurden nach Blankensteins Entwürfen zwischen Ringbahn und Eldenaer Straße für den STÄDTISCHEN CENTRAL-VIEH-UND-SCHLACHTHOF Großställe, Schlachthäuser, Verarbeitungs- und technische Anlagen, Kühlhäuser, hygienische Einrichtungen, Verwaltungs- und Verkaufsbauten sowie eine Börse errichtet. Blankensteins ehemaliger Mitarbeiter August Lindemann erweiterte 1895–99 den Komplex nochmals großräumig. Wie zahlreiche andere Bauten im Gelände wurde auch die architektonische Dominante, die Börse, 1945 zerstört. Im nach dem Krieg wiederaufgebauten und erweiterten Komplex sind

u. a. erhaltenswert überliefert die Verwaltungsbauten am Haupteingang Thaerstraße und am Eingang Eldenaer Str. 36a-37, verschiedene Vieh-Hallen und Ställe sowie das 1930 von Ermisch ergänzte Rinderschlachthaus. Die seit den 30er Jahren vom S-Bhf. Zentralviehhof den gesamten Komplex bis zur Eldenaer Straße querende Fußgängerbrücke fiel nach der schrittweisen Betriebsschließung ab 1993 dem finanziellen Mangel zum Opfer. Die mit viel Elan begonnene Neubebauung des Gebiets unter Einschluss denkmalgeschützter historischer Bauten hat sich inzwischen zu einem langwierigen Prozess entwickelt.

Die zahlreichen Krankenhäuser Blankensteins sind in ihrer äußeren Form fast alle erhalten. Zu erwähnen sind vor allem die ehemalige STÄDTISCHE IRRENANSTALT HERZBERGE (1889–93; heute Fachkrankenhaus für Neurologie u. Psychiatrie, Herzbergstr. 79) und die STÄDTISCHE HEIL- U. PFLEGEANSTALT FÜR EPILEPTISCHE KRANKHEITEN WUHLGARTEN (1890–93; heute W.-Griesinger-Krankenhaus, Brebacher Weg 14). Erhalten ist auch das STÄDTISCHE ARBEITSHAUS, ursprünglich um 1750 am Alexanderplatz eingerichtet und 1877–79 von Blankenstein auf einem 7-ha-Gelände am Rummelsburger See neuerbaut neben dem 1845–49 von Gustav Holzmann errichteten FRIEDRICHS-WAISENHAUS. Prominentester Häftling in der bis Mitte der 90er Jahre als U-Haft-Anstalt genutzten Anlage war, wenn auch nur für eine Nacht, Erich Honecker.

Den Blankensteinschen Krankenhäusern und Anstalten ging ein zähes Ringen bürgerlicher und proletarischer Kräfte um den Bau der ersten städtischen Krankenhäuser und die generelle Verbesserung der hygienischen Verhältnisse in der Stadt voraus – sie waren gegenüber anderen Großstädten katastrophal. Einer der Förderer dieser Bewegung war der Arzt Rudolf Virchow, der sich als Stadtverordneter und Mitglied des Preußischen Abgeordnetenhauses seine Haltung von 1848 – die ihn für einige Jahre seine Stellung in Berlin gekostet hatte – bewahrte. Nicht zuletzt seinem Einsatz war es zu verdanken, dass das in Europa vorbildliche – aber erst nach zwei Jahrzehnten Verschleppung begonnene – Kanalisationssystem nach dem Entwurf von Hobrecht verwirklicht wurde. In dieses System waren bereits die später zur Stadt hinzugekommenen Vororte und Charlottenburg eingebunden.

Das 1868–74 von Gropius & Schmieden – erster einer Reihe von zahlreichen Klinikbauten dieser Firma – errichtete KRANKENHAUS AM FRIEDRICHSHAIN war mit dem neuartigen Pavillonsystem in seiner Zeit vorbildlich. Von der ursprünglichen Anlage sind nur wenige Gebäude, u. a. der reduzierte Eingangsbau und Bauten an der Landsberger Allee, erhalten. Errichtet wurde das Krankenhaus im nördlichen Teil des VOLKSPARKS FRIEDRICHSHAIN, 1846–48 von G. Meyer angelegt und 1874/75 von der Virchow- bis zur Danziger Straße nach Norden erweitert. Die Gestaltung des Parks folgte dem vorgefundenen Gelände mit je zwei Hügeln und Teichen. Noch vor der Eröffnung wurden auf einem der Hügel (Kanonenberg) 183 Opfer der Revolution von 1848/49 beigesetzt. Die 1925 von L. Hoffmann umgestaltete Anlage – 1918 erhielten Gefallene der revolutionären Kämpfe vom November und Dezember hier ihre letzte Ruhestätte – wurde 1948 in die heutige Form gebracht. Die Parkerweiterung, der Neue Hain an der Danziger Straße, ist heute teilweise durch das Sport- u. Erholungszentrum (SEZ) überbaut. Erhalten und wegen des nicht einzudämmenden Vandalismus in permanenter Restaurierung begriffen, ist der am Eingang Königstor gelegene MÄRCHENBRUNNEN, bis 1913 nach Entwurf L. Hoffmanns mit den Plastiken von Ignaz Taschner, Josef Rauch und Georg Wrba geschaffen. Nachdem zwei Flakbunker (Kleiner u. Großer Bunkerberg) gesprengt und Trümmerschutt aus der östlichen Innenstadt hier aufgeschüttet wurde, gestaltete und bepflanzte man den

Denkmalgeschütztes Schmuckstück –
Haupteingang des Krankenhauses am Friedrichshain von Gropius & Schmieden.

gesamten Park völlig neu. Bis zu seiner Umsetzung in das Nikolaiviertel stand am Großen Teich der Heilige Georg (Kiß, 1855), ehemals im Schlosshof I; in den nördlichen Parkteil wurde 1960 die Muttergruppe von Edmund Gomansky (1898), ursprünglich Teil einer Freianlage am Andreasplatz, versetzt. Denkmalanlagen entstanden für die republikanischen Kämpfer im Spanischen Bürgerkrieg und durch Künstler beider Länder zur Erinnerung an den gemeinsamen Kampf polnischer Soldaten und deutscher Antifaschisten im Zweiten Weltkrieg. Als Teil des denkmalgeschützten Denkmals blieb hier eines der wenigen Staatswappen der DDR im öffentlichen Raum aufgrund polnischer Interventionen erhalten.

Im Zentrum der ehemaligen Luisenstadt wurde 1851–56 als städtebauliche Dominante die katholische **GARNISONKIRCHE ST. MICHAEL** auf dem Michaelkirchplatz nach Entwurf von August Soller errichtet. Nach dessen Tod leiteten Andreas Simons, Gropius und Lucae den Bau. Die dreischiffige kreuzförmige Backstein-Hallenkirche in Formen der oberitalienischen Renaissance ist eines der wichtigsten Beispiele für den nachschinkelschen Rundbogenstil und ein Hauptwerk Sollers. Der bis dahin nur leicht beschädigte Bau wurde am 3. Febr. 1945 fast bis auf die Umfassungsmauern zerstört. Teile der Kirche wurden modern ausgebaut, seit 1990 finden wieder Gottesdienste statt. Das Glockengeschoss mit der Michaelstatue von Kiß und die hochgezogene Vierungskuppel sind noch heute silhouettenbestimmend.

Bis in unser Jahrhundert spiegelte sich die Kirche im Engelbecken, einer aus städtebaulichen Erwägungen angelegten Ausbuchtung des 1848–53 nach Lennés Plänen gebauten Luisenstädtischen Kanals zwischen Spree und Landwehrkanal, der vordringlich dem Baumaterialtransport für den Bau der Luisenstadt dienen sollte. Die Anlage südlich der Kirche

Katholische Garnisonkirche St. Michael am Engelbecken 1880.

132

(Legien- und Erkelenzdamm) und der Grünzug zwischen Engel- und Bethaniendamm markieren Teile des 1926–28 zugeschütteten Wasserweges. Seine angestrebte komplette Wiederherstellung scheiterte bisher an der Finanzierung.

Westlich des ehemaligen Engelbeckens hat sich der früheste Berliner Bau von Blankenstein erhalten, die 1855 errichtete ANNENKIRCHE, Annenstr. 52/53. In wesentlich einfacherer Form als die Michaelkirche folgt auch dieser Bau dem Rundbogenstil, der offene Dachstuhl erinnert an Schinkelentwürfe. Die Seitenflügel des Eingangsbaues von 1864/65 – Pfarr- u. Schulhaus – sind z. T. kriegszerstört.

Die Luisenstadt – bis 1802 Köpenicker Vorstadt – entwickelte sich seit Ende des 17. Jh.s zu einem fast ausschließlichen Wohngebiet, in den Hinterhöfen der Gründerzeitbauten siedelten sich nur wenige Klein- u. Mittelbetriebe an. Ende des 19. Jh.s entstanden mehrere z. T. überlieferte Geschäfts- u. Bankhäuser, unter ihnen auch eines der wenigen erhaltenen Werke G. Knoblauchs, die LUISENSTÄDTER BANK, Köpenicker Str. 95, in Formen der deutschen Renaissance.
Von Hoeninger & Sedlmeyer wurden Anfang des 20. Jh.s im nordwestlich anschließenden ehemaligen Neukölln am Wasser, entstanden auf einem schmalen Geländestreifen zwischen Spree und Festungswall, in der Wallstraße als typische GESCHÄFTSHÄUSER die beiden Eckgebäude Nr. 27/Neue Roßstr. 14/15 (1913) und das Juweliergeschäftshaus Nr. 15/15a/NEUE GRÜNSTR. 24 (1910/11), errichtet. Wenn auch Details zuzuordnen sind, die Gebäude als Ganzes lassen sich schon nicht mehr in ein traditionelles Stilschema einordnen.

Die drei den einstigen Stadtteil mit der Fischerinsel (Kölln) verbindenden Brücken hatten einige anonyme Vorgängerbauten. Die ROßSTRAßENBRÜCKE, neben der Gertraudenbrücke älteste

Cöllner Spreekanalbrücke, gab es bereits im 13. Jh. Die heutige Brücke baute L. Hoffmann 1899–1901, nach Kriegsbeschädigung wurde sie 1946 und 1958 vereinfacht wiederaufgebaut. Die als Übergang seit 1699 existierende GRÜNSTRAßENBRÜCKE errichtete Richard Wolffenstein 1904/05; nach Teilsprengung im April 1945 wurde sie unter Verwendung der originalen Plastiken von Ernst Westphal 1951 wiederaufgebaut. Die INSELBRÜCKE, seit 1693 bekannt und in ihrer heutigen Gestalt 1912/13 von Hoffmann und Friedrich Krause gebaut, war – sicher auch ob ihres opulenten plastischen Schmucks von Josef Rauch – die bekannteste der drei Brücken. Die dreibogige muschelkalkverblendete Klinkerbrücke diente nach Teilzerstörung bis 1955 als Schiffs-Verladerampe der Müllabfuhr. Erst 1957/58 wurde sie unter Verzicht auf die figürliche Plastik wiederhergestellt.

Zwei monumentale Werke von Ernst v. Ihne bestimmen das Bild des ehemaligen Kölln mit, der 1897–1901 errichtete NEUE MARSTALL am ehemaligen – echten – Schlossplatz zwischen Breite Straße und Spree und das auf der Spitze der Museumsinsel gelegene 1897–1904 gebaute Kaiser-Friedrich-Museum, heute BODEMUSEUM. Mit dem Abriss des Marstall- u. Akademiegebäudes Unter den Linden für den Bibliotheksneubau mussten für die kaiserliche Hofhaltung neue Räumlichkeiten geschaffen werden. Ihne ließ 1896 die Wohnhauszeile am Schlossplatz und die Hofgebäude des Alten Marstalls abreißen und verband seinen Neubau mit den alten Marstallgebäuden Breite Straße, die Bauplastik schuf Lessing. In zwei Geschossen des Spreeflügels waren Ställe für 300 Pferde eingerichtet, heute sind hier u. a. Magazine des zur Zentral- und Landesbibliothek Berlin, ehemals Stadtbibliothek (Ost) und Amerika-Gedenkbibliothek (West), gehörenden Zentrums für Berlin-Studien untergebracht.
Die 1901 gegründete und 1907 eröffnete Stadtbibliothek war 1921 aus der ehem.

Neuer Marstall am Schlossplatz – kaiserlicher Neobarock des Hofarchitekten Ernst v. Ihne.

Markthalle, Zimmerstr. 90/91, in den Marstall gezogen. Allen Bemühungen zum Trotz hatte der rechtskonservativ dominierte Magistrat den Bau eines Bibliotheksgebäudes verhindert, wie auch die Gründung lange umstritten war. Erst am 20. April 1961 konnte der Beschluss für ein Bibliotheksgebäude gefasst werden, das 1966 nach Entwurf von Mehlan auf den Grundstücken Breite Str. 32-34 fertig gestellt wurde, im Hof fand der moderne Lesesaal seinen Platz. Im ehem. Wohntrakt des Marstalls hatte bis zur Vereinigung mit dem Landesarchiv (West) das Stadtarchiv (Ost) seinen Sitz.

Nach schweren Kriegsschäden wurde bis 1968 die Spreefront des Marstalls – die Eingangsfassade durch Verzicht auf plastisches Dekor und den krönenden Dreiecksgiebel vereinfacht – originalgetreu wieder hergestellt. In seiner streng neobarocken Gestaltung ist der Marstall ein bedeutendes architektonisches Zeugnis, er ist aber ebenso ein Denkmal der politischen Geschichte.

Die am 11. Nov. 1918 gegründete Volksmarinedivision – einzige militärische Formation der Revolution in Berlin – hatte im Marstall bis zur Auflösung im März 1919 ihren Sitz. Der Versuch des Korps Lequis, sie hier und im Schloss am 23. Dez. durch massiven Infanterie- und Artillerieeinsatz zu liquidieren, misslang, 11 Matrosen und 56 Soldaten fielen. Die Gedenktafel aus den 50er Jahren fiel dem Bildersturm von 1990 zum Opfer, die beiden 1988 von Gerhard Rommel geschaffenen Bronzereliefs wurden 1993 von der Senats-Denkmalkommission zur Entfernung empfohlen.

Das Bode-Museum leitete die letzte Etappe des nach 100 Jahren beendeten Ausbaus der Museumsinsel ein. Die Wiederentdeckung der deutschen Renaissance im ausgehenden 19. Jh. – zeitweise wurde die Neorenaissance als eigentlicher bürgerlicher Baustil angesehen – führte auf Anregung von Wilhelm v. Bode auch zur Gründung eines Renaissancemuseums. In enger Zusammenarbeit Bodes –

1906–20 Generaldirektor – mit Ihne entstand ein museumstechnisch vorbildlicher Bau – besonders hinsichtlich der Belichtung und der Ausstattung – auf dem von Spree, Kupfergraben und S-Bahn-Trasse begrenzten dreieckigen Grundstück. Die Arkaden der abgerundeten Eingangsfassade des neobarocken Baues, erreichbar über die 1904 ebenfalls von Ihne erbaute Monbijoubrücke, führen in die Kuppel-Vorhalle. Diese wird von der Kopie (1896) des Reiterstandbildes Kurfürst Friedrich Wilhelms beherrscht, dem bedeutendsten Werk Schlüters. Die Plastik ruht auf dem 1896 beim Umbau der Rathausbrücke nicht wiederverwendeten Originalsockel. Das im Krieg ausgelagerte Denkmal steht heute vor dem Schloss Charlottenburg; das von Rudolf Maison für die Inselspitze geschaffene Reiterstandbild Friedrichs III. wurde zum Kriegsende eingeschmolzen.

Die Reichsgründung ließ dem Hof den Bau einer kaiserlichen Staats- und Hofkirche als neuem **DOM** am Lustgarten geboten erscheinen. Unter massivem Druck Wilhelms II. nahm der Landtag den übereinstimmend von der Akademie des Bauwesens, der Dombaukommission und dem Domkirchenkollegium aus stilistischen Gründen und wegen erkennbarer bautechnischer, akustischer und liturgischer Probleme abgelehnten Entwurf von Julius Raschdorff an. Undurchsichtige Manöver Raschdorffs zur Lancierung seines Entwurfs und die auf das hohenzollersche Gottesgnadentum abzielende, bereits im Widerspruch mit den zeitgenössischen Architekturentwicklungen stehende architektonische Gestaltung setzten Raschdorff noch vor Baubeginn heftiger öffentlicher Kritik – vor allem aus Architektenkreisen – aus. Der zur reinen Repräsentation errichtete Zentralbau – gegliedert in die überkuppelte Predigt-, die nördlich anschließende Denkmal- und die südliche Tauf- u. Traukirche – war das in der Übersteigerung von Dimension und Formen exemplarische Hauptwerk des

Preußische Bescheidenheit – der Dom Friedrichs II., 1747-50 von Boumann und Knobelsdorff erbaut.

135

Berliner Dom und kaiserliche Hauskirche – Raschdorffs Entwurf von 1894.

wilhelminischen Barock. An der bildkünstlerischen Ausstattung des Baues, die sich bis zum Ende des Kaiserreiches hinzog, waren die namhaftesten Künstler jener Zeit beteiligt. Die Einweihung des Doms, für den am 17. Juli 1894 der Grundstein gelegt worden war, fand am 27. Febr. 1905 statt.

Die Geschichte der Dom-Vorgängerbauten war wechselvoll. 1469 wurde das Domstift bei der Schloss-(Erasmus-) Kapelle gegründet, das 1536 in die Kirche des aufgelassenen Dominikanerklosters – etwa auf dem Vorplatz des ehem. Staatsratsgebäudes – umzog und 1538 protestantisch wurde, ab 1545 war der Dom hohenzollersche Begräbnisstätte. Seit 1697 (Abriss der Westtürme) wurde der Dom wegen zunehmender Baufälligkeit mehrfach instandgesetzt. 1747 musste er – auch wegen seiner störenden Wirkung auf die Schlossansicht – abgerissen werden. Unmittelbar darauf begann nach Ideen Friedrichs II. sowie Knobelsdorffs und dem Entwurf J. Boumanns der 1750 voll

endete Neubau am Lustgarten, 1817–22 von Schinkel umgebaut. Die wenig befriedigende architektonische Lösung führte zu einer jahrzehntelangen Dombaubewegung. Nach einem Stüler-Entwurf begann 1845 nördlich des Domes ein Neubau, der nach der Gründung und dem Bau eines Teiles des Camposantos wegen der politischen Situation und finanzieller Engpässe 1848 eingestellt wurde. Verschiedene neue Anläufe, so auch der Wettbewerb von 1868, endeten ergebnislos im Gerangel politischer Interessen und mangels Tragfähigkeit einer ideellen Motivation.

Nach Bombentreffern brannte die Kuppel am 20. Mai 1944 aus, die herabstürzende Laterne durchschlug die Kellerdecke und zerstörte einige künstlerisch weniger bedeutende Särge, die berühmten Prunksärge blieben erhalten; bis Kriegsende kamen weitere Schäden hinzu. Der Einrichtung der Gruftkirche als Gottesdienstraum (1945), der Sicherung durch eine Notkuppel (1951) und dem Ausbau einiger der zahlreichen Nebenräume für die Theologische Fakultät der Humboldt-Universität folgten 1967–71 und 1979/80 die Wiederherstellung der Tauf- u. Traukirche. Die äußere Rekonstruktion des Bauwerkes wurde 1975–81 vorgenommen. Aus ökonomischen und ästhetischen Gründen wurden die Struktur der in der Höhe von 114 m auf 98 m reduzierten Kuppel vereinfacht sowie die krönende Laterne und die vier Eckkuppeln modernisiert. Der als Ensemble bedeutende bildkünstlerische Schmuck wurde wie die Fassaden in ganzer Fülle restauriert, Denkmalkirche und der südliche Altan (kaiserl. Auffahrt) jedoch beseitigt. Die Restaurierung des Inneren mit der Predigtkirche als Fest- und Kirchenmusiksaal war 1990 beendet, wobei die Komplettierung der verlorenen Kuppelmosaiken erst 2003 abgeschlossen war. Der Dom birgt zahlreiche z. T. aus den Vorgängerbauten stammende Kunstwerke, die größtenteils nach der Restaurierung im Dom museal präsentiert werden. Unter den 95 Sarkophagen der Hohenzollern befinden sich weltberühmte Werke von Peter und Hans Vischer, Johann Michael Döbel, Schlüter, Glume d. Ä. und R. Begas, zur Ausstattung gehören Bildwerke von Rauch und Tieck, Leuchter nach Schinkels Entwürfen und Gegenstände aus der Blütezeit des Berliner Eisenkunstgusses sowie Gemälde von K. Begas d. Ä. und die zur Einweihung geläuteten Glocken von 1471, 1532 und 1685. Mit dem Dom-Bau hatte die kurze Karriere Raschdorffs, der aus dem Rheinland stammte und ab 1878 an der TH Charlottenburg lehrte, in Berlin bereits ihren Höhepunkt erreicht. Angefangen hatte sie 1881–84 mit der Innengestaltung des 1878 begonnenen Hauptgebäudes der damaligen POLYTECHNISCHEN HOCHSCHULE, übrigens nach überarbeiteten Entwürfen des inzwischen verstorbenen Lucae durch F. Hitzig. Die in Formen der italienischen Hochrenaissance gestaltete Anlage um vier Innenhöfe mit einem großzügigen Mittelrisalit in Kolossalordnung zum

Ehrenhof an der heutigen Straße des 17. Juni 135, 1900–02 von Hermann Eggert und Robert Leibniz erweitert, wurde im Krieg schwer beschädigt. Die 1961–65 anstelle des straßenseitigen Hauptflügels von Kurt Dübbers und Carl-Heinz Schwennickes errichtete 10-geschossige Hochhausscheibe von etwa 200 m Länge zwischen den erhaltenen Rudimenten der beiden seitlichen Kopfbauten löschte in ihrer gnadenlosen Monotonie und Masse jede Assoziation an den historischen Bau.

Auf dem Gebiet des alten Berlin mussten die meisten historischen Bebauungsfragmente der Neugestaltung des Stadtzentrums weichen, eine relativ geschlossene Bausubstanz ist nur um die Kloster- und Stralauer Straße erhalten geblieben. In der nördlichen Neubebauung der Karl-Liebknecht-Straße besteht in der Rosenstr. 15-19 noch ein selbst heute modern wirkender GESCHÄFTSHAUSKOMPLEX vom Ende des 19. Jh.s als Rest einer ursprünglich von der Kaiser-Wilhelm-Straße bis an die Neue

Kolschers Fensterentwurf für das Rote Rathaus.

Abschied von der Gotik –
Abrisse für die Baufreiheit zwischen Neuer Friedrich- und Kaiser-Wilhelm-Straße.

Friedrich-/Ecke Klosterstraße reichenden Anlage. Nach Abriss von 32 z. T. mittelalterlichen Häusern errichteten 1895 O. March das nördliche Eckgebäude, Kayser & v. Großheim hinter einer einheitlichen Fassade die anschließenden Gebäude. In ihrer Fassadenstruktur – Segmentbogenfenster im Erdgeschoss, darüber Vertikalgliederung durch betonte Pfeilervorlagen und dreiseitig ausgestellte Fenster – sind beide Bauten einander sehr ähnlich, der March-Bau wurde im Dachbereich etwas vereinfacht. Bemerkenswert in der Materialwahl sind die eisernen Fensterbrüstungen und -rahmungen. Hinter den einheitlichen Fassaden verbargen sich jeweils mit einem Innenhof einzelne Geschäfts- und Warenhäuser. Den Umbau sowie die denkmalgerechte Instandsetzung der noch aus vier von ehemals sieben Höfen bestehenden Anlage nahm 1999–2001 O. M. Ungers vor.
Architektonisch wie historisch bemerkenswerter ist das ROTE RATHAUS, errichtet 1861–69 zwischen damaliger König-, Jüden-,

Rathaus- und Spandauer Straße (99,2 m x 87,9 m), die nordwestliche Ecke war seit Ende des 14. Jh.s Standort des Berliner Rathauses. Neubauten nach Stadtbränden, Um- und Erweiterungsbauten hatten ein Konglomerat unterschiedlichsten Alters und Erhaltungszustandes entstehen lassen, das den Ansprüchen der Stadtverwaltung nicht mehr genügen konnte. Aber erst die während der Industrialisierung gewachsene Bedeutung der preußischen Hauptstadt und die teilweise Wiedergewinnung kommunaler Selbstständigkeit nach 1848 führten zum Neubau.
Nach dem Wettbewerb von 1858 erhielt der selbst nicht daran beteiligte Waesemann den Auftrag zum Entwurf unter Verwendung der preisgekrönten Einsendungen. Er stützte sich wahrscheinlich auch auf eine 1857 an der Bauakademie entstandene Studienarbeit v. d. Hudes. Die Ausgestaltung entwarf Bernhard Kolscher, Decken- und Dachkonstruktionen Schwedler. Nach Fertigstellung des 1. Bauabschnittes an der Jüdenstraße tagte

Nachfolger des Mittelalters –
Geschäfts- und Warenhäuser an der Rosenstraße.

der Magistrat hier erstmals am 30. Juni 1865, am 6. Jan. 1870 nahm die Stadtverordnetenversammlung das Rathaus in Besitz. Die Dominante des um drei Innenhöfe gruppierten roten Backsteinbaus im Rundbogenstil mit Neorenaissanceelementen bildet der sich über dem stark betonten Mittelrisalit erhebende 73,75 m hohe quadratische Turm. Bedeutendster Teil des reichen Terrakottaschmuckes der Fassade ist der mit Unterbrechungen umlaufende Fries, die „Steinerne Chronik". Auf 36 Tafeln (6m x 1m), geschaffen 1876–79 von Calandrelli, Brodwolf, Otto Geyer und Schweinitz, sind prägnante Ereignisse aus der Berlin-Brandenburgischen Geschichte bis zur Reichsgründung 1871 dargestellt. Für die Bergung des interessantesten Bauteils des alten Rathauses, der mittelalterlichen Gerichtslaube, hatte die Stadtverwaltung ebenso wenig Geld wie Interesse für die durchaus mögliche Einbeziehung in den Neubau. Als sich jedoch der König dafür interessierte, bekam er problemlos den ältesten Kommunal-Bau der Stadt geschenkt. Ein historischer Widersinn: Die Kommune wirft eines der ältesten Symbole ihrer schwer erkämpften Rechte auf den Müll, wo es der Monarch rettet ... Innerhalb von sechs Tagen wurde die Gerichtslaube abgebrochen. Die in dieser Zeit mögliche Bauaufnahme wertete vor allem Blankenstein aus, der dann auch den Neubau der Gerichtslaube nach Entwurf von Strack in der dem zeitgenössischen Verständnis der Gotik folgenden Form fernab des Originals 1871/72 im Schlosspark von Babelsberg leitete. Von den verwendeten Originalbauteilen sind der Kapitellfries der Mittelsäule – eine Kopie schmückt die Säule im Turmzimmer der ehemaligen Ratskeller-Gaststätte – und die Figur des Kaak vom Prangerpfeiler bemerkenswert. Unweit des alten Standorts erhielt in der Poststraße im Nikolaiviertel 1987 eine dritte Gerichtslaube ihren Standort, die im äußeren Erscheinungsbild zwar nicht dem historischen Vorbild, aber der auf der Treptower Gewerbeausstellung 1896 gezeigten phantasievollen Variante nahe kommt. Als am 27. April 1945 die rote Fahne auf dem Rathausturm gehisst wurde, war das Bauwerk nur noch eine Ruine. In den Jahren 1950–58 wurde es im Äußeren original wiederhergestellt, neun zerstörte Tafeln der „Steinernen Chronik" mussten nachgestaltet und 920 verschiedene Formstein-Typen angefertigt werden. Bereits am 30. Nov. 1955 wurde das Rote Rathaus wieder seiner Bestimmung übergeben, wenn auch tiefgreifende Sanierungsmaßnahmen vorerst unterblieben.

Verfall und neue Wege
Ausblick ins 20. Jahrhundert

Mit dem Inkrafttreten der Reichsverfassung am 16. April 1871 wurde die Hauptstadt Preußens zum Sitz der obersten Verfassungsorgane erklärt und damit Hauptstadt des Deutschen Reiches, das aus 22 Fürstentümern und drei freien Städten bestand.

Für Berlin hatte diese „Erhebung" eine Reihe unmittelbarer Folgen, die nicht alle zum Vorteil der Stadt ausschlugen. Zwar lösten die Reparationsmillionen aus Frankreich in der Reichshauptstadt einen besonders heftigen Bauboom aus, der Gründerkrach im Oktober 1873, der sich als Wirtschaftskrise bis in die 80er Jahre fortsetzte, traf das hauptstädtische Bauwesen umso heftiger. Eine zeitgemäße Stadtplanung fiel einem nunmehr noch größeren Kompetenzwirrwarr zum Opfer – neben die endlich Einfluss gewinnenden kommunalen, die seit historischen Zeiten etablierten preußisch-ministerialen und königlichen Gremien traten jetzt auch die kaiserlichen und die Reichsbehörden mit all ihren sich überschneidenden Ansprüchen und Rechten. Dennoch vollzog sich die City-Bildung mit allen baulichen Konsequenzen in relativ kurzer Zeit.

Die Bemühungen des 1872–78 amtierenden Oberbürgermeisters Arthur Hobrecht um die Bildung einer selbstständigen Provinz Berlin waren zwar erfolglos, auf sein Betreiben forderte die Kommune jedoch mehr Selbstständigkeit. 1875 konnte die Stadt mit Wirkung vom 1. Jan. 1876 die Hoheit über die öffentlichen Straßen, Plätze und Brücken übernehmen. Damit war endlich eine eigenständige städtische Planung entsprechender Infrastrukturmaßnahmen möglich. Am 1. April 1881 schied Berlin aus der Provinz Brandenburg aus und bildete einen eigenen Stadtkreis. Die mangelnde Konsequenz dieser Konstruktion beließ die 1822 übertragene Regierungsfunktion des Regierungspräsidenten weiter beim Polizeipräsidenten. Vorgesetzte Regierungsbehörde war nun nicht mehr der Potsdamer Regierungspräsident, sondern der Oberpräsident der Provinz Brandenburg. Das Konsistorium, Provinzialschulkollegium und Medizinalkollegium der Provinz Brandenburg blieben weiterhin übergeordnete Instanz. Zwar gewann die Reichshauptstadt langsam die ihr zukommende Gewichtung, das Problem der Einwohnerdichte und der vorstädtischen Besiedlung bestand weiter. Der Geltungsbereich der am 15. Jan. 1887 in Kraft getretenen neuen Berliner Bauordnung wurde wenigstens noch im gleichen Jahr auf die in den Kreisen Niederbarnim und Teltow liegenden Vororte erweitert.

Das Problem an der Wurzel zu packen, waren die Beteiligten aber nicht in der Lage. Es mangelte zwar nicht an Ausschüssen, Beschluss-Entwürfen, Gutachten, Anträgen, Abstimmungen – in der Praxis geschah allerdings zugunsten der vermeintlich lebenswichtigen partikularen eigenen Interessen nichts. Hatten Köpenick und Spandau schon im Mittelalter und Charlottenburg 1705 Stadtrecht erhalten, so folgten jetzt die Vororte Schöneberg (1898), Rixdorf (1899; ab 1912 Neukölln), Wilmersdorf (1906) und Lichtenberg (1907) und schufen vollendete Tatsachen.

Die Architektur des 19. Jh.s als dem Jahrhundert der „geborgten" Stile verdeutlichte die jeweilige gesellschaftspolitische Position des Bürgertums. War der klassizistische Rückgriff auf die Antike analog der Renaissance durch die Identifikation mit den geistigen Idealen der alten Zeit und der Suche nach der eigenen kulturellen Identität gegeben (Altes Museum), so trug nunmehr die Neogotik, der ideologischen Zwiespältigkeit der Romantik folgend, nach anfänglich bürgerlich-nationalem Inhalt (Gedenkdom-Entwurf Schinkels) mit fortschreitender feudaler Restauration zunehmend monarchistisch-klerikale Züge (Vollendung des Kölner Domes unter Hohenzollernpatronat). Für den Kirchenbau wurde sie bis zum Ende des Jahrhunderts zum unausgesprochen vorgeschriebenen Stil. Die in den 70er Jahren einsetzende neue Welle der Neorenaissance – mit Rückgriff auf die deutsche Stilvariante – war ein bürgerlicher Reflex auf die Kriege zwischen 1864 und 1871 und die Stärkung der eigenen Position. Sie dokumentierte neues Selbstbewusstsein. Dieser Rückgriff auf die ursprüngliche Architektur des Bürgertums war in Berlin nur kurzzeitig ausgeprägt. Selbst der vorgeblich bürgerlichste Bau des kaiserlichen Berlin, das 1884–94 nach Entwürfen Paul Wallots errichtete REICHS-TAGSGEBÄUDE, das Parlament des nunmehr geeinten Deutschland, blieb die stilistische Konsequenz schuldig. Der an die italienische Renaissance angelehnte monumentale Rechteckbau bediente sich außerdem noch zahlreicher anderer Epochen.

Der Reichstag war seit dem ersten Wettbewerb 1872 sowohl vom Standort als auch in der Architektur umstritten. Das planerische Unvermögen der Behörden und das fehlende Grundstück, sicher auch die Ressentiments maßgeblicher Kreise gegen die Person des ersten Wettbewerbsiegers Ludwig Bohnstedt, ließen den ersten Anlauf scheitern. Eine schier endlose zehnjährige Suche nach Standort und Grundstück – die dann die gleichen wie 1872 blieben – folgte. Danach wurde nicht etwa der vorhandene Entwurf

Bohnstedts gebaut, sondern nach neuerlichem Wettbewerb 1882 der von Wallot. Dieser stand vor der fast unlösbaren Aufgabe, in der Gestalt des ersten gesamtdeutschen Parlamentshauses einem den Deutschen noch ungewohnten Demokratieverständnis Ausdruck zu verleihen, die Monarchie nicht zu düpieren und widersprüchliche Interessen von Parteien, Behörden und Künstlern zu vereinen, es also zu vielen recht machen zu wollen. Das zwang Wallot zu permanenter Überarbeitung während der gesamten Bauzeit. Wilhelms II. Ablehnung des „Reichsaffenhauses" kulminierte in jahrelangen Querelen um die Kuppel.

Der 27 m hohe monumentale Rechteckbau – 137,70 m x 103,65 m – auf hohem Sockel um zwei seitlich des mittig angeordneten Plenarsaals liegende Lichthöfe mit den kastellartigen Ecktürmen war auf den damaligen Königsplatz mit der Siegessäule, heute Platz der Republik ohne Säule, orientiert. Die beiden Hauptgeschosse über dem gequaderten Sockel sind zwischen den Risaliten durch eine Kolossalordnung gekoppelt und mit einer stark profilierten Attika abgeschlossen. Der Haupteingang ist durch den kräftigen Dreiecksgiebel und die weit vorgelegte Freitreppe mit Rampe hervorgehoben. Die 75 m hohe verglaste Kuppel gab dem Bau die Würde als „Hohes Haus" und der Silhouette der Reichshauptstadt den bestimmenden Akzent. Umstritten war schon während des Baues der überladene plastische Bildschmuck, an dem eine Vielzahl bekannter deutscher Künstler mitgewirkt hatte und der erst nach der Jahrhundertwende vollendet war. Die dem Kaiser suspekte Giebelinschrift konnte erst im Dezember 1916, als die Monarchie die Blitzkriegslüge von 1914 zu kompensieren suchte, als abwiegelndes Zugeständnis an die Bevölkerung angebracht werden. Den Entwurf für DEM DEUTSCHEN VOLKE lieferte der Chefdesigner der AEG Peter Behrens. In der Kaiserzeit sorgten nur die politischen Auftritte der Sozialdemokraten

„Dem deutschen Volke" – Wallots Reichstagsbau als kaiserliches Ärgernis am Königsplatz.

oder die Debatten um die Befindlichkeit der Abgeordneten in dem von ihnen als unwirtlich empfundenen Hause für Aufregung. Am 2. Dez. 1914 stimmte als einziger Abgeordneter der Sozialdemokrat Karl Liebknecht gegen den Kriegskredit-Nachtrag. Am 9. Nov. 1918 rief Philipp Scheidemann vom Balkon des Lesesaales die deutsche Republik aus, Liebknechts am gleichen Tag vom Schloss ausgerufene Sozialistische Republik scheiterte blutig. Das Ende der traditionellen parlamentarischen Demokratie kam öffentlich unübersehbar am 27. Febr. 1933 – der Reichstag brannte. Wenn auch Indizien dafür sprechen, dass der zum Tode verurteilte Marinus van der Lubbe nicht Alleintäter gewesen sein kann, konnte bisher die politisch wahrscheinliche Urheber- und Mittäterschaft der Nationalsozialisten nicht schlüssig bewiesen werden. Am 28. Febr. ergingen bereits die ersten Verordnungen, die Grundrechte aus der Weimarer Verfassung aufhoben. 1933–42 tagte der nach der Eliminierung

aller anderen Parteien reine NSDAP-Reichstag in der Kroll-Oper. Der noch 1933 provisorisch instand gesetzte Wallot-Bau diente fortan propagandistischen Veranstaltungen und der Unterbringung verschiedener Institutionen. 1941 erhielten zwei Ecktürme Flak–Stellungen. Der mit gewaltiger Feuerkraft am 28. April 1945 begonnene Sturm auf die Festung Reichstag hatte nur symbolischen Charakter für den Fall von Hitlers Hauptstadt. Am 30. April gegen 20.50 Uhr wehte die offizielle Siegesfahne auf der östlichen Attika.
Am 22. Nov. 1954 fiel aus Sicherheitsgründen die Kuppel. 1961–73 erfolgte ein wenig vom Original bewahrender Wiederaufbau der Kriegsruine mit Einbau eines modernen Plenarsaales durch Paul G. R. Baumgarten, der sich in der Folge ob der rigiden Eingriffe der Bundesbaudirektion von seinem Werk distanzierte. In diesem – leicht veränderten – Interieur erfolgte am 4. Okt. 1990 die Eröffnung des ersten gesamtdeutschen Nachkriegsparla-

mentes. Nach der Hauptstadtabstimmung am 20. Juni 1991 und dem Beschluss zum Umzug des Bundestages in den Reichstag vom 29. Okt. geriet der Reichstag wieder zum politischen Objekt. Der in mehreren Etappen am 1. Juli 1993 entschiedene umstrittene Wettbewerb sah Norman Foster mit einem Entwurf ohne Kuppel als Sieger, der Ausführungsentwurf aber hat wie der nächstplazierte Entwurf von Santiago Calatrava eine Kuppel, wenn auch in anderer geometrischer Form. Die Eliminierung der historischen Silhouette zugunsten einer zeitgenössischen Zutat dürfte umstritten bleiben. Nach der fast völligen Entkernung des Gebäudes und dem modernen Ausbau tagte 1999 erstmals der Bundestag im „neuen" Reichstag. Die aus unerfindlichen Gründen gleichzeitig entfachte Diskussion um eine „korrekte" Benennung des Reichstages dürfte die Zeit erledigt haben - der Marstall ist auch kein solcher mehr und das Zeughaus keine Rüstkammer ...

Charakteristisch für das Straßenbild um das Jahrhundertende war das bunte Stilgemisch für Bauten aller Kategorien, wobei man, je nach Variante, bestimmte Baugattungen bevorzugte. Der Neobarock - Besinnung auf feudale Tradition - wurde zum offiziellen Staatsbaustil. Fast durch das ganze Jahrhundert zog sich das Bestreben, im so genannten Rundbogenstil - zwischen Neorenaissance und Neoromanik angesiedelt - einen eigenständigen bürgerlichen Baustil zu entwickeln (Rotes Rathaus). Mannigfaltige Gestaltungsmittel verwendend, war dieser stilistisch schwer abgrenzbare Versuch zu keiner Zeit dominierend. Mit dem wilhelminischen Barock geriet die stilistische Entwicklung in eine Sackgasse. Die Rückkopplung der monarchistisch-militaristischen Gesellschaftsverhältnisse Ende des 19. Jh.s auf die Architektur ließ den Neobarock in einen inhaltlosen und unkünstlerischen Eklektizismus versinken. Das Bauwerk wie auch sein Stil wurden endgültig zur reinen Marktware. Für jede

Funktion - gleich ob Fabrik, Mietskaserne, Kirche, Bank, Bürgerhaus, Bahnhof, Schloss, Brücke oder Verwaltungsbau - wurden Lösungen jedes gewünschten Stiles angeboten und Fassaden nach Katalog geliefert. Für die einzelnen Kategorien gab es natürlich Vorzugsvarianten, so die normannischen Burgen für das Militär, Gotik für den protestantischen Kirchenbau und Romanik für das kaiserliche Kirchenbauprogramm. Die Dekorateure der Mietshausfassaden dagegen kannten keine Schranken, die Kombination von Elementen verschiedener Stile wurde zum neuen Stil. Architektur diente nicht mehr der Befriedigung der materiellen und ästhetischen Bedürfnisse des Verbrauchers, sondern - so im Mietskasernenbau - wurde um des Gewinns und der Großmachtdarstellung willen produziert. Die Einheit von Funktion, Konstruktion und Form war vorerst verloren.

Der Kunsthistoriker und -kritiker Adolf Rosenberg schrieb 1899 über das Berlin seiner Zeit, „ ... dass die Baukunst immer der zuverlässigste Gradmesser der geistigen und wirtschaftlichen Kultur eines Volkes ist. (...) Das treueste Spiegelbild ... gibt die bauliche Physiognomie des modernen Berlin, das man mit einer gewissen Berechtigung den ‚Parvenü' unter den Großstädten Europas genannt hat, wobei allerdings meist nur an die häßlichen Eigenschaften des Emporkömmlingstums gedacht worden ist. Berlins neuere Architektur hat gewiß manche von diesen Eigenschaften: außer der Pietätlosigkeit gegen die Denkmäler der Vergangenheit, die Rücksichtslosigkeit in dem Eifer, für sich Raum zu gewinnen, ein Protzentum, das sich gern in prunkvollen Fassaden äußert und vielleicht in einem Zuge des Berliner Volkscharakters, der unstillbaren Lust zur Großsprecherei, wurzelt, und eine Neigung zur Scheinarchitektur, die über das wahre Wesen einer baukünstlerischen Schöpfung hinwegtäuschen soll." *[Rosenberg/615]* So sehr man in einigen Passagen der bissigen Kritik Rosenbergs zustimmen muss, so sehr gebietet unser Erbe-Verständnis eine Relativierung dieses Urteils aus heutiger Sicht. Wenn eine Mietskasernenfassade in unserer Zeit nicht mehr Symbol sozialer Widersprüche und mangelhafter Wohnqualität ist, so hat sie, mit Sorgfalt gepflegt, durchaus ihren ästhetischen Reiz. Wohnquartiere wie die um den Arnimplatz oder um den Kollwitzplatz in Prenzlauer Berg, um den Klausener Platz in Charlottenburg oder an der Potsdamer Straße in Schöneberg belegen das. Auch der Eklektizismus als „Un-Stil" ist letztlich eine Stilrichtung. Zum anderen besitzen die lange Zeit unter Wert missachteten Bauten der Gründerjahre und des wilhelminischen Barock wie alle gegenständlichen Überlieferungen ihren Dokumentarwert als Geschichtszeugnisse sowohl der Entwicklung des Bauens als auch der Kultur und Lebensweise. So sind auch sie – neben dem materiellen Wert als Immobilie – Teil unseres kulturellen Erbes und schlechterdings nicht zu verleugnen. Die scheinbare stilistische Ausweglosigkeit um 1900 wurde noch verstärkt durch neue Gestaltungsanforderungen für neue Bauaufgaben und eine rasante Zunahme der Bautätigkeit beim Ausbau Berlins zur Reichshauptstadt. Sowohl gesellschaftliche Entwicklungen, wie die grundlegende Wandlung des Justizwesens, insbesondere des Strafrechts, seit der Jahrhundertmitte oder des Krankenhauswesens, als auch der unaufhaltsame Urbanisierungsprozess im Berliner Umland, der die bisherigen Dimensionen des Neubaus kommunaler Einrichtungen wie Rathäuser, Wasser- und Kraftwerke, Verkehrsbauten und des Wohnungsbaus sprengte, leiteten eine neue Epoche ein.

Am noch sichtbaren Werk Schwechtens, laut dem Bauhistoriker Wolfgang Jürgen Streich der „bedeutendste Architekt der wilhelminischen Epoche", lässt sich diese Problematik nachvollziehen. Vom im wörtlichen und übertragenen Sinne größten Werk der Berliner Frühzeit, dem ANHALTER BAHNHOF (1874–80) am As-

kanischen Platz, steht aber nur noch ein spärlicher Rest des Portikus. Obwohl im Wesentlichen nur die Hallenkonstruktion zerstört war, wurde der auch im Krieg durchgehend betriebene Bahnhof am 2. Juni 1952 geschlossen und 1960 trotz heftiger öffentlicher Proteste abgerissen. Einige Spolien von der Fassade gelangten in das Deutsche Technikmuseum, das u. a. in den Resten des ebenfalls von Schwechten errichteten Anhalter Güterbahnhofs am Tempelhofer Ufer residiert. Wenn auch die konstruktive Leistung der Hallenkonstruktion, die eine Fläche von 170 m x 62,5 m überspannte, eher dem Ingenieur Heinrich Seidel zukommt, so war Schwechtens Disposition der Baukörper und die Gestaltung der Fassaden im Rundbogenstil wie auch der Innenräume in Renaissanceformen beispielhaft. Der Denkmalpfleger Manfred Berger würdigte 1980 das Werk: „Konstruktion und architektonische Gestaltung lassen bereits den Beginn einer fortschrittlichen Auffassung im Bahnhofsbau erkennen, die darin zum Ausdruck kommt, dass der Hauptbaukörper, die mächtige stählerne Wölbkonstruktion der Bahnsteighalle dominierend hervortritt und nicht mehr bewusst verdeckt wird." *[M.Berger/154]* Mit den folgenden – erhaltenen – Bauten, wie der neoromanischen SCHULTHEIß-BRAUEREI, Schönhauser Allee 36-39 (1889–91), der neogotischen APOSTEL-PAULUS-KIRCHE, Akazienstraße (1892–94), der im Äußeren an die Schinkelsche Bauakademie erinnernden AEG-APPARATEFABRIK, Ackerstr. 94 (1894/95) und dem AEG-KOMPLEX an der Brunnenstr. 111 (1895–97), von dem aus dieser Epoche nur das sparsam neogotisch gestaltete Beamtentor überliefert ist, dem um mehrere Höfe gruppierten neoromanischen WOHN- UND GESCHÄFTSHAUS Dorotheenstr. 90 (1895) und dem in Renaissanceformen und mit Rundbogenelementen errichteten KRAFTWERK MOABIT am Friedrich-Krause-Ufer 10-13 (1899/1900) – alles Backsteinbauten – blieb Schwechten bei einer mit der Funktion und Konstruktion korrespon-

Rotes Rathaus – erster Rathausbau, den sich die aufstrebende Hauptstadt Preußens leisten konnte.

„Dem Deutschen Volke" – Reichstag mit moderner Kuppel als Heimstatt des deutschen Parlamentes.

Die Kaiser-Wilhelm-Gedächtniskirche von Franz Heinrich Schwechten am Breitscheid-platz – Mahnmal und Gotteshaus.

Schultheiß-Brauerei (heutige KulturBrauerei) im Prenzlauer Berg, ebenfalls von Franz Heinrich Schwechten.

Oberbaumbrücke und Eierkühlhaus am Osthafen – moderne Zutaten an historischen Bauten.

Höhere Webeschule am Warschauer Platz – Ludwig Hoffmann prägte das Berlin des vergehenden Wilhelminismus.

Weltberühmt unter Kennern und vorbildprägend für die Moderne – Peter Behrens' AEG-Turbinenhalle an der Huttenstraße.

Museum im Museum – das Bauwerk des Märkischen Museums als Summe von Adaptionen märkischer Bauten und Interieurs.

Amtsgericht Wedding am Brunnenplatz, einer der vielen von Thoemer & Mönnich realisierten Gerichtsbauten.

Der heutige Name erinnert an den Baumeister – das Carl-James-Bühring-Gymnasium an der Weißenseer Woelckpromenade.

Das Stadtbad Neukölln gehört zu den markantesten Bauwerken Reinhold Kiehls in Neukölln.

„Roxy-Palast" in der Schöneberger Hauptstraße – ungeachtet aller Eingriffe prägnantes Beispiel der Neuen Sachlichkeit.

Borsig-Turm Tegel von Eugen Schmohl – erstes Hochhaus Berlins und Verwaltungszentrum der Borsig AG.

Knorr-Bremse AG, Werk Hirschberger Straße (Lichtenberg) von 1922-27; der Friedrichshainer Teil (1913-18) im Hintergrund.

Eleganz der Formen und Kühnheit der Konstruktion – Schwechtens und Seidels Anhalter Bahnhof.

dierenden zurückhaltend historisierenden Gestaltung. Der Bruch – oder die auftraggeberabhängige Flexibilität? – zeigte sich unmittelbar nach Schwechtens erster Begegnung mit Wilhelm II. Die dem Streben nach äußerer Dokumentation seiner Legitimation als Deutscher Kaiser geschuldete Wahl der Romanik für das gegen die sozialdemokratische „Glaubenslosigkeit" gerichtete Kirchenbauprogramm ließ den Architekten mit dem ersten Direkt-Auftrag auf die kaiserliche Linie einschwenken – und für den Rest seines Lebens viel Kritik ernten. So entstand die KAISER-WILHELM-GEDÄCHTNISKIRCHE (1890–95) zeitlich zwischen der Schultheiß-Brauerei und der AEG-Fabrik ...
Schwechtens „romanische Ära" ist in Berlin kaum überliefert. Die Kaiser-Wilhelm-Gedächtniskirche als der den heutigen Breitscheidplatz bestimmender Bau, 1893–99 durch die platzbegrenzenden und stilistisch korrespondierenden Romanischen Häuser – beide kriegszerstört – ergänzt, wurde am 22. Nov. 1943 beschädigt und im April 1945 durch Artilleriebeschuss zerstört. Die mit Egon Eiermanns neuer Gedächtniskirche (1961–63) zu einer Anlage vereinigte Ruine des einst 113 m hohen Turmes lässt vom einstigen Glanz nur wenig ahnen.

Wenn 1890 eine Zäsur markierte, so war das Jahr 1910 eine weitere. Das Kaiserschloss in Posen als Mittelpunkt des dortigen „Romanischen Forums" wurde vollendet – und gleichzeitig begann in Berlin am Potsdamer Platz der Bau des „Haus Potsdam", später HAUS VATERLAND genannten Vergnügungsetablissements. Der kriegszerstörte Komplex ließ in seinem an Messels Bauten erinnernden Erscheinungsbild Schwechtens Verwurzelung nahe der zeitgenössischen Moderne noch einmal deutlich werden – kaum glaubhaft beim Blick vom GRUNEWALDTURM, Schwechtens Werk von 1897–99.

Die Industriebauten der Region – Berlin und Umland – vom Ende des 19. Jh.s spiegelten die sich früh ausprägende Struktur der Berliner Wirtschaft wider. Neben den selbstverständlichen Bauten der städtischen Infrastruktur von Wasserwerken bis Markthallen sowie den Kanal- und Hafenanlagen waren dies vor allem weiterhin die Brauereien (1891: 82 Unternehmen), der Maschinenbau, die Elektroindustrie und der Fernmeldeanlagenbau, die Pharmazie und Chemie und nicht zuletzt die Rüstung in Spandau. Von allen Gebäudekategorien blieb der Industriebau am ehesten von den Auswüchsen historisierender Gestaltung verschont, nicht zuletzt, weil gezwungenermaßen der Produktionsablauf die Architektur weitgehend bestimmte und diese Bauten ohnehin keine repräsentative Funktion im Stadtbild hatten. Andererseits sind gerade diese Bauten in relativ geringer Zahl überliefert, da sie wegen der permanenten Entwicklungen der Produktionsprozesse schneller als andere Baukategorien veralteten.

Wie die Gasversorgung lag die Wasserversorgung Berlins anfänglich in der Hand englischer Unternehmen. Auf Betreiben von Polizeipräsident Hinckeldey wurde der englischen Firma „Fox & Crampton" im Dezember 1852 die Konzession zum Bau eines Wasserwerks erteilt, 1856 das nach Entwurf von Henry Gill für die Tochtergesellschaft „Berlin-Waterworks-Company" errichtete Werk nahe des Stralauer Tores – etwa das spätere westliche OSRAM-Gelände – in Betrieb genommen. Auf dem 22 m über der Altstadt gelegenen Windmühlenberg nördlich des Prenzlauer Tores entstand gleichzeitig ein 3.000 m² fassender offener Reinwasser-Erdbehälter mit Standrohrturm, das WERK BELFORTER STRAßE. Nach Ablauf der 25-jährigen Konzession übernahm die Stadt am 1. Dez. 1873 die Wasserversorgung. Für das Rohrleitungssystem musste die Stadt allein 25,33 Mio. Mark zahlen. 1875–77 erfolgte die Erweiterung der Anlage durch den Wasserturm mit Beamtenwohnungen, Büros und Werkstätten sowie ein Maschinen-(Pumpen-)haus. Mit dem Bau eines weiteren Maschinenhauses und einem 7.000 m² fassenden zweiten Tiefbehälter 1888 wurde auch der erste überwölbt. Der 1905–07 auf dem Turm angehobene Hochbehälter blieb bis 1952 in Betrieb, die restliche Anlage ging 1914/15 außer Betrieb. 1935–37 erfolgte die Umgestaltung des Geländes zu einer öffentlichen Grünanlage durch Paul Mittelstädt. Bei dieser Gelegenheit wurde auch das Maschinenhaus von 1888 abgerissen, womit die Spuren der von Februar bis Mai 1933 hier eingerichteten SA-Folterstätte

beseitigt werden sollten. Im Oktober 1934 hatte die Polizei allein 28 auf dem Gelände provisorisch verscharrte Leichen abtransportiert.

Nachdem die Kommune die Wasserversorgung mitsamt dem englischen Direktor Henry Gill übernommen hatte, erfolgte 1889–93 als Nachfolge des veralteten Werkes am Stralauer Tor der Neubau des WASSERWERKS FRIEDRICHSHAGEN, Müggelseedamm 301-308, nach Entwurf des Direktors Gill und des Architekten Richard Schultze. Die beidseits der Ausfallstraße am Nordufer des Müggelsees gelegene weiträumige Anlage zeichnet sich durch einen technologisch bestimmten klaren Grundriss aus. Die in roten Handstrichziegeln mit lebhafter Oberflächenstruktur ausgeführte Backsteingotik, in den Formen vereinfacht und teilweise mit Fachwerk kombiniert, passt sich gut in die Uferlandschaft ein. Das gleichzeitig von Gill und Schultze errichtete ZWISCHEN-PUMPWERK LICHTENBERG, Landsberger Allee 230/Vulkanstraße, ist ebenso schlicht gestaltet. Mit dem nur als Standort überlieferten Werk Tegel, Bernauer Str. 140, von 1877 und seinem ZWISCHENPUMPWERK CHARLOTTENBURG war somit Berlins Wasserversorgung – erstmalig – sichergestellt. Das Friedrichshagener Werk beherbergt heute mit Teilen der originalen technischen Ausrüstung ein Wasserwerksmuseum, das Lichtenberger Werk ist mit dem Bau der straßenseitig unterirdisch angelegten modernen Pump-Station Anfang der 80er Jahre außer Betrieb genommen worden.

Die Bauten des von Hobrecht konzipierten, 1873 begonnenen und bis auf das System XI (1911) 1893 fertig gestellten Abwassersystems haben sich in mehreren Pumpwerken erhalten. Die Berliner Kanalisation, eigentlich zwölf in sich geschlossene Systeme, die über jeweils einen Hauptsammler die in ihrem Areal angefallenen Abwässer auf die Randberliner Rieselfelder pumpten, war seinerzeit vorbildlich in Europa. Von den frühen Pumpwerken ist u. a. das 1873–76 errichtete PUMPWERK HALLESCHES UFER 78 (Kreuz-

Abwasserpumpstation Hallesches Ufer nach Hobrechts Entwurf, heute Lapidarium des Landeskonservators.

berg) erhalten. Die Backsteinbauten mit dem der Schinkelschule entlehnten Werkstein-Schmuck machen nachgerade einen vornehmen Eindruck, insbesondere der sich aus dem quadratischen Grundriss entwickelnde oktogonale Schornstein. Das 1972 stillgelegte Pumpwerk, in dem Teile der technischen Einrichtung erhalten sind, wird seit 1980 mit seinen modernen Anbauten als Lapidarium für historische Plastiken aus dem Tiergarten genutzt, u. a. sind hier Teile der Siegesallee-Standbilder aufbewahrt.

Obwohl die Brüder Georg und Waltar Klingenberg nicht das Monopol für Kraftwerksbauten innehatten, errichteten sie zusammen mit Werner Issel viele technisch und architektonisch wegweisende Anlagen. Eines der frühen Werke des damaligen TH-Professors und Elektro-Technikers Georg Klingenberg hat sich –wenn auch in stark reduziertem Umfang – mit dem 1899/1900 gebauten KRAFTWERK CHARLOTTENBURG, Am Spreebord 5-8, erhalten. Gehörten die Kraftwerksbauten der

Firma (W.) Klingenberg & Issel, gegründet 1913, mit G. Klingenberg in ihrer Architektur zu den Vorläufern und späteren Hauptwerken des Neuen Bauens, ist dieses Kraftwerk noch eine Trutzburg märkischer Backsteingotik, geprägt vom Kontrast heller Putzflächen mit den roten Backstein-Gliederungen und -Zierformen. An der Ostseite der Halle ist das ursprüngliche Beamtenwohnhaus erhalten. Dagegen ist das Kesselhaus 1954 durch einen klinkerverblendeten Stahlbetonskelettbau ersetzt worden, der mit seiner Kubatur und der 1987–89 gebauten gewaltigen Rauchgasentschwefelungsanlage die alte Halle ungünstig dominiert. Die Dächer der spreeseitigen turmartigen Hallenecken sind nach dem Krieg vereinfacht worden. Der zur gleichen Zeit gebaute, die Spree am Kraftwerk querende Siemenssteg ist vermutlich auch ein Klingenberg-Werk.

Für die Handelsstadt Berlin gehörten seit dem Mittelalter Hafenanlagen, historisch von unterschiedlicher Bedeutung, zu den

Das von Klingenberg & Issel in den 20er Jahren erbaute Kraftwerk Klingenberg in Rummelsburg, Schalthaus an der Köpenicker Chaussee.

traditionellen Gewerbebauten. Mit Ausnahme des nach ihrer Schließung als Hafenbecken erhaltenen Nordhafens (Stillegung 1952-66) und Humboldthafens (Schließung 1945) verschwanden diese Häfen jedoch mit den Jahren. Selbst die erst 1850-52 bzw. 1891-96 am Landwehrkanal angelegten Schöneberger und Urbanhafen wurden 1959/60 bzw. 1963/64 verfüllt und gingen als Parkanlagen im Stadtbild unter. Die späteren Anlagen - Südhafen Spandau (1906-11), Tegeler Hafen (1907/08), die Häfen Britz, Tempelhof, Steglitz und Lichterfelde (1908), Neukölln (1920) - erlangten nie solche Bedeutung wie Ost- und Westhafen.

Der rasante Anstieg des Warenumschlags in Berlins Häfen und Ladestraßen nach der Jahrhundertwende - 1900 bis 1906 von 6,6 auf 10,4 Mio. t - führte 1905 zum Magistratsbeschluss über den Bau eines Ost- und eines Westhafens. Beiden Häfen - dem Osthafen bereits seit 1899 - lagen Entwürfe des Nachfolgers von Hobrecht als Stadtbaurat für Tiefbau, Friedrich Krause, zugrunde.

Der **WESTHAFEN**, Westhafenstr. 1-3, war zwar zeitlich „nur" der zweite, dafür aber der weitaus bedeutendere Berliner Zentral- oder Groß-Hafen. Der am Berlin-Spandauer Schifffahrtskanal gelegene Hafen wurde 1914 begonnen und nach mehrjährigen Kriegsunterbrechungen im Herbst 1923 fertig gestellt. Geplant hatte die architektonische Gestaltung der bereits 1919 verstorbene Richard Wolffenstein, mit dem Friedrich Krause bereits beim Bau der Böse-Brücke zusammengearbeitet hatte. 1924-27 erweiterte man den Hafen um ein drittes Becken, später um mehrere Silos und Tankanlagen. Die roten Backsteinbauten sind sparsam mit neoklassizistischen Werksteinelementen dekoriert. Das sowohl in seiner Kubatur als auch durch den Standort am Kopfende des mittleren und längsten Beckens dominante Verwaltungsgebäude wird durch den Wasserturm der Hafenbahn gekrönt. Im Gegensatz zum Osthafen hat der

Rückgang der Binnenschifffahrtstransporte den Westhafen bis zur Jahrhundertwende verschont.

Dem Beginn 1907 folgte am **OSTHAFEN** im Jahr darauf bereits ein Baustopp bis 1910, da die Gemeinde Stralau Einspruch gegen die Trassenführung der Anschlussbahn zur Ringbahn erhoben hatte. Bei Fertigstellung 1913 reihten sich an der 1.390 m langen Kaimauer auf dem relativ schmalen Grundstück Stralauer Allee 1-16/Alt-Stralau 1-2 die Speicher und Verwaltungsbauten aneinander. Am östlichen Ende, heute durch die Rampe der erst 1964–69 errichteten Elsenbrücke abgetrennt, wurde das Hafenkraftwerk mit dem Wasserturm und der inzwischen verschwundene Betriebsbahnhof angeordnet. Während die konstruktiven Hochbauentwürfe von der Magistratsbauverwaltung kamen, lag die architektonische Gestaltung in den Händen von Fritz Kritzler und Max Tischer. Gestalterisch sind die rhythmisch mit Freiflächen wechselnden Hochbauten vom Großen Getreidespeicher bis zur Kraftwerkshalle auf die hier etwa 170 m breite Spree ausgerichtet.

Landseitig wirkt der schwerfällige Neoklassizismus der Speicher und Kontore aufgrund fehlenden Abstandes übertrieben monumental. Die außen betont sichtbar gemachte mehrfach abgeknickte Binderkonstruktion der Kraftwerkshalle aber ähnelt verblüffend der zeitgleichen und allseits bekannten AEG-Turbinenhalle von Behrens in Moabit. Ein weiteres architektonisches Highlight ist das erst 1928/29 am westlichen Hafenende neben der Oberbaumbrücke von Oskar Pusch errichtete und 1940 erweiterte Eierkühlhaus mit einem auffälligen Backstein-Rautenmuster der riesigen Fassaden. Die ursprüngliche Wirkung dieser Gestaltung ist allerdings beim Umbau zu einem mit dem Getreidespeicher verbundenen Bürokomplex durch Reinhard Müller 1999–2002 stark beeinträchtigt bzw. sogar zerstört worden, da die fensterlosen Ziegelfassaden mit Glasflächen weitgehend auf-

gebrochen wurden. Dennoch bildet der Osthafen mit dem Eierkühlhaus und der Oberbaumbrücke ein beeindruckendes städtebauliches Ensemble.

Die **OBERBAUMBRÜCKE** ist noch heute als damals einzige Spree-Grenzbrücke – Verbindung und Sperre – wie jene die S- und Fernbahn im Zuge der Bornholmer Straße querende Bösebrücke zwischen Prenzlauer Berg und Wedding Symbol des Mauerfalls 1989.

Auch die erste Oberbaumbrücke von 1724 verdankte ihren Bau dieser Doppelrolle. Die nach der Vereinigung der fünf Residenzstädte 1701 errichtete Akzisemauer schloss im Süden und Osten Berlins weite unbebaute Gebiete ein. Um 1720 entstanden beidseits der Spree an der Landstraße zum Dorf Stralau das Stralauer oder auch Mühlentor und an der Straße nach Köpenick das Schlesische Tor mit der dazwischen liegenden, die Akzisegrenze markierenden Oberbaumbrücke, einer 154 m langen und 8,5 m breiten hölzernen Joch-Brücke mit Klappendurchlass. Namensgebend war das seit dem Mittelalter gebräuchliche nächtliche Sperren der Spree am Ober- und Unterlauf mit „Bäumen", d. h. angeketteten schwimmenden Balken. Erst Mitte des 19. Jh.s waren die innerstädtischen Spreeufer am Oberbaum geschlossen bebaut. Diese Ödnis von Kasernen, Holzplätzen und Zuckersiedereien lag an fünfter Stelle der bevorzugten Selbstmörderplätze, 1781–86 gab es hier 16 Tote.

Komplettiert wurde das Industriegebiet am Stralauer Tor durch den Hochbahnhof **WARSCHAUER BRÜCKE** der ersten Berliner U-Bahnlinie – „Stammlinie" – und den teilweise auf dem ehemaligen Wasserwerksgelände errichteten **AUERGESELLSCHAFT-KOMPLEX**, heute als Konversionsgebiet werbewirksam „Oberbaum-City" getauft.

Die erste Berliner U-Bahn-Linie war eine Hochbahnstrecke; in der Mischung von Hoch-, U- und Einschnittbahn präsentiert sich das 134 km (1. Jan. 1992) lange Netz noch heute. Nach der Vorstellung einer

elektrischen „Lokomotive" durch Werner v. Siemens auf der Berliner Gewerbeausstellung 1879 stellten Siemens & Halske in den Folgejahren mehrere - abgelehnte - Projekte einer Pfeilerbahn zur Umgehung des im Berliner Untergrundes schwierigen Tunnelbaues vor. Weitere experimentelle Anlagen folgten, wie 1881 die erste elektrische Straßenbahn von Siemens in Lichterfelde, 1894 der noch erhaltene 1,5 km lange Werkbahntunnel der AEG zwischen Acker- und Brunnenstraße und 1895-99 der von der AEG gebaute Versuchstunnel unter der Spree zwischen Stralau und Treptow, der noch bis 1932 der Straßenbahn diente und heute geflutet ist. Vom Siemens-Linienentwurf von 1891 ist nur die „Stammlinie" Warschauer Brücke-Zoologischer Garten mit Stich zum Potsdamer Bahnhof erhalten, die Strecken von dort nach Norden (Reichstag-Bhf. Friedrichstraße-Pankow) und vom Wittenbergplatz nach Wilmersdorf blieben Entwurf. Von den bis 1898 geplanten Erweiterungen, Potsdamer Bahnhof-Reichstag-Bhf. Friedrichstraße-Schlossbrücke und Potsdamer Bahnhof-Spittelmarkt-Märkisches Ufer-Köpenicker Brücke (Luisenstädtischer Kanal), wurde nur 1906-08 die Verlängerung bis zum Spittelmarkt gebaut, 1910-13 über Alexanderplatz bis zum Nordring (S-Bhf. Schönhauser Allee) - in der Schönhauser Allee wieder als Hochbahn - fortgeführt. Außerhalb des Stadtgebietes verlängerte man 1906-08 die Stammbahn in Charlottenburg bis Reichskanzlerplatz (Theodor-Heuss-Platz), durch die Abzweigungen Bismarckstraße-Wilhelmplatz (Richard-Wagner-Platz) und 1913 Wittenbergplatz-Uhlandstraße erweitert. Durch die Stadt Schöneberg wurden 1908-10 die Strecke Nollendorfplatz-Hauptstraße (Innsbrucker Platz) und durch die Stadt Wilmersdorf in Zusammenarbeit mit dem Fiskus 1912/13 die Strecke Wittenbergplatz-Thielplatz (Kgl. Domäne Dahlem) gebaut.
Nach einem langwierigen Planungsverfahren - notwendig waren die königliche,

Hochbahnpfeiler am Dennewitzplatz (Entwurf Möhring).

die staatliche und die Genehmigungen der beteiligten Gemeinden - begann 1896 der Bau der nunmehr bis zum „Knie" (Ernst-Reuter-Platz) verlängerten „Stammlinie", die aufgrund des Einspruchs der Stadt Charlottenburg dort aber als Unterpflasterbahn ausgeführt werden musste. Die offizielle Eröffnung des Hochbahnabschnitts Stralauer Tor-Gleisdreieck-Potsdamer Bahnhof fand am 18. Febr. 1902 statt, am 11. März folgten Potsdamer Bahnhof-Zoologischer Garten, am 25. März der Durchgangsverkehr Stralauer Tor-Gleisdreieck-Zoologischer Garten, am 17. August Stralauer Tor-Warschauer Brücke und am 14. Dez. die Charlottenburger Strecke Zoologischer Garten-Knie. Die erste Ausbaustufe des Netzes endete 1913. Von den insgesamt 37,8 km in Kleinprofil waren 27 km Tunnelbahn. Bis 1930 kamen dann nochmals 7,5 km hinzu sowie 35 km in Großprofil. Die ästhetische Wirkung der Berliner Hoch- und U-Bahn beruht wesentlich auf der vorbildlichen Gestaltung der eisernen Viadukte und der Bahnhöfe, die für die Hochbahngesellschaft 1900–30 fast ausschließlich von Grenander gestaltet wurden. Für ausgewählte Bahnhöfe der westlichen Hochbahnstrecke, wie NOLLENDORFPLATZ (Cremer & Wolffenstein), BÜLOWSTRAße (Bruno Möhring) und HALLESCHES TOR (Messel), wurden auf Betreiben der finanzkräftigen Anlieger freie Architekten herangezogen, ebenso auch bei den von den Umlandgemeinden gebauten Abschnitten.

Der Endbahnhof „Stammlinie" wurde 1900–02 noch nach einem von Paul Wittig – Vorstandsmitglied der Hochbahngesellschaft seit 1897 und ab 1900 vorwiegend administrativ tätig – modifizierten Typenentwurf der Bauabteilung von Siemens & Halske errichtet. Wenige hundert Meter weiter lag am nördlichen Brückenkopf der Oberbaumbrücke die 1920 stillgelegte Station „Stralauer Tor", bis zu der die Linie am 18. Febr. 1902 eröffnet wurde, die Station WARSCHAUER STRAße folgte am 14. Dez. Zum Endbahnhof gehören

nicht nur die Konstruktion betonenden spätklassizistischen, leicht gotisierenden Backsteinformen des Bahnhofs, sondern auch der „Mäuseturm" genannte Treppenturm in Neorenaissanceformen von Wittig an der Rudolfstraße sowie das aufgeständerte Stellwerk und die spreewärts gelegene Wagenhalle. Die 1907 durch Grenander errichtete große Wagenhalle entlang der Rudolfstr. 1–8 war im Obergeschoss für die Hochbahn bestimmt, verbunden mit dem Viadukt von Otto Stahn durch eine heute nicht mehr vorhandene Brücke, und wurde ebenerdig als Straßenbahndepot genutzt. Der mit Backstein ausgefachte Stahlskelettbau ist streng funktionell gestaltet.

Die OBERBAUM-CITY verdankt ihre Entstehung der seit Ende des 19. Jh.s in Berlin boomenden Elektroindustrie. Die „Deutsche Glühlicht AG" (Auergesellschaft) etablierte sich neben anderen Firmen in dem 1906/07 von Emil Schaudt errichteten Industriepalast Warschauer Str. 34-44 und dehnte sich anschließend

Hochbahnhof Bülowstraße der Berliner „Stammlinie" von 1902, im Detail vereinfacht ausgeführt.

auch auf das gegenüberliegende Gelände jenseits der Hochbahntrasse aus. Der heute in Teilen original erhaltene Industriekomplex verkörperte den Typ der gerade modern gewordenen Etagenfabriken für eine multifunktionelle Nutzung durch Unternehmen unterschiedlicher Größe. 1919 fusionierte die Deutsche Glühlicht AG mit den Glühlampenfabriken der AEG sowie Siemens & Halske zur OSRAM GmbH. Nach der Enteignung 1949 firmierte das Unternehmen als „VEB Berliner Glühlampenwerk (BGW)", ab 1969 als Stammbetrieb des 1992 stillgelegten Kombinats NARVA. Die Auergesellschaft ließ das ehemalige Wasserwerksgelände ab 1906 systematisch mit Etagenfabriken oder Gewerbehöfen bebauen, die um einen oder mehrere Innenhöfe gruppiert waren. Wilhelm Walter begann 1906 mit dem **FABRIKGEBÄUDE** Ehrenbergstr. 19-23/Naglerstr. 4-8/Rotherstr. 20-23, 1907–09 folgten durch Theodor Kampffmeyer das **GESCHÄFTSUND FABRIKGEBÄUDE** Naglerstr. 17-18/ Ehrenbergstr. 11-14/Rotherstr. 16-19/ Warschauer Platz 9-10 und das **VERWALTUNGS- UND FABRIKGEBÄUDE** Ehrenbergstr. 17-18/Rotherstr. 8-15. Sowohl Walthers als auch Kampffmeyers Bauten sind durch klare Rasterfassaden mit großen Fensterflächen sowie einem gestaltenden Materialwechsel von Putz, Backund Werkstein gekennzeichnet. Die Gebäude weisen nur wenige historisierende Elemente, wie barockisierende Giebel, auf; meist haben die Ornamente einen Zug zum Jugendstil. Die zahlreichen Innenhöfe sind gestalterisch ebenso interessant wie die straßenseitigen Fassaden. Während sich die Blockrandbebauungen in ihrer Kubatur völlig in die Mietshauslandschaft einordneten, setzte der Turm auf dem nicht über dem ganzen geplanten Grundriss ausgeführten Verwaltungsbau entlang der Rotherstraße einen deutlichen Höhenakzent. Nach 1949 erhielt er mit dem Lampen-Versuchsfeld den charakteristischen Glasaufsatz. 1910 von Hermann Dernburg geplant, wurde der

Verwaltungsbau Ehrenbergstr. 11-14/ Rotherstr. 6-7/Rudolfstr. 9-10 – in seiner sachlich-konstruktiven Formensprache bereits dem Bauen der 20er Jahre nahe – erst 1913/14 ausgeführt. Nach der Demontage des NARVA-Kombinats durch die Treuhand stand 1992 das ehem. OSRAM-Gelände zur Disposition. Nach zögerlichem Beginn erfolgte bis 2001 durch mehrere Architekturbüros, u. a. WEP Effinger & Partner, Schweger & Partner, Reichel & Stauth und Schuh & Humer, die einer neuen Nutzung – vor allem durch Dienstleistungs- und Elektronikfirmen – zuträgliche Wiederherstellung inklusive denkmalverträglicher Umbauten, von denen der neue Turmaufsatz am auffälligsten ist. Ergänzt wurde das neuerstandene Quartier durch die Neubebauung bis zur Stralauer Allee. Die an Kampffmeyers Geschäftshaus anschließende 1910–14 gebaute **HÖHERE WEBESCHULE**, Warschauer Platz 6-8, gehört zu Ludwig Hoffmanns bekanntesten Werken. Ursprünglich war die Fachschule an der Ecke Markusstr. 45-46/ Koppenstraße untergebracht, die technologische Entwicklung zur Maschinenweberei erforderte aber einen höheren Platzbedarf, der bereits 1905 zu ersten Planungen führte. Mit der gotisierenden Gestaltung gelang Hoffmann die der Konstruktion adäquate Auflösung der Fassade in ein luftig wirkendes Stütze-Riegel-System. Nur einen Steinwurf entfernt stand die 1904 ebenfalls von Hoffmann errichtete und 1945 zerstörte **GEMEINDEDOPPELSCHULE** Naglerstr. 3/ Ehrenbergstr. 24, deren Lehrerwohnhaus und Turnhalle aber erhalten sind. Als Ing.-Schule für Chemie entstand buchstäblich auf den Grundmauern 1951–53 ein Schulneubau von Wolfgang Schröder. Die Keimzellen der Berliner Elektroindustrie waren die Werkstätten (1846) von Werner Siemens (nobil. 1888) und Johann Georg Halske sowie die AEG (1887) von Emil Rathenau, ursprünglich 1883 als „Deutsche Edison-Gesellschaft für angewandte Elektrizität" gegründet. Während die AEG ihren Weg als

Großunternehmen in der Oberschöneweider Wilhelminenhofstraße begann und dann Werke in Moabit und Wedding errichtete, wanderte Siemens vom Zentrum nach Spandau, wo ein ganzes Stadtviertel nach der Firma benannt wurde und in den 20er Jahren beispielhafte Industrie- und Werkswohnbauten entstanden. Nach der 1. Generation von AEG-Werksanlagen, vorwiegend von Schwechten und Paul Tropp gebaut, wurden die nach der Jahrhundertwende notwendigen großräumigen Erweiterungen zumeist von Behrens, seit 1907 künstlerischer Beirat der AEG, geschaffen. Als führender Industriearchitekt und Designer zwischen Jugendstil und Speerschen Gigantismus setzte Behrens ein zweckbestimmtes Bauen durch, d. h. die Bestimmung von Konstruktion und Gestaltung durch die Funktion. Die gestalterische Leistung lag in der Verfremdung konstruktiver Elemente zugunsten des vorgefassten Gestaltungsziels, wie der Schaffung von Assoziationen der im Bau wirkenden dynamischen Kräfte. Die Stahlbeton- und Stahlskelettbauten waren so nicht durch funktionelle Kargheit und fade Schmucklosigkeit gekennzeichnet, sie bestachen – ohne Dekoration – durch den Schmuck der Form. Bekannteste Beispiele sind die **AEG TURBINENHALLE** Huttenstr. 12-19, 1908/09 mit Karl Bernhard (Statik) erbaut und 1939 durch Jakob Schallenberger erweitert, sowie die 1909–13 erbaute **AEG-HOCHSPANNUNGSFABRIK**, Kleinmotorenfabrik und -Montagehalle Hussitenstr. 23. Bekannter in Berlin aber sind Behrens' Bürohäuser am Alexanderplatz von 1930-32, das **ALEXANDER-HAUS**, Alexanderplatz 2/Dircksenstr. 20-21, und das **BEROLINA-HAUS**, Alexanderplatz 1/Dircksenstr. 22-25. Wenn auch 1928 nicht der Wettbewerbssieger, so bekam Behrens doch den Auftrag für die mehrere Jahre diskutierte radikale Umgestaltung des Mittelpunktes der östlichen City. Die achtgeschossigen Stahlbeton-Skelettbauten – das Alexander-Haus auf rechteckigem und das

Berolina-Haus auf h-förmigem Grundriss – haben eine quadratisch gerasterte, mit Muschelkalk-Platten verkleidete und durch Stahlfenster akzentuierte Fassade. Das wie das Erdgeschoss für eine öffentliche Nutzung vorgesehene 1. Obergeschoss ist durch sein vorstehendes umlaufendes Fensterband betont. Die Dachterrassen wurden nach dem Krieg nicht wieder öffentlich genutzt. Nach einer vereinfachenden Instandsetzung 1950 restaurierte man das Alexander-Haus 1994/95 aufwändig, wobei auf der Rückseite der offene Hof zwischen den beiden Seitenflügeln mit einem ergänzenden Flachbau in unauffällig moderner Form geschlossen wurde. Die Torfunktion zur Rathausstraße, bis 1910 durch die heute im Kleistpark stehenden Königskolonnaden übernommen, wird durch die den Giebeln vorgesetzte und über die Traufkante ragenden Lichtpfeiler – beleuchtete Fahrstuhlschächte – deutlich dargestellt. Die nach Norden den Platz etwa halbkreisförmig schließende Umbauung fiel den Grundeigentumsverhältnissen und den erwarteten Kosten zum Opfer. Wenn auch der gebürtige Schwede Grenander durch seine Bahnhöfe und Viadukte sowie Funktionsbauten für die U- und Hochbahn – im äußeren Erscheinungsbild vom U-Bahnhof Klosterstraße bis zur BVG-Verwaltung Rosa-Luxemburg-Straße reichend – bekannt geworden ist, so ist die Spannweite seines Wirkens wesentlich größer; nicht zuletzt bestimmte auch er vom Kaiser- bis zum Dritten Reich in Berlin moderne Gestaltung und Design mit. Der 5-geschossige Klinkerbau der **KNORR-BREMSE AG** in der Friedrichshainer Neuen Bahnhofstr. 9-17 entstand 1913–16, äußerlich sichtbar in den mit Sandsteinelementen reicher und durch die Säulenarkade und kräftige Wandpfeiler plastischer gestalteten Verwaltungsbau und das schlichter gehaltene Fabrikgebäude mit zwei seitlichen breiten Durchfahrten und hoher Attika. Einbezogen wurden auch – äußerlich nicht sichtbar – der straßenseitige Alt-Verwaltungsbau und ein Fabrik-Hofgebäude von 1906. Dank des weitgehend erhaltenen Interieurs im Verwaltungsbau ist die Qualität der Gestaltung durch das Werkbundmitglied Grenander nachvollziehbar. Durch Tunnel unter dem Nordring ist diese Anlage mit dem 1922–27 an der Hirschberger Str. 4 in Lichtenberg errichteten Hauptwerk der Firma verbunden. Der vor der Kriegszerstörung innerhalb der geschlossenen Blockrandbebauungen eines Wohn- und Gewerbegebietes gelegene Komplex auf rechteckigem Grundriss mit nach Norden verlängerten Flügeln der Schmalseiten, deren östlicher an die Nordringtrasse grenzt, erlangt durch die modellierten Baumassen eine beeindruckende Wirkung. Der südliche (Haupt-)Längsflügel ist durch drei herausgehobene, betont vierachsige kompakte turmähnliche Blockbauten gegliedert, deren westlichster an der Bahntrasse den Komplex dominiert. Die einzelnen Seiten- und Hauptflügel-Abschnitte sind – in einheitlicher Formensprache und in den Details gleich – unterschiedlich gegliedert. Nach Entwurf von J. S. K. Perkins & Wills, die auch die Restaurierung der Knorr-Bremse 1992–95 leiteten und ihr Berliner Büro hier etablierten, wurde das anschließende Areal zwischen dem Bogen der Bahntrasse und der Schreiberhauer Straße mit einem 8-geschossigen Dienstleistungszentrum, das zur Bahn durch eine 13-geschossige gekrümmte Hochhausscheibe begrenzt wird, bebaut.

Die Urbanisierung des Berliner Umlandes dank des unaufhaltsamen Zuzuges aus dem nahen und weiteren Umland hatte zur Folge, dass um die Jahrhundertwende eine Welle von Rathausbauten einsetzte, selbst die – ebenfalls immens wachsenden – Gemeinden ohne Stadtrecht leisteten sich opulente Verwaltungsbauten. Obwohl diese Bauaufgabe eigentlich zu den originären Pflichten der Stadt- oder Gemeindebaumeister zählte, kamen über Direktaufträge oder Wettbewerbe zahlrei-

che freischaffende Architekten zum Zuge. Von den auf Verwaltungsbauten spezialisierten Büros widmeten sich vor allem Reinhardt & Süßenguth dem Rathausbau und lieferten – je nach Wunsch – Fassaden aller gängigen Stilformen. Die stilistische „Verkleidung" war keiner Regel unterworfen, nicht die – kaum von den Kommunen artikulierte – bürgerliche Selbstbestimmung kam zum Ausdruck, sondern reine Machtdemonstration. Beliebt und dominierend war die regional bestimmte märkische Backsteingotik, die zumindest vage Erinnerungen an eine städtische Blütezeit weckte. Abgesehen vom Griff in den Stil-Katalog wurde ein dominanter Turm zum allgemeinen Kennzeichen des Rathauses, Friedrichshagen, Johannisthal und Treptow stellen nur Ausnahmen dar. Ausnahmslos aber folgte die Grundrissorganisation der Rathäuser der konventionellen Innenhofumbauung.

Prägnante Beispiele der Neogotik sind die **Rathäuser** Schmargendorf am Berkaer Platz (1900–02; Otto Kerwien), Köpenick, Alt-Köpenick 21 (1901–04; Hans Schütte, Hugo Kinzer, Joseph Schewe), 1926/27 und 1936–39 erweitert, Wannsee, Königstr. 42 (1899–1901; Stahn & Metzing) sowie in deutlicher Kombination mit anderen Stilelementen die Rathäuser Steglitz, Schlossstr. 36/37 (1896/97; Reinhardt & Süßenguth), Lichtenberg, Möllendorff-/Ecke Rathausstraße (1897/98; Ernst Knipping), Pankow, Berliner Str. 24a-26/Neue Schönholzer Str. 36 (1901–03; Wilhelm Johow) und Friedrichshagen, Bölschestr. 85 (1897/98; Peter Groth). Andererseits wandelte sich am Charlottenburger Rathaus, Otto-Suhr-Allee 100 (1899–1905; Reinhardt & Süßenguth), die ursprünglich vorgesehene Neogotik während des Entwurfs zu Jugendstilformen – Stil frei wählbar. Der eigentlich „bürgerliche" Baustil, die Renaissance, ist ausgerechnet bei den Rathäusern selten vertreten. Als relativ „reine" Neorenaissance mögen die Rathäuser Niederschönhausen, Dietzgenstr. 41 (1908–10; Carl Fenten), und Lankwitz, Leonorenstr. 70

(1910/11; Gebrüder Ratz), dienen; Renaissanceelemente zeigen auch „gemischte" Rathausfassaden, so in Steglitz oder Pankow. Wie die Renaissance blieb der Barock als „Staatsbaustil" sowohl in der Häufigkeit als auch in seiner scheinbaren Pracht bescheiden, der Neobarock der Rathäuser Nikolassee, Alemannenstr. 10 (1912; Möhring), Schöneberg, J.-F.-Kennedy-Platz (1911-14; Jürgensen & Bachmann), und Spandau, Carl-Schurz-Str. 2-6 (1910-13; Reinhardt & Süßenguth), ist offenbar in Anlehnung an Hoffmanns Umgang mit historisierenden Elementen schlicht gehalten. Treptow leistete sich mit seinem Rathaus Neue Krugallee 2-6 Ecke Bulgarische Straße (1909/10; Reinhardt & Süßenguth) sogar einen Anflug neoklassizistischer Formen, Neukölln blieb mit dem Bau in der Karl-Marx-Str. 83-85 (1905-09; Reinhold Kiehl) abseits des Historismus.

Märchenschloss als Rathaus – Stahns Neogotik in Wannsee.

Die Expansion der meisten Umlandgemeinden beruhte auf dem Bau mehr oder weniger großflächiger Siedlungsanlagen und weiterer Villenkolonien, selten verfügten diese Kommunen über solch komplexe Strukturen wie beispielsweise Spandau, Köpenick, Lichtenberg und Tegel mit Wohn- und Gewerbefunktionen und einer ausgeprägten Infrastruktur. Die Wohngebiete folgten zumeist den Planungsgedanken der Gartenstadtbewegung, heute überwiegend baulich überformt. Nachvollziehbar sind heute noch die GARTENSTADT FROHNAU (1909/11; Joseph Brix & Genzmer), das RHEINISCHE VIERTEL (1910-14; Paul Jatzow u. a.) um den Wilmersdorfer Rüdesheimer Platz, die PREUßENSIEDLUNG (1911-14; Bel & Clement, Hermann Muthesius) und die GARTENSTADT AM FALKENBERG (1913/14; Bruno Taut) in Altglienicke und die GARTENSTADT STAAKEN (1913-17; Paul Schmitthenner) u. a.
Mit der Neuordnung der Gerichtsverfassung im Berliner Raum durch preußisches Gesetz vom 16. Sept. 1899 bekam Charlottenburg das neue Landgericht Nr. III; die neuen Amtsgerichte, sämtlich als Neubauten nach Entwurf von Thoemer & Mönnich, wurden in (Groß-)Lichterfelde, Lichtenberg, (Neu-)Weißensee, Pankow, Reinickendorf, Schöneberg und Wedding angesiedelt,.
Die stilistische Vielfalt, aus der Thoemer & Mönnich – bei Gerichtsbauten meist in Zusammenarbeit mit Carl Tesenwitz – schöpften, reichte mit Ausnahme des ideell offenbar ungeeigneten Klassizismus durch die gesamte deutsche Stilgeschichte. Das LANDGERICHT III, Tegeler Weg 17-20, 1901-06 in Zusammenarbeit mit Dr. Ernst Petersen und Dernburg entstanden, bediente sich sogar der deutschen und norditalienischen Romanik. In einer gewohnten Mischung von später Gotik und Renaissance wurden mit Tesenwitz die AMTSGERICHTE WEDDING, Brunnenplatz 1 (1901-06), und WEIßENSEE, Parkstr. 71 (1902-06), gebaut. Als – seltene – reine Neorenaissance stellt sich das in Zusammenarbeit mit Walter Sarkur und Tesenwitz 1902-06 erbaute AMTSGERICHT GROß-LICHTERFELDE, Ringstr. 9 (1902-06), vor, von letzteren bereits 1913/14 er-

weitert. Bei den AMTSGERICHTEN SCHÖNE-BERG, Grunewaldstr. 66/67 (1901–06), LICHTENBERG, Roedeliusplatz 1-2 (1903–06) und PANKOW, Kissingenstr. 5/6 (1902–06), entsprachen Thoemer & Mönnich gemeinsam mit Tesenwitz durch den Neobarock dem Klischee für Staatsbauten.

Die der Justizreform folgende neue Struktur des Gerichtswesens erforderte auch Neubauten in anderen Gerichtsbezirken und Justizbereichen, wie z. B. ein wesentlich geräumigeres Gebäude für das Kammergericht oder auch weitere Kriminal- und Verwaltungsgerichtsgebäude. Wie bei den Rathäusern hatten auch in der Welle neuer Gerichtsbauten bis zum Ersten Weltkrieg einige freie Architektenbüros ihre große Zeit, führend waren sicherlich Thoemer & Mönnich. Beide hatten 1894/95 den neobarocken Entwurf für den „Justizpalast" LANDGERICHT I (Grunerstraße) und AMTSGERICHT I (Littenstr. 12-17) geliefert, den der 1896–1904 bauleitende Otto Schmalz unter Jugendstileinfluss noch stark bearbeitete. Damit war der Prototyp der ab 1900 folgenden Gerichtsbauten – unabhängig vom Stil-Dekor – gegeben. In Gänze ist er heute nicht mehr zu besichtigen, da 1968/69 die westliche Hofumbauung mit der Landgerichtseingangshalle für die Rampen des Straßentunnels abgerissen wurde. Die Grundrissorganisation um mehrere Innenhöfe und die stilistische Beliebigkeit der Fassaden gleicht der der Rathäuser, die Machtdemonstration vollzog sich vor allem durch den Eindruck der monumentalen Eingangshallen und Haupttreppenhäuser.

Die AMTSGERICHTE der Nachbarstädte KÖPE-NICK, Mandrellaplatz 5/6, und RIXDORF, Karl-Marx-Str. 77-79, gestaltete Paul Thoemer 1899–1901 in Formen der deutschen Renaissance. Die bedeutenderen Berliner und Reichs-Gerichtsgebäude dieser Zeit aber schwelgen „vorschriftsmäßig" mehr oder weniger üppig in barocken Formen: REICHSMILITÄRGERICHT, Witzlebenplatz 1-2 (1908–10; Kayser & v.

Großheim), ERWEITERUNGSBAU KRIMINAL-GERICHT MOABIT, Turmstr. 91 (1902–06; Rudolf Mönnich und Carl Vohl), OBER-VERWALTUNGSGERICHT, Hardenbergstr. 31 (1905–07; Paul Kieschke, Eduard Fürstenau und August Endell) und KAMMERGERICHT, Elßholzstr. 30-33 (1909–13, Thoemer & Mönnich mit Vohl).

Mit der City-Bildung, d. h. der Randwanderung von Industrie und produzierendem Gewerbe und der Inanspruchnahme des Stadtzentrums durch öffentliche Verwaltung, Banken, Handel, Wirtschaftsinstitutionen und kulturelle Einrichtungen unter Verdrängung der Wohnbevölkerung, entwickelten sich für die neuen Funktionen auch neue Bautypen. Dieser Prozess spielte sich im Wesentlichen im Bereich von Alt-Berlin, Alt-Cölln, Dorotheen- und Friedrichstadt ab, wobei aus unterschiedlichen Gründen einige Areale, wie das Nikolaikirchviertel, mehr oder weniger ausgenommen blieben. Ohnehin war die City kein homogenes Gebilde, durch Konzentration von Einrichtungen gleicher Art waren mehrere Schwerpunkte, wie das Zeitungs-, das Banken- und das Konfektionsviertel entstanden. Gleichzeitig gab es, noch aus Ansätzen der Jahrhundertmitte, ausgesprochene Funktionsbauten; so das Warenhaus, dessen Protagonist Messel war; das City-Geschäftshaus; das Bankhaus, oder besser der Bankpalast; und andere, die bis heute einen steten Wandel erfuhren. Vom ausgehenden 19. Jh. bis zum Ersten Weltkrieg bildeten sich – etwas zeitversetzt – zwei Geschäftszentren unterschiedlicher Art im späteren Groß-Berliner Stadtgebiet heraus, das Gebiet um die Friedrichstraße zwischen Spree und Kochstraße und der östliche Kurfürstendamm in Charlottenburg.

Die Kriegszerstörung und Abrisse der letzten Jahre haben in der Friedrichstraße nur wenige, inzwischen in die Neubebauung integrierte GESCHÄFTSHÄUSER hinterlassen. So an der Ecke Französische Straße das nur 3-achsige 5-geschossige GESCHÄFTSHAUS

Kaufhaus Moritz Mädler, Friedrich-/Ecke Leipziger Straße, 1908/09 von Robert Leibniz erbaut.

NR. 166 (1898/99; Ferdinand Wendelstadt und Max Welsch) in reichen neogotischen Formen, das in Anklängen an den Jugendstil dekorierte **HAUS AUTOMAT NR. 167/168** (1906; Bruno Schmitz) – ursprünglich ein Automatenrestaurant – in der erstmals von Messel für Kaufhäuser angewandten Skelettbauweise. Nach seiner Rekonstruktion (1995/96) bietet in der Taubenstr. 10 der 5-geschossige und 5-achsige werksteinverkleidete einstige **VERWALTUNGSBAU DER PATZENHOFER-BRAUEREI** (1905–07; Dernburg) wieder das originale Erscheinungsbild in sparsamen neobarocken Formen. Nur die mittlere Eingangsachse ist durch die balkontragenden Atlanten mit der darüber liegenden plastischen Türrahmung akzentuiert. Das **GESCHÄFTSHAUS** Friedrichstr. 61/Kronenstr. 15 (1910; Robert Leibniz) lässt den ästhetischen Reiz der historischen Geschäftshausarchitektur erahnen. Über dem während der sensiblen Rekonstruktion (1993/94; Ferdinand & Gerth) vereinfacht wiederhergestellten Ladengeschoss sind

die vier Bürogeschosse durch stark plastische Pfeilervorlagen und glatte Brüstungsbänder ausgewogen gegliedert. Die mit einem angedeuteten 3-geschossigen Erker betonte leicht abgeschrägte Ecke wird durch einen kuppelgekrönten Aufsatz akzentuiert. Das 1985–87 durch Gerd Pieper originalgetreu rekonstruierte **KAUFHAUS MORITZ MÄDLER**, Friedrichstr. 58/Leipziger Str. 29, wurde 1908/09 ebenfalls von Leibniz errichtet. In der den Messelschen Skelettbau bereits modifizierenden Fassade sind zur Verbesserung der Belichtung nach außen die rundbogigen Fenster trapezförmig gewölbt und die Pfeiler verjüngt. Gegenüber diesen funktional orientierten Bauten wirkt das wenige Jahre zuvor in der Kronenstr. 10 errichtete 5-geschossige **MÖBELHAUS TRUNCK & CO.** (1901/02; Hart & Lesser) noch im Widerspruch zwischen Funktion und Gestaltung. Die mit Schmuckformen aus fünf Jahrhunderten – Renaissance bis Jugendstil – reich dekorierte Fassade lässt in den beiden unteren Geschossen kaum die Verkaufsräume und simple Lagerräume in den oberen Geschossen ahnen. Der angeblich in Unkenntnis seiner Geschichte abgerissene ALTBAU Friedrichstr. 79/79a ist heute durch einen wenigstens die historischen Proportionen aufnehmenden Neubau von Kollhoff ersetzt. Beim Abriss im November 1995 kamen gusseiserne Säulen zum Vorschein, die zur verspäteten Untersuchung der Baugeschichte führten, obschon 1938 anlässlich des Abrisses der Villa Viktoriastr. 27, einst Wohnhaus des Architekten und langjährigen Mitarbeiters Stülers, Hermann Wentzel, mehrfach publizistisch auf dieses einzig von ihm in Berlin erhaltene Werk hingewiesen worden war. Das in einer Gusseisen-Skelettkonstruktion vermutlich 1862 errichtete 7-achsige Geschäftshaus galt als eines der frühen Warenhäuser in dieser Konstruktionsweise. 1871 verkaufte Wentzel, der mit Elise, Tochter des Berliner „Kupferkönigs" Carl Justus Heckmann und erstes weibliches Mitglied der Akademie der Wissenschaften (1900) und Ehrenmitglied des Architektenvereins (1910), verheiratet war, die Grundstücke Nr. 79a und Nr. 79 Ecke Französische Str. 49 wieder.

Spätestens 1954, als der Philosoph E. Spranger, 1920–46 Professor mit Lehramt an der Berliner Universität, „Aus der Chronik der Friedrichstraße" veröffentlichte, war Nr. 79a als sein Elternhaus mit dem Spielwaren-Familiengeschäft bekannt. Als Mitglied der traditionellen „Mittwochsgesellschaft", der auch der hingerichtete Generaloberst Ludwig Beck, der preußische Finanzminister Popitz und der Botschafter U. v. Hassell angehörte, saß er nach dem 20. Juli 1944 mehrere Wochen in Gestapo-Haft.

Wenn in den überwiegend engen Straßen der City – spätestens seit dem 18. Jh. dichtbesiedeltes städtisches Gebiet – auf relativ schmaler Parzelle meist in Nachfolge barocker Grundsubstanz das typische Berliner großstädtische Geschäftshaus mit einem relativ geringen und sekundären Wohnanteil dominierte, verlief die

Entwicklung in Charlottenburg anders. Die 1787 erstmals so genannte und 1850 in Staatsbesitz übergegangene Landstraße zwischen Kgl. Fasanerie (Zoologischer Garten) und Jagdschloss Grunewald war auf Veranlassung Bismarcks 1869 um einen Reitweg zum Grunewald verbreitert worden. Dem Prachtstraßen-Konzept von 1873 folgend, ließ Wilhelm I. zwei Jahre später die Breite auf 53 m festlegen, aber erst 1882–86 erfolgte der Straßenbau. Bis 1900 war der Kurfürstendamm zwischen Gedächtniskirche und Knesebeckstraße mit relativ breiten mehrgeschossigen herrschaftlichen Mietshäusern mit stark plastischen Prachtfassaden bebaut. Abgesehen von wenigen Arzt- und Rechtsanwaltspraxen war kaum Gewerbe irgendeiner Art angesiedelt, erst um 1910 nahmen – beginnend mit der Umfunktionierung der Erdgeschosszone – die Wohnhäuser zunehmend Geschäfte, Pensionen und Büros auf, nach dem Ersten Weltkrieg folgten auch „normale", aber breite Geschäftshäuser nach.

Die typischen herrschaftlichen Mietshäuser am Kurfürstendamm, oft durch Geschäftsumbauten und Werbeanlagen unsensibel verändert, genügen, abgesehen von den unterschiedlichen Stil-Anleihen in der Fassadendekoration, einem Grundschema. Der Berliner Bautradition folgend, gruppieren sich Seitenflügel und Quergebäude um die Innenhöfe, im Vergleich zur Innenstadt aber ist sowohl die Parzellen-, d. h. Haus-Breite, als auch die Wohnfläche wesentlich größer. Auffallend ist die hohe Zahl von Erkern, Balkonen und Loggien, die die Fassadengestaltung wesentlich mitbestimmte und durch die ursprüngliche Wohnfunktion bedingt war. Der für die Zeit ungewöhnliche technische Komfort, wie Fahrstühle und Zentralheizungen, ist im Original nur in Ausnahmen erhalten.

Östlich der Kreuzung mit der Fasanenstraße haben einige dieser Häuser Krieg und Modernisierung relativ schadlos überstanden. Das Eckhaus Kurfürstendamm 26a/Fasanenstr. 75 (1905–07;

Boswau & Knauer) lässt die beginnende Abkehr vom Historismus erkennen. Der über Eck gestellte Geschäftseingang des langgestreckten Baues führt zu der am Kurfürstendamm häufig anzutreffenden trompetenartigen Aufweitung der Straßeneinmündungen, die am Hotel gegenüber auch aufgenommen wurde. Die Ecke Kurfürstendamm 216 (1898-1900; Ferdinand Döbler) – von Döbler auch die Häuser Nr. 28 (1891/92; Umbau 1927/28) und 29 (1896/97) – und die spiegelbildlich gleichen, nur im Dekor variierenden Häuser Nr. 218 und 219 (1896/97; W. Kölln) dagegen sind noch völlig dem Historismus verpflichtet. Gedankenlose Instandsetzungen bzw. Umbauten werden an den Häusern Nr. 219, Nr. 14/15 und Nr. 17 (1889 bzw. 1887-89; Richard Beyme) deutlich.

Ein selbst für den Neuen Westen außergewöhnlich prachtvolles Beispiel des großbürgerlichen Hauses ist die ehemalige HOFKONDITOREI SCHILLING, Kurfürstendamm 234 (1900/01; Zaar & Vahl). Den 3-geschossigen Eingangsvorbau, der die 7-achsige, gepflegte Fassade teilt, krönt ein Altan mit geschwungenem Bogengiebel. Das trotz seiner Formenvielfalt unaufdringliche Dekor verleiht dem Haus die angemessene vornehme Note.

In den 1920 in Berlin aufgehenden Kommunen waren bereits Anfang des 20. Jh.s einige Gemeindebaumeister am Werk, die abseits der akademischen Zirkel und frei von kaiserlichen Zwängen die Chance nutzten, sich mit unterschiedlichen Stilmitteln vom Eklektizismus abzusetzen und eigene Wege zu suchen. Zu den bedeutenden gehören sicher 1906-15 Carl James Bühring in Weißensee, nachmalig Stadtbaurat in Leipzig, und 1905-12 Reinhold Kiehl in Rixdorf (ab Januar 1912 Neukölln), der noch kurz vor seinem frühen Tod zum Sachverständigenbeirat beim Zweckverband Groß-Berlin gewählt worden war.

Bührings größte – auch international beachtete – Berliner Leistung ist gewiss das so genannte GEMEINDEFORUM, dessen geschlossener Teil sich als Ensemble um den Kreuzpfuhl gruppiert, Ergebnis der weitsichtigen Politik des Gemeindevorstehers Carl Woelck, der die planlose private Bautätigkeit gestoppt und den kommunal finanzierten Wohnungsbau favorisiert hatte. Durch die weitsichtige Politik einer planmäßigen städtebaulichen Vereinigung der gründerzeitlichen Gemeinde Neu-Weißensee mit dem aus dem Mittelalter stammenden Dorf verstand er es, die Attraktivität der schlecht beleumdeten Kommune zu steigern. Zeitgleich entstanden 1908-13 nördlich des Kreuzpfuhls zwischen Schönstraße und Woelckpromenade die Oberrealschule – heute Gymnasium – mit anschließender Wohnzeile, westlich die Wohnbebauung entlang der Woelckpromenade bis zur Pistoriusstraße, auf deren Südseite folgte zwischen Tassostraße und Pistoriusplatz das Ensemble der Feuerwache (nicht ausgeführt), das Abwasserpumpwerk mit Turnhalle und Beamtenwohnhaus. Das Ensemble zwischen Kreuzpfuhl und Pistoriusstraße mit Festhalle, Badeanstalt (nicht ausgeführt) und Restaurant, nach Westen durch einen Wohnblock geschlossen, ist wegen der Kriegszerstörungen weitgehend verloren. Bühring rahmte den Kreuzpfuhl nicht mit einer geschlossenen Kulisse, sondern gruppierte ein im Grün relativ bewegtes Ensemble um das Wasser. Die geschlossene Wirkung resultiert allein aus den durchgehend als Baumaterial und Gestaltungsmittel verwendeten roten Ziegeln, akzentuiert durch Natursteinsockel, sparsame Putzflächen und wenige plastische Schmuckelemente von Hans Schellhorn. Ergänzt wurde die Bebauung 1913-15 durch Lückenschließungen an der Tassostraße bis zu den beiden Eckhäusern an der Berliner Allee. Die zeitlich nachfolgenden und örtlich anschließenden Bebauungen nördlich bis zur Amalienstraße und südlich um den Pistoriusplatz folgten der Bühringschen Formensprache, so dass bis Ende der 20er Jahre ein relativ geschlossenes städtebauliches Zentrum entstand.

Die Chance, solch eine weiträumige städtische Bebauung zu planen, hatte Kiehl zwar nicht, mit dem traditionellen Repertoire eines Stadtbaurates beeinflusste er die Entwicklung Rixdorfs jedoch nachhaltig und setzte architektonisch qualitative Akzente. „Kiehl hatte fast die gesamte öffentliche Infrastruktur an Hochbauten in Rixdorf-Neukölln neu zu planen. Seine Bauten zeichnen sich durch klare, kubische Proportionierung, sparsame Verwendung von Fassadendekorationen bis hin zum gänzlichen Verzicht an Dekoration aus, durch eine besondere Gestaltung von Dachlandschaften und eine nüchterne, funktionale Raumkonzeption ... Das von ihm verwendete tradierte Formenzitat wird nicht prunkhaft oder, akademisch erstarrt, dekorativ angewandt, sondern als gliederndes, tektonisches Element den Notwendigkeiten des Gesamtentwurfs untergeordnet ... Seine idealtypischen Anleihen bei der Antike ließen es nicht beim Rekapitulieren des bekannten künstlerischen Formenkanons, sondern bauten diesen, auf ganzheitliche Wirkung bedacht, in den Funktionszusammenhang des jeweiligen Baues ein." *[Fuchs/146]* Von Kiehls auch international mit Preisen gewürdigten Bauten – wie dem **KRANKENHAUS BUCKOW** (1907–13), dem **STADTBAD GANGHOFERSTRASSE** (1912–14), der **PASSAGE** Karl-Marx-Straße (1909/10) – gehört das **RATHAUS**, Karl-Marx-Straße 83-85 (1905–09), bereits 1910–12 erweitert, zu den beachtlichsten Leistungen. In der Grundrissorganisation trotz der phantasievoll kombinierten Baukörper der konventionellen Innenhofumbauung anderen zeitgleichen Rathausbauten verhaftet, differenzierte Kiehl durch unterschiedliche Fassadengestaltungen zwischen dem 4-5-geschossigen Repräsentationstrakt – dem eigentlichen, traditionellen Rathaus – an der Hauptstraße und dem deutlich untergeordneten Verwaltungsbau an den Nebenstraßen. Das war seinerzeit ein völlig ungewohntes Prinzip. Der geschickt an der kurzen Hauptstraßenfront eingeordnete domi-

nante 70 m hohe Turm prägt am Ort das Stadtbild und beherrscht die Neuköllner Magistrale über das Rathausumfeld hinaus. Die jeweiligen Funktionsbereiche im Rathaustrakt – so der Amtsraum des Bürgermeisters, die Sitzungssäle oder Kassenräume – sind durch die Fassaden verschieden dargestellt. Die äußerst zurückhaltenden Renaissanceformen entwickelten sich aus den wenigen unterschiedlichen Materialien der Fassaden.

Die Überwindung des Eklektizismus war letztlich Resultat einer komplizierten komplexen Entwicklung mit vielfältigen Komponenten. Wesentlich waren u. a. – in der Vielschichtigkeit noch immer Gegenstand der wissenschaftlichen Aufarbeitung – die Weiterführung stilistischer Linien des Historismus (Überleitung vom Neobarock zum Jugendstil); die schöpferische Weiterentwicklung – beinahe Neuentdeckung – allgemeingültiger Gestaltungsprinzipien aufgrund der Abkehr von der Auffassung der Architektur als reiner Kunst (Einheit von Funktion, Form und Konstruktion); die Respektierung des Einflusses des Materials auf Konstruktion und Gestaltung (Materialstil und ästhetische Funktion der Konstruktion); die Überwindung des Widerspruchs zwischen industrieller Maschinen-Fertigung und handwerksgemäßer Gestaltung (Wechselwirkung von Architektur und Kunstgewerbe/Industrieformgestaltung); die Reflexion philosophisch-ideologischer Erkenntnisse (produktive Arbeit des Menschen bedingt ästhetische Einheit von Zweckmäßigkeit und Schönheit); die sozialreformerischen Bewegungen als Ergebnis der zunehmenden sozialen Differenzierung (städtebaulich-architektonische Umsetzung eines bedürfnisorientierten Wohnungsbaues) und schließlich neue ideelle Inhalte (Kampf um menschenwürdige Daseinsbedingungen). Der Übergang zum so genannten Neuen Bauen vollzog sich aufgrund der Vielschichtigkeit der Problematik in einem längeren Zeitraum und auf verschiedenen

Wegen, so dass jene Phase stilistisch ein recht chaotisches Bild bietet. Diese architektonische Revolution wurde, beginnend in den 90er Jahren des 19. Jh.s, erst in den 20er Jahren des 20. Jh.s zu einem vorläufigen Abschluss gebracht.

Eine Phase dieses Übergangs vom starren Eklektizismus zum Neuen Bauen ohne spektakuläre Brüche im eigenen Werk verbindet sich mit den Namen Ludwig Hoffmann und Alfred Messel. Beide gingen unterschiedliche Wege, beider Werk aber führt vom Eklektizismus zu einer neuen Architekturauffassung, und beide waren befreundet. Bekannt wurde Hoffmann durch das gemeinsam mit Peter Dybwad noch ganz im Stil der Neorenaissance 1887–95 errichtete Reichsgericht Leipzig. Im Anschluss an dieses Vorhaben wurde Hoffmann 1896 zum Nachfolger Blankensteins als Stadtbaurat für Hochbau nach Berlin berufen. Bis zu seinem Ruhestand 1924 prägte er das Berliner Bauen sehr stark, Zeugnisse seiner Produktivität sind die über 100 Bauten

des STÄDTISCHEN KLINIKUMS BUCH (1899–1914), zahlreiche Schulen – noch heute sind über 25 z. T. größere Anlagen erhalten – und Verwaltungsgebäude.

Der unterschiedliche Stil der SCHULBAUTEN wird offenkundig beim Vergleich der Objekte Koppenplatz 12 (1902–07) und Linienstr. 162 (1911) in Mitte sowie Driesener Str. 22 (1905–08), Gleimstr. 49 (um 1915), Schönfließer Str. 7 (1913–15), Dunckerstr. 64 (1913/14) u. 65/66 (1899/1900), Greifenhagener Str. 58/59 (1904), Lychener Str. 75/77 (1905), Senefelderstr. 6 (1907/08) und Greifswalder Str. 25 (1913/14), alle Prenzlauer Berg.

Hoffmann war ein Meister der schöpferischen, unaufdringlichen und auf den ersten Blick oft nicht erkennbaren Verwendung historischer Stilformen am Bau. Besonders die Schulen sind klar gegliedert. Sparsam eingesetzter plastischer Bauschmuck – am ausgeprägtesten sind die Portale – und die standortgerechte räumliche Gliederung hinterlassen einen

Ludwig Hoffmanns GASAG-Geschäftshaus Littenstraße zwischen Rolandufer und Stralauer Straße.

Hoffmanns Entwurfszeichnung vom Neuen Stadthaus.

modernen Eindruck. Während die Schulen als Putz- oder Backsteinbauten ausgeführt wurden, bevorzugte Hoffmann für die Verwaltungsbauten – meist mit Fassaden in Kolossalordnung und plastisch reich geschmückt – Muschelkalkstein. Mit dem Kuppelturm für das STADTHAUS, Klosterstr. 47 (1902–11), nahm er die traditionelle Form der Gontardkuppeln auf, die auch auf den Turmhäusern (1957–60) von Hermann Henselmann am Frankfurter Tor zu finden sind. Die ausgesprochen historisierende Gestaltung am MÄRKISCHEN MUSEUM (1901–07) – jeder Bauteil hat ein originales Vorbild in der Mark – geht auf den Gedanken der äußeren Sichtbarmachung von Inhalt und Funktion des Gebäudes zurück. Hoffmann arbeitete bei der plastischen Ausschmückung seiner Bauten vorwiegend mit den Bildhauern Lessing, Rauch, Wrba und Taschner zusammen, die drei Letztgenannten schufen auch die Plastiken für Hoffmanns Märchenbrunnen (1902–13) im Volkspark Friedrichshain.

Dass mit Anleihen aus der Stilgeschichte anders als durch die Kopisten vorgeführt umgegangen werden kann, bewies Hoffmann auch durch seine STADTBÄDER. Das 1896–1901 als erstes gebaute und 1916 nochmals erweiterte Stadtbad in der Kreuzberger Baerwaldstr. 64-68 vermittelt den Eindruck eines italienischen Palazzo, gleichzeitig bleiben Funktionen im Äußeren ablesbar. Wenig später entstanden die Bäder in der Schöneberger Dennewitzstraße (1897–1903), in der Oderberger Straße im Prenzlauer Berg (1899–1902) und in der Weddinger Gerichtstraße (1908). Das Stadtbad Oderberger Str. 57-59 wurde in Formen der deutschen Renaissance errichtet. Aufgrund seiner Innengestaltung auch als „Badekirche" apostrophiert, wurde das Bad Mitte der 80er Jahre wegen massiver Bauschäden, u. a. war die Dichtung des großen Beckens defekt, geschlossen. Zwischenzeitliche Pläne zur Umnutzung, u. a. als Hotel, oder zum Abriss lösten heftige Proteste der Anwohner aus. 2001 übernahm ein Verein den Bau und verpachtete ihn mit Aussicht auf Sanierung und Umbau bis 2003.
Über den „modernen Historismus" Hoffmanns als mehr oder minder rein künstlerischer Suche nach einem neuen Stil ging sein Jugendfreund Alfred Messel mit dem Ansatz der Entwicklung eines neuen Stils aus der Einheit von Form und Funktion hinaus. 1885 führte der Staatsdienst Messel nach Berlin; ab 1896, dem Jahr von Hoffmanns Dienstantritt als Stadtbaurat, war er freischaffend tätig. Auch Messel begann im Stil der Neorenaissance, so mit den KAFFEEHÄUSERN Neue Schönhauser Str. 13 (1890/ 91) und Chausseestr. 105 (1892), löste sich wie auch Hoffmann aber bald davon. Die Wohnhausbauten der späten 90er Jahre kamen dem Materialstil nahe. Wenn auch z. T. heute verändert, legen der BAUBLOCK PROSKAUER STR. 15-17/Bänschstr. 26-30/ Schreinerstr. 63-64 (1897/98), dessen Entwurf auf der Pariser Weltausstellung 1900 preisgekrönt wurde, die WOHNHAUSGRUPPE STARGARDER STR. 3-5/

Greifenhagener Str. 56/57 (1899/1900) und die WOHNANLAGE WEISBACHSTRAßE (1899-1905) davon Zeugnis ab. Gleichzeitig sind sie aber auch typische Beispiele des Reformwohnungsbaues der Jahrhundertwende. Als Probe kann sicher das MIETSHAUS SICKINGENSTR. 7/8 (1893-95) in Tiergarten gesehen werden, mit dem Messel bereits seine Reformprinzipien von der Wohnungsgröße über die Grundriss- und Fassadengestaltung bis zur Integration von Gemeinschaftseinrichtungen vorwegnahm. Das wohl früheste erhaltene Wohnhaus Messels von 1891/92 – Kurfürstendamm 25 – ist dagegen ein Beispiel, wie zerstörerisch moderne Eingriffe auf die innere Harmonie dieser Bauten wirken. Das in sparsamen Renaissanceformen gehaltene 4-geschossige Mietshaus wurde 1911 zum HOTEL AM ZOO umfunktioniert, 1950 baute P. Baumgarten die Hotelhalle um und stockte 1957/58 das Haus um zwei Geschosse auf. Spätere Eingriffe in die aufgestockte Glasfassade verwandelten den Kontrast zur Disharmonie.

Hotel am Zoo, Kurfürstendamm – Messels Mietshaus nach Baumgartens Umbau.

In seinem bedeutendsten Werk, dem 1896-1906 in Etappen entstandenen – kriegszerstörten – WARENHAUS WERTHEIM am Leipziger Platz, entwickelte Messel bereits die Form aus der Funktion. Historisierende Details blieben untergeordnet, die Gestalt des Baues prägten die konstruktiv bedingten Pfeilerreihen und die funktionell notwendigen Glasflächen. Die Bauplastik schufen auch hier Wrba, Taschner und Rauch. Mit diesem Bau wie auch dem heute nur noch durch den Seitenflügel in der Sophienstraße dokumentierten Wertheim-Kaufhaus Rosenthaler Straße (1903) schuf Messel den lange Zeit gültigen Standardtyp Warenhaus. Das VERSICHERUNGSGEBÄUDE AM KÖLLNISCHEN PARK 2A/3 (1903/04) zeigt zwar eine dem Barock entlehnte Grundform, die betonte Pfeilergliederung und der sparsame plastische Schmuck des Klinkerbaues nehmen ihm jede historisierende Wirkung. In der Wahl des Baumaterials lässt sich die Abstimmung zum gleich-

zeitig entstandenen benachbarten Museumsbau Hoffmanns erkennen. Die gestalterische Grundkonzeption seiner Warenhäuser verfolgte Messel nicht weiter. Das BANKGEBÄUDE Behrenstr. 32/33/ Französische Str. 42 (1899/1900) näherte sich mit der Kolossal-Ordnung der Fassaden wieder dem Historismus.

Die engste Verbindung Messels und Hoffmanns war der Bau des PERGAMON-MUSEUMS. Der 1901 von Fritz Wolff und Cramer errichtete Bau war schon 1906 abrissreif. Messel entwarf für den gleichen Standort ein repräsentatives Gebäude, starb aber vor Baubeginn. Auf Grund seines hinterlassenen Wunsches übernahm Hoffmann die Ausführung (1909-1930), die sich wegen häufiger Unterbrechungen – Erster Weltkrieg, Inflation, kulturpolitische Querelen – verzögerte. Die Anlage ist unvollendet, der 1-geschossige Verbindungsbau der Seitenflügel am Kupfergraben, der Eingangsbau und der Übergang zum Bode-Museum sowie der dem Neuen Museum am Kupfergraben vorgelagerte flache Erweiterungsbau für das Ägyptische Museum blieben ebenso unausgeführt wie eine neue Straßenachse zwischen Ehrenhof und dem umzugestaltenden Hegelplatz hinter der Universität. Dadurch wurde die Gelegenheit versäumt, den durch die relativ regellose Bebauung und die S-Bahn-Trasse städtebaulich unorganisch wirkenden Komplex am Kupfergraben neu zu ordnen, architektonisch zusammenzufassen und mit der Dorotheenstadt städtebaulich zu verbinden. 1980–82 erfolgte der Bau der fehlenden Eingangshalle nach Entwurf von Werner Dutschke und Peter Gohlke. Im Rahmen des Masterplans für die Erneuerung der Museumsinsel wird der fehlende Verbinder in einer transparenten Glaskonstruktion bis 2010 durch O. M. Ungers ergänzt werden.

Sowohl Hoffmann mit seiner zwischen Historismus und Moderne stilistisch vermittelnden Haltung als auch Messel mit seinen konstruktiv und funktionell entwickelten Warenhäusern als Ausgangspunkt für das moderne Bauen trugen wesentlich zur Öffnung der Berliner Architektur in das 20. Jh. bei. Und wenn sich progressive, damals in der Stadt ansässige Architekten schon 1924 als Gegenpol der Hoffmannschen Architekturauffassung zur Berliner Architektenvereinigung „Zehner-Ring" zusammenschlossen – Otto Bartning, Peter Behrens, Walter Gropius, Wassili und Hans Luckhardt, Erich Mendelsohn, Hanns Poelzig, Hans Scharoun, Bruno und Max Taut – so wertet dies die Bedeutung Hoffmanns und auch Messels nicht ab, sondern dokumentiert die Dynamik und den grundlegenden Umschwung der Architekturentwicklung zu Beginn des 20. Jh.s.
Berlin erlebte in den letzten Jahrzehnten des Jahrhunderts nicht nur große politische Turbulenzen, sondern vor allem eine stürmische wirtschaftliche, wissenschaftliche und technische Entwicklung. Ausdruck dessen war die Citybildung und die damit verbundene bauliche Umge-

Perspektive des Pergamonmuseums in einer Zeichnung Messels von 1908/09.

staltung des Stadtkerns. Dem fielen zahlreiche historisch wertvolle Bauten und städtebaulich bedeutende Ensembles und Platzanlagen zum Opfer, z. B. das historische Alt-Berlin und die barocke Platzumbauung des Gendarmenmarktes. Neue Straßentrassen sollten städtebauliche Mängel der Vergangenheit beseitigen. Moderne Verkehrslösungen wurden mit dem Aufkommen des Automobils, elektrischer Straßenbahnen und O-Busse notwendig. Die letzten Industrieunternehmen verließen die Innenstadt und siedelten sich in den Außenbezirken an. Im Zentrum entstanden Kaufhauskomplexe, riesige Bank- und Verlagshäuser sowie Verwaltungsbauten des preußischen Staates und des Deutschen Reiches. Ihre Konzentration führte zur Herausbildung des Regierungs-, des Banken- und des Zeitungsviertels in der Friedrichstadt und forcierte dadurch die Zentrumsentwicklung nach Westen. Das historische Zentrum – Alt-Berlin und Kölln – verlor seine Bedeutung als Mittelpunkt des städtischen Lebens.

Die wirtschaftliche Ballung hatte ebenso eine Konzentration der Bevölkerung zur Folge. Schon 1873 gehörte Berlin mit 54 Einw./Grundstück zu den am dichtesten besiedeltsten Städten der Welt (zum Vergleich: London 8 Einw./Grundstück). 1895 stand Berlin mit 72 Einw/Grundstück unangefochten an der Spitze. Die soziale Differenzierung wurde immer mehr am Wohnort sichtbar. Im späteren Wedding, Kreuzberg, Prenzlauer Berg und Friedrichshain betrug die Wohnfläche je Wohnung 39 m² (29,6 m² Nutzfläche), das Verhältnis der Grund- zu höheren Schulen 11,9:1, und es gab auf 1.000 Einwohner 6,4 Ärzte. In Charlottenburg, Wilmersdorf, Zehlendorf und Steglitz sah dies anders aus: 58 m² (46,1 m²), 1,9:1 und 22,5.

Zur Jahrhundertwende zählte Berlin 1,88 Mio. Einwohner, in der Stadt waren aber l,03 Mio. Menschen im Handel und Gewerbe beschäftigt. Berlin und seine Umgebung hatten sich zu einem industriellen Ballungsgebiet mit etwa 2,4 Mio. Men-

schen entwickelt. Die einst weit vor der Stadt gelegenen Dörfer waren z. T. zu Großstädten (über 100.000 EW) mit eigenem Stadtrecht gewachsen. Im ersten Jahrzehnt des 20. Jh.s zählten dazu Schöneberg, Rixdorf (ab 1912 Neukölln), Lichtenberg, Köpenick, Steglitz und Wilmersdorf; Charlottenburg erreichte fast 200.000 Einwohner. Obwohl kommunal selbstständig und zum Land Brandenburg gehörend, wuchsen die Vorstädte vor allem entlang der Verkehrswege immer mehr mit Berlin zusammen. Die Stadtgrenzen waren anhand der Bebauung bald nicht mehr erkennbar. Die Krise 1900–03 konnte diese Entwicklung nicht stoppen, 1905 überschritt Berlins Einwohnerzahl die 2-Millionen-Grenze.

Wenngleich Berlin sich mit dem Städtebauwettbewerb von 1910 so früh wie keine andere europäische Millionenstadt mit der Entwicklung des eigenen Großraums beschäftigte, hatte diese von den beiden Berliner Architektenvereinen angeregte und 1908 von Berlin und einigen Umlandgemeinden ausgeschriebene Konkurrenz in zeitlicher Nähe kaum Wirkung – das verhinderten Krieg, Revolution und Inflation; in den 20er Jahren erfuhren Teile dieser Planungen jedoch eine Renaissance. Der im Aufwind dieses Versuches eines Generalbebauungsplanes – entsprechend dem preußischen Zweckverbandsgesetz vom 19. Juli 1911 – am 1. April 1912 gegründete „Zweckverband Groß-Berlin" konnte zwar einige Voraussetzungen für die spätere Großstadtgründung schaffen (weite Waldgebiete konnten dadurch der Grundstücksspekulation entzogen werden). Aus vielerlei Gründen hatte er aber nicht die erhoffte Wirkung.

Groß-Berlin und Neues Bauen
Stil-Brüche – Die 20er Jahre in Berlin

„Das ‚Gesetz über die Bildung einer neuen Stadtgemeinde Berlin' vom 27. April 1920, die Schaffung von Groß-Berlin, ist eine Sternstunde der Berliner Geschichte. Man kann es auch anders ausdrücken: Kein Ereignis der Berliner Geschichte in diesem Jahrhundert hat für die deutsche Geschichte, für die nationale Entwicklung insgesamt, größere Bedeutung gehabt als die Bildung der Großgemeinde." *[Köhler/ Ribbe/814]*
Über Jahrzehnte hinweg hatte der preußische Staat gewissermaßen im Auftrag des Großbürgertums und der Landjunker und nicht zuletzt als Werkzeug der Hohenzollern aus – durchaus berechtigtem – Misstrauen gegen das zunehmend sozialdemokratische Berlin die kommunale Selbstverwaltung gegängelt und auch im Interesse betroffener wohlhabender Umlandgemeinden die Vereinigung des wild zusammenwachsenden Großraums Berlin verhindert. Nun hatten der verlorene Krieg, die Abdankung des Kaisers und die Novemberrevolution 1918 Voraussetzungen für eine parlamentarische Mehrheit der beiden sozialdemokratischen Parteien (SPD und USPD) geschaffen, wozu nicht zuletzt die Abschaffung des undemokratischen, rein besitzbestimmten Dreiklassenwahlrechts 1919 gehörte.
Mit dem relativ klaren Abstimmungsergebnis – auch Abgeordnete der DDP (Deutsche Demokratische Partei) stimmten für Groß-Berlin – von 165 Ja- zu 148 Nein-Stimmen in der Verfassungsgebenden Preußischen Landesversammlung war dennoch nur ein erster Schritt getan. Mit den bisherigen Städten Berlin, Charlottenburg, Köpenick, Lichtenberg, Neukölln, Schöneberg, Spandau und Wilmersdorf sowie 59 Landgemeinden und 27 Gutsbezirken umfasste die neue deutsche – und preußische – Hauptstadt ab dem 1. Okt. 1920 eine dreizehnfach vergrößerte Fläche von 878,35 km² mit 3,86 Mio.

Einwohnern, somit in der Fläche seinerzeit die größte, bezüglich der Bevölkerung nach New York und London die drittgrößte Stadt der Welt. Untergliedert in 20 Stadtbezirke, bedurfte es gewisser Zeit, bis diese Metropole eine adäquate Stadtregierung mit einer funktionsfähigen Bauverwaltung erhielt, deren Aufgaben immens waren: die Abwägung zwischen Zentralisation und dezentralen Kompetenzen, die notwendige Modernisierung der Planungsprozesse und Baugesetze und die Schaffung der politischen und fiskalischen Voraussetzungen für einen öffentlich geförderten Bau-Sektor, vor allem im Wohnungsbau.
Ungeachtet der Probleme beim Aufbau der neuen Bau-Verwaltung nahm die Zahl der in Berlin ansässigen – und noch mehr die der hier tätigen – Architekten und Ingenieure überproportional zu. Zu den jeweils in den ehemals selbstständigen Kommunen bereits arrivierten beamteten oder freischaffenden Architekten – und selbsternannten Baumeistern – gesellten sich im Sog des einsetzenden Baubooms und angelockt vom neuen Ruf der Metropole sowie ihrer Auftraggeber und Schulen unzählige Architekten, Praktiker wie Theoretiker. Die ein Jahrhundert lang uneingeschränkt herrschenden Standes-Vereine verloren auf dem freien Markt des Bauens fast völlig ihren dominierenden Einfluss und beschränkten sich fortan auf das Fachliche. Diese personelle Inflation in der Architekturwelt lässt natürlich nur beispielhafte Übersichten zu, das Streben nach auch nur annähernder Vollständigkeit verbietet sich von selbst.
Die auf die Revolution 1918/19 folgenden Jahre spiegelten in äußeren Turbulenzen die langanhaltende wirtschaftliche und politische Instabilität der Weimarer Republik wider. Inflation und Weltwirtschaftskrise, politische Morde und brutale Straßenschlachten zwischen rechts und links, tiefgehende soziale Konflikte und die glamourösen „Goldenen Zwanziger" – zerrissener war kaum eine Epoche in der Berliner Geschichte. Und doch wirkte

diese unberechenbare Situation in Kultur und Kunst ungeahnt förderlich, Berlin gelang in kürzester Zeit der Wandel vom miefigen preußisch-konservativen Provinzialismus zur internationalen Kultur-Metropole. Folgerichtig gingen von der Stadt ebenfalls grundlegende Impulse für die moderne Architektur aus.

Wenn auch die 20er Jahre im Bauen landläufig vor allem mit Schlagworten wie Neue Sachlichkeit, Bauhausstil und Taut-Siedlungen behaftet sind, zeigte die Berliner Architektur dessen ungeachtet ein Bild großer Vielfalt. Charakteristisch für Zeiten eines grundlegenden Umbruchs, gingen nunmehr historische Entwicklungslinien zu Ende, andere begannen oder setzten sich kontinuierlich fort, und manche glichen in der Kürze ihrer Existenz – oder ihres Experiments? – Sternschnuppen. Dabei waren sie alle mehr oder minder miteinander verwoben und oft auch durch die gleichen Architekten repräsentiert. Die Komplexität der Erscheinungsformen moderner Architektur verbietet jegliche Schematisierung in welchen Stilbegriffen auch immer. Mit dem Historismus – also mit den so genannten Neostilen – endeten um die Jahrhundertwende die Möglichkeiten der klassischen Stilkritik. Die Bewertungskriterien für die Moderne – als übergreifender Begriff alle den Zweiten Weltkrieg überdauernden Entwicklungen umfassend – reichen von sozialen Aspekten über die Konstruktion bis zu ästhetischen Komponenten. Wie in den Zeiten zuvor blieb auch jetzt der Gebrauch der Architektur für die Darstellung politischer oder wirtschaftlicher Macht trotz aller ästhetisierenden Neutralisierungsversuche eine ihrer wichtigsten Funktionen. Zwangsläufig wurde auch die Architektur Berlins in den 20er Jahren zum Kampfplatz der Ideologien.

Der abrupt mit traditionellen stilistischen Spielarten brechende Expressionismus, z. B. der BORSIG-TURM TEGEL (1924; Eugen Schmohl), die WOHNANLAGE ZEPPELINSTRAßE (1926/27; Ermisch) und der BVG-BETRIEBSHOF MÜLLERSTRAßE (1926/27; Jean Krämer), erfuhr keine Breitenentwicklung, sondern steuerte dem allgemeinen Bild vorwiegend einzelne Bauglieder und Kompositionsprinzipien bei, wie sie u. a. Max Taut (Giebel am ADGB-Haus) und Erich Gutkind (Wohnanlage Thulestraße) aufnahmen.

„Der architektonische Expressionismus kam selten über das Stadium der zeichnerischen Vision hinaus. Die katastrophale wirtschaftliche Lage nach dem Krieg schloss dies aus. Aber auch die technisch-konstruktiven Voraussetzungen wurden erst später (...) geschaffen, und erst viel später dienten sie für die Realisierung von Körper- und Raumvorstellungen, die im Expressionismus entwickelt worden waren. Dennoch sickerten vereinzelt Baugedanken in realisierte Entwürfe ... Zu erwähnen bleibt, dass in einem Nebenstrom zwischen dem Neuen Bauen und konservativen Richtungen ..., bauliche oder ornamentale Elemente des Expressionismus noch über Jahre weiter zu verfolgen sind." [Hüter/98,106]

Das ebenso traditionsbrechende Neue Bauen – so die Selbstbezeichnung durch seine Protagonisten in Ausstellungs- und Buchtiteln – mit den Tautschen GROSSSIEDLUNGEN, dem ADGB-GEBÄUDE Wallstraße (1922/23; Max Taut/Franz Hoffmann) oder der WOHNANLAGE BAUMSCHULENSTRAßE (1929/30; Paul Rudolf Henning) bestimmte im Rückblick wesentlich das Bild des Jahrzehnts und wirkte trotz späterer partieller Rückgriffe auf traditionelle Formen bahnbrechend über Berlin hinaus. Die Baugestalt ohne eine sie bestimmende Vorgabe aus den materiellen, konstruktiven und funktionalen Randbedingungen zu entwickeln, war ein zukunftsträchtiger Denkansatz. Dies auch, weil hier das Bauen bewusst in einen gesellschaftlichen Zusammenhang gestellt wurde. „Architektur ist die Kunst der Proportion, wobei Proportion nicht nur die funktionelle Ausgewogenheit eines Baues, sondern ganz umfassend auch sein Verhältnis hinsichtlich Aufwand und

Nutzen, seine Beziehungen zum gegebenen räumlichen und gesellschaftlichen Standort, selbst die Berücksichtigung des Klimas umfassen sollte." *[Junghanns/18]* Die Versuche – u. a. von Behrens, Tessenow und Messel – in der Vorkriegszeit, aus der Tradition Neues zu entwickeln, zählten in der Weimarer Republik zwangsläufig schon zu den konservativen Richtungen – konservativ im Sinne von „Bewahren", nicht zu verwechseln mit dem Konservatismus des Eklektizismus in seiner Verweigerung einer Evolution. Nicht nur quantitativ, sondern auch qualitativ behaupteten diese kontinuierlich weitergeführten konventionellen Bauweisen und Gestaltungen ihren Platz, oft aber bewusst gegen das Neue Bauen gesetzt. Symptomatisch war der so genannte „Dächerkrieg" – Verweigerung der Baugenehmigung für Flachdächer – um die Waldsiedlung Zehlendorf (B. Taut/ Otto Rudolf Salvisberg/Hugo Häring) oder das gebaute Nebeneinander beider Richtungen, so bei der Hufeisen- (B. Taut/Martin Wagner) und der Krugpfuhlsiedlung (Engelmann & Fangmeyer), dem Elsengrund (O. R. Salvisberg) und der Mahlsdorfer Straße (Engelmann & Fangmeyer) oder der Wald- (B. Taut u. a.) und der Fischtalsiedlung Zehlendorf (Tessenow u. a.).

Der gegen Eklektizismus und Historismus gerichtete so genannte Materialstil – eine wesentliche Entwicklungslinie hin zur modernen Architektur – mit seinen Grundsätzen von Materialechtheit in der Gestaltung und Materialgerechtigkeit in der Verarbeitung, war vor dem Ersten Weltkrieg vor allem durch Poelzig, Tessenow, den Brüdern Taut und Behrens vertreten worden. Nach 1918 gehörte er – in Berlin befördert durch prominente Mitglieder des Deutschen Werkbunds, genannt sei hier nur sein Mitbegründer Hermann Muthesius – bereits zu den konservativen Auffassungen. Wenn auch ebenfalls vom Werkbund kommend, vertrat Paul Schultze-Naumburg vor allem publizistisch und als Kulturpolitiker den im Dritten Reich assimilierten so genannten Heimatstil, wie er sich in seinem Potsdamer Schloss Cecilienhof (1913–17) manifestierte. Sein auch in Berlin, wo er 1897–1903 gelebt hatte, spürbares aggressives „völkisches" Wirken gegen das Neue Bauen lohnten ihm die Nationalsozialisten jedoch nicht durch eine offizielle kulturpolitische Karriere.

Bereits 1928 gehörte Schultze-Naumburg zu den Mitbegründern des nationalsozialistischen „Kampfbund für Deutsche Kultur" und der Architektenvereinigung „Der Block" und veröffentlichte „Kunst und Rasse", 1934 dann „Kunst aus Blut und Boden". Im Auftrag der NSDAP reorganisierte er 1930 in Weimar die dem nach Dessau vertriebenen Bauhaus nachgefolgte Schule, in der nunmehr „Wert auf Darstellung des Heldischen gelegt" *[Droste/ 227]* werden sollte. Ohne Vorankündigung ließ er die künstlerisch wertvolle Treppenhausgestaltung Oskar Schlemmers zerstören; bis 1940 war er Leiter der Schule. Der Schließung des Bauhauses in Dessau im September 1932 lag wiederum ein von den Nationalsozialisten in Auftrag gegebenes Gutachten Schultze-Naumburgs zugrunde. Das letzte Bauhaus-Exil war dann eine ehem. Telefonfabrik in der Birkbuschstr. 49 in Berlin-Steglitz, an das nur noch eine Gedenktafel auf dem Grundstück erinnert: „Gegründet 1919 von W. Gropius in Weimar, weitergeführt als Hochschule für Gestaltung in Dessau, war das Bauhaus in den 20er Jahren international wegweisend für Formgestaltung und Architektur. Zuletzt von Ludwig Mies van der Rohe geleitet, wurde es auf Druck der Nationalsozialisten 1932 aus Dessau vertrieben und 1933 in Steglitz geschlossen. Viele seiner Mitglieder wurden verfolgt oder emigrierten". *[Hübner/104]*

Das Bauhaus – Synonym einer spezifischen, Form und Konstruktion in spartanischer Ausprägung wieder vereinenden und wegen seines Radikalismus umstrittenen avantgardistischen Schule – erlangte schon durch das Wirken seines Gründers

Walter Gropius und des letzten Direktors Mies van der Rohe in Berlin zwar direkten, aber nichtsdestotrotz keinen bestimmenden Einfluss. Die Linie vom Neuen Bauen zur Moderne riss 1933 auch in Berlin bis auf wenige Ausnahmen, z. B. im Industriebau und in der Villenarchitektur, schlagartig ab. Ihre Protagonisten verließen mehrheitlich Deutschland und gingen – oft auf Umwegen – zumeist in die USA, aber auch in die Türkei und die UdSSR. Kaum ein Vertreter des Neuen Bauens, der nicht wenigstens zeitweise in Berlin baute! Neben dem expandierenden Massen-Wohnungsbau inklusive des Villenbaues sind die 20er Jahre vor allem durch großräumige Infrastrukturvorhaben – u. a. Ausbau des U- und S-Bahn-Netzes, Anlagen für die stadttechnische Ver- und Entsorgung – und Industrieanlagen wie die Siemensstadt bestimmt. Der Mitte der 20er Jahre einsetzende Bauboom beförderte auch die weitere Spezialisierung der freischaffenden Architekten. Die Rolle der stadtangestellten Architekten beschränkte sich, abgesehen von Ausnahmen wie Martin Wagner, zunehmend auf stadtplanerische und Genehmigungsaufgaben. Die Wiederherstellung der Einheit von Funktion, Konstruktion und Gestaltung sowie die umfassende Rationalisierung von Grundrissen und Konstruktionen leisteten der Vorfertigung, d. h. der Industrialisierung im Bauen, natürlich entscheidenden Vorschub.

Zu den sehenswerten Beispielen des Neuen Bauens in der Industrie zählen die ebenso wie ihr Architekt weitgehend unbekannten Bauten von Martin Punitzer. Die Anlage der WERKZEUGMASCHINENFABRIK HERBERT LINDNER GMBH in Wittenau, Lübarser Str. 8-38, hatte einen im Industriebau seltenen Gestaltungshintergrund: Richard und Ludwig Lesser gestalteten nach ausdrücklicher Bauherren-Absicht eine Fabrik im Grünen inmitten eines parkähnlichen Grundstücks mit altem Baumbestand und Wildgehege. Aus der ursprünglich geplanten symmetrischen Anlage entwickelte Punitzer die relativ niedrige zentrale dreischiffige Halle mit einem vorgeblendeten 1-geschossigen Bürotrakt, der seitlich durch halbrunde Baukörper gehalten ist. Beidseitig schließen sich ein ebenfalls abgerundetes 4-geschossiges Verwaltungsgebäude mit Zeichensälen und weitere Hallen in unterschiedlicher Anordnung um einen offenen und einen geschlossenen Hof auf 225m Länge entlang der Lübarser Straße an. Die Stahlskelettbauten – der Flachbau mit durchgehendem Fensterband, der Geschossbau in waagerechter Gliederung mit Klinkerbändern und die Hallen mit vollverglasten Außenwänden – entstanden nach der ersten Baustufe 1932/33 in einem permanenten Erweiterungsprozess bis 1940. Nach Punitzers Emigration durch Simon & Hoppe in dessen Sinne weitergeführt, sind sie bis heute erhalten. Das originale Erscheinungsbild wird nur durch den zusätzlichen Hallenbau von Ferdinand & Reimer (1979) beeinträchtigt. In ähnlicher Baukörpergestaltung – abgerundete Gebäudeecken und horizontale Fensterbänder –, aber akzentuiert durch leicht vorstehende vertikale und geschossübergreifende Glasflächen und statt mit Klinkern mit grünen Fliesen in zwei Tönen verblendet, schuf Punitzer 1928 die ELEKTRO-MECHANIK-FABRIK ABRAHAMSOHN in Lankwitz, Nicolaistr. 7. Das im Jahr darauf entstandene WOHNHAUS ABRAHAMSOHN, Calandrellistr. 45, ist mit scharfkantigen Putzflächen und Gesimsen sowie weit eingezogenen Eckfenstern eher expressiv geprägt. Aus der dem Industriebau entlehnten funktionsvariablen Stahlskelett-Bauweise entwickelte das Neue Bauen für das neue Medium Kino einen speziellen Bautyp, zumeist mit einer durchaus expressiven Lichtarchitektur gekoppelt. Einen Eindruck vermittelt zumindest im Äußeren die 1987 weitgehend rekonstruierte Fassade des 1928/29 von Punitzer errichteten ROXY-PALASTES, Hauptstraße 78/79 in Schöneberg, in dem neben dem bis 1977 betriebenen Großkino auch ein Kaufhaus bestand. Die dem Kino folgende Diskothek war nach einem Bombenanschlag 1987 geschlossen worden, der Bau wird heute sinnwidrig u. a. als Tapetenmarkt genutzt.

Wenn der Nachholbedarf in der Infrastruktur überwiegend aus der Bildung der Großstadt resultierte, so hatte das eklatante Wohnraumdefizit seine Wurzeln sowohl in qualitativer als auch in quantitativer Hinsicht noch vor der Jahrhundertwende im Widerspruch zwischen der explosionsartig steigenden Einwohnerdichte und den fehlenden sozialen, finanzpolitischen und gesetzlichen Voraussetzungen für den Massenwohnungsbau. Die als Massenmietshaus um die Mitte des 19. Jh.s durchaus progressive so genannte „Mietskaserne" hatte sich durch ihre jahrzehntelange unveränderte Beibehaltung selbst überlebt. Der Wohnungsbaustopp während des Ersten Weltkrieges tat ein übriges. Bereits 1918–20 wurden mit einer soziale Belange berücksichtigenden Wohnraumverteilung, Mieterschutz und der Reform des Bau- und Bodenrechts die wichtigsten Voraussetzungen für eine wirksame Neubauförderung geschaffen. Aber erst mit der Überwindung der Inflation durch die Währungsreform und der Stabilisierung der Rentenmark, der Einführung der Hauszinssteuer und dem Umdenken von Architekten und Städtebauern wurden ab 1924 spürbare Auswirkungen auf die Wohnungsbau-Quantität und die Wohn-Qualität erkennbar. Wesentlichen Anteil am öffentlich geförderten Wohnungsbau hatten die zumeist um die Mitte der 20er Jahre gegründeten gemeinnützigen Wohnungsbaugesellschaften wie GEWOBAG (1919), GEHAG, GSW, DEGEWO sowie Stadt und Land (alle 1924). In den Blütejahren 1928–30 lag dieser Anteil in Berlin bei 30-40 Prozent. Die Wiege des sozialen Wohnungsbaus in Deutschland stand – sowohl in der theoretischen Aufarbeitung des Problems „Großsiedlung" als auch in der mustergültigen Ausführung – in Berlin. Neben dem so genannten Neuen Bauen, zumeist mit den Namen Bruno Taut und Martin

Wagner verbunden, erlebten aber auch traditionelle Auffassungen eine Renaissance. Engelmann & Fangmeyer oder Fritz Bräuning seien hier genannt.

Sowohl die Menge der vor allem zwischen 1924 und 1929 gebauten Wohnhäuser und Wohnanlagen als auch die Zahl der beteiligten Architekten verbieten allein in Aufzählungen das Streben nach auch nur annähernder Vollzähligkeit der Richtungen oder Namen. So können nur Mebes & Emmerich mit ihren sehr unterschiedlichen Wohnanlagen, vor allem der Steglitzer RAUCHLOSEN SIEDLUNG und der Lichtenberger LINCOLNSTRAßE, namentlich erwähnt werden, ebenso Braun & Gunzenhauser, die auch nach 1933 Staatsbauten errichteten, Ludwig Hilberseimer, Jean Krämer mit erstaunlicher Vielseitigkeit, Heinrich Lassen, die nach 1945 wieder aktiven Hans und Wassili Luckhardt, Bielenberg & Moser, Jacobus Goettel, Ernst und Günter Paulus, Hans Krafft, B. Tauts Mitarbeiter Ladislaus Förster ... usw.

Ein wesentliches Kennzeichen der Berliner Großsiedlungen war die Modifizierung des Zeilenbaues als städtebauliches Leitbild – anderenorts in Idealform angewandt – bis zur Ausformung langgezogener schwungvoller Zeilen in Kombination mit vielgeschossigen Solitären und das Bestreben, die Topographie des Baugeländes als gestalterisches Element zu integrieren. Die als „Außenwohnraum" – so B. Tauts Bewertung des Wohngrüns – verstandenen Freiflächen wurden dabei stärker als beim Reformwohnungsbau zum selbstständigen Planungselement und Kriterium für die Wohnqualität. Die Einbindung dieser Siedlungen in die gesamtstädtische Struktur wurde in der Regel jedoch sträflich vernachlässigt. Heute bietet kaum eine Anlage das originale Erscheinungsbild. Sowohl ideologisch begründete Umbauten in nationalsozialistischer Zeit als auch zeitbedingt unsensibler Wiederaufbau oder Ergänzung nach Kriegszerstörung haben vielfach Veränderungen bewirkt, die trotz eines – oft nicht erkannten – Verlustes an Wohnqualität wirtschaftlich vertretbar kaum zu beseitigen sind.

Bereits 1918–21 errichtete Martin Wagner mit der Schöneberger LINDENHOFSIEDLUNG zwischen Eyth- und Arnulfstraße eine noch stark von der Gartenstadtbewegung geprägte Anlage aus gereihten 2-geschossigen Typenhäusern, zu deren Wohnungen jeweils ein Mietergarten gehörte. Heute ist nach weitgehender Kriegszerstörung und dem anderen Prinzipien folgenden Wiederaufbau die besondere Qualität kaum noch nachvollziehbar. Die lag in der klaren räumlichen Gliederung der sozialen Bereiche – privat, öffentlich oder gemeinschaftlich (genossenschaftlich) – und der Integration von qualitätvollen Gemeinschaftseinrichtungen, wie ein Ledigenheim mit 120 Plätzen von B. Taut. Unbeschadet der Verwendung von Typenhäusern gelang durch die Ausbildung von Details und die Stellung der Zeilen zueinander ein abwechslungsreiches Bild.

Eine ähnliche Entwicklung – von der Gartenstadtbewegung zum Neuen Bauen – nahm Salvisberg, nachvollziehbar an der Spanne zwischen der Siedlung Elsengrund (1919) in Köpenick und der Waldsiedlung Zehlendorf (1930). Für die in sich geschlossene und in der Anlage noch ganz „gartenstädtische" SIEDLUNG ELSENGRUND (1919–21 und 1921–28) zwischen Stellingdamm und Janitzkystraße entwickelte er drei überwiegend 2-geschossige Einfamilienhaus-Typen, von denen jeweils 2, 4 oder 6 als ein Block unter traditionellem Walmdach vereint sind. Die städtebauliche Figur folgt mit den Straßen- und Platzbildungen einschließlich von Torhäusern und Hausgärten dem Kanon der Gartenstadtbewegung. Die sonst zurückhaltend gestalteten etwa 400 Häuser fallen durch die breiten weißen Haustür-Rahmungen auf. 1928/29 erweiterte Salvisberg die Anlage nach Norden durch die SIEDLUNG MITTELHEIDE, deren 2- bis 3-geschossige Putzbauten zwar durch Klinkergliederungen gefälliger gestal-

tet sind, sich aber mit ihren Walmdächern der früheren Bebauung anschließen. Offenbar blieben Engelmann & Fangmeyer im Siedlungsbau die Kontrastbildung vorbehalten, als Salvisbergs Nachbarn hatten sie 1926/27 an der Mahlsdorfer Straße zwischen Hirte- und Dornröschenstraße eine konventionelle 3-geschossige Straßenrandbebauung errichtet.

Salvisbergs Wandlungsfähigkeit ist mit wenigen Beispielen aus seiner Werk-Chronologie zu belegen. Die BLOCKRANDBEBAUUNG am Steglitzer Hortensienplatz 1-3 (1924–26) hat drei recht konventionelle Straßen-Fassaden, die Platzfassade ist dagegen ausgesprochen expressiv mit spitzen Erkern und intensiv rotbraun-weißer Musterung gestaltet. Der mit Krämer 1927–30 errichtete STRAßENBAHNBETRIEBSHOF CHARLOTTENBURG, bestehend aus klinkerverkleideten Blockrand-Wohnbebauungen beidseits der Knobelsdorffstraße mit Anschlüssen an die südliche Bebauung in der Königin-Elisabeth- und der Soorstraße, einem Lückenbau in der Fredericastraße sowie der großen Stahlskelett-Wagenhalle im Blockinneren, nahm mit der Übersteigerung der Formen und der Monumentalität durchaus nach 1933 gefragte Gestaltungen vorweg. Seit 1928 wurde die platzartig erweiterte und durch 7-geschossige Kopfbauten betonte Einmündung der Knobelsdorff- in die Königin-Elisabeth-Straße durch zwei Plastiken von – ausgerechnet oder gerade – Josef Thorak flankiert. Die später – 1928 – errichtete FILMFABRIK GEYER, Harzer Str. 39-46 in Neukölln, ist wieder ein sachlicher Klinkerbau mit Elementen des Neuen Bauens. Nahtlos in das Neue Bauen passt die VILLA FLECHTHEIM (1928/29), Douglasstr. 12 in Wilmersdorf, die sich unter dem kaum sichtbaren flachen Walmdach ohne Überstand als kubischer Baukörper präsentiert, dessen Fenster zu einem umlaufenden Band zusammengefasst sind. Die ebenfalls betont kubische Dreiflügel-Anlage des GEMEINDEHAUSES der Steglitzer Matthäuskirche (1928–30), Schlossstr. 44, ist von vornehmer Monumentalität und lehnt sich an klassizistische Vorbilder an. Die klar und sachlich mit durchlaufenden Travertinbrüstungen und Fensterbändern gegliederte Fassade – regelmäßig durch die vorgezogenen Stützen des Stahlskeletts geteilt – des Hauses der **Deutschen Krankenversicherungs-AG** (1929/30), Innsbrucker Str. 26/27 in Schöneberg, verkörpert einen maßgeblich durch Erich Mendelsohn entwickelten Typ des City-Geschäfts- und Bürohauses, bekannt geworden vor allem durch das **Warenhaus Tietz** (1929; Schaudt).

Die erste – und sicher bekannteste – Großsiedlungsanlage des Neuen Bauens war die **Großsiedlung Britz** mit der so genannten **Hufeisensiedlung** als Kernstück. Gemeinsam hatten 1925 Bruno Taut, der seit dem Vorjahr bei der GEHAG unter Vertrag stand, und der im gleichen Jahr als Berliner Stadtbaurat für Hochbau gewählte Martin Wagner einen Bebauungsplan für einen Teil der Ländereien des Rittergutes Britz aufgestellt, der den Erhalt der vor-

handenen Teichkette vorsah, die durch einen so genannten „Grünen Ring" – später Teile der Fritz-Reuter-Allee – gekreuzt werden sollte. Westlich dieser Allee errichteten Wagner, der bei den Gebäuden nur einen Block an der Stavenhagener Straße beisteuerte, und B. Taut als Bauabschnitte I-II 1925–27 die Hufeisensiedlung bis zur Onkel-Bräsig-Straße sowie zwischen Stavenhagener Straße und Parchimer Allee. Die Freiflächen plante Leberecht Migge. Für die DeGeWo bauten Engelmann & Fangmeyer östlich des „Ringes" die konventionell angelegte **Krugpfuhlsiedlung**. Beide Anlagen folgten der städtebaulichen Vorgabe einer 3-geschossigen Randbebauung entlang der begrenzenden Straßen und von 2-geschossigen Einfamilienhausreihen im Quartierinneren. Zwar unterblieb aus wirtschaftlichen Gründen die seit 1926 geplante und 1929 genehmigte großräumige Erweiterung der Anlage mit der Verlängerung des „Ringes" bis zum Buckower Damm, die die Hufeisensiedlung an den Rand einer

Luftbild der Großsiedlung Britz (Ausschnitt) mit dem Hufeisen (Taut und Wagner), rechts davon die Krugpfuhlsiedlung mit Satteldächern (Engelmann & Fangmeyer).

großen Gartenstadt gedrängt hätte. B. Taut erweiterte mit den Bauabschnitten III-VII das Areal bis Talberger Straße und Buschkrugallee bis 1933 zur Großsiedlung. Neben dem mit nur einem Haustyp realisierten signifikanten 3-geschossigen Hufeisen, städtebauliches Glanzstück und seitdem Signet der GEHAG, erregte besonders die als „Rote Mauer" den Nachbarn DeGeWo provozierende Randbebauung an der Fritz-Reuter-Allee Aufsehen. Den entlang der inneren Wohnstraßen aneinander gereihten Einfamilienhäusern unter traditionellem Satteldach, bestehend aus zwei Grundtypen, sind jeweils Mietergärten zugeordnet. Um bei insgesamt nur vier Grundrisstypen Monotonie zu vermeiden, reihte B. Taut die Häuser in einem raumbildenden Wechsel von Vor- und Rücksprüngen, die nur selten eine geradlinige Straßenführung ermöglichte. Dabei schuf er zusätzliche Räume. Entsprechend seiner Auffassung von Farbe als eigenständigem architektonischen Element stützte die rhythmisierende starke Farbigkeit diese Absicht. Die seit 2000 betriebene Privatisierung der Einfamilienhäuser um das Hufeisen und in der Wohnanlage Gielower Straße - ursprünglich Bauabschnitt VI - gefährdet erfahrungsgemäß die denkmalwerte originale Einheitlichkeit des äußeren Erscheinungsbildes beträchtlich.

Von vergleichbarer Qualität ist die mit Geschosswohnungsbauten und Einfamilienhäusern, alle mit Flachdächern, in sieben Bauabschnitten 1926-32 von B. Taut, Salvisberg und Häring - Grünplanung Migge - für die GEHAG um den U-Bahnhof Onkel-Toms-Hütte (1929; Grenander) entstandene WALDSIEDLUNG ZEHLENDORF. In unmittelbarer Nachbarschaft errichteten 1928 unter Leitung Tessenows 16 Architekten für die GAGFAH das - wenn auch weniger umfängliche - konservative Gegenstück der Versuchssiedlung Fischtalgrund.

Anders als B. Tauts Siedlungen im zur Bauzeit noch weitgehend grünen Süden mit Einfamilienhäusern und Geschoss-

bauten wurde die GROßSIEDLUNG SCHILLERPROMENADE um Aroser Allee und Schillerpromenade, volkstümlich „Weiße Stadt" genannt, 1929-31 in Reinickendorf auf einem bereits erschlossenen Areal städtischen Charakters nur mit 3-5-geschossigen Zeilen errichtet. Unter Leitung von Salvisberg bauten für die „Heimstättengesellschaft Primus mbH" - 1934 der GSW angeschlossen - Bruno Ahrends und Wilhelm Büning, die Freiflächen plante Ludwig Lesser.

Jedem Architekten waren die Grundrisslösungen freigestellt, womit sich trotz der hohen Rationalisierungsforderungen eine große gestalterische Vielfalt entwickeln ließ, selbst experimentelle Lösungen, wie Laubengänge und das Stahlbetonskelett-Brückenhaus, waren möglich. Die Farbigkeit der Häuser folgt einem einfachen Prinzip: Weiße Wandflächen, die die Wirkung der starkfarbigen Fensterrahmen, Türen, Dachüberstände, Regenfallrohre etc. zusätzlich erhöhen. Abgesehen von der insgesamt außergewöhnlich komfortablen Ausstattung der Siedlung - 5 Wäschereien, 1 Kindertagesstätte, 24 Läden, 1 Café, Arztpraxen - war das von Beginn an geplante eigene Heizwerk bemerkenswert.

Ein Spiegelbild der architektonischen Vielfalt der 20er Jahre, damit aber auch des Widerstreits der Richtungen, wurde die Berliner VILLENARCHITEKTUR. Einen unübersehbaren Aufschwung nahm dieser Bautyp vor allem in den nun zur Hauptstadt gehörenden westlichen und südwestlichen Vorortgebieten, traditionell - wie große Teile von Grunewald, Zehlendorf und Charlottenburg - ohnehin seit dem 19. Jh. durch Villenkolonien bekannt. Die Bauaufgabe war das einzelne Haus und nicht mehr die stadtplanerische Vorbereitung, Erschließung und Bebauung ganzer Areale. Entsprechend sich wandelnder Ansprüche an Funktion und Komfort wurden viele Villen in den letzten Jahrzehnten gravierend verändert bzw. trotz unbestrittener architektonischer Qualität abgerissen. Für die konservative, d. h. traditionelle Auffassung mögen die Villen von Breslauer & Salinger stehen, z. B. im Grunewald Douglasstr. 18 (1924/25), Griegstr. 5-7 (1927–29), Bismarckallee 44 (1928/29), Höhmannstr. 10/Regerstr. 17 (1930/31), ebenso die von Muthesius in Zehlendorf, wie Limastr. 30a (1925/26), Im Gehege 9 (1927) und Haus Brasch Am Großen Wannsee 36 (1927/28). Das Neue Bauen repräsentieren sicher die Villen von Mendelsohn, wie in Charlottenburg die Doppelvilla Karolinger Platz 5/5a (1921/22), Haus Sternefeld Heerstr. 107 (1923/24), Haus Mendelsohn Am Rupenhorn 6 (1929) und mit Richard Neutra die Einfamilienhäuser Onkel-Tom-Str. 85, 87, 89, 91 in Zehlendorf (1923), aber auch von Gropius in Zehlendorf Haus Lewin, Fischerhüttenstr. 106 (1928/29), und Haus Otte, Wolzogenstr. 17 (1921/22).

Die zweite Randwanderungswelle der Berliner Industrie gegen Ende des 19. Jh.s führte zu umfänglichem Grunderwerb der großen Unternehmen in günstiger Verkehrslage vor den Toren der Stadt. So etablierte sich Borsig in Tegel, Schwarzkopff in Wildau, die AEG fand in Oberschöneweide neue Standorte, Siemens in Spandau und selbst Ullstein ging nach Tempelhof.

Siemens & Halske erwarben, nachdem die Stadt Charlottenburg keine weitere Baugenehmigung für das Werksgelände an der Franklinstraße erteilte, ein 210 ha großes unerschlossenes Gelände auf den Spandauer Nonnenwiesen. Mit dem 1899 in Betrieb gegangenen Kabelwerk begann die Entstehung der **SIEMENSSTADT**, die unter dieser Bezeichnung ab 1. Jan. 1914 Ortsteil der Stadt Spandau wurde. Hans Hertlein, seit 1915 Leiter der Siemens-Bauabteilung und einer der Väter des Ortsteils, wurde in seinen unveröffentlichten Erinnerungen fast poetisch: „Siemensstadt, die Industriestadt im Grünen, wie es seine Besucher oft nannten, ist in seiner harmonischen Fügung von Fertigungsstätten, Forschungs- und Verwaltungsgebäuden, von

Siedlungen, Parkanlagen und Verkehrswegen, eingepaßt in eine weite, in klaren Linien und Flächen profilierte Landschaft ...". *[Bienek/8]* Die Inbetriebnahme der „Siemens-(S)-Bahn" 1929 zwischen den Bahnhöfen Jungfernheide und Gartenfeld vollendete den Anschluss der autarken Industriestadt an das öffentliche Netz Berlins. Mit Teilen ihrer Wohnbebauung reichte die Siemensstadt später bis in angrenzende Areale des Bezirkes Charlottenburg, so auch mit der größtenteils in Charlottenburg gelegenen Großsiedlung Siemensstadt. Nicht zu verwechseln ist diese Siedlungsanlage mit anderen gleichnamigen Wohnanlagen im Ortsteil.

Die zwischen Heckerdamm und Goebelstraße, Jungfernheideweg und Geißlerpfad gelegene Großsiedlung Siemensstadt, auch „Ring-Siedlung" nach der Mitgliedschaft der meisten Erbauer in der gleichnamigen progressiven Architektenvereinigung, wurde 1929–31 nach einem städtebaulichen Vorentwurf von Scharoun durch ihn selbst, Gropius, Häring, Bartning, Fred Forbat und Henning errichtet und durch letzteren 1933/34 am Heckerdamm um drei Blöcke erweitert.

Die mehrheitlich in Nord-Süd-Stellung geordneten Zeilen hatten Wohnungsgrößen von 48 bis 70 m². Die von Bartning geplante lange und geschwungene 25-Häuser-Zeile in Ost-West-Richtung (Goebelstraße) – ähnlich der Zeilen von B. Taut an der Argentinischen Allee (Waldsiedlung Zehlendorf) und von Ahrends beidseits der Aroser Allee (Weiße Stadt) – diente der Abschirmung gegen den Bahndamm und das ebenfalls von Bartning gemeinsam mit M. Mengeringhausen gebaute Heizwerk. Mit dem gekrümmten Block entlang der Mäckeritzstraße und den trichterförmig gestellten Blöcken am Beginn des Jungfernheideweges formte Scharoun den Eingang zur Siedlung. Die Fassadengestaltung des kurzen Scharoun-Blocks reizte ob gewisser Ähnlichkeiten in den architektonischen Details die zeitgenössische Presse zur Apostrophierung als „Panzerkreuzer". Nahe der Ecke Popitzweg wohnte 1932–60 im Jungfernheideweg 4 Scharoun selbst. Die heutige **HERMANN-LÖNS-GRUNDSCHULE**, Jungfernheideweg 32, ergänzte Walter Helmcke 1931. Der von Häring geplante östlich anschließende Bauabschnitt III kam nicht zur Ausführung, im Westen schloss Hertlein mit Hans Maurer 1930–35 auch für Siemens die **SIEDLUNG HEIMAT** an. Mit dem Anbau Goebelstr. 1-9 (1957) schuf Scharoun die Verbindung zu der bis zum Kurt-Schumacher-Damm reichenden **SIEDLUNG CHARLOTTENBURG-NORD** (1955–60; Scharoun, Hans Hoffmann und Werner Weber).

Die **WOHNSTADT CARL LEGIEN** beidseits der Erich-Weinert-Straße in Prenzlauer Berg, im Unterschied zu den meisten seiner anderen Siedlungen für die GEHAG statt auf freiem Feld inmitten älterer Massenmiets-hausbebauung errichtet, hatte Bruno Taut gemeinsam mit dem Leiter des GEHAG-Entwurfsbüros Franz Hillinger schon 1925 entworfen. Erst 1929/30 wurde der Bau der ersten beiden Bauabschnitte realisiert, der 3. Bauabschnitt nördlich des Linden-hoeckwegs unterblieb aus wirtschaft-lichen Gründen.

Die stark an der Rotterdamer „Tusschen-dijken"-Siedlung (1920/21; Jacobus Johannes Pieter Oud) orientierte Anlage mit jeweils drei unterschiedlich langen Höfen, die sich hinter einem breiten Grünstreifen zur gegenüberliegenden Erich-Weinert-Straße öffnen sowie einem einzelnen Wohnblock ist als Straßenrandbebauung 4-geschossig. Die Öffnung zur Mittelachse Erich-Weinert-Straße, die Hof- und Stra-ßengrün verschmelzen lässt, wird von je-weils zwei 5-geschossigen Kopfbauten flankiert. Diese wurden wie die beiden Hofumbauungen an der Gubitzstraße auch von Beginn an durch das siedlungs-eigene Heizwerk versorgt, alle anderen Häuser sind ofenbeheizt. Von einer durch-gehenden straßenbegleitenden Arkade, die mit Läden ausgestattet noch die Durchgänge zu den Grünhöfen ermög-lichte, kam B. Taut noch während der

Entwurfsphase ab. Nur ein Hof wurde durch einen Flachbau mit ursprünglich Bäckerei, Café, Fleischerei und Restaurant geschlossen. Die großen Eckfenster und die weit ausladenden runden Eckbalkone vermitteln den Eindruck von Groß-zügigkeit und lenken die Aufmerksamkeit in den Hofraum als dem eigentlichen Gemeinschaftsraum. Dieses Konzept wird auch durch die Umkehrung der „Wohn-wertigkeit" zwischen den schmalen Straßen mit schmucklosen Eingangs-fassaden und der Lage von Küchen und Bädern und den Hoffassaden mit durch-gehenden Loggienbändern sowie der Anordnung der Wohnräume gestützt. Die intensive Farbigkeit war auch hier eigen-ständiges Gliederungselement.

1992–95 wurde von der GEHAG in Etap-pen begonnen, diese im Werk Tauts und für die 20er Jahre wichtige Wohnanlage denkmalgerecht instand zu setzen, durch den folgenden Eigentümer aber noch nicht fortgesetzt. Die beantragte Auf-nahme der Wohnstadt in die UNESCO-Welterbeliste wird dadurch nicht gerade gestützt.

Die Wohnanlagen Erwin Gutkinds beste-chen durch das streng kubische Erschei-nungsbild mit oft hart kontrastierenden verschiedenen Materialoberflächen – zu-meist hellen Putz- und dunklen Klinker-flächen – sowie expressiv gestalteten Eck- bzw. Giebeltreppenhäusern. Beispielhaft für Gutkinds Baugesinnung sind die **WOHNANLAGEN** Thulestr. 61-63/Eschengra-ben/Hardanger-/Talstraße (1925/26) in Pankow, Sonnenhof Archenholdstr. 56-86/Bietzke-/Delbrückstraße/Marie Curie-Allee (1926/27) in Lichtenberg, Ollen-hauerstr. 45-51/Kienhorst-/Pfahler-/Wal-dowstraße (1927/28) und Ollenhauerstr. 85-96a/Kienhorst-/Waldstraße (1928/29) sowie Gorkistr. 28-70/Eschach-/Marzahn-/Ziekowstraße (1929–31) in Reinicken-dorf.

Die Optimierung und Typisierung von Grundrissen wie auch die Normierung von Bauteilen bildeten die Basis für eine rationalisierte Bauweise mit beachtlichem

Vorfertigungsgrad. So entstand unter Leitung Wagners 1926–30 in Lichtenberg als erste Plattenbausiedlung Deutschlands die heute so genannte SPLANEMANN-SIEDLUNG. Nach eingehendem Studium der in den USA und in den Niederlanden angewandten Systeme ließ Wagner hier nach dem holländischen System „Patent Bron" 151 Wohnungen in 1- bis 3-geschossigen Zeilen mit bis zu 7 Tonnen schweren, am Ort vorgefertigten Wandplatten – alle anderen Bauteile wurden in konventioneller Bauweise hergestellt – mittels eines 20-m-Portalkranes montieren. Abgesehen von vielerlei technischen Erkenntnissen blieb Wagner bereits zu jener Zeit den Beweis der wirtschaftlichen Überlegenheit der Montagebauweise schuldig, der im Wohnungsbau bis heute nicht erbracht werden konnte.

Trotz der vor allem kriegsbedingten Dezimierung des Bestandes und der stadtplanerisch bestimmten Abrisswellen sind, abgesehen von den ohnehin bekannten Großsiedlungen, die Bauten der 20er Jahre im Berliner Stadtbild nicht zu übersehen. Dies betrifft insbesondere auch die Werke von Eugen Schmohl, beispielhaft für expressive Gestalt und mitunter gewagte Konstruktion. Das erste Hochhaus Berlins, der 65 m hohe BORSIG-TURM in Tegel, Berliner Str. 35, entstand 1922–24. Der 11-geschossige klinkerverkleidete Stahlskelettbau mit einer Grundfläche von nur 20 x 16 m ist in den Bürogeschossen durch Pfeilervorlagen streng vertikal betont und mit kräftigen Gesimsen horizontal in drei Segmente gegliedert, das Saalgeschoss mit der geschweiften Dachlaterne und neogotischen Anklängen bildet die expressionistische Bekrönung und betont die Repräsentativität des Baues. 1977–79 erfolgte eine gründliche Sanierung.

Vielleicht durch Hertleins WERNERWERK II (1914–22) in Spandau, Wernerwerkdamm, angeregt, dessen 80 m hoher Turm (Kraftwerksschornstein, Wasserhochbehälter) mit einer oberen Versuchsplatt-

form aus dem Massiv der um mehrere Höfe gelagerten 5-geschossigen Produktionsgebäude ragt, ließ Schmohl den 77 m hohen ULLSTEIN-TURM (1925/26) aus dem Geviert der 6/7-geschossigen Produktionsgebäude aufsteigen. Damit begannen die „Industrie-Kathedralen" den Rathäusern den Rang abzulaufen. Der Turm setzte sowohl einen städtebaulichen Akzent, wie er auch der Betonung des diagonal davor liegenden Haupteingangs an der Gebäudeecke Mariendorfer Damm /Teltowkanal diente. An der rechten Blockecke zur Ullsteinstraße begrenzt das aus dem Block hervortretende 8-geschossige Verwaltungsgebäude den entlang des Mariendorfer Damms angelegten Vorhof. Als erstes Hochhaus Berlins in monolithischer Betonkonstruktion ist der in gotischer Manier himmelwärts strebende Turm dennoch sehr aufwändig mit dunkelrotem Backstein verkleidet und durch plastischen Bauschmuck zusätzlich hervorgehoben. Dieser Aufwand setzt sich am Eingangspavillon fort, den u. a. die „Ullstein-Eule" von Fritz Klimsch ziert. Der Flügel an der Ullsteinstraße, 1926 nur bis ins 2. OG geführt, wurde erst 1956/57 vollendet, der östlich anschließende neuzeitliche Gewerbehof 1992–98 von Nalbach & Nalbach errichtet. Schmohl gestaltete übrigens nicht nur mit Klinkern expressiv. Abgesehen von der Dynamik in der Fassadengestaltung der 1926/27 errichteten WOHNANLAGE KRÜGERSTRASSE-NORD (Prenzlauer Allee/Kugler-/Duncker/Krügerstr.) – die Lückenschließung Krügerstr. 18a/b erfolgte erst 1932/33 durch Georg Schmidt – in Prenzlauer Berg besticht der in Berlin ungewöhnliche Kellenputz. In hervorragender handwerklicher Qualität 1995/96 in originaler Weise erneuert, blieb der an der Prenzlauer Allee nach dem Krieg aufgebrachte noch intakte Kratzputz vorerst aus wirtschaftlichen Gründen erhalten.

Einer der bekanntesten und baugeschichtlich interessantesten Bauten der 20er Jahre dürfte das HAUS DES ALLGEMEINEN DEUTSCHEN GEWERKSCHAFTSBUNDES (1922/

Siemensstadt ist Synonym für den modernen Industriebau der 20er Jahre – das Wernerwerk-Verwaltungsgebäude am Siemensdamm.

Shell-Haus am Reichpietschufer, einer der ersten Stahlskelettbauten Berlins, Musterbeispiel der Neuen Sachlichkeit.

Mossehaus Jerusalemer Straße nach der Rekonstruktion von 1995 – Erich Mendelssohns Dynamik inmitten neobarocker Konvention.

Ullstein-Druckhaus am Mariendorfer Damm – expressives Merkzeichen Eugen Schmohls in Berlins Silhouette.

Unter Otto Salvisbergs Leitung entstand die volkstümlich „Weiße Stadt" genannte Großsiedlung Schillerpromenade in Reinickendorf.

Einfamilienhaus Onkel-Tom-Straße 89, von vier Häusern Richard Neutras (1923/24) das einzige weitgehend original überlieferte.

ADGB-Gebäude Insel-/Ecke Wallstraße von Max Taut – die Konstruktion als bestimmendes Gestaltungselement.

Hauptverwaltung der Nordstern-Versicherungs-Bank AG, Fehrbelliner Platz 2, heute Senatsdienststellen.

Ehemaliges Ministerium für Bewaffnung und Munition (geplant als Gau-Arbeitsamt) mit dem originalen Reichsadler in der Friedrichstraße.

Großflughafen Tempelhof von Ernst Sagebiel, Fassadenausschnitt am Platz der Luftbrücke.

Ehemaliges Reichsluftfahrtministerium Wilhelm-/Ecke Leipziger Straße – Baudenkmal und vielfach bedeutender historischer Ort.

Die letzten Bauten des Tausendjährigen Reiches: der Flakbunker Humboldthain (1941/42) – eine Ruine als Kletterwand.

23), Wallstr. 61-63/Inselstr. 6, von Max Taut und Franz Hoffmann unter Mitarbeit des Bildhauers Rudolf Belling und des Statikers Karl Bernhard sein. Die erste Berliner Stahlbeton-Rahmenkonstruktion ließ Taut gleichzeitig als Fassadengestaltung nach außen sichtbar werden, wodurch er das konstruktive Raster durch die Farbfassung zusätzlich betonte. Das „Stapeln" von Räumen als Urzweck des Baues wurde so sichtbar. Die auf den ersten Blick unverständliche Baukörpergliederung an der Inselstraße ist wegen der verminderten Baugrund-Tragfähigkeit bedingt, Folge des noch im Spreeuferbereich diagonal den Bau kreuzenden U-Bahn-Tunnels. Die im rationalen Umfeld erstaunlich expressive Gestaltung der Giebel als Faltwerk deutet auf das Innere. Die prismatisch aufgebrochene Decke des dahinter liegenden Sitzungssaales erinnert an den zeitgenössischen Slogan von der „neuen gotischen Baugesinnung" im nachrevolutionären „Arbeitsrat für Kunst" (1918–21), in dem auch die Brüder Taut Mitglied waren. Neu war diese Gestaltungsweise für Max Taut nicht, beim GRABMAL WISSINGER (1921; Waldfriedhof Stahnsdorf) hatte er mit den gleichen Formen hantiert. Walter Würzbach erweiterte in zwar angeglichenen, aber weniger spannungsreichen Formen den Bau 1930–32 am Märkischen Ufer 32-34 und Wallstr. 65. 1924–26 beherbergte der ADGB auch die von ihm mitbegründete „GEHAG Gemeinnützige Heimstätten-, Spar- und Bau-Aktiengesellschaft", deren Aufsichtsratsvorsitzender Wagner 1924–27 war.

Bruno Tauts Bruder Max errichtete mit ihrer beider gemeinsamen Partner Franz Hoffmann noch mehrere bemerkenswerte Bürobauten in Berlin. Auch beim 5-geschossigen, als Quergebäude hinter dem zugehörigen Wohnhaus angeordneten DRUCKEREIGEBÄUDE des Verbandshauses der Deutschen Buchdrucker, Dudenstr. 10 in Kreuzberg, hatten M. Taut und F. Hoffmann 1924–26 das Stahlbetonskelett als Gestaltungsmittel wirken lassen. 1927-

30 entstand nach Vorentwurf von B. Taut das VERBANDSHAUS DES DEUTSCHEN VERKEHRSBUNDES (Gewerkschaften), Engeldamm 70/Michaelkirchplatz 1/2 in Mitte, als ebenfalls nach außen wirkende Stahlbeton-Rahmenkonstruktion; die im Krieg verloren gegangenen Reliefs im Sitzungssaal hatte Belling geschaffen. Das REICHSKNAPPSCHAFTSHAUS, Breitenbachplatz 2 in Wilmersdorf, von 1929/30 stellt ebenfalls die Konstruktion – wenn auch farblich verkleidet – gestaltend in die Fassade. Zwar bestimmt das Stahlbetonskelett das gleichmäßige Fassadenraster des 1930–32 errichteten KONSUM-WARENHAUSES am Oranienplatz, die mit Muschelkalkplatten verkleideten Brüstungen der beiden 7-geschossigen, rechtwinklig zueinander stehenden Bauten sind jedoch der Konstruktion vorgeblendet. Mit dem DOROTHEEN-LYZEUM (A.-v.-Humboldt-Schule) von 1928/29 – Bellings Keramikrelief (1928) am Eingang weist auf das Patronat hin – in Köpenick, Oberspreestr. 173-181, das leider 1973 seine unglasierte Keramikverkleidung verlor, und dem SCHULKOMPLEX SCHLICHTALLEE-FISCHERSTRAßE (1929 –32), Lichtenberg-Rummelsburg, für drei Schulen schuf M. Taut wohl seine Vorkriegs-Hauptwerke.

Neben den Brüdern Taut war Mendelsohn einer der Gründerväter des „Ringes" und sicher im Neuen Bauen der auffallendste Individualist. Bekannter noch als seine – in Berlin fast gänzlich verschwundenen – Bauten sind sicher Mendelsohns utopisch anmutende Zeichnungen, die einen Eindruck seines Mottos „Dynamik und Funktion" vermitteln. Selbst bei ausgeführten Bauten wurde gelegentlich die Funktion oder die Materialgerechtigkeit zugunsten der Dynamik vernachlässigt. Mendelsohns bekanntester Bau im Berliner Raum dürfte der EINSTEIN-TURM (1920/21) auf dem Potsdamer Telegrafenberg sein.

Die „dynamische" Form des Turmes resultierte aus der Absicht, den Eindruck von im Inneren wirkenden Energien zu vermitteln. Die gewählte Gestalt war der plastischen Formbarkeit des Betons durchaus abzugewinnen, nur war es nicht die dem Material angemessene mögliche. Dass entgegen der Entwurfsabsicht der Turmschaft am Ende auch noch aus geputztem Ziegelmauerwerk bestand, das für diese Form „vergewaltigt" wurde, war nicht Mendelsohns Schuld.

Sowohl in der Komposition der Gesamtanlage zwischen Albrecht-Achilles- und Cicerostraße als auch im Detail der Gestaltung der einzelnen Bauteile verkörpert der Mendelsohnsche **WOGA-KOMPLEX** (1927–31), Kurfürstendamm 153-163, die gestalterischen und städtebaulichen Visionen des Neuen Bauens. Die in unterschiedlichen Formen schwingenden Baukörper vereinten sich mit Kabarett, Restaurant, Hotel, Kino, Büros, Läden und Wohnblock zu einer multifunktionellen ästhetischen Einheit. Nachdem durch Hermann Fehling 1950 das einstige UfA-Kino „Universum" bereits weitgehend im Zeitgeschmack zum „Capitol" umgebaut

worden war, erfolgte durch Jürgen Sawade 1976–81 der Abriss mit anschließendem Neubau der „Schaubühne" in historischer äußerer Gestalt.

„Ein städtebauliches Ensemble entsteht, das dank seiner differenzierten Binnengliederung und seiner Proportionen sowohl mit den geschlossenen Fassadenfronten des Kurfürstendamms in Beziehung treten kann als auch mit den Passanten auf dem Platz ... Dass die endgültige Gestalt der Woga-Bauten, mit ihrer Überwindung der abstrakten Dynamik zugunsten einer funktionalen, erst das Ergebnis konzentrierter Arbeit war, lehren die Vorentwürfe." *[Huse/116]*

Eine etwas merkwürdige Hinterlassenschaft ist sicher das ehemalige **MOSSE-HAUS**, Jerusalemer-/Ecke Schützenstr. 22-25 in Mitte, 1901–03 von Cremer & Wolffenstein errichtet. Hinter den 2-geschossigen Segmentbogenfenstern verbargen sich sowohl 1-geschossige Büroetagen als auch 2-geschossige Druckereisäle des Rudolf-Mosse-Verlages. Die Zer-

WOGA-Komplex am Lehniner Platz, Wohnblock Cicerostraße.

194

störung des Eck-Treppenhauses mit dem Haupteingang im Januar 1919 bei den Revolutionskämpfen im Zeitungsviertel war Anlass für den Umbau 1921/22 durch Mendelsohn unter Mitarbeit von Richard Neutra und Paul Rudolf Henning. Mendelsohn schnitt den zerstörten Teil förmlich heraus und ersetzte ihn durch den markanten schwungvollen Eckbau mit der in gleichen Formen gehaltenen Aufstockung, die abgestuft auslaufend Flügelformen assoziiert. Gegen den Altbau war der neue Teil durch schwarze Keramikbänder abgesetzt. Nach provisorischer Nachkriegsinstandsetzung wurde der Bau 1993-95 durch Fissler & Ernst – in den Details vereinfacht – wiederhergestellt.

Zum 60. Geburtstag schrieb Mendelsohn 1929 seinem Kollegen Poelzig: „Kein bestimmter Stil – aber immer unbefangen, sicher, stilvoll." [Ribbe/365] „Seine Moderne war ohne die Risiken des Experiments, nicht konservativ, aber auch nicht das Heute für das Morgen aufs Spiel setzend. Es war eine Moderne, die nicht alles auf einmal wollte. Sie zeigte unterschiedliche Gesichter und reagierte auf unterschiedliche Situationen unterschiedlich." [Pehnt/ 18-19] Dass Poelzig sich immer als Fortsetzer in einer neuen Zeit – ohne revolutionäre Ambitionen und ohne die Brücken hinter sich abzubrechen – verstand, ließ ihn sich von allen Gruppierungen fern halten. So ist auch kaum verwunderlich, dass er in Zehlendorf unter Tessenows Leitung in der konservativen VERSUCHSSIEDLUNG FISCHTALGRUND gegen B. Taut baute.

Der Umbau der seit 1873 als Zirkus Schumann genutzten ehemaligen Markthalle am Schifferbauerdamm zum GROßEN SCHAUSPIELHAUS (1918/19) für Max Reinhardt nahm sicher als Bauaufgabe und mit den aus der vorhandenen Substanz resultierenden technischen und gestalterischen Zwängen eine Sonderstellung in Poelzigs Werk ein. Das Haus des Rundfunks an der Masurenallee war Teil einer übergreifenden städtebaulichen Planung,

die Poelzig mit Stadtbaurat Wagner 1927-29 für das MESSEGELÄNDE und sein Umfeld erarbeitet hatte. Trotz des zwischen der Stadt Berlin und ihm geschlossenen Vertrages vom 27. August 1929 zur Übernahme der künstlerischen Oberleitung beim Ausbau des Messegeländes gemeinsam mit Wagner wurden nur einige kleine, zumeist technische Bauten nahe des Funkturms verwirklicht, den großen Wurf verhinderte die Wirtschaftskrise.

Die Geschichte des Messegeländes begann 1835 mit einem Schießplatz, dem 1873 ein Exerzierplatz folgte und 1910 der Sportplatz des SC Charlottenburg etwa am Ort des heutigen ICC. Beidseits des Messedamms zwischen Neuer Kant- und Brettschneiderstraße – heute nicht mehr zum Messegelände gehörend – entstanden dann von 1914-24 mehrere Automobil-Ausstellungshallen durch Hans Alfred Richter, Schaudt, Krämer und Heinrich Straumer. Zwar wurde 1928/29 noch die Bahntrasse verschwenkt, die Planungen Wagners und Poelzigs blieben aber Makulatur. Erst 1936/37 erfolgten durch Ermisch rund um den Funkturm gestaltbildende Neubauten: Anstelle der abgebrannten Funkhalle entlang des Messedamms entstand die Gläserne Galerie – 1976-78 durch einen Neubau ersetzt – mit den beiden flankierenden Pavillons und entlang der Masurenallee die Haupthalle mit der mittigen Ehrenhalle. Aber auch sein Gesamtkonzept blieb unvollendet. 1947 begann auf dem teilzerstörten Areal wieder der Tagungs-, Veranstaltungs- und Ausstellungsbetrieb hauptsächlich im 1932 angelegten – und von Gerhart Hauptmann eröffneten – Sommergarten und in der Haupthalle.

Die Grundrissdisposition – Abschirmung der (hier drei) voneinander separierten akustisch sensiblen Aufnahme- und Sendesäle durch die umlaufende Bürobebauung – vom HAUS DES RUNDFUNKS (1929/30) in Charlottenburg, Masurenallee 8-14, zu dem Poelzig den beschränkten Wettbewerb gegen Paul Bonatz und Richard Riemerschmid gewonnen hatte,

Ehemalige „Ehrenhalle" am Messegelände, 1935 von Ermisch, mit dem Funkturm im Hintergrund.

wirkte typenbildend bis in die Neuzeit. Die architektonische Gestaltung des monumentalen dunkelroten Klinkerbaus sucht im Kontrast von Horizontalen und Vertikalen deren Balance.

Das Funkhaus in der Masurenallee ist nicht nur ein architektonischer Klassiker, sondern auch ein bemerkenswerter historischer Ort. Mit der kampflosen Besetzung des Hauses am 2. April 1945 nahm es die SMAD – Sowjetische Militär-Administration in Deutschland – in Besitz. Bereits am 4. Mai erfolgte die erste Nachkriegs-Nachrichtensendung aus einem Raum im Sender Tegel, am 18. Mai übertrug der neue „Berliner Rundfunk" Beethovens IX. Sinfonie aus der Masurenallee. Der Sender blieb auch nach dem Einzug der Westalliierten sowjetisch dominiert und wurde zum Instrument im Kalten Krieg. Dessen Eskalation führte am 3. Juni 1952 zur Stacheldrahtumzäunung und zeitweisen Abriegelung des Hauses durch britische Militärpolizei und anschließender Einstellung des Sendebetriebes. Die Sendungen des Berliner Rundfunks erfolgten vorübergehend aus einem provisorischen Studio in Grünau, wohin vermutlich seit 1950 ausgebaute technische Einrichtungen aus der Masurenallee gebracht worden waren. Nach Inbetriebnahme des 1. Bauabschnitts des 1951 begonnenen Rundfunkhauses in der Lichtenberger Nalepastraße blieb die Grünauer Einrichtung als Reserve-Studio für den „E-Fall" bestehen. Das stillgelegte, von einem deutschen und einem britischen Polizeikommando bewachte und von einer sowjetischen Wache besetzte Funkhaus in der Masurenallee übergab die sowjetische Stadtkommandantur am 5. Juli 1956. Am 4. Dez. 1957 war der Umzug des SFB vom Heidelberger Platz 3, dem ehem. Haus der Deutschen Zahnärzte, in die Masurenallee beendet.

Der markanteste historische Bau auf dem Messegelände ist sein Wahrzeichen, der 1924-26 von Straumer errichtete FUNKTURM, 138 m hoch – mit Antennenmast heute 150 m – über einer Grundfläche von

„Haus des Rundfunks", Masurenallee, von Hans Poelzig (1929-31). Im Hintergrund das SFB-Fernsehzentrum (R.Tepez, 1963-71)

20 m x 20 m. Gegenüber dem Eiffelturm war der vergleichbare Eisenverbrauch je Meter Höhe dank deutlich verbesserter Berechnungs- und Konstruktionsverfahren deutlich gesenkt worden. In der Stahlfachwerkkonstruktion integriert sind in 125 m Höhe eine Aussichtsplattform und bei etwa 50 m ein 2-geschossiges Restaurant. Nachdem 1925 erste Rundfunksendungen ausgestrahlt worden waren, erfolgte die offizielle Einweihung mit der ebenfalls von Straumer errichteten – 1935 abgebrannten – „Halle der deutschen Funkindustrie" zur Funkausstellung 1926. Die fünfadrige Drahtantenne war zu einem zweiten, 84 m hohen Gittermast im Bereich des heutigen ICC gespannt.

Wenn auch die für eine langzeitige Nutzung angelegten Funktionsbauten der Energieversorgung (BEWAG), der S-Bahn-Elektrifizierung und der zweiten Etappe des U-Bahn-Baus zwangsläufig durch ihre Entstehungszeit geprägt sein müssen, so

erstaunt dennoch ihre auffällige Modernität. Aus der Spezifik des seit Ende des 19. Jh.s mit der Industrialisierung zunehmend Bedeutung gewinnenden Industrie- und Verkehrsbaus abgeleitet, fanden hier die einst negierten Wechselwirkungen zwischen Funktion, Konstruktion und Material wieder ihren gestalterischen Ausdruck. Abgesehen davon wirkten in den entsprechenden Unternehmen in leitenden Stellungen aber auch Architekten, die zu den Protagonisten des modernen Bauens gehörten und – gewissermaßen in ihrer Nische von Speerschen Ambitionen verschont – bis weit in die 30er Jahre wirken konnten.

Zu nennen sind die zahlreichen UMSPANN-WERKE UND SCHALTWARTEN von Hans Heinrich Müller, wie die Abspannwerke Humboldt Kopenhagener Straße (1924–26), Leibniz Leibnizstraße und Scharnhorst Sellerstraße (1927–29), Buchhändlerhof Mauerstraße (1926–28), die S-BAHNHÖFE und GLEICHRICHTERWERKE von Richard Brademann, so die Bahnhöfe Wannsee

„Volksbühne" von Oskar Kaufmann am Rosa-Luxemburg-Platz in vereinfachter Nachkriegsform.

mit Hauptstellwerk und Halensee (1927/28), Bornholmer Straße (1935), das Umspannwerk Markgrafendamm (1928), die unterirdische Nord-Süd-S-Bahn (1933–39) mit ihren Bahnhöfen zwischen Nord- und Anhalter Bahnhof; sowie die **U-Bahn-höfe** von Grenander, wie Nollendorfplatz (1926), Alexanderplatz (1927–31) und Onkel-Toms-Hütte (1930) sowie die **BVG-Verwaltung** Dircksenstraße mit Umformwerk (1929/30).

Das östliche Stadtzentrum, zwar wesentlich älter als die westliche City, aber als Mietskasernenviertel wenig attraktiv, hatte schon zur Kaiserzeit politische und stadtplanerische Begehrlichkeiten geweckt. Und nahe des Alexanderplatzes hatte die Spandauer Vorstadt aus dem 18. und frühen 19. Jh., geprägt durch zumeist jüdische Einwanderer aus Europas Osten, mit dem Scheunenviertel vom Ende des 17. Jh.s sogar die gründerzeitliche Stadterneuerung relativ unbeschadet überstanden. Insbesondere um das so genannte Scheu-

nenviertel zwischen Prenzlauer und Schönhauser Tor war die Verwahrlosung und Verslumung deutlich. Zur Ausschaltung dieses sozialen Brennpunktes zugunsten der weiteren City-Bildung und der Verlängerung der Achse Unter den Linden–Kaiser-Wilhelmstraße zur Prenzlauer und Schönhauser Allee legte der Magistrat 1899 eine Straßennetzplanung ohne Bebauungsplan vor, die 1901 das königliche Plazet erhielt und nach der das Scheunenviertel 1906/07 komplett abgerissen wurde. 1908 waren die neuen Straßen – vor allem die beiden Diagonalen (heutige Rosa-Luxemburg- und Weydingerstraße) – angelegt. Aber zwei Jahrzehnte blieb das Areal, 1910 im Zentrum in Bülowplatz benannt, Stadtbrache. Einzige Neubebauung waren 1911–13 der U-Bhf. von Grenander und 1913/14 die **Volksbühne** von Oskar Kaufmann.
Nach mehreren gescheiterten Planungsversuchen gewann Poelzig 1927 einen beschränkten Wettbewerb zur Umbauung des Bülowplatzes entlang der Diagonalen

als Kern der Neuanlage des ehemaligen Scheunenviertels. Ein erster großer, durch die Wirtschaftskrise beendeter Bauabschnitt mit dem Kino Babylon wurde 1928/29 in Ziegelmauerwerk ausgeführt, der gegenüberliegende kleinere Teil Rosa-Luxemburg-/Hirtenstraße folgte 1935/36 wegen der direkt neben dem U-Bahn-Tunnel liegenden Gründung als ausgefachter Stahlskelettbau. Gleichzeitig entstand auch die Bebauung an der Linienstraße hinter der Volksbühne von Ermisch, die unmittelbar die Volksbühne flankierenden dreieckförmigen Blöcke mit Stadtbibliothek und -archiv von Wagner und Ermisch blieben unausgeführt. Durch diese Neubebauung zog aufgrund des Wohnungskomforts – und der Mieten – eine völlig andere soziale Gruppen als ursprünglich hierher. Die City war vorgerückt. Poelzigs durch Gesimse horizontal gebänderte Bauten leben von den schwungvollen Eckrundungen, denen mitunter Balkone folgen. Die diese Dynamik ursprünglich verstärkenden, an den spitzen Straßenecken vorgelagerten Laden-Flachbauten sind Kriegsverlust. Das „Babylon" ist das einzige erhaltene Berliner Großkino der Stummfilmzeit, wenn auch im Innenraum teilweise durch den Umbau von 1948 verändert. 1993 wegen Baufälligkeit geschlossen, wurde es am 4. Mai 2001 wieder eröffnet.

Germania – Ende einer Reichshauptstadt
Berlin im nationalsozialistischen Größenwahn

Wenn auch der gespenstische Fackelzug durch das Brandenburger Tor am 30. Jan. 1933 eine für alle gesellschaftlichen Bereiche folgenreiche Zäsur in der deutschen Geschichte markierte, so blieb das Bauen in Berlin wie im gesamten, nunmehr nur noch als Reich firmierenden Deutschland vorerst unbetroffen. Abgesehen von sofort einsetzenden politisch bestimmten Berufsverboten – u. a. gegen den Theaterarchitekten Kaufmann oder gegen Mendelsohn – oder Entlassungen von „Nichtariern und Linken" aufgrund des „Gesetzes zur Wiederherstellung des Berufsbeamtentums" vom April 1933, blieben die existierenden Planungs- und Bauverwaltungen mit ihren definierten Aufgaben und Kompetenzen bestehen. Bereits vor Inkrafttreten dieses Gesetzes waren allerdings im März Stadtbaurat Wagner ohne Rückkehrchance beurlaubt und der Direktor der Vereinigten Staatsschulen für freie und angewandte Kunst Bruno Paul in den Zwangsruhestand versetzt worden. Auch das Gros der angestellten Architekten – z. B. Ermisch – blieb in Amt und Würden. Selbst die 1929 überarbeitete Bauordnung von 1925 behielt Gültigkeit. Abgesehen von den wenigen – aber exponierten – Vertretern des Neuen Bauens, die zumeist ins Exil gezwungen wurden oder, wie Scharoun, Haesler, M. Taut, ohne Aufträge in Deutschland ausharrten, ging für die übergroße Mehrheit der Architekten – so Mebes & Emmerich oder Braun & Gunzenhauser, Tessenow, Otto Firle und Hermann Jansen – der Lebenslauf vorerst ohne dramatische Einschnitte weiter. Die neue Ästhetik nahte schleichend.

Die nach der Wirtschaftskrise ohnehin stagnierende Baukonjunktur veränderte den beschränkten Kreis der potenziellen Auftraggeber vorerst kaum. Wenngleich mancher an die Macht gekommene nationalsozialistische Spitzenfunktionär durchaus bestimmte Vorlieben zeigte, hatte die nationalsozialistische Ideologie aber außer der Denunziation des Neuen Bauens bzw. der Moderne – in ihrer Gesamtheit als „undeutsch, entartet, kulturbolschewistisch etc." bezeichnet – keine klaren architektonischen Vorstellungen entwickelt. Dennoch ließ sich das Regime von Anfang an die Massenwirksamkeit der Architektur nicht entgehen. Grundsteinlegungen und Richtfeste wurden zu Schauveranstaltungen aufgebläht, gigantomane Planungen publizistisch verwertet, zudem der Umfang der staatlichen Bautätigkeit in der Propaganda maßlos übertrieben. Zwar erst im Januar 1938 formuliert, doch von Beginn an so verstanden, brachte Hitler die Ansprüche an die Architektur auf die knappe Formel: „Wenn Völker große Zeiten innerlich erleben, so gestalten sie diese Zeiten auch äußerlich. Ihr Wort ist dann überzeugender als das gesprochene: Es ist das Wort aus Stein." *[Mesecke/193]*

Dass anfänglich die brutale Diskriminierung der prominenten Vertreter des Neuen Bauens eher politisch-ideologisch motiviert war und sich vor allem gegen deren politische Haltung und gegen Aspekte ihres sozialen Anliegens und weniger gegen ihre Ästhetik richtete, könnte den **REICHSBANK-WETTBEWERB** 1933 erklären. Obwohl ein von Hitler persönlich favorisierter Entwurf des Direktors und hauseigenen Architekten Heinrich Wolff vorlag, wurde im Februar zusätzlich ein Einladungswettbewerb für 30 Architekten ausgeschrieben, der sich sowohl u. a. an German Bestelmeyer und Wilhelm Kreis als auch an Gropius, Mebes & Emmerich, Mies van der Rohe und Poelzig richtete. Ausgeführt wurde dennoch Wolffs Entwurf, der aber später den Nationalsozialisten auch nicht als Vorbild geeignet schien. Zwar entsprach die standortfremde Massigkeit durchaus dem nationalsozialistischen Duktus, die Wurzeln der klaren und relativ schmucklosen Fassadengliederung in der konservativen Moderne waren aber nicht zu leugnen. Zumindest ließ sich der Bau selbst als Arbeitsbeschaffungsmaßnahme propagandistisch missbrauchen. Nach der Nutzung durch das DDR-Finanzministerium und das Zentralkomitee der SED (1958–90) fiel das Haus an das Auswärtige Amt, das hier nach Umbau durch Kollhoff (1997–2000) einzog. Der Vorplatz zum Werderschen Markt, bereits 1934 geplant, aber nicht ausgeführt, wurde mit einem Erweiterungsbau (1997–2000; Müller & Reimann) besetzt.

Die Selbstdarstellung des Regimes nahm letztlich den Neoklassizismus des 1934 verstorbenen nationalsozialistischen architektonischen Ur-Vaters Paul Troost in Anspruch, von Albert Speer in den Nürnberger Parteitagsbauten ab 1934 erprobt. Mit dem ab 1937 Kraft seines Amtes ausgeübten Stildiktat nahm dieser Neoklassizismus – vom Individuum kaum mehr erfassbar – monumental übersteigerte Formen an und entfernte sich in seiner Grobheit und Wehrhaftigkeit weit vom antiken Ideal. Die konservative Moderne war endgültig überwunden. Für die Siedlungsbauten – städtischer Geschoss-Wohnungsbau fand kaum statt – blieb der Heimatstil bestimmende Stilrichtung, zumeist deutschtümelnd sentimental übersteigert. Allein der Industriebau kam relativ ungeschoren davon. Als in seinem Urzweck funktionsbestimmter Bautyp und vom Standort her meist wenig öffentlichkeitswirksam, entzog er sich ohnehin weitgehend ideologischer Einvernahme. „Zum politischen Mißbrauch von Architektur kommt es weder auf die Wahl des Baustils noch auf wertende Kategorien wie ‚modern' oder ‚traditionalistisch' an." *[Mesecke/194]*

Die etwa mit der trügerischen Präsentation der heilen nationalsozialistischen Welt zu den Olympischen Spielen 1936 abgeschlossene Gleichschaltung der Architektur im öffentlichen Raum besorgten die Nationalsozialisten im Wesentlichen über ihren Parteiapparat und die Berufs-Standesorganisationen. Mittels Pflichtmitgliedschaften in den zahllosen neu gegründeten NS-Berufs- oder politischen Organisationen, besonders der „Reichskammer der bildenden Künste", konnte die Auftragsvergabe unauffällig gesteuert werden. Dem Regime missliebige Architekten fielen gegebenenfalls auch den zahlreichen Diskriminierungsgesetzen aufgrund ihrer ethnischen Herkunft, Religion oder politischen Einstellung zum Opfer.

Am 13. März 1933 begann die Entlassung aller nicht der NSDAP oder DNVP angehörenden Stadträte, so auch Wagners. Schon tags darauf wurde der Magistrat geschlossen entlassen und am 15. März NSDAP-Fraktionschef Julius Lippert als „Staatskommissar z. b. V." mit weitreichenden Befugnissen an die Spitze der Stadtverwaltung gestellt. Der seit 1931 amtierende reguläre Oberbürgermeister Heinrich Sahm, seit 1933 NSDAP-Mitglied, fungierte in einer Marionettenrolle noch bis zum 9. Dez. 1935. Am 1. Dez. 1936 wurden beide Ämter zusammengelegt, Lippert führte seit der 1937 geltenden neuen Stadtverfassung nun den Titel „Stadtpräsident und Oberbürgermeister". 1940 folgte ihm der Propagandaminister Goebbels nach. Stadtbaurat, nun „Stadtbaudirektor", wurde der Architekt Max Rendschmidt. Ihm unterstanden die Stadträte Benno Kühn für Hoch- und Städtebau und Adalbert Pfeil, der ab 1937 beide Ämter ausübte, für Siedlungs- und Wohnungswesen. Mit der Installation eines staatlichen „Generalbauinspektors" im Ministerrang für die Reichshauptstadt verlor die städtische Bauverwaltung ab 1937 in permanenten Auseinandersetzungen weitgehend ihre Befugnisse. Dem Machtkampf fiel auch der Stadtpräsident Lippert zum Opfer, der schließlich als Besatzungsoffizier nach Jugoslawien und Belgien befohlen und 1951 als Kriegsverbrecher vom Kriegsgericht Lüttich verurteilt wurde.

In zunehmendem Größenwahn hatte Hitler, selbst mit Entwurfsskizzen zur Erweiterung der Museumsinsel und zur „Großen Achse" dilettierend, gigantomane Ideen zur Umgestaltung Berlins entwickelt, die in der Stadtverwaltung schon ob der Kosten auf keine Gegenliebe stießen. Nach Albert Speers Erinnerungen hatte bis „... zum Sommer 1936 ... Hitler offenbar die Absicht gehabt, die Berliner Pläne durch die Stadtverwaltung bearbeiten zu lassen. Jetzt ließ er mich kommen und übergab mir kurzerhand und ganz unfeierlich den Auftrag: ‚Mit dieser Stadt Berlin ist nichts anzufangen. Von jetzt an machen Sie den Entwurf ...'". *[Speer/87]* Der Ernennung Speers zum „Generalbauinspektor für die Reichshauptstadt (GBI)" am 30. Jan. 1937 war eine zehnmonatige inoffizielle Arbeitsphase vorausge-

gangen, in der Speer ohne Wissen der Berliner Stadtregierung bereits seine Behörde aufgebaut und deren Interessengebiete grob abgesteckt hatte. Die ministerielle Funktion des GBI betonte zwar die Rolle Berlins als Reichshauptstadt, mit dem „Gesetz zur Neugestaltung deutscher Städte" vom 4. Okt. 1937 wurde aber begonnen, für zahlreiche deutsche Großstädte gleichartig gigantomane langfristige „Stadtneubau-Programme" zu entwickeln – der Architektur war durch die Nationalsozialisten ihr Platz im System zugewiesen. Gefragt war aber nicht „Gebrauchsarchitektur", sondern eine ideologisch determinierte kultische Monumentalarchitektur, die keinerlei wirtschaftlichen Zwecken genügte. Die Wertschätzung der Architektur für die Eigendarstellung des Systems drückt sich auch in der Anerkennung der Arbeit des GBI durch Hitler selbst aus. Dessen nächtliche Besuche in Speers Atelier, der sich mit seinem Stab in der ehemaligen Akademie der Künste am Pariser Platz 4 eingerichtet hatte, waren dennoch außergewöhnlich. Mit dem „Interessengebietsplan" vom August 1938 legte Speer fast das halbe Stadtgebiet als jenes Areal fest, in denen die städtische Baubehörde de facto keine Befugnis besaß. Kraft seines Amtes hatte er bereits zum 1. April die Korrektur zahlreicher Stadtbezirksgrenzen veranlasst, um diese mit den Interessengebieten in Deckung zu bringen. Den auf städtische Kompetenzen pochenden OB Lippert servierte Speer im August 1940 ohne Skrupel ab: „Als ich *[Speer/d. A.]* dem Führer die Tatsache vortrug, dass der Oberbürgermeister meinen Erlass, der die Zusammenarbeit zwischen Stadtverwaltung und Generalbauinspektor regelt, als für die Stadt demütigend empfindet und daher abgelehnt hat, stellte der Führer unverzüglich fest, dass dann Dr. Lippert als Oberbürgermeister und Stadtpräsident ‚sofort abzusetzen' sei." *[Reichardt/69]*

Das anfängliche Fehlen einer schlüssigen Architektur-Ästhetik in Verbindung mit dem Mangel eines stadtplanerischen

Vorlaufs vermittelten in den ersten Jahren der nationalsozialistischen Herrschaft das Bild eines recht regellosen Bauens. Bis Mitte der 30er Jahre blieb das architektonische Erscheinungsbild Berlins relativ unbelastet. Die meisten der 1933–35 ausgeführten Bauvorhaben gingen ohnehin auf Planungen vom Ende der 20er Jahre zurück. Eine über die Errichtung von wenigen Einzelbauten für städtische Verwaltungen und NS-Organisationen hinausgehende Stadtplanung fand bis zum direkten Eingriff Hitlers mit der Einsetzung des Generalbauinspektors nur in territorial eng beschränkten Gebieten statt. Bis auf geringe Ausnahmen entstanden jedoch nur Verwaltungsbauten, weder der Wohnungsbau noch Kulturbauten spielten eine Rolle, auch die Verkehrsplanung – vor allem das Straßennetz – erfuhr vorerst keine komplexe Beachtung.

Zur Ausführung schon vorhandener Planungen gehörte 1933/34 die Umgestaltung des ARNSWALDER PLATZES in Prenzlauer Berg mit dem bereits 1927–29 geschaffenen Stierbrunnen von Hugo Lederer, die Ermisch in veränderter Form vornahm. Ermisch gehörte zu den beamteten Architekten, die unbeschadet ihrer zeitweisen Nähe zum Neuen Bauen, wie mit Wagner 1929/30 beim Strandbad Wannsee, das 3. Reich im Amt – von 1922 bis 1950 in der städtischen Bauverwaltung – überdauerten, ohne sofort dem verordneten Stil zu verfallen. Sein Anfang der 90er Jahre abgerissenes RETTUNGSAMT DER STADT BERLIN (1935/36), Marienburger Str. 41-46, trug noch deutlich expressionistische Züge. Selbst das so genannte STÄDTISCHE VERWALTUNGSGEBÄUDE C (1935–39), Klosterstr. 59, am Rolandufer wiesen Ermisch mit der Gratwanderung zwischen einem zurückhaltenden Neoklassizismus und der Anpassung der Fassaden an die Formensprache des anschließenden GASAG-Gebäudes von L. Hoffmann nicht unbedingt als Protagonisten der verordneten Staatsarchitektur aus, ebenso wenig der unausgeführte Entwurf (1936) für das

gegenüberliegende „Städtische Verwaltungsgebäude B". Dass er sich schließlich in den Kreis der von Speer mit der Germania-Planung beauftragten Architekten ziehen ließ, ist wiederum für die freiwillige Selbstaufgabe vieler Architekten dieser Zeit typisch.

Trotz der unübersehbaren „zeitgemäßen" Monumentalisierung und der Kaschierung der Stahlskelettbauten war die Blockhaftigkeit und die streng vertikale Fassadengliederung der MESSEBAUTEN (1935–37) – Ehrenhalle mit beidseits anschließenden Ausstellungshallen am Hammarskjöldplatz, Gläserne Galerie mit beidseitigen Rundpavillons am Messedamm – sowohl der Moderne als auch dem Neoklassizismus verpflichtet. Die erforderliche Repräsentativität schuf eher der – verlorene – plastische Schmuck. Im formalen Detail durchaus Erwartungen bedienend, entsprach das RATHAUS TIERGARTEN (1935/36), Mathilde-Jacob-Platz 1, ohne jegliche Übersteigerung dennoch in Kubatur und Baukörpergliederung menschlichem Maßstab. Selbst die Schulbauten von Ermisch – bis 1937 im Rahmen eines 1933 als Arbeitsbeschaffungsmaßnahme konzipierten Schulbauprogramms entstanden – sind in ihrer Zurückhaltung und relativen Vielfalt typisch für die Zeit vor dem Speerschen Stildiktat. Dazu gehören die ausgesprochen sachlich gehaltene GRUNDSCHULE RUDOW (1933–36), Köpenicker Str. 144-148, die Erweiterung der ZINNOWWALD- UND RIEMEISTER-GRUNDSCHULE (1934/35), Wilskistr. 78, die sogar dem Konservatismus des Stadtbaurates L. Hoffmann verpflichtete VOLKSSCHULE HEINERSDORF mit Turnhalle (1934–37), Berliner Str. 66, und die SCHULE MIT TURNHALLE auf der Insel Scharfenberg (1934–36).

Wenn auch der Wohnungsbau propagandistisch breiten Raum einnahm, blieb er in der Praxis trotz spürbarer Wohnungsnot weit hinter den Ankündigungen zurück und war verhältnismäßig unbedeutend. Die ideologisch bedingte Propagierung – und Idealisierung – des Kleinsiedlungsbaus hatte im Berliner Raum praktisch kaum Bedeutung. Dabei ist zu bedenken, dass bereits 1937 mit dem zweiten Vierjahresplan eine das zivile Bauen drosselnde rigorose Materialkontigentierung einsetzte und mit Kriegsbeginn 1939 der Wohnungsbau relativ schnell als „nicht kriegswichtig" eingestellt wurde. Selbst die für die „Neugestaltung" des GBI planmäßig abzureißenden 53.624 WE zu ersetzen, war durch keinerlei Planungen gesichert.

So wurden in den ersten beiden Jahren nach der Machtübernahme weitestgehend vor 1933 geplante Vorhaben realisiert. Die GEHAG baute 1933/34 nach einem modifizierten Entwurf – statt Flachdach nun Ziegelwalmdach – des bereits emigrierten Bruno Taut die mit etwa 200 WE kleine SIEDLUNG AM POßWEG (Zehlendorf). Die GROßSIEDLUNG SIEMENSSTADT konnte Henning 1933/34 umfangreich in gewohnter Formensprache erweitern. Selbst die von Mebes & Emmerich vor 1933 geplante und erst 1936 vollendete FLUSSPFERDSIEDLUNG, Große Leege/Goeckestr. in Hohenschönhausen, mit 604 WE ist ohne Bruch in den Formen des Neuen Bauens einschließlich Zeilenbauweise, Flachdächer und vorgestellter Balkon-Gerüste gestaltet. Noch erstaunlicher ist die späte Vollendung der Umbauung des heutigen LUXEMBURG-PLATZES, der durch den Abriss des Scheunenviertels entstanden war und nach einem Poelzig-Entwurf bereits 1928–30 bebaut wurde. Bedingt durch Finanzierungsprobleme erfolgte die Bebauung Rosa-Luxemburg-Str. 31-37/Hirtenstr. 7-10 gegenüber dem Kino „Babylon" nach unverändertem Entwurf in Formen des Neuen Bauens erst 1935/36, wegen der Nähe des U-Bahn-Tunnels übrigens als einziger Stahlskelettblock inmitten der Mauerwerksbauten. Den zeitgemäßen Gegensatz stellte die anschließende Bebauung der Linienstraße von 1935 hinter der Volksbühne dar.

Auch die zahlreichen kleineren öffentlichen Bauten blieben zumeist in der Tradition. Die katholische Gemeinde ließ Clemens Holzmeister noch 1933 die ST. ADALBERTKIRCHE, Torstr. 168, mit der expressiven Chorpartie zur Linienstraße bauen. Die 1934/35 von Mebes & Emmerich errichtete FEUERSOZIETÄT DER PROVINZ BRANDENBURG, Am Karlsbad 3-5 in Schöneberg, dokumentierte die den beiden Architekten eigene schlichte Modernität in der Fassade des Stahlskelettbaus. Das POSTAMT N 4 in Mitte, Am Nordbahnhof 3-5/Invalidenstr. 29-30/Zinnowitzer Str. 8 (1934–36; G. Werner), zeigte das Dilemma des Architekten zwischen eigenem Gestaltwillen und Zugeständnissen an die neuen Herren: Der streng funktional gegliederte Stahlskelettbau lässt die unterschiedlichen Funktionen in den Geschossen unverdeckt sichtbar werden, die Travertinverkleidung versucht dennoch, die Konstruktion zu kaschieren und Monumentalität aufzubauen. Bemerkenswert für diese frühe Zeit – im Jahr zuvor erst war der Aufbau einer deutschen Luftwaffe verkündet worden – sind der Bau von Luftschutzkellern und verstärkten Stahlbeton-Flachdächern. Ähnlich wehrhaft entstanden zur gleichen Zeit auch private Bauten, wie das BÜRO- UND GESCHÄFTSHAUS FRIEDRICHSTADT, Leipziger Str. 27-28/Friedrichstr. 194-199/Krausenstr. 71 in Mitte, von Jürgen Bachmann. Im äußeren Erscheinungsbild noch ganz den 20er Jahren mit expressionistischem Einschlag verpflichtet, ist das flache Ziegel-Walmdach eigentlich Tarnung für die verstärkte oberste Stahlbetondecke, das untere der beiden Kellergeschosse ist ein Luftschutzkeller. Die oft zögerlichen Zugeständnisse der Architekten an die von örtlichen Baubehörden zunehmend erteilten Auflagen lassen sich an der 1935/36 noch in maßvollen Formen errichteten 4-geschossigen WOHNHAUSGRUPPE HALENSEESTR. 1-9 und 2-16 von Paul G. R. Baumgarten nachvollziehen, deren Flachdächer von Max Abicht in Ziegel-Walmdächer geändert werden mussten. Die vermeintliche Zukunft des nationalsozialistischen Wohnungsbaus verkörperte sicher die städtebauliche Planung der von der „Gagfah" - in Zusammenarbeit mit dem Rasse- und Siedlungshauptamt - 1938-40 in unmittelbarer Nachbarschaft zur Tautschen Waldsiedlung Zehlendorf (Onkel Toms Hütte) errichteten „SS-Kameradschaftssiedlung", heute **WALD-SIEDLUNG KRUMME LANKE**. Als „Zukunft" war dabei kaum die Wohnqualität und Ausstattung zu verallgemeinern, die den zwar gehobenen, aber rangmäßig abgestuften Ansprüchen der ausgesuchten Mieter - Mitarbeiter der Berliner SS-Hauptämter - entsprach. Die rund 590 2-bis 5-Zimmer-Wohnungen waren etwa zur Hälfte mit Sammelheizungen ausgestattet, alle Wohnungen hatten Bad und WC.

Entlang kurviger Wege, die das Areal weniger stark als die Straßen der Taut-Siedlung gliedern, sind zwischen Quermatenweg und den Geschossbauten an der Argentinischen Allee Einzel- und Doppelhäuser angeordnet. Hinzu kommen Hausreihen unter ziegelgedeckten Satteldächern, die überwiegend aus Gagfah-Mustertypen abgeleitet waren und frühere Siedlungsformationen imitierten, die als typisch deutsch galten. Ein bis ins Detail schlüssiges Bild vermittelt jedoch auch diese Siedlung nicht, da die städtebaulich akzentuierenden Gemeinschaftseinrichtungen nicht ausgeführt wurden. Die Siedlung „repräsentiert eine besonders für Berlin außergewöhnliche und einzigartige Form der Siedlungsplanung, bei der in zweifacher Hinsicht ideologische Positionen des NS-Staates, die Vorstellung von der idealen Volksgemeinschaft und der Blut- und Boden-Gedanke zum Ausdruck kommen: Eine als Elite verstandene Bevölkerungsgruppe lebt auf einem gemeinsamen Terrain ohne signifikante Abteilung von Privatbereichen zusammen. Die Wohnhäuser sind in eine scheinbar ungeordnete Naturlandschaft eingestellt; die Natur dominiert die von Menschen geschaffene Architektur."
[Denkmaltopographie Zehlendorf/214]

Die städtebauliche Neuordnung des baulich überalterten und desolaten Areals um den Molkenmarkt, der als Berlins ältester Markt zum mittelalterlichen Kern der Stadt gehörte, hatte bereits mit Hoffmanns Stadthausprojekt begonnen. Den Bau eines repräsentativen Vorplatzes anstelle eines ganzen Quartiers verhinderte der Ausbruch des Ersten Weltkrieges. Mit der nach 1920 notwendig gewordenen erneuten Rathauserweiterung und dem Ende der 20er Jahre akut werdenden Neubau von Mühlendammbrücke und -schleuse plante man nun komplex. Als propagandistisch willkommen erwies sich, dafür weitere Areale abzureißen die - wie der Krögel - zu Wohnungsbau-Standorten stilisiert wurden. Die geplanten Abrisse der Mühlendammbebauung (Sparkasse) und des für städtische Verwaltungen genutzten Ephraim-Palais mit dem Nebenhaus Poststr. 15 aufgrund des Brückenneubaus und des Stadtvogteigeländes für den Neubau der Reichsmünze vergrößerten das Flächendefizit der Stadtverwaltung weiter. All diese Aspekte mündeten ab 1934 in den Plan eines so genannten **MUNIZIPAL-FORUMS**, oder, in der nationalsozialistischen Diktion, eines „Ratsbezirks". Dem zur Ausführung bestimmten Plan von Stadtbaurat Benno Kühn war aus dessen Büro die Vorplanung Ermischs vorausgegangen. Als die seit Speers Inthronisation nur noch zögerliche Bauausführung 1939 eingestellt wurde, waren erst der Block Stralauer-/Klosterstraße/ Rolandufer (1937-39; Ermisch) und die **STÄDTISCHE FEUERSOZIETÄT**, Parochialstr. 1-3 (1938; Franz Arnous), vollendet. Die weiteren, ausnahmslos von Ermisch geplanten Blöcke, hatte man noch nicht einmal begonnen. Das Ephraim-Palais war ebenso wie die Mühlendammbebauung abgerissen und die Spree überspannte nach dem Schleusenneubau eine Notbrücke. Der neue Aufmarschplatz (76 m x 125 m) vor dem Stadthaus, dominiert von dessen Kuppelturm und Endpunkt einer städtischen Achse von der Leipziger Straße über den Mühlendamm, war zeitgemäß unbegrünt, für Paraden befestigt und seitlich durch hakenkreuzbekrönte Pylonen ein-

Verwaltungsgebäude der Städtischen Feuersozietät, Parochialstraße 1, von 1938.

gefasst. Sein Zentrum sollte die Cantiansche Schale aus dem Lustgarten zieren. Sowohl zwischen Platz und Rotem Rathaus als auch an das Palais Schwerin anschließend, das deshalb mehrere Meter zurückversetzt wurde, plante man entlang der Stralauer Straße quartiergroße Büroblöcke, in denen auch das neue Stadtpräsidentenpalais nach Entwurf von Fritz Keibel entstehen sollte. Das nur flach geneigte Dach des Palais sollte von einer Plattform mit umlaufender Balustrade abgeschlossen werden, die – laut eines Protokolls vom November 1936 (!) – zur Aufstellung von Flakgeschützen vorgesehen war ...

Zwischen Mühlendamm und verlängerter Jüdenstraße begann 1936 als Staatsbauvorhaben der Bau der REICHSMÜNZE nach Entwurf von Keibel und Arthur Reck, den man 1942 – fast fertig gestellt – kriegsbedingt unterbrach. Um 1950 wurde das Produktionsgebäude im Blockinneren und der Flügel am Rolandufer als Münze der DDR in Betrieb genommen, der

Hauptbau am Mühlendamm beherbergte von seiner Gründung am 7. Jan. 1954 bis zum 3. Okt. 1990 das Ministerium für Kultur der DDR.

Seine Front schmückt die Kopie des ursprünglich die Alte Münze (1798-1800) am Werderschen Markt zierenden Frieses von J. G. Schadow nach Entwurf F. Gillys, der beim Abriss 1869 geborgen und durch Hagen und Siemering um mehrere Tafeln ergänzt an der Neuen Münze, Unterwasserstr. 2-4 (1868-71; Stüler) angebracht worden war. Nach deren Abriss für den Reichsbankneubau wurde das Original 1935 eingelagert, ab 1976 war es für einige Jahre am Seniorenheim Spandauer Damm 42-44 angebracht.

Das Regierungsviertel um die Wilhelmstraße wurde erwartungsgemäß mit Neu- und Erweiterungsbauten zur Baustelle, die barocke Pracht konnte den Nationalsozialisten weder im Selbstverständnis noch in der Außenwirkung genügen. Für die Rücksichtslosigkeit des Regimes sprechen schon die Begleitumstände der

Ehemalige Reichsmünze am Molkenmarkt: Palais Schwerin, Verbindungsbau, Neubau Münze mit Kopie des Münz-Frieses (v. l.).

ersten – letztlich noch unbedeutenden – baulichen Veränderungen. Den Innenumbau des PALAIS BORSIG, Voßstr. 1/Ecke Wilhelmplatz, für die Unterbringung der nach der „Röhm-Affäre" am 30. Juni 1934 aus München nach Berlin zwangsweise umzusiedelnden SA-Führung begann Speer auf ausdrücklichen Befehl Hitlers am 1. Juli ohne Vorankündigung. Mitten in den Dienstbetrieb des hier residierenden Vizekanzlers Franz v. Papen krachten Abrissarbeiten an den Decken, die Papens Auszug erzwangen und für Heiterkeit beim „Führer" sorgten. Zwei Tage später trat der in Ungnade gefallene Vizekanzler ohnehin zurück. Der Anbau des so genannten „Führerbalkons" 1935 an den Erweiterungsbau der Reichskanzlei von 1928–31 geschah wiederum so überraschend und ohne Information an unmittelbar Betroffene, dass dem Hitler missliebigen Architekten Eduard Jobst Siedler nur der lautstarke Protest wegen der nachgewiesenen Verletzung des Urheberrechts blieb – beruhigt wurde er mit

einem außerplanmäßigen Staatsauftrag. Das traditionelle Regierungsviertel um die Wilhelmstraße blieb zwar auch unter den Nationalsozialisten das politische Zentrum, die Zukunft für die Standorte von Regierung, Partei und Wehrmacht sahen die neuen Machthaber aber schon zeitig an anderem Ort. Dass die relativ wenigen neuen Regierungsbauten in diesem Areal – Reichskanzlei mit Nebengebäuden, Propaganda- und Reichsluftfahrtministerium – dennoch gegenüber der historischen Bebauung so gewaltig wirken, liegt in deren grob strukturierter, im Detail kaum differenzierter Architektur begründet und einer bedrohlich wirkenden Vergröberung der Baukörper.

„Als Reichskanzler und Führer der Deutschen Nation aber will ich, dass Deutschland so repräsentiert werden kann, wie jeder andere Staat auch, ja im Gegenteil, besser als andere ... Das neue Reich wird sich neue Räume und seine Bauten selbst errichten. Ich gehe nicht in die Schlösser. In den anderen Staaten – in

Moskau, da sitzt man im Kreml, in Warschau sitzt man im Belvedere, in Budapest in der Königsburg, in Prag im Hradschin ... Ich habe nur den Ehrgeiz, dem neuen deutschen Volksreich Bauten hinzustellen, deren es sich auch diesen anderen ehemaligen fürstlichen Werken gegenüber nicht zu schämen hat. Vor allem aber: diese neue deutsche Republik ist weder ein Kostgänger noch ein Schlafbursche in ehemalig königlichen Gemächern!" *[Speer/538]* Deutlicher hätte Hitler die Dringlichkeit des Reichskanzleineubaus – bei dessen Richtfest am 2. August 1938 – nicht artikulieren und das Geltungsbedürfnis der neuen Herren darstellen können.

Entgegen der offiziellen Datierung hatte Hitler bereits 1934 die Planung einer NEUEN REICHSKANZLEI veranlasst, sogar Speer selbst gab in seinen „Erinnerungen" (1969) als Zeitpunkt seiner ersten Befassung mit dem Thema „Reichskanzlei-Erweiterung" 1935 an. Nach dem Abschluss des Entwurfs begann noch 1937

der Bau, der Abriss der seit 1935 durch das Reich angekauften Altbebauung hatte bereits im März 1936 eingesetzt. Wie sehr auch hier den Nationalsozialisten an einer Legendenbildung über extrem kurze Bauzeiten gelegen war, zeigt Speers widersprüchliche Aussage, Hitler habe ihm erst Ende Januar 1938 (!), nach anderen Quellen am 11., den definitiven Auftrag zum Entwurf erteilt. Die Einweihung des umfänglichen Komplexes mit der 400 m langen Hauptfassade entlang der Nordseite der Voßstraße – offiziell Voßstr. 4-6 – fand schon ein Jahr später am 12. Jan. 1939 statt. Am Morgen des 2. Mai 1945 nahmen sowjetische Sanitätssoldatinnen das inmitten einer Trümmerwüste gelegene nunmehr unverteidigte und bis auf eine Handvoll unterer Büro-Chargen geräumte Gebäude in Besitz, in dessen Garten die halbverkohlte Leiche des Selbstmörders Hitler verscharrt war. Der gesamte Komplex wurde bis 1950 abgerissen, Teile dienten zum Bau der sowjetischen Ehrenmale in Treptow und Tier-

Erweiterungsbau der Reichskanzlei (1928-30, E. J. Siedler) mit dem „Führerbalkon" von 1935 (kriegszerstört).

garten sowie für die Ausgestaltung des U-Bahnhofs Thälmannplatz, heute Mohrenstraße. Die umfangreichen bis in die Ministergärten reichenden Bunkeranlagen wurden schrittweise nach Bedarf bei der späteren Neubebauung des Gebietes beseitigt. Damit verschwand nicht nur die letzte Schaltzentrale nationalsozialistischer Macht, sondern auch das signifikanteste – und einzig ausgeführte – Beispiel Speerscher NS-Architektur in Berlin.

Das 1933 neu geschaffene REICHSMINISTERIUM FÜR VOLKSAUFKLÄRUNG UND PROPAGANDA von Joseph Goebbels bezog am 14. März nach dem Innenumbau durch Speer das Palais Prinz Karl, Wilhelmplatz 9/Wilhelmstr. 61a. Das 1737–42 von de Bodt errichtete und 1827/28 von Schinkel sowie 1833 von Persius umgebaute bzw. erweiterte Palais hatte bis 1810 als Sitz des Johanniter-Großmeisters und dann als Prinzenpalais gedient. Der immense Platzbedarf dieser nationalsozialistischen Demagogie-Behörde führte schon 1934 zum Bau eines Gartenflügels; 1936–40 folgten großzügige Neubauten von Karl Reichle, so dass zwischen Mauerstr. 45-52 und Wilhelmstr. 61a/62 eine geschlossene Anlage um zwei Gartenhöfe entstand. Eine Vorstellung vermittelt der einzige beim Kampf um das Regierungsviertel am 29. April 1945 unzerstört gebliebene Flügel an der Mauerstraße mit den glatten Muschelkalksteinflächen und gleichmäßigen Fensterreihungen, die keinerlei Bezug zum historischen Straßenbild haben. Die pylonenartig vorgezogenen Brandmauern, ursprünglich durch mannshohe Adler mit Hakenkreuz abgeschlossen, separieren den Bau bewusst vom Umfeld. Nach der Nutzung durch den Nationalrat der Nationalen Front in der späteren DDR war ausgerechnet dieser Restbau des Goebbels-Ministeriums 1990/91 Domizil des Ministeriums für Medienpolitik. Heute residiert hier nach Umbau durch J. P. Kleihues 1997–2001 das Bundesministerium für Arbeit und Sozialordnung.

Der wohl gewaltigste ausgeführte, wenn auch nicht völlig typische „nationalsozialistische" Bau in Berlin ist das im Dezember 1934 beauftragte einstige REICHSLUFTFAHRTMINISTERIUM, Leipziger Str. 5-6/Wilhelmstr. 97, von Ernst Sagebiel. Ohne Rücksicht auf die Geschichte des Ortes begann kurzfristig im Frühjahr 1935 der Abriss bedeutender historischer Bauten, wie des Preußischen Kriegsministeriums von Stüler, und parallel dazu der Neubau. Einen ebenso rigiden Eingriff hätte das 1937 über die gesamte Blocklänge gegenüber geplante Reichspostministerium mit ähnlicher Grundrissdisposition bedeutet, das aber nicht ausgeführt wurde. Das rasante Bautempo war aufgrund einer weitgehenden Typisierung von den Muschelkalkplatten der Fassaden über die Fensterformate bis zu den Stahlträgern und Grundrissen möglich, auf der Basis eines 3-m-Achsensystems konnte an acht Stellen gleichzeitig mit dem Bau der Stahlbeton- bzw. Stahlskelettkonstruktion begonnen werden. Noch 1936 war der Riesenbau mit 56.000 m² Nutzfläche und über 2.000 Büroräumen fertig gestellt. Gleichzeitig waren das Preußische Herrenhaus zur Dependance und das Abgeordnetenhaus zum repräsentativen „Haus der Flieger" umgebaut worden.

Nach dem Krieg beherbergte der Komplex vor dem Umzug nach Karlshorst die SMAD, 1947–49 die Deutsche Wirtschaftskommission und dann bis 1990 mehrere Ministerien der DDR. In dem zum Festsaal umgebauten einstigen Arbeits-„Zimmer" Görings konstituierte sich der Deutsche Volksrat am 7. Okt. 1949 zur provisorischen Volkskammer der DDR, die hier am 11. Okt. Wilhelm Pieck zum Staatspräsidenten wählte. Nach der ersten Wahl 1950 zog die Volkskammer in das ehem. Langenbeck-Virchow-Haus, Luisenstr. 58/59. Das Haus der Ministerien war als Sitz des DDR-Ministerpräsidenten am 16. und 17. Juni 1953 Ziel der Demonstrationen, ein Denkmal im Boden des Vorplatzes erinnert daran. Die

Ehrenhof des ehemaligen Reichsluftfahrtministeriums an der Wilhelmstraße, heute Bundesministerium für Finanzen.

Sammlung historischer Zeugnisse vervollständigt das 1952 anstelle des „Fahnenkompanie"-Reliefs von 1941 angebrachte Fliesen-Wandbild mit der Idealisierung des sozialistischen Alltags von Max Lingner. Der Treuhandanstalt, die dem Haus 1992 den Namen ihres ermordeten Vorsitzenden Detlev Rohwedder gab, folgte 1999 noch während der denkmalgerechten Rekonstruktion das Finanzministerium. Dem parallel zur Wilhelmstraße stehenden langgestreckten 6-geschossigen – zum Garten 7-geschossigen – Hauptbau ist der 5-geschossig umbaute straßenseitige Ehrenhof vorgelagert, symmetrisch zu seiner Mittelachse von zwei großen geschlossenen Höfen begleitet, deren Seitenflügel zum Garten durchgesteckt sind. Ein hofbildender niedrigerer Eckflügel schließt den Komplex zur heutigen Niederkirchnerstraße ab. Die Baukörpergestaltung mit unterschiedlichen Höhen an der als Vorplatz ausgebildeten Ecke zur Leipziger Straße schafft eine städtebauliche Dominante und akzentuiert den eigentlichen Haupteingang. Die moderne und nutzungsorientierte Skelettkonstruktion ist „zeitgemäß" durch die spezifische Fassadengestaltung zum Macht demonstrierenden voluminösen Massivbau umgefälscht und durch weit auskragende Flachdächer abgeschlossen. Zwar folgt Sagebiel noch nicht dem neuen Staatsbaustil, entwickelt aber in den Details, besonders in der Proportionierung der Fassaden und in den Fenstergestaltungen mit den zum Markenzeichen werdenden Verdachungen und Faschen, zahlreiche Anknüpfungspunkte. Umso klarer war der bei der Instandsetzung 1945–47 beseitigte plastische Schmuck von Douglas Hill, Arnold Waldschmidt und W. E. Lemcke dem Regime verpflichtet. Auch beim FLUGHAFEN TEMPELHOF konnte Sagebiel seine fachliche Vergangenheit im Neuen Bauen und als Mitarbeiter im Büro Mendelsohns, das er nach dessen Emigration übernommen hatte, nicht gänzlich verleugnen. Die etwa viertelkreisförmige

209

Hallenanlage von 1.230 m Länge mit Treppentürmen im Abstand von 70 m, die sich aus der 400 m langen Flugsteighalle mit dem 40 m auskragenden und als Zuschauertribüne für Flugschauen angelegten Vordach sowie den beidseitig anschließenden Hangars zusammensetzt, folgt wie der restliche Gebäudekomplex streng funktionalen Gesichtspunkten. Die Konstruktion der Halle gehört zu den bedeutendsten Ingenieurleistungen der Vorkriegszeit. Radial zum Platz der Luftbrücke führt die 100 m lange Abfertigungshalle auf einen ehrenhofartigen rechteckigen Vorplatz. Beidseitig dieses Vorplatzes schließen zwei in ihrer gekrümmten Bauflucht der Begrenzung des Platzes der Luftbrücke folgende Büroquartiere zwischen Columbia- und Tempelhofer Damm an. Trotz des immensen Aufwandes war Tempelhof nur eine Interimslösung, mit der Fertigstellung des Speerschen Achsenkreuzes sollten an dessen Enden an der Stadtgrenze vier zivile Flughäfen den Betrieb aufnehmen. Wie das Luftfahrtministerium steht der Flughafenkomplex, der 1936 begonnen und vor der Vollendung 1941 eingestellt wurde, architek-

tonisch zwischen der konservativen Moderne und dem NS-Klassizismus, der auch hier durch die wenigen Plastiken deutlich wurde. Ab 1945 war Tempelhof amerikanischer Militärflugplatz, im Juni 1950 bekam der Senat Teilrechte für die zivile Nutzung übertragen. 1959–62 erfolgte der Ausbau des zivilen Flughafenbereiches, der mit der Inbetriebnahme Tegels 1975 wieder geschlossen wurde. Im August 1985 stellte übrigens die U.S. Air Force den Kopf des erst 1962 abgebauten 4,5 m hohen Nazi-Adlers von W. Lemcke vom Dach der Abfertigungshalle auf einem Sockel vor dem Gebäude auf. Nach dem Abzug der Alliierten als Flughafen vorübergehend wieder zivil genutzt, soll der Flugbetrieb nach dem Bau eines neuen Berlin-Brandenburger Großflughafens endgültig eingestellt werden. Tempelhofs Gemeindebaurat und Flugenthusiast L. Adler hatte seinerzeit die Fluggesellschaften „Aero Lloyd" und „Junkers" zum Kauf eines Restgeländes des ehem. kaiserlichen Exerzierplatzes Tempelhofer Feld bewogen. Am 8. Okt. 1923 eröffneten beide Gesellschaften den Flughafen. Geflogen worden war hier

Fehrbelliner Platz – architektonische Erbebewältigung mit Formen-Gewalt in Versicherungs AG, der ehemaligen Reichsgetreidestelle und der ehemaligen Verwaltung

schon 1909, als Graf Zeppelin eines seiner ersten Luftschiffe landete und im September O. Wright mit dem ersten Motorflugzeug der Welt einen 50-km-Schleifenflug in 52 Minuten absolvierte. Die Gründung der Berliner Flughafengesellschaft 1924 und der Zusammenschluss der beiden Fluggesellschaften zur „Deutschen Luft-Hansa" am 6. Jan. 1926, die hier 1938–45 ihren Sitz hatte, gaben dem Flughafen die wirtschaftliche Basis. Die ersten Holzbauten wurden 1925–29 durch massive Flugzeughallen und ein Abfertigungsgebäude abgelöst. Weltbekannt wurde Tempelhof durch die Luftbrücke 1948/49, als Berlin während der sowjetischen Blockade mit 277.264 Flügen 462 Tage durch die West-Alliierten aus der Luft versorgt wurde.

Die bauliche Gestalt des **FEHRBELLINER PLATZES** ist eines der wenigen erhaltenen Beispiele, die die Genese nationalsozialistischer Vereinnahmung der Architektur dokumentiert. Die Eingemeindung großer urbaner Gebiete bei Gründung der Großgemeinde Berlin gab Unternehmen wie Behörden die Möglichkeit, die teure City zu meiden und sich an verkehrsgüns-

tigen Außen-Standorten anzusiedeln. Insbesondere die neuen Bezirke Charlottenburg, Schöneberg und Wilmersdorf profitierten davon, der Berliner Osten war weniger gefragt. Bis zum Bau der später mehrfach erweiterten „Reichsversicherungsanstalt für Angestellte" – heute BfA – 1920/21 zwischen Ruhr- und Westfälischer Straße war der nur wenig konturierte ausfernde Platz von reinen Wohnquartieren umgeben. Der Neubau des Bürogebäudes des Deutschen Versicherungskonzerns, Hohenzollerndamm 177/ Brienner Str. 1-4, durch Emil Fahrenkamp 1930/31 eröffnete die Umbauung. Noch heute bieten der Platz und sein weiteres Umfeld ein eigenartiges Bild in der Mischung kompakter Verwaltungsbauten der 30er Jahre mit Hochhäusern der Gegenwart, gründerzeitlicher Mietshäuser und Wohnanlagen der 20er Jahre, Vorstadtvillen mit parkähnlichen Gärten und einfacher Eigenheime, mittendrin Friedhöfe verschiedener Religionen.

Als die Nordstern-Versicherungs-Bank AG, die Karstadt AG und die Deutsche Arbeitsfront (DAF), die noch 1933 den Fahrenkamp-Bau des Deutschen Ver-

Schockfarben. Von links nach rechts die Gebäude der ehemaligen Nordstern-
der Deutschen Arbeits-Front

sicherungskonzerns für das Schatzamt erworben hatten, 1934 definitiv Bauabsichten am Platz hegten, schrieb die Stadt gemäß der Bedeutung des Vorhabens einen städtebaulichen Wettbewerb unter Regie des Oberbürgermeisters und des Staatskommissars aus. Grundlage der Bebauung wurde der Entwurf des Nordstern-Architekten Firle. Die mit ihrem Entwurf unterlegene DAF nahm daraufhin beleidigt Abstand von ihrer Bauabsicht, wodurch noch vor Baubeginn die Firlesche Planung modifiziert werden musste. Aus machtpolitischer Sicht ein bemerkenswerter Ausgang.

Firle formte, eventuell angeregt vom – in den geplanten Blöcken nicht mehr dominanten – konkaven Eingangsflügel des Fahrenkamp-Baues, das südlich des Hohenzollerndamms gelegene Areal zu einem idealen Halbrund. Die Brandenburger Straße teilte mittig die Platzrandbebauung, die Badstraße wurde zwischen Mansfelder Straße und dem Platz als Fußgängerpassage überbaut. Das nördlich gelegene Areal, seitlich begrenzt von Brandenburgischer und Württembergischer Straße, war als rechteckiger Appellplatz durch eine Baumpflanzung zum Preußenpark geschlossen. Die indifferente Gestalt des nördlichen Platzbereiches lässt heute wenig vom ursprünglichen Gestaltungswillen ahnen. Der unsensible, nur als Kontrastarchitektur und aus der Unsicherheit des Umgangs mit dem historischen Erbe erklärliche Erweiterungsbau der BfA von 1970–73, der aber zumindest die Bauflucht am westlichen Platzrand aufnahm, tut dazu das Seine.

Obwohl aus der Planung zurückgezogen, ließ die DAF das SCHATZAMT 1935 wieder durch Fahrenkamp entlang Hohenzollerndamm 174-176/Mansfelder Str. 16-22 als Quartier schließen. Der 6-geschossige Stahl-Skelettbau mit dem durch eine weit auskragende Dachplatte akzentuierten zurückgesetzten Dachaufbau auf dem konkaven Eingangsflügel zeigt in seiner klaren Formensprache und Konfiguration die Kontinuität der Architektur über das Jahr 1933 hinaus. Die Sanierung des Hauses Anfang der 70er Jahre veränderte das äußere Erscheinungsbild mit der Eternitplatten-Verkleidung völlig.

Die das Halbrund bildenden Bauten – die NORDSTERN-VERSICHERUNGS-BANK AG (heute Senatsdienststellen), Hohenzollerndamm 180/Fehrbelliner Platz 2/Brandenburgische Str. 15 (1935/36; Firle), die REICHSGETREIDESTELLE (Senatsdienststellen und Privatfirmen), Fehrbelliner Platz 3/Brandenburgische Str. 67-68/Mannheimer Str. 1-2/Mansfelder Str. 2-6/Barstr. 57-61 (1935–38; Ludwig Moshamer), auf einem Teil des reservierten DAF-Areals und das später doch noch in reduziertem Umfang gebaute VERWALTUNGSGEBÄUDE DER DAF (1945–53 britisches Hauptquartier „Lancaster House", dann Rathaus Wilmersdorf), Fehrbelliner Platz 4/Barstr. 1-6/Mansfelder Str. 8-14/Brienner Str. 16 (1941–43; Helmut Remmelmann) –, folgen in der Konfiguration am Platz sichtlich einem Schema: Die Traufkante der flachen Walmdächer läuft in gleicher Höhe um, die 5-geschossige Platzumbauung mit weitgehend gleichförmig gereihten Lochfassaden, in denen selbst die streng mittigen Eingänge wenig akzentuiert sind, ist über die Gehwege der Radialstraßen gezogen, so dass Kolonnaden entstehen. Da Firle auf die traditionelle Blockrandbebauung verzichtete und den Grundriss des Nordstern-Hauses T-förmig anlegte, blieben spitzwinklige Bauplätze für zwei Wohnblöcke, die Mebes & Emmerich 1935/36 mit einem schlicht gestalteten 5-geschossigen Block – auffällig nur der hohe kantig profilierte Drempel – Hohenzollerndamm 181-182/Sächsische Str. 32-33 und 1936 Straumer mit der 4-5-geschossigen Bebauung Brandenburgische Str. 12-14/Sächsische Str. 35-37 in einer dem Heimatstil verwandten Stilmischung realisierten.

Sind die beiden erstgenannten Bürogebäude mit Natursteinplatten als Massivbauten „verkleidete" Stahlbeton-Skelettkonstruktionen, so erlaubte die Kriegswirtschaft der DAF nur noch einen traditionellen Mauerwerksbau mit Putzfassade. Wie die Konstruktion unterscheidet sich auch die Gestaltung. Fern jeglicher Modernität gab die Verwendung standardisierter Schemata und Formen, wie Gesimse, Fensterrahmungen, Axialität, Symmetrie, der Fassade die monumentale Monotonie. Der im April 1935 ausgearbeitete Vorschlag Firles zur Überbauung der Symmetrieachse – Brandenburgische Straße – mit einem hakenkreuzgekrönten Tor-Hochhaus stand offenbar nie zur Ausführung.

Die Randbebauung des Appellplatzes wurde nur auf seiner Ostseite realisiert, westlich blieb sie unvollendet. Sowohl das 1935/36 vom Konzern-Architekten Philipp Schäfer errichtete platzbegrenzende RUDOLF-KARSTADT-KONTORHAUS (heute Senatsdienststellen), Hohenzollerndamm 30-31/Fehrbelliner Platz 1/Württembergische Str. 1-5, als auch das dahinter in zwei Etappen 1935/36 an der Ecke Hohenzollerndamm 29/Sächsische Str. 31 ebenfalls von Schäfer und 1938 von Bartels an der Ecke Sächsische Str. 28-30/Pommersche Str. 25-26 gebaute BÜROHAUS DER BAUFIRMA WIEMER & TRACHTE (heute Wiemer & Trachte und Senatsdienststellen) sind in das Schema „5-geschossiger Stahlbeton-Skelettbau mit werk- oder natursteinverkleideter monoton gereihter Lochfassade unter flachem Walmdach" einzuordnen. Auffällig ist nur die grobe Gestaltung des Karstadt-Eingangsbereiches und die mangelhafte Geschosshöhen-Einordnung des Bauteils Bartels.

Die architektonische Planung des OLYMPIAGELÄNDES für die Spiele 1936 wurde zwar mit ihrer Machtübernahme durch die Nationalsozialisten an sich gerissen, hatte aber eine von diesen unabhängige und das Ergebnis noch deutlich prägende längere Vorgeschichte. Als Berlin 1931 den Zuschlag zur Ausrichtung der XI. Olympischen Sommerspiele erhalten hatte, wurde vom Reichsausschuss für Leibesübungen das Areal um die Pferderennbahn Grunewald mit dem Deutschen

Das von Werner March erbaute Berliner Olympiastadion Ende der 30er Jahre

213

Stadion und dem Deutschen Sportforum als Kern des Olympiageländes ausersehen.

Die Ausprägung der westlichen Vororte als Wohnquartiere der Oberschichten erforderte eine entsprechende Infrastruktur, zu der auch der Bau einer Pferderennbahn im nördlichen Grunewald 1906–09 durch O. March gehörte. Der Absicht Berlins, die VI. Olympischen Spiele 1916 – die Bewerbung für 1912 scheiterte an den Kosten – auszurichten, folgte 1912/13 ebenfalls durch March der Bau des damals weltgrößten „Deutschen Stadions" mit integrierter Radrennbahn und angrenzendem Schwimmstadion im Innenraum der Rennbahn. Die Spiele 1916 waren dann die ersten der Neuzeit, die einem Krieg zum Opfer fielen. Otto Marchs Sohn Werner schuf als Wettbewerbssieger mit seinem Bruder Walter gegen Hans Biebendt, Dernburg, Poelzig, Ernst Rentsch, J. Seiffert und M. Taut 1926–28 mit dem DEUTSCHEN SPORTFORUM nördlich der Rennbahn das Domizil der 1920 gegründeten Deutschen Sporthochschule. Der in sich geschlossene symmetrische und weitgehend klinkerverkleidete Gebäudekomplex ist um den Jahn-Platz gruppiert. Ungeachtet der Ausstrahlung einer gewissen Feierlichkeit sind die Gebäude mit den umfänglichen Freianlagen deutlich funktionell gestaltet. 1934–36 ergänzte March das Forum – Trainingscamp und Bürokomplex zugleich – um das „Haus des Sports" mit der bemerkenswerten Sichtbeton-Kuppel über dem Auditorium für 1.200 Personen und das „Friesenhaus". Zugleich erfolgte die nachträgliche Ausstattung mit Großplastiken u. a. von Arno Breker und Thorak. Die britischen Streitkräfte nutzten den baulich veränderten Komplex nach ihrem Umzug aus Wilmersdorf 1952–94 als Hauptquartier; auf dem Maifeld fand 1994 auch das Abschiedsfest für die drei Westalliierten statt.

Die von March seit 1927 betriebene Olympia-Planung – Erweiterung des Deutschen Stadions und des Sportforums, Umbau von Messehallen für Hallenwettkämpfe und Teilen des Militärlagers Döberitz für das Olympische Dorf – genügten den Nationalsozialisten und Hitler persönlich nicht als Kulisse für die gedachte Propagandaschau. Die vom Reichsausschuss für Leibesübungen im Juni 1933 genehmigten Pläne ließ Hitler nach der Ortsbesichtigung am 5. Okt. 1933 zurückziehen. Auch die am 9. Okt. von March vorgelegten wesentlich erweiterten Entwürfe verfielen höchster Ablehnung. Dass March weiter beauftragt blieb, obwohl der formale Vertrag erst im April 1934 geschlossen wurde, war sicher nicht seinem Eintritt in die NSDAP am 1. Mai 1933 geschuldet, sondern der seit Jahren gesammelten Erfahrung mit der Aufgabe und dem nun deutlichen Terminzwang.

Für das Etikett des nationalsozialistischen Musterprojektes steht trotz Speerscher Eingriffe in Marchs Entwurf beim Reichssportfeld kaum die Architektur selbst, sondern die zur Erzeugung von Massenpsychosen geeignete Dimensionierung der Anlage und ihrer einzelnen Teile, deren Zuordnung zueinander und die gezielt über den sportlichen Anspruch hinausgehenden Funktionen und emotionalen Unterlegungen. Die zumeist gängige Denunziation der Architektur und Plastik des Reichssportfeldes weist wohl eher auf Rückstände in der historischen Aufarbeitung hin, die nach dem Scheitern der Olympiabewerbung für 2000 schlagartig wieder abbrach. Kernstück der Anlage sind die entlang der gedachten Achse Olympische Straße - Glockenturmstraße angelegten Bauten und Plätze: Olympischer Platz, Olympisches Tor mit Preußenturm (Norden) und Bayernturm (Süden), Olympiastadion für 100.000 Zuschauer mit Marathontor, Turmgruppen Friesen- und Sachsenturm (Norden) und Franken- und Schwabenturm (Süden), Maifeld mit Nord- und Südwall, Westwall mit Langemarck-Halle und Glockenturm (Höhe 76 m), Platz am Glockenturm. Im Norden schließt das um zahlreiche Sportstätten ergänzte Sportforum an.

Schon die Benennungen sind fragwürdig, war doch nach der Olympischen Charta die Stadt Berlin und nicht das Deutsche Reich Veranstalter. Vollends „unolympisch" sind schließlich Name und Funktion der Langemarck-Halle als Gedenkstätte, über die March selbst schrieb: „Sie macht den Turm zum Wahrzeichen einer nationalen Gedenkstätte ... Der Schmuck ... ist von großer symbolhafter Einfachheit. Die 12 kräftigen Pfeiler tragen die 76 Fahnen der an der Schlacht beteiligten Regimenter. Das Massiv des mitten durch die Halle stoßenden Glockenturmes trägt auf zehn Stahlschilden die Namen der Divisionen und der ihnen zugehörigen Truppenteile. Westlich vor dem Block des Glockenturms liegt im Fußboden, von einer Stahlplatte mit dem Langemarck-Kreuz bewahrt, Erde aus dem Friedhof von Langemarck." *[Schmidt/80]* Der erst nach dem Tod tausender jugendlicher Kriegsfreiwilliger, vor allem aus der Intelligenz, „erfolgreiche" Sturmangriff auf den strategisch unbedeutenden belgischen Ort am 22./23. Okt. 1914 wurde als nationalsozialistische propagandistische Begleitung der Aufrüstung zum Mythos stilisiert. Als der kriegszerstörte Glockenturm 1960–62 wiederaufgebaut wurde, konnte March gleichzeitig auch die Langemarck-Halle rekonstruieren ...
Wie der Architektur dürfte der Plastik mit der nacholympischen Nutzung ein ideologischer Anspruch unterschoben worden sein. Das weitgehend von March bestimmte Skulpturenprogramm „ergab sich aus den städtebaulichen Bedingungen der Gesamtplanung des Architekten. Entsprechend der Einfachheit und Größe der architektonischen Planung ließ sich Plastik nur in großem Maßstab und an einigen wenigen weithin beherrschenden Standorten entwickeln." *[U. Berger/118]* Dieser objektiv notwendigen Monumentalität unbesehen nationalsozialistische Ideologie zu unterlegen, dürfte sicher vorschnell sein. Zur Wahl der antiken Formensprache – ohnehin naheliegend für das

Thema Sport – zog Wolf Jobst Siedler den Schluss aus der unübersehbaren Krise der Moderne in den 30er Jahren, dass die neu erwachende Hinwendung von Architektur und Plastik zum antiken Ideal eine europäische Erscheinung war, mit „Direktiven des Präsidenten der Reichskulturkammer hat das nichts zu tun". *[Siedler/109]* Zumal die maßgeblichen Nazi-Würdenträger am Skulpturenprogramm ein deutliches Desinteresse gezeigt haben.
Marchs Entwürfe für die Olympiabauten waren – sichtbar noch am von Speer verschonten Schwimmstadion – funktional und konstruktiv unverfälscht, so dass Hitler nach der Vorort-Vorstellung des 1:1-Modells eines Stadion-Fassadenteils am 31. Okt. 1934 „zornig und erregt" war. „Kurzerhand ließ er dem Staatssekretär mitteilen, dass die Olympischen Spiele abzusagen seien ... Ich zeichnete über Nacht eine Skizze, die eine Umkleidung des Konstruktionsgerippes mit Naturstein sowie kräftigere Gesimse vorsah, die Verglasung fiel fort, und Hitler war zufrieden." *[Speer/94]* In bewährter Manier verwandelte Speer schlanke Stahlbeton-Konstruktionen in scheinbar schwergewichtige Mauermassen von „völkischer" Kraft. Im äußeren Erscheinungsbild ist nur wenig von Marchs Handschrift übrig geblieben, diese erkennt man besser im Innenraum und in der Funktionalität als Sportstätte. Wie viel davon nach dem Umbau und der Überdachung nach Entwurf von Gerkan, Marg & Partner für die Fußballweltmeisterschaft 2006 übrig bleibt, ist ungewiss. Wie beim Maifeld – statt der geforderten 500.000 Zuschauer fasste es schließlich nur 180.000 – minderte March auch die Kapazität der Waldbühne, initiiert von Propagandaminister Goebbels, von 100.000 Zuschauern auf 20.000. Ihre antikem Vorbild folgende „große Einfachheit der Bühnenarchitektur soll der Phantasie des Beschauers reichen Spielraum gewähren und Dekorationen ganz entbehrlich machen. Nur die große Geste und das gesprochene

Wort sollen das Spiel bestimmen" – so March. *[Schmidt/82]*
Abgesehen von den Olympischen Spielen vom 1. bis 16. August 1936, die zwar zu einer nationalsozialistischen Propagandaschau entarteten, aber dennoch in die Sportgeschichte eingingen, war das Reichssportfeld auch ein historischer Ort außerhalb des Sports. Den propagandistischen Masseninszenierungen folgten zwangsläufig reale kriegerische Ereignisse. In die Kellerräume des Stadions waren ab 1938 (!) kriegswichtige Produktionen ausgelagert, auf dem Freigelände wurden Munitionsvorräte gestapelt. Die Vereidigung von Volkssturmeinheiten am 13. Nov. 1944 auf dem Olympischen Platz sowie die Ausbildung von Reichsarbeitsdienst-Einheiten (RAD) unter dem Kommando des „Reichssportführers" und einstigen IOC-Mitglieds Karl Ritter v. Halt und Jugendlichen der Hitlerjugend-Division ab Januar 1945 im Sportforum brachte den Krieg endgültig zum Reichssportfeld. Diese Rekruten waren dann auch Zu-

schauer der in der Murellenschlucht unweit der Waldbühne seit 1944 durchgeführten Exekutionen von Deserteuren und zivilen Kriegsgegnern. Kein Geringerer als Carl Diem, Generalsekretär des Organisationskomitees für die Olympischen Spiele 1916 und 1936, Begründer des Olympischen Fackellaufs und 1947–62 Rektor der Deutschen Sporthochschule Köln, hielt hier noch im Februar 1945 eine flammende Durchhalterede.

Die Zerstörung Berlins durch den über den GBI ins Bauen transportierten nationalsozialistischen Größenwahn setzte endgültig 1938 mit den Flächenabrissen im Spreebogen für den Bau der Großen Halle und am südlichen Tiergartenrand für den Runden Platz ein, die erst Anfang März 1943 eingestellt wurden. Zu diesem Zeitpunkt verstärkten sich aber bereits die Abrisse aus der Luft durch die Alliierten. Der Krieg, d. h. die Niederlage Nazideutschlands, verhinderte schließlich die Realisierung der Speerschen Pläne und

Munizipalforum am Molkenmarkt (Modell 1937), links das Nikolaiviertel, rechts die Reichsmünze.

hielt – so makaber das klingen mag – die Folgen ihres Beginns in Grenzen.

Das Grundgerüst der Speerschen Planung war ein gigantisches Achsenkreuz – Schnittpunkt westlich vor dem Brandenburger Tor – mit vier konzentrischen Ringstraßen und 17 Radialen. Die Achsenendpunkte, jeweils mit Anschluss zu Verkehrsflughäfen, lagen auf dem Autobahnring der zukünftigen WELTHAUPTSTADT GERMANIA, der die Stadtgrenze bilden sollte. Bis auf den durch die heutige Straße des 17. Juni gebildeten Abschnitt der Ost-West-Achse – als Muster 1937–39 ausgebaut – sollten diese Trassen in unverhältnismäßiger Breite über die historische Stadtstruktur gelegt und in die bestehende Bebauung eingegraben sowie durch unmaßstäblich monumentale Bauten gesäumt werden. Der vermutlich einzig positive Planungs-Effekt wäre die Neuordnung des Eisenbahnverkehrs mit zwei gewaltigen (Haupt-)Bahnhöfen an der Nord-Süd-Achse gewesen. Das Vorhaben sollte 1950 abgeschlossen sein.

Sowohl in der Planungszeit als auch in der historischen Reflexion beanspruchte der Prachtabschnitt der Nord-Süd-Achse zwischen dem Nordbahnhof etwa im Bereich Luxemburger Straße (Wedding) und dem Südbahnhof anstelle des S-Bahnhofs Papestraße das größte Interesse. Als stadtplanerische Lösung – Neuordnung des Eisenbahnverkehrs sowie der Stadt- und Reichs-Regierungsbauten – ging dieser Abschnitt offenbar auf die nach ersten Ideen von 1908 seit 1920 von Martin Mächler geplante und seitdem in Fachkreisen permanent diskutierte, von zahlreichen Planern vielfältig modifizierte und selbst in Tageszeitungen publizierte Nord-Süd-Achse zurück, die Speer nach eigener Aussage angeblich erst nach 1964 zur Kenntnis gelangt sein soll. Mächler erinnerte sich 1948, dass selbst Hitler und Goebbels diesen Plan auf der Großen Berliner Bauausstellung 1927 sahen und Speer ihn spätestens 1938 mit einer Denkschrift zur Bebauung des Tempelhofer Felds zur Kenntnis genommen

haben musste. Die 1961 angelegte Entlastungsstraße folgt – zumindest in einem kleinen Abschnitt – dieser Trasse.

Dem Nordbahnhof (Entwurf Theodor Dierksmeier) nach Süden vorgelagert war ein riesiges langgestrecktes Wasserbecken (1.200 m x 400 m), das den Humboldthafen einschloss. Umbaut werden sollte es im Westen mit dem Berliner Rathaus (Entwurf G. Bestelmeyer, Alternativentwurf Ermisch), der Zentrale der städtischen Versorgungsbetriebe und dem Polizeipräsidium (Entwurf Bonatz mit Dübbers), im Osten mit dem Oberkommando der Kriegsmarine (Entwurf Bonatz mit Dübbers, Alternativentwurf Hans Freese).

Die Umbauung des in Adolf-Hitler-Platz umzubenennenden PLATZES DER REPUBLIK hatte sich Speer persönlich vorbehalten. Der Spreebogen sollte begradigt und die Spree unter den Vorplatz der gigantischen „Großen Halle" – Fassungsvermögen 150–180.000 Personen – verlegt werden. Die Hallenkuppel mit einem Durchmesser von 250 m und einer Höhe bis zur Laternenspitze von 320 m hätte nicht nur den Reichstag, den Hitler eigenartigerweise unbedingt bewahren und durch einen Neubau mit der Halle verbinden wollte, zum Pförtnerhaus degradiert, sondern die Berliner Silhouette unproportional dominiert. Dem Reichstag gegenüber war anstelle der das „Führerpalais" mit einem 110 m langen Innen-Ehrenhof und einem 2.000 Personen fassenden Speisesaal sowie an der Südwestecke des Platzes die „Neue Reichskanzlei" geplant. Dieser gegenüber schloss südlich des Reichstages das neue OKW die Platzfront. Abgesehen von den gigantischen Ausmaßen und Formen war all diesen Bauten eine deutliche und bezeichnende Abschottung von der Öffentlichkeit eigen.

Südlich des Tiergartens war auf der Westseite die „Soldatenhalle" (Entwurf W. Kreis) geplant, eine seltsame Mixtur aus Krypta, Heldengedenkstätte, Zeughaus und nationalsozialistischer Weihestätte, bis Kriegsende aber nicht genau definiert.

In ihrem Hintergrund sollte vom gleichen Architekten die großräumige Anlage des Oberkommandos des Heeres um einen zum Tiergarten geöffneten riesigen Ehrenhof entstehen, in dessen Achse sich am Landwehrkanal ein Hochhaus erheben sollte. Die östliche Straßenseite war dem „Reichsmarschallamt" (Entwurf Speer) für den Multifunktionär und Postensammler Göring vorbehalten. Den nördlichen Seitenflügel zur Ost-West-Achse sollte auf fast 12.000 m² eine Parkanlage mit einer 4 m dicken Erdschicht zieren ...

Diesem gewissermaßen militärischen Teil der Nord-Süd-Achse folgte bis zum Landwehrkanal, in der Achse geradlinig etwa auf die Flottwellstraße gerichtet, der so genannte „Runde Platz" mit einer gewaltigen Brunnenanlage nach Entwurf von Breker. Hinter den relativ einfachen scheinbar 3-geschossigen Fassaden verbargen sich 6-geschossige „zivile" Bürobauten, u. a. die Allianz-Hauptverwaltung, ein Offizierskasino, das „Haus der deutschen Künstler" (Entwurf Dierksmeier und Hans Flehr), das „Haus des Fremdenverkehrs" (Entwurf Dierksmeier und Hugo Röttcher) und ein Groß-Kino.

Die an den Platz anschließende endlose Folge von etwa 200 m langen Büro- und Geschäftshäusern, „angereichert" u. a. durch mehrere Opern- und Konzerthäuser, ein Theater, ein Varieté und ein Großkino, Hotels und Restaurants, eine Hallenbad- und Thermenanlage, endete am Ehrenmal für die Weltkriegsgefallenen, einem unförmigen 117 m hohen Triumphbogen auf einer Grundfläche von 170 m x 119 m mit dem Bogenscheitel in 80 m Höhe. Sein Standort ist noch ungefähr durch den 1941/42 ausgeführten experimentellen Großbelastungskörper an der Kolonnenbrücke einzugrenzen. Korrespondieren sollte das Bogenungetüm mit dem etwa 700 m langen aufgeweiteten Achsenabschnitt der „Beutewaffenallee", die dem südlichen Bahnhofsvorplatz folgte. Der auf dem Südbahnhof (Entwurf Speer) ankommende Reisende war somit

gleich von der kriegerischen Ideologie gefangen; am Nordbahnhof stand er mit der Großen Halle dem steingewordenen Weltherrschaftsanspruch gegenüber. Mit der gleichen Brutalität waren auch die Verlängerungen der Achsen bis zum Außenring und einige zugehörige Bebauungsareale geplant. Abgesehen von weiteren die Stadtstruktur zerstörenden Flächenabrissen sollten ohne Rücksicht auf Architektur und Geschichte u. a. das Brandenburger Tor durch Versetzung der Torhallen zerstört, die Museumsinsel ohne Rücksicht auf Schloss und Park Monbijou sowie Hitzigs Börsenbau durch sechs ähnlich monoton-monumentale Neubauten zwischen Friedrich- und Burgstraße von W. Kreis, Hanns Dustmann und Conrad Dammeier gerahmt und Alt-Berlin mit dem Durchbruch der Ost-West-Achse dezimiert und entstellt werden.

Mangels scheinbar fehlender baulicher Zeugnisse wird diese Epoche Berliner Baugeschichte zumeist übergangen, bei genauerem Hinsehen zeigt sich aber die der Stadt durchaus gefährlich gewordene Realität. Der am Tag vor Hitlers 50. Geburtstag im April 1939 übergebene Abschnitt der OST-WEST-ACHSE zwischen Brandenburger Tor und heutigem Theodor-Heuss-Platz hatte relativ wenig Aufwand erfordert. Der gesamte Straßenzug wurde mit einheitlichem Querschnitt verbreitert und – auch höhenmäßig – begradigt, die Zahl der Kreuzungen reduziert und eine noch heute vorhandene einheitliche Straßenbeleuchtung installiert. Der Umbau des Großen Sterns schloss die Versetzung der auf dem Königsplatz störenden Siegessäule und der Denkmäler ein. Die beiden Teile des Charlottenburger Tores mussten auseinander gezogen werden, das TH-Hauptgebäude erhielt einen gepflasterten Parade-Vorplatz. Das gegenüber geplante „Haus der deutschen Ärzte" (Entwurf K. Cramer) wurde aber nie begonnen, das heutige Gebäude des Deutschen Städtetages (B. Elkart und W. Schlempp) blieb unvollendet.

Ab 1938 wurde die Bebauung des Spree-bogens bis auf die noch befristet verblei-bende Schweizer Gesandtschaft komplett für die Große Halle abgerissen und die Umverlegung der Spree, später fälschlich als Panzergraben zur Reichstagsvertei-digung bezeichnet, vorbereitet. Im Unter-grund des Tiergartens verbergen sich noch heute Tunnelstücke des Kreuzungs-bauwerks der beiden Achsen, das Sowjetische Denkmal steht auf einem sol-chen. Das so genannte Geheimratsviertel südwestlich des Kemperplatzes fiel bis 1943 fast gänzlich für den Bau des OKH und der Umbauung des Runden Platzes. Der Rohbau des HAUSES DES FREMDEN-VERKEHRS, bei dem Hitler am 4. Juni 1938 den Grundstein für den Bau der Nord-Süd-Achse gelegt hatte, wurde erst 1963 für die Neue Nationalgalerie abgerissen. Weithin sichtbar markiert geblieben ist aber das Rudiment der WEHRTECHNISCHEN FAKULTÄT (Entwurf Hans Malwitz) der Technischen Hochschule, deren Hauptgebäude bereits 1937 begonnen worden war und als Rohbau den Kern des Trümmerschutt-berges – heute Teufelsberg – im nörd-lichen Grunewald bildet. Beidseits der Heerstraße war zwischen Stößensee und Reichssportfeldstraße außerdem eine den Grunewald spürbar reduzierende Hoch-schulstadt einschließlich des Universitäts-klinikums (Charité) geplant.
Wenn auch nicht durch die gigantomanen Bauten der „Germania"-Planung, so ge-lang Speer – abgesehen von seinem Wirken als Rüstungsminister ab 1942 – doch ein baulicher Beitrag zur Zerstörung der deutschen Hauptstadt. „Der Führer hat angeordnet, in Berlin an mehreren Stellen in großen Parks und Anlagen wie Tiergarten, Humboldthain, Friedrichs-hain usw., Flak-Türme zu errichten, auf denen jeweils mehrere ortsfeste leichte und schwere Flakrohre, Kommando-geräte und Scheinwerfer eingebaut wer-den sollen ... Der Führer hat Professor Speer mit der architektonischen Ausge-staltung beauftragt. Die zuständige Dienststelle der Luftwaffe soll sich mit

Prof. Speer in Verbindung setzen, der im Auftrag des Führers die Bauten durchfüh-ren soll." *[Groehler/55]* Diese Führer-weisung an den Oberbefehlshaber der Luftwaffe Göring vom 9. Sept. 1940 zeugt von wenig Vertrauen in dessen Prahlerei, dass kein Feindflugzeug je über der Reichshauptstadt kreisen würde. Nicht nur die FLAKTÜRME, von denen noch Trümmerberge im Friedrichshain und Humboldthain zeugen, sondern auch BUNKER für den zivilen Luftschutz, wie im Gasometer Fichtestr. 4-12 (1940/41), in der Albrechtstr. 24/25 (1943), in der Witte-nauer Str. 68-70 und 76-80 (um 1940) und anderswo, waren Produkte von Speers Baustab.

An einem gewöhnlichen Wohnzimmer-tisch in einer seit dem 27. April als Befehlsstand des Oberbefehlshabers der 8. Gardearmee der 1. Belorussischen Front, Generalmajor Tschuikow, genutz-ten Tempelhofer Wohnung – Schulen-burgring 2, Hochparterre rechts – endete am Morgen des 2. Mai 1945 für Berlin der Zweite Weltkrieg. Hier unterzeichnete der letzte Kampfkommandant der Berliner Garnison, Generalleutnant Weidling, die Kapitulation der im Regierungsviertel und an anderen Orten der Innenstadt ein-geschlossenen deutschen Truppen.
Berlin war in jeder Hinsicht ein Trümmer-feld – die geistigen Zerstörungen standen den materiellen in nichts nach. Die Lebensgrundlagen der Stadt waren weit-gehend zerstört: Von 226 Brücken waren 128 zerbombt, von 33.000 Kranken-hausbetten gab es noch 8.500, von ehe-mals 1.562.000 Wohnungen waren nur noch 370.000 bewohnbar. Von 245.300 Gebäuden waren 27.679 – 11,3 % – total zerstört. Um Brandenburger Tor und Reichstag, d. h. dem noch bis zum 3. Mai heftig umkämpften historischen Zen-trum, lagen die Zerstörungen weitaus höher als in den Randbezirken. Galt Berlins Wohnraumbestand zu 23,7 Prozent als total zerstört, so waren es im Bezirk Tiergarten 32,2 Prozent und in

Architektur am Ende: Bunker.

Mitte sogar 34,6 Prozent (Mitteilung Nr. 12 des Statistischen Amtes der Stadt Berlin, November 1945) – ein Drittel! Rund 75 Mio. m³ Schutt hatte das „Tausendjährige Reich" den Berlinern hinterlassen. Lebten 1941 noch über 4,4 Mill. Menschen in Berlin, reduzierten Evakuierung, Kriegsverluste und Deportationen die Einwohnerzahl bis Mai 1945 auf 2,3 Mio., von denen zwei Drittel Frauen waren. Zehntausende Berliner – die genaue Zahl ist kaum festzustellen – fielen als politische Gegner ebenso dem Terror der Nationalsozialisten zum Opfer wie die aus rassischen oder religiösen Gründen Verfolgten. Im April und Mai begingen offiziell fast 5.000 Menschen Selbstmord – nur ein Teil waren schuldige Nazis. Die scheinbare Ausweglosigkeit und die Angst vor der Roten Armee hatte weite Kreise erfasst. Von den 1933 knapp 161.000 in der Stadt lebenden Juden hatte etwa die Hälfte ins Ausland flüchten können. 55.000 Berliner Juden waren in Konzentrations- und Vernichtungslagern ermordet worden. Rund 5.000 hatten überlebt, davon über 1.000 dank der Hilfe mutiger Berliner

in der Illegalität, etwa 1.000 Juden kehrten aus Konzentrationslagern zurück. Anziehungspunkt für die ersten Bezwinger des Dritten Reiches war nicht die in der sowjetischen Öffentlichkeit unbekannte Reichskanzlei, sondern der seit der Brandstiftung 1933 zum Symbol mutierte Reichstag, dessen Eroberung für Stalin ausdrücklich den Fall von Berlin besiegelte, und das allbekannte Brandenburger Tor. So ist auch die Wahl des Standorts für das erste, noch im November 1945 eingeweihte Sowjetische Ehrenmal (Entwurf Lew Kerbel) nahe dieser beiden Bauten zu verstehen. Der Pariser Platz war tagelang Ort von Siegeskundgebungen. Schon am 12. Juli 1945 trafen hier Field-Marshall Montgomery und die Marschälle Schukow und Rokossowski zusammen, um sich gegenseitig Orden zu verleihen. Ausgerechnet dieser historisch und städtebaulich so wichtige Platz blieb dann ein halbes Jahrhundert als Kriegsbrache liegen, seine Neu- oder besser Wiedergestaltung markiert am Beginn des neuen Jahrtausends nun das Ende des Nachkriegs-Wiederaufbaus Berlins..

Baumeister – Architekten – Ingenieure

Der Weg aus der Anonymität
Vom Wandel eines Berufes

Die Anonymität des gotischen Baumeisters ist nicht allein in der zeitlichen Ferne begründet, sie resultiert vor allem aus seiner Stellung im künstlerisch-handwerklichen Schaffensprozess und zur Bauaufgabe. Trotz des unübersehbaren Erstarkens des Bürgertums war die Gotik feudal-klerikal bestimmt. Die Kirche als dominierende Bauaufgabe neben Burg- und Bürgerbau stand in ihrem ideellen Gehalt fern aller Weltlichkeit, ihr Schöpfer trat zurück zugunsten des Kultes. Zudem entstand das mittelalterliche Bauwerk nicht zuerst auf dem Papier als Intention eines einzelnen Individuums, sondern am Ort als kollektives Werk auf empirischer Grundlage, die Grenzen zwischen künstlerischer Meisterschaft und meisterlichem Handwerk waren fließend.

Die mittelalterlichen klösterlichen Bauorganisationen der Mönche wurden mit fortschreitender Verweltlichung der Bauaufgabe seit dem 13. Jh. von den autark wirkenden Bauhütten abgelöst. „Diese von den Benediktinern geleiteten Baugenossenschaften blühten, bis die Bischöfe und Äbte dem einfachen Leben zu entsagen anfingen und die Lust an der Bautätigkeit zu verlieren begannen. Damit kam auch die Architektur gänzlich in die Hände der Laien. Die in den Klosterschulen gebildeten Baumeister sagten sich von der geistlichen Gemeinschaft los, und es wurde nun ihnen allein die Ausführung der Bauten übertragen. Dies geschah zu der Zeit, da das Selbstgefühl der Städte erwachte ... Und als nun den weltlichen Bauleuten neben der technischen Ausführung auch die schöpferische ... Gestaltung der Bauidee überlassen wurde, sahen sie ... ihren Vorteil darin, dass die Lehre ihrer Baukunst nicht Gemeingut werde, und vereinigten sich zu einer geschlossenen Gemeinschaft, zu einer Bauhütte, die, zunftmäßig gegliedert ... ihre eigenen Gesetze und Statuten hatte und in denen die mathematischen Verhältnisse und Regeln des gotischen Baustils als Kunstgeheimnis fortgepflanzt wurden." *[Schuster/400-402]* Die straffe, an Geheimbündelei erinnernde Organisation sicherte ihr Monopol an spezifischem Fachwissen. Die vom Bürgertum forcierte Entwicklung der Produktionsweise, die Konzentration der produzierenden Gewerbe in den Städten und der stetig wachsende Bedarf an städtischen Bauten gewährleistete dann den Zusammenschluss der selbstständigen Bauhandwerker zu Zünften und ihr arbeitsteiliges Wirken am Bau, schließlich verdrängten sie die Bauhütten. Arbeitsteiligkeit löste die Multifunktion des Bauhüttenmeisters – künstlerischer Entwurf, handwerkliche Ausführung, Arbeitsorganisation, materielle und finanzielle Sicherung etc. – auf. Der Handwerker verblieb in der Anonymität, der Renaissancebaumeister – Architekt und Ingenieur in einem – trat neben das Werk. Am Rande des Geschehens erhielten sich die Bauhütten dennoch bis zum kaiserlichen Auflösungsedikt vom 16. August 1731; als Geheimbünde sollen einige noch bis Anfang des 20. Jh.s bestanden haben. Unter der feudal-absolutistischen Herrschaft geriet der Barockbaumeister in ein festes Abhängigkeitsverhältnis zum Auftraggeber Klerus und Adel. Zu dieser Einengung der persönlichen Freiheit trat ein fachlicher Zwang, der dem Baumeister oft kaum Raum zur Entfaltung ließ, durch das Dilettieren absolutistischer Fürsten in den Künsten. Die allgemein unzureichende technisch-konstruktive Ausbildung zwang den barocken „Künstler-Architekten", sich auf das Können und die Erfahrung der ausführenden Handwerksmeister zu verlassen, die statische Probleme empirisch lösten.

Die industrielle Revolution bewirkte eine tiefgreifende Änderung des Berufsbildes und der gesellschaftlichen Stellung des Baumeisters. Waren alle vorangegangenen Baumeistergenerationen autodidaktisch ausgebildet, am Können ihrer Vorbilder geschult und universell einsetzbar, erforderte die neue Vielfalt der Bauaufgaben eine an einheitlichen Normen orientierte systematische Ausbildung. Der Beruf des Baumeisters teilte sich in den des künstlerisch tätigen Architekten und den des technisch orientierten Ingenieurs, lange Zeit neben- und nicht miteinander wirkend.

Der kapitalistische Architekt und Ingenieur war zwar relativ unabhängig von einer übermächtigen Bauherrenpersönlichkeit, geriet aber dafür in die anonyme Abhängigkeit von der wirtschaftlichen Konjunktur, vom „Markt". Die sozialökonomischen Verhältnisse spalteten die Berufsgruppe in die staatsangestellten Baubeamten und in die selbstständigen, auf dem Markt frei verfügbaren Architekten. Ihre jeweiligen Standesorganisationen, in Berlin der Architektenverein (gegr. 1824) und die Vereinigung Berliner Architekten (gegr. 1879), vertraten demzufolge oft sehr unterschiedliche Interessen. Der Zusammenschluss freier Architekten zu Entwurfsfirmen verdeutlicht die endgültige Durchsetzung kapitalistischer Produktionsweisen.

In der Baugeschichte Berlins ragt eine Reihe von Baumeistern - u. a. Nering, Schlüter, Knobelsdorff, Gontard, Schinkel, Martin Gropius, Lucae, Blankenstein, Ludwig Hoffmann, Behrens, Bruno Taut - allein schon durch den Umfang ihres Lebenswerkes hervor. Die Nennung all ihrer Werke, auch der Publikationen, ist nicht möglich; es muss bei einer Auswahl vor allem der Berliner Bauten bleiben. Letztlich wurde - und wird - das bauliche Antlitz der Stadt in seiner Gesamtheit vor allem durch zahllose bisher zu Unrecht meist ungenannte Architekten, Ingenieure und Gartengestalter geprägt, deren Leben und Werk verdient, der Anonymität entrissen zu werden.

Gotik und Renaissance
Die ersten Meister

Die Berliner Baugeschichte kennt bis weit in das 15. Jh. keine Namen, ebenso ist nichts über Bauhütten bekannt. Allein an der Klosterkirche wird die Tätigkeit bzw. der Einfluss der Brandenburger Dombauhütte vermutet.

Der erste als Berliner genannte Baumeister ist **Nicolaus Riken**, der 1434 das Spandauer Rathaus errichtete, seine Berliner Tätigkeit ist unbekannt. Dem seit 1433 im Spandauer Schloss - 1441 erhielt er es von Friedrich II. zum Pfand für ausstehende Besoldung - als Küchenmeister amtierenden Ulrich Zeuschel oblag zwar 1444-48 die Aufsicht über den Schlossbau, eine schöpferische Mitwirkung ist nicht nachweisbar. Er war auch der Autor des ersten „Erbschoß-(Steuer-)Registers" der Mark. Ebensowenig ist Bernhard v. Dasseleben, der 1449 das Schloss eindeckte, ein Baumeister. Eher waren dies **Steffen Boxthude**, Maurermeister aus der Altmark, der außer am Turmbau der Marienkirche (1466/67) auch an Bauten in der Altmark (Stendal, Werben, Tangermünde) und in Brandenburg genannt wurde, und **Meister Bernhard** vom Franziskanerkloster.

Erst die Renaissance überlieferte Namen von Baumeisterpersönlichkeiten, beginnend mit dem von Joachim II. aus Sachsen gerufenen **Konrad Krebs** (1492 verm. Büdingen - 31. 8./1. 9. 1540 Torgau), ausgebildet auch als Steinmetz, 1532 kfst.-sächs. Baumeister und 1538 auf Lebenszeit angestellt. In Berlin weilte er nur vom 22. 4. bis 1. 6. 1537 zur Übergabe seines Schloss-Entwurfes und Einführung seines Schülers C. Theiss als Schlossbaumeister.

Werke: Verm. Steinmetz an der Stadtkirche Dippoldiswalde (1506), St.-Anna-Kirche Annaberg (1507-09), Kirche Crimmitschau (1513), Schlosskirche Wittenberg (1516); tätig an der Moritzkirche Coburg (1520-28), Stadtkirche Burgstädt b. Chemnitz (1522), Kirche Langendorf b. Zeitz (1531), Rathaus Wittenberg (1523-35), Schloss Hartenfels/Torgau (1532-

Konrad Krebs

Caspar Theiss

36), verm. *Westflügel Schloss Dessau* (ab 1533); Entw. *Rathaus Gotha* (1538).

CASPAR THEISS (um 1510? – um 1550 Berlin), Mitarbeiter von Krebs schon am Schloss Hartenfels, leitete den Schlossbau in Berlin und baute das Jagdschloss Grunewald (1542/43); beide mit dem wahrscheinlich auch aus Sachsen stammenden Kunz Buntschuh († nach März 1559). Von Buntschuh ist außer seiner Mitwirkung an Bauten von Theiss nur bekannt, dass er aus zwei Ehen eine große Nachkommenschaft besaß. Theiss war Leiter des kfstl. Bauwesens und wirkte an zahlreichen Schlössern mit.

Wegen des restlosen Verlustes der Plastiken vom Berliner Schloss und seiner Ausstattung beim Neubau durch Schlüter ist die vermutete Mitwirkung von Theiss an den Arbeiten des Hofbildhauers HANS SCHENK GEN. SCHEUTZLICH († zw. 1566–72) nicht beweisbar, aber auch dessen Schaffen schwer nachvollziehbar.

Um 1520 in Nürnberg tätig, verpflichtete Hzg. Albrecht v. Preußen spätestens 1526 den aus Schneeberg in Sachsen stammen-

den Bildhauer und Medailleur an seinen Hof in Königsberg. Schenk, seit 1536 in Berlin und 1543 dessen Bürger, war der erste namentlich bekannte von mehreren nach Berlin gekommenen sächs. Bildhauern. Seine Spuren finden sich noch im Halberstädter Dom – Grabmal des Erzbischofs Friedrich VI. v. Magdeburg – und in Epitaphien im Dom zu Brandenburg sowie in beiden Berliner Pfarrkirchen. Im Jagdschloss Grunewald wird Schenk gelegentlich als die Mittelfigur – der Mundschenk – des von ihm geschaffenen „Zecherreliefs" gedeutet, als die sonst Joachim II. angenommen wird.

Auch auf wirtschaftlichem Gebiet war Theiss aktiv, mit dem befreundeten kfstl. Rat Gregor Brage, Buntschuh und den Münzmeistern Paul Mohlradt und Andreas Schreck betrieb er eine Gesellschaft zur Ausbeutung der Bodenschätze der Mittelmark, die am 8. 9. 1539 das kfstl. Privileg erhielt. 1544 gründete die Gesellschaft das Salzwerk Beelitz, Theiss wurde als Mühlenmeister genannt. Sein Haus Heilig-Geist-Str. 10/11, ehemals Sitz der Bischöfe von Lehnin und 1542 statt Be-

soldung von Joachim II. überschrieben, musste 1763 der Kriegsakademie von Johann Boumann weichen.
WERKE: Schlösser Küstrin, Bötzow (heute Oranienburg), (Königs) Wusterhausen, Potsdam, Grimnitz, Letzlingen, Schönebeck u. Zossen; Wiederaufbau Turmhelm Nikolaikirche Spandau (1540); Mitw. Bau Weingut Brettschneider (später Schloss Tegel).

Der Entwurf von 1544 für die Ausstattung des Schlosses stammte von NICKEL HOFMANN († 1589), seit 1550 vorwiegend in Halle und Merseburg tätig; er war vermutlich selbst nie in Berlin.
WERKE: Schloss Hartenfels/Torgau (1543 /44); Umgestaltg. Türme Marktkirche (1551), Roter Turm (1553) u. Anlage Stadtgottesacker (ab 1557), Halle/S.; Rathäuser Merseburg (nach 1560), Schweinfurt (1569-72) u. Hof; Chorumbau Marienkirche Zwickau (1563-65).

Eventuell auch am Schlossbau wirkte der aus Küstrin mit Theiss bekannte CHRISTOPH RÖMER (um 1510 b. Nürnberg - Ende 1580?), vor 1538 Festungsbaumeister und seit 1544 Hofbaumeister Hrzg. Albrechts v. Preußen. Römer, der auch mit Leonhard Thurneysser korrespondierte, nahm 1571 seinen Wohnsitz in Stettin. Sein Anteil an den Festungsbauten Küstrin und Peitz ist schwer von dem des FRANCESCO CHIARAMELLA DE GANDINO, dem ersten ital. Baumeister in brdbg. Diensten, zu trennen, beide arbeiteten Jahrzehnte eng zusammen. Chiaramella hatte bereits in Venedig für Joachim II. Entwürfe nach Angaben Römers angefertigt, bevor er 1548 in kaiserliche Dienste trat und 1553 nach Brandenburg kam. Auch für ihn wird eine Mitwirkung am Berliner Schloss vermutet. Gemeinsames Werk Römers und Chiaramellas ist die Zitadelle Spandau. Nach Römers Vorarbeiten ab 1557 und anfänglich alleiniger Bauleitung (1560-68) leitete Chiaramella nach Entwurfsmitarbeit auch den Weiterbau bis 1578. Als Kfstl. Baumeister 1569 zum Ritter geschlagen,

Nickel Hofmann

wurde er im April 1578 plötzlich entlassen.

Chiaramellas Nachfolger ROCHUS V. LYNAR (25. 12. 1525 Maradi b. Florenz - 22. 12. 1596 Spandau) vollendete 1578-83 die Zitadelle. Gemeinsam mit dem florentinischen Herzog Cosimo de Medici erzogen, kam er durch seinen Vater frühzeitig mit dem Kriegshandwerk in Berührung. Mit seinen sechs Brüdern flüchtete er nach einer väterlichen Duellaffäre nach Frankreich, wo er Kammerjunker des Dauphins wurde. Bereits 1550 soll Lynar Generalkommissar aller kgl. Festungen gewesen sein. Am Ausbau der Festung Metz arbeitete er 1552/53 mit, 1556-62 legte er sie völlig neu an und befehligte sie bis 1567 als Kommandant. Metz war Lynars reifstes Werk, erst 1802 musste ein Umbau wegen der fortgeschrittenen Kriegstechnik erfolgen. Lynar hatte in den 50er Jahren auch als Offizier an Kriegszügen teilgenommen, in der Schlacht von Diedenhofen (Thionville) verlor er 1558 das linke Auge. In diplomatischer Mission weilte er zu Bündnisabsprachen mit protestantischen

Rochus v. Lynar

deutschen Fürsten gegen Kaiser Karl V. 1554 in Sachsen und Hessen sowie erstmals in Berlin, das er 1563 wieder besuchte. Ob Lynars Übergang zum Protestantismus 1560 mit diesen Missionen in Zusammenhang stand, ist ungewiss, zumindest zeugt dieser Schritt von persönlichem Mut in der Zeit verstärkter Hugenottenverfolgungen. Der Metzer Hugenottenaufstand 1567 unter Lynars Führung scheiterte, er floh und blieb 1568/69 als Oberst und Kriegsrat in der Pfalz, bevor er als Oberbaumeister der Festung Dresden, Oberst der Artillerie und Hauszeugmeister in sächs. Dienste trat. Unbeschadet dieser Ämter fungierte er weiter als Ratgeber in Hessen, Anhalt und der Pfalz. Nachdem Lynar 1572 wieder den 1360 von seinen Vorfahren abgelegten Grafentitel angenommen hatte, musste er sich dauernder Angriffe wegen des nicht standesgemäßen Baumeisterberufes erwehren, die ihn am 11. 7. 1574 zum offenen „Fehdebrief" zur Verteidigung seiner Berufsehre veranlassten.

Anfang 1578 weilte Lynar wieder in Berlin, im April trat er unter Beibehaltung seiner früheren Ämter in brdbg. Dienste als Generaloberst der Artillerie, Zeug- und Baumeister. Lynar wohnte anfangs im Hause Molkenmarkt 1, mit dem gleichfalls hier wohnenden Lamprecht Distelmeier ebenso befreundet wie mit Thurneysser. 1581 bezog er sein Haus in Spandau. Am Berliner Schloss übte Lynar nicht nur die Oberaufsicht aus, nach seinen Entwürfen entstand das sog. Dritte Haus (1579/80), mit Peter Niuron das Haus der Herzogin und das Quergebäude im Schlosshof (1591-95). Er baute auch an den Schlössern Bötzow (1579), Köpenick (1580-85) und Grunewald (1580).

Lynar war nicht nur Praktiker, 1575 schuf er elf Pläne für Idealfestungen, sein 1591 mit Sohn Johann Casimir begonnenes Buch über Festungsbau, Geschützkunde und Pulverherstellung ist unvollendet verschollen.

In Metz hatte Lynar im Mai 1564 die verw. Anna de Montot († 31. 3. 1585) geheiratet, aus dieser Ehe gingen mindestens 3 Töchter und 2 Söhne hervor. Johann Casimir (1569-1619) war lange Zeit Gehilfe des Vaters, später Kommandant von Spandau, kurbrdbg. Oberkammerpräsident und Statthalter v. Bayreuth; verheiratet war er mit Elisabeth (1582-1652), Tochter des Kanzlers Christian Distelmeier. Diese kaufte 1621 die Herrschaft Lübbenau, die bis 1945 Familienbesitz blieb. Der Sohn Augustus (1571-1602) war trotz seiner Jugend Rektor der Universität Frankfurt/O.

Gleichrangig neben den Bauten stehen Lynars Leistungen auf wirtschaftlichem Gebiet, nicht zu vergessen seine zahlreichen diplomatischen Missionen im Dienste dt., ital. und frz. Fürsten. Von Lynar wurden 1579 das Eisenwerk Zehdenick begründet oder zumindest völlig reorganisiert und mit dem Alchimisten Hototh Chandiot die Salzwerke Weißenfels und Artern. Der Vertrag über die alleinige Salzproduktion mit Kurfürst Johann Georg und das kaiserliche Generalprivileg für Salzwerke nach dem Gradier- und Destillationsverfahren (1580) sowie das brdbg.

Handelsprivileg für Lüneburger Salz sicherten ihm eine Monopolstellung. In Sachsen hatte er das Münz- und das Hüttenwesen reorganisiert, die Forstwirtschaft vorangetrieben und neuartige Geschütze und Geschosse entwickelt. Wie der befreundete Thurneysser war Lynar der wirtschaftlichen Entwicklung in Brandenburg weit voraus.

WERKE: *Festungsbau bzw. Befestigungsanlagen Bellheim b. Heidelberg (1568), Dresden (ab 1559), Königstein (1588), Wittenberg, Kassel (1576-83), Küstrin, Peitz (ab 1580), Würzburg (Entw. 1590), Herzberg/Sa. (ab 1590); Schlossbauten Freudenstein b. Freiberg/Sa. (1571/72), Sonnenstein b. Pirna (1573), Dessau (1577-80; Süd- u. Ostflügel m. P. u. B. Niuron), Augustusburg/Sa. (1593; Torhäuser u. Garten m. P. Buchner); Mühlenbauten u. Münze Dresden, Wasserbauten an der Weißeritz (1573).*

Hatte Lynar Chiaramella als Festungsbaumeister verdrängt, so löste er Hans Räspell, einen Schüler von Theiss und erst 1572 für acht Jahre verpflichtet, vorzeitig als Schlossbaumeister ab. Wie sein Bruder Martin blieb Hans Räspell aber weiter unter Lynar am Schloss tätig. Für den Bau der Schlossapotheke zog Lynar den seit 1562 in sächs. Diensten stehenden und 1577 zum Dresdener Hofmaurermeister ernannten **PETER KUMMER** d. Ä. († nach 1610) heran, der auch ein Berliner Bürgerhaus entwarf und bereits in Sachsen unter Lynar tätig gewesen war. Kummers Bruder Martin († Juni/Juli 1594) war in Berlin als Maurer- und Zimmermeister tätig.

WERKE: *Umbauten Schlösser Seyda u. Prettin (1573/74), Moritzburg (1582-84; unter P. Buchner), Colditz (1582-86); Schloss Gommern (1579); Augusteum Wittenberg (1580-82); Arbeiten an den Schlössern Augustusburg (1583) u. Dresden (1591).*

Einer der kfstl. Ratgeber in diesen Jahren war **JACOB HOLTWIN VAN DELFT** († 7. 12. 1589 Berlin), Baumeister aus Holland. Von ihm

sind nur Arbeiten an den Türmen der Nikolai- und der Marienkirche überliefert. Am Berliner Schloss und in Dessau arbeitete Lynar mit dem Italiener **PETER NIURON** († nach 1607) aus Lugano zusammen. Nach Tätigkeit in Brieg/Schles. ab 1570 und ab 1572 in Anhalt kam Niuron 1590 nach Berlin und wurde von Lynar als Generalbaumeister sämtlicher kfstl. Gebäude, Festungen und Jagdschlösser in und um Berlin unter dessen Aufsicht verpflichtet; 1590 baute er das abgebrannte Jagdschloss Rüdersdorf auf und war ab 1598 auch in Spandau tätig. Niuron verließ 1603/04 Berlin und wurde General- und Schlossbaumeister in Anhalt. Sein Bruder Bernhard und der Vetter Franz standen ebenfalls im Dienste deutscher Fürsten.

WERKE: *Mühlengraben Bernburg (1575; m. F. Niuron); Heidefriedhof Zerbst (1582); Elbebrücke b. Roßlau (1583; m. B. u. F. Niuron); Bauten für die Schlösser Harzgerode (1588), Köthen (1597-1600; m. F. Niuron) u. Zerbst (1604).*

Seit 1580 stand der Italiener **GIOVANNI BATTISTA SALA** († 1621 Berlin) in brdbg. Diensten, 1590 wurde er Unterbaumeister Lynars. Sala hatte 1585 den Katharinen-Kirchturm in Brandenburg wiedererrichtet. Ab 1590 war er am Berliner Schloss und ab 1593 an der Spandauer Zitadelle tätig und leitete nach Lynars Tod die Restarbeiten. Ein anderer Unterbaumeister Lynars war seit 1579 **CASPAR SCHWABE**, um 1580 auch Zeugschreiber in Spandau. Schwabe reiste in Lynars Auftrag mehrmals zur Leitung von dessen Bauten nach Kassel, Dresden, Ansbach, Peitz und Würzburg; 1590 wurde er auch Mühlenmeister. Außerhalb des damaligen Berlin war der Stettiner Bau- und Maurermeister **WILHELM ZACHARIAS** († um 1595 Stettin) tätig. 1558 begann er nach eigenem Entwurf den Bau des Schlosses Köpenick, konnte ihn aber erst ab 1572 vollenden. Mit Lynar war er 1579 am Schloss Bötzow tätig. Im Vorfeld des Dreißigjährigen Krieges nahm die Bautätigkeit im Raum der Residenz ab, die Nachrichten über Baumeister werden spärlicher. Am Schloss baute nach der Jahrhundertwende der Dresdner BALTHASAR BENZELT, der 1605 den Großen Wendelstein wiederherstellte, 1627–29 Entwürfe für den Altanflügel anfertigte und an der Galerie des Kapellenhofes wirkte. 1629/30 baute Benzelt das Ribbeck-Haus Breite Straße um.

Ebenfalls in der Breiten Straße waren der vermutlich 1604 aus Meißen gekommene Maurermeister PAUL JEDEMANN und der Zimmermeister CASPAR SCHOCH tätig. 1604 bauten sie das Haus Nr. 37 Ecke Schlossplatz zum Kurfürstinnenhaus um und waren am Altanflügel des Schlosses tätig. Wie Jedemann und Schoch waren der Zimmermeister HANS EßLINGER und der Maurermeister STEPHAN ZINNICHEN, die 1607 Bauten im äußeren Schlosshof errichteten, und der Maurermeister STEPHAN ZENGKER, der am 6. 5. 1606 zusammen mit Eßlinger einen Vertrag über Arbeiten am Altangebäude mit dem Kurfürsten schloss, Handwerksmeister und keine Baumeister.

Schlossbaumeister wurde 1622 BARTHEL BAUER, der 1635 den unvollendet gebliebenen Bau der Stechbahn begann. Er errichtete auch eine Reihe Bürgerhäuser und baute das Haus Breite Str. 34 um. Mehr ließ der Krieg nicht zu.

Barock
Die königlichen Residenzbaumeister

Nach der Zäsur des Dreißigjährigen Krieges kam die Bautätigkeit nicht nur in der Residenz schnell wieder in Gang. Schon während des Krieges zogen die dynastischen Bindungen des Herrscherhauses zahlreiche holländische oder dort ausgebildete Baumeister und bildende Künstler nach Brandenburg.

JOHANN GREGOR MEMHARDT (1607 Linz a. d. Donau – Jan. 1678 Berlin/Werder), Sohn des Rektors der Adligen Landschaftsschule Linz, trat 1638 in brdbg. Dienste und war bis 1650 hauptsächlich in Pillau,

dem späteren Kriegshafen Friedrich Wilhelms, tätig. Memhardt hatte nach dem Umzug der Familie nach Regensburg 1622 im November 1624 ein Studium in Tübingen begonnen, wechselte aber kurz danach zur Ausbildung im Wasser- und Festungsbau in die auf diesem Gebiet damals führenden Niederlande. 1641 Ingenieur, reiste er bis 1645 mehrfach in kfstl. Auftrag in die Niederlande. 1645 leitete er die geodätische Vorbereitung des Festungsbaues in Kalkar, den 1660/61 Hendrik Ruse ausführte. Aus Kleve kommend, traf er am 12. 3. 1650 in Berlin ein, um sein neues Amt als Kfstl. Hofbaumeister und Ingenieur anzutreten. Memhardts erste Arbeit war – zur Vorbereitung des Festungsbaues – die Aufnahme eines Stadtplans, veröffentlicht 1652.

1653 heiratete er Elisabeth Fahrenholtz (1637–nach 1678), die Tochter des Berliner Hofapothekers Christian F. (1603–1685) und der Maria Schweitzer (um 1610–1685). Fahrenholtz erhielt am 28. 5. 1658 das Privileg für die erste Apotheke – „Apotheke zum goldenen Einhorn" in der Kurstr. (geschlossen 1960) – der neuen Residenzstadt Werder, die am 19. 9. 1660 Stadtrecht erhielt und 1662 in Friedrichwerder umbenannt wurde; einer der beiden ehrenamtlichen Bürgermeister wurde am 12. 11. 1669 Memhardt. Er wohnte auf dem Werder, wo er 1653 das erste Gebäude der späteren Linden an der Hundebrücke als sein Wohnhaus errichtete. Mehrfach umgebaut, war das Haus 1799 zur Stadtkommandantur umfunktioniert worden. Bekannt sind vier Kinder der Memhardts, einer der Söhne wurde Reiseapotheker. Vom Sohn Johann Christoph († 1726), Schüler Rütger v. Langerfelds, ist die Mitwirkung am Schloss Oranienburg überliefert, um 1693/94 bereiste er Italien und wurde 1708 Baudirektor von Magdeburg.

1656 erhielt Memhardt die Aufsicht über alle kfstl. Gebäude, ab 1658 leitete er den Festungsbau nach eigenem Entwurf und ab 1661 die Bebauung des Werders. Der angestrebte Kreis-Grundriss der Festung

zwang zur Einbeziehung dieses sumpfigen Gebietes, das Memhardt trockenlegen und bebauen ließ, u. a. entstand hier 1669–71 das zentrale Packhaus der Residenz. Wegen der hohen Arbeitsbelastung, vor allem mit Um- und Anbauten der Schlösser Berlin und Potsdam, gab Memhardt 1670/71 die Direktion des Festungsbaues an Louis Henry de Chieze ab, dessen Vetter Philipp als Generalquartiermeister die Oberaufsicht führte. Obwohl in Berlin kein Bau Memhardts erhalten ist, prägte sein Festungsbau die Stadtstruktur nachhaltig. *WERKE: Lust- (1650) u. Ballhaus (1661) Lustgarten; Schlossneubau Oranienburg (1651–55; m. Smids); Bürgerhäuser Werder (ab 1653); Schleuse Kölln (1657; m. Smids); Schlossportal, Breite Str. m. Galeriebau, Schlosstor a. d. Hundebrücke u. Pförtnerhaus am Lustgarten (1659); Stadtplan Potsdam u. Entw. Stadterweiterung (1672); Um- u. Erweiterungsbauten Stadtschloss Potsdam (1673–78).*
Mit der Berufung Memhardts als Hofbaumeister begann eine neue Ära in Berlins Baugeschichte. Bis zum Dreißigjährigen Krieg hatten dieses Amt bis auf wenige Ausnahmen, wie Theiss und Lynar, nur anonyme Maurermeister inne, die zwar die Instandhaltung der kfstl. Gemäuer gewährleisten konnten, aber keine Akzente in der städtebaulichen Planung oder der architektonischen Gestaltung setzen konnten. Seit Memhardt wurde der Hof- oder auch Schlossbaumeister zu einer die bauliche Entwicklung der Residenz mitbestimmenden Institution.

Die Rolle der Chiezes ist nicht eindeutig geklärt. PHILIPP DE CHIEZE (25. 12. 1629 Amersfoort/Niederlande – 1673 Berlin), Sohn eines Reiteroffiziers, entstammte einer über Frankreich nach den Niederlanden eingewanderten ital. Familie. Vor der Übersiedlung nach Berlin 1660 war er in Den Haag Kaufmann im Südamerikahandel. Als Generalquartiermeister oblag ihm auch die Oberaufsicht über die kfstl. Besitzungen; seine Nennung an den Schlossbauten Berlin, Potsdam, Klein-Glienicke, Caputh u. a. sowie beim Bau des Neuen Grabens (Oder-Spree-Kanal) bezieht sich wohl auf administrative Funktionen, eigene Entwürfe sind nicht nachgewiesen.

LOUIS HENRY DE CHIEZE († Anf. Juli 1674 Berlin) war dagegen ein in den Niederlanden ausgebildeter Festungsbaumeister, der wegen drohender Strafverfolgung mit Hilfe des Vetters am 8. 11. 1670 nach Berlin flüchtete und Intendant der Festungen und Direktor des Festungsbaues wurde. Von ihm stammen auch Entwürfe für Bürgerhäuser auf dem Werder.
Memhardts Festungsentwurf stützt sich wahrscheinlich auf das Lehrbuch „Heutiges Tages übliche Kriges Baukunst" (1647) von MATHIAS DÖGEN (1605 Dramburg/Neumark – 24. 2. 1672 Berlin), eine direkte Entwurfsmitarbeit des Verfassers ist nicht bekannt. Dögen ging jung als Offizier in die Niederlande, wurde Ingenieur und Mathematiker und vertrat Brandenburg als Resident. Beider Berufe und die gemeinsamen Beziehungen zu

Mathias Dögen

den Niederlanden lassen eine persönliche Bekanntschaft vermuten. Wesentlich war am Beginn des Festungsbaues auch die Mitarbeit des Holländers HENDRIK (HEINRICH) RUSE (9. 4. 1624 Ruinen - 22. 2. od. 7. 3. 1679 Sauward). Der Offizier stand nach Abschluss seiner Bau-Ausbildung ab 1643 als Festungsbaumeister in frz., sächs. (Weimar), venez. und dän. Diensten, 1650/51 auch im Dienst von Amsterdam, und war Verfasser eines Festungsbaulehrbuches, das 1664 in Deutsch erschien. Ruse stand 1658-61 in brdbg. Diensten und hat 1659 - im August zum Kfstl. Ingenieur ernannt - auch einen Plan der Stadt und Zitadelle Spandau angefertigt. 1660/61 begann er den Ausbau der Zitadelle Kalkar nach Memhardts Vorarbeiten (1645).

Im Juli 1654 hatte Ruse Susanne Dübbengiessen aus Stockholm geheiratet, seine berufliche Orientierung nach Norden war so nicht verwunderlich. Als Generalinspekteur der Festungen trat er im Juli 1661 in dän. Dienste und wurde 1671 Oberkommandant der Festungen im damals dän. Schleswig-Holstein. 1673 erfolgte die Beförderung zum Generalmajor, danach diente er als Kommandierender General in der dän. Provinz Norwegen und schied am 4. 12. 1677 als Generalleutnant aus dem Dienst. Neben der Anlage neuer Straßenzüge in Kopenhagen (1663) war er am Bau bzw. der Erweiterung der Festungen Frederikshaven b. Kopenhagen (1661-65); Friedrichsort/Kiel (1663-67); Christiansand in Norwegen (1667); Umwallung Kopenhagen (1667-70); Rendsburg (1669-73); Hameln (1670-72) und Hetlinger Sand/Elbe (1672/73) beteiligt.

Nachfolger P. de Chiezes als Generalquartiermeister war JOACHIM ERNST BLESENDORF (12. 9. 1640 Zielenzig - 22. 9. 1677 Stettin), ein Schüler Memhardts. Nach dem Studium alter Sprachen, der Philosophie, Mathematik und Baukunst arbeitete Blesendorf unter Memhardt, bis 1666 war er am Oder-Spree-Kanal tätig. Eine Bildungsreise führte ihn 1666-68 nach Frankreich und Italien, wo er zeitweilig in der päpstlichen Leibgarde diente. Als Kriegsingenieur Teilnehmer an zahlreichen Feldzügen, trat Blesendorf 1673 Chiezes Nachfolge an und wurde Direktor aller Fortifikationen und Bausachen. Im gleichen Jahr leitete er die Planung und Absteckung der Dorotheenstadt, deren Bau 1674 begann. Noch nicht auf dem Höhepunkt seiner Laufbahn, fiel Blesendorf 1677 bei der Belagerung Stettins.

Gemeinsam mit Memhardt und später Nering wird der Holländer MICHAEL MATTHIAS SMIDS (11. 7. 1626 Rotterdam - 24. 7. 1692 Berlin) genannt. Smids erhielt als gelernter Wasserbauer und Schiffszimmermann 1652 eine Anstellung als Hofzimmermann und Schleusenmeister in Cölln und wurde 1653 Hofbaumeister. Kaum schöpferisch als Architekt tätig, repräsentierte er den Typ des frühen Bauunternehmers, bis 1656 war er auch noch als Schiffbauer tätig. Inwieweit bei Bauten nach fremden Entwürfen eine Entwurfsbeteiligung vorliegt, ist kaum noch zu klären. 1664 pachtete Smids mit zwei Partnern das Amt Oranienburg zur Ausbeutung des Waldbestandes für seinen den Berliner Markt beherrschenden Holzhandel, 1671 gründete er die Kugelgießerei in Zehdenick. Die 1686 gepachtete Windmühle vor dem Stralauer Tor ging 1699 in den Besitz seines Landsmannes Peter Zeemann über, der hier einen ganzen Gewerbekomplex aufbaute, wonach die Straße ihren Namen erhielt: Holländische Windmühlenstr. – heute Mühlenstr. Wegen des Vorwurfs der unrechtmäßigen Ausnutzung seiner Stellung gab es zwischen den Smidsschen Erben und dem Kurfürsten einen langwierigen Streit um Vermögen und Hausbesitz.

WERKE: Schloss Oranienburg (1652-55; Entw. J. G. Memhardt); Schleuse Cölln (1657; Entw. J. G. Memhardt); Kirchturm (1659), Kirchenerweiterung (1661) u. Umbau Altes Waisenhaus (1663) Oranienburg; Turmhelm Marienkirche (1663-68); Oder-Spree-Kanal b. Müllrose (1662-68; m. J. Blesendorf; Ltg. P. de Chieze); Mar-

stall, Breite Str. 36 (1667-70); Mitw. Stadt-schloss Potsdam (1669 u. ab 1678); Lange Brücke, Köpenick (1669); Mitw. Festungs-bau Berlin (haupts. ab 1678); Anlage d. kfstl. Schiffsbauhofes Dorotheenstadt (1680); Bauten Schloss (1680-1688; Entw. C. Ryckwaert) u. Wiederaufbau Schwedt nach Stadtbrand (1681); Alabastersaal Schloss (1684-86; Entw. J. A. Nering); Pomeranzenhaus Lustgarten (1685; Entw. J. A. Nering); Wohnhaus, Friedrichsgracht 48 (1686); Schlossbibliothek am Apo-thekerflügel (1687; nur Grundmauern ausgef.; Entw. J. A. Nering); Arkaden Schlosshof III (1687-90; m. J. A. Nering); Amtshaus Freienwalde (um 1690).

RÜTGER V. LANGERFELD (15. 2. 1635 Nijmegen - 15. 3. 1695 Berlin) kam ebenfalls aus Holland. 1678 erhielt er die Bestallung als Hofmaler, 1689 als Hofmathematiker und Hofbaumeister. Er fungierte auch als Prinzenerzieher, sein vermutlicher Sohn Wilhelm († 1721) war ab 1699 Kastellan der Akademie der Künste. Von seinen Gemälden sind die „Szenen aus der Gel-derschen Geschichte" (1670) im Rathaus seiner Heimatstadt überliefert, zwei Deckengemälde im Berliner Schloss wur-den mit diesem zerstört. Langerfeld baute Schloss Köpenick (1678-84; vollendet v. J. A. Nering) und die Dorotheenstädtische Kirche (1678-87).

Neben den Prinzen unterrichtete Langer-feld auch **CHRISTIAN ELTESTER** (23. 10. 1671 Berlin - 12. 4. 1700 ebd.), Sohn eines kfstl. Mundschenks, in Malerei, Architektur und Festungsbau. Wegen seiner früh erkenn-baren Begabung wurde Eltester systema-tisch auf große Aufgaben vorbereitet. 1690-96 studierte er in Italien und absol-vierte ein Praktikum beim Bau des päpst-lichen Palastes auf dem Monte Citorio in Rom. Nach der Rückkehr trat er in kfstl. Dienste, u. a. als Prinzenlehrer. Zum Hofbaumeister und kfstl. Ingenieur wurde Eltester 1697 ernannt, im gleichen Jahr weilte er mit Friedrich III. längere Zeit in Königsberg, 1698 in Johannisburg im Herzogtum Preußen, anschließend reiste

er durch Polen. Eine Bildungsreise führte ihn 1699 nach England, Holland, Belgien und Frankreich. Sein früher Tod verhin-derte eine vermutlich große Laufbahn, nur wenige Entwürfe sind überliefert, u. a. der für das 1705 ausgeführte Lustschloss Grünhof b. Königsberg. Nicht ausgeführt wurden das Jagdhaus Friedrichstal bei Oranienburg, die Erweiterung des Land-hauses Raulé in Rosenfelde (Friedrichs-felde) und Innenraumdekorationen im Berliner Schloss. Am Junkerhaus in Frank-furt/O. und am Stadtschloss Potsdam wirk-te Eltester kurzzeitig mit. In gewisser Weise finden sich in Eltesters Schicksal Parallelen zu dem Friedrich Gillys einhun-dert Jahre später.

Der Name Eltester war seinerzeit im Ber-liner Kunst-Leben sehr angesehen. Die Schwester Eleonore war mit dem Hofmaler und Akademiedirektor Samuel Gericke verheiratet. Der Bruder Otto Christoph, Jurist und Protonotar des Oberheroldsamtes, war 1697-1738 unter Andreas Schlüter Erster Sekretär der Akademie der Künste und Mitverfasser des ersten Akademiestatuts.

Für den Schlossbau Köpenick wurden auch ausländische Stukkateure verpflich-tet, u. a. **GIOVANNI SIMONETTI** (1652 Rove-redo/Schweiz - 1716 Berlin). Über Prag (1668 Erwähnung als Maurergeselle), Böhmen und Schlesien - sein Bruder Giulio war seit 1689 Bürger von Bunzlau und im Schloss- und Kirchenbau tätig - kam Simonetti nach Berlin und wurde als Bauunternehmer ansässig. 1683 erhielt er die Bestallung als Hofstukkateur u. -mau-rermeister und baute sich 1685 auf dem Werder an der Cöllner Schleuse ein Haus. Zu seinen brdbg. Ämtern übernahm Simonetti 1706 noch das Amt des Fürstl. Anhaltinisch-Zerbster Hof- u. Landesbau-meisters, nachdem er bereits 1693 in Zerbst unvollendete Bauten von Corne-lius Ryckwaert fertig gestellt hatte. Von ihm stammen Bauten und Innenräume u. a. in Breslau, Leipzig, Magdeburg, Barby, Mühlingen und Coswig.

WERKE: Bauten: *Friedrichwerdersches Rathaus (1672-78); Mühlendammhallen (1687/88; Entw. J. A. Nering); Umbau Jerusalemskapelle (1689); Friedrichwerdersche Kirche (1700/01; Umbau nach Entw. M. Grünbergs); Neue (Deutsche) Kirche, Gendarmenmarkt (1701-08; Entw. M. Grünberg). - Stukkaturen: Junkerhaus Frankfurt/O. (zw. 1683-90); Schlösser Köpenick (1684-90), Hohenfinow (um 1685), Schwedt (etwa 1685-90), Oranienbaum (1694), Oranienburg (1694-97) u. Berlin (1698-1706); Mühlendammhallen (1686/87); Neuer Chor, Dom (1689); Akademie der Künste (1698); Fürstenhaus (1700); Jägerhof (um 1704).*

Die beherrschende Persönlichkeit im Berliner Bauen Ausgang des 17. Jh.s war JOHANN ARNOLD NERING (13. 1. 1659 Wesel - 21. 10. 1695 Berlin), Sohn des späteren Weseler Bürgermeisters. Vermutlich in den Niederlanden ausgebildet, wurde er 1675 erstmals in Berlin als Mitarbeiter von Smids genannt. Nach Bildungsreisen 1677-79, u. a. nach Italien, war er bis zur Ernennung zum Kfstl. Oberingenieur 1684 wieder bei Smids tätig. 1685 Ing.-Oberst im Generalstab, wurde er am 9. 4. 1691 Kfstl. Oberbaudirektor, dem gemäß kfstl. Weisung u. a. alle Bürgerhaus-Bauanträge vorgelegt werden mussten. Als Mitglied der Baukommission zur Anlage der Friedrichstadt ab 1688 oblag ihm die Prüfung aller Bürgerhaus-Entwürfe. Nering war auch im Wasserbau tätig.

WERKE: Um- u. Erweiterungsbauten (ab 1679) u. Alabastersaal Schloss (1684-86); Tor, Kapelle u. Galerie Schloss Köpenick (1682-88); Leipziger Tor (1683); Mitwirkung Stadtschloss (ab 1683) u. Bau Orangerie Potsdam (1685); Massivbebauung Mühlendamm (1683-1708); Pomeranzenhaus Lustgarten (1685); Marstall Unter den Linden (1687/88, Aufstockung 1695-97); Fürstenhaus (Palais Danckelmann), Kurstr. 52/53 (1684/90); Jägerhof (ab 1690); Umbau Gutshaus zum Schloss (Nieder-) Schönhausen (1691-93); Lange Brücke (1692-95; m. L. Cayart); Hetz-

garten, Neue Friedrichstr. (später Kadettenhaus, 1693); Umbau Schloss Grunewald (1693-95); Schleusenneubau Cölln (1694; m. L. Braun, N. u. B. Reichmann;); Baubeginn Schloss Charlottenburg, Parochialkirche und Zeughaus (1695; jeweils verändert weitergeführt).

An der Ausführung der Entwürfe Nerings wirkten zahlreiche Baumeister von regionaler Bedeutung mit. Zu nennen sind vor allem BERNHARD REICHMANN D. Ä. († nach 1709) und sein Sohn NICOLAUS († nach 1716), PAUL SOOTHE und dessen Sohn NICOLAUS CHRISTOPH († 1752), der später nach Hamburg ging. Reichmann d. J. konstruierte das Hängewerk der Zeughausüberdachung Spandau (1672) und baute das Jagdschloss Schmöckwitz um (1680); sein Vater war an Bürgerhausbauten der Friedrichstadt (1692) beteiligt und errichtete nach M. Grünbergs Entwurf die Luisenstädtische Kirche (1694/95). Soothe d. J. war am Marstall Unter den Linden tätig und beendete 1707/08 die Mühlendammbebauung.

Nerings Entwurf für das Schloss Charlottenburg ließ Friedrich III. von NICODEMUS TESSIN D. J. (23. 5. 1654 Nyköping - 10. 4. 1728 Stockholm), Generalintendant des kgl. schwed. Bauwesens und Kanzler der Universität Lund, begutachten. Eine von Friedrich III. angebotene Anstellung als Schlossbaudirektor lehnte Tessin 1698 ab, woraufhin Schlüter den Posten bekam. Schon Kurfürst Friedrich Wilhelm hatte 1688 versucht, Tessin mit dem Auftrag zur Rekonstruktion des Stettiner Schlosses, für dessen Entwurfsübergabe er nach Berlin gekommen war, zu verpflichten.

Zur Entlastung wurde Nering 1691 der Mathematiker und Ingenieur JOHANN HEINRICH BEHR (1647 Schleiz - 7. 12. 1717 Berlin) als Assistent beigeordnet. Behr war 1680 als Hauptmann in brdbg. Dienste getreten und hatte als Befestigungsingenieur 1683-85 an der Abwehr der Türkeninvasion vor Wien und in Ungarn teilgenommen, danach wurde er Mathematiklehrer beim Kadettencorps und nach Nerings Tod dessen Nachfolger als Stadtbaudirektor. Die Ernennung zum Mitglied der Akademie der Wissenschaften erfolgte 1707, ebenso die zum Hofbaumeister als Nachfolger Grünbergs. Behr wohnte in der Dorotheenstadt und am Potsdamer Tor, ab 1710 dann in der von ihm angelegten Behrenstraße. Sein Buch über Kriegsbaukunst erschien 1712.

WERKE: Mitarb. Planung u. Bau Friedrichstadt (seit 1691); Ltg. Bebauung Frz. Str., Behrenstr. (1696) u. Jerusalemer Str., Leipziger Str. (ab 1701); Fortführung Instandsetzung Jagdschloss Grunewald (1695-1707; begonnen v. J. A. Nering); Fortführung Jägerhof (1695-1707; nach Entw. M. Grünbergs, begonnen v. J. A. Nering).

MARTIN GRÜNBERG (1655 Insterburg/Ostpr. - zw. 16. u. 23. 10. 1706 Berlin), Sohn eines Försters, war bereits bei Nering am Bau der Friedrichstadt beteiligt und fungierte als Aufseher des Bauwesens in der Kurmark. Er hatte seine Laufbahn als Schreiber in der Glashütte Drewitz b. Potsdam (1674-78) begonnen und sie als Bauschreiber in Potsdam fortgesetzt. Nach seiner Italienreise 1682-84 arbeitete er als Landmesser, 1687 besuchte er Frankreich und ließ sich danach in Berlin nieder. 1688 vorzeitig zum Ingenieur ernannt, wurde er nach Nerings Tod Hofbaumeister und erhielt 1697 den Baumeistertitel. Wegen Überlastung gab er 1698 die Leitung der Schlossbauten ab, sie übernahm 1699 Schlüter. Die Fülle der Arbeitsaufgaben umriss der ihm 1699 verliehene Titel „Baudirektor in den Städten und auf dem Lande". Die Akademie der Künste ernannte Grünberg als ersten Baumeister 1701 zu ihrem Mitglied. Aus seiner Feder stammte der Entwurf zur ersten eigenen Kirche des Militärs in Berlin, das bis dahin die kleine Heilig-Geist-Kapelle genutzt hatte. Zur Garnisonkirche legte in der Bastion XII der nachmalige „Soldatenkönig" am 24. 9. 1701 höchstselbst den Grundstein. Grünbergs Brüder Justus Balthasar (*1665 Wesel) und Laurentius (*1670/71) lebten als Baumeister ebenfalls in Berlin, ein

Sohn war als Landbaumeister in Ostpreußen tätig.

WERKE: Wiederaufbau Wilsnack (1690), Neuruppin (1699) u. Lenzen (1704) nach Stadtbränden; Luisenstädt. Kirche (1694/ 95; Ausf. B. Reichmann); Weiterführung Umbau Jagdschloss Grunewald (1695-1706; m. J. H. Behr); Bltg. Zeughaus (1695-98) u. Parochialkirche (1695-1703); Marstallflügel, Dorotheenstr. (1696-1700), m. Observatorium (1700-04); Weiterführung Schloss Charlottenburg (1696-99); Gr. Friedrichshospital, Stralauer Str. (1697-1706; Vollendg. Ph. Gerlach); Friedrichwerdersche Kirche (1699-1701; Ausf. G. Simonetti); Ravelin v. d. Heidetor, Spandau (1700); Neue (Dt.) Kirche, Gendarmenmarkt (1701-08; Ausf. G. Simonetti); Garnisonkirche a. Spandauer Tor (1701-03); Rathaus Cölln (1709-23; Ausf. K. Stoltze).

Gleichzeitig mit der Deutschen Kirche Grünbergs begann auf dem Gendarmenmarkt der Bau der Französischen Kirche durch **JEAN LOUIS CAYART** (1645 La Capelle/ Frankreich - 30. 4. 1702 Berlin). In seinem Geburtsland Schüler und als Kriegsbaumeister Mitarbeiter (u. a. Festung Verdun) von Sebastian de Vauban, ging er 1686 mit der Familie von David Ancillon - mit einer Tochter des Predigers war er verheiratet - von Metz aus ins Exil und trat 1687 als Offizier in brdbg. Dienste, war Oberaufseher im Festungsbau und vielfältig für die Französische Gemeinde tätig. Als Festungsbaumeister von Küstrin trat Cayart 1693 zusätzlich die Nachfolge von Ryckwaert an. Sein Plan einer Reform des kfstl. Bauwesens (1699) blieb allerdings unverwirklicht.

WERKE: Lange Brücke (1692-95; m. J. A. Nering); Ausbau Festungen Wesel u. Peitz (1695), Driesen (1697), Kolberg (1698); Frz. Kirche, Gendarmenmarkt (1701/02; Vollendg. A. Quesnay).

Nachfolger als preuß. Festungsbau-Oberaufseher wurde 1702 mit dem frz. Festungsbau-Ingenieur **PETER V. MONTAR-**

GUES (1660 Usez/Frankreich – 1733 Maastricht/Niederlande) eine wenig bekannte Persönlichkeit. In Berlin baute er nur sein eigenes Palais nach Gerlachs Entwurf, später Palais Itzig und Standort der Börse. Über das Leben des **ABRAHAM QUESNAY** (7. 2. 1666 Rouen/Frankreich – 14. 9. 1726 Berlin), Refugié und Vollender der Französischen Kirche v. Cayart (1708), ist nur bekannt, dass er 1696–1716 am Bau des Kgl. Waisenhauses (M. Grünberg/Ph. Gerlach), später Friedrichshospital, mitwirkte und das Französische Waisenhaus Charlotten-/Ecke Jägerstr. errichtete.

Mit einigen der vorgenannten Bauten verbindet sich der Name von **MICHAEL KEMMETER D. Ä.** († nach 1720). Der Vater des späteren Knobelsdorff-Lehrers Johann Gottfried, Zimmermeister von Beruf, kam vor 1698 aus Regensburg nach Berlin. *WERKE: Synagoge, Heidereitergasse (1712-14); Dachstuhl Dt. Kirche (bis 1708; Entw. M. Grünberg); Dach (1714) u. Treppen (1718) Rathaus Cölln (Entw. M. Grünberg); Mitarb. Umbau Georgenhospital v. d. Georgentor (1720-22).*

Der Bildhauer **ANDREAS SCHLÜTER** (getauft 13. 7. 1659 Danzig – zw. 19. 5. u. Mitte Juni 1714 St. Petersburg) kam im Frühsommer 1694 nach Berlin. In Danzig ausgebildet, hatte er ab 1681 in Wilanow b. Warschau gelebt, seit 1691 als Hofbildhauer. In Berlin wurde er im gleichen Amt angestellt und zum Professor der geplanten Akademie der Künste berufen. Der 1696 gegründeten Akademie stand Schlüter als Direktor 1702–04 vor, als einer der vier Rektoren fungierte er 1699–1702 und 1704–13; Mitglied der Akademie der Wissenschaften war er von 1701–10. Nach Frankreich und Holland 1695 besuchte er 1696 Italien. Von Mai 1698 bis Herbst 1699 leitete Schlüter den Zeughausbau – im Bauen ohne jegliche Ausbildung und Praxis. Nach dem Teileinsturz wurde er suspendiert, dafür aber am 2. 11. 1699 zum Schlossbaudirektor und zwischen 1700 und 1704 zum Oberbaudirektor ernannt. Schlüters Vater Wilhelm S. war, wenn auch nur regional bedeutend, ebenfalls Bildhauer. Andreas lernte aber nicht bei ihm, sondern wurde Christoph Sapovius in die Lehre gegeben, den er 1702 sogar nach Berlin holte. Spätestens 1681 heiratete Schlüter Anna Elisabeth Spangenberg, mit der er mindestens fünf Kinder hatte; in Berlin geboren wurde aber nur ein noch als Säugling verstorbener Sohn. Über die in Warschau geborenen Töchter ist wenig bekannt, der älteste Sohn Daniel starb schon 1716. In die Fußstapfen des Vaters trat nur der jüngere David. Er reiste zur Nachlassordnung nach St. Petersburg, blieb bis 1717 in russ. Diensten und starb als kfstl.-sächs. Ingenieur und Baumeister in Dresden. Ist schon über die Person wenig bekannt und selbst sein Grab verschollen, so gibt es ausgerechnet vom vermutlich größten deutschen Barockbildhauer – wie von den meisten seiner zeitgleichen weniger bedeutenden Kollegen – kein authentisches Porträt. Auch die bekannte Statue von Max Wiese (1896) oder die Figur im Fries der Säulenvorhalle der Nationalgalerie von Moritz Schulz (1866-76) sind Phantasiedarstellungen.

Andreas Schlüter

Als dem konstruktiv unerfahrenen Bildhauer sein auf morastigem Untergrund errichteter Münzturm bei einer erreichten Höhe von etwa 70 m einzustürzen drohte, ließ er ihn ab dem 25. 6. 1706 abtragen. Nach der amtlichen Untersuchung durch Eosander, Grünberg und Sturm wurde Schlüter Ende des Jahres als Schlossbaudirektor abgelöst. Vollends ruiniert war sein Ruf als Baumeister 1707 durch Probleme bei der Errichtung der kgl. Badebauten in Freienwalde. Schlüter zog sich vorübergehend in sein eigenes dortiges Landhaus zurück und blieb – bis auf wenige private Bau-Aufträge – in Berlin „nur" als Hofbildhauer präsent. Auch wegen der drastischen Beschränkung der Künste unter dem neuen König unterzeichnete Schlüter am 1. 5. 1713 den Anstellungsvertrag als Petersburger Baudirektor beim Berliner Gesandten des Zaren; im Juni reiste er ab. Mit ihm ging auch der Hamburger Architekt Gottfried Schädel an den Zarenhof. In der russ. Hauptstadt lehrte Schlüter an der Kunstakademie, sein baldiger Tod – nach dem 19. Mai, als Zeitungsmeldung in Berlin am 23. 6. 1714 bekannt gemacht – verhinderte ein Wirksamwerden als Baumeister.

WERKE: *Bildschmuck Lange Brücke (1695), Zeughaus (1696/97; Schlusssteine u. Masken sterbender Krieger; 1698/99 Bltg.); Reiterstandbild Kurfürst Friedrich Wilhelm, Lange Brücke (1697-1703; heute Schloss Charlottenburg, Kopie Bode-Museum; Sockelfiguren 1708); Umgestaltg. u. Erweiterung Schloss (1698-1706); Weiterführung Schloss Charlottenburg (1698-1701); Gießhaus, Hinter dem Zeughaus (zw. 1699-1708); Grabmal Männlich, Nikolaikirche (1700); Palais Wartenberg (Alte Post), Königstr. 1 (1702-04); Kanzel Marienkirche (1702/03); Kurhaus u. eig. Landhaus, Freienwalde (1704-07); Prunksärge kgl. Familie (1705-13); Villa Kamecke, Dorotheenstr. 21 (1711/12); Palais Creutz, Klosterstr. 36 (um 1714-16; Ausf. M. H. Böhme).*

Durch sein zeichnerisches Werk hat PAUL DECKER D. Ä. (27. 12. 1677 Nürnberg – 18. 11. 1713 Bayreuth), der 1699-1705 als Zeichner bei Schlüter tätig war und auch in dessen Haushalt lebte, für Berlin Bedeutung erlangt. Von ihm stammen architekturgeschichtlich noch heute wichtige Darstellungen Berliner Bauten. Die postum erschienenen Schriften („Fürstlicher Baumeister", Augsburg 1711-16; „Architectura theoretica-practica", 1720-22 u. a.) waren von großem zeitgenössischen Einfluss. Von Berlin ging Decker nach Süddeutschland und war zuletzt markgrfl. Baudirektor in Bayreuth.

Die Beteiligung an der Untersuchung der Münzturmaffäre war der einzige direkte Berührungspunkt von LEONHARD CHRISTOPH STURM (15. 11. 1669 Altdorf b. Erlangen – 6. 6. 1719 Blankenburg/Harz) mit Berlin. Nach dem Studium der Theologie, Mathematik und Architektur (1683-94) in Altdorf, Jena und Leipzig sowie Reisen durch Deutschland, die Niederlande und Frankreich wurde er Mathematik-Professor in Wolfenbüttel und 1702 an der Universität Frankfurt/O. Sturm wechselte, 1704 zum Mitglied der Akademie der Wissenschaften ernannt, 1710 endgültig ins Baufach, bis 1719 wirkte er als Baumeister in Mecklenburg, Rostock und Hamburg. Kurz vor seinem Tod wurde er zum Rat und Baudirektor in Blankenburg/Harz berufen. Sturm war ein entschiedener Gegner Schlüters, die Einreichung seiner anonymen drei Gegenentwürfe zum Münzturm lassen auch Ambitionen auf Schlüters Amt vermuten. Die wenigen Bauten, u. a. in Leipzig, Schwerin und Rostock, zeugen kaum von herausragender Begabung. Einen zeitweisen Einfluss erlangte Sturm durch die Herausgabe der von ihm in Leipzig aufgefundenen Manuskripte des Mathematikers und Architekturtheoretikers Nikolaus Goldmann, als dessen postumen Schüler sich Sturm verstand. Seine zu jener Zeit schon veralteten Theorien verfocht er erbittert. Mit ihrer Übertragung auf den protestantischen Kirchenbau gab Sturm diesem aber auch neue Impulse.

Schlüters Nachfolger am Zeughaus, JEAN DE BODT (6. 5. 1670 Hoquoncourt/ Frankreich – 3. 1. 1745 Dresden), prägte die Architektur des Hauses ebenso wie den bildkünstlerischen Schmuck. Der Sohn des aus dem mecklenburgischen Kalkhorst – wo noch heute Grabplatten in der Dorfkirche von der Familie zeugen – eingewanderten Andreas v. Both emigrierte als Hugenotte 1685 über Brüssel nach Holland. In Paris soll er u. a. bei Nicolas François Blondel Privatunterricht erhalten und bereits Akademiepreise gewonnen haben. Als Deichkonducteur, Ingenieur und Offizier trat de Bodt in den Niederlanden in die Dienste Prinz Wilhelms v. Oranien, der 1689 als William III. den englischen Thron bestieg. Nach dessen kampfloser Landung 1688 folgte er ihm auf die Insel, beendete in England seine Ausbildung und nahm als „Ingenieur der Artillerie" an mehreren Kriegszügen teil, so 1690/91 in Irland und anschließend in Flandern.

Als Chef des gesamten Bauwesens und Hauptmann einer Gardekompanie folgte de Bodt am 5. 6. 1699 dem Ruf nach Brandenburg. Zu Studienzwecken reiste er 1702 nach Italien. Er nahm, seit dem 11. 9. 1703 Oberingenieur und dem 14. 2. 1706 Hofbaumeister und Oberst, „Premierdirektor der Ingenieure" und damit Chef des Artilleriekorps, an mehreren Kriegszügen im Spanischen Erbfolgekrieg (1701-14) teil. Neben Arbeiten für die Festungen Putzig b. Danzig (1704), Geldern (1706), Magdeburg (1711) und Memel (1717) arbeitete de Bodt in privatem Auftrag nicht nur in Berlin; so baute er u. a. in Ost- und Westpreußen die Schlösser Quittainen (1700), Schlodien (1701-04), Friedrichstein (1709-14), Dönhoffstaedt (1710-14) und Crawinden (1718-20). Am 24. 12. 1715 zum ersten Generalmajor der Artillerie Preußens befördert, war de Bodt ab 1718 – offiziell am 20. 3. 1719 ernannt –

Kommandant der Festung Wesel, an der er schon 1706-09 gearbeitet hatte. Zeitweilig beaufsichtigte er auch den Festungsbau in Magdeburg.

Seine dortige Unterstellung unter einen Oberst und das Misstrauen gegenüber seinen alten Verbindungen nach Frankreich und England bewogen ihn, 1728 seinem Freund Zacharias Longuelune, der 1696-1713 in preuß. Diensten gestanden hatte, nach Dresden zu folgen. Am 13. 10. 1728 wurde er zum Generalintendanten der Zivil- und Militärgebäude, Generalleutnant und Chef des Ingenieurkorps ernannt sowie 1732 zum Direktor der Ingenieur-Schule.

Weitere Stationen der Karriere waren Kommandant (1734) und Gouverneur (1735) von Dresden-Neustadt, Direktor des Zivilbauwesens (1738) und stellv. Gouverneur von Dresden sowie General der Infanterie (1741). Noch 1742 gründete er die Ingenieurakademie und wurde deren Direktor. In Dresden arbeitete de Bodt eng mit Zacharias Longuelune, unter seiner Leitung einst Konducteur am Zeughaus, und Mathias Daniel Pöppelmann zusammen. Der Zwingerbaumeister hatte 1728 die Königszimmer im Berliner Schloss umgestaltet und nach Ablehnung des eigenen Entwurfs 1731 Graels Petrikirchen-Projekt zur Ausführung empfohlen. Das kollektive Zusammenwirken dieser sächs. Barockbaumeister lässt noch heute ihre konkreten persönlichen Anteile an den Bauten kaum verlässlich identifizieren.

WERKE: Bltg./Entw. Zeughaus (1699-1706); Bltg. Stadtschloss Potsdam mit Entw. Fortuna-Portal (1700/01); Palais Podewils, Klosterstr. (1701-04) u. Palais Schwerin, Molkenmarkt (bis 1704); Refugié-Häuser, An der Stechbahn (1700-05); Parochialkirchturm (1713/14; Ausführung Phillip Gerlach). – Nicht ausgeführt: Invalidenhaus (um 1702); Marstall (1702-05); Erweiterung Festung (1708); Dom (1712). – Berliner Tor, Wesel (1718-22).

Schlüters langjähriger Konkurrent **JOHANN FRIEDRICH NILSSON EOSANDER** (getauft 23. 8. 1669 Stralsund – 22. 5. 1728 Dresden), 1712 nobilitiert als J. F. Göthe (amtl. schwed. Schreibweise) und 1713 zum Freiherrn erhoben, war der Sohn eines schwed. Militärbaumeisters. J. F. Eosander v. Göthe (eigene Schreibweise) trat 1690 in Riga in das schwed. Militärbauwesen ein und nahm am Krieg gegen die Pfalz (1688-97) teil. Während seiner Stettiner Dienstzeit 1692-98 reiste er im Herbst 1696 für zwei Monate nach Stockholm und besuchte vermutlich erstmals Berlin. Schon im brdbg. Auftrag unternahm er 1698/99 eine einjährige Studienreise nach Frankreich und Italien. Im Februar 1699 trat er als Hofbaumeister offiziell in brdbg. Dienste und machte schnell Karriere: 1702 Generalquartiermeister-Leutnant, 1703 Oberstleutnant und Generalquartiermeister. Eosander war auch mehrfach in diplomatischen Missionen (1703/04 u. 1712/13 Schweden, 1710 Sachsen) für Friedrich I. tätig. Seine Haltung bei der Untersuchung der Münzturmaffäre dürfte auch von persönlichen Ambitionen bestimmt gewesen

Johann Friedrich Nilsson Eosander

sein, am 28. 1. 1707 wurde er offiziell zum Nachfolger Schlüters als Schlossbaudirektor berufen, 1709 erhielt er den Titel Baudirektor.

Für oft unterstellte Intrigen gegen Schlüter gibt es allerdings keinen Beweis; dessen Verurteilung durch die Untersuchungskommission entsprach – bei allen persönlichen Ressentiments einzelner – durchaus den fachlichen Gegebenheiten. Diskreditierende Zeitschriftenartikel Eosanders erschienen erst 1718, lange nach Schlüters Tod.

Die empfindliche Gehaltskürzung 1713 veranlasste Eosander im Juni zur Rückkehr in schwed. Dienste als Generalquartiermeister der Feldarmee; wegen des Verdachts der Veruntreuung schied er in Unehren. Im Nordischen Krieg (1700-21) geriet der nunmehrige Infanterie-Generalmajor während der Belagerung Stralsunds, bei der sich übrigens der Gefreiten-Korporal Georg Wenzeslaus v. Knobelsdorff auszeichnete und seine Gesundheit ruinierte, am 16. 12. 1715 in preuß. Gefangenschaft. Der nachträgliche Prozess 1718 wegen Veruntreuung von Bauunterlagen, Karten, militärischen Plänen und Dokumenten sowie Kunstgut aus kgl. Besitz verlief trotz vieler Indizien ergebnislos. Nach dem Stockholmer Frieden 1720 kam Eosander, inzwischen in Ehrenhaft in Frankfurt/M., frei und ging 1722 nach Sachsen. Während der Gefangenschaft schrieb Eosander den 1. Teil seiner „Kriegsschule oder der Deutsche Soldat" (Frankfurt/M. 1716-22). Als Generalleutnant war er in Dresden Chef des Ingenieurkorps (1724) und Vorgänger J. de Bodts.

WERKE: Umbau u. Erweiterung Schloss (1704-13) u. Erweiterung Stadt Charlottenburg (1702 u. ab 1706); Mittelbau Schloss Monbijou (1703-08); Umbau Schloss (Nieder-)Schönhausen (1704); Weiterführung Schlossumbau u. -erweiterung (1706-13); Schloss Ruhleben (1708-10); Schloss Altlandsberg (1709-13; unvollendet).

Der neue Schlossbaumeister hieß **MARTIN HEINRICH BÖHME** (1676 Magdeburg – 21. 5. 1725 Berlin), Schüler und Mitarbeiter Schlüters. Als Kondukteur wirkte er mit an den Schlössern Berlin und Potsdam und 1704-11 an Schlüters Bauten in Freienwalde. 1706 wurde er von seinem Dienstort (Königs) Wusterhausen zu diesem nach Berlin versetzt. Bei der zusätzlichen Übernahme des Gehaltes von Leonhard Braun – evtl. mit Übernahme von dessen Hofmaurermeisteramt – wurde Böhme 1711 als Ingenieur genannt. Mit dem Weggang Eosanders rückte er in dessen Stellung auf, ab 1719 führte er den Titel Schlossbaumeister. Wohnung und Büro hatte Böhme auf dem Bauhof in der Dorotheenstadt. Sein Sohn M. W. Böhme war als Oberbaumeister der Altmark in Stendal ansässig.

WERKE: Bltg. Vollendg. Schloss (1713-16; Entw. J. F. Eosander); Luisenkirche Charlottenburg (ab 1713; begonnen 1710 v. Ph. Gerlach); Palais Creutz, Klosterstr. 36 (um 1714-16; Entw. A. Schlüter); Instandsetzung Dom, Schlossplatz (1717); Umbau Kirche Friedrichsfelde (1718-20); Umbau Lusthaus Raulé zum Schloss Friedrichsfelde (1719); Südflügel Schloss (1719-24; Ausf. F. W. Diterichs); Marstall (1722-24) u. Orangerie (1727) Schwedt; Gouverneurshaus, Jüden-/Ecke Königstr., heute Unter den Linden (1721; m. F. W. Diterichs); Palais Grumbkow, Königstr. 60 (1724/25).

Wie das Staatsbauwesen wurde auch das städtische Bauen von Militärs administriert. Als 1721 die „Baukommission" für den weiteren Ausbau der preuß. Hauptstadt, vornehmlich der Friedrichstadt, gegründet wurde, übernahm die Leitung ein Offizier der Stadtkommandantur. **CHRISTIAN REINHOLD V. DERSCHAU** (30. 6. 1679 Königsberg – 4. 11. 1742 Spandau) wurde 1715 nach Berlin versetzt und diente als Major in der Garnison, zeitweise auch als Generaladjutant des Königs. Als Oberstleutnant war er 1726/27 Mitglied der 1720 gegründeten Servis-(Einquartierungs-)

Christian Reinhold v. Derschau

Kommission. Zur Vorbereitung des Sophienkirchturmbaues reiste Derschau zu Studienzwecken zwar 1731 nach Süddeutschland, hatte aber als administrative Aufgaben nur die militärische Eignung von Stadterweiterungen und Wohnhausentwürfen (Einquartierungen) zu kontrollieren. Die fachliche Leitung oblag dem Oberbaudirektor Philipp Gerlach. Derschau gehörte auch dem Kriegsgericht in der Fluchtaffäre des Kronprinzen im Schloss Köpenick an, dessen Spruch den Intentionen des Königs zuwider lief. Friedrich II. beförderte den 1738 in die Provinz versetzten Derschau noch 1740 zum Generalmajor.

Generalbaudirektor wurde 1720 **CHRISTIAN V. LINGER** (1669 Berlin – 17. 4. 1755 ebd.). Linger trat 1689 der Familientradition folgend in die brdbg. Artillerie ein, 1697-1705 diente er beim hohenzollerschen Markgrafen v. Schwedt. Nach der Nobilitierung 1705 – begründet mit dem Verdienst um den Schlossbau Schwedt – tat Linger Dienst am Hofe und nahm nach der Teilnahme am Spanischen Erbfolgekrieg 1713 als Oberstleutnant seinen Abschied.

Ein Jahr später reaktiviert, wurde er 1716 Chef des Artilleriekorps, als der er für die Anfänge einer Vereinheitlichung auf vier Kalibergrößen sorgte. Unter Lingers Kommando eroberten die Preußen im zweiten Schlesischen Krieg am 16. 9. 1744 Prag. Im Gegensatz zu Derschau dilettierte Linger auch auf architektonischem Gebiet, von ihm stammten der nördliche Flügel des Schlosses Schwedt (1701-04) und in Berlin das Korsikasche Gasthaus, die Kgl. Brennholzadministration (1720) am Kupfergraben hinter dem Zeughaus sowie die fünf Pulvermagazine (1734) der am Unterbaum 1717-19 errichteten Pulvermühle. Bis 1730 war er auch an der Einrichtung des Zeughauses beteiligt.

JOHANN FRIEDRICH GRAEL (9. 1. 1707 Quilitz b. Schwedt - 27. 9. 1740 Bayreuth) war ein Schüler Böhmes, etwa um 1725-27 trat er trotz seiner Jugend die Nachfolge seines Lehrers als Hofbaumeister an. Zum Studium hoher Turmbauten reiste Grael in kgl. Auftrag 1730 nach Straßburg, 1731 nach Dresden, Halberstadt und Frankfurt/M. Der Bau des höchsten Kirchturmes in Europa und die Verschönerung der Residenz durch Türme waren der einzige Luxus, den sich Friedrich Wilhelm I. leisten wollte. Trotz der von einer Kommission bestätigten Korrektheit seines Entwurfes wurde Grael nach dem Einsturz des unter Gerlach im Bau befindlichen Petrikirchturmes (28. 8. 1734) am 4. 1. 1735 für einige Tage in Potsdam inhaftiert. Die Ortgies'sche Correspondenz berichtete am 15. Januar: „Dem Vernehmen nach suchet der Dähnische Gesandte selbigen (d. i. Grael/U. K.) gegen Stellung 2 großer Mannschaft loß zu bitten, um ihn als Hofbaumeister nach Coppenhagen zu schicken." Nach seiner Ausweisung ging Grael aber vorübergehend nach Schwedt und erhielt am 13. 2. 1736 das Amt des Baudirektors von Bayreuth.

WERKE: Heiliggeistkirchturm Potsdam (1732-34); Entw. (1727-31) u. Bltg. (1727-30) Petrikirchturm; Palais Kamecke u. Borck, Unter den Linden/Ecke Pariser Platz (1729-36); Innenräume Schloss (1732); Sophienkirchturm (1732-34). -Reithalle Schwedt (1731-37; Bltg. 1735/36).

Über Graels Nachfolger **JOHANN KARL STOLTZE** († 1746 Berlin) ist wenig bekannt. Vom Militär kommend, war er vorwiegend als Bauleiter tätig. Die Urbarmachung des Königshorstes zwischen Nauen und Fehrbellin (1719-38), ab 1734 mit Kemmeter, trug ihm 1734 die Ernennung zum Oberbaudirektor sowie Kriegs- u. Domänenrat bei der Kurmärk. Kammer ein. Mit Diterichs, Carl Nuglisch und Kemmeter bildete er 1734 die Untersuchungskommission zum Einsturz des Petrikirchturmes. Eine Woche nach Graels Verhaftung wurde Stoltze am 11. 1. 1735 zu dessen Nachfolger ernannt. Bereits 1740 nahm er aus gesundheitlichen Gründen den Abschied. Dank seiner Geschäftstüchtigkeit kam Stoltze in den Besitz mehrerer Häuser. Betrügerische Manipulationen um das Bauhofgrundstück, die Stoltzes Nachfolger Christian Friedrich Feldmann untersuchte, zwangen die Erben zur Rückgabe des Besitzes an den Staat. Außer in Berlin baute Stoltze u. a. in Potsdam (Ausbau Garnisonkirche) und Frankfurt/O. (Stadthof und -schule).

WERKE: Ltg. Regulierung u. Erweiterung Spandau (1726-30) u. Umbau Rathaus (1729/30); Haus Osten, Unter den Linden (1734-36); Johanniskirche Spandau (1735; Ausf. ab 1750 C. F. Feldmann); eig. Haus (sog. Deckersches Haus), Wilhelmstr. 75 (1735); Petrikirchturm (1737; Bltg. m. T. Favre); Dreifaltigkeitskirche (1737; Entw.-Mitarb. b. T. Favre); Palais Happe, Leipziger Str. (Baubeginn 1737; Weiterbau F. W. Diterichs).

Leiter der umfangreichen Stadterweiterungen dieser Zeit war **PHILIPP GERLACH** (24. 7. 1679 Spandau - 17. 9. 1748 Berlin), seit 1707 in Nachfolge Grünbergs Baudirektor und seit 1720 „Oberdirector von hiesigen kgl. Residenzien". Gerlach war Sohn des gleichnamigen Artillerieoffiziers († 1716), der sich vom Zeug- u. Bauschreiber zum Ingenieur und Hauptmann hochgedient hatte. Sein einziger bekannter Bau, das Kleine Kommandantenhaus im Bollwerk 10, später Teil der Wegelyschen Manufaktur in der Neuen Friedrichstr. 21-23, wurde wegen der Namensgleichheit bis in die neuere Zeit fälschlich dem Sohn zugeschrieben. Gerlach d. J., nach eigenen Angaben Schüler von Jean Baptist Broebes, begann seine Laufbahn als Kondukteur unter Eosander und de Bodt, zeitweilig war er am Festungsbau in Magdeburg eingesetzt. 1702 zum Hauptmann, 1710 zum Major befördert, stand er seit 1721 der Baukommission unter Derschau vor. Am 3. 4. 1737 nahm Gerlach seinen Abschied, als Nachfolger stand seit März Titus Favre fest. Seine leitende Stellung im preuß. Staatsbauwesen ließ ihn an einer Vielzahl von Bauvorhaben mitwirken, u. a. in Potsdam, Eberswalde, Küstrin, Prenzlau, Crossen und Köslin.

WERKE: Gr. Friedrichshospital m. Kirche, Waisenstr. (1707-27; begonnen v. M. Grünberg); Luisenkirche, Charlottenburg (1710-13; Vollendg. M. H. Böhme); Parochialkirchturm (1713/14; Entw. J. de Bodt); Stadterweiterung Charlottenburg (1711-20); Garnisonkirche, Spandauer Tor (1721/22); Petrikirchturm (Bltg. 1726/27 u. 1731-37; Entw. m. J. F. Grael); Jerusalemer Kirche (1726-31); Hauptwache, Neuer Markt/Ecke Rosenstr. (1727/28); Palais Sydow, Münzstr. (1730/31); Kronprinzenpalais (1732/33; Umbau Haus Martitz); Kammergericht, Lindenstr. (1733/34); Bankhaus Schickler (später Haus Splitgerber), Gertraudenstr. 16 (1734/35); Palais Marschall, Wilhelmstr. 78 (1735/36); Palais Görne, Wilhelmstr. 72 (1735-37); Kgl. Gold- u. Silbermanufaktur, Wilhelmstr. 79 (1737).

Gerlachs Lehrer **JEAN BAPTIST BROEBES** (um 1660 Paris - nach 1720 Barby/Elbe) war vermutlich Hugenotte. Seit 1686 Bremer Ratsbaumeister, musste Broebes wegen Baufehler an der Börse 1692 flüchten, trat als Ing.-Hauptmann in brdbg. Dienste und wurde 1696 als Professor für Baukunst an die Akademie der Künste berufen. Kurz vor seinem Tod trat Broebes 1720 in sächs. Dienste. Außer aus Bremen sind Bauten von Broebes nicht bekannt, am Schloss Barby wirkte er nur kurz. Bedeutend aber war er als Lehrer, Schöpfer von Idealentwürfen sowie als Verfasser des postum erschienenen Kupferstichwerkes „Vues des Palais et Maisons de Plaisance de S. M. Le Roi de Prusse" (Augsburg 1733), das mit Darstellungen zeitgenössischer Bauten und von Musterentwürfen die damaligen Architekten beeinflusste und noch heute von Interesse ist.

Kurzzeitig stand **TITUS FAVRE** († 1. 3. 1745 verm. Berlin) aus den Niederlanden, auf Empfehlung des dortigen preuß. Gesandten durch Friedrich Wilhelm I. am 13. 3. 1737 aus Rotterdam zum Oberbaudirektor und Oberlandbaumeister berufen, an der Spitze des Bauwesens. Nach dem Tod seines kgl. Gönners schlug der kollegiale Widerstand gegen den fachlich wenig kompetenten und ungeniert plagiierenden „ausländischen Eindringling" in Feindseligkeiten um; schrittweise wurde ihm die Leitung bedeutender Bauten entzogen. Ende 1742 schied Favre, nachdem ihn im November Knobelsdorff in der Petrikirchen-Baukommission abgelöst hatte, aus dem Amt des Oberbaudirektors. Als Oberlandbaumeister war er fortan mit der Aufsicht über Wege, Heerstraßen und Wasserwege, Inspektion der kgl. Magazine u. ä. befasst.

WERKE: Petrikirchturm (Bltg. 1737-42); Dreifaltigkeitskirche u. Pfarrhäuser (1737-39; Entw. m. J. K. Stoltze; Bltg. m. C. A. Naumann); Entw. Hundebrücke (1738); Gertraudenbrücke (1739); Gertraudenkirche (1739; Entw. F. W. Diterichs).

Im Schatten der Großen standen die Baumeister von örtlicher Bedeutung, die durchaus eigene schöpferische Anteile in die Berliner Architektur einbrachten. Über den von **CHRISTIAN AUGUST NAUMANN D. Ä.** († nach 1757) besteht noch weitgehend Unklarheit. Am 7. 8. 1728 erhielt der Maurergeselle aus Dresden, Sohn eines Ziegelmeisters, in Berlin Bürgerrecht, 1738 war er bereits Altmeister der Zunft und brachte es bis zum Hofmaurermeister. Inwieweit er auch an den Entwürfen beteiligt war, ist ungeklärt. WERKE: *Palais Görne, Wilhelmstr. 72 (1735-37; Mitw. b. Ph. Gerlach); Böhmische Kirche (1735-37; m. J. A. Büring; Entw. F. W. Diterichs); Kirche Joachimsthal (1735-38); Dreifaltigkeitskirche (1737-39; Bltg. u. evtl. Entw.-Mitarb. b. T. Favre); Luisenstädt. Kirche (1751-53); Arbeitshaus Königsvorstadt (1756-58; Entw. C. F. Feldmann); Erweiterung Wegelysche Manufaktur, Neue Friedrichstr.*

Sein Sohn AUGUST GOTTHILF NAUMANN († 1805 Berlin) wurde 1758 Bauinspektor und war später Kriegsrat, Schlossbaumeister und Oberbaudirektor. Von seinen Bauten, u. a. 1765 Umbau des Palais Montargues, Burgstr., 1779/80 Umbau Georgenkirche und 1782 Kaserne Holzmarkt, findet sich nichts mehr.

Mit Naumann d. Ä. arbeitete mehrfach der Hofzimmermeister JOHANN ANDREAS BÜRING zusammen, dessen Sohn Johann Gottfried bis 1765 Chef des Potsdamer Baucomptoirs war. Über sein Leben ist nichts bekannt; außer der Beteiligung an den oben genannten Bauten ist der Bau der neuen Hundebrücke (Schlossbrücke) 1738 nach Favres Entwurf verbürgt.

Vorübergehend war in Berlin der Ing.-Offizier ISAAK JACOB PETRI (1701 Wesel - 1776 Freienwalde) tätig, einer der Lehrer David Gillys. Als Leutnant trat er 1720 in preuß. Dienste, war vorwiegend an Kultivierungen auf dem Lande (u. a. Oder- u. Netzebruch), bei Kanalbauten (Finowkanal) und als Kartograph tätig und schied als Oberst 1770 aus dem Ing.-Korps. Nach seinem Entwurf baute Feldmann 1747/48 das Invalidenhaus (Scharnhorststr. 34/35). In der Übergangszeit von Gerlach zu Knobelsdorff wirkte CHRISTIAN FRIEDRICH FELDMANN (1706 Berlin - 23. 10. 1765 ebd.) als Nachfolger Stoltzes. Er begann seine

Ausbildung an Gerlachs Bauten in Potsdam und bei der Friedrichstadterweiterung. Nach Tätigkeit mit Kemmeter d. J. am Schloss Rheinsberg (1734-37), wo ihn Knobelsdorff ablöste, wurde Feldmann 1738 Landbauinspektor und leitete ab 1740 den Wiederaufbau der Stadt nach Knobelsdorffs Entwurf. 1746 zum Oberbaudirektor sowie Kriegs- u. Domänenrat befördert, wohnte er - wie offenbar die meisten Berliner Barockbaumeister - in der Friedrichstadt. *Werke: Invalidenhaus v. d. Neuen Tor (1747/48; Entw. I. J. Petri); Zustandsgutachten u. Abriss Dom (1747); Ltg. Umbau Johanniskirche, Spandau (1750; Entw. J. K. Stoltze); Kasernen, Jakobstr. (1750); Palais Donner am Kastanienwäldchen (1751-53); Arbeitshaus v. d. Königstor (um 1756-58; Ausf. C. A. Naumann); Wiederherstellung u. Umbau Mühlendammbebauung (1759).*

Mit HANS GEORG WENZESLAUS V. KNOBELSDORFF (17. 2. 1699 Gut Kuckädel b. Crossen - 16. 9. 1753 Berlin) stand seit November 1740 als „Surintendant der Königlichen sämtlichen Schlösser, Häuser und Gärten" und „Directeur en chef aller immediaten Bauten in den sämtlichen Provinzen" ein Baumeister an der Spitze des Bauwesens, der in wenigen Jahren nicht nur die Berliner und Potsdamer Architektur prägte, sondern auch die des nördlichen Deutschlands wesentlich beeinflusste. Knobelsdorff entstammte einem Adelsgeschlecht, das um 1000 in Knobelsdorf b. Saalfeld/Thür. nachgewiesen ist, mit der Ostexpansion nach Schlesien kam und später auch in der Mark ansässig wurde. Nach dem frühen Tod des Vaters 1713 trat Knobelsdorff, ältester von fünf Söhnen, 1714 in den Militärdienst ein. Im Nordischen Krieg 1715-20 nahm er am Pommernfeldzug gegen die Schweden unter Karl XII. und an der Belagerung von Stralsund teil. Am 9. 6. 1729 erhielt er auf eigenen Wunsch den Abschied im Rang eines Hauptmanns. In den folgenden Jahren bildete sich Knobelsdorff als

Hans Georg Wenzeslaus v. Knobelsdorff

Autodidakt weiter, u. a. bei Antoine Pesne und an der Akademie der Künste. Unterweisungen in praktischen Baufragen erhielt er von A. v. Wangenheim und in Rheinsberg von Kemmeter d. J. und Feldmann. Nach Rückkehr von einer Dresdenreise nahm er 1732 seinen Wohnsitz bei Kronprinz Friedrich – mit dem er seit 1729 bekannt war – in Neuruppin, wo er 1735 als ersten eigenen Bau den Apollotempel errichtete. Unter Friedrich avancierte er zum Ratgeber in künstlerischen Fragen. Im Juli 1734 begleitete er ihn auf dem Rheinfeldzug im Polnischen Erbfolgekrieg (1733-35), anschließend reiste er nach Paris weiter. Nach der Italienreise 1736/37 folgte er dem Kronprinzen nach Rheinsberg, vollendete 1737-40 das Schloss und wurde zum Bauintendanten ernannt. In Neuruppin und Rheinsberg entstanden viele der gemeinsamen Bauideen, insbesondere ab 1735 das Projekt des „Forum Fridericianum" für Berlin.
Über die Länge seiner Laufbahn gesehen war Knobelsdorffs Verhältnis zu Friedrich II. ein durchaus ambivalentes. Gab es in

Neuruppin und Rheinsberg trotz des Altersunterschiedes so etwas wie eine Partnerschaft, wandelte sich dies nach dem Regierungsantritt Friedrichs schnell zu dem vom König auch und besonders im Bauen gepflegten Absolutismus. Wurde Knobelsdorff zwar öffentlich nicht so reglementiert wie andere Architekten, die schnell mal unschuldig hinter Gittern landeten, so verlor er doch seine Sonderstellung aus der Kronprinzenzeit binnen eines Jahrzehnts. Dazu trug sicher auch die mangelnde Kompetenz des Künstlerarchitekten in konstruktiver und bauwirtschaftlicher Hinsicht bei, die ihm manche Differenz mit dem nüchtern kalkulierenden und planenden König bescherten. „Knobelsdorf, mehr Liebhaber der Mahlerey, in welcher er sich in Frankreich und Italien gebildet hatte, als Baumeister nach Grundsätzen, entwarf die ihm vom Könige vorgezeichneten Gebäude blos perspectivisch und mahlerisch, weil er die Ausführung selbst Andern überließ." *[Manger/543]* Da sich Knobelsdorff wiederum von Friedrichs despotischen Eingriffen zumindest nach außen nicht beeindrucken ließ, war der Bruch unvermeidlich. Die Verweigerung der Bauleitung von Sanssouci offenbarte vielleicht auch andere als gesundheitliche Ursachen – Knobelsdorff hatte sich u. a. mit der geplanten Unterkellerung des Schlösschens nicht gegen Friedrich durchsetzen können. Auch im privaten Bereich ließ Knobelsdorff sich nicht gängeln. Ab 1746 lebte er – unverheiratet – mit der bürgerlichen Küstertochter Sophie Charlotte Schöne zusammen, die beiden gemeinsamen Töchter erkannte er öffentlich als die seinen an. Wie sehr Friedrich dennoch den Künstler – und einstigen Freund – schätzte, verdeutlicht die vom König persönlich verfasste Gedenkrede, die er am 24. 1. 1754 in der Akademie der Künste verlesen ließ.
Von Friedrich II. de facto über alle anderen etatmäßigen Baubeamten gestellt, erhielt Knobelsdorff am 31. 7. 1742 auch einen Sitz im Generaldirektorium. Als er

1746 aus gesundheitlichen Gründen von der Leitung der für Friedrich wichtigsten Bauten – Schloss, Funktionsbauten und Park Sanssouci – zurücktrat, fasste der König dies als Affront auf, es trat eine merkliche Abkühlung ihres Verhältnisses ein. Knobelsdorffs Vollmachten wurden, obwohl noch 1748 in den Rang eines Ministers erhoben, zunehmend eingeschränkt. Zu den Bauten des Friedrichsforums zog man ihn nicht mehr hinzu, seine Potsdamer Bauten leitete Johann Boumann. Mit der Bildung des Friedrich II. direkt unterstellten Baucomptoirs in Potsdam unter Leitung von Boumann (1752) waren Knobelsdorffs Ämter gegenstandslos geworden.

WERKE: Flügelbauten Schloss Monbijou (1740-42); Opernhaus Unter den Linden (1741-43); Umgestaltg. Schloss Charlottenburg u. Anbau Neuer Flügel (1740-48); Umgestaltg. Tiergarten (ab 1741); Einrichtung Königswohnung u. Hoftheater im Schloss (1741/42); eig. Wohnhaus, Kronenstr. 29 (1745); eig. Landhaus (Meierei), Tiergarten-Spreeufer (1746); Hedwigskathedrale (1747-73; nach Idee Friedrichs II., Ausf. J. Boumann); Dom, Lustgarten (1747-50; m. Friedrich II. u. J. Boumann).

Mit Knobelsdorffs Namen sind die einer ganzen Reihe mehr oder minder bedeutender Baumeister verbunden, die zu seinem engeren Mitarbeiterkreis zählten. JACOB FABER (um 1690 Venedig – 17./18. 12. 1761 Kopenhagen), Sohn deutscher in Italien lebender Eltern, war Baumeister und Theatermaler, seit 1719 Hofmaler in Karlsruhe und später Dekorationsmaler am Hamburger Theater. Für die Berliner Oper entwarf er die Bühnentechnik und verschiedene Dekorationen. 1742 ging er nach Kopenhagen, dort erschien auch 1759 sein zweibändiges Werk über Theaterbau und -dekorationen. JOHANN FRIEDRICH FRIEDEL (1721 od. 1722 Berlin – nach 1798 ebd.), Sohn eines Berliner Ratsmaurer- u. Zunftmeisters, war schon in Rheinsberg bei Knobelsdorff

tätig, 1744-47 baute er nach dessen Entwurf den Ostflügel des Schlosses Zerbst. Als eigene Werke entstanden das Mehlmagazin, Packhofstr., und das Haus Lottum, Neue Kommandantenstraße. Am 29. 8. 1749 erhielt Friedel Berliner Bürgerrecht und verließ als selbstständiger Maurermeister den Staatsdienst, in den er als Bauinspektor von 1755 bis 1766 vorübergehend zurückkehrte.

Als Bauleiter des Opernhauses fungierte JOHANN GEORG FÜNCKE (1721 Augsburg – 1757 Kassel), beim Vater als Maurer und Steinmetz ausgebildet und 1740-46 unter Knobelsdorff tätig. Ein großer Teil der Ausführungs- und Bestandszeichnungen des Opernhauses stammen von seiner Hand. Er starb als landgräflicher Landbaudirektor von Hessen-Kassel.

Schon unter Gerlach war C. H. HORST 1726-37 tätig, u. a. mit Feldmann an der Potsdamer Garnisonkirche (1731-35) und am Palais Marschall, Wilhelmstr. 78, dessen Entwurf z. T. von ihm stammte. Danach arbeitete Horst in Rheinsberg und am Opernhaus. Um 1745 wurde er Legationssekretär der Berliner Holländischen Gemeinde und trat später in russ. Dienste, von 1747 datiert das letzte bekannte Lebenszeichen.

ANDREAS KRÜGER (1719 Neuendorf b. Potsdam – 1759 Berlin), Onkel und Erzieher des Potsdamer Architekten, Malers und Zeichners Andreas Ludwig Krüger, war seit 1736 Kondukteur bei der Kriegs- u. Domänenkammer. Nach Mitarbeit bei Stoltze wechselte er um 1740 zu Knobelsdorff und war nach Mitarbeit am Opernhaus vorwiegend an dessen Potsdamer Bauten beschäftigt. An der Berliner Realschule (gegr. 1747) lehrte Krüger später Zeichnen.

WERKE: Mitw. Ausbau Friedrichstadt (ab 1732); Mitw. Opernhaus (1741-43; Entw. G. W. Knobelsdorff); Palais Hesse u. Gravius (später Niederländ. Palais), Unter den Linden (1752; Entw. F. W. Diterichs); Altar Marienkirche (1757-62); Bürgerhäuser a. d. Schlossfreiheit.

Wesentlich früher als der fast gleichaltrige Knobelsdorff prägte **FRIEDRICH WILHELM DITERICHS** (10. 4. 1702 Uelzen – 13. 12. 1782 Orpensdorf b. Osterburg), der um 1723 die frühere Schreibweise „Dieterichs" selbst endgültig in „Diterichs" veränderte, den Berliner Barock. Der jüngste Sohn des Uelzener ehem. Stadtsyndikus und Bürgermeisters Reinhard Diterichs und dessen zweiter Frau Engel Dorothea Müller verw. v. Kosack kam 1717 mit erst 15 Jahren zur Ausbildung zu Böhme, dessen Schwedter Schlossbau er bereits 1721–23 anstelle des erkrankten Meisters leitete. Von Diterichs selbst genannt wurden später auch der Einfluss der Schriften Goldmanns und Sturms sowie des Franzosen Augustin Charles d'Avilier.

Gleichzeitig mit der Entwicklung des ebenfalls bei Böhme ausgebildeten Johann Gottfried Kemmeters begann Diterichs steile Karriere am 24. 8. 1723 mit der Anstellung als Bauinspektor bei der Kurmärkischen Kammer: 1736 Baudirektor, 1738 „Commissario perpetuo" in Bausachen bei der Neumärkischen Kammer, 1739 Kriegs- u. Domänenrat, 1742 Oberbaudirektor. In den ersten Baubeamten-Jahren, ausgefüllt mit dem Bau von Brücken, Schleusen, landwirtschaftlichen Bauten, Kalk- und Ziegelöfen, der Instandsetzung von Kirchen etc., erfuhr Diterichs die besondere fachliche Betreuung durch den vorgesetzten Baudirektor Nuglisch, mit dem er später auch befreundet gewesen sein soll. Außerhalb seiner Dienstaufgaben konnte er 1731–36 mit den privaten Bauten für den Geheimen Etats- und Kriegsminister Adam Otto v. Viereck in Buch und an der Spandauer Str. seine architektonischen Fähigkeiten beweisen.

Zu den Bauinspektoren der Kurmärkischen Kammer zählte kurzzeitig auch der zeitweilig in Berlin tätige **KONRAD WIESEND**, von dem u. a. das Palais Schwerin, Wilhelmstr. 73 (1734–37), und das Domestikenhaus, Markgrafen-/Ecke Jägerstr. 21 (1738; später Preuß. Seehandlung), stammten und der die Zeichnungen für die Bucher Kirche fertigte. Die zahlreichen bis 1740 folgenden Dorf- und Kleinstadtkirchen sowie Kirchtürme boten Diterichs architektonischen Ambitionen wenig Raum.

Zwischen 1740–50 war Diterichs vorwiegend mit Verwaltungsaufgaben und der Ausführung von kriegswichtigen Ingenieur-, Verkehrs- und Landbauten betraut, unterbrochen nur 1744/45 durch die Anlage der Weinbergsterrassen in Sanssouci und die Bauleitung am Beginn des Schlossbaues nach Knobelsdorffs Entwurf. Aus bis heute ungeklärten Gründen übertrug Friedrich II. am 25. 4. 1745 per Kabinettsorder aus seinem Feldquartier in Neiße die Bauleitung aber Johann Boumann: „Der Kriegsrat Diterichs soll gar nichts mit meinen Bauten in Potsdam zu tun haben, sondern alle Bauten ... sollen lediglich durch den Kastellan Boumann geführt werden". *[Krüger/67]*

Unter Beibehaltung seines Amtes beim Baugericht nahm der durch die Mitgift aus erster Ehe, 1744–1768 mit Anna Katharina Kraatz verw. Falcke, zum Gutsbesitzer gewordene Diterichs schon 1752 den Abschied aus dem Staatsdienst, ohne je in materieller oder ideeller Form eine Anerkennung durch seinen Dienstherrn erhalten zu haben. Dabei war Diterichs zu jener Zeit in Brandenburg und der Altmark vermutlich dessen wirksamster Baumeister sowohl in Bezug auf konstruktive Ingenieurleistungen als auch architektonische Gestaltung. Er lebte anschließend in der Altmark, widmete sich aber als Gutsherr weiter ausgewählten privaten Bauaufgaben. 1769 heiratete er in zweiter – kinderloser – Ehe Katharina Dorothea Hedwig Louise v. Barsewich. Beide Ehefrauen sind wie Diterichs in der von ihm 1747 erbauten Kirche Orpensdorf bestattet, über den am 29. 9. 1749 getauften Sohn Valentin Carl Wilhelm ist nichts bekannt. Diterichs langjähriger Briefwechsel mit Friedrich Nicolai 1771–81 gab diesem wesentliche Informationen für die völlig neu bearbeitete dritte Auflage seiner „Beschreibung ..." (1786).

WERKE: Gouverneurshaus, Königstr. 19/ Jüdenstr. (1721; m. M. H. Böhme); Umbau Gutshaus zum Schloss Buch (1724); Kirche Buch (1731–36); Prinzessinnen-palais (1733); Haus Viereck, Spandauer Str. (1734); Haus Splitgerber, Dönhoff-platz (1735); Böhmische Kirche, Mauerstr. (1735–37); Palais Happe, Leipziger Str. (1735–37); Haus Kellner, Wilhelmstr. 74 (1736); Umbau Gertraudenkirche, Spittel-markt (1739; Ausf. T. Favre); Entw. Findel-haus d. Charité (1739; nicht ausgef.); Haus Sulzer hinter d. neuen Packhof (1749); Umbau Haus Zinnow (später Palais Prinzessin Amalie bzw. russ. Botschaft), Unter den Linden 7 (1750); Lange Brücke, Köpenick (1751); Palais Hesse, Unter den Linden 35 (1752; Ausf. A. Krüger); Nieder-länd. Palais, Unter den Linden 36 (1753); Umbau Ermeler-Haus, Breite Str. 11 (1760–62); Ephraim-Palais, Poststr. 16 (1761–66).

Aus Frankreich kommend, hielt sich 1745–48 **JEAN LAURENT LEGEAY** (um 1710 Paris – nach 1786 verm. Rom) in Berlin auf. Er hinterließ in Berlin keine Bauten, die von ihm gefertigte Stichfolge zu Entwurf und Grundsteinlegung der Hedwigskirche (1747) ist aber noch heute die authenti-sche Überlieferung ihrer ursprünglichen Gestalt. Diese Blätter führten für lange Zeit zur fälschlichen Annahme seiner Ent-wurfs-Urheberschaft. Legeay hatte die Pariser Ecolé des Beaux Arts absolviert, 1732 den Rompreis gewonnen und 1739 Italien bereist. Nach seiner Anstellung in Schwerin (1748-1755), wo er 1751 zum Hofbaumeister und Ehrenmitglied der Berliner Akademie der Künste ernannt wurde, war Legeay am Baucomptoir in Potsdam tätig. Vor Friedrichs II. Des-potismus flüchtete er 1765 nach England, 1768 ging Legeay nach Frankreich zurück und lebte dort als Kupferstecher und Konstrukteur nautischer Instrumente.

Während Legeay nur das Bild der Hed-wigskirche überlieferte, war **JOHANN BOU-MANN** (1706 Amsterdam - 6. 9. 1776 Berlin), holländischer Bau-, Schiffbau-, Zimmerer-

und Tischlermeister, als Bauleiter mit die-sem Bau direkt befasst. Boumann, zumeist wegen der im gleichen Metier tätigen Söhne mit dem Zusatz „d. Ä." genannt, kam 1732 nach Potsdam, wo er in kgl. Diensten u. a. das Holländische Viertel (1737–42), zahlreiche Wohnhäuser und öffentliche Bauten errichtete. Für die meisten Bauten Knobelsdorffs fungierte er als Bauleiter. 1745 wurde Boumann Schlosskastellan in Potsdam, nach der Berufung zum Oberbaudirektor 1748 siedelte er 1755 nach Berlin über. Vor den Toren Potsdams hatte er 1746 sein Wohnhaus gebaut, das – umgebaut – 1756-70 Wohnsitz des Bau-comptoir-Direktors Johann Gottfried Büring war und danach bis 1783 Carl v. Gontard als Wohnung diente. Nach der neuen Besitzerin 1791 Charlottenhof ge-nannt, erhielt es seine heutige Gestalt 1826 durch Schinkels Umbau. Bestattet wurde Boumann in der Parochialkirche.

Boumann verkörperte den typischen Baubeamten der friderizianischen Zeit: mit wenig Phantasie und Gestaltungs-vermögen ausgestattet und seinem Herrn widerspruchslos zu Diensten, war er der geeignete Bauleiter, um anderer Ideen auszuführen. Selbst Zeitgenossen wie Heinrich Ludwig Manger, der 1753-55 unter Boumann in Potsdam gearbeitet hatte, fanden an seinem Stil wenig Charakteristisches: „Boumann ahmte das damalige Französische im barocken Geschmacke nach. Er war besonders ein Liebhaber von Fenstern, die mit vollen Zirkeln oder mit Sechstheilsbogen ge-schlossen, und durch Köpfe statt der Schlusssteine mit Guirlanden gezieret waren." [Manger/544] Knobelsdorff soll gespöttelt haben, eine Schlossfassade von Boumann „sähe gar keinem Wohnorte eines christlichen Königs ..., sondern einem türkischen Serail ähnlich, an dem viel abgeschlagene Menschenköpfe zur Schau ausgestellt wären." [Manger/624]

WERKE: Dom, Lustgarten (1747-50; m. Friedrich II. u. G. W. v. Knobelsdorff); Palais Prinz Heinrich, Unter den Linden 6 (1748-53; nach Idee Friedrichs II. u. G. W.

v. Knobelsdorffs; Vollendg. 1764–66 C. L. Hildebrandt); Hedwigskirche, Bebelplatz (1748–78; Entw. G. W. v. Knobelsdorff nach Idee Friedrichs II.); Wiederaufbau Lindenflügel Marstall (1749); Hausvogtei-gebäude (1750); eig. Wohnhaus, Hinter der kath. Kirche 2 (1754); Umbau Schloss (Nieder-)Schönhausen (1763); Kaserne, Friedrich- u. Kalkscheunenstr. (1764); Neue Pomeranzen-(Friedrichs-)Brücke (1769); Kasernen, Am Kupfergraben u. am heutigen Alexanderplatz sowie mehrere Militärdepots (1773); Frz. Komödienhaus, Gendarmenmarkt (1774–76; Portikus v. G. C. Unger).

Die Söhne Boumanns d. Ä. erhielten ihre erste Fachausbildung beim Vater. GEORG FRIEDRICH BOUMANN (27. 11. 1737 Potsdam – zw. 1812–17 Berlin) absolvierte die Artillerieoffizierslaufbahn und war dann als Oberhofbaurat unter Karl Gotthard Langhans am Hofbauamt tätig. In Schwedt errichtete er das Schauspielhaus (1783), am Rheinsberger Schloss die Eckpavillons (1785/86) und im Park den Obelisken (1790).
WERKE (Baultg.): Kgl. Bibl. (1774–85; Entw. G. C. Unger); nördl. (1777) u. südl. (1780) Königskolonnaden (Entw. C. v. Gontard); Umbau Opernhaus (1787/88; m. C. S. Held; Entw. K. G. Langhans); Schloss-theater Charlottenburg (1788–91; Entw. K. G. Langhans); Turmhelm Marienkirche (1789/90; m. C. S. Held; Entw. K. G. Lang-hans); Magnus-Haus, Am Kupfergraben 7 (verm. Entw. G. W. v. Knobelsdorff).
Sein Bruder MICHAEL PHILIPP DANIEL BOU-MANN (22. 4. 1747 Potsdam – 1803 Berlin) war von Dezember 1767 bis März 1770 als Dolmetscher beim frz. Architekten Bar-tholomé Bourdet angestellt und anschlie-ßend im Rang eines Bauinspektors als Gehilfe des Vaters tätig. Nach dessen Tod wurde er 1777 Assessor am Oberhofbau-departement, 1778 Geh. Oberhofbaurat, Intendant und Baudirektor. 1794 zum Oberfinanzrat berufen, gehörte er 1798 auch der Gründungskommission für die Bauakademie an. Seine Werke in Potsdam

– u. a. Schauspielhaus (1793–95) mit Kon-zertsaal (1798) nach einem Langhans-Entwurf – und Berlin wurden oft fälschli-cherweise dem Bruder oder Vater zuge-schrieben.
WERKE: Umbau Palais Prinzessin Amalie, Unter den Linden 7 (1767); Umbau Palais Görne (Niederländ. Palais), Unter den Linden 36 (1777 u. 1787–94); Schloss Bellevue (1785/86); Palais Lichtenau, Charlottenburg (ab 1788); Schlössschen Pfaueninsel (1794; Ausf. J. G. D. Brendel); Dachreiter Friedrichwerdersche Kirche (1801).

BARTHOLOMÉ R. BOURDET (1720 in Frank-reich – 3. 2. 1799 Potsdam) hatte zur Bou-mann-Familie eine recht unerquickliche Beziehung. Nach dem Studium in Frank-reich und Anstellung als Wasserbau-techniker in den Niederlanden trat er am 24. 2. 1766 als „Generalinspektor der Häfen, Deiche, Domänen und Schleusen" mit direkter Unterstellung unter Friedrich II. in preuß. Dienste. Auf eigenen Wunsch erhielt er 1767 einen Dolmetscher, bis 1770 war dies M. P. D. Boumann. Bourdet fand wenig Anerkennung bei seinen einheimi-schen Fachkollegen. Der 1771 erschiene-ne 1. Teil seines Buches über Wasserbau-kunst wurde vom Oberbaudepartement – dort war Boumann d. Ä. Baudirektor – als plagiatverdächtig und fehlerhaft abge-lehnt und das Erscheinen des 2. Teiles ver-hindert. Den Neubebauungsentwurf für den Gendarmenmarkt lehnte man 1774 ab, gleichzeitig begann Johann Boumann den Bau des Komödienhauses. Statt des abgelehnten Bourdet-Entwurfes einer Bibliothek mit Apotheke in Verbindung mit einem Denkmal Friedrichs II. am Friedrichsforum baute Georg Friedrich Boumann die „Kommode". Als Bourdet schließlich 1777 ernsthafte Differenzen mit den Behörden bekam, trug Boumanns d. J. Dienstbericht mit dem Vorwurf der Inaktivität wesentlich zu seiner Sus-pendierung – wenn auch mit Gehalts-fortzahlung – bei. Bourdets Beschwerde beim König am 16. 5. 1778 blieb erfolglos.

Erst dessen Nachfolger rehabilitierte ihn 1788 mit der Berufung als Lehrer an die neugegründete Ingenieur-Akademie in Potsdam.

Der wichtigste Berliner Mitarbeiter Johann Boumanns war CARL LUDWIG HILDEBRANDT (um 1720 i. d. Neumark – 1770 Graz), ab 1739 Schüler Stoltzes und Kondukteur an der kurmärkischen Kammer. Als „Kameral- und ökonomischer Baumeister" nahm er ab 1744 bei Boumann in Potsdam vorwiegend technische und ökonomische Aufgaben wahr, Friedrich II. ernannte ihn 1754 sogar zu seinem Kontrolleur. Nach Boumanns Übersiedlung nach Berlin folgte er ihm im Amt des Kastellans von Sanssouci und gemeinsam mit Büring d. J. als Direktor der Potsdamer Bauten. In dieser Zeit baute Hildebrandt auch das im Siebenjährigen Krieg zerstörte Schloss Breslau auf (1760). Missliche Familienverhältnisse, zerrüttete Gesundheit und schwerwiegende Differenzen mit dem König ließen Hildebrandt von einer Kur in Pisa 1766 nach Graz fliehen, wo er sich als Zeichenlehrer niederließ. Neben der Mitwirkung an Entwurf und Ausführung der Bauten Boumanns d. Ä. entstanden in Potsdam auch Bürgerhäuser nach eigenen Entwürfen.

WERKE: Prinz-Heinrich-Palais, Unter den Linden (1748–53; Mitw. b. J. Boumann; 1764–66 Vollendg.); Umbau Palais v. Schwedt, Unter den Linden (um 1750); Anbauten Schloss Monbijou (1754).

Gaben Johann Boumann und sein Umkreis der Architektur ihrer Zeit kaum neue Impulse, so geschah dies durch CARL PHILIPP CHRISTIAN V. GONTARD (13. 1. 1731 Mannheim – 23. 9. 1791 Breslau) um so nachhaltiger. Der Nachfahre eines alten Hugenottengeschlechts, das im Exil den Adel abgelegt hatte, wurde aufgrund der Vertrauensstellung seines Vaters als Hofbeamter frühzeitig vom fürstlichen Dienstherren gefördert. In Bayreuth wurde Carl v. Gontard 1749 als Hofbaukonduktor angestellt, einem

Carl Philipp Christian v. Gontard

mehrjährigen Frankreichaufenthalt bis 1753 – u. a. Ausbildung bei Jacques François Blondel – folgte eine Hollandreise. Im Gefolge des Markgrafen traf Gontard auf einer Reise nach Griechenland und Italien (1754/55) auch mit Voltaire zusammen, der einige Jahre zuvor die Gontard noch bevorstehenden Erfahrungen im Umgang mit Friedrich II. gemacht hatte. Mit der Ernennung zum Hofbauinspektor (1756) nahm Gontard seine Lehrtätigkeit an der Bayreuther Friedrichsakademie auf, an der er 1760–64 ein festes Lehramt innehatte. Nach dem Tod Mgf. Friedrichs siedelten Gontard und andere Bayreuther Baumeister gemäß einem hinterlassenen Wunsch der Mgfn. Wilhelmine, Schwester Friedrichs II., 1765 nach Preußen über. Hier trat Gontard – vom Leutnant zum Ing.-Hauptmann befördert – die Nachfolge Bürings als Chef des Baucomptoirs an und stellte dessen Bauten fertig. Neben den kgl. Bauten, vor allem im Park von Sanssouci, baute Gontard in Potsdam zahlreiche Bürgerhäuser und öffentliche Gebäude. Am 8. 7. 1767 erhielten er und sein Bruder

Paul, ein kaiserlicher Offizier, von Kaiser Joseph II. den erblichen Adelstitel verliehen.
Gemeinsam mit Manger, ab 1775 zeitweilig mit ihm und Unger Direktor des Baucomptoirs, reformierte Gontard 1769 diese kgl. Baubehörde. Friedrichs Despotismus traf auch ihn, u. a. erhielt er über den Jahreswechsel 1774/75 sechs Wochen Arrest wegen geringfügiger Unstimmigkeiten – die es nicht gab – in den Baurechnungen. Als Kgl. Baudirektor siedelte Gontard 1779 nach Berlin über, hier wurde er auch Mitglied der Immediatbaukommission. Gemeinsam mit Unger errichtete er in wenigen Jahren eine Unzahl von Wohnbauten hauptsächlich in der Friedrichstadt, die sämtlich Gründerjahre und Krieg nicht überstanden. Die Akademie der Künste ernannte ihn 1786 zum Ehrenmitglied. In wenigen Monaten gelang es Karl Gotthard Langhans, Gontard bei Hofe zu verdrängen. Er vollendete noch die Neueinrichtung der Königskammern im Berliner Schloss (1787-90), zeitweise mit Friedrich Wilhelm v. Erdmannsdorff, bekam aber keine größeren Aufträge mehr. Langhans vollendete 1791 auch das von Gontard 1787 begonnene Marmorpalais in Potsdam. Bis zu seiner letzten Erholungsreise nach Breslau im Herbst 1791 lehrte Gontard an der 1790 von ihm mitbegründeten Architektonischen Lehranstalt der Akademie der Künste.
Von seinem umfangreichen Lebenswerk, in Potsdam in vielfältiger Weise überliefert, ist in Berlin nur noch wenig vorhanden; sämtliche seiner zahlreichen Wohnbauten sind verloren. Gemeinsam mit Unger prägte Gontard maßgeblich den Berlin-Potsdamer Spätbarock, sein „Zopfstil" leitete den Übergang zum Klassizismus ein.
WERKE: Neu- u. Umbau d. Bebauung Gendarmenmarkt und umliegende Straßen (ca. 1775-80; m. G. C. Unger); Spittelkolonnaden u. -brücke (1776/77; Ausf. F. Becherer); Königsbrücke u. -kolonnaden (1777-80; Ausf. G. F. Boumann); Türme a.

d. Neuen (Deutschen) u. Frz. Kirche, Gendarmenmarkt (1780-85; Ausf. ab 1781 G. C. Unger); Rosenthaler (1781-88; Ausf. G. C. Unger) u. Oranienburger Tor (1786-88).

Bereits an der Bayreuther Friedrichsakademie war **GEORG CHRISTIAN UNGER** (25. 5. 1743 Bayreuth - 20. 2. 1799 Berlin) Schüler Gontards gewesen. Noch vor seinem Lehrer ging er 1763 nach Potsdam und arbeitete als Kondukteur bei Johann Gottfried Büring. Nach Gontards Übersiedlung vervollkommnete Unger bei diesem seine Ausbildung und war über Jahrzehnte dessen engster Mitarbeiter. Gemeinsam und mit Manger hatten sie ab 1775 auch das Direktorat des Potsdamer Baucomptoirs inne. Nach Ungers eigenen Entwürfen entstanden in Potsdam Bürgerhäuser, öffentliche und militärische Gebäude. Zwei Jahre nach Gontard übersiedelte Unger ebenfalls nach Berlin, wurde 1787 Oberhofbaurat und 1788 Direktor der Immediatbaukommission. In dieser Funktion baute Unger zahlreiche Wohnhäuser nach eigenem Entwurf, so am späteren Alexanderplatz, um den Hackeschen Markt und in der Friedrichstadt; mit Gontard gestaltete er die Umbauung des Gendarmenmarktes. Auch Ungers Wohnbauten in Berlin sind verloren, nur das Haus Neue Schönhauser Str. 8, das 1770 wahrscheinlich nach seinem Entwurf entstand, blieb erhalten.
WERKE: Portikus d. Frz. Komödienhauses, Gendarmenmarkt (1774); Kgl. Bibl. (1774-80; Ausf. G. F. Boumann); Umbau Hetzgarten in Kadettenhaus, Neue Friedrichstr. (1776-79); Generallotteriedirektion, Markgrafen-/Ecke Jägerstr. (1777-83); Bltg. Türme auf d. Gendarmenmarkt (1781-85; Entw. C. v. Gontard); Rosenthaler Tor (1781-88; Entw. C. v. Gontard); Kolonnaden Jägerbrücke (1782); eig. Wohnhaus, Frz. Str. 42 (1782); Haus mit den 99 Widderköpfen am späteren Alexanderplatz (1783); Hamburger Tor (1789); Wohnhaus, Mauerstr. 35/36 (1792-94).

In den Bauten eines der letzten Schüler Gontards und Mangers, **FRIEDRICH WILHELM KONRAD TITEL** (1754 Potsdam – 10. 1. 1840 Berlin), zeigte sich deutlich das Nahen einer neuen Zeit – erhalten sind sie alle nicht. Titel hatte nach einem Studienaufenthalt in Paris bis 1773 am Potsdamer Baucomptoir gearbeitet und war dann nach Berlin versetzt worden. Ab 1788 als Ratsmann (Stadtrat) verantwortlich für die bescheidenen städtisch verwalteten Bauangelegenheiten, wurde er 1790 Oberhofbaurat, Mitglied der Zentralbehörde des Oberhofbauamtes und zählte mit Langhans und Unger zu den wichtigsten Mitgliedern der Immediatbaukommission. Titels bekannteste Bauten waren Behrenstr. 41 (Allg. Witwenverpflegungsanstalt; 1788–94 nach modifiziertem Gontard-Entwurf) und 66 (Haus Massow, später Militärkabinett; 1792/93).

Mit Gontard und Unger endete nicht nur die Spätzeit des Berliner Barocks, mit ihnen endete auch die Ära **FRIEDRICHS II.** (24. 1. 1712 Berlin – 17. 8. 1786 Potsdam) im Berlin-Potsdamer Bauwesen. Wie kein anderer Hohenzoller engagierte sich Friedrich – an Intelligenz und Bildung den Fürsten seiner Zeit weit überlegen – im preuß. Bauwesen. Anders als später Friedrich Wilhelm IV. beließ er es nicht bei Ideenentwürfen für seine Hofbaumeister, sondern unterstellte die Bauverwaltungen seiner direkten Leitung und schuf je nach Erfordernissen neue Ämter oder Verwaltungsorgane. Sein despotisches Regime führte zu einem unerquicklichen Arbeitsklima für die führenden Baumeister. Die herausragenden Persönlichkeiten, wie Knobelsdorff und Gontard, liefen ständig Gefahr, in Ungnade zu fallen; andere entwichen dem Druck durch Flucht, wie Legeay und selbst der willig den kgl. Ideen folgende Hildebrandt. Friedrichs wohl meistbeschäftigter Baumeister Johann Boumann dagegen war ein bedenkenloser Vollstrecker des kgl. Willens. Die Berufung als dessen Nachfolger umging David Gilly wiederum mit List und folgte dem Ruf nach Berlin erst nach Friedrichs II. Tod. Die absolutistische Leitung des Bauwesens ließ aber auch große Vorhaben von kulturhistorischem Wert und immenser wirtschaftlicher Bedeutung entstehen, u. a. die technischen Meisterleistungen der großen Kanalbauten (1742–45 Plauescher Kanal Elbe-Havel, 1744–46 Finowkanal Oder-Havel, 1772 Bromberger Kanal Netze-Weichsel).

Auf Friedrichs schöpferische Architekturbefassung hatte die Jugendfreundschaft mit Knobelsdorff bedeutenden Einfluss. Später lenkte ihn der vom Juni 1740 bis Februar 1753 zum Hofstaat gehörende ital. Architekturtheoretiker, Radierer und Kunstschriftsteller **FRANCESCO ALGOROTTI** (11. 12. 1712 Venedig – 3. 5. 1764 Pisa) auf die bis weit in das 18. Jh. besonders in England wirkende Schule des Andrea Palladio. Nach dessen Entwürfen, bzw. nach Vorbildern des engl. Palladianismus, den Algarotti seit 1738 auf Reisen vor Ort studiert hatte, entstanden viele Bauten in Potsdam und Berlin, z. T. sind die Fassaden originalgetreue Nachbauten.

Voltaire hatte den ersten Briefwechsel des Kronprinzen in dessen Rheinsberger Zeit (1736–40) mit dem gleichaltrigen Venezianer, der in Bologna studiert hatte, vermittelt. Nach einem kurzen Besuch 20.-25. 9. 1739 in Rheinsberg während einer der ausgedehnten Bildungsreisen Algarottis rief der nunmehrige König ihn am 2. 6. 1740 an seinen Hof, bereits am 28. Juni traf er in Berlin ein. Noch im gleichen Jahr wurde Algarotti am 20. Dezember zum Grafen erhoben. Er versorgte den König nicht nur mit Architekturliteratur, sondern reiste in dessen Auftrag als Kunst-Aufkäufer durch Europa, erledigte gelegentlich diplomatische Missionen und beeinflusste auch direkt die Gestaltung wichtiger Bauwerke, wie z. B. bei Knobelsdorff die bildkünstlerische Ausgestaltung des unausgeführten Friedrichsforums oder als Mitglied des Kirchenbaudirektoriums die der Hedwigskirche. Von Friedrich mannigfaltig geehrt, kehrte Algarotti am

2. 2. 1753 nach Italien zurück, aber erst im Juli 1754 erfolgte sein offizieller Abschied. Das Grabmal in Pisa ist ihm von seinem kgl.-preuß. Dienstherrn gestiftet worden. Die Baugesinnung Friedrichs II. galt der Dokumentation der Hohenzollerngröße in den Residenzbauten, der repräsentativen Ausgestaltung der Residenzstädte und seiner eigenen künstlerischen Betätigung. Mit Ideenskizzen und Vorentwürfen lieferte Friedrich durchaus architektonische Beiträge, eine Reihe von Bauten ist seiner persönlichen Mitwirkung zuzuschreiben. Dazu gehören Forum Fridericianum, Opernhaus, Dom, Hedwigskirche, Prinz-Heinrich-Palais, Bibliothek und in Potsdam Schloss und einige Parkbauten in Sanssouci. Auch als König ließ Friedrich sich die Möglichkeit eigener Studien nicht entgehen, u. a. reiste er 1755 inkognito nach Holland.

Karl Gotthard Langhans

Das Werk von **KARL GOTTHARD LANGHANS** (15. 12. 1732 Landeshut/Schles. - 1. 10. 1808 Grüneiche b. Breslau) verkörpert wie kein anderes den Übergang vom Barock – der die Schaffensperiode in Schlesien und die ersten Berliner Bauten prägte – zum Klassizismus, kongenial umgesetzt mit dem Brandenburger Tor. So steht seine Biographie hier am Ausgang des Barock, erhalten sind in Berlin aber nur seine klassizistischen Bauten. Sein Sohn Karl Ferdinand stand wieder am Übergang zweier Stile – am Ende des Klassizismus und Beginn des Historismus. Langhans d. Ä. studierte ab 1753 in Halle Jura, Mathematik und Kunstgeschichte und war anschließend als Erzieher in schlesischen Adelsfamilien angestellt; in diesen Jahren entstanden auch erste Bauten. Bildungsreisen führten ihn 1765 nach Süddeutschland und 1768/69 nach Italien. Anschließend war er erstmals in der Mark am Schloss Rheinsberg mit der Neuaustattung von Treppenhaus und Muschelsaal tätig, deren Eckpavillons Georg Friedrich Boumann 1785/86 nach einem Langhans-Entwurf errichtete. Als Oberbau- u. Kriegsrat wurde Langhans

1775 an die Breslauer Kammer berufen und reiste anschließend für ein Jahr nach England, Frankreich und in die Niederlande. Friedrich Wilhelm II. holte ihn noch 1786 nach Berlin, das er erstmals 1770 besucht hatte. Mit der Gründung übernahm Langhans 1788 das Direktorat der Zentralbehörde des Oberhofbauamtes; er gehörte auch der Gründungskommission der Bauakademie an. In Schlesien war Langhans auch nach 1786 noch tätig, in der zweiten Residenz Potsdam entstanden ebenfalls Bauten nach seinen Entwürfen. Für viele Palais schuf Langhans neue Innenausstattungen, vor allem baute er ovale Säle ein, die eines seiner „Markenzeichen" wurden.

WERKE: Speisesaal Palais Zedlitz, Münzstr. (1776); Saal Palais Dönhoff, Wilhelmstr. 63, u. Mittelsaal Bellevue (um 1785-90); Kolonnaden Mohrenstr. (1787); Speisesaal Niederländ. Palais, Unter den Linden 36 (1787); Umbau Opernhaus (1787/88; Ausf. G. F. Boumann, C. S. Held); Herkulesbrücke, Burgstr. (1787/88; Plastiken J. G. Schadow); Anatomiegebäude Tierarzneischule (1787-89; Ausf. C. S. Held);

Schlosstheater Charlottenburg (1788); Chaussee Berlin-Steglitz (1788-90); Brandenburger Tor (1788-91; Quadriga v. J. G. Schadow bis 1794); Belvedere Charlottenburg (1789/90); Turmhelm Marienkirche (1789/90; Ausf. C. S. Held, G. F. Boumann); Wohnhäuser, Mauerstr. 35 u. Neue Schönhauser Str. 5 (um 1790); Nationaltheater, Gendarmenmarkt (1800-02; Ausf. J. G. Moser).

Als ältester Mitarbeiter begleitete CARL SAMUEL HELD (14. 5. 1766 Breslau - 4. 10. 1845 Danzig) Langhans von Breslau nach Berlin. Er war 1778 als Eleve zu ihm gekommen und wirkte u. a. schon an dessen Schauspielhaus Breslau (1782) mit. Am Oberhofbauamt war Held vorwiegend an der Ausführung von Langhans-Entwürfen tätig, z. T. gemeinsam mit G. F. Boumann. Nach eigenem Entwurf entstand das Wohnhaus Jägerstr. 14. Am 1. 4. 1794 erhielt Held eine Anstellung als Stadtbaumeister und Ratsassessor von Danzig, die er am 1. Juni antrat. 1807 leitete er den Bau der Verteidigungsanlagen beim Heranrücken Napoleons, ab 1814 unterstand ihm der Wiederaufbau der weitgehend zerstörten Stadt. Im Frühjahr 1834 trat C. S. Held in den Ruhestand.

Einige Konfusion entstand in der Architekturgeschichtsschreibung, so z. B. bei der Zuschreibung von Entwürfen für Kasernen-Typenbauten (1818), durch die Existenz eines zweiten C. S. Held († 27. 6. 1819 Berlin), der im August 1799 als Baukonduktor in preuß. Dienste trat, 1802 Landbaumeister von Hildesheim wurde und als Assessor für Landbau 1814 zur Oberbaudeputation nach Berlin kam. Zumindest ist die Identifizierung in Berlin zeitlich möglich, bis 1794 wirkte hier der 1845 gestorbene vermutlich jüngere, 1814-19 der wahrscheinlich ältere Held. Mit Langhans d. Ä. endete in Berlin der von Gontard und Unger vorbereitete Übergang von der feudalen zur bürgerlichen Baukunst, dem Klassizismus war der Weg geebnet. Hatte Erdmannsdorff mit dem Schloss von Wörlitz (1769-73) die neue bürgerliche Architektur - wenn auch mit einem Feudalbau - erstmals in Deutschland konsequent verwirklicht, so erreichte sie mit dem Brandenburger Tor ihren ersten Höhepunkt.

Klassizismus
Architekten zwischen Schloss und Bürgervilla

Der große englische Klassizist John Soane stellte sich mit dem Bau der Bank von England in London (1788-1827) bereits vor der Jahrhundertwende der neuen bürgerlichen Bauaufgabe, sein preuß. Pendant Schinkel folgte erst über drei Jahrzehnte später mit Schauspielhaus, Altem Museum und Neuem Packhof - Zeichen des sozialökonomischen Rückstandes Preußens. Und noch zu dieser Zeit waren dies für Schinkel Ausnahme-Aufgaben, sein Hauptwerk bestand hauptsächlich aus Kirchen, Palais und Schlössern, militärischen Gebäuden und der Überarbeitung herrschaftlicher Architekturphantasien. Seine kgl. Bauherren konnten noch fast wie feudale Fürsten über Bauten und Baumeister bestimmen. Die neuen bürgerlichen Bauaufgaben stellte am Ende der Schinkelzeit die industrielle Revolution. Bis zu deren Beginn bauten alle vorangegangenen Epochen im Wesentlichen mit gleichen Baustoffen: Natur- und Back-(Ziegel-)Stein, Holz, Schilf und Stroh, Lehm- und Kalkmörtel; von den Metallen hatten nur Kupfer für Dachdeckungen und Blei als Hilfsmaterial eine gewisse Bedeutung. Die konstruktiven Systeme waren mit diesen Baustoffen bis an die Grenze ihrer Möglichkeiten ausgeschöpft. Frühe Beispiele der (Guss-)Eisenanwendung - Eiserne Brücke, Kupfergraben (1796), Kreuzbergmonument und Säulen im Stiegenhaus, Kronprinzenpalais (1818; Schinkel), Dachtragwerk der Schicklerschen Zuckersiederei (1835; L. F. Hesse) - gab es schon zu Schinkels Zeit, zum Baustoff wurde Eisen erst Mitte des 19. Jh.s.

David Friedrich Gilly

Einer der Wegbereiter des Klassizismus, DAVID FRIEDRICH GILLY (7. 1. 1748 Schwedt - 5. 5. 1808 Berlin), wirkte durch seine Befassung mit konstruktiven und Materialproblemen sowie Nutzbauten theoretisch wie praktisch ganz im Sinne künftiger Entwicklungen. Der Nachkomme einer Refugié-Familie, sein Neffe Jean Guillaume Gilly (1767-1794) war ebenfalls Baumeister, trat 1761 als Baueleve bei der Neumärkischen Baudirektion ein. Bis zur Baumeisterprüfung 1770 war Gilly (d. Ä.) an der Urbarmachung von Netze- u. Warthe-Bruch und am Wiederaufbau Küstrins beteiligt. Ab 1770 in Stettin Stellvertreter des Baudirektors von Pommern, Carl Dornstein, trat er 1776 dessen Nachfolge an. Das direkt Friedrich II. unterstellte und deshalb ungeliebte Amt des Oberbaudirektors - in Nachfolge Johann Boumanns - umging er mit Geschick. Hauptwerke jener Zeit waren die 1785 vollendeten Hafenanlagen von Swinemünde und Kolberg. Im März 1788 übersiedelte Gilly, seit dem 3. Jan. Geh. Oberbaurat und Mitglied des Oberbaudepartements, nach Berlin. Sein Ressort

umfasste die Provinzen Pommern, Ost-, West- u. Südpreußen, Kur- u. Altmark sowie die Bauangelegenheiten des Salzdepartements, der Rentey Schwedt und der General- u. Invalidenkasse. Neben Revisionen eingereichter Entwürfe schuf er zahlreiche eigene Bauten.

Nachdem Gilly maßgeblich die Gründung der Bauakademie mit vorbereitet hatte, wirkte er 1799-1804 dort als Lehrer und Direktoriumsmitglied, zeitgleich war er auch Vizedirektor des Oberhofbauamtes und 1803-06 Vizedirektor des Oberbaudepartements. 1801 reiste er nach Sachsen und Böhmen, in Begleitung August Leopold Crelles 1803 nach Frankreich. Wegen der Auflösung des Staatsapparates verlor er 1806 alle Ämter. Als vermutlich produktivster Fachpublizist seiner Zeit schrieb Gilly über architektonische Gestaltung und ökonomische Bauweisen im Landbau, hölzerne Dachkonstruktionen, Brandschutz und Blitzableiter, Pisé- (Lehm-) und Wasserbau. Er war Mitglied der Akademie der Künste (1802) und ihres Senats sowie zahlreicher wissenschaftlicher Gesellschaften.

WERKE: Försterhaus, Spandauer Heide (Lehm-Versuchsbau, 1789); Dorf u. Schloss Steinhöfel (1790-95); eig. Sommerhaus, Schöneberg b. Berlin (Lehmbau, 1796); Herrenhaus Hake (Lehmbau, 1796-99); Dorf u. Schloss Paretz (1796-1803); Schloss Freienwalde (1798/99); Gestaltg. Lustgarten (1798/99); Exercier- u. Reithäuser Berlin (u. a. Schützen-/Ecke Keibelstr.) u. Charlottenburg (1799/1800); Wachgebäude Schloss Charlottenburg (um 1800); (Lehm-) Wohn- u. Gutshaus ("Schloss") Beyme, Steglitz b. Berlin (1802-04; Vollendg. vermutl. H. Gentz); Reitbahn, Feldstr. (1804); Gutshaus, Gütergotz (ab 1804); Dorfhäuser, Falkenrehde (1805); Mitteltrakt u. li. Flügel Zuchthaus Spandau (1805); Umbau Palais Prinz August, Wilhelmstr. 65 (1806-08; Vollendg. P. L. Simon).

Frühzeitig wurde FRIEDRICH GILLY (16. 2. 1772 Altdamm b. Stettin - 3. 8. 1800

Karlsbad) nach Abschluss der Maurer-, Zimmerer- u. Steinschneiderlehre mit anderen Baueleven vom Vater in Privatkursen unterrichtet und auf Dienstreisen mitgenommen, 1787 kam er zur weiteren Ausbildung nach Berlin an die Akademie der Künste. Seine erste Anstellung erhielt er 1789 beim Oberhofbauamt, zeitweise war er bei Bernhard Matthias Brasch am Wiederaufbau Neuruppins tätig. Reisen führten ihn 1790 nach Holland – als Begleiter Heinrich August Riedels – und 1793 nach Paris. Der Beförderung zum Oberhofbauinspektor folgte 1797/98 eine Studienreise nach Frankreich, England, Süddeutschland, Wien und Prag. Mit Gründung der Bauakademie wurde Gilly wie sein Vater dort Lehrer. Von der bereits todkrank im Juni 1800 angetretenen Kur nach Karlsbad sollte er nicht zurückkehren.

Das Grabmal F. Gillys entwarf Heinrich Gentz, die Inschrift formulierte dessen Bruder Friedrich, beide Schwäger Gillys, der mit der Schwester der Ehefrau des dritten Gentz-Bruders Ludwig – Maria Ulrique Wilhelmine Hainchelin – verheiratet war, die später den Kunsthistoriker und Archäologen Konrad v. Levezow heiratete. Wilhelmine, Schwester Friedrich Gillys, war 1793 bis 1802 mit Friedrich Gentz verheiratet.

Wegen seines frühen Todes konnte Gilly d. J. nur wenige Entwürfe ausführen, seine Begabung ist an der Mitarbeit an väterlichen Bauten und am umfangreichen Nachlass ablesbar. Beeindruckt durch die frz. Revolutionsarchitektur, übernahm er nach seiner Parisreise deren rationale klare Formen und beeinflusste den Durchbruch des Klassizismus in Preußen entscheidend, besonders der junge Schinkel fühlte sich ihm verpflichtet. Schinkel, der 1801 Gillys Grab in Karlsbad besuchte, führte auch dessen begonnene Bauten zu Ende. Von den nicht ausgeführten Entwürfen sind von besonderer Bedeutung das Denkmal Friedrichs II. (Varianten 1796/97) und das Nationaltheater (1798-1800).

Friedrich Gilly

WERKE: *Mitarb. Turmhelm Marienkirche b. K. G. Langhans (1789/90); Spreeflügel Stadtvogtei, Molkenmarkt (1791; m. P. L. Simon); Fassade Wohnhaus Jägerstr. 14 (1792-94); Mitarb. Ausstattung Schloss Schwedt (1795); Palais Solms-Baruth, Behrenstr. (1798); Rohrhaus, Schlosspark Paretz (1799); Entwurf Fries Alte Münze, Werd. Markt (1799; Ausf. 1800-02 G. Schadow u. a.); Wohnhaus, Behrenstr. 68 (1799/1800; m. J. G. Moser); Villa Mölter, Tiergarten (1799/1800); Wohnhaus, Breite Str. 30 (1800); Meierei Schlosspark Bellevue (1801).–Schauspielhaus Posen (1802-05; ursprüngl. Entw. für Königsberg).*

Zur Generation des jüngeren Gilly gehörten eine Reihe z. T. bedeutender Architekten, deren Berliner Werke zumeist dem Gründerzeit-Abriss zum Opfer fielen. Gemeinsam mit Gilly arbeitete MARTIN FRIEDRICH RABE (17. 11. 1775 Stendal – 17. 10. 1856 Berlin) 1796-99 in Paretz. 1797 reiste er mit dem Zeichner Johann Friedrich Frick zur Vorbereitung des gemeinsamen Kupferstichwerkes zur Marienburg. Sein an der Akademie der Künste begonnenes Studium - Bauführerprüfung 1795 - beendete Rabe 1800 an der Bauakademie. Am Oberbaudepartement angestellt, wurde er noch 1800 zu Heinrich Gentz für dessen Weimarer Entwürfe abgestellt. 1801-04 war er dort als Bauleiter tätig. Rabe wechselte 1806 zum Hofbauamt, wurde 1829 Schlossbaumeister und trat 1842 in den Ruhestand. Von 1810-31 auch Lehrer an der Bauakademie, war er 1815 zum Hamburger Hafen abgestellt, um das Umladen der aus Frankreich zurückkehrenden Kunstgüter zu beaufsichtigen. Weniger durch seine - nicht erhaltenen - wenigen Bauten, sondern durch architekturgeschichtliche Studien hatte Rabe in seiner Zeit Bedeutung. So entdeckte er 1830 erstmals verborgene Bausubstanz der Renaissance im Berliner Schloss. *WERKE: Luisenpforte Schlosspark Paretz (1810/11); Umbau West- u. Lindenflügel d. Akademiegebäudes zum Museum (1816-20); Umbau Garnisonkirche (1816/17); Gewächshäuser Bot.. Garten, heute Kleistpark Schöneberg (1816-18); Kgl. Ställe, Kl. Jägerstr. (1817); Maschinenhaus (1822; m. A. D. Schadow) u. Voliere (1833), Pfaueninsel.*

HEINRICH GENTZ (5. 2. 1766 Breslau - 3. 10. 1811 Berlin) war ein Sohn des Breslauer Münzmeisters Johann Friedrich Gentz(e), seit 1779 in Berlin Generalmünzdirektor. In seiner Breslauer Zeit war der Vater mit Gotthold Ephraim Lessing und dessen Bruder Gotthelf - seinem Amtsnachfolger in Breslau -, dem Aufklärer Christian Garve, Immanuel Kant und Moses Mendelssohn befreundet. Mütterlicherseits ein Cousin des Erziehers Friedrich Wilhelms IV. und Ministers Johann Peter Friedrich Ancillon, war Heinrich über seine Brüder auch mit den Gillys verwandt und befreundet. Bruder Ludwig brachte es als Beamter bis zum Geh. Kriegsrat im Finanzministerium; Bruder Friedrich ging nach einem bewegten Leben in Berlin nach der Scheidung von Friedrich Gillys Schwester 1802 nach Wien, wo er 1812

engster Mitarbeiter des Fürsten v. Metternich wurde.
Seine Ausbildung erhielt Gentz 1783 bis 1790 an der Akademie der Künste. Nach kurzer Zeit beim Oberhofbauamt reiste er im Herbst 1790 nach Italien und Sizilien und kehrte 1795 über England und Frankreich zurück. Neben seiner Hofbautätigkeit wirkte Gentz ab 1796 an der Akademie der Künste und war Mitbegründer der Bauakademie, an der er auch lehrte. Auf Empfehlung des ihm aus Italien bekannten A. Hirt weilte er im Nov./Dez. 1800 beim Minister v. Goethe in Weimar, der seine Freistellung in Berlin erwirkt hatte. Vom 10. 5. 1801 bis 11. 9. 1803 war Gentz am Schloss und anderen Hof-Bauten tätig. In Weimar trat er in enge Beziehung zu Goethe und machte die Bekanntschaft Schillers und Wielands. Gemeinsam mit Hirt, Wilhelm v. Humboldt u. a. war Gentz 1810/11 für die Einrichtung des Prinz-Heinrich-Palais als Universität verantwortlich. Mit Umwandlung des 1806 geschlossenen Oberhofbauamtes zur Schlossbaukommission wurde er 1810 - seit 1803 auch Mitglied des

Heinrich Gentz

Senats der Kunstakademie – als Hofbaurat deren erster Direktor. *WERKE: Münze, Werderscher Markt (1798–1800; Fries v. F. Gilly); Einrichtung Universitätshörsaal (1810); Mausoleum, Schlosspark Charlottenburg (1810/11; Vollendg. K. F. Schinkel); Kopfbau Prinzessinnenpalais Unter den Linden (1810/11).*

Gemeinsam mit Friedrich Gilly studierte **PAUL LUDWIG SIMON** (12. 1. 1771 Berlin – 14. 2. 1815 ebd.) 1787–89 an der Akademie und wurde mit ihm beim Oberhofbauamt angestellt. Nachdem er im November 1798 Professor für Architektur an der Kunstakademie geworden war, gehörte er ab 1799 zu den ersten Lehrern der Bauakademie. Am 1. 6. 1804 wechselte Simon zum Oberbaudepartement und war als Geh. Oberbaurat für Ansbach-Bayreuth zuständig. Wahrscheinlich begleitete er am 17. 10. 1806 Königin Luise und Minister v. Hardenberg eine Wegstrecke auf der Flucht vor Napoleon nach Tilsit. Mit der Reorganisation der staatlichen Behörden übernahm er 1809 in der Oberbaudeputation mit den Marken, Pommern und Preußen einen Teil des Ressorts von David Gilly. Simon, Abkömmling einer Hugenottenfamilie, hatte mehrere Kinder, der Sohn Friedrich Ludwig war später Architekt in Mühlhausen/Thür. *WERKE: Umbau Seehandlung, Jägerstr. 21 (1801 u. 1809/10); Wohnhaus, Brüderstr. 40 u. Umbau Friedrichstr. 72 (1803); Wohnhaus, Dorotheenstr. 5 (1803–05; m. F. Becherer); Umbau Palais Wilhelmstr. 76 (1805); Umbau Palais Prinz August, Wilhelmstr. 65 (1809–13; begonnen v. D. Gilly).*

Ein Schüler David Gillys und Freund der Familie war **LOUIS (LUDWIG FRIEDRICH) CATEL** (20. 6. 1776 Berlin – 15. 11. 1819 ebd.), Baumeister, Innenarchitekt, Unternehmer, Maler und wie Simon Hugenottenabkömmling. Mit seinem Bruder Franz Ludwig (Maler und Stecher) – der dritte Bruder Charles Simon lebte als Musik-

professor in Paris – gründete er 1801 in Berlin eine Firma für Stuckmosaike, sog. „musivische Stuckarbeiten". Unter Gentz statteten beide Brüder 1801/02 Schloss Weimar damit aus. Für das Palais Prinz August lieferte Catel 1815–17 ebenfalls Stuck- u. Stuccolustroarbeiten. Mit seinem Bruder lebte er ab 1807 in Paris und 1811/12 in Italien. 1816 gründete Catel vor Berlin auch eine eigene Ziegelei. Er starb in geistiger Umnachtung.
Neben den Inneneinrichtungen, so 1804 Königsräume im Potsdamer Schloss, 1804–06 mit Schinkel Schloss Owinsk und 1809 Schloss Braunschweig, wurde Catel durch einige theoretische Werke bekannt: „Vorschläge zur Verbesserung der Schauspielhäuser" (1802); „Über den Bau protestantischer Kirchen" (1815) und „Über Kriegskunst". In Berlins Kulturgeschichte ging Catel auch auf andere Weise ein: Er entwarf mit dem Welperschen Badeschiff (1802/03) an der heutigen Rathausbrücke die erste offizielle öffentliche Flussbadeanstalt der Stadt. Auf eine Initiative Catels von 1802 geht auch die Gründung der „Erziehungs- und Industrieanstalt für ganz arme und verlassene Kinder", kurz „Luisenstift", 1807 in der Nikolai-Propstei zurück.
Einer der bedeutendsten Architekten des Klassizismus, **JOHANN CARL LUDWIG ENGEL** (3. 7. 1778 Berlin – 14. 3. 1840 Helsinki), hinterließ keine Spuren in seiner Heimatstadt. Der Sohn eines Maurermeisters folgte dem väterlichen Gewerbe und studierte dann nach der Feldmesserausbildung 1800–04 an der Bauakademie. Während des Studiums und der Tätigkeit an der Oberbaudeputation bis 1806 war Engel an zahlreichen Entwürfen für Bauten in Ost-, West-, Südpreußen und Pommern beteiligt. Seine 1806 begonnene und unvollendet gebliebene Heeresbäckerei baute Friedrich Wilhelm Langerhans als Inselspeicher neben der Cöllner Inselspitze zu Ende. Heute noch erhalten ist die unter seiner Mitwirkung 1801–04 entstandene Marienkirche Neuruppin. Wegen der frz. Besetzung stellungslos,

ging Engel 1809 als Stadt-Bau- u. Maurermeister nach Reval (Tallin) und trat nach Studienaufenthalten in Finnland und Petersburg 1814-16 als Chef des Neubaukomitees für Helsinki in russ. Dienste. Ein Anstellungsangebot Friedrich Wilhelms III. lehnte Engel 1819 ab. 1824 wurde er Generalintendant des öffentlichen Bauwesens für das Großfürstentum Finnland. Sein mit Schinkel vergleichbares umfangreiches Lebenswerk prägt noch heute einige finnische Städte.

Überlebt wurde diese Generation jung verstorbener oder ausgewanderter Architekten von einigen bedeutenden Vertretern der Generation des älteren Gilly, die wie er zu den Begründern der Bauakademie gehörten. Bei Gontard ausgebildet und zwei Jahrzehnte unter seiner Leitung tätig war CHRISTIAN FRIEDRICH BECHERER (20. 9. 1747 Spandau - 6. 12. 1823 Berlin), der vor allem als Ingenieur und Lehrer hervortrat. Nach Ausbildung in Potsdam war er seit 1767 als Mitarbeiter des Baucomptoirs in Berlin tätig, u. a. leitete er den Bau der Spittelkolonnaden nach Gontards Entwurf und baute unter Ungers Leitung 1781-85 am Deutschen Turm, Gendarmenmarkt. Als Geh. Oberbaurat wurde Becherer 1788 Mitglied der Zentralbehörde des Oberhofbauamtes. Nach Gontards Tod übernahm er die Leitung der Architektonischen Lehranstalt an der Kunstakademie, war 1799-1809 Lehrer an der Bauakademie und 1810-16 Direktor der Baugewerkeschule. WERKE: *Logengebäude, Oranienburger Str. 71/72 (1784-91); Überdachung Reitbahn südl. Hof Marstall/Akademiegebäude, Unter den Linden (1792); Artilleriekaserne, Friedrichstr. 118/ Oranienburger Tor u. Alte Börse, Lustgarten (1800-02); Wohnhaus, Behrenstr. 70/71 (1801); Landhaus Tiergarten.*

Obwohl nicht durch Bauten vertreten, muss hier der Mathematiker, Physiker, Architekt und Ingenieur JOHANN ALBERT EYTELWEIN (31. 12. 1764 Frankfurt/M. - 18. 8. 1849 Berlin) genannt werden. Aus unbe-

Johann Albert Eytelwein

mittelten Verhältnissen stammend, ging Eytelwein (d. Ä.) 1779 in Berlin zum Militär. 1790 nahm er seinen Abschied von der Artillerie, legte extern die Baumeisterprüfung ab und heiratete die Küstertochter Dorothea Charlotte Louise geb. Pflaum aus Berlin, mit der er neun Kinder hatte. Nötige Vorkenntnisse für die Baumeisterprüfung hatte er sich heimlich erworben und 1787 die Feldmesserprüfung abgelegt, gleichzeitig war er zum Leutnant befördert worden. Nach Tätigkeit im Wasserbau wurde Eytelwein 1794 beim Oberbaudepartement angestellt, zuständig vor allem für mathematisch-naturwissenschaftliche Probleme. Nachdem ihn bereits 1793 die Kgl. Sozietät der Wissenschaften zu Frankfurt/O. als Mitglied aufgenommen hatte, folgte 1803 diese Ehre auch durch die Akademie der Wissenschaften in Berlin. An der von ihm mitbegründeten Bauakademie lehrte er 1799-1809 und fungierte 1802-09 sowie 1824-30 als deren Direktor; 1810-15 lehrte er auch an der Universität. Als Direktor der Oberbaudeputation (1809-30) war der Oberlandesbaudirektor (1816) Eytelwein als höchster preuß. Baubeamter Vorgänger Schinkels. 1830 trat er aus gesundheitlichen Gründen in den Ruhestand und lebte abwechselnd in Merseburg und Berlin. Er schrieb zahlreiche wichtige Werke zu mathematischen, statisch-konstruktiven, hydraulischen, zeichnerisch-geometrischen Problemen sowie zur Technologie der Brauerei und Spritbrennerei. In seinem Wirken stellte er den Prototyp des zukünftigen Bauingenieurs dar und brachte das ingenieurtechnische Element erstmals in die Bauakademieausbildung ein.

Sein Sohn **FRIEDRICH ALBERT EYTELWEIN** (20. 5. 1796 Berlin – 28. 1. 1888 ebd.) ging nach der Feldmesserprüfung 1813 als Freiwilliger zum Bülowschen Korps, aus dem er 1815 als Leutnant entlassen wurde. Bereits im Jahr darauf legte er die Bauführerprüfung ab und trat in den Staatsdienst ein, nach der Baumeisterprüfung war er dann bis 1824 als Bauinspektor in Königs Wusterhausen (1816–18 Schleusenbau Spandau, 1821–23 Umbau Kreuzkirche Königs Wusterhausen u. Neubau Turm) und bis 1829 in Merseburg für die baulichen Angelegenheiten der Domänen und Forsten im Finanzministerium angestellt. 1829 wechselte er als Oberbaurat zum Finanzministerium, wo er 1838 zum Geh. Oberfinanzrat befördert wurde, 1876 trat er in den Ruhestand.

Wenn auch das städtische Bauwesen jener Zeit fast bedeutungslos war, erlangten doch einige Stadtbauräte Bedeutung. **FRIEDRICH WILHELM LANGERHANS** (16. 10. 1780 Altlandsberg – 16. 4. 1851 Berlin), zuvor in Staatsanstellung, wurde am 6. 7. 1809 Stadtbaurat und trat 1849 in den Ruhestand. Im August 1813 verhinderte er durch Intervention beim Oberbefehlshaber des Nordheeres, dem schwed. Thronfolger Bernadotte, sinnlose Schanzarbeiten riesigen Umfangs vor der offenen Stadt. Der Sohn Paul war Mediziner und Stadtverordnetenvorsteher, ein Schwiegersohn war der Architekt Gustav Knoblauch. Der Enkel Paul Langerhans d. J. ist der Entdecker der „Langerhansschen Inseln", der Insulin produzierenden Teile der Bauchspeicheldrüse.

WERKE: *Hofgebäude Krosigksches Palais, Wallstr. 72 (1812); Rekonstruktion u. Umbau Nikolai- (1817), Marien- (1818), Georgen- (1826), Neue (Deutsche) (1834), Jerusalemer (1836; Bltg. A. Scheppig) u. Luisenstädt. Kirche (1841/42); Gaststätte Zenner, Treptow (1821/22); Kirchturm Stralau (1823/24); Inselspeicher, An der Fischerbrücke 17/18 (1824–27; begonnen als Militärbrotbäckerei v. C. L. Engel); Anlage u. Bauten Jüd. Fhf., Schönhauser Allee 23/25 (1827); Landhaus, Bellevuestr. 17 (1833); Anlage u. Bauten St.-Petri-Fhf., Friedenstr. 81 (1838); Erweiterung Logengebäude, Splittgerbergasse 3 (1842–45); Ltg. Anlage Volkspark Friedrichshain (1846–48; Entw. G. Meyer).*

Neben dem hauptamtlichen Langerhans wirkte 1822–32 **GOTTLIEB CHRISTIAN CANTIAN** (23. 6. 1794 Berlin – 11. 4. 1866 ebd.) als unbesoldeter Stadtbaurat. Nach Ausbildung als Steinmetz, Studium an der Akademie der Künste, Teilnahme an den Befreiungskriegen und einer Italienreise (1816) legte er 1819 das Kondukteurexamen und vermutlich 1822 das Baumeisterexamen an der Bauakademie ab und ging in den Staatsdienst. Nach dem Tod des Bruders Johann Joachim Heinrich C., Inhaber der vom Vater Christian Gottlieb C. gegründeten Steinmetzwerkstatt, übernahm er schrittweise die Firma und quittierte bis spätestens 1829 den Dienst. 1844 wurde Cantian in Würdigung seiner ehrenamtlichen Verdienste zum Baurat ernannt.

Das für Cantians Vater 1819 vermutlich von Schinkel entworfene monumentale Familiengrab auf dem Dorotheenstädt. Friedhof birgt auch die Urne von Cantians Sohn Ernst, pensionierter Amtsgerichtsrat und verstorben in Venedig. Nach der Einäscherung in Padua gelang es der Familie nur durch Intervention bekannter Persönlichkeiten, den Widerstand der Behörden gegen die erste Beisetzung einer Leichenbrandurne in Preußen zu überwinden, der Polizeigeleitschutz des Transports ging zulasten der Familie. Schwiegersöhne Cantians waren der Ingenieur Johann Wilhelm Schwedler und der Eisenbahnbaumeister Eduard Koch, die beiden anderen Töchter blieben ledig. Cantian war sowohl als Steinmetz und Steinbildhauer für die zeitgenössischen Architekten, insbesondere für Schinkel, tätig, beteiligte sich aber auch als Architekt an Wettbewerben und an Privatbauten in Berlin und im Umland, wie Frankfurt/O., Dedelow und Freienwalde. Das Maß seiner Beteiligung ist meist schwer bestimmbar.

WERKE: Beteiligung Fa. Cantian an Schinkel-Bauten: 1822/23 Sockel Schlossbrückenfiguren, 1826–31 Granitschale Lustgarten, 1828 Gewölbe-Schlusssteine Friedrichwerdersche Kirche, um 1828 Säulen Rotunde Altes Museum, 1831 Sandsteinteile u. -schmuck Elisabethkirche, 1836 Fassaden-Statuen Schloss Tegel nach Entw. von C. D. Rauch, 1840/41 Grabmal F. Ancillon Frz. Fhf.. – G. C. Cantian: Wiederherstellung Klostergymnasium (1824–32; zeitw. m. Th. Stein); Rekonstruktions-Entw. Klosterkirche (1827; m. F. W. Langerhans); Fassade Weydinger-Haus, Unterwassersstr. 5 (1830); Friedenssäule, Belle-Alliance-Platz (1839–43; Statue v. C. D. Rauch); Granitschale, Schloss Glienicke (1840); Taufe Laurentiuskirche, Köpenick (1840); Grundstein Denkmal Friedrich II., Unter den Linden (1. 6. 1840); Adlersäule, Schlossterrasse (um 1846); Entw. Schlachthaus (1855); Entw. Rathaus (Wettbewerbsteilnahme 1858).

Das Aufzählen der Werke von **KARL FRIEDRICH SCHINKEL** (13. 3. 1781 Neuruppin – 9. 10. 1841 Berlin) allein in Berlin würde Bände füllen. Er entstammte väterlicherseits einer märkischen Pfarrerfamilie, mütterlicherseits der auch in Berlin wirkenden Apotheker- u. Gelehrtenfamilie Rose, sein Großcousin Karl Heinrich Schinkel, zeitweise bei ihm tätig, war Baurat in Posen. Nach dem frühen Tod des Vaters

Johann Cuno Christoph Schinkel, der an den Folgen einer bei Rettungsarbeiten während des Stadtbrandes von Neuruppin 1787 zugezogenen Erkältung starb, stand Schinkel unter Vormundschaft seines Cousins Valentin Rose d. J., Assessor am Ober-Collegium Medicum und Besitzer der „Apotheke zum Weißen Schwan", Spandauer Str. 77. Bei dessen Sohn Wilhelm, Inhaber 1817–45 und Entdecker u. a. des doppelkohlensauren Natrons und des Kohlenhydrats Inulin, ging Theodor Fontane in der 1701 gegründeten und seit 1761 in Familienbesitz befindlichen Apotheke 1836–40 in die Lehre, vom 4. 7. 1845 bis 30. 5. 1846 arbeitete er dann unweit von hier in der noch heute existierenden „Polnischen Apotheke", Friedrichstr. 153a/Ecke Mittelstr., und von Spätherbst 1847 bis Juni 1848 in „Jungs Apotheke zum Schwarzen Adler", Neue Königstraße. Die Rosesche Apotheke spielte nicht nur durch Wilhelm Rose in Berlins Wissenschaftsgeschichte eine Rolle – die später befreundeten Chemiker und Universitätsprofessoren H. Klaproth, 1789 Entdecker des Uran und des Zirkons, und S. F. Hermbstaedt, bekannt durch seine gewerbefördernden Arbeiten zu Färber- und Bleichverfahren, betrieben sie 1771–80 bzw. 1784/85 für ihren Besitzer und nutzten sie für Experimente, beide heirateten sogar in die Rose-Familie ein. Die Bekanntschaft der Familie Schinkel mit Bernhard Matthias Brasch, Leiter des Wiederaufbaues Neuruppins, lenkte Schinkels Interesse zeitig auf die Architektur, u. U. lernte er dabei bereits Friedrich Gilly kennen. Nach der Übersiedlung der Mutter Dorothea Schinkel geb. Rose mit ihren beiden Söhnen nach Berlin – die älteren Schwestern lebten bereits außer Haus – besuchte Karl Friedrich mit seinem jüngeren Bruder Friedrich Wilhelm August das Klostergymnasium. Von Frühjahr 1798 bis Herbst 1799 war er Privatschüler der Gillys und wohnte bei diesen in der Taubenstr. 16. Seine Ausbildung schloss Schinkel 1799/1800 an der Bauakademie ab.

Als Privatbaumeister (1800–03) vollendete er vor allem Bauten seines Lehrers Friedrich Gilly, so die Wirtschaftsgebäude in Haselberg, Bärwinkel und Quilitz (1801) sowie das Haus Friedrichstr. 103 für den Maurer- u. Zimmermeister Gottfried Steinmeyer d. Ä. Mit dessen Sohn Gottfried d. J. reiste Schinkel 1803–05 über Dresden, Prag und Wien nach Italien und Sizilien und zurück über Paris. Steinmeyer d. Ä. verwaltete in dieser Zeit auch Schinkels Finanzen und ermöglichte durch Geldzuwendungen wesentlich diese Reise, auf der J. G. Moser zeitweiliger Reisebegleiter war und Schinkel u. a. mit Konrad v. Levezow, Wilhelm v. Humboldt und dem Maler Josef Anton Koch zusammentraf.

Die Baufirma von Gottfried Steinmeyer d. Ä. war später an zahlreichen Schinkel-Bauten beteiligt, u. a. hölzerner Panoramabau Opernplatz (1808); Überbau Marschallbrücke (1821/22); Schlossbrücke (1821–24) und Packhof (1829–32). Für den Durchbruch der Neuen Wilhelmstr. (Unter den Linden 76) wirkte Steinmeyer 1818 auch am Entwurf mit. Der Sohn Johann Gottfried Steinmeyer d. J. (um 1780–nach 1851), Studienfreund Schinkels, übernahm einige Jahre nach der Italienreise die väterliche Firma, zwischen 1823 u. 1846 war er vorwiegend für Fürst Wilhelm Malte I. v. Putbus tätig. Für das ab 1836 von Steinmeyer errichtete Schloss Granitz entwarf Schinkel 1838 den Mittelturm, ausgeführt 1844–46. Den Kursalon Putbus, 1891/92 zur Schlosskirche umgebaut, baute Steinmeyer 1844–46 gemeinsam mit August Stüler. In Berlin hatte er zahlreiche Ehrenämter inne, u. a. war er Stadtrat.

Bis 1810 blieb Schinkel ohne feste Anstellung, seinen Lebensunterhalt verdiente er vorwiegend als Maler von Dioramen und Panoramen, einige entstanden für den Maler und Dioramenaussteller Karl Wilhelm Gropius. Bei ihm wohnte Schinkel 1805–09 in der Breiten Str. 22. Im August 1809 heiratete Schinkel in Stettin die Kaufmannstochter Susanne geb.

Berger, deren Bruder Wilhelm – eventuell durch das Vorbild des Schwagers beeinflusst – ebenfalls als Student an der Bauakademie seine Karriere begann. Am 15. 5. 1810 erhielt Schinkel auf Veranlassung des ihm aus Italien bekannten Wilhelm v. Humboldt eine Anstellung an der Oberbaudeputation mit dem Ressort Öffentliche Prachtbauten. Bereits am 18. 3. 1811 wurde Schinkel Akademiemitglied, am 7. 8. 1820 Professor und Senatsmitglied. In den folgenden Jahren ehrten ihn Akademien der meisten europäischen Länder mit der Mitgliedschaft. Am 16. 12. 1830 trat er, seit 12. 3. 1815 Geh. Oberbaurat und Mitglied der Oberbaudeputation, die Nachfolge Eytelweins als deren Direktor an; am 13. 11. 1838 wurde er Oberlandesbaudirektor. Eine Berufung als Professor an die Akademie der Künste Dresden lehnte er 1833 ab. Nach einem Schlaganfall infolge dauernder Arbeitsüberlastung am 11. 9. 1840 erlangte Schinkel das Bewusstsein in seinem letzten Lebensjahr nicht wieder. Auf Vorschlag Beuths fand für Schinkels Grabmal auf dem Dorotheenstädtischen Friedhof dessen eigener Entwurf der Grabstele für Sigismund Friedrich Hermbstaedt von 1833 Verwendung, August Kiß schuf das Porträtmedaillon und Gustav Stier das Gitter. Schinkels Witwe genoss noch bis zu ihrem Tod Wohnrecht in der Dienstwohnung im Bauakademiegebäude.

Dienst- und Studienreisen führten Schinkel mehrfach in alle preuß. Provinzen und zu bedeutenden Persönlichkeiten, so 1811 zu Hermann v. Pückler und Clemens v. Brentano, 1816 zu Sulpiz und Melchior Boisserée und 1837 zu Gottfried Semper. Mit Goethe traf Schinkel in Weimar am 11. 7. 1816 auf der Reise nach Holland, 1820 mit Friedrich Tieck u. Christian Daniel Rauch beim Aufenthalt in Jena und Weimar und am 1. 12. 1824 auf der Rückreise aus Italien zusammen. Italien bereiste Schinkel nochmals 1830. Paris besuchte er mehrfach für längere Zeit (16. 4.–20. 8. 1826) auf der Englandreise mit Beuth, wo Schinkel mit den Architekten Jacob Ignaz

Karl Friedrich Schinkel

Hittorf, Charles Percier und Pierre François Leonard Fontaine zusammentraf. Die engl. Backstein-Industriebauten beeinflussten Schinkels spätere zukunftsweisende Stilauffassung stark, die sozialen Probleme der entstehenden Industriegesellschaft widersprachen seinen humanistischen Idealen und wurden von ihm wohl auch nicht bis zur letzten Konsequenz erkannt.

Mit dem Gewerbepolitiker PETER BEUTH verband Schinkel seit 1809 eine enge Freundschaft. In mehreren Gremien wirkten sie gemeinsam, u. a. war Schinkel seit 1819 für das „ästhetische Fach" in der von Beuth geleiteten Technischen Deputation für Handel und Gewerbe verantwortlich. 1821 hatte Beuth die Technische Gewerbeschule, ab 1827 Gewerbeinstitut und später Gewerbeakademie, gegründet, die 1879 mit der Bauakademie - und später der Bergakademie - vereint zur TH Charlottenburg wurde. Im Gewerbewesen war ihre Zusammenarbeit besonders fruchtbar, 1821-37 gaben beide die „Vorbilder für Fabrikanten und Handwerker" heraus, eine Sammlung von Entwürfen für eine ästhetisch anspruchsvolle Gestaltung von Gebrauchsgegenständen, die die industrielle Fertigung bereits berücksichtigten. Als Direktor der Bauakademie 1831-45 kam Beuth dem Schinkelschen Metier am nächsten. Nachdem sie auf der Englandreise den Zinkguss kennen gelernt hatten, verhalfen Schinkel und Beuth gemeinsam mit den Kunstgießern Simeon Pierre Devaranne und Johann Conrad Geiß dieser Technik - u. a. für Architekturdetails, Fassadenschmuck, Plastiken, Möbelbeschläge - in Preußen zum Durchbruch.

Die Breite von Schinkels Wirken - Architektur, Denkmalpflege, Städtebau und Architekturtheorie, Innenarchitektur und Kunsthandwerk, Malerei, Bühnenbild - kann hier nicht vorgestellt werden. Ohne dass all seine Entwürfe verwirklicht werden konnten, kommt ihnen dennoch eine große Bedeutung in der Architekturentwicklung, bei der Bewältigung neuer Bauaufgaben und der Stadtplanung zu. Mit den von ihm, z. T. gemeinsam mit Lenné, erarbeiteten Bebauungsplänen scheiterte Schinkel - wie auch Lenné und Carl Ludwig Schmid - am preuß. Staat. Einige größere Entwürfe, wie das Alte Museum, verdanken ihre Verwirklichung der Befürwortung durch Kronprinz Friedrich Wilhelm, mit dem er etwa ab 1820 für einige Jahre eng zusammenarbeitete. Der Umfang des Lebenswerkes beschränkt sich im Folgenden auf die wichtigsten Berliner Werke, ohne seine Publikationen zu berücksichtigen. Mitwirkende Baumeister von Bedeutung, z. T. noch in der Ausbildung, sind mitgenannt.

Werke: Innenumbau Kronprinzenpalais, Unter den Linden (1810/11, 1826); Beteiligung Ausstattung Luisenmausoleum, Charlottenburg (1810-12; Entw. H. Gentz); Innenumbau Palais Hardenberg, Leipziger Str. 55 (1814/15); Ausbau Palais Prinz August, Wilhelmstr. 65 (1816/17, 1834; W. Berger); Neue Wache, Unter den Linden (1816-18; Bltg. J. G. Moser, J. G. Schlätzer); Büchsenmacherei, Kupfergraben (1816-18; Bltg. H. Krahmer); Aus-

u. Umbau Palais Prinz Friedrich, Wilhelm-
str. 72 (1817); Wiederherstellung Alte Post,
Königstr. 1 (1817; Entw.-Mitarb. F.
Schramm); Kaserne u. Militärstrafanstalt,
Linden-/Ecke Feilnerstr. (1817/18; Entw.-
Mitarb. F. Triest); Wiederherstellung Zeug-
haus (1817–21; F. Moser); Pontonhof,
Unter den Linden 72/Dorotheenstr.
(1818/19; Bltg. F. Triest, F. Moser);
Schauspielhaus, Gendarmenmarkt (1818–
21; Bltg. F. Triest, W. Berger, H. Bürde, F.
Moser, J. M. Mauch); Kreuzbergdenkmal
(1818–21; Entw.-Mitarb. u. Fundamen-
tierung F. Schramm; Bltg. J. G. Schlätzer);
Marschallbrücke (1818–21; Entw.-Mitarb.
F. Schramm, F. Triest; Bltg. F. Triest); Dom-
Umbau (1817–19 innen, 1820–22 außen;
Bltg. J. G. Schlätzer, F. Schramm, F. Moser);
Schlossbrücke (1819–24; Bltg. F. Triest);
Umbau Schloss Tegel (1820–24; Bltg. A.
Schadow, W. Berger); Artillerie- u. Ing.-
Schule, Unter den Linden 74 (1822/23;
Bltg. H. Bürde); Altes Museum (1822–30;
Oberltg. C. L. Schmid; Bltg. H. Bürde, E.
Kreye); Torhäuser Potsdamer Tor
(1823/24; Bltg. H. Krahmer); Landhaus
Graefe, Tiergarten (1824); Pavillon,
Schlosspark Charlottenburg (1824/25;
Bltg. A. Schadow); Friedrichwerdersche
Kirche (1824–30; C. Scheppig, L. F. Hesse,
W. Berger, E. Steudener); Gartensalon,
Schloss Bellevue (1825/26); Fasanen-
meisterhaus, Tiergarten (1825/26; Bltg. H.
Krahmer); Wohnhaus, Feilnerstr. 1 (1828/
29; Bltg. C. A. Hahnemann); Einrichtung
Palais Prinz Wilhelm, Unter den Linden
(1828/29; Bltg. K. F. Reichardt); Umbau
Palais Prinz Karl, Wilhelmplatz 8/9 (1828–
30; A. Stüler, C. Scheppig); Umbau Palais
Redern (Kamecke), Pariser Platz (1828–30;
Bltg. C. Scheppig, A. Stüler); Umbau Kgl.
Bank, Jägerstr. 34 (1829/30; Bltg. H. Bürde);
Kaserne, Charlottenstr. 42 (1829–31; m. K.
Hampel; Bltg. J. J. Helfft); Neuer Packhof
(1829–32; Entw.-Mitarb. C. L. Schmid, F.
Moser; Oberltg. C. L. Schmid, H. Bürde);
Umbau Palais Prinz Albrecht, Wilhelm-
str.101 (1830–32; K. H. Schinkel); Bauaka-
demie (1831–36; Entw.-Mitarb. G. Stier;
Bltg. E. Flaminius; Ausf.-Fa. H. Bürde);

Elisabethkirche, Elisabethkirchstr. (1830,
1832–34; Entw.-Mitarb. E. Steudener; Bltg.
W. Berger, J. J. Helfft, E. Steudener, K. F.
Reichardt); Torhäuser Neues Tor (1832–
35; Bltg. H. Krahmer); Sternwarte,
Lindenstr. 103 (1832–35; Entw.-Mitarb. u.
Bltg. F. Schramm, F. Hitzig); Pauls-,
Nazareth- u. Johanniskirche (1832–35;
Entw.-Mitarb. E. Steudener; Bltg. J. J. Helfft,
E. Steudener); Wiederherstellung Garni-
sonkirche (1833; Bltg. K. Hampel); Ka-
serne, Karl- u. Schumannstr. (1833–35; m.
K. Hampel); Innenumbau Kgl. Bibl., Unter
den Linden (1840/41; Bltg. H. Krahmer).

Waren Schinkels Bebauungspläne auf die
Öffnung der überlieferten barocken
Residenz – einer relativ statischen Stadtstruktur – dem klassizistischem Harmo-
nieideal verpflichtet, so hatte es PETER
JOSEPH LENNÉ (29. 9. 1789 Bonn – 23. 1. 1866
Potsdam) als Partner und Fortsetzer
Schinkels schon mit einem dynamisch
wachsenden Stadtgebilde zu tun. Lennés
Wirken teilt sich in drei Etappen: Bis etwa
1820 Pflege der reinen Gartenkunst, zwischen 1820 und 1840 zunehmend grünplanerische Aufgaben und ab 1840 vorwiegend stadt- u. grünplanerische Vorhaben.
Sind Lennés Gärten in erlebbaren Formen
wenigstens in Potsdam vorhanden, so lassen sich seine stadtplanerischen Entwürfe
nur noch auf dem Papier nachvollziehen
– soweit sie überhaupt gegen kgl. Starrsinn
und einsetzende Bodenspekulation
durchzusetzen waren. Die Entwürfe
„Schmuck- u. Grenzzüge der Residenz
Berlin" (1840) und „Schmuck- und Bau-
anlagen der Residenz Berlin" (1843) hätten Ausgangspunkt einer modernen
Stadtplanung sein können.
Nach der Gärtnerlehre beim Onkel bereiste Lenné 1809 Süddeutschland und studierte 1811/12 in Paris. 1812–16 hielt er
sich in der Schweiz, in München und Wien
auf. Im März 1816 als Gartengeselle nach
Potsdam-Sanssouci berufen, wurde er
1818 Mitglied der Kgl. Gartenintendantur.
Lenné gehörte am 4. 7. 1822 zu den
Begründern des Vereins zur Beförderung

des Gartenbaues und gründete - Kabinettsorder vom 20. 6. 1824 - die Landesbaumschule und Gärtnerlehranstalt Potsdam-Wildpark, deren Direktor er wurde. Seit 1824 Kgl. Gartendirektor in Potsdam und ab 1847 Mitglied des Landesökonomiekollegiums, wurde er 1854 zum Generaldirektor aller Kgl. Gärten ernannt. Lennés bedeutende Rolle in der Gartenkunst erfuhr vielfache Würdigung: 1853 wurde er Ehrenmitglied der Akademie der Künste, 1858 Ehrenbürger Potsdams und 1861 Ehrendoktor der Breslauer Universität. Das umfängliche Lebenswerk - in der Intensität des Schaffens mit dem Schinkels vergleichbar - ist auch in der Beschränkung auf Berlin nicht vollständig zu erfassen.

WERKE: Parkanlagen für Schlösser u. Palais: Charlottenburg (1819), Friedrichsfelde (um 1822), Niederschönhausen (1828), Palais Prinz Albrecht, Wilhelmstr. 101 (1830), Bellevue (1833), Palais Redern (um 1835), Palais Borsig, Moabit (ab 1848). - Städt. Grünanlagen: Leipziger Platz (1828), Lustgarten (1830-32), Kleiner Tiergarten, Alt-Moabit (1833), Tier-

Peter Joseph Lenné

garten (1833-39), Hasenheide (1838), Luisenplatz (1841), Belle-Alliance-Platz u. Zoolog. Garten (1842), Wilhelmplatz (1844), Opernplatz (1845), Mariannenplatz (1853), Hausvogteiplatz (1857), Kreuzberg-Park (1861). - Krankenhausgärten: Charité (1834), Bethanien (1843), Invalidenpark (1853), Johannisstift, Moabit (1864). - Stadtplanungen: Eisenbahnlinien nach Potsdam, Hamburg u. a. Städte (ab 1838); Pulvermühlengelände, Moabit (1839), Köpenicker Feld (1840), Gebiet um Schlesischen(Ost-)Bhf. (1843); Spandauer Schifffahrtskanal (1843-55), Tempelhofer u. Schöneberger Feldmark (1844), Landwehrkanal (1845-50), Luisenstädt. Kanal (1848-52); Schlachterwiesen Am Urban (1855).

Von Bedeutung für das Bauen nach Schinkel war das theoretische Wirken von FRIEDRICH GUSTAV ALEXANDER STIER (7. 2. 1807 Berlin - 18. 11. 1860 ebd.) und seines Cousins FRIEDRICH WILHELM LUDWIG STIER (8. 5. 1799 Blonie b. Warschau - 19. 9. 1856 Berlin), beide befreundet mit dem zeitweise einflussreichen Archäologen, Kunst- und Architekturtheoretiker Karl Gottlieb Wilhelm Bötticher, 1839-75 auch Lehrer an der Bauakademie.

Gustav Stier war nach der Feldmesserausbildung 1822-24 an der Bauakademie bei Friedrich Schramm und bei Schinkel tätig, im Februar 1836 legte er die Baumeisterprüfung ab. An der Baugewerbeschule (1837-39), am Gewerbeinstitut (1839-42) und an der Bauakademie (1842-61) lehrte er praktische Fächer und ab 1856 als Nachfolger seines Cousins auch Geschichte der Baukunst. 1861 trat er in den Ruhestand. Von den wenigen ausgeführten Werken ist die 1938 zerstörte Synagoge der Reformgemeinde (1853/54), Johannisstr., zu nennen. Wilhelm Stier besuchte das Klostergymnasium und die Bauakademie und ging 1817 ins Rheinland, 1821/22 reiste er über Paris nach Italien und untersuchte 1823/24 mit Hittorf sizilianische Tempel. Nach der Begegnung mit Schinkel 1824 in Rom erhielt Stier auf dessen Veranlassung ein Reisestipendium. 1828 an der Bauakademie angestellt, holte er 1831 die Baumeisterprüfung nach und wurde 1842 Akademiemitglied in Berlin und 1853 in Bayern. Von ihm ist nur ein ausgeführter Bau bekannt, sein eigenes Haus „Stierburg", Am Karlsbad in Schöneberg (1831). Von großer Bedeutung für die von ihm gelehrte Ablehnung des Nachahmens historischer Stile und die Entwicklung einer neuen Baukunst aus der Bauaufgabe waren seine zahlreichen Studien- und Lehrentwürfe, wie die zum Wiederaufbau des Winterpalais St. Petersburg (1831) und für den Berliner Dom (1827 u. 1840–42). Die Widersprüchlichkeit dieser neuen Stilfindung zeigt sich sowohl an Stiers neogotischem Domentwurf (1840) wie auch seinem Sieges-Entwurf für das Athenäum (Maximilianäum) in München (1851–54). Nicht nur die Freundschaft mit der Familie, sondern vor allem die Erkenntnis neuer Bauaufgaben aufgrund sozialer Zeitprobleme veranlassten Stier 1843 im Auftrag Bettina v. Arnims zum Entwurf einer Armenstadt für 50.000 Einwohner in Moabit, die wenige Tage nach der Revolution am 23. 3. 1848 beim Innenminister eingereicht wurde.

Zahlreiche junge Architekten erhielten in Schinkels Atelier oder an seinen Bauten – an der Bauakademie lehrte er nie – ihre Ausbildung. Manche wurden außerhalb Berlins bekannt, andere standen zeitlebens in seinem Schatten. Auch namhafte ältere Baumeister gehörten zu seinen Mitarbeitern an der Oberbaudeputation. Von einigen sind die Biographien weitgehend unbekannt. Schinkels Schwager **Wilhelm Berger** (25. 2. 1790 Stettin – 1858 Berlin) brach 1813 als Kriegsfreiwilliger sein Studium ab. Als Kondukteur arbeitete er 1815–19 bei Schinkel an Entwürfen und wurde nach der Baumeisterprüfung (vermutl. 1819) bei der Ministerial-Baukommission angestellt, unterbrochen 1836–43 durch die Tätigkeit bei der Oberbaudeputation.

WERKE: Staatsschuldenverwaltung, Markgrafenstr. 36 (1822/23); Grabhäuschen, Garten Palais Redern (1824); Bltg. Wiederherstellung Luisenstädt. Kirche (1841/42; Entw. F. W. Langerhans) u. Turmneubau (1845; m. J. H. Strack); Wiederherstellung Klosterkirche (1842–45; m. Th. Stein).

Einer der etablierten Architekten war **Johann Georg Moser** († Anf. 1818 Berlin), anfangs beim Baucomptoir tätig, 1788 Mitglied der Zentralbehörde des Oberhofbauamtes und seit 1790 Professor an der Akademie der Künste. Auf seiner Frankreich- u. Italienreise lernte Moser 1804 Schinkel kennen, mit dem er vier Wochen in Rom verbrachte. Das für den Oberhofbaudirektor Moser vorgesehene Amt des Dirigenten der neugegründeten Schlossbaukommission erhielt 1810 aber Heinrich Gentz.

WERKE: Bltg. Rosenthaler Tor (1781–88; Oberltg. G. C. Unger; Entw. C. v. Gontard); Haus Lottum, Behrenstr. 68 (1799/1800; m. F. Gilly); Bltg. Nationaltheater (1800–02; Entw. K. G. Langhans); Erneuerung Lange Brücke (1812/13 u. 1817).

Trotz Namensgleichheit konnte bisher keine Verwandtschaft mit **Johann Christian Friedrich Moser** († 17. 12. 1846 Berlin) nachgewiesen werden. Dieser kam 1814 vom Oberhofbauamt zum Oberbaudepartement und wechselte spätestens 1824 zur Ministerial-Baukommission. 1831 trat er in den Ruhestand. Moser leitete 1814 die Wiederaufstellung der Quadriga und baute 1834 (Entw. 1829) die Sophienkirche im Innern um.

Johann Gottlieb Schlätzer († 1824 Berlin) folgte Johann Georg Moser in der Bauleitung der Neuen Wache. Der Absolvent der Architektonischen Lehranstalt der Akademie arbeitete seit 1793 beim Oberhofbauamt und war 1799–1818 Lehrer an der Bauakademie. Vor 1815 ging Schlätzer zur Regierungs-(Ministerial-)Baukommission, 1816 wurde er Akademiemitglied. Außer seiner Mitwirkung bei Schinkel sind das eigene Wohnhaus, Tiergartenstr. 14 (zw. 1799–1803) und das erhaltene

Portal des Bülowkanal-Tunnels, Rüdersdorf (1816), bekannt.

Im Schatten Schinkels stand auch **HEINRICH KRAHMER** (23. 2. 1782 Berlin - 16. 10. 1843 ebd.). Er leitete zahlreiche kleine Schinkelbauten, ohne größere Werke zu hinterlassen. Seine eigenen Entwürfe fielen meist Schinkels Gegenentwürfen zum Opfer. Vor der Tätigkeit bei der Oberbaudeputation war Krahmer bei der Ministerial-Baukommission angestellt, später wurde er Baumeister der kgl. Theater. Nach Entwurf der Oberbaudeputation leitete Krahmer den Bau des Pfarrhauses Paulskirche (1838/39); er baute das Gärtnerhaus, Tiergartenstr. 2 (1821) und das Theatermagazin, Französische Str. 30 (1838).

Weitgehend unbekannt ist das Leben von **FRIEDRICH SCHRAMM** († zw. 1848 u. 1851 Berlin), der statt des ursprünglich vorgesehenen Krahmer die Gründungsarbeiten für das Kreuzbergdenkmal leitete. Bereits Kondukteur bei Schinkel, war er 1824-31 Lehrer an der Bauakademie. Nach Ablösung Rabes wegen Entwurfsfehler führte er einige von dessen Bauten weiter. Schramms letzter bekannter Entwurf (Umbau der kgl. Bibliothek) datiert von 1839.

WERKE: Pfarrkirche Joachimsthal (1817-20); Bauten im Botan. Garten (1820/21); Bltg. Umbau Akademie-Flügel zum Museum (1821-23); Innenumbauten Universität (um 1825); Umbau Haus Goercke, Dorotheenstr. 5 zur Charité-Geburtsklinik (1830).

FERDINAND AUGUST LUDWIG TRIEST (9. 9. 1768 Stettin - 7. 7. 1831 Berlin), Schüler David Gillys, wurde 1788 Kondukteur am Oberhofbauamt. Ab 1801 war er zusätzlich als Referendar ohne Vertrag für das Oberbaudepartement tätig. Auch Triest verlor - seit 1803 bei der Retablissementsbaukommission Posen - 1806 seine Anstellung. 1809 mit Bildung der kurmärkischen Regierung in Potsdam dortselbst Baurat, ab 1810 mit dem Ressort Staatsbauten in Berlin, wechselte er 1814 zur Ministerial-Baukommission und wurde am 2. 1. 1822 zum Sachverständigen beim Handels-

ministerium berufen. Als Mitglied der jeweiligen Baukommissionen war Triest an einigen großen Vorhaben beteiligt, so mit Schinkel und Friedrich v. Brühl am Schauspielhaus. Sein letzter Entwurf - Charitéerweiterung (1831) - war Grundlage späterer Planungen.

WERKE: Mitarb. Schlosstheater Charlottenburg (1788; Entw. K. G. Langhans); Bltg. Gut Beyme („Schloss"), Steglitz (1802; Entw. D. Gilly); Rekonstruktion Zollmauer (1813; m. J. G. Schlätzer u. F. Moser); Reitbahn, Lindenstr. 4 (1817); Straßenbau Tiergarten (1820); Ausbau Georgesche Sechserhäuser zur Militärärzteschule, Friedrichstr. 139-141 (1822-26; Bltg. K. Hampel).

Nach dem Militärdienst, wegen dem er 1811 das 1809 an der Münchner Kunstakademie begonnene Studium abbrechen musste, ging **JOHANN MATTHÄUS MAUCH** (22. 2. 1792 Ulm - 13. 4. 1856 Stuttgart) mit seinem Bruder, dem Kupferstecher u. Kunstschriftsteller Karl Friedrich Eduard M., Ende 1816 nach Berlin, um bei Schinkel zu arbeiten. Dieser vermittelte ihn als Zeichner an die Kgl. Eisengießerei, nebenbei besuchte Mauch Vorlesungen an Akademie und Universität. Nach der Kondukteurzeit 1820/21 bei Schinkel wurde er als Lehrer an die Gewerbeschule und 1832 an die Artillerie-u. Ing.-Schule sowie zum Mitglied der Akademie berufen. Wie sein Bruder, der 1828 als Professor nach Ulm zurückkehrte, arbeitete Mauch als Zeichner für Schinkel - etwa 70 Stiche der „Vorbilder für Fabrikanten und Handwerker" - und veröffentlichte eigene Stichwerke. 1839 folgte er der Berufung als Professor an die Polytechnische Schule und die Kunstakademie Stuttgart.

Auf Empfehlung Bergers war **KARL FRIEDRICH ADOLPH SCHEPPI(N)G** (18. 1. 1803 Berlin - 22. 1. 1885 Sondershausen) 1825-36, unterbrochen 1832-35 durch einen Italienaufenthalt, bei Schinkel tätig. Nach der Feldmesserprüfung 1823 und Tätigkeit bei der Ministerial-Baukommission legte er um 1831 die Baumeisterprüfung ab. Bei Langerhans leitete er die Wiederherstellung der Jerusalemer Kirche. Da eine Weiterbeschäftigung bei Schinkel unmöglich war, vermittelte ihm dieser die Anstellung als Chef des Fürstl. Schwarzburg-Sondershausenschen Bauwesens. Im August 1876 trat er in den Ruhestand. Etwa 1829 wurde ERNST STEUDENER (um 1800 Wustrau b. Neuruppin – 1859 Halle) nach dem Bauakademiestudium Mitarbeiter Schinkels an der Oberbaudeputation. Ab 1835 bereiste er Süddeutschland, war später Wasserbaumeister bei Danzig und ab 1845 Wegebaumeister in Halle.

JOHANN JACOB HELFFT (8. 8. 1802 Berlin – 9. 12. 1869 ebd.) war bis 1818 Schüler des Grauen Klosters und legte 1826 an der Bauakademie die Kondukteurprüfung ab. Am 1. 3. 1835 wurde er Landbaumeister bei der Oberbaudeputation. Helfft leitete 1845–50 den Bau des Landwehrkanals (Entwurf P. J. Lenné) sowie 1848 des Mühlendamm-Speichers und 1850 eines Teiles der Hallen (Entwurf L. Persius).

Ursprünglich war EMIL KARL ALEXANDER FLAMINIUS (1807 Küstrin – 7. 10. 1893 Berlin) im Wasserbau tätig, u. a. 1826/27 an Deichbauten in Küstrin. Zu Schinkel kam er 1828, um 1830 beendete er das Bauakademie-Studium. In Vertretung Schinkels leitete er 1832–36 den Bau der von der Fa. Heinrich Bürde ausgeführten Bauakademie am Werderschen Markt. Die weiteren Stationen seiner Laufbahn: 1838 Stadtbaurat Frankfurt/O., 1852 Oberbauinspektor Sigmaringen, 1853 Regierungs- u. Baurat Frankfurt/O., 1867 Geh. Baurat im Handelsministerium, 1881 Ruhestand. Flaminius leitete in Frankfurt/O. 1828–30 die Wiederherstellung der Marienkirche nach Schinkels Entwurf und baute 1840–42 das Stadttheater (unter Verwendung eines Schinkel-Entwurfes); 1859–62 stellte er die Marienkirche Arnswalde wieder her.

Eine der 18 Büsten im Konzertsaal des Schauspielhauses stellte den Musiker und Hofkapellmeister Johann Friedrich Reichardt dar, mit Ludwig Tieck verschwägert, mit bedeutenden Philosophen – wie Immanuel Kant – und vielen Künstlern der Romantik befreundet und von Napoleon heftig verfolgt. Dessen Sohn KARL FRIEDRICH REICHARDT (27. 6. 1803 Giebichenstein b. Halle – 7. 8. 1871 Hamburg) war nach dem Bauakademiestudium bis 1833 bei Schinkel an der Oberbaudeputation tätig. 1828 an Entwürfen für Vorstadtkirchen beteiligt, leitete er 1828/29 nach Schinkels Entwurf den Bau der Kirche in Straupitz und die Einrichtung des Palais Prinz Wilhelm Unter den Linden, 1832/33 wirkte er an Entwurf und Bau der Elisabethkirche mit. Von Berlin ging Reichardt in die USA und 1840 nach Hamburg, wo er ab Mai 1842 Mitglied der Wiederaufbaukommission nach dem Stadtbrand war.

Häufig war an Schinkels Bauten, u. a. Schlossbrücke, Wächterhaus Kreuzberg, Schloss Tegel und Packhof, die Maurerfirma Hahnemann tätig. CHRISTIAN AUGUST HAHNEMANN (um 1800 Berlin – 1. 11. 1874 ebd.) legte vor 1829 die Maurermeisterprüfung ab, trat in die väterliche Firma ein und wurde 1833 Hofmaurermeister. Die Privatbaumeisterprüfung an der Bauakademie folgte 1848, 1852 die Berufung zum Hof-Baumeister. Er entwarf und baute seit 1823 Villen und Wohnhäuser am Tiergarten; der Fassadenneubau für das Palais Prinz Friedrich, Wilhelmstr. 72 (1852), war sein bedeutendstes Werk. Obwohl Schinkel den Hahnemannschen Entwurf für das Feilner-Haus völlig verändert hatte, übernahm dieser dennoch die Bauleitung. Die Tivolibrauerei am Kreuzberg errichtete er 1857–60 unter Mitwirkung F. Hitzigs.

Weitaus bedeutender waren andere Architekten. KARL FERDINAND LANGHANS (14. 1. 1782 Breslau – 22. 11. 1869 Berlin) kam 1787 mit dem Vater Karl Gotthard L. nach Berlin und wurde bei diesem und David Gilly ausgebildet. Ohne Prüfung 1797 zum Kondukteur am Oberhofbauamt und nach dem Bauakademiestudium 1799/1800 zum Baumeister ernannt, war er ab

Karl Ferdinand Langhans

1800 Assistent seines Vaters. 1806 stellungslos geworden, ging Langhans d. J. nach Italien und blieb wegen der Kriegswirren 1807/08 als Hausarchitekt am „Theater An der Wien" in Wien. Ab Herbst 1808 als Privatbaumeister in Breslau tätig, befasste er sich mit Theaterbau und wurde 1815 in die städtische Baudeputation gewählt, 1817-19 war er Stadtverordneter. 1819 erhielt er in Breslau eine Anstellung bei der Oberbaudeputation und wurde Mitglied der Akademie der Künste zu Berlin. Als Direktoriumsmitglied (1821-23) des Aktientheaters übernahm Langhans zeitweise sogar die dramaturgische Leitung und die Opernregie, 1841-43 fungierte er als künstlerischer Berater des Breslauer Stadttheaters. Im Mai 1842 kam Langhans zum Umbau des Kgl. Opernhauses nach Berlin, noch vor Baubeginn brannte die Oper am 18. 8. 1843 aus. Nach ihrer Wiederherstellung blieb Langhans als Architekt der Kgl. Oper am Ort. Als bedeutendster Theaterarchitekt im Übergang zum Historismus veröffentlichte er zahlreiche Werke über den Theaterbau und war auf diesem

Gebiet in vielen deutschen Städten tätig, die meisten Bauten errichtete er in Breslau und Umgebung.

WERKE: Palais Prinz Wilhelm, Unter den Linden (1834-37); Wiederherstellung Heilig-Geist-Kapelle, Spandauer Str. (1835); Wiederaufbau (1843/44) und Anbau Opernhaus, Unter den Linden (1867-69); Erweiterung Theatermagazin, Frz. Str. 30 (1845); Wohnhaus Schilling am Exerzierplatz (1848); Palais Schwerin, Unter den Linden (1852); Victoriatheater, Münzstr. 20 (1857-60; Bltg. und Entw.-Änderung E. Titz).

JOHANN CARL LUDWIG SCHMID (1779 ? - 4. 9. 1849 Berlin) war seit dem 28. 4. 1819 Mitglied der Oberbaudeputation, ihm oblag seit 1820 auch die Direktion der Ziegeleien für die Bauten des Finowkanals. Nach dem Tod August Günthers 1842 wurde Schmid Direktor der Oberbaudeputation und 1848/49 der Bauakademie. Er arbeitete eng mit dem befreundeten Schinkel zusammen, ihre oft gleichwertige Entwurfsbeteiligung ist im einzelnen noch unerforscht. Mehrere Schinkelbauten standen unter seiner Oberleitung. *WERKE: Entw.-Mitarb. u. Oberltg. Altes Museum (ab 1822); Entw.-Mitarb. Neuer Packhof (1825/26; Oberltg.); Bebauungsplan Köpenicker Feld (ab 1825); Bebauungsplan innerhalb Zollmauer (1826); Bebauungsplan für die Umgebung Berlins (1827-30).*

Schinkels Nachfolger, Wasserbaudirektor AUGUST ADOLPH GÜNTHER (14. 4. 1779 ? - 25. 12. 1842 Berlin), war seit April 1816 in der Oberbaudeputation für den „Wasserbau im Osten" zuständig, 1836 wurde er auch Lehrer an der Bauakademie und 1838 stellv. Oberbaudirektor. Günther baute 1822 sein Wohnhaus am Kupfergraben 7 - später Magnus-Haus - um, 1826/27 leitete er den Bau des von Schinkel entworfenen Leuchtturmes Arkona/Rügen. Vom 29. 11. 1815 bis 31. 12. 1838 war AUGUST LEOPOLD CRELLE (11. 3. 1780 Eichwerder b. Wriezen - 6. 10. 1855 Berlin), vorher in

Westfalen tätig, in der Oberbaudeputation für Zoll-, Militär- und Wasserbauten zuständig, ab 1816 auch für Straßenbau. Als Mathematiker und Ingenieur besaß er eine autodidaktische Bauausbildung. Ab 1824 arbeitete Crelle, seit 1819 auch Mitglied der Gewerbedeputation und ab 27. 8. 1827 der Akademie der Wissenschaften, vorwiegend als Mathematiker für das Unterrichtsministerium, in das er auf Veranlassung Alexander v. Humboldts am 1. 1. 1829 versetzt wurde. Nachdem im Dezember 1835 seine am 4. Mai mit einem Partner eingereichten Pläne für die Eisenbahnlinie Berlin-Potsdam genehmigt worden waren, fungierte er ab 1836 nebenamtlich als Technischer Direktor der Berlin-Potsdamer-Eisenbahn-AG. Am 29. 10. 1838 nahm die am 10. 8. 1837 begonnene erste Berliner Eisenbahnlinie ihren Betrieb auf. Sein bereits im Mai 1836 eingereichter Plan für die Linie Berlin–Frankfurt/O. wurde im März 1840 genehmigt, Crelle allerdings von kapitalkräftigen Konkurrenten aus der Gesellschaft gedrängt. Er trat zwar um 1840 noch energisch für die komplexe Bearbeitung der städtischen Wasserversorgung und Kanalisation ein, zog sich aber allmählich aus dem öffentlichen Leben zurück, 1849 nahm er seinen Abschied.

Bedeutend war Crelle ebenfalls als Mathematiker. Schon 1816 hatte er die Standardbezeichnungen für die Innenwinkel des Dreiecks (α, β, γ) eingeführt, ab 1820 erschienen zahlreiche theoretische Abhandlungen. Crelle organisierte auch Nils Henrik Abels – durch dessen frühen Tod nicht vollzogene – Berufung an die Berliner Universität, die mit Alexander v. Humboldt betriebene Anstellung von Karl Weierstraß erfolgte 1856. Ab 1826 gab er die erste deutsche Mathematik-Fachzeitschrift „Journal für reine und angewandte Mathematik" („Crelles Journal") heraus, 1829-31 auch 30 Bände des „Journals für die Baukunst".

Eng mit Schinkel arbeitete J. GEORG KARL HAMPEL (Lebensdaten unbekannt) zusammen. Der Kölner Garnisonbauinspektor

(seit 1819) wurde in das Kriegsministerium berufen, im Juni 1822 kam er nach Berlin und war 1827 der erste Direktor der neuen Heeresbauverwaltung. Die meisten von Hampel für Potsdam und Berlin entworfenen Militärbauten überarbeitete Schinkel.

WERKE: Bltg. Umbau Friedrichstr. 139-141 (1822-26; Entw. F. Triest); Exerzierhaus, Karlstr. (1827/28; m. K. F. Schinkel); Reithaus, Ritter-/Ecke Alte Jacobstr. (1827/28); Exerzierhaus v. d. Prenzlauer Tor (1828/29); Kaserne, Charlottenstr. 42/43 (1829-31); Instandsetzung Zeughaus (1829-33); Fassadenumbau Behrenstr. 66 (1830); Erweiterung Kriegsministerium, Leipziger Str. 5/6 (1838); Erweiterung Invalidenhaus (1843/44); Garnisonlazarett (1851-54).

Beuth folgten im Direktorat der Allgemeinen Bauschule – später wieder Bauakademie – 1845-48 der Geh. Finanzrat Johann Friedrich v. Pommer-Esche (1803-1870) und nach Carl Ludwig Schmids kurzer Amtszeit vorübergehend der Geh. Oberbaurat Wilhelm Severin. Erst unter CARL FERDINAND BUSSE (11. 6. 1802 Gut Prillwitz b. Stargard - 5. 4. 1868 Berlin), Direktor 1849-66, stabilisierte sich die Bauakademie wieder als führende Fachlehranstalt. Busse absolvierte nach seiner Stargarder Bauelevenzeit 1822/23 die Feldmesserlehre an der Bauakademie, setzte 1825 das Studium an Universität und Bauakademie fort und war nach der Baumeisterprüfung Ende 1827 bei der Oberbaudeputation angestellt. Nach Tätigkeit in Swinemünde 1829/30 wurde er am 1. 7. 1830 Assistent Schinkels bei der Oberbaudeputation. Als Mitglied dieser Behörde ab 1837 zuständig für Landbauten der Rheinprovinz, Westfalens, Schlesiens, ab 1847 auch für Postbauten, fertigte Busse für Denkmalpflegemaßnahmen zahlreiche Bauaufnahmen an. Studienreisen führten ihn 1839 in die Schweiz, nach Frankreich und in die Niederlande, zum Studium von Gefängnisbauten 1841 nach England und 1862 nach Belgien. Ab 1851 war er auch für das Ministerium für öffentliche Arbeiten tätig, wurde Mitglied der Techn. Baudeputation und 1855 der Akademie der Künste. Anfang 1868 trat er in den Ruhestand. Die Söhne August, Carl und Konrad wurden ebenfalls Architekten.

WERKE: Kasino, Schlossplatz Tegel (1839); Zellengefängnis Moabit (1842–49); Umbau Universität (1844/45); Wohnhaus, Regentenstr. 23/24 (1863–66; m. C. Busse); Post- und Justizbauten in der Provinz.

Vom umfangreichen Lebenswerk **CARL THEODOR OTTMERS** (19. 1. 1800 Braunschweig – 22. 8. 1843 Berlin), das er trotz seines frühen Todes schuf, hat sich in Berlin nur ein Bau erhalten. Ottmer kam 1822 auf Empfehlung von Peter Josef Krahé, bei dem er seit 1819 als Zeichner gearbeitet hatte, an die Bauakademie. In Berlin war er eng mit Karl Friedrich Zelter befreundet. Schon während des Studiums im Theaterbau tätig, gehörte er als Sachverständiger den Baukommissionen für die Theater Hamburg (1825), Leipzig (1826), Dresden (1828/29) und Meiningen an. Nach Studienende lehnte er die Berufung zum Hofbaumeister in Berlin ab; stattdessen trat er nach einer Italienreise 1827–29 diese Stellung in Braunschweig an. Wegen seiner Akademieaufnahme und zur Heilung einer schweren Krankheit kehrte Ottmer 1843 nach Berlin zurück.

WERKE: Königstädt. Theater, Alexanderplatz (1823/24); Singakademie (1825–27; Verwendg. Schinkel-Entw.); – Residenzschloss (1830–38); Bahnhofsgebäude (1837/38) u. a. Bauten in Braunschweig.

Nach dem Tod von Gentz übernahm Friedrich Gottlieb Schadow die Leitung der Schlossbaukommission, sein Tätigkeitsfeld beschränkte sich vorwiegend auf Potsdam und Umgebung. Sein Sohn **ALBERT DIETRICH SCHADOW** (2. 5. 1797 Potsdam – 5. 9. 1869 Berlin) studierte 1812/13 an der Bauakademie, war Kriegsfreiwilliger und nahm 1816 als

Offizier seinen Abschied. Nach Reisen durch Süddeutschland und Oberitalien setzte er seine Ausbildung, u. a. im Atelier Schinkels, fort und legte 1827 die Baumeisterprüfung ab. Er war beim Vater und ab 1831 unter dessen Nachfolger August Stüler bei der Schlossbaukommission tätig, ab 1843 vorwiegend in Berlin. Mit Ferdinand v. Quast bereiste Schadow 1838/39 Italien. 1862 trat er wegen seiner Erblindung in den Ruhestand. Er war seit 1849 Mitglied der Akademie der Künste und seit 1854 der Techn. Baudeputation.

WERKE: Zahlr. Bauten in Potsdam; Anlage Schlossterrassen, Lustgarten (1844–46; Idee Friedrich Wilhelm IV.); Bltg. Schlosskapelle und Kuppel (1845–53; Vorentw. K. F. Schinkel; m. A. Stüler, A. Brix, F. E. S. Wiebe u. a.); Ausbau Weißer Saal, Schloss (1845–53; m. F. Waesemann; Entw. A. Stüler); Gartenanlage Landhaus Volckart, Tiergartenstr. 6.

Über die Bedeutung des Architekten hinaus ging die des Mathematikers und Gewerbepolitikers **ADOLPH FERDINAND WENZESLAUS BRIX** (20. 2. 1798 Wesel – 14. 2. 1870 Charlottenburg). Am 5. 6. 1824 Mitbegründer des Architektenvereins, war Brix nach Abbruch der Kaufmannslehre zu den Lützower Jägern gegangen und hatte nach dem Offiziersexamen 1821 an der Divisionsschule Berlin aus finanziellen Gründen seinen Abschied genommen. Nach Feldmesserlehre 1821/22 und Bauakademiestudium arbeitete er 1826/27 als Bauführer bei Schinkel und legte 1827 die Baumeisterprüfung ab. Von Beuth berufen, wirkte Brix 1828–50 am Gewerbeinstitut und 1832–66 an der Bauakademie als Lehrer. Ab 1834 war er Gehilfe Beuths und wurde 1845 dessen Nachfolger als Abt.-Direktor für Handel, Gewerbe und Bauwesen im Finanzministerium, seit 1844 war er auch Direktor der „Normal-Aichungskommission". Im Dezember 1867 trat er in den Ruhestand. Brix heiratete am 28. 10. 1828 Marie Elisabeth, Tochter des Juweliers und Eisenkunstgießers Devaranne, der Wohnung und Gießerei 1819–35 in der Poststr. 12 – gegenüber dem Knoblauchschen Hause – unterhielt, einer der wichtigsten Meister des filigranen Eisenkunstgusses. Sicher auch durch seinen mit Schinkel und Beuth zusammenarbeitenden Schwiegersohn beeinflusst, gehörte Devaranne zu den Pionieren des Zinkgusses in Berlin. *WERKE: zahlr. Veröfftlgn. zur Mechanik, Festigkeitslehre und zu mathem. Problemen; Entw. Techn. Einrichtung Pumpwerk Sanssouci, Potsdam (1841/42; Bauentw. L. Persius); Entw. Wasserkunst am Babelsberg (nach 1841); Eisenkonstruktion der Geschossdecken des Neuen Museums (Bauentw. A. Stüler); Beteiligung an Konstruktion Schlosskuppel (Bltg. A. Schadow).*

Anders als Friedrich II. nahm **FRIEDRICH WILHELM IV.** (15. 10. 1795 Berlin – 2. 1. 1861 Potsdam) keinen Einfluss auf die Gesamtbelange des Bauwesens. Das Interesse des Königs konzentrierte sich auf – z. T. eigene – Projekte zur Ausgestaltung der Residenz Potsdam und Umgebung, einige Vorhaben in Berlin und Bauten im Lande, die das hohenzollersche Gottesgnadentum verherrlichen sollten – so die Vollendung des Kölner Doms. Die romantischen Entwürfe aus der Kronprinzenzeit waren aufgrund der wirtschaftlichen und technischen Möglichkeiten meist unreal. Die nicht nur in der Architektur andauernde Wirklichkeitsfremdheit, sondern auch unterschiedliche stilistische Auffassungen entfremdeten den Kronprinzen und Schinkel, der dessen Phantasien in Entwürfe umzusetzen hatte, zunehmend. In der Zusammenarbeit mit Stüler setzte Friedrich Wilhelm dagegen stärker eigene Vorstellungen durch.

Die romantische Grundhaltung mit ausgeprägtem Hang zu einem rückwärts gewandten mittelalterlich gefärbten Prophetentum drückte sich neben stilistischen Auffassungen auch in einer konservativen Religiosität aus. Ausdruck dessen

sind das nicht nachlassende Betreiben des Dombaues in Berlin, die Stiftung des evangelischen Bistums in Jerusalem (1842), die Wiederbelebung des Johanniterordens (1852) und die allgemeine Förderung des Kirchenbaues. Diese Haltung bestimmte auch wesentlich die Einstellung zur Denkmalpflege. Am 8. 10. 1857 erlitt der König einen Gehirnschlag mit bleibenden Lähmungserscheinungen. Sein Bruder Prinz Wilhelm wurde deshalb am 23. Oktober zum Stellvertreter ernannt und übernahm am 7. 10. 1858 die Regentschaft. In Begleitung Stülers unternahm Friedrich Wilhelm 1858/59 noch eine Italienreise, trat aber bis zu seinem Tod nicht mehr öffentlich in Erscheinung.

Wenn auch die meisten fürstlichen Entwürfe unausgeführt blieben, entstanden in Zusammenarbeit mit Schinkel, Stüler, Hesse, Persius u. a. zahlreiche Bauten nach Vorentwürfen Friedrich Wilhelms. Für Berlin waren dies die Schlosskapelle mit Kuppel (A. Stüler u. a.); die Markuskirche (A. Stüler); Krolls Etablissement, Tiergarten (L. Persius); die Schlossterrassen (A. Schadow) und die Kasernen Schlossplatz Charlottenburg (A. Stüler); in Potsdam hauptsächlich die Neue Orangerie und die Friedenskirche (1844–54).

Die unmittelbar mit dem König zusammenarbeitenden Architekten waren an Schinkels Bauten geschult und hatten z. T. direkt mit ihm gearbeitet. **FRIEDRICH LUDWIG PERSIUS** (15. 2. 1803 Potsdam – 12. 7. 1845 ebd.) wurde nach der Feldmesserprüfung 1821 von Schinkel als Bauleiter (Kirche Krzeszowice) eingesetzt, nach der Baumeisterprüfung 1826 hauptsächlich am Wohnort Potsdam. Um 1836 wurde er Hofarchitekt, 1841 Mitglied der Oberbaudeputation und „Architekt des Königs". Reisen führten Persius 1841 ins Rheinland, nach den Niederlanden und Paris, 1844/ 45 nach Italien, von wo er schwerkrank zurückkehrte. Von seinen Söhnen blieb nur Reinhold in der Branche.

Friedrich Ludwig Persius

WERKE: *Wohnhäuser Kühne, Lennéstr. 2 (1836), u. P. J. Lenné, Lennéstr. 1 (1838/39); Vorentw. Krolls Etablissement (1844; Entw./Bltg. E. Knoblauch); Mühlen u. Hallen Mühlendamm (1848-50; Bltg. J. J. Helfft); Krankenhaus u. Kirche Bethanien (1845-47; Bltg. A. Stüler, Th. Stein). - Potsdam: Nikolaikirche Potsdam (Bltg. 1830-37; Entw. K. F. Schinkel); Röm. Bäder Charlottenhof (1829-36; Vor-Entw. K. F. Schinkel); Heilandskirche Sakrow (1841-44; Idee Friedrich Wilhelm IV.); Torgebäude (1843) u. Maschinenhaus Schlosspark Babelsberg (1843-45; Bltg. R. Gottgetreu); Vorentw. Belvedere auf dem Pfingstberg (1844; m. Friedrich Wilhelm IV.; Ausf. 1849-63 A. Stüler, L. F. Hesse); Villa Illaire, Marlygarten (1844-46; Bltg. L. F. Hesse); Friedenskirche Sanssouci (1844-54; Bltg. L. F. Hesse, F. v. Arnim).*

FRIEDRICH AUGUST STÜLER (28. 1. 1800 Mühlhausen/Thür. - 18. 3. 1865 Berlin) war einer der produktivsten Architekten nach Schinkel. Ursprünglich zum Theologiestudium bestimmt, absolvierte er 1817/18 in Erfurt und 1818/19 an der Bauakademie

die Feldmesserausbildung und nahm 1818-20 Unterricht an der Akademie. Nach Praktika in Naumburg und Schulpforta kam er 1823 zu Karl Hampel an das Kriegsministerium und legte nach dem Studium an der Bauakademie 1826/27 die Baumeisterprüfung ab, bis 1829 war er bei Schinkel tätig. Mit Eduard Knoblauch - beide gründeten zusammen mit Brix 1824 den Architektenverein - reiste Stüler 1829/30 nach Frankreich, Italien und der Schweiz, mit Strack 1831 nach Russland, 1832/33 mit Julius Köbicke und Carl Scheppig nach Italien. Seit 7. 11. 1831 Direktor der Schlossbaukommission, wirkte er 1834-54 auch als Lehrer an der Bauakademie.

Nach Schinkels Erkrankung avancierte Stüler zum Bauberater Friedrich Wilhelms IV., 1842 wurde er „Architekt des Königs". Zahlreiche Reisen führten ihn zwischen 1842 und 1864 durch Deutschland, nach England, Frankreich, Italien (1846/47 mit Hermann Wentzel), Schweden und Ungarn. Am 12. 1. 1842 wurde er Mitglied der Dombaukommission, nach Einstellung des Baues 1848 entwarf er weitere Vari-

Friedrich August Stüler

269

anten. Die Arbeit des 1. Dt. Architektentages 1842 in Leipzig wurde maßgeblich durch ihn bestimmt, die Denkschrift zur Reorganisation der Bauakademie (1846) bereitete die spätere Reform vor. Er zählte zu den Mitbegründern und Vorstandsmitgliedern der „Berliner gemeinnützigen Baugesellschaft" (C. W. Hoffmann). Seit Januar 1850 beim Handelsministerium, wurde er dort 1854 zum Ministerialbaudirektor und Dezernenten für Kirchenbau berufen; 1851-58 zusätzlich Hofbaumeister in Schwerin. Er war seit dem 13. 3. 1841 Mitglied der Akademie der Künste, ab 1845 ihres Senates und später auch Mitglied ausländischer Akademien. Zu seinem architektonischen Werk gehören neben vielen Potsdamer Bauten und märkischen Kirchen auch das Schloss Schwerin (1843-57), das Nationalmuseum Stockholm (1850-66) und die Akademie der Wissenschaften Budapest (1862-65).

WERKE: *Wohnhäuser, Lennéstr. 3 (1854) u. 8 (1837/38), Anhalter Str. 5 (um 1840) u. 7 (1838), Pariser Platz 1, 5 A, 6, 6 A u. 7 (1844; z. T. Umbauten); Neues Museum, Bodestr. (1843-57); Jacobikirche mit Pfarrhäusern, Oranienstr. (1844/45; Bltg. G. Holzmann); Innenumbauten Schloss (1844-47); Matthäuskirche, Matthäikirchplatz (1845/46; Bltg. H. Wentzel); Oberltg. Krankenhaus Bethanien (1845-47; Entw. L. Persius); Schlosskapelle und -kuppel (1845-53; nach veränd. Entw. K. F. Schinkels; Bltg. A. Schadow; Konstruktion A. Brix, E. Wiebe); Ulanenkaserne, Moabit (1846-48; Vorentw.; Entw. u. Bltg. F. Fleischinger); Markuskirche, Weberstr. (1848-55); Staatsschuldenverwaltg., Oranienstr. 92-94 (1849-51; 1854/55 Umbau in Preuß. Staatsdruckerei); Pfarr- u. Küsterhäuser u. Schule der Johanniskirche (1851-53); Umbau Wilhelmstr. 79/80 zum Handelsministerium (1854/55); Bartholomäuskirche, Königstor (1854-58; Bltg. F. Adler); Denkmal Koppenplatz (1855); Kasernen, Schlossplatz Charlottenburg (1855); Umbau Dorfkirche Pankow (1857-59); Domkandidatenstift, Oranienburger Str.* (ab 1854); *Oberltg. Neue Synagoge, Oranienburger Str. (1862-65; Entw. u. Bltg. 1859-62 E. Knoblauch; Vollendg. 1866 G. Knoblauch); Umbau Garnisonkirche (1863; m. F. Fleischinger); Nationalgalerie (Entw. 1862-65; Oberltg. J. H. Strack 1866-76); Münze, Unterwasserstr. 2-4 (1868-71; Bltg. W. Neumann); Entw. Kirche Marzahn b. Berlin (1870/71; Bltg. Bürkner).*

Engster Mitarbeiter Stülers war in den Jahren 1839-51 **HERMANN HEINRICH ALEXANDER WENTZEL** (30. 10. 1820 Berlin – 14. 6. 1880 ebd.). Auf väterliche Anordnung brach er 1834 den Schulbesuch und die Lehre in der Akademie-Keramikklasse bei Tobias Feilner ab und machte 1839 die Maurergesellenprüfung. Bis 1842 fungierte er als 1. Zeichner, dann als Mitarbeiter bei Stüler. Nebenbei besuchte Wentzel Universitäts- und Akademievorlesungen, legte 1846 die Maurermeister- und 1848 die Privatbaumeisterprüfung ab. Mit Stüler reiste er 1846/47 nach Italien, 1850/51 weilte er in dessen Auftrag mehrfach in Stockholm als Bauleiter des Nationalmuseums. An den Entwürfen zum Neuen Museum und Schloss Schwerin war Wentzel maßgeblich beteiligt und leitete den Bau der Matthäuskirche. Wegen fehlendem höheren Schulabschluss blieb ihm die Staatsanstellung verwehrt. 1851 ging er – vermittelt durch Stüler – nach den Niederlanden und war bis 1872 als Architekt und Kunstintendant eines holl. Prinzen tätig, eingeschlossen die holl. Besitzungen in Muskau. Vermutlich 1862 errichtete er in Berlin in der Friedrichstr. 79/79a als Gusseisen-Skelettkonstruktion eines der ersten Warenhäuser der Stadt, leider im November 1995 zugunsten eines Kollhoff-Neubaues abgerissen. Nach der Rückkehr war Wentzel als Privatbaumeister in Berlin tätig. Seine Frau Elise, Tochter des Kupferindustriellen Julius Heckmann, wurde aufgrund der von ihr gewährten finanziellen Unterstützung 1900 als erste Frau Mitglied der Akademie der Wissenschaften und 1910 Ehrenmitglied des Architektenvereins.

*WERKE: Mitw. an Umbauten f. Abgeord-
neten- und Herrenhaus (1843-45; Entw.
H. Bürde); Warenhaus, Friedrichstr.
79/79a (vermutl. 1862); Wohnhäuser,
Schlesische Str. 27 (1868/69) u. Viktoriastr.
27 (1879-81). - Gartenarchitekturen und
Schlossumbau Muskau (1852-63).*

Mitarbeiter Stülers war auch der mit ihm
befreundete JOHANN NIETZ (um 1800
Bromberg - nach 1866 Berlin). Ursprünglich Ing.-Hauptmann, wurde er nach dem
Bauakademiestudium am 1. 11. 1837 an
der Oberbaudeputation angestellt und
wechselte 1844 zur Ministerial-Baukommission. Nach einjährigem Wirken in
Minden trat er 1866 in den Ruhestand und
kehrte nach Berlin zurück. Nietz leitete bei
Stüler 1843-53 die Erweiterung der Johanniskirche, den Turmbau und den Bau des
Pfarr- und des Schulhauses sowie 1857 für
Ferdinand v. Arnim den Bau der Steuerhäuser an der Charlottenburger Chaussee.
Sowohl bei Schinkel als auch bei Stüler war
GEORG HEINRICH BÜRDE (16. 4. 1796 Berlin
- 16. 10. 1865 ebd.) tätig. Nach Teilnahme
an den Befreiungskriegen legte er 1817 die
Feldmesserprüfung an der Bauakademie
ab, arbeitete danach bei der Oberbaudeputation an mehreren Schinkelbauten
und wurde auf Veranlassung Beuths - frü-
hestens 1825 - wegen ausgezeichneter
Leistungen ohne Prüfung zum Baumeister
ernannt. Am 9. 5. 1844 Dombauleiter, gehörte Bürde ab 1845 der Dombaukommission an und wurde der Ministerial-
Baukommission zugeordnet (1846 Baurat). Nach endgültiger Dombau-Einstel-
lung kam er 1849 zur Oberbaudeputation
und war ab 1851 Leiter für besondere
Bauvorhaben beim Innenministerium.
Für den Bau der Bauakademie fungierte
er 1832-36 mit eigener Firma als ausfüh-
render General-Bauunternehmer. Sein
Sohn Paul B. war Maler und Lithograph in
Berlin.
*WERKE: Erweiterungsbauten (zw. 1830-
40) und Umbau Münzgebäude (1861-64);
Erweiterung Stadtgericht (Gouverneurshaus), Königstr. 19 (1838-46); Ausbau*

*Singakademie f. Preuß. Nationalver-
sammlung (1848); Umbau Palais Hardenberg, Leipziger Str. 55, zum Abgeordnetenhaus (1848/49; m. G. L. Runge);
Umbau Wohnhaus Mendelssohn, Leipziger Str. 3 zum Herrenhaus (1850/51; m.
A. Lohse); Umgestaltg. Zuschauerraum
Schauspielhaus (1851/52; m. A. Stüler);
Marinehotel, Leipziger Platz (1852); Palais
d. Kgl. Hofstaates, Leipziger Platz 10
(1854); Umbau Palais Donner zum
Finanzministerium, Am Festungsgraben 1
(1861-63; m. H. v. d. Hude).*

Von Jugend an eng befreundet mit Stüler
war KARL HEINRICH EDUARD KNOBLAUCH (25.
9. 1801 Berlin - 29. 5. 1865 ebd.), der 1818
die Feldmesser- und 1822 die Kondukteurprüfung ablegte und danach das Bürgerrecht erwarb; dem weiteren Studium folgten 1822/23 Deutschlandreise und 1823/
24 Militärdienst. Dem Vorstand des von
ihm gegründeten Architektenvereins gehörte Knoblauch bis zum August 1862 an,
mehrere Jahre hatte er den Vorsitz inne
und initiierte die meisten AV-Veröffent-
lichungen.
Ihren Protest gegen die - zu Beginn der
Industrialisierung in Preußen inhaltlich sicher dringend notwendige - Trennung
der Bau- von der Kunstakademie artiku-
lierten junge Baukonducteure, die ein
Absinken des Niveaus der künstlerischen
Ausbildung befürchteten, in einer Ein-
gabe an die zuständigen Ministerien.
Angeregt durch Knoblauch formierte sich
aus diesem Kreis mit 18 Mitgliedern der
Architektenverein, offiziell polizeilich zugelassen am 5. 6. 1824. Ursprünglich ziel-
te die Vereinstätigkeit allein auf die
fachliche Weiterbildung, bei der Unaus-
gewogenheit des Akademie-Lehrpro-
gramms eine notwendige Ergänzung und
keine Konkurrenz wie anfänglich be-
fürchtet. Die Periodika des Vereins markierten den Beginn einer Fachpresse, aus
dem „Notizblatt des Architektenvereins"
(seit 1838) ging z. B. 1851 die „Zeitschrift
für Bauwesen" hervor. Nach Überwindung anfänglicher Missverständnisse mit

staatlichen Stellen entstand aber auch eine Standesorganisation, die die preuß. und vor allem Berliner Baubeamten außerdienstlich ideologisch eng an ihren Auftraggeber band. Die Haltung des Vereins war nicht nur einseitig „unpolitisch", sie war auch desinteressiert an den sozialen Problemen. Die Aufforderung ihres Mitgliedes C. W. Hoffmann, das Problem sozialer Arbeiterwohnungen 1841 in die Monatswettbewerbe aufzunehmen, lehnte der Vorstand z. B. wegen fehlender architektonischer Attraktivität ab. Seine Blütezeit hatte der Verein der Staatsbeamten in den 40er bis 70er Jahren, als die Mitgliedschaft für Berliner Architekten beinahe lebenswichtig war. Anfänglich auf architektonischem, später aber auch auf technisch-konstruktivem Gebiet leistete der Verein Beachtliches, auf sein Wirken gehen zahlreiche Standardisierungen und einheitliche Vorschriften für das gesamte Reichsgebiet zurück.

Nach der Baumeisterprüfung 1828 reiste Knoblauch - zeitweise mit Stüler - bis 1830 durch Deutschland, Holland, Frankreich, die Schweiz und Italien, anschließend ließ er sich als Privatbaumeister in Berlin nieder. Knoblauch war der erste bedeutende Privatarchitekt, zu diesem für die damalige Zeit kühnen Schritt nicht zuletzt durch die übermächtige Rolle Schinkels im staatlichen Bauwesen gezwungen. Die Akademie der Künste ernannte ihn 1845 zum Mitglied. In seiner Denkschrift vom 27. 11. 1847 forderte Knoblauch eindringlich eine Demokratisierung und Liberalisierung der Kunstakademie, ab 1848 wirkte er maßgeblich an der Reorganisation der Bauakademie und der Ausarbeitung der neuen Bauordnung mit und war 1849/50 stellv. Stadtverordneter. Nach längerer Krankheit und Arbeitsunfähigkeit seit Ende 1862 musste er im Frühjahr 1863 in eine Heilanstalt eingeliefert werden. Seine Bauten führten die Söhne Edmund und Gustav sowie Stüler zu Ende.

WERKE: Wohnhäuser u. Villen am Tiergarten u. in der Friedrichstadt; Weydinger-Stiftungsbau, Große Frankfurter Str. 24, u. Umbau Palais Prinzessin Amalie in russ. Botschaft, Unter den Linden 7/8 (1840/41); Etablissement Kroll, Tiergarten (1844; Vorentw. L. Persius); Umbau Synagoge, Heidereitergasse (1856); Palais Pariser Platz 4 u. Wilhelmplatz 6 (1857/58); Jüd. Krankenhaus, Auguststr. 14/16 (1858-60); Neue Synagoge, Oranienburger Str. 30 (1859-66; ab 1862 Bltg. A. Stüler, G. Knoblauch); Hotel, Köthener Str. 10; Saalbau für Schützenhaus, Linienstr. - Hotels, Schlösser u. Landsitze in Mecklenburg, Pommern, Schlesien u. Ostpreußen.

Die Konstruktion der Synagogenkuppel Oranienburger Str. schuf **MAX AUGUST NOHL** (11. 9. 1830 Iserlohn - 9. 6. 1863 Köln), der nach Bauakademiestudium 1849-51 und Praktika in Bonn und Naumburg 1857 seine Ausbildung in München beendete. Studienreisen führten ihn 1857-59 nach Südeuropa, u. a. 1859 mit Richard Lucae nach Italien, anschließend wirkte er im Rheinland.

Unter Stülers bzw. G. Knoblauchs Oberaufsicht leitete 1859-66 **HERMANN HÄHNEL** (1830 Herzberg/Sa. - 14. 11. 1894 Berlin) den Synagogenbau. Nach praktischer Ausbildung in Jüterbog und Studium am Gewerbeinstitut 1847/48 bzw. der Kunstakademie 1848/49 in verschiedenen Architektenbüros tätig, lebte er 1851-53 als Maurermeister in Merseburg. Nach Berlin zurückgekehrt, arbeitete Hähnel nach der Kondukteurprüfung ab 1854 bei Langhans und E. Knoblauch. Ab 1866 Privatarchitekt im Berliner Wohnungsbau, baute er ab 1872 als Direktor des von Carstenn gegründeten „Landerwerbs- und Bauverein auf Actien" die Villenkolonie Friedenau auf.

Nachfolger Stülers als Direktor der Schlossbaukommission wurde 1863 **LUDWIG FERDINAND HESSE** (23. 1. 1795 Belgard/Posen - 8. 5. 1876 Berlin). Nach praktischer Ausbildung in Belgard und Köslin leistete Hesse 1819/20 seinen Militärdienst in Berlin, nahm gleichzeitig

Unterricht an Bauakademie und Universität und legte die Feldmesserprüfung ab. Nach Praktika bei der Ministerial-Baukommission bestand Hesse 1825 die Baumeisterprüfung. Von der Ministerial-Baukommission wechselte er, 1830/31 zwischenzeitlich Wege-Baumeister in Potsdam, 1832 zur Schlossbaukommission und 1844 zum Hofbauamt Potsdam. Studienreisen führten ihn durch ganz Europa: 1828 Deutschland und Österreich, 1834/35 Italien, Sizilien, Frankreich, Belgien, England, Irland und Schottland, 1838 Russland, Finnland, Schweden und Dänemark sowie 1862 London und Paris.

In den Gründerjahren 1871-73 war Hesse Vorsitzender der Aktienbaugesellschaft Alexandrastiftung und der Berliner gemeinnützigen Baugesellschaft. Seit 1843 Akademiemitglied, wurde er 1866 Mitglied ihres Senats und der Akademie der Künste Paris. Aufgrund der Spezifik seines Amtes lag der Schwerpunkt des Wirkens in Potsdam.

WERKE: *Umbau Gold- und Silbermanufaktur, Wilhelmstr. 79 (1822/23); Charité-Gebäude (1828 u. 1837-39); British-Hotel (um 1830); Bltg. Unterbaumbrücke und Koppenkanal (1831/32); Logengebäude, Splittgerbergasse 3 (1833-35); Umbau Neuer Flügel, Schloss Charlottenburg (1834); Speicher Zuckersiederei Schickler, Stralauer Str. (1836); Eiserne Drahtbrücke, Tiergarten (1838); Tierarzneischule, Luisenstr. 56 (1839/40); Erweiterung Mausoleum, Charlottenburg (1841/42; Umsetzung ursprüngl. Fassade a. d. Pfaueninsel); Elisabethkrankenhaus, Lützowerstr. 24-26 (1865-67); Innenumbau „Grüner Hut", Schloss (1874-77).*

Hesses Söhne, Carl Johann Paul und Ferdinand Samuel Rudolf, waren beide Architekten und zeitweise beim Vater tätig; Carl wirkte später vor allem in Königsberg, Rudolf in Potsdam.

Der vorwiegend in Potsdam tätige Schwager Hesses, **FERDINAND HEINRICH LUDWIG V. ARNIM** (15. 9. 1814 Treptow a. d. Rega - 25. 3. 1866 Potsdam), studierte 1833-38 an der Bauakademie, sein Praktikum absolvierte er als Bauführer unter Hampel im Kriegsministerium. Nach der Baumeisterprüfung arbeitete er u. a. bis zu dessen Tod bei Ludwig Persius, danach war er bei der Schlossbaukommission angestellt, ab 1846 lehrte er auch an der Bauakademie. 1849 wurde Arnim zum Architekten des Prinzen Friedrich Karl ernannt.

WERKE: *Pförtnerhaus (1848) u. Klosterhof (1850) Schloss Klein-Glienicke; Steuerhäuser Charlottenburger Chaussee (1857); Wohnhäuser Regentenstr. 1 (1857), 3 (1860; Bltg. C. Hesse); Umbau Jagdschloss Glienicke (1859-62).*

Nur wenige Jahre nach Schinkels Tod setzte eine Entwicklung ein, die anfangs unmerklich von dessen Idealen und denen seiner Schüler wegführte. „Historisches ist nicht, das Alte allein festzuhalten oder es zu wiederholen, dadurch würde die Historie zu Grunde gehen, historisch handeln ist das, welches das Neue herbeiführt und wodurch die Geschichte fortgesetzt wird." *[H. Börsch-Supan/23]* Dieses Schinkelsche Bekenntnis meinte sicher mehr als nur die Architektur. Nicht erst die Gründerjahre brachen in Protz und Prunk mit den Versuchen einer humanistischen Architektur, die Ratlosigkeit im stilistischen Ausdruck setzte schon Mitte des 19. Jh.s. ein. Ursächlich war das aber kein Problem der Architekten, sondern Ausdruck komplexerer gesellschaftlicher Widersprüche.

Neostile und Eklektizismus
Architekten, Ingenieure, Techniker

Das Berufsbild und die gesellschaftliche Stellung des Architekten des 19. Jh.s unterschied sich grundlegend von dem des feudalen Baumeisters. Die persönliche Abhängigkeit vom Feudalherren wurde ersetzt durch die anonyme Fessel des kapitalistischen „Marktes". Im Gefolge der industriellen Revolution entwickelte sich aufgrund der neuen Anforderungen und neuer Materialien der Beruf des Ingenieurs unterschiedlicher Spezialisierung – im Anteil an den Bauten meist anonym und bald gänzlich vom Architekten geschieden. Ein Bindeglied blieben die Eisenbahnbaumeister.

Die Spezialisierung des Ingenieurs auf die statisch-konstruktive Durchbildung der Bauten und die Konstruktion von Ingenieur- und Zweckbauten (Wasserbauten, Brücken, Industrie- und Verkehrsanlagen u. a.) machten ihn von den komplizierten künstlerisch-ästhetischen Problemen relativ unabhängig. Die durch den Ingenieur ausgebildeten konstruktiven Systeme hatten aber ästhetische Rückwirkungen auf die Architektur. Der traditionelle, meist auf die Wirkung von dreidimensionalen Mauermassen begründete Schönheitsbegriff kollidierte nun auch zeitweise mit der zunehmenden Transparenz der Bauten, die durch neue Konstruktionsprinzipien in Stahl, Glas und später Beton möglich geworden waren. Besonders Eisen führte zu ungewohnten ein- oder zweidimensional wirkenden Baugliedern. Erst um die Jahrhundertwende wurde die Einheit von Funktion, Konstruktion und Form wieder möglich.

Nach der Schinkel-Ära setzte sich als ein Ergebnis der kapitalistischen Produktionsverhältnisse der freie Architekt, der Privatbaumeister, gegen den staatsbeamteten Architekten immer mehr durch. Die nach dem Prinzip der Arbeitsteilung aufgebauten Architekturbüros – Eduard Knoblauch, Martin Gropius und Friedrich Hitzig als Beispiel für die ersten großen erfolgreichen Privatarchitekten – beherrschten gegen Jahrhundertende den Markt.

Eine ganze Reihe von Architekten der zweiten Jahrhunderthälfte hatte ihre Ausbildung zu Schinkels Lebzeiten genossen und stand zumindest mit den ersten Werken unter seinem Einfluss. Zu ihnen gehörte **JOHANN AUGUST CARL SOLLER** (14. 3. 1805 Erfurt – 6. 11. 1853 Berlin). Verheiratet war er mit Friederike Wilhelmine, Tochter des Malers Johann Georg Wendel.

August Soller hatte acht Kinder, die Tochter Anna war bis zu dessen frühen Tod mit dem Chemiker und Physiker Otto Albert Hagen, Sohn des Oberlandesbaudirektors Gotthilf Hagen, verlobt. Am 22. 6. 1822 schloss Soller in Erfurt das „Mathematische Institut von E. S. Unger" mit der Feldmesserprüfung ab und nahm neben der Kondukteurtätigkeit Unterricht bei seinem späteren Schwiegervater. Zur Vorbereitung auf die Baumeisterprüfung am 6. 11. 1829 – bei Schinkel persönlich – weilte Soller ab 1827 mehrfach für längere Zeit in Berlin und schloss sich hier der Familie seines Neffen Richard Lucae an. Anfang 1830 bis 1833 bei der Regierung von Liegnitz auf dem Lande tätig, u. a. 1831 im Auftrag Schinkels bei Pückler in Muskau, war er ab dem 1. 6. 1833 wieder im Atelier Schinkels in Berlin. In Kenntnis seiner Befähigung empfahl Schinkel im Dezember 1833 Soller – vergeblich – als Architekturprofessor an die Dresdner Akademie, die von Schinkel selbst abgelehnte Professur erhielt dann Gottfried Semper. Nach vorübergehender Tätigkeit in Posen 1835–37 kam Soller zur Oberbau-

August Soller

deputation und übernahm 1841 das Ressort Kirchenbau. Nach seinen Entwürfen entstanden zahlreiche Kirchen in den östlichen Provinzen Preußens. Mit Wilhelm Salzenberg sichtete Soller 1842 unter Beuths Leitung den Schinkel-Nachlass, 1844 wurde er Kustos des neugegründeten Schinkel-Museums. Mit dem Maler Julius Helfft und zeitweilig mit Hitzig und Persius besuchte er 1845 Italien. Anfang 1851 wurde Soller als Vortragender Rat in das Handelsministerium übernommen.

WERKE: Konstr.-Entw. f. Turmspitze Jerusalemer Kirche (1837; nicht ausgef.); Grabmal E. L. Tippelskirch, Garnisonfriedhof Kl. Rosenthaler Str. 3-7 (1840); Entw. Petri- u. Markuskirche (1844; nicht ausgef.); Kath. Garnisonkirche St. Michael, Michaelkirchplatz (1851-61; Vollendg. A. Simons, R. Lucae u. a.); Bltg. Kriegerdenkmal, Invalidenpark (1851-53; Entw. B. Brunckow; Vollendg. A. Stüler).

FRIEDRICH LUDWIG WILHELM SALZENBERG (20. 1. 1803 Münster - 24. 10. 1887 Montreux/ Schweiz) legte 1822 in Münster die Feldmesserprüfung ab und war dann praktisch für die Militärbauverwaltung und lokale Behörden tätig, 1832-34 folgte das Bauakademiestudium mit Baumeisterprüfung. Seine Anstellungen wechselten häufig: 1835-37 bei der Regierung Münster und in Stralsund, 1837 Bauabteilung des Finanzministeriums und bis 1847 auch Lehrer an der Bauakademie und am Gewerbeinstitut, 1847 Bauaufnahme der Hagia Sophia in Konstantinopel im Auftrag Friedrich Wilhelms IV. (Veröffentlichung 1854), 1848 Landbauinspektor in Hirschberg, 1853 Regierungs- und Baurat bei der Regierung Erfurt. Nach Berlin kam Salzenberg endgültig 1857 als Mitglied der Baudeputation. Im Handelsministerium mit dem Ressort Post- und Telegrafenbauten betraut, war er von 1865 bis zum Ruhestand Geh. Oberbaurat, am 1. 10. 1877 Dezernent für Kirchenbau und Denkmäler, 1866-73 auch Direktoriumsmitglied der Bauakademie. Als Jury-vorsitzender des Dombauwettbewerbs 1867/68 beeinflusste Salzenberg zugunsten konservativer Auffassungen dessen Scheitern.

WERKE: Entw. Gitter f. Grabmal Schinkel (1841; nicht ausgef.); Entw. Petrikirche (1844; nicht ausgef.); Telegrafendirektion, Frz./Ecke Oberwallstr. (1862-64; Bltg. A. Lohse). - Kath. Kirche St. Peter und Paul, Bassinplatz Potsdam (1867-70); Wiederherstellung Klosterkirche Lehnin (1871-77).

Salzenbergs Bauleiter ADOLF HERMANN LOHSE (30. 8. 1807 Berlin - 15. 1. 1867 ebd.) war 1825 vorzeitig vom Friedrichwerderschen Gymnasium abgegangen und nach der Feldmesserprüfung im Januar 1827 als Regierungs-Kondukteur in Frankfurt/O., 1828/29 kurzzeitig bei der Berliner Magistratsbauverwaltung und 1829/30 im Landbau angestellt. Dem Bauakademiestudium 1830-34 mit Bauführerprüfung folgte die praktische Tätigkeit (u. a. Bauleitung Umbau Akademiegebäude, Unter den Linden, und 1838-40 Generalkommando Frankfurt/O.). 1840-46 Privatbaumeister in Berlin, kehrte Lohse nach der Baumeisterprüfung 1847 in den Staatsdienst zurück. Nach anderen Anstellungen kam er am 31. 8. 1856 zur Ministerial-Baukommission und wurde am 7. 3. 1862 zum Hof-Baurat befördert. Auf seiner Frankreichreise 1855/56 waren Stüler und Wilhelm Stier zeitweilige Reisebegleiter, anschließend besuchte er England, Irland und Schottland, 1856/57 die Schweiz und Italien.

WERKE: Teilw. Neueinrichtung Prinzessinnenpalais (1841); techn. Ltg. Bau Strafanstalt Moabit (1846-49; Entw. C. F. Busse); Bltg. Herrenhaus, Leipziger Str. 3/4 (1850/51; Entw. H. Bürde); Bltg. Realschule, Kochstr. (1857; Entw. G. E. Prüfer); Wiederherstellung Palais Prinz Albrecht, Wilhelmstr. 102 (1860-62); Achard-Stiftung, Frz./Ecke Markgrafenstr. (1862); Bltg. Telegrafendirektion (1862-64; Entw. W. Salzenberg); Wilhelmsgymnasium m. Wohnhaus, Bellevuestr. 15 (1863-65);

Köppjohannsche Stiftung, Albrechtstr. (bis 1867); Um- u. Erweiterungsbauten Gewerbeinstitut, Klosterstr. 32-36 (1861–65); Umbau Dreifaltigkeits- und Sophienkirche (1864); architekton. Gestaltg. Schlesischer (Ost-)Bhf. (1866/67; m. E. Grüttefien und Th. Stein). – Villa Stockhausen (1850–53) u. Schloss Albrechtsberg (1850–54), Dresden.

Sowohl künstlerischer Architekt wie konstruktiver Ingenieur war **THEODOR AUGUST STEIN** (18. 7. 1802 Plock – 12. 11. 1876 Berlin). Die vom Vater bestimmte Gerichtsschreiberlehre in Labiau brach er bald ab und wechselte ins Büro eines Landbaumeisters. Ab 1823 lernte und arbeitete Stein in Königsberg und bestand hier am 20. 6. 1825 die Feldmesser- und Kondukteurprüfung. 1827–29 studierte er bis zur Baumeisterprüfung an der Bauakademie. Nach Mitarbeit bei Stadtbaurat Cantian in der Magistratsbauverwaltung (1829/30) war Stein im Staatsdienst in Potsdam (1830–32), Gumbinnen (1832–37) und Danzig (1837–42) tätig, auch erste Privatbauten entstanden. Nach der Italienreise mit dem befreundeten Maler Hopfgarten war Stein ab Januar 1843 bei der Ministerial-Baukommission angestellt; 1846 reiste er durch Belgien, Frankreich und England. 1847 zum Baurat ernannt, wirkte er auch als Lehrer an der Bauakademie, ehe er am 1. 7. 1849 zur Regierung nach Aachen ging. Steins Tätigkeit war vielseitig. Als Mitglied des Karls-Vereins zum Wiederaufbau des Aachener Münsters und Leiter des Bauausschusses gestaltete er die Exposition des Deutschen Zollvereins auf der Londoner Industrieausstellung 1851 und die Preußens auf der Pariser Ausstellung 1855, 1851–54 war er Mitglied der Techn. Baudeputation.
Mit der Übernahme des Vorsitzes der Kreutz-Küstrin-Frankfurter Eisenbahngesellschaft am 15. 3. 1856 übersiedelte Stein nach Frankfurt/O. Nach einer Reise 1857/58 durch Österreich, Italien und die Schweiz arbeitete er 1858 bei der Eisen-

bahnkommission im Handelsministerium und 1861 bei der Berlin-Stettiner Eisenbahngesellschaft in Stettin. 1863 Direktionsmitglied, wurde er 1876 deren Direktor. Nach einem Kuraufenthalt trat er im Oktober in den Ruhestand und verstarb kurz darauf. Sein Leben war von schweren Schicksalsschlägen überschattet. 1841 starben die erste Frau und Tochter, von neun Kindern aus der zweiten Ehe überlebten ihn nur fünf. Neben Kirchen und Staatsbauten in und um Aachen sind vor allem seine Brücken und Hochbauten an den Strecken der genannten Eisenbahnen zu nennen.

WERKE: Entw.-Mitarb. (ab 1829) u. Bltg. Umbau Klostergymnasium (1832; Entw. C. Cantian); Bltg. eiserner Dachreiter und Turmspitzen, Sakristei u. Bogengang Klosterkirche (1843/44; Entw. W. Berger); eiserne Eckfialen und Wiederherstellung Luisenstädt. Kirche, Sebastianstr. (1843); Bltg. Fialen Friedrichwerd. Kirche (1843; Entw. A. Stüler); Gestaltg. Gewerbeausstellung Zeughaus (1844); Bltg. Krankenhaus Bethanien, Mariannenplatz (1845–47; Entw. L. Persius, A. Stüler); Um- u. Erweiterungsbau Kaufhaus Gerson, Werderscher Markt 5 (1848/49); Stettiner (Nord-)Bhf. (1874–76; m. K. Busse); Gewerbebauten in Köpenick, Rummelsburg und Berlin.

Als Assistent Steins arbeitete **EDUARD RÖMER** (23. 2. 1814 Elberfeld – 15. 1. 1895 Dresden) 1844–47 am Bethanienkrankenhaus. Nach Feldmesserprüfung 1835, Militärdienst in Düsseldorf 1835/36 und Architekturstudium 1836–39 in München folgte eine Italienreise. 1842 verließ Römer die Düsseldorf-Elberfelder Eisenbahn und wurde Privatbaumeister in Berlin, mangels Aufträgen arbeitete er bis 1844 bei Stüler und Soller. Nachdem Römer Latinum und Bauführerprüfung nachgeholt hatte, wurde er 1849 unmittelbar vor der Baumeisterprüfung zum Militärdienst einberufen, den er nach 1854 als Hauptmann beendete. 1856 legte er die Baumeisterprüfung ab und war bis 1872

für verschiedene Eisenbahngesellschaften, u. a. die Kreutz-Küstriner und die Niederschlesisch-Märkische Eisenbahn, vor allem an Bahnhofsbauten (u. a. Frankfurt/O., Guben, Görlitz, Breslau, Küstrin) tätig. Formal seit 1864 bei der Regierung in Danzig angestellt, war er jedoch zum Eisenbahnbau dauerbeurlaubt. Danach lebte Römer in Dresden und war bis zum Ruhestand 1877 Direktor der Muldental-Eisenbahngesellschaft.
WERKE: Umbau u. Erweiterung Schlesischer (Ost-)Bhf. (1864-69; m. E. Grüttefien u. A. Lohse); Wohnhaus, Regentenstr. 10 (1865); Seitenflügel Kultusministerium, Unter den Linden.

Nach dem Tod Stülers bestimmte JOHANN HEINRICH STRACK (6. 7. 1805 Bückeburg – 13. 6. 1880 Berlin), der aus einer weitverzweigten Künstlerfamilie stammte, die Staats- und Hofbauten in Berlin. Der Vater Wilhelm und dessen Bruder Ludwig Philipp waren Maler, die Großmutter Luise Margarethe einzige Schwester der die berühmte und weitverzweigte Malerfamilie begründenden Brüder Tischbein:

Johann Heinrich Strack

Anton Wilhelm, Jacob, Johann Heinrich d. Ä., Anton, Johann Valentin und Conrad. Letzterer ist der Urgroßvater des Architekten Heinrich Strack d. J., den der kinderlos verheiratete Strack (d. Ä.) adoptierte.

Strack besuchte 1824/25 die Bau- und die Kunstakademie, war 1825-27 auf Empfehlung Rauchs bei Schinkel tätig und setzte 1827 das Bauakademiestudium bis zur Kondukteurprüfung fort. Nach der Reise 1831 mit Stüler nach Petersburg und Moskau betätigte er sich 1832-37 – wenig erfolgreich – als Privatbaumeister. Auf Empfehlung Schinkels versuchten Strack und Stüler 1836 vergeblich, den Auftrag zum Wiederaufbau des Winterpalais in Petersburg zu erhalten. Nach erneutem Studium 1837/38 mit Baumeisterprüfung reiste Strack nach Italien und wurde 1839 Lehrer und 1841 Professor an der Akademie der Künste sowie Lehrer an der Artillerie- und Ingenieur-Schule. Ab 1842 war er am Hofbauamt angestellt, im gleichen Jahr reiste er wieder mit Stüler nach Frankreich und England; 1845 weilte er im Auftrag des Königs in Kopenhagen. 1850 Mitglied der Baudeputation und Hofbaurat, begleitete er 1853-55 Prinz Wilhelm nach Italien und Sizilien und wurde 1854 zum Bauakademie-Professor berufen. Während der Ausgrabungen 1862 in Athen mit dem Archäologen Ernst Curtius, ab 1868 Direktor des Alten Museums, und Karl Bötticher entdeckte Strack das antike Dionysos-Theater. Mit dem Ruhestand 1876 erhielt er den Ehren-Titel „Architekt des Kaisers".
WERKE: Wohnhäuser, Tiergartenstr. 16 (1835-40) u. Frz. Str. 32 (um 1836); Raubtierhaus Zoo (1844) u. andere Tierhäuser; Palais Raczynski, Königsplatz (1844-46); Turm Luisenstädt. Kirche (1845; m. W. Berger); Petrikirche (1846-53); Bauten Borsig-Werke (1847-50 Walzwerk, 1849 Villa Moabit, 1858-60 Fabrik Chausseestr. 1); Andreaskirche, Stralauer Platz (1853-56); Umbau Ks.-Wilhelm-Palais (1854) u. Kronprinzenpalais (1856-58), Unter den Linden;

Siegessäule (1865-73; Plastik F. Drake); Oberltg. Nationalgalerie (1866-75; Entw. A. Stüler; Bltg. G. Erbkam); Umbau Seitenhallen Brandenburger Tor (1868; m. H. Blankenstein); Rekonstruktion Berliner Gerichtslaube im Park Babelsberg (1871/72); Belle-Alliance-Brücke (1874); Erhöhung u. Drehung Kreuzbergdenkmal (1875-78; techn. Entw. W. Schwedler); Erweiterung Schloss Babelsberg (1844-49); Flatow-Turm, Park Babelsberg (1853); architekton. Gestaltg. Rhein- und Elbebrücken.

Das selbst entworfene Grabmal Stracks auf dem Dorotheenstädtischen Friedhof errichtete 1881/82 mit Julius Emmerich und Reinhold Persius sein Adoptivsohn HEINRICH STRACK (4. 6. 1841 Oldenburg - 17. 12. 1912 Grunewald b. Berlin), Enkel des Malers Johann Heinrich Wilhelm Tischbein und Sohn eines Architekten. Ausgebildet an der Bauakademie und bei Strack d. Ä., begann er 1872 seine Laufbahn als Hochschullehrer an der Bauakademie, 1894-96 war er Mitglied des Senats der TH Charlottenburg und wurde 1911 Dr.-Ing.

e. h. der TH Danzig. Von den wenigen Bauten ist das mit Giersberg errichtete Joachimsthalsche Gymnasium (1875-79) in Wilmersdorf zu nennen. Strack d. J. verfasste zahlreiche Schriften zur historischen Architektur.

Als Bauleiter unter dem älteren Strack arbeitete GEORG GUSTAV ERBKAM (29. 9. 1811 Glogau - 3. 2. 1876 Berlin). Nach dem Besuch des Berliner Friedrich-Wilhelm-Gymnasiums legte er 1831 die Feldmesserprüfung ab, 1834 folgte das Kondukteurexamen. Danach war er bis 1840 praktisch im Wasserbau und bei Langerhans in der Magistratsbauverwaltung tätig und legte 1841 die Baumeisterprüfung ab. Erbkam leitete während der Nilexpedition von Lepsius 1842-45 die topographischen Aufnahmen der Tempel und Grabfelder und blieb zeitlebens der Architektur-Archäologie verbunden; 1861 ernannte ihn das Archäolog. Institut zu Rom zum korrespondierenden Mitglied. Im Juni 1846 kam er ins Handelsministerium, wo er später Assistent Stülers im Ressort Kirchenbau wurde. Ab 1863 war er

Heinrich Strack

Georg Erbkam

Mitglied der Dombaukommission; von 1851 bis Ende 1875 gab er die Zeitschrift für Bauwesen heraus. Seit Anfang 1875 schwer krank, wurde Erbkam noch kurz vor seinem Tod zum Geh. Regierungsrat befördert.

WERKE: *Bltg. Markuskirche (1848–55; Entw. A. Stüler); eig. Wohnhaus, Eichhornstr. (1855); Erziehungsanstalt „Grünes Haus", Neue Hochstr. 19 (1860); Gymnasiasten-Pension Paulinum, Genthiner Str. 38 (1864–67); Bltg. Nationalgalerie (1866–75; Entw. A. Stüler; Oberltg. J. H. Strack); Golgathakapelle, Borsigstr. 5 (1867–69).*

Mitbegründer der von Erbkam herausgegebenen Bauzeitschrift war 1850/51 auch GEORG FRIEDRICH HEINRICH HITZIG (8. 11. 1811 Berlin – 11. 10. 1881 ebd.). Nach dem Besuch des Friedrich-Wilhelm-Gymnasiums sowie der Gewerbeschule legte er 1829 die Feldmesserprüfung ab, der Baukondukteurprüfung folgte die praktische Tätigkeit, u. a. an Schinkels Sternwarte. Nach einer Parisreise 1835 und der Baumeisterprüfung 1837 ließ sich Hitzig in Berlin als Privatarchitekt nieder. Reisen führten ihn 1845 nach Italien, 1856/57 nach Ägypten, Griechenland, der Türkei und Triest, 1864 nach Paris und Brüssel. Seit 1850 Mitglied der Baudeputation, wurde Hitzig 1855 Mitglied der Akademie der Künste, 1868 ihres Senats und 1875 ihr Präsident. Die Kunstakademien von Wien, München, Madrid und Amsterdam zählten ihn zu ihren Mitgliedern. Am 1. 10. 1880 wählte ihn die Akademie des Bauwesens zum Abteilungs-Dirigenten für Hochbau. Frühzeitig beteiligte er sich an Grundstücks- und Baugesellschaften, so 1856–58 zur Anlage der Victoriastr. am Tiergarten und 1863 mit David Hansemann zur Anlage der Villenkolonie Albrechtshof. Der Bau der Börse an der Spree gegenüber dem Dom brachte zweifachen Gewinn. Das im Familienbesitz befindliche Palais Itzig, Burgstr. 25, 1718 von Gerlach als Palais Montargues erbaut und 1762–65 mit Nebenhäusern durch Hitzigs Urgroß-

vater Daniel Itzig erweitert, verkaufte er den neuen Bauherren; gleichzeitig lieferte er den Entwurf für den Neubau. Der Hofbankier war nicht das einzige prominente Familienmitglied. Der Großonkel Isaak Daniel avancierte zum Oberhofbankier, Großvater Elias Daniel war Stadtrat in Potsdam und nahm 1808 nach dem Übertritt zum Christentum den Namen Hitzig an. Friedrichs Vater Julius Eduard – eigentlich Isaak Elias – ließ sich 1799 taufen. Er war Kriminologe, Schriftsteller und als Jurist Kollege seines Freundes E. T. A. Hoffmann, dessen erster Biograph er wurde. Die Hoffmann-Skulptur von Carin Kreuzberg auf den Spreeterrassen am „DOM AQUARÉ"-Hotel hat historische Bezüge, der Dichter war auch im Familien-Palais seines Freundes zu Gast.

Durch Hitzigs Schwäger Franz Kugler (Kunsthistoriker), Schwiegervater des Literatur-Nobelpreisträgers Paul Heyse, Adalbert v. Chamisso (Schriftsteller und Botaniker) und Johann Jacob Baeyer (Offizier, Geodät und Begründer der europäischen Gradmessung), Vater des Chemie-Nobelpreisträgers Adolf v. Baeyer, war die Familie eng mit Berlins Kulturgeschichte verbunden.

WERKE: *Villen u. Miethäuser in der Friedrichstadt u. am südl. Tiergarten; Otto'scher Zirkus, Friedrichstr. 141 (1855); Vereinshaus „Gesellschaft der Freunde" (später Dräsels Festsäle), Neue Friedrichstr. 35 (1858–60); Börse, Burgstr. (1859–64 u. 1880–83; Bltg. J. Hennicke); Markthalle, Karlstr. (1865–68; Bltg. A. Lent); Reichsbankkomplex, Jägerstr. (1869–76); Reichenheimstiftung, Weinbergsweg 5 (1870/71); Sächs. Gesandtschaft, Voßstr. 17 (1871); Provis. Reichstag, Leipziger Str. 4 (1871; Umbau KPM-Gebäude; Bltg. Gropius & Schmieden); Umbau Zeughaus (1877–81); Oberltg. TH-Komplex, Charlottenburg (Entw. R. Lucae u. a.; Vollendg. bis 1884 J. Raschdorff).*

Prägten Hitzigs Monumentalbauten das staatsoffizielle Gesicht Berlins, so verkörperte der wichtigste Bau von **HERMANN FRIEDRICH WAESEMANN** (6. 6. 1813 Danzig – 28. 1. 1879 Berlin) die gewachsene Stärke des Kommunalwesens Berlin – über seine eigentliche Funktion hinaus wurde das Rote Rathaus zu einem Wahrzeichen der Stadt. Nach anfänglichem Studium der Mathematik und Naturwissenschaften ab 1830 in Bonn legte der Sohn des späteren Hausarchitekten der Universität Bonn nach dem Bauakademiestudium 1832–35 die Baukondukteurprüfung ab. Bis 1838 war Waesemann in Schönebeck und bei Rathenow praktisch tätig. Das mit der Baumeisterprüfung 1841 abgeschlossene weitere Studium wurde durch die Mitarbeit am Umbau von Schloss Basedow bei Stüler 1839/40 unterbrochen. Bis 1844 am Entwurf und Bau des Neuen Museums unter Stüler beteiligt, arbeitete Waesemann danach bis 1853 bei der Schlossbaukommission. Zwischenzeitlich versuchte er sich 1849–51 als Privatarchitekt zu etablieren, 1851–53 war er außerdem Lehrer an der Bauakademie. 1853 Regierungsangestellter in Breslau, kam er 1855 zur Ministerial-Baukommission. Wegen des Rathausbaues nahm Waesemann 1859 seinen Abschied, noch während der Bauarbeiten entwarf er 1863 mit Karl Lüdecke die von diesem bis 1868 gebaute Börse Breslau. Mit dem Gewinn aus dem Rathausbau gründete Waesemann 1866 mit anderen die Berliner Bau-Vereinsbank. Studienreisen führten ihn mit Kolscher nach Italien sowie später nach Frankreich, Belgien und England.

WERKE: Wiederherstellung Weißer Saal, Schloss (1845–53; m. A. Schadow; Entw. A. Stüler); Getreidespeicher, Holzmarktstr. 15/16 (1856/57); Erweiterung Kammergericht, Lindenstr. (1856–58); Wohnhäuser, Jerusalemer Str. 25 (1858) u. Regentenstr. 6 (1859/60); Rotes Rathaus (1861–69; m. B. Kolscher u. J. W. Schwedler); Wohnhaus, Frobenstr. 14 (1872/73).

Der seit 1862 in Waesemanns Atelier tätige **BERNHARD KOLSCHER** (6. 3. 1834 Königsberg – 7. 6. 1868 Berlin) kam nach künst-lerischer Ausbildung in seiner Heimat 1854 an die Bauakademie, bereiste 1855 Holland und Spanien und zeichnete nebenbei für die Schnitzer und Vergolder des Hofes. Nach dem Kondukteurexamen 1856 arbeitete er bei Strack am Kronprinzenpalais und 1860/61 bei Waesemann. Nach der Baumeisterprüfung 1862 übernahm er die Entwürfe für die Innengestaltung des Rathauses, nebenbei lehrte er 1864–66 an der Bauakademie. Er starb wenige Monate nach seiner am 12. 1. 1868 erfolgten Berufung zum Leiter der Klasse für Komposition an der Schule des späteren Kunstgewerbemuseums.

WERKE: Ltg. Innenausstattung Palais Arnim-Boitzenburg, Pariser Platz 4 (1857/ 58; Entw. E. Knoblauch d. Ä.); Bltg. Villa Pflug, Alt Moabit 117/118 (1859/60; m. G. Knoblauch; Entw. E. Knoblauch d. Ä.); Innenausgestaltg. Rotes Rathaus (1860– 68); Handwerkervereinshaus, Sophienstr. 15 (1864; m. H. Lauenburg); Entw. Dom (1868; nicht ausgef.).

Kolschers Partner am Handwerkervereinshaus war der gelernte Maurer **HEINRICH CHRISTIAN JOHANN LAUENBURG** (27. 1. 1832 Bützow – 15. 1. 1890 Berlin), ab 1849 beim Eisenbahnbau beschäftigt, der sein Bauakademiestudium 1853–60 mit der Privatbaumeisterprüfung abschloss. 1868 gründete er eine eigene Firma, die vorwiegend an Staatsbauten (u. a. 1871 Prov. Reichstag, Leipziger Str. 4 v. F. Hitzig) und Mietshäusern (um 1875 Genthiner Str. 22/23) mitwirkte.

Wenn auch kein Bau der Ingenieure aus der Familie Wiebe in Berlin erhalten ist, so war doch der Name eines jeden von ihnen mit der Stadt und ihrer Technik-Geschichte verknüpft. **EDUARD FRIEDRICH SALOMON WIEBE** (12. 10. 1804 Stalle/Ostpr. – 23. 2. 1892 Berlin), Sohn eines Dorfpfarrers, legte nach dem Besuch des Gymnasiums und der Fachausbildung 1823 die Feldmesserprüfung ab. Der Tätigkeit beim Festungsbau in Thorn folgte 1826 das Studium an der Bauakademie, das Eduard Wiebe bereits Anfang 1828 nach dem plötzlichen Tod des Vaters aus finanziellen Gründen aufgeben musste. Eine zwischenzeitliche Anstellung beim Kriegsministerium (Entwurf u. Bauleitung Kaserne Münster) und der Regierung Westfalen (Chausseebau, Kirchenbau u. a.) gab ihm 1831 die finanzielle Grundlage, seine Studien fortzusetzen, nebenher hörte er Mathematik und Physik an der Universität. Am 24. 9. 1836 bestand er vor Schinkel und Beuth das Baumeisterexamen. Nach einer Studienreise durch Frankreich, Belgien und England und kurzer Tätigkeit in Magdeburg war Wiebe bis 1859 bei verschiedenen preuß. Eisenbahngesellschaften tätig, zwischenzeitlich auch in Staatsanstellungen (1843–46 Finanzministerium, 1846–48 Köln, 1848/49 Erfurt). In leitender Position beim Bau der Ostbahn konnte er um 1850 seinem Freund Eduard Knoblauch lebenswichtige Aufträge für Stationsgebäude verschaffen. In der Bauabteilung des Handelsministeriums befasste sich Wiebe vom 5. 6. 1859 bis zum Ruhestand am 1. 8. 1875 vorwiegend mit Kanalisationsprojekten. Tätig war er u. a. für Basel, Breslau, Frankfurt/M., München, Posen, Triest; die Stadt Danzig ernannte ihn dafür sogar zum Ehrenbürger. Wiebe war 1843–46 führend an Vorbereitung und Baubeginn der Ostbahn Berlin-Eydtkunen beteiligt u. leitete 1849–55 den Bau, nach seiner Vorplanung entwarf Alfred Lent den Lehrter Bhf. Nach einer mit James Hobrecht 1860 unternommenen Studienreise (Paris, London, Hamburg und andere Großstädte) entstand 1861 sein Entwurf für die Berliner Kanalisation, der aber dem dann ausgeführten Hobrechtschen unterlag. Bei Stüler war Wiebe an der Schlosskuppel-Konstruktion beteiligt.

Drei seiner Neffen, die Brüder Adolf, Friedrich und Hermann, waren ebenfalls im Baufach – mehr oder weniger in Berlin präsent – tätig. **ADOLF FRIEDRICH ERNST WIEBE** (17. 3. 1826 Tiegenhof b. Marienburg – 8. 7. 1908 Heiligendamm) studierte 1844/45 an der Universität Königsberg, lernte 1845–47 Feldmesser und legte nach

Adolf Wiebe

dem Bauakademiestudium 1848–50 die Kondukteurprüfung ab; 1853 folgte die Tiefbau-, 1856 die Hochbau-Baumeisterprüfung. In verschiedenen Staatsanstellungen war Adolf Wiebe im Eisenbahn- und Wasserbau u. a. in Bromberg, Königsberg, Berlin, Frankfurt/O. und Breslau tätig. 1888–96 war er preuß. Oberbaudirektor für Wasserbau, an der Akademie des Bauwesens 1895–1901 Abt.-Leiter für Hochbau.

FRIEDRICH ERNST EDUARD WIEBE (14. 2. 1829 Flatow/Westpr. – 15. 2. 1882 Berlin) legte 1852 an der Bauakademie das Feldmesser- und 1858 das Baumeisterexamen ab und war bis 1875 bei verschiedenen Eisenbahngesellschaften angestellt und seit 1872 Mitglied der Eisenbahndirektion Hannover, im März 1875 kam er zum Reichs-Eisenbahnamt Berlin.

Der dritte Bruder, **HERMANN FRIEDRICH CARL WIEBE** (27. 10. 1818 Thorn – 26. 3. 1881 Berlin), Schwiegervater des Architekten Tuckermann, absolvierte 1835–39 in Danzig eine Lehre im Mühlen- und Maschinenbau und schloss das Studium am Gewerbeinstitut 1839–42 als Mühlen-

baumeister ab. Nach Tätigkeit als Privat-
baumeister in Berlin begann er 1846 als
Lehrer am Gewerbeinstitut und an der
Bauakademie, deren letzter Direktor er ab
1. 1. 1878 war. Am 1. 4. 1879 trat er sein Amt
als erster Direktor der neugegründeten
TH Charlottenburg b. Berlin an.
Das Schaffen der Wiebe-Brüder ist heute
weitgehend unbekannt. Nach dem Entwurf Adolf Wiebes erfolgte 1882–85 die
Kanalisierung der Spree im Stadtgebiet
von Berlin bis Spandau und 1886–88 der
Bau der Langen Brücke Potsdam.
Friedrich Wiebe war u. a. 1866/ 67 am
Ausbau der Kgl. Niederschl.-Märk. Eisenbahn Berlin-Breslau beteiligt, die in Berlin
am heutigen Ostbahnhof begann. Hermann Wiebe baute zahlreiche militärische Proviant- und private Mühlen, u. a.
1855 die in Neiße und 1861 die neue
Mühlendamm-Mühle in Berlin; außerdem
verfasste er Fach- u. Lehrbücher zum
Mühlenbau.

Die Spezialisierung im 19. Jh. ließ die traditionelle Sparte des Militärbaumeisters in
neuer Qualität auferstehen. Im Gegensatz
zum feudalen Festungsbaumeister bzw.
Kriegsingenieur – dessen Aufgaben der
konstruktive Ingenieur übernahm – war
dieser nun auf den Hochbau orientiert.
Der erste bedeutende Militärbaumeister
der neuen Ära war Karl Hampel. Bio-
graphische Daten zu dieser Berufsgruppe
sind wegen des militärischen Charakters
ihrer Werke ungleich schwerer zu erlangen als die von Vertretern anderer Spezi-
alisierungen.

Nach bestandenem Kondukteurexamen
arbeitete der gelernte Zimmerer AUGUST
FERDINAND FLEISCHINGER (1804 Berlin – 20.
5. 1885 ebd.) bei Hampel. Nach der Baumeisterprüfung 1830 war er bis 1834 bei
der Oberbaudeputation angestellt, bis
zum Ruhestand 1880 arbeitete er in der
Bauabteilung des Kriegsministeriums,
deren Leitung er 1850 übernahm. Er war
ab 1850 Mitglied der Baudeputation und
1854–61 Lehrer an der Bauakademie.

WERKE: *Ulanenkaserne, Moabit (1846–48;
Vorentw. A. Stüler; Bltg. W. Drewitz);
Garnisonlazarett I, Scharnhorststr. 13 u.
Dragonerkaserne, Belle-Alliance-Str.6
(1850–53; Bltg. W. Drewitz); Wiederher-
stellung Garnisonkirche, Spandauer Str.
(1863; m. A. Stüler); Grenadierkaserne,
Blücherstr. 47/48 (1863–66; Bltg. G.
Voigtel); Proviantamt-Getreidemagazin,
Köpenicker Str. 16/17 (1864/65; Bltg. H.
Steuer u. a.); Erweiterung Kriegsminis-
terium, Wilhelm-/Ecke Leipziger Str. 5
(1865–67; Bltg. G. Voigtel); Generalstab
Königsplatz/Ecke Moltkestr. (1867–71; m.
G. Voigtel u. a., Bltg. H. Steuer); Zen-
tral-Garnison-Waschanstalt, Blücherstr.
(1869); Zentralkadettenanstalt Lichter-
felde (1871–78; m. G. Voigtel u. H. Steuer;
Bltg. 1871–73 W. Tuckermann, 1873–76 F.
Häberlin, 1876–78 A. Busse); Dragoner-
kaserne, Blücherstr. 26 (1875–78; Bltg. A.
Busse, H. Steuer u. a.); Erweiterung
Generalstab Königsplatz/Ecke Roonstr.
(1876–81).*

Kurze Zeit war in der Berliner Garnisonbauverwaltung FRANZ HÄBERLIN (8. 9. 1841
Berlin – 25. 7. 1899 Potsdam) tätig, Sohn
des Potsdamer Architekten Johann Heinrich Häberlin. Nach den Examen als
Kondukteur 1867 und Baumeister 1871
war er einige Monate bei der
Garnisonbauverwaltung, dann bis 1873
bei Strack angestellt (u. a. Mitarbeit an der
Siegessäule). Als Garnisonbaumeister
1873–76 leitete Häberlin den Bau der
Lichterfelder Kadettenanstalt bei Fleischinger, am 1. 10. 1876 wechselte er zur
Schlossbaukommission, im Juni 1885
wurde er zum Hof-Baurat befördert.
Größeren bekannten Umfang hatte das
Berliner Schaffen von GUSTAV VOIGTEL (29.
5. 1834 Köln – 21. 7. 1914 Berlin), Schwager
des Architekten Joseph Schott. Nach dem
Kondukteurexamen 1857 war Voigtel
beim Handelsministerium und in der
Oberpostdirektion Arnsberg/Westfalen
tätig und trat nach der Baumeisterprüfung
1863 an der Bauakademie seine Laufbahn
im Militärbauwesen an, die ihn im

282

Kriegsministerium bis zum Leiter der Bauabteilung (1888) führte, 1890-97 war er Mitglied der Akademie des Bauwesens. Neben den Bauleitungen an Vorhaben Fleischingers und der Entwurfsmitarbeit für die Garnisonkirche Spandau 1887 bei Roßteuscher entwarf er selbst zahlreiche Militärbauten.

WERKE: Kaserne, Köpenicker Str. 12 (1869-73; Bltg. u. Mitentw. H. Steuer); Artillerie- u. Ing.-Schule Charlottenburg (1873-76); Kaserne (1878-81) u. Artilleriedepot (1879), Kruppstr. (Bltg. O. Appelius u. R. Lapierre); Grabmal Islam. Begräbnisplatz, Neukölln.

Über HUGO STEUER (16. 9. 1829 Gleiwitz – nach 29. 9. 1900), 1864 als Baumeister in Berlin und 1867 als Garnisonbauinspektor genannt, ist wenig bekannt. 1877 wurde er bautechnischer Revisor für das V. und VI. Armeekorps in Breslau. Außer als Bauleiter für Fleischinger und Voigtel trat er auch mit eigenen Bauten hervor.

WERKE: Landwehrdienstgebäude, Ks.-Franz-Grenadier-Platz 11/12 (1867-69); Kaserne, Köpenicker Str. 12, (1869-73 Bltg.; Entw. m. G. Voigtel); Garnisonverwaltung I, Michaelkirchplatz 17 (1870-72); Kaserne, Hinter dem Zeughaus (1871-73); Ks.-Wilhelm-Militärärzteakademie, Reichstagufer (1873/74).

WILHELM LOUIS DREWITZ (19. 1. 1806 Thorn – 2. 6. 1888 Breslau) lernte bis 1825 den Feldmesserberuf beim Festungsbau in Thorn, das Bauakademiestudium ab 1827 schloss er im Juni 1831 mit dem Baumeisterexamen ab. Bis 1856 arbeitete Drewitz in der Bauabteilung des Kriegsministeriums, 1854 wurde er auch Mitglied der Baudeputation. Anschließend war er bei der Regierung Erfurt tätig, 1880 ging er in den Ruhestand und siedelte nach Breslau über. Auch für Wilhelm Drewitz sind Bauleitungen bei Fleischinger zu finden.

WERKE: Vorderhaus u. Saalbau „Therbusch'sche Ressource zur Unterhaltung", Oranienburger Str. 18 (1840-42); Umbau

Palais Happe, Wilhelm-/Ecke Leipziger Str. 5 zum Kriegsministerium (1846-48; Vorentw. A. Stüler); Landwehrzeughaus, Königgrätzer Str. (1847/48); Zentrale Militärturnanstalt, Scharnhorststr. (1850); Exerzierhaus, Invalidenpark (1853); Wohnhaus, Schiffbauerdamm 40 (1853/54); Wachgebäude am Unterbaum (1853/54); Neuer Marstall, Charlottenburg (1856-58). – Ltg. Wiederherstellung Dom Erfurt m. Turmhelm-Neubau (1851-54 u. ab 1856).

Der in Böhmen – und somit im Ausland – ausgebildete und damit nicht für den Staatsdienst zugelassene **EDUARD TITZ** (1819 Reichenberg – 22. 1. 1890 Berlin) kam 1839 nach Berlin in das Atelier von Eduard Knoblauch und machte sich Mitte der 40er Jahre selbstständig. Seine Söhne Oskar, der das Atelier des Vaters nach dessen Eintritt in den Ruhestand weiterführte, und Felix, Mitarbeiter beim Vater bzw. Bruder, waren ebenfalls in Berlin tätig. Sie errichteten u. a. den Rohbau des Brauerei-Ausschanks, Wilhelmstr. 92/93 (1875; Entwurf O. Titz; durch Ende & Böckmann Vollendung als Haus des Architektenvereins) und durch Umbau des Woltersdorff-Theaters das Neue Friedrich-Wilhelm-Städtische Theater, Chausseestr. 25/26 (1883). Titz war einer der erfolgreichsten frühen Privatbaumeister, besonders im Theaterbau, von seinen zahlreichen Villen und Wohnhäusern können nur wenige genannt werden.

WERKE: Wohnhäuser, Dessauer Str. 28 u. 29, Köthener Str. 30, 31, 38 (um 1842-49); Friedrich-Wilhelm-Städt. (heute Deutsches) Theater, Schumannstr. 13a (1849/50); Kroll-Oper, Tiergarten (1852); Hotel d'Angleterre, Schinkelplatz 2 (1858); Victoria-Theater, Münzstr. 20 (1858; nach veränd. Entw. v. K. F. Langhans); Wallner-Theater, Wallnerstr. (1863/64); Alhambra-Theater, Münzstr. (1866); Umbau Breite Str. 15 in Kaufhaus R. Hertzog (1866-68); Wohnhäuser, Bellevuestr. 9 u. 13, Sommerstr. 5, Mohrenstr. 37 u. Georgenstr. 16 (um 1852-67); Geschäftshaus

Mosse, Jerusalemer/Ecke Leipziger Str. (1874); Restaurants Borchardt, Frz. Str., u. Hiller, Unter den Linden 62; Reichshallentheater, Chausseestr. - Theater Görlitz (1850); Zittau (1862; Umbau); Chemnitz (1863-65; Umbau); Gotha u. Bernburg.

Das 19. Jh. veränderte die Stellung des Gartenarchitekten, mit dem wachsenden Einfluss auf die Stadtplanung wurde er auch zum Grünplaner. Öffentliche Grünflächen und Parkanlagen verdrängten die feudalen und bürgerlichen Privatgärten. 1870 wurde, spät dieser Entwicklung Rechnung tragend, das Städtische Gartenamt gegründet, dessen erster Direktor am 1. Juli der schon früher in Berlin tätige JOHANN HEINRICH GUSTAV MEYER (14. 1. 1816 Frauendorf b. Frankfurt/O. - 27. 5. 1877 Berlin) wurde. Nach dem Besuch der Gärtnerlehranstalt Potsdam 1832-36 war Meyer bis zur Ernennung zum Hofgärtner 1859 Mitarbeiter bei Lenné und 1842-46 sowie 1857-70 Lehrer an der Gärtnerlehranstalt, 1843 avancierte er zum Technischen Leiter des Lenné-Büros. Meyer war maßgeblich an der vom Magistrat Anfang der 60er Jahre beschlossenen Konzeption zur Anlage großer Volksparks in den vier Himmelsrichtungen beteiligt: Tiergarten (W), Friedrichshain (O), Treptower Park (S) und Humboldthain (N). *WERKE: Mitarb. an den Potsdamer Anlagen von P. J. Lenné; Friedrichshain (1846-48; Erweiterung 1874/75); Treptower Park (1876-88; Vollend. H. Mächtig); Humboldthain (1869-77); Kl. Tiergarten, Moabit (1876). - Mitarbeit bei P. J. Lenné an auswärt. Anlagen sowie eig. Entwürfen (Bremen, Paris, Alsen, Wien, Thale, Gentzrode u .a.).*

Nachfolger Meyers wurde HERMANN MÄCHTIG (18. 8. 1837 Breslau - 1. 7. 1909 Berlin). Nach erster Ausbildung in Breslau lernte er 1854-56 in Potsdam. Dem Militärdienst 1856/57 folgte die Anstellung bei der Kgl. Gartendirektion Potsdam, ab 1865 lehrte Mächtig auch an der Gärtnerlehranstalt.

Meyer holte ihn 1875 zum Gartenamt Berlin. Ein von Mächtig wegen „Unregelmäßigkeiten bei Lohnarbeiten" entlassener Vorarbeiter verübte im Juli 1892 im Verwaltungsgebäude des Viktoriagartens auf ihn ein Revolver-Attentat, bei dem Mächtig eine schwere Oberschenkelverletzung erlitt, ein Garteninspektor wurde ebenfalls niedergeschossen. *WERKE: Humboldt-Denkmal, Humboldthain (um 1880); Umgestaltg. Sophienfriedhof in Park u. Kinderspielplatz (1879); Anlage Zentralfriedhof Friedrichsfelde (1881; Kapelle u. Eingangsbau 1890-93 v. H. Blankenstein); Grünanlage Dönhoffplatz (ab 1886); Viktoriapark, Kreuzberg (1888-94); Plänterwald, Treptow (1888-97); Grünanlage Alexanderplatz (1889).*

Die dominante Rolle der weit verzweigten Familie Fintelmann in der Berlin-Potsdamer Gartenkultur des 19. Jh.s setzten an der Wende zum 20. Jh. die beiden Groß-Cousins Gustav und Axel fort. GUSTAV ADOLF FINTELMANN D. J. (22. 6. 1846 Pfaueninsel - 7. 9. 1918 Potsdam), Urenkel des ersten Kgl. Hofgärtners in der Familie, Carl Friedrich F. und Sohn des Hofgärtners Gustav Adolph F. d. Ä., lernte 1864-66 bei einem Gärtner in Wildpark und bei Meyer in der Kgl. Gärtnerlehranstalt Potsdam. Nach dem Militärdienst arbeitete er auf der Pfaueninsel und im Borsig-Park Moabit, 1869 legte er das Obergärtnerexamen ab. Bis Ende 1873 unternahm Fintelmann, unterbrochen durch den Kriegsdienst 1870/71, ausgedehnte Studienreisen mit Praktika bei berühmten Gärtnern durch Nord-u. Westdeutschland, Belgien, England, Schottland, die Niederlande, Frankreich, Süddeutschland und Österreich. Am 1. 1. 1874 wurde zum Kgl. Obergärtner im Neuen Garten Potsdam und in Charlottenburg ernannt. 1880-84 leitete Fintelmann das Marly-Revier in Sanssouci und den Bereich Gartenkunst an der Gärtnerlehranstalt. Danach wurde er nach Hannover und 1891 nach Wilhelmshöhe versetzt. Als

Hofgartendirektor und Direktor der Gärtnerlehranstalt bis 1908 kehrte er 1898 nach Potsdam zurück. Am 1. 10. 1911 trat Fintelmann in den Ruhestand. In 3. Ehe war er mit der Berliner Bürgermeister-Tochter Anna geb. Seydel verheiratet. Die älteste Tochter heiratete in die ebenfalls über mehrere Generationen gärtnerisch tätige Familie Nietner ein.

WERKE: Mitarb. Pfaueninsel (um 1866–69); Mitarb. Villengarten Borsig, Moabit (um 1866–69); Gartenanlagen in Böhmen, Brandenburg, Murtensee/Schweiz u. Posen; Betreuung d. dt. Gärten auf Weltausstellung Wien (1873); Gelände um Drachenberg, Sanssouci; Park u. Villa Ingenheim, Potsdam.

AXEL FINTELMANN (27. 8. 1848 Elenhult – 16. 4. 1907 verm. Berlin) war ebenfalls ein Urenkel von Carl Friedrich F., sein monumentales Grab mit einem Porträtrelief von Albert Manthe hat er auf dem Zentralfriedhof Friedrichsfelde gefunden. Der Sohn des im Grunewald, in Schweden, in Storkow und bei Breslau tätigen Forstwirtschaftlers Dr. Ludwig F. und Vater des selbstständigen Gartenarchitekten Axel F. d. J., lernte 1865–67 auf der Pfaueninsel, 1867/68 an der Gärtnerlehranstalt und bei verschiedenen Kgl. Hofgärtnern. Seit April 1871 an der Städtischen Parkverwaltung Berlin bei Gustav Meyer angestellt, wurde er im Juni 1873 Obergärtner. Zum Garteninspektor befördert, übernahm Fintelmann im April 1891 das Revier Humboldthain. Ab 1898 war er Mitglied des Kuratoriums der Gärtnerlehranstalt und wurde 1904 zum Kgl. Gartenbaudirektor ernannt. Die ersten Entwürfe (1899–1907) für die Verlegung des Berliner Botanischen Gartens von der Schöneberger Hauptstr. zum Königin-Luise-Platz in Dahlem stammen von Fintelmann, der vermutlich auch die Arbeiten leitete.

Die märkische Backsteinbau-Tradition setzte **JOHANN HEINRICH FRIEDRICH ADLER** (15. 10. 1827 Berlin – 15. 9. 1908 ebd.) fort.

Nach dem Besuch der städtischen Gewerbeschule absolvierte Adler 1847/48 die Feldmesserlehre, nahm nebenbei privat und an der Akademie Malunterricht, besuchte 1846–49 Vorlesungen an der Universität und studierte 1848–50 an der Bauakademie mit Bauführerexamen. Bis 1853 arbeitete er bei Strack (Petrikirche, Schloss Babelsberg) und zur Entlastung Stülers am Neuen Museum, 1854 folgte die Baumeisterprüfung. Bis 1858 blieb er als Assistent bei v. Arnim an der Bauakademie. Dort seit 1859 Lehrer, wurde Adler 1863 zum Professor berufen und folgte 1866 v. Arnim im Amt. Aus dieser Zeit resultierte seine Freundschaft mit Hermann Blankenstein. Studienreisen führten nach Elsaß-Lothringen (1862), Italien (1864) und Griechenland (1887); außerdem besuchte er Frankreich, Palästina und Kleinasien (1871).

Mit seinem Schwiegersohn Wilhelm Dörpfeld, Architekt und Archäologe und später Mitarbeiter bei Schliemanns Ausgrabungen in Troja, nahm Adler zeitweise 1874–81 unter Curtius an den Ausgrabungen von Olympia teil. Ein zweiter Schwiegersohn Adlers, Paul Graef, ebenfalls Architekt und Archäologe, war vorwiegend als Fotograf tätig und gab die Fachzeitschrift „Blätter für Architektur und Kunsthandwerk" heraus – natürlich auch mit Berichten über die Arbeiten des Schwiegervaters.

Im Oktober 1877 wurde Adler Dezernent für Kirchenbau im Handelsministerium und am 20. 9. 1880 Mitglied der Akademie des Bauwesens; 1895–1900 war er Dirigent der Hochbau-Abteilung. 1903 trat Adler in den Ruhestand, nachdem er 1900 bereits die Professur an der TH Charlottenburg niedergelegt hatte. Adler war Dr.-Ing. e. h. und Dr. theol., Mitglied der Akademien der Künste zu Berlin und Wien und des Deutschen Archäologischen Institutes Rom und Athen. Mit Reinhold Persius gehörte er der Sachverständigenkommission für den Reichstagsneubau an. Wesentliches hat Adler als Hochschullehrer (Lehrfach Mittelalterliche Bauten) und bei der Erforschung mittelalterlicher Backsteinbauten geleistet. Das publizistische Spektrum reicht von Untersuchungen historischer ägyptischer und antiker Bauwerke einschließlich der Grabungsberichte von Olympia über die mittelalterlichen Backsteinbauwerke des preuß. Staates, der Baugeschichte einzelner Städte bis zur Schinkelschen Bauschule.

WERKE: Wohnhäuser, Dorotheenstr. 51 (1853/54) u. 43 (1857), Georgenstr. 44 (1863), Am Bauhof 7 (1863/64) u. Leipziger Str. 6 (um 1865); Bartholomäuskirche (Bltg. 1854–58; Entw. A. Stüler); Christuskirche, Königgrätzer Str. (1862–68); Thomaskirche, Mariannenplatz (1865–69). – Wiederherstellungen zahlr. hist. Bauten in Preußen; Museum Olympia/Griechenland (1883–87); Wiederherstellung Schloss u. -kirche Wittenberg (1885–92); Erlöserkirche u. Hospiz Jerusalem/Palästina (1898).

Friedrich Schulze-Kolbitz

Ab 1873 war **JOHANN DAVID FRIEDRICH OTTO SCHULZE** (-Kolbitz) (18. 3. 1843 Kolbitz b. Magdeburg – 30. 7. 1912 Steglitz) nebenberuflich Assistent Adlers an der Bauakademie. Nach dem Bauakademiestudium 1864–67, unterbrochen durch den Kriegsdienst 1866, Bauführertätigkeit im Eisenbahnbau und Kriegsdienst 1870/71 legte F. Schulze 1873 die Baumeisterprüfung ab und wurde bei der Ministerial-Baukommission angestellt, nebenberuflich war er Lehrer an der Gewerbeakademie. 1877 wurde er Mitarbeiter Adlers im Ministerium für öffentliche Arbeiten. Nach kurzzeitiger Tätigkeit bei der Regierung Kassel 1879 kam Schulze 1880 zur Ministerial-Baukommission zurück. 1907 erlitt er einen Autounfall mit lang andauernden Folgen, die ihn am 1. 1. 1909 zum Ruhestand zwangen. Bei den Zuschreibungen wurde F. Schulze zuweilen mit seinem Kollegen Friedrich Schultze verwechselt.

WERKE: Erweiterungsbauten Charité (ab 1873) u. Tierarzneischule (1874); Bltg. Erweiterung Ministerium f. öfftl. Arbeiten,

Voßstr. 35 (1875/76; m. W. Haeger; Entw. J. Emmerich); Luisengymnasium, Turmstr. (1880–82); Augusta-Töchter-Schule u. Lehrerinnenseminar, Kleinbeerenstr. (1884–86); Umbau Dreifaltigkeitskirche (1885/86); Friedr.-Wilh.-Gymnasium, Kochstr. 13 (1888–90); (Altes) Rathaus Schöneberg, Ks.-Wilhelm-Platz (1890–92; m. C. Vohl); Gemeindeschule u. Prinz-Heinrich-Gymnasium, Schöneberg (1891–93); Bauten Bot. Garten Dahlem u. Umbau Sophienkirche (1892); Heilandskirche, Moabit (1892–94); Abgeordnetenhaus, Prinz-Albrecht-Str. (1892–99); Herrenhaus, Leipziger Str. 3/4 (1892–1904).

Eine als Architekt untergeordnete Rolle spielte **CARL WILHELM HOFFMANN** (vor 1818 Gröningen b. Halberstadt – nach 1865); sein Name ist jedoch eng mit der Gründung der ersten Berliner Wohnungsbaugenossenschaft verbunden. Die Brüder Friedrich Eduard, Ziegel- und Baustofffabrikant und Erfinder des Ziegelringofens, und Eduard Hermann, bekannt in der Landwirtschaft durch die „Hoffmannschen Scheunen", waren ebenfalls – obwohl nicht in Berlin – im Bauen tätig. Nach dem Militärdienst in Posen angestellt, legte Hoffmann vermutlich 1846 an der Bauakademie das Baumeisterexamen ab; in der Schlossbaukommission war er bis 1851 für das Neue Museum zuständig. Nach Staatsanstellungen auf dem Lande wurde er 1863 Privatarchitekt. Bereits 1841 hatte Hoffmann vergeblich versucht, den Architektenverein für das Problem sozialer Arbeiterwohnungen zu interessieren und einen „Häuserbauverein" zu gründen. Als Mitbegründer des „Vereins zur Verbesserung der Arbeiterwohnungen" (1846) gab er im Februar 1847 die Denkschrift „Die Aufgaben einer Berliner gemeinnützigen Baugesellschaft", basierend auf den Ideen Victor Aimé Hubers, heraus. Mit Annahme der Vereinsstatuten am 15. 11. 1847 waren auf Hoffmanns Initiative die Vorbereitungen zur Genossenschaftsgründung, durch die Revolution verzögert, abgeschlossen. Am 16. 1. 1849 erfolgte dann die offizielle Gründung der „Berliner gemeinnützigen Baugesellschaft", von deren Vorsitz Hoffmann aber schon 1852 zurücktrat.

WERKE: Häuser der Baugenossenschaft (1848–51); Johannisstift am Plötzensee (1865).– Herrenhaus u. Wohnhäuser, Crossen (1852–54); Victor Aimé Hubers Wohnhs., Nöschenrode b. Wernigerode.

Die wachsenden sozialen Gegensätze als Folge der Industrialisierung als auch der Stellenwert der Justiz führten zu einer Zunahme von Gefängnis- und Gerichtsbauten. In der Nachfolge Busses stand hier **HEINRICH LUDWIG ALEXANDER HERRMANN** (13. 8. 1821 Krotoschin – 30. 9. 1889 Berlin). Nach Feldmesserprüfung 1840 in Posen studierte Heinrich Herrmann 1842–44 mit Kondukteurabschluss an der Bauakademie und legte nach Anstellungen vorwiegend im Hafen- und Chausseebau 1847 das Baumeisterexamen ab. Stationen der folgenden Staatsanstellungen waren Köslin, Greifenhagen, Düsseldorf, Stettin und Liegnitz. Im November 1864 kam

Herrmann zur Bauabteilung des Handelsministeriums nach Berlin und wurde 1865 Mitdirigent der Ministerial-Baukommission (Ressort Artilleriegebäude Spandau, Auswärtiges Amt, Banken). 1867 reiste er, seit 1866 auch Mitglied der Baudeputation, nach Belgien und Frankreich und übernahm das Ressort Verwaltungs-, Post-, Gerichts- und Gefängnisbauten. Eine Reise nach Süddeutschland und den Niederlanden folgte 1875. Seit 1880 Mitglied der Akademie des Bauwesens, fungierte er 1881–83 und ab 1886 als Abt.-Ltr. Hochbau und ab 1886 auch als stellv. Akademie-Präsident.

WERKE: Strafanstalt Plötzensee (1868–72; Mitentw. u. Bltg. P. Spieker; Bltg. O. Lorenz); techn. Oberltg. Bau Siegessäule (1868–73; Entw. J. H. Strack); Voßstr. 35 als Erweiterung Ministerium f. öfftl. Arbeiten (1875/76; Vorentw. Fassade R. Lucae); Kriminalgerichtskomplex Moabit, Untersuchungsgef., Krankenhaus u. a. (1879–81; Oberltg. A. Busse; Bltg. O. Lorenz); Land- u. Amtsgericht II, Hallesches Ufer (1882–85; Bltg. O. Lorenz). – Ab 1867 Gerichtsbauten in Babelsberg, Halle, Neuruppin, Hannover, Kassel, Dortmund, Stettin, Posen u. a. O.

Außer Bauleitungen bei Herrmann (s. o.), dessen Strafanstalt Plötzensee er 1873–76 erweiterte, sind von **OTTO FERDINAND LORENZ** (17. 4. 1838 Königsberg – 15. 1. 1896 Berlin) wenig andere Werke bekannt. Er legte 1860 die Bauführer- und 1866 die Baumeisterprüfung an der Bauakademie ab und war bis 1872 in Berlin im Staatsdienst. Vorübergehend bei der Regierung Liegnitz, kam Otto Lorenz 1873 zur Ministerial-Baukommission, wo er 1878/79 mit Fritz Zastrau die Sternwarte umbaute. 1884–88 war er bei der Regierung Potsdam angestellt, danach beim Ministerium für öffentliche Arbeiten. Mit Julius Emmerich und Paul Spieker gehörte Lorenz 1889–92 zum technischen Beraterstab für den Bau des Abgeordneten- und des Herrenhauses durch Friedrich Schulze. Am 31. 7. 1895 wurde Lorenz, seit 1889

Mitglied der Akademie des Bauwesens, preuß. Oberbaudirektor. An Gerichtsbauten wirkte, u. a. zeitweise als Bauleiter bei Herrmann, auch ein Sohn Busses d. Ä. mit. August Wilhelm Martin Heinrich Busse (27. 1. 1839 Berlin – 9. 1. 1896 ebd.) erhielt seine erste Ausbildung beim Vater, bei Gustav Möller und Hermann Ende. Dem Bauakademiestudium 1857–61 mit Bauführerexamen folgten Reisen nach Belgien, Frankreich und Italien sowie praktische Tätigkeit in Aachen und bei August Kümmritz in Berlin. Nach dem Baumeisterabschluss war August Busse 1867–76 beim Marine- und beim Handelsministerium, bei der Ministerial-Baukommission und als Stadtbaumeister in Görlitz angestellt sowie Privat-Architekt. 1876 folgte eine Anstellung im Kriegsministerium. Ab 1879 im Reichskanzleramt für Staatsbauten zuständig, wechselte Busse 1884 zum Reichsinnenministerium und war ab 1889 für die Staatsbauten des Deutschen Reiches verantwortlich.

Werke: Entw.-Mitarbeit (1875–77) u. Oberltg. Kriminalgerichtskomplex Moabit (1879–81); Bltg. Dragonerkaserne, Blücherstr. (1875–78; m. H. Steuer); Bltg. Kadettenanstalt, Lichterfelde (1876–78; Entw. G. Voigtel, F. Fleischinger); Generalmilitärkasse, Königgrätzer Str. (vor 1880); Umbau Reichsamt des Innern, Wilhelmstr. 74 (1885/86); Erweiterungsbau Statist. Reichsamt, Lützowufer 6-8 (1885–87); Patentamt, Luisenstr. 33/34 (1887–91); Reichsversicherungsamt (1891–94); Gesundheitsamt, Klopstockstr. 19/20 (um 1897); Bauten der Abt. 1 der Physikal.-Techn. Reichsanstalt, Marchstr. (ab 1885; m. P. Spieker).

Die beiden anderen Busse-Söhne waren ebenfalls als Architekten tätig. Carl Busse (22. 9. 1834 Berlin – 3. 12. 1896 ebd.) studierte nach dreijähriger kaufmännischer Lehre in der Textilindustrie an der Bauakademie, zwischen Bauführer- (1858) und Baumeisterexamen (1863) war er am Dom Halberstadt und bei v. Arnim tätig.

Bis zur Berufung 1866 als stellv. Direktor, ab 1872 Direktor, der Preuß. Staatsdruckerei arbeitete Busse als Privatarchitekt. Seit Gründung am 1. 7. 1877 war er nichtständiges Mitglied des Patentamtes und ab 1892 Mitglied der Akademie des Bauwesens, 1896 trat er in den Ruhestand.

Werke: Wohnhäuser, Regentenstr. 3 (1862), 20 (1862/63), 2 (1863/64), 23/24 (1863–65; m. C. F. Busse); Reichsdruckerei, Oranienstr. 90/91 (1879–81) u. Alte Jacobstr. 113-116 (1889–93). Konrad Busse (26. 8. 1837 Berlin – 1. 7. 1880 ebd.) war 1875–77 bei Theodor Stein am Stettiner Bahnhof tätig und fertigte zahlreiche Bauaufnahmen für Adlers Publikationen an.

Ein Wegbereiter des modernen Stahlbaues – seine Berechnungsverfahren waren noch bis Mitte des 20. Jh.s gültig – war Johann Wilhelm Schwedler (28. 6. 1823 Berlin – 9. 6. 1894 ebd.). Etwa zwischen 1850–70 hatte Schwedler einen beherrschenden Einfluss auf Theorie und Praxis der Baukonstruktionen und des Stahlbrückenbaues, er führte den Dreigelenkbogen in Deutschland ein, erfand den Schwedler-Träger im Brückenbau und die Schwedler-Kuppel, ein noch heute angewandtes räumliches Tragwerk. Schwedler besuchte in Berlin 1834–37 die Marggrafsche Schulanstalt und 1837–42 die Klödensche Gewerbeschule. Unterbrochen von praktischer Tätigkeit absolvierte er das Standard-Ausbildungsprogramm mit dem Feldmesserexamen in Perleberg (1844) sowie der Bauführer- (1846) und Baumeisterprüfung (1852) an der Bauakademie, unterstützt durch den die Vaterstelle vertretenden Bruder Johann Gottlieb, der als Wasserbaumeister in Köln lebte. Nach einer Staatsanstellung in Köln leitete Schwedler bereits 1855–58 den Eisenbahnbau Köln-Gießen, am 1. 9. 1858 ging er zum Technischen Büro des Handelsministeriums, dessen Leiter er 1865 wurde. 1866–73 war Schwedler auch Lehrer an der Bauakademie, in dieser Zeit heiratete er nach dem Tod seiner ersten Frau (1867) in zweiter Ehe die Tochter Emilie des Bauunternehmers Cantian. 1880 wurde er Mitglied der Akademie des Bauwesens. Am 1. 3. 1891 trat Schwedler in den Ruhestand.

WERKE: Kuppelkonstruktion Neue Synagoge, Oranienburger Str. 30 (1859-66; m. M. Nohl; Entw. E. Knoblauch); Gasometerkuppeln, Hellweg 8/9 (1861), Holzmarktstr. 28 (1863; 1. Schwedler-Kuppel), Gitschiner Str. (1864), Fichtestr. (1875) u. Müllerstr.; Saaldecke Logengebäude, Oranienburger Str. 71/72 (1866/67); Bahnsteighallen Alter Ost-Bhf. (1866/67), Schlesischer (Ost-)Bhf. (1867-69; m. E. Grüttefien, F. Luthmer) u. S-Bahnhöfe; Dächer u. Decken Rotes Rathaus (1868/69; Entw. H. Waesemann); techn. Entw. Hebung (8 m) u. Drehung (21°) Kreuzbergdenkmal (1878; Entw. J. H. Strack); Mitwirkung Umbau Neue (Dt.) Kirche (1879/80; Entw. H. v. d. Hude).

Seine erste Ausbildung erhielt FERDINAND LUTHMER (4. 6. 1842 Köln - 23. 1. 1921 Frankfurt/M.) in Köln beim Vater, dem späteren Direktor der Kunstgewerbeschule Wuppertal. Dem Bauakademiestudium 1863-67 mit Baumeisterexamen folgten nach der Italien- und Frankreichreise 1868 Anstellungen bei renommierten Architekten, u. a. bei Strack und Lucae. Luthmer war in zahlreichen Lehrämtern tätig, so 1871-79 an der Unterrichtsanstalt des Kunstgewerbemuseums, 1875-79 an der Akademie der Künste und 1878/79 an der Bauakademie. 1879 wurde er als Direktor an das Kunstgewerbemuseum und die angeschlossene Schule nach Frankfurt/M. berufen, wo auch seine Tochter Else, später im Odenwald ansässige Malerin, geboren wurde. Von 1903 bis vermutlich 1912 war Luthmer auch Denkmalkonservator des Regierungsbezirks Wiesbaden. Vorwiegend als Fachpublizist und Lehrer tätig, sind von ihm wenige ausgeführte Bauten bekannt.

WERKE: Mitwirkung Siegessäule (1865-73; Entw. J. H. Strack): Schlesischer (Ost-)Bhf.

(1867-69; Entw. W. Schwedler m. E. Grüttefien); Lehrter Bhf. (1869-71; Entw. A. Lent u. a.); Umbau Bauakademie (1874/75; Entw. R. Lucae); Bauten für TH in Charlottenburg (1876/77; Entw. R. Lucae).

An zahlreichen Bahnhöfen wirkte ERNST AUGUST LEOPOLD GRÜTTEFIEN (18. 12. 1837 Neuhaldensleben - 17. 1. 1890 Berlin) mit. Nach dem Besuch der Höheren Gewerbe- u. Handelsschule in Magdeburg und 1856-58 der Bauakademie war er als Konducteur im Eisenbahnbau tätig, dem Studium 1861-64 folgte das Baumeisterexamen. Nach kurzer Zeit bei der Bauvorbereitung des Nord-Ostsee-Kanals war Ernst Grüttefien 1866-72 bei verschiedenen Eisenbahngesellschaften beschäftigt und 1865-68 Mathematik-Privatdozent an der Bauakademie. Nach dem Eisenbahn-Baumeisterexamen 1872 ging er zur Eisenbahndirektion Hannover und wechselte 1877 zur Eisenbahnabteilung des Handelsministeriums. 1880 wurde Grüttefien Mitglied der Akademie des Bauwesens.

WERKE: Schlesischer (Ost-)Bhf. (1867-69; m. W. Schwedler, F. Luthmer). - Bahnsteighallen in Osnabrück, Göttingen, Frankfurt/M., Halle und Hannover (1876-79; m. H. Stier), Hildesheim (1880-84), Bremen (1885/86), Harburg, Kreiensen und Uelzen.

HUBERT LUDWIG OSWALD STIER (27. 3. 1838 Berlin - 25. 6. 1907 Hannover), Sohn von Wilhelm Stier, studierte nach Ausbildung beim Vater an der Bauakademie, reiste 1862 nach Italien und legte 1866 an der Bauakademie die Baumeisterprüfung ab. Nach der zweiten Italienreise war er 1868-76 Privatarchitekt in Berlin und u. a. Direktor der Charlottenburger Baugesellschaft. Nach der Tätigkeit bei der Eisenbahndirektion Hannover (s. Grüttefien) lehrte Stier ab 1880 am Polytechnikum (TH) Hannover.

WERKE: Flora-Etablissement, Charlottenburg (1872-74; Vorentw. J. Otzen); Kriegerdenkmal, Charlottenburg (um

1872); Herz-Jesu-Kirche, Lietzowstr. (1875-77); Villenbauten. - Rathaus Buenos Aires/Argentinien.

Vor allem an staatlichen Verwaltungsbauten war GEORG JOACHIM WILHELM NEUMANN, ab 1878 durch Adoption W. v. Mörner (14. 6. 1826 Guhrau b. Breslau - 16. 3. 1907 Berlin), beteiligt. Über sein Leben ist wenig bekannt. Als Oberleutnant nahm der Berufsoffizier um 1860 seinen Abschied und ging in den Bauberuf, 1863 war er bereits Mitglied des Architektenvereins. Seit spätestens 1868 war Neumann als Mitarbeiter der Ministerial-Baukommission in Berlin tätig, 1877 kam er zum Reichskanzleramt.

WERKE: Bltg. Kgl. Münze, Unterwasserstr. 2-4 (1868-71; m. H. Bürde; Entw. A. Stüler); Nebengeb. Finanzministerium., Dorotheenstr. 84, u. Erw. (Eisenbahnabt.) Handelsministerium., Wilhelmstr. 79/80 (1869/70; Bltg. J. Emmerich); Preuß.-Central-Boden-Creditbank, Unter den Linden 15 (1871/72); Umbau Reichsamt d. Inneren, Wilhelmstr. 74 (1872-74); Württemberg. Gesandtschaft, Voßstr. 11; Palais Ratibor, Moltkestr. 19 (1873-75); Reichsschatzamt, Wilhelmstr. 1 (1873-77; Bltg. R. Wolffenstein); Erweiterung Auswärtiges Amt, Wilhelmplatz (1873-78; Bltg. R. Wolffenstein); Erweiterung Provis. Reichstag, Leipziger Str. 4 (1874; m. E. Haesecke); Statist. Reichsamt, Lützowufer 6-8 (1874-76; Bltg. R. Wolffenstein); Reichsjustizamt, Voßstr. 4-5 (1878-80).

Ebenfalls meist an Staatsbauten war der bei Neumann als Bauleiter genannte JULIUS EMMERICH (22. 4. 1834 Trier - 30. 9. 1917 Grunewald b. Berlin) tätig. Als Bauführer war er nach dem Bauakademiestudium 1853-56 bei Strack am Umbau des Kronprinzenpalais beschäftigt, dem Baumeisterexamen um 1861 folgte eine Staatsanstellung in Düsseldorf. Ab 1870 in Berlin, wurde Emmerich 1880 Dezernent für Hochbau bei der Ministerial-Baukommission, ab 1883 auch für Reichsbankbauten. Bei Grabungen auf dem

Schlossplatz legte er 1880 die Reste der mittelalterlichen Dominikanerkirche frei. 1886 wurde er Mitglied der Akademie des Bauwesens und arbeitete noch im Ruhestand 1904-14 für die Reichsbank.

WERKE: Umbau Abgeordnetenhaus, Leipziger Str. 75/76 (1872 u. 1874/75); Umbau Innenministerium, Unter den Linden 72 (1873-76; Bltg. M. Spitta); Vollendg. Zwölf-Apostel-Kirche, Genthiner Str. (1874; Entw. u. Bau 1871-74 H. Blankenstein); Pavillon der Charité-Entbindungsanstalt (1877; Bltg. F. Zastrau); Erweiterung Reichsbank, Jägerstr. (1892-94). - Reichsbankbauten u. a. in Aachen, Chemnitz, Danzig, Freiberg, Hannover, Köln, Leipzig, Mainz, München u. Ulm.

PAUL EMMANUEL SPIEKER (2. 10. 1826 Trarbach/Mosel - 28. 11. 1896 Wiesbaden) wirkte vor allem an Bauten für die Wissenschaft. Er legte 1852 in Berlin das Bauführerexamen ab, dem nach Praktika bei Stüler, Soller u. a. 1859 die Baumeisterprüfung folgte. Bis zur Anstellung im Kultusministerium 1878 war Spieker bei den Regierungen Trier und Koblenz und als Stadtbaumeister in Essen, beim Handelsministerium (1868/69), bei der Ministerial-Baukommission (bis 1873) und in Potsdam tätig. Der Hochbauabteilung der Akademie des Bauwesens, der Paul Spieker seit 1880 angehörte, stand er 1889-95 vor, außerdem war er 1892-95 Akademiepräsident. Aus gesundheitlichen Gründen nahm Spieker 1895 seinen Abschied und übersiedelte nach Wiesbaden.

WERKE: Strafanstalt Plötzensee (1868-72; Entw. m. H. Herrmann; Bltg. m. O. Lorenz); Gebäude der Normal-Aichungskommission a. d. Sternwarte, Lindenstr. (1871-73); Universitätsbibl., Dorotheenstr. 9 (1871-74; Bltg. F. Zastrau); Physiolog. Institut, Dorotheenstr. 35 (1873-77; Bltg. F. Zastrau); Physikal. Institut, Reichstagufer 7/8 (1873-78; Bltg. F. Zastrau, M. Hellwig); Pharmakolog. Institut, Dorotheenstr. 34 A (1879-83; Bltg. F. Zastrau); Bauten der Abt. I der Physikal.-Techn. Reichsanstalt,

March-Str. (ab 1885; m. A. Busse); Urania-Gebäude am Lehrter Bhf. (1888/89). - Observatorium Telegrafenberg, Potsdam (1876/77).

Der langjährige Bauleiter bei Spieker, KARL ALBERT FRIEDRICH ZASTRAU (12. 9. 1837 Freystadt/Schles. - 2. 2. 1899 Berlin), entwarf auch selbst Institutsbauten. Nach dem frühen Tod des Vaters wuchs er ab 1839 bei Verwandten auf, legte 1857 in Breslau das Abitur ab und studierte 1858-60 an der Bauakademie. Bis März 1870 folgte die Bauführertätigkeit an Berliner Universitätsbauten. Einer Reise im gleichen Jahr durch Ungarn, Italien und Süddeutschland schloss sich im Dezember die Baumeisterprüfung und am 1. 1. 1871 die Einstellung bei der Ministerial-Baukommission an, wo Zastrau 1875 zum Land-Baumeister ernannt wurde. Zeitweilig war er auch als Hilfslehrer an der Bauakademie tätig. 1884 zur Regierung Königsberg versetzt, kehrte er 1890 nach Berlin zum Ministerium für Handel, Gewerbe und öffentliche Arbeiten zurück und wurde 1891 Mitglied der Akademie des Bauwesens. *WERKE: Chem. Institut, Georgenstr. 34-36 (1865-67; m. A. Cremer); Evakuierungspavillon d. Charité (1874; m. J. Emmerich); Astron. Recheninstitut (1875-78) u. Umbau Sternwarte, Lindenstr. (1878/79; m. O. Lorenz); Bltg. Pavillon der Charité-Entbindungsanstalt (1877; Entw. J. Emmerich); Kombinierte Charité-Station (1878); Botan. Museum, Grunewaldstr. 6 (1878-80); Chem.-technol.. Institut, Bunsenstr. 1 (1879-83; m. F. Kleinwächter); Patholog.-anatom. Institut der Tierärztl. Hochschule, Luisenstr. (1882-84); Amtsgebäude, Wilhelmstr. 64; Ministerium f. öfftl. Arbeiten, Leipziger Str. 125.*

MORITZ HELLWIG (26. 10. 1841 Berlin - 5. 5. 1912 Hildesheim) entstammte einer Beamten- und Musikerfamilie, deren Mitglieder meist eng mit der Singakademie verbunden waren. Baumeister-prüfung 1869, anschließend Italienreise, dann Soldat im Dt.-Frz. Krieg, bei dem er ein Bein verlor. Der Lehrtätigkeit an der Bauakademie folgte 1877 eine Anstellung bei der Ministerial-Baukommission und 1886 bei der Regierung Königsberg. Die von Hellwig geplante Genossenschaftssiedlung in Adlershof bei Berlin wurde durch die am 16. 5. 1886 gegründete Berliner Baugenossenschaft verwirklicht, die u. a. auch in Köpenick, Baumschulenweg, Kaulsdorf, Mahlsdorf, Borsigwalde und Lichterfelde baute. 1890 wurde Hellwig nach Hildesheim versetzt, wo er 1911 in den Ruhestand trat. *WERKE: Bltgn. b. Spieker; Dienstgebäude d. Verwaltung d. direkten Steuern, Am Gießhaus/Ecke Am Kupfergraben (1879-83; Entw. mit L. Giersberg u. a.).*

Der zeitweise mit Zastrau tätige FRIEDRICH ALBERT CREMER (22. 4. 1824 Aachen - 17. 1. 1891 Wiesbaden) war Nachfahre einer alten Architektenfamilie, sein Bruder Robert (27. 12. 1826 Aachen - 17. 1. 1882 Koblenz) nahm am Reichstagswettbewerb 1872 teil. Wie sein Bruder beim Vater Johann Peter Cremer ausgebildet, studierte A. Cremer, unterbrochen durch praktische Kondukteurtätigkeit, 1848-51 an der Bauakademie und ließ sich nach dem Baumeisterexamen als Privatarchitekt in Berlin nieder. Seit 1855 Wasserbaumeister in Koblenz, kam er 1859 von dort zur Ministerial-Baukommission nach Berlin. Hier baute er u. a. 1863/64 mit dem späteren Hamburger Stadtbaudirektor Johann Zimmermann das Schuldgefängnis, Barnimstr., später Frauengefängnis. Cremer nahm 1869 eine Staatsanstellung in Wiesbaden an. Für zwei Jahrzehnte prägte JOHANNES THEODOR VOLCMAR RICHARD LUCAE (12. 4. 1829 Berlin - 26. 11. 1877 ebd.) die Lehre an der Bauakademie. Durch die Familie - die Mutter Caroline war die Schwägerin von August Soller - wurde er frühzeitig mit Schadow, bei dem er Malunterricht nahm, Strack, Stüler, Knoblauch, Hitzig, Persius und W. Stier bekannt. Nach Feldmesser-

Richard Lucae

lehre 1847-49, Arbeit bei C.F. Busse, Ausbildung 1850-53 an der Bauakademie und bei Soller sowie Bauführertätigkeit bei ihm und Ernst Zwirner am Kölner Dom schloss Lucae mit dem Bauakademiestudium 1855-59 seine Ausbildung ab. Nach der Italienreise - zeitweise mit Max Nohl und dem Kunsthistoriker Wilhelm Lübke - begann er seine lebenslange Lehrtätigkeit an der Bauakademie, deren Direktor er 1873 wurde. Gleichzeitig war er als Privatarchitekt tätig. In den 60er Jahren reiste Lucae nach England, Frankreich, Österreich und Italien. 1869 wurde er Mitglied der Baudeputation und 1877 der Akademie der Künste. Lucaes Bruder August gründete als Arzt in Berlin die erste deutsche Ohren-Fachklinik.

WERKE: *Wohnhäuser u. Villen v. a. im Tiergartenviertel; Villa Borsig, Voßstr. 1 (1875-78; Vorentw. Ebe & Benda; unvollend.); Umbau Bauakademie (1874/75); Erweiterung Ministerium f. öfftl. Arbeiten, Voßstr.35 (1875-78; Bltg. H. Herrmann); Entw. TH Berlin-Charlottenburg (1876/77; Ausf. ab 1878 F. Hitzig). - Stadttheater Magdeburg (1872-76; Bltg. R. Lapierre);*

Oper Frankfurt/M. (1873-80; Bltg. R. Lapierre u. a.).

Ein vielfältiges Lebenswerk hinterließ AUGUST FRIEDRICH WILHELM ORTH (26. 7. 1828 Windhausen b. Gittelde/Harz - 11. 5. 1901 Berlin), Bruder des Begründers der landwirtschaftlichen Bodenkartographie Albert O. Vom Vater ursprünglich zum Geistlichen bestimmt, besuchte er nach dem Abitur 1848-50 das Polytechnikum und die Malerakademie Braunschweig, 1850-54 die Bauakademie und 1853/54 die Akademie der Künste Berlin sowie 1854/55 die Münchener Kunstakademie. Nach Reisen in Süddeutschland und Tätigkeit bei der Eisenbahn legte Orth 1858 an der Bauakademie das Baumeisterexamen ab, dem Reisen nach Südfrankreich, Italien und Sizilien folgten. 1861 wurde er bei der Bergisch-Märkischen, 1863 bei der Niederschlesischen-Märkischen Eisenbahn angestellt. Später Privatarchitekt, arbeitete er ab etwa 1865 auch für den „Eisenbahnkönig" Bethel Henry Strousberg, zeitweise war er mit Edmund Knoblauch assoziiert.

Strousberg nahm dank Skrupellosigkeit und anrüchiger Geschäftsmethoden schon vor den Gründerjahren eine beherrschende Stellung im preuß. Eisenbahnbau ein, auch in anderen Branchen war er aktiv. In Berlin gingen der Görlitzer Bhf. (A. Orth); die Markthalle Karlstr. (F. Hitzig, 1865-68) und der „Actienviehhof" Brunnen-/Ackerstr. (A. Orth) sowie die erste Unternehmerzeitung „Die Post" (1. Ausg. 1. 8. 1866) auf ihn zurück. Für Strousberg und andere angeschlossene Berliner Firmen begann der Gründerkrach schon 1872 mit dem Scheitern des rumän. Eisenbahngeschäfts. Strousberg rettete sich zwar durch den Verkauf seiner Hüttenwerke, Rittergüter und Berliner Immobilien, 1878 fand sein Imperium jedoch ein Ende. Mit der „Generalunternehmer"-Methode war der Kapitalist der freien Konkurrenz ohne Partnerschaft der Großbanken an diesen gescheitert.

Etwa 1865 begann Orth mit Raumakustik-

August Orth

forschungen, deren Ergebnisse sich in seinen Gestaltungen von Kircheninnenräumen niederschlugen. Die Vielseitigkeit Orths zeigt sich in mehreren städtebaulichen Planungen, die aber nicht zur Ausführung kamen, so der Durchbruch Kaiser-Wilhelm-Str. (1871–73), die Bebauung Museumsinsel mit Stadtbahnquerung (1875/76), die Ernst v. Ihne zum Vorbild nahm, und die unterirdische Verlängerung der Zimmerstr. nach Westen (1886). Seine Stadtbahnplanungen (1870–73) dienten Ernst Dircksen aber als Grundlage für seine Entwürfe. Orth gehörte am 8. 6. 1879 zu den Mitbegründern der Vereinigung Berliner (Privat-)Architekten, war Mitglied der Akademie der Künste Berlin (1878) und Wien und langjährig im Vorstand des Architektenvereins aktiv, 1880 sogar dessen Vorsitzender. Bestattet sind die ledigen Geschwister Orth - die Brüder August und Albert sowie die den Haushalt der beiden führende Schwester Marie († 1910) - in einer gemeinsamen Grabstelle auf dem Dreifaltigkeitsfriedhof Bergmannstraße.

WERKE: *Eisenbahnbrücke Landwehrkanal*

(1864–66); Brücke Unterspree (1865); Görlitzer Bhf. (1866-68); Zionskirche (1866–73; Vorentw. G. Möller); Palais Strousberg, Wilhelmstr. 70 (1867/68); Vieh- u. Schlachthof, Brunnenstr. (1868–76); Stettiner Bhf. (1873; Entw. m. E. Knoblauch, nicht ausgef.); Wohnhäuser, Königgrätzer Str. 2 u. 93 (1875; m. E. Knoblauch), Kurfürstenstr. 134/135, Quergebäude Leipziger Str. 31/32 (1881/82); Dankeskirche, Weddingplatz (1882–84); Friedenskirche, Ruppiner Str. (1888–91); Himmelfahrtskirche, Humboldthain u. Emmauskirche, Lausitzer Platz (1890–93); Gethsemanekirche, Stargarder Str. (1891–93); Lutherstift, Steglitz (1896). - Villa Lorin/Malaga (1865); Schloss Zbirow/Böhmen (1869–71; Bltg. H. Kayser; Landsitz B. H. Strousberg); Ev. Kirche Bethlehem/ Palästina (1892/93).

FERDINAND HERMANN GUSTAV MÖLLER (22. 3. 1826 Erfurt - 31. 8. 1881 Berlin), Vorentwurf-Autor von Orths Zionskirche, arbeitete bis 1847 als Feldmesser und legte 1852 die Baumeisterprüfung an der Bauakademie ab. Bis 1867 war er in verschiedenen Staatsanstellungen (u. a. Ministerial-Baukommission und Handelsministerium) tätig; 1862–65 lehrte er außerdem an der Bauakademie. 1868 wurde der seit dem Vorjahr bereits kommissarisch amtierende Möller Direktor der Kgl. Porzellanmanufaktur (KPM), 1881 trat er in den Ruhestand.

WERKE: *Umbau Reichskanzleramt, Wilhelmstr. 74 (1859; m. H. Ende); Lucaskirche, Bernburger Str. (1859–61; Vorentw. A. Stüler); Erziehungsanstalt, Am Urban (1863–65); 2. Pfarrhaus Matthäuskirche, Matthäikirchplatz (1865/66); Umbau Palais Prinz August, Wilhelmstr. 65 (1865–72); KPM-Gebäude am Tiergarten (1868–71).*

Durch Postbauten wurde **CARL SCHWATLO** (19. 6. 1831 Hermsdorf/Ostpr. - 24. 12. 1884 Berlin) bekannt. Während der Lehre bis 1849 und anschließender Tätigkeit als

Feldmesser nahm er auch Malunterricht, nach dem Bauakademiestudium 1852/53 mit Bauführerexamen arbeitete er als Hilfslehrer am Gewerbeinstitut und als Atelierleiter bei Hitzig. Ab 1857 (Baumeisterprüfung) war Schwatlo Privatarchitekt, zusätzlich nahm er 1865 eine Anstellung beim Generalpostamt und 1866 an der Bauakademie an. Vermutlich durch Fehlspekulationen war Schwatlos Firma 1872 ruiniert. 1877 schied er aus dem Staatsdienst und wurde Professor an der Bau- und Gewerbeakademie, später TH Charlottenburg; 1882/83 fungierte er als Abteilungsvorsteher für Architektur.

WERKE: Wohn- und Geschäftshäuser, Hohenzollernstr. 10 (1861/62), Regentenstr. 21/22 (1864/65), Poststr. 5 (1867), Kronen-/Ecke Markgrafenstr. 59 (1869), Jerusalemer Str. 19/20 (1869/70), Keithstr. 14/15 (1873/74), Oranienburger Str. 34, Mulack-/Ecke Jacobstr., Potsdamer Str. 119, Leipziger Str. 87/88, Klosterstr. 80/81; Gebäude f. d. „Verein jg. Kaufleute v. Berlin", Rosenthaler Str. 38 (1867); Reichspostamt, Leipziger Str. 15 (1871– 74); Postfuhramt, Oranienburger Str. 35/36 (1875-81); Haupttelegrafenamt, Bauteil Jägerstr. 43/44 (1877/78); Jüd. Altersheim, Schönhauser Allee 22 (1883 u. 1887); Erweiterungsbauten Oberpostdirektion Spandauer/Ecke Königstr. (1874-84; m. A. Kind). - Postbauten Bremen, Danzig, Mainz u. Merseburg.

Von dem am Komplex der Oberpostdirektion beteiligten AUGUST WILHELM KIND (27. 8. 1824 Wiehl - 30. 12. 1904 Berlin) wurde 1885–88 auch das Paketpostamt Oranienburger/Artillerie-/Ziegelstr. errichtet. Weitere Postgebäude entwarf er u. a. für Erfurt, Hannover, Köln, Leipzig, Meiningen und Nordhausen. Kind schloss 1853 das Bauakademiestudium ab, war als Privatarchitekt in Wesel sowie ab 1856 in Staatsanstellungen tätig. Nach der Tätigkeit beim Ministerium für öffentliche Arbeiten 1870–75 leitete er bis zum Ruhestand 1889 die Bauverwaltung der Reichspost- und Telegrafenverwaltung, 1880 wurde er

August Wilhelm Kind

Mitglied der Akademie des Bauwesens. Um die Leipziger Str. 14-18 und Mauerstr. 69-75 erweiterte 1893-98 ERNST M. HAKE (22. 6. 1844 Preuß. Stargard - 24. 2. 1925 Vlotho) das Reichspostamt, 1893–95 baute er das Postzeitungsamt Dessauer/ Ecke Königgrätzer Str. 20. Hake legte 1875 die Baumeisterprüfung in Berlin ab und war bis zum Ruhestand 1911 im Postbauwesen in Berlin, Bremen und Hamburg tätig, 1891 wurde er Mitglied der Akademie des Bauwesens.

Zahlreiche noch existierende, wenn auch größtenteils heute fremdgenutzte Postämter gehen auf Entwürfe von WILHELM PETRUS TUCKERMANN (9. 1. 1840 Schubin b. Bromberg - 1918 Charlottenburg) zurück, über den wenig Biographisches bekannt ist. Der Ausbildung an der Bauakademie folgte frühzeitig die eigene Lehrtätigkeit, 1871 wurde Tuckermann Dozent für Baukonstruktion an der Gewerbeakademie und 1878 Dozent für Baugeschichte an der Bauakademie. Nach kurzzeitigen Anstellungen bei der Garnisonbauverwaltung, wo er 1871-73 den Baubeginn der Zentral-Kadettenanstalt

Lichterfelde leitete, und beim General-postamt wechselte Tuckermann offenbar zur Oberpostdirektion, 1905 ging er in den Ruhestand. Verheiratet war er seit 1869 mit Ottilie, Tochter des Mühlen-Architekten Hermann Wiebe. *WERKE: Postfuhramt (1875–81 Bltg.; Entw. C. Schwatlo) u. Stallgebäude (Entw./Bltg.) Oranienburger Str.; Pferdestall, Remise I u. Rohrpostmaschinenhaus (1878); Remise II (1881); Neuer Pferdestall (1886) Postamt 11, Hallesche Str. 10-14; Postamt 12 Charlottenburg, Goethestr. 2 (1881/82) u. Erweiterungsbau, Goethestr. 3 (1903); Postamt 21 u. Fernsprechamt 2 Moabit, Turmstr. 23 (1882/83); Villa Tuckermann, Pestalozzistr. 15 (1884/85); Hauptge-bäude Paketpostamt, Oranienburger-/Artillerie-/Ziegelstr. (Bltg. 1885-88; Entw. A. Kind); Postamt u. Fernmeldeamt Charlottenburg, Berliner Str. 80-84 (um 1900); Postamt 62 Schöneberg, Hauptstr. 27-29 (1901-03); Abpack-Kammer u. Postverladehalle Postamt O 17, Fruchtstr. 3-7, Friedrichshain (um 1907).*

Erst mit 55 Jahren etablierte sich **JULIUS CARL RASCHDORFF** (2. 7. 1823 Pleß/Schles. – 13. 8. 1914 Waldsieversdorf b. Buckow) in Berlin, seine beiden Söhne Otto (23. 3. 1854 Rheine – 14. 10. 1915 Berlin) und Franz (15. 8. 1858 Köln – 16. 11. 1888 Berlin) waren ebenfalls Architekten und arbeite-ten – Otto seit 1885 – beim Vater mit. Nach dem üblichen Werdegang schloss Julius Raschdorff 1853 das Bauakademie-studium ab und arbeitete anschließend bei der Westfälischen Eisenbahngesell-schaft, 1854 wurde er zweiter und 1864 ers-ter Stadtbaumeister in Köln. Der kurzzei-tigen Mitarbeit in der Direktion der Rheinischen Baugesellschaft 1872 folgte die Privatarchitektentätigkeit in Köln. 1878 als Professor an die Bauakademie be-rufen, war er 1884-86 Senatsmitglied und 1888/89 Vorsteher der Architektur-Abteilung der TH Charlottenburg. Spätes-tens seit Vorlage seines Dom-Entwurfs 1884 erfreute sich Raschdorff der Gunst der Hohenzollern, insbesondere des spä-

Julius Raschdorff

teren 99-Tage-Kaisers Friedrich III. Am 2. 7. 1892 trat er das Amt des Dombau-meisters an. Raschdorff sen. war Mitglied der Akademie der Künste Wien (1868), Berlin (1874, ab 1882 Senatsmitglied), Brüssel (1882) und Stockholm (1891), der Akademie des Bauwesens (1880) und des Royal Institute of British Architects London (1886), Ehrenmitglied des Poly-technischen Institutes Rio de Janeiro (1886), des Architektenvereins St. Peters-burg (1910). Die Vereinigung Berliner Architekten hatte er 1879 mitbegründet. *WERKE: Lehrgebäude TH (eig. Entw.) u. Innenausbau Hauptgebäude (1881-84; Entw. R. Lucae); Engl. Kirche St. George, Monbijoupark (1884/85); Dom (Entw. 1884-91; Ausf. 1894-1905; Innenausbau bis 1918) u. Dominterimsbau, Monbijou-park (1892); Mausoleum Friedenskirche, Potsdam (1889). – Zahlr. Kirchen, öffentl. u. Privatbauten, vor allem im Rheinland.*

Konsequenter Gegner des Raschdorff-Domes war **AUGUST TIEDE** (4. 6. 1834 Berlin – 14. 5. 1911 ebd.). Nach Bekanntwerden des Entwurfs veröffentlichte er 1890 einen

August Tiede

ausdrücklich gegen Raschdorff gerichteten Gegen-Entwurf. Tiede war nach der Bauführerprüfung bei Adler tätig, bereiste 1859 Italien und legte wahrscheinlich 1861 die Baumeisterprüfung ab. Vorübergehend Stadtbaurat in Erfurt, kam er 1867 zur Ministerial-Baukommission mit dem Ressort Museumsbauten. Gleichzeitig war er Lehrer, später Professor, an der Bauakademie. Wegen der angekündigten Versetzung als Landbaumeister nach Schlesien – eventuell im Zusammenhang mit seiner Dom-Opposition – nahm Tiede 1890 seinen Abschied aus dem Staatsdienst und wurde Privatarchitekt.

WERKE: *Einbau Oberlicht Altes Museum (1868-71); Geol. Landesanstalt u. Bergak., Invalidenstr. 44 (1875-78); Landwirtschaftl. Hochschule, Invalidenstr. 42 (1876-80); Museum f. Naturkunde, Invalidenstr. 43 (1883-89); Bebauungsplan Museumsinsel (1884; nicht ausgef.); Entw. Charlottenburger Brücke (nicht ausgef.).*

Eine der ersten großen Architekturfirmen waren Gropius & Schmieden, gegründet 1866 von **MARTIN CARL PHILIPP GROPIUS** (11.

8. 1824 Berlin – 13. 12. 1880 ebd.) und **HEINO SCHMIEDEN** (15. 5. 1835 Soldin – 7. 9. 1913 Berlin). Nach dem Tod von Gropius firmierte sie als Schmieden, v. Weltzin & Speer, ab 1887 als Schmieden & Speer. 1893-99 führte Heino Schmieden die Firma allein, dann mit Julius Boethke, der nach Schmiedens Tod Partner von dessen Sohn Heinrich wurde.

Martin Gropius entstammte einer weitverzweigten Künstler- und Unternehmerfamilie. Der Vater J. C. Ch. Gropius war Mitinhaber der Gabainschen Seidenfabrik, sein Bruder W. E. Gropius Baumeister und später Besitzer einer Maskenfabrik mit Verleih. Bei den Söhnen dieses Onkels, Karl Wilhelm (Maler und Dioramen-Aussteller) und Ferdinand (Maler), wohnte Schinkel 1805-09 in der Breiten Str. 22, für K. W. Gropius malte er Dioramen. Ferdinand begründete mit seinem Bruder Friedrich George die Gropiussche Buch- und Kunsthandlung, später Verlag. Der Neffe von Martin Gropius, Walter, war als Baubeamter in Berlin tätig, sein namensgleicher Sohn begründete das Bauhaus. Die Töchter aus der ersten Ehe von Martin Gropius mit Laura Altgelt heirateten den Architekten W. Martens bzw. den Reichsgerichtspräsidenten H. L. Delbrück; Töchter aus einer zweiten Ehe waren mit dem Architekten J. Malz, dem Maler F. Körte bzw. dessen Bruder A. Körte (Philologe) verheiratet. Der Ehe seiner Schwester Agnes Margarethe mit seinem Schwager A. H. Altgelt entstammten die Architekten Hans Carl Hermann (Buenos Aires) und Martin (Berlin) Altgelt.

Die Bekanntschaft mit Schinkel, Beuth und Schadow prägte Gropius' Berufswunsch nachhaltig. Nach Besuch des Gewerbeinstituts 1843-46 als Grundlage zum Eintritt in die väterliche Firma ging er als Baueleve nach Pommern. Das Bauakademiestudium 1849-55 mit Praktika u. a. bei Strack und Lohse schloss er mit dem Baumeisterexamen ab. Nach kurzer Staatsanstellung wurde er 1856 Privatarchitekt, nach der Griechenland-

Martin Gropius

und Italienreise 1862/63 und Anstellung beim Polizeipräsidium setzte er 1864 die Privattätigkeit fort. 1866 gehörte Gropius zu den Initiatoren der Villenbau-Kommanditgesellschaft „Westend", gründete mit seinem Mitarbeiter Schmieden die Firma und wurde Professor an der Bauakademie, an der er seit 1856 nebenamtlich als Assistent und ab 1865 als Lehrer gewirkt hatte. Dem gesamten preuß. Kunstschulwesen stand Gropius ab 1869 als Senatsmitglied der Akademie der Künste ebenso vor wie seit 1867 der von ihm mitbegründeten Unterrichtsanstalt am Gewerbemuseum und ab 1869 der Kunstschule, Klosterstr. 75. Er war Mitglied der Akademie des Bauwesens und zahlreicher ausländischer Kunstakademien. Vor der Firmengründung entwarf Gropius zahlreiche Villen und Wohnhäuser, 1865 baute er die Singakademie um.

Heino Schmieden legte 1866 die Baumeisterprüfung an der Bauakademie ab, während des Studiums bereiste er Frankreich, England und Italien und begann 1865 beim befreundeten Gropius zu arbeiten. Nach dessen Tod führte er die Firma

mit den langjährigen Mitarbeitern Viktor v. Weltzin (Mitarbeiter 1866, Teilhaber 1880-1888) und Rudolf Speer (Mitarbeiter 1873-79 u. 1881-83, Teilhaber 1883-93) fort. Schmieden wurde 1881 Mitglied der Akademie des Bauwesens und 1887 der Akademie der Künste. Vor der Firmengründung baute er u. a. das Schloss Hünegg/Schweiz.

WERKE GROPIUS & SCHMIEDEN: Villen u. Wohnhäuser im Tiergartenviertel u. in Charlottenburg sowie Georgenstr. 37 (1870), Klosterstr. 26-28 (um 1870); Geschäftshäuser Berliner Kassenverein, Oberwallstr. 3 (1870/71), Mendelssohn & Co., Jägerstr. 52 (1872), Klosterstr. 69 (1873), Versicherungsgesellschaft Nordstern, Kaiserhofstr. 3 (1877); Schloss Biesdorf (1868); Krankenhaus am Friedrichshain (1868-74); provis. Reichstag, Leipziger Str. 4 (1871; Entw. F. Hitzig); Erweiterungen Bethanien- u. Elisabeth-Krankenhaus (1872); Garnisonlazarett II, Tempelhof (1875-78); Kunstgewerbemuseum, Prinz-Albrecht-Str. (1877-81); Kunstschule, Klosterstr. 75 (1878-80); Chirurg. u. Augen-Universitätsklinik, Zie-

Heino Schmieden

gelstr. 5-9 (1878-83); Universitäts-Frauen-klinik, Ziegelstr. 14-18 (1879-82); Denkmal A. v. Graefe, Charité (1879; Plastik P. Siemering); Waschhaus Charité (1881). - Gewandhaus Leipzig (Entw. 1880; Ausf. Schmieden & Weltzin).

WERKE SCHMIEDEN, V. WELTZIN (BIS 1888) & SPEER: *Bltg. Gewandhaus Leipzig (1881-84). - Wohnhaus, Jägerstr. 53 (1882-84); Elisabeth-Kinderhospital, Hasenheide (1885-87); Ks.-u.-Ksn. Friedrich-Kranken-haus, Reinickendorfer/Ecke Exerzierstr. (1890); Bankhaus Mendelssohn & Co., Jägerstr. 49/50 (1891-93).*

WERKE SCHMIEDEN & BOETHKE: *Städt. Krankenhaus Charlottenburg-Westend (1900-03); Offiziershaus Landwehrin-spektion Berlin (1908/09); Haus der Rechtsanwälte, Blumenhofstr. (1911/12); Operationstrakt Krankenhaus Bethanien. - Volkslungenheilstätte Sorge i. Harz, Heil-stätten Beelitz, Erweiterung Karolinenstift Neustrelitz.*

WILHELM MARTENS (4. 3. 1842 Segeberg/ Schlesw. - 22. 1. 1910 Grunewald b. Berlin) war verheiratet mit Gropius' Tochter Bertha Antonie, die wiederum 1911 den Gatten ihrer im Februar 1910 verstorbenen Schwester Elisabeth Caroline, Heinrich Ludwig Delbrück, heiratete. Martens be-suchte die Baugewerkeschule Holzmin-den und legte am Polytechnikum Karls-ruhe die Bauführerprüfung ab. Nach län-gerer Tätigkeit in Süddeutschland und der Schweiz studierte Martens an der Bauaka-demie und arbeitete nach dem Abschluss mehrere Jahre in der Firma seines Schwiegervaters. Nach dessen Tod machte er sich als Privatarchitekt selbstständig. 1879 hatte Martens zu den Gründern der Vereinigung Berliner Architekten gehört. WERKE: *Deutsche Bank Behren-/Mauer-/Frz. Str. (1882); Grandhotel Alexander-platz (1883/84; m. Holst & Zaar); Hospiz Amalienhaus, Motzstr. 11 (nach 1885); Geschäftshaus, Hausvogteiplatz 6/7 (1884/85); Umbau Preuß. Boden-Credit-Actienbank, Hinter der Kath. Kirche 2, u. Bank d. Berliner Kassenvereins, Ober-*

wallstr. 3 (1890/91); Hypothekenbank Hamburg, Frz. Str. 7 (1893/94); Landhaus Blottnitz, Hoppegarten (1894/95); Dresd-ner Bank, Behrenstr. 46/Charlotten-/Rosmarinstr. (1900/01).

Früher noch als Gropius & Schmieden hat-ten 1860 HERMANN PHILIPP WILHELM VON DER HUDE (2. 6. 1830 Lübeck - 4. 6. 1908 Berlin) und JULIUS WILHELM HENNICKE (6. 8. 1832 Breslau - 14. 10. 1892 Berlin) ihre Firma ge-gründet. Hude entstammte einer im 16./17. Jh. als Zinngießer bekannten Familie. 1849/50 arbeitete er als Eleve bei v. Arnim in Potsdam. Während des anschließenden Bauakademiestudiums zog ihn Stüler für seinen Domentwurf heran; 1855 und 1864 reiste Hude nach Italien. Nach der Bau-meisterprüfung 1857 folgte eine England-und Frankreichreise sowie die Staatsan-stellung, aus der er 1861 ausschied. Der 1857 mit dem Schinkel-Preis des Archi-tektenvereins ausgezeichnete Rathaus-Entwurf diente Waesemannn - der bei ihm tätige Kolscher war Hudes Kommilitone - wahrscheinlich als Grundlage für den Entwurf des Roten Rathauses. Im März

Hermann v. d. Hude

298

1892 löste sich die Firma auf. Hermann v. d. Hude, 1894 Mitglied der Akademie des Bauwesens, erlitt Silvester 1907 einen Schlaganfall, von dem er sich nicht erholte. Außerhalb der Firma baute er u. a. mit Bürde 1861-63 das Donnersche Palais um und errichtete mit Georg Schirrmacher 1863-66 die Kunsthalle Hamburg. Ab 1886 leitete er die Wiederherstellung des Domes Riga.

Hennicke ließ sich nach dem Bauakademiestudium 1855-59 als Privatarchitekt in Berlin nieder, um sogleich bis 1863 die Bauleitung von Hitzigs Börse zu übernehmen. Im Auftrag des Magistrats bereiste er 1865 Deutschland, England, Frankreich, Österreich und die Schweiz zum Studium großstädtischer Schlachthöfe, sein Entwurf (1867/68) kam aber nicht zur Ausführung. Hennicke gehörte 1879 zu den Gründern der Vereinigung Berliner Architekten.

WERKE HUDE & HENNICKE: Wohnhäuser und Villen vor allem am Tiergarten; Norddt. Fabrik f. Eisenbahnbetriebsmaterial, Am Nordufer 3 (1869/70; Entw. E. Koch); Möbelhaus Pfaff, Frz./Ecke Markgrafenstr. (1869-72); Hotel Kaiserhof, Mohrenstr. 1-5 (1873-75; Wiederaufbau n. Brand 1875/76); Centralhotel, Friedrich-/Ecke Dorotheenstr. (1879/80); Victoria-speicher, Köpenicker Str. 24A (1879/80); Umbau Neue (Dt.) Kirche, Gendarmenmarkt (1881/82); Warenhaus f. Armee u. Marine, Neustädt. Kirchstr. 4/5 (1886/87); Lessingtheater, Friedr.-Karl-Ufer 1 (1887/88); Hotel Habsburger Hof, Ascan. Platz 1 (1889); Haus d. Dt. Offiziersvereins. – Schlachthof Budapest (1870-72); Bhf. Gera (1880/81).

Als Architekt und Kunsthistoriker wurde GUSTAV EBE (1. 11. 1834 Halberstadt - 15. 5. 1916 Berlin) bekannt, seit 1869 mit JULIUS BENDA (21. 4. 1838 Raudten/Schles. - 6. 6. 1897 Darmstadt) assoziiert. Nach der Baumeisterprüfung 1864 reiste er mit seinem Studiengenossen Benda, der von der Akademie der Künste München an die Bauakademie gewechselt war, durch Italien und Frankreich. Nach der Rückkehr arbeiteten beide ab 1867 als Privatarchitekten zusammen, ab 1869 offiziell als Firma. Diese wurde 1891 mit Bendas Übersiedlung nach Darmstadt als Lehrer an der Baugewerbeschule aufgelöst. Ebe war neben den Firmenaufträgen auch separat tätig.

WERKE G. EBE: Erweiterung Rathaus Magdeburg (1864-67); Umbau Schloss Garzau b. Strausberg (um 1880); Umbau Flora-Etablissement in Concordia- (ab 1892 Apollo-) Theater, Friedrichstr. 218 (1890); Waisenhaus (Mosse-Stift), R.-Mosse-Str. 9-11 (1893-95).

WERKE EBE & BENDA: Palais Pringsheim, Wilhelmstr. 67 (1872-74), v. Tiele-Winckler, Regentenstr. 15 (1872-76), Borsig, Voßstr. 1(Vorentw.; Entw. R. Lucae; 1875-78, unvollend.); Wohnhaus Mosse, Leipziger Platz 15 (1882-84).

Die Firma Ende & Böckmann, gegründet 1859, 1895 aufgelöst, hatte ein breites Wirkungsfeld. Außer in Brünn, Dessau, Magdeburg und Riga baute sie in Japan, Neu-Guinea, Ostpreußen, Pommern und Schlesien. Die in Tokio 1886-91 errichteten Bauten (Parlament, Polizeipräfektur, Justizpalast u. -ministerium) waren Bestandteil des preußisch-deutschen Eindringens in Japan. Sowohl Böckmann wie Ende wirkten mit Huber ab 1864 aktiv im „Kongress deutscher Volkswirte" für die Wohnungsbaugenossenschaften; Böckmann war als Bauunternehmer und Vorstandsmitglied des Bundes der Bau- und Zimmermeister an der Niederschlagung der Bauarbeiterstreiks in den 70er Jahren beteiligt.

HERMANN GUSTAV LOUIS ENDE (4. 3. 1829 Landsberg a. d. Warthe - 10. 8. 1907 Wannsee b. Berlin) war nach der Feldmesserprüfung 1848 u. a. in den Ateliers von Julius Manger und Emil Prüfer als Eleve tätig. Nach dem Militärdienst 1851/52 studierte er bis 1855 an der Bauakademie. Der Bauführertätigkeit schloss sich 1857-59 eine Italien- und Griechenlandreise an, finanziert aus dem 1855 gewonnenen Staatspreis der Akademie der Künste.

Hermann Ende

Hermann Ende wurde 1874 Mitglied der Akademie der Künste, an der er ab 1885 ein Meisteratelier leitete und deren Präsident er von 1895-1904 war. 1878-85 an der Bauakademie bzw. Technischen Hochschule Professor, wurde er 1878 Mitglied der Techn. Baudeputation und 1880 der Akademie des Bauwesens – später deren Vizepräsident – sowie 1883-86 Abteilungsdirigent für Hochbau. Die Reise zur Grundsteinlegung der Tokio-Bauten nutzte er 1887 zu Aufenthalten in Ceylon, Indien und den USA. Ende war darüber hinaus Mitglied zahlreicher ausländischer Kunstakademien. Außerhalb der Firma baute er 1859 mit Gustav Möller das Reichskanzleramt aus, errichtete mehrere Villen am Tiergarten und leitete in Nachfolge des verstorbenen Hitzig 1881-83 die Restarbeiten des Zeughausumbaues.

Ein Schwiegersohn Endes war **PAUL STEGMÜLLER** (10. 10. 1850 Berlin – 27. 5. 1891 ebd.), Neffe des Architekten Ludwig Bohnstedt und bei diesem ausgebildet. Stegmüller war 1878-88 mit Ernst Ihne as-

soziiert und baute mit diesem u. a. das Wohnhaus Französische Str. 25/26 mit dem Bierausschank Löwenbräu (1885), richtete das Café Keck, Leipziger Str. 96, ein und baute (mit Ihne) Schloss Hummelshain/Thür. (1880-85). Stegmüllers Witwe heiratete den Eisenbahnbaumeister Alfred Lent.

Als Reaktion auf die gescheiterte 48er Revolution verließ **WILHELM BÖCKMANN** (29. 1. 1832 Elberfeld – 22. 10. 1902 Berlin) das Gymnasium, um – was dann unterblieb – in die USA auszuwandern. Nach Arbeit im Mühlenbau, als Zimmerer und in der Landwirtschaft holte er 1852 das Abitur nach und studierte 1854-58 an der Bauakademie. Anschließend bereiste er mit Ende Italien und legte 1859 die Baumeisterprüfung ab. Neben der Assoziation mit Ende unterhielt Böckmann auch eine Baufirma. 1863 besuchte er Frankreich, war 1867/68 Mitbegründer der „Deutschen Bauzeitung" und 1895/96 der Sternwarte Treptow, Lehrer an der Bauakademie sowie Mitglied zahlreicher ausländischer Akademien. 1886 und 1890 reiste er nach Japan.

Wilhelm Böckmann

WERKE ENDE & BÖCKMANN: Villen u. Wohnhäuser; „Grand Hotel de Rôme" m. öfftl. Badeanstalt, Charlottenstr. 44/45 (1865-67 nördl. Flügel; Bltg. A. Becker; 1875/76 südl. Flügel; 1912-14 Umbau zum Geschäftshaus „Röm. Hof"; Entw. Berndt & Lange); Kauf- u. Geschäftshaus „Rotes Schloss", An der Stechbahn 1-4 (1866/67); Geschäftshaus m. Casino-Gaststätte, Unter den Linden/Ecke Wilhelmstr. (1867); Umbau Kasernenkomplex Beuthstr. zum „Geberschen Industriegelände" (1868/ 69); Unionbrauerei, Kommandantenstr. 78 (1869); Bauten im Zoolog. Garten (1870-84); Preuß. Bodenkreditbank, Hinter d. Kath. Kirche 2 (1871-74); Mitteldt. Kreditbank, Behrenstr. 1/2; Dt. Unionbank, Behrenstr. 9-10 (1872-74); Geschäftshaus, Charlottenstr./Ecke Unter den Linden m. Restaurant „de l'Europe" (1875); Haus des Architektenvereins, Wilhelmstr. 92/93 (1875/76; Rohbau O. Titz); „Café Bauer", Unter den Linden/ Ecke Friedrichstr. (1877); Völkerkundemuseum, Prinz-Albrecht-Str. (1880-86); Erweiterung Loge Royal York, Dorotheenstr. 21 (1881-83); Interimsbau „Café Helms", Schlossfreiheit (1883); Sedan-Panorama am Bhf. Alexanderplatz (1883); Nationalbank f. Deutschland, Voßstr. 34/34A (1884/85); Geschäftshaus, Jägerstr. 45/46 (1887); Volksbadeanstalten, Gartenstr. 5-8 u. Wallstr. 50 (1887/88); Disconto-Gesellschaft u. Bank f. Handel u. Industrie, Unter den Linden (1889-92); Darmstädter Bank, Schinkelplatz 1/2 (1890-92).

Den offiziellen Antrag zum Bau des Märchenbrunnens im Friedrichshain stellte **WALTER KYLLMANN** (16. 5. 1837 Weyer b. Solingen - 10. 7. 1913 Wannsee b. Berlin), von 1888 bis zu seinem Tod Stadtverordneter und seit 1868 mit **ADOLPH HEYDEN** (15. 7. 1838 Krefeld - 11. 6. 1902 Berlin) assoziiert. Während des Bauakademiestudiums lebte Kyllmann im Winter 1863/64 in Rom. Nach Baumeisterprüfung und Kriegsdienst 1866 bekam er eine Staatsanstellung in Berlin und begann mit

Adolph Heyden

Heyden zusammenzuarbeiten. Als Regierungskommissar, auch nach dem Staatsdienst-Abschied 1868, war er für die preuß. Expositionen auf den Weltausstellungen Paris (1867), Wien (1873), Berlin (1876; nicht stattgefunden) und Chicago (1893) verantwortlich.

Heyden hatte 1861 nach mehrjähriger Bautätigkeit, u. a. bei Stüler, sein 1866 abgeschlossenes Bauakademiestudium begonnen, 1863/64 unterbrochen durch eine Italienreise. Nach einer Staatsanstellung in Minden kam er 1868 als Privatarchitekt nach Berlin, wurde 1879 Mitglied der Akademie der Künste und 1881 ihres Senats; 1880 nahm ihn die Akademie des Bauwesens auf. Nach seinen Entwürfen wurden auch Gebrauchsgegenstände und Interieurs für das Kaiserhaus gefertigt.

HUGO KOCH (15. 12. 1843 Oppeln - 14. 2. 1921 Berlin) kam 1869 zur Firma, 1875 ging er zur Ministerial-Baukommission. Nach Mitarbeit in der Bauleitung der TH-Gebäude (1878-84), zu dem er 1877-81 mehrere nicht ausgeführte Entwürfe geliefert hatte, wurde Koch 1885 Professor an der Technischen Hochschule und trat 1916 in den Ruhestand. Von Koch stammen in Berlin mehrere Wohnhäuser, 1912 baute er in Regensburg die Synagoge.

WERKE KYLLMANN & HEYDEN: *Kaisergalerie (Passage), Unter den Linden 22/23 (1869-73; m. H. Koch); Admiralitätsgartenbad, Friedrichstr. 102 (1873/74; m. H. Koch); Landesausstellungsgebäude, Lehrter Bhf. (1879); Gebäude der Internat. Fischereiausstellung (1880); Gebäude der Hygieneausstellung (1882/83); Panorama am Lehrter Bhf. (1886); Bayr. Gesandtschaft, Voßstr. (1890/91); Spindlerbrunnen, Spittelmarkt (1891); Spindlerhof, Grünstr. 29-31; zahlr. Villen. - Weltausstellungsgebäude, Wien (1873).*

Die Firma von MATTHIAS V. HOLST (4. 10. 1839 Fellin/Livland - 21. 4. 1905 Charlottenburg) und CARL ZAAR (17. 3. 1849 Köln - 16. 1. 1924 Berlin) bestand nur von 1882-87. Holst hatte bis 1861 am Polytechnikum Hannover, dann in Zürich studiert und war dann bei Leins in Stuttgart und Ferstel in Wien tätig. 1866-76 arbeitete er in Riga, u. a. im Kirchenbau, und ließ sich anschließend als Privatarchitekt in Berlin nieder. Zaar erhielt erste Anregungen für den Beruf durch den mit seinem Vater befreundeten Vincenz Statz, bei dem sein Bruder AUGUST LEO ZAAR (7. 8. 1860 Köln - 2. 5. 1911 Berlin) ausgebildet wurde. Dieser war zeitweise, u. a. bei der Militärbauverwaltung, auch in Berlin tätig. Der Bruder Heinrich war ebenfalls Architekt. Carl Zaar begann als Eleve bei Raschdorff und beendete sein Bauakademiestudium 1875. Bis zur Firmengründung arbeitete er bei Luthmer, Hubert Stier sowie Ende & Böckmann und war Assistent Endes an der Bauakademie bzw. Technischen Hochschule. Zaar lehrte 1881-1907 auch an der Unterrichtsanstalt des Kunstgewerbemuseums; 1887 gründete er eine neue Firma.

WERKE HOLST & ZAAR: *Wohn- u. Geschäftshäuser; „Grandhotel", Alexanderplatz (1883/84; m. W. Martens);*

Durchbruch Ks.-Wilh.-Str. (1885-87), Restaurant/Festsäle „Altstädter Hof", Ecke Neuer Markt (1886); Geschäftshaus, Neue Friedrichstr. 70/71 (1886/87).

Die 1872 von HEINRICH JOSEPH KAYSER (28. 2. 1842 Duisburg - 11. 5. 1917 Berlin) und KARL V. GROßHEIM (15. 10. 1841 Lübeck - 5. 2. 1911 Berlin) gegründete Firma hatte vier Jahrzehnte bis zu v. Großheims Tod Bestand. Dementsprechend unübersehbar ist die nicht nur auf Berlin beschränkte Liste ihrer Bauten. 1899-1909 war auch der im Raum Düsseldorf bekannte Architekt Max Wöhler Teilhaber der Firma. Zahlreiche später erfolgreiche ausländische Architekten lernten bei Kayser & Großheim, so Jan Zawiejski, ab 1900 Stadtbaumeister von Krakau, und Julius Kelterborn, mit seinem Bruder später Inhaber eines renommierten Architekturbüros in Basel.

Kayser kam aus einer Zinngießerfamilie, sein Bruder Engelbert erfand die als „Kayser-Zinn" bekannt gewordene Legierung. Nach einer Schlosser- und Maurerlehre (1861-63) kam Kayser 1864 als

Karl v. Großheim

Zeichner zur Berliner Magistratsbauverwaltung, 1866/67 hörte er als Hospitant Vorlesungen an der Bauakademie, nahm mit Großheim Zeichenunterricht bei Karl Steffeck und legte die Maurermeisterprüfung ab. Bis zur Italienreise 1870 war er als Bauleiter für Orth tätig. Als Firmen-Mitinhaber von „Max Schultz & Co." sammelte Kayser bis 1872 auch Erfahrungen als Innenarchitekt. Ohne Hochschulausbildung wurde er zu einem der bekanntesten Architekten des wilhelminischen Berlins, sein Können stand weit über dem der Masse jener selbsternannten „Baumeister" des Baubooms am Jahrhundertende. 1883 Mitglied der Akademie der Künste und 1893 ihres Senats, wurde er 1907 zum Professor ernannt. Seit 1897 Mitglied der Akademie des Bauwesens, war er maßgeblich an der Überarbeitung der Berliner Bauordnung beteiligt. Die TH Karlsruhe promovierte Kayser 1912 zum Dr.-Ing. ehrenhalber, im gleichen Jahr reiste er nach Ägypten.

Sein Partner v. Großheim verließ mit fünfzehn Jahren das Gymnasium, lernte Zimmermann und wurde nach der Wanderschaft 1860 Zeichner und Bauführer bei v. d. Hude. Nach dem Bauakademiestudium 1861–67 war er bei Orth gemeinsam mit Kayser tätig, mit dem er wahrscheinlich auch seine Italienreise (bis 1871) antrat. 1887 wurde v. Großheim Mitglied der Akademie des Bauwesens und 1910 auch Präsident der Akademie der Künste.

Werke Kayser & v. Grossheim: Wohnhäuser u. Villen in Tiergarten/Charlottenburg; Norddt. Grund-Kredit-Bank, Behrenstr. 7A (1872/73); Kaufhaus, Leipziger Str. 83 (1877–79); Germania-Versicherung, Friedrichstr. 78 (1878–80); Geschäftshaus Thiele, Leipziger Str. (1883/84); Geschäftshaus Erhardt, Leipziger Str. 40 (1884); Versicherungsgesellschaft New York, Leipziger Str. 124 (1885/86); Ausstellungsgebäude, Lehrter Bhf. (1886); Pschorr-Bräu, Friedrich-/Behrenstr./Frz. Str. u. Geschäftshaus Dortmunder Union, Leipziger Str. 109 (1886/87); Kaufhaus

Stuttgart, Spandauer Str. 59-61 (1889/90); Geschäftshaus Concordia, Markgrafenstr. 46 (1890); Kaufhausgruppe Rosen-/Neue Friedrich-/Klosterstr. (1894/95; m. O. March); Wohnhaus, Jägerstr. 9 (1895/96); Kaufhäuser Königstadt, Königstr. 27-29, Jordan, Markgrafenstr., Wertheim, Alexanderplatz; Restaurant „Zum Franziskaner", S-Bahn-Bogen Friedrichstr. – Buchhändlervereinshaus Leipzig (1886–88).

Einer alteingesessenen rheinischen Baumeisterfamilie entstammte **Wilhelm Albert Cremer** (15. 11. 1845 Köln – 28. 3. 1919 Berlin), eine Verwandtschaft mit den Brüdern Albert und Robert Cremer ist möglich. Cremer schloss sich 1882 mit **Richard Wolffenstein** (7. 9. 1846 Berlin – 13. 4. 1919 ebd.) zusammen. Nach Ausbildung bei Raschdorff in Köln hatte Cremer 1867 die Maurermeisterprüfung abgelegt und 1868–75 an der Bauakademie und privat bei Orth studiert. Danach wirkte er als Privatarchitekt und als Lehrer – ab 1885 Professor – an der Unterrichtsanstalt des Kunstgewerbemuseums, wo er 1878 Wolffenstein kennenlernte. Ab 1883 lehrte Cremer auch an der Technischen Hochschule, 1898 wurde er in die Stadtverordnetenversammlung gewählt.

Wolffenstein schloss 1868 die Maurerlehre ab, im anschließenden Bauakademiestudium war er bei Kyllmann & Heyden und Hude & Hennicke praktisch tätig. Nach der Baumeisterprüfung wurde er 1873 Mitarbeiter bei Wilhelm Neumann und reiste 1876–78 durch Italien, Holland, England, Frankreich und Spanien. Danach war Wolffenstein bis 1896 Lehrer an der Unterrichtsanstalt des Kunstgewerbemuseums. Nach seinem Entwurf entstand 1905 die Grünstraßenbrücke (Neue Grünstr.) zur Fischerinsel.

Werke Cremer & Wolffenstein: Durchbruch u. Bebauung Ks.-Wilhelm-Str. (Wettbewerbssieg 1885) m. Bau Nr. 1-3, 47-49 (1885–87) u. Feenpalast zw. Burg- u. Heilig-Geist-Str. (1885/86); Elektrizitäts-

zentrale u. AEG-Verwaltung, Schiffbauerdamm 22 (1888-90); Synagoge Charlottenburg (1889); Westminsterhotel u.
Linden-Galerie (1889-91); Synagoge
Kreuzberg, Lindenstr. 48-50 (1890/91);
Wohnhäuser, Matthäikirchstr. 32 u. 33
(1893/94; m. Kayser & v. Großheim);
Synagoge Spandau, Lindenufer 12
(1894/95); Geschäftshaus Levin, Haus-
vogteiplatz/Ecke Oberwallstr. 9 (1895);
Synagoge Tiergarten, Lützowstr. 16
(1896); Saalbau Brauerei Königstadt,
Schönhauser Allee 10, u. Geschäftshaus
Mosse, Jerusalemer/Ecke Schützenstr.
(1901-03); Patentamt, Luisenstr. 33/34
(1901); Hochbhf. Nollendorfplatz (1902);
Ks.-Wilhelm-Militärärzteakademie, Inva-
lidenstr. 48/49 (1903-10); Handelshoch-
schule, Spandauer Str. (1904-06); Warenhäuser Tietz, Alexanderplatz (1904-11) u.
Dönhoffplatz; Villa Stauss, Pacelliallee 14-
16 (1913/14); Geschäftshäuser Jordan,
Markgrafenstr. 105-107; Hoffmann, Gr.
Friedrichstr.; Brüder Simon, Neue
Friedrich-/Klosterstr.; Propstei St. Hedwig,
Frz. Str. 34; Preuß. Hypotheken-Actien-
bank, Mohrenstr.; zahlr. Villen. - Syna-
gogen Glogau (1889), Königsberg (1893),
Magdeburg (1894), Posen (1907) u.
Dessau (1907/08).

Bevor sich **HANS OTTO FRIEDRICH JULIUS
GRISEBACH** (26. 6. 1848 Göttingen - 11. 5.
1904 Berlin) 1889 mit **AUGUST GEORG
KONRAD DINKLAGE** (3. 9. 1848 Oldenburg -
20. 4. 1920 verm. Berlin) zusammen-
schloss, hatte er bereits zahlreiche Bauten
in Berlin errichtet. Der Sohn des Botanik-
Professors August Grisebach und Bruder
des Diplomaten und Literaturprofessors
Eduard Grisebach studierte 1868-73,
unterbrochen durch eine Italienreise und
den Kriegsdienst 1870/71, am Polytechnikum Hannover und bei Hase.
Anschließend arbeitete er bei v. Schmidt
in Wien und als Bauführer an Otzens
Bergkirche in Wiesbaden. Nach Reisen
durch Frankreich, Italien, Spanien und
Malta 1879 ließ er sich als Privatarchitekt
in Wiesbaden nieder und kam im Januar

1880 als Assistent Otzens an der TH
Charlottenburg nach Berlin, wo er sich
innerhalb kurzer Zeit als Privatbaumeister
etablierte. 1888 wurde Grisebach Mitglied
der Akademie der Künste. Am 1. 10. 1901
löste er die im Oktober 1889 geschlossene Verbindung mit Dinklage, zog sich völlig aus dem Berufsleben zurück und ging
seinen künstlerischen Neigungen nach. Er
war mit Max Liebermann befreundet und
besaß eine etwa 2.000 Bde. umfassende
bibliophile Sammlung. Sein ältester Sohn
August wurde Kunsthistoriker, der jüngere Hellmut Architekt in Pommern.
*WERKE GRISEBACH: Geschäftshaus A. W.
Faber, Friedrichstr. 79/Frz. Str. 49 (1881-
83); Wohnhaus W. v. Bode, Uhlandstr. 4/5
(1884/85); Villa Wilke, Fasanenstr. 85
(1886); Geschäftshaus Ascher &
Münchow, Leipziger Str. 43/Markgrafen-
str. (1886/87); Villa Schwartz, Lichtensteinallee 4 (1886/87); Bierhaus „Kron-
prinzenzelt", In den Zelten 1 (1886-88);
Geschäftshaus m. Restaurant „Zum
Gambrinus", Friedrichstr. 80 (1887/88);
Wohn- u. Geschäftshaus Schwartz, Potsdamer Str. 69 (1887/88); Villa Raus-
sendorff, Kurfürstendamm 91/92 (1888/
89); Erbbegräbnis Liebermann Jüd. Fhf.,
Schönhauser Allee (zw. 1892-1900); zahlr.
Wohnhäuser.*
*WERKE DINKLAGE & GRISEBACH: Geschäfts-
haus Faßkessel & Müntmann, Unter den
Linden 12 (1889/ 90); Wohnhaus Grise-
bach, Fasanenstr. 25 (1891/92); Geschäfts-
haus Schmidt, Unter den Linden 16 (1892-
94); Chemie-Pavillon d. Berliner Gewerbe-
ausstellung, Treptow (1896); Landhaus
Neuburger, Bettina-/Winklerstr. 22
(1896/97); Atelier M. Liebermann, Pariser
Platz 7 (1898/99); Ausstellungshaus
Berliner Sezession, Kantstr. 12 (1899);
Hochbahnhof Schlesisches Tor (1899-
1901).*
Grisebachs zeitweiliger Partner August
Dinklage hatte nach zwischenzeitlicher
Tätigkeit bei Ernst Klingenberg und dem
Kriegsdienst im Dt.-Frz. Krieg 1872-76
ebenfalls in Hannover studiert und dann
in Berlin bei F. Adler, für den er auch

Zeichnungen zu den Ausgrabungen in Olympia anfertigte, gearbeitet. 1877 trat er in den Staatsdienst – Handelsministerium, Ressort Kirchenbau – ein und war u. a. bei der Wiederherstellung des Doms in Schleswig und Umbauten an der Schlosskirche Wittenberg tätig. Studienreisen führten ihn 1878/79 nach Frankreich und Italien, 1880 arbeitete er in Finnland. 1884 wurde er zum Regierungsbaumeister ernannt und nahm 1889 den Abschied aus dem Staatsdienst. Nach der Trennung von Grisebach war er bis 1910 mit **ERNST PAULUS** (29. 8. 1868 Kleve – 25. 7. 1935 Berlin) assoziiert, zeitweise war auch der Norweger Olaf Lilloe sein Partner.

WERKE DINKLAGE & PAULUS: Marthakirche Kreuzberg, Glogauer Str. 22 (1903/04); Heiliggeistkirche Moabit, Perleberger Str. 36 (1905/06); Reformationskirche Moabit, Beusselstr. 35 (1905-07); Segenskirche, Schönhauser Allee 161 (1905-08; m. O. Lilloe); Galiläakirche, Rigaer Str. 9/10 (1909/10; m. O. Lilloe); Erlöserkirche, Wikingerufer 9 (1909-11; m. O. Lilloe); Adventskirche, Danziger Str. 201 (1910/11); Osterkirche Wedding, Samoastr. 14 (1910/11; m. O. Lilloe).

Die Bauten von **CHRISTIAN HEIDECKE** (16. 5. 1837 Dietersdorf – 17. 11. 1925 Berlin) sind ebenso verschwunden wie sein Lebensweg unbekannt blieb. Nach dem Bauakademiestudium wurde er Privatarchitekt in Berlin und baute zahlreiche Villen und Miethäuser, u. a. Unter den Linden 8 (1877) und Chausseestr. 35 sowie Gesellschaftshäuser wie das Vereinshaus „Ressource von 1794", Schadowstr. 6/7, und die Erweiterung des Freimaurerlogengebäudes, Splittgerbergasse (1886-88). Mit Berlins Geschichte verknüpft sich sein Name aber durch den Bau der ersten Zentrale (Kraftwerk) der Berliner Elektrizitätswerke, Markgrafenstr. 43/44 (1884/85) sowie jener in der Spandauer Str. 49 (1889/90), für die das gotische Blankenfelde-Haus abgerissen wurde.
Eine große Breite hat das Werk von **JOHANNES OTZEN** (8. 10. 1839 Sieseby [heute

Thumby] – 8. 6. 1911 Berlin). Er war Unternehmer in den Terrainspekulationen der Gründerjahre, engagierte sich als Kirchenbaumeister und Hochschullehrer und spielte an der Akademie der Künste und an der des Bauwesens eine große Rolle. Sein Sohn Robert war Eisenbahnbauingenieur, Statiker und Professor an den Technischen Hochschulen Berlin und Hannnover, die Tochter Charlotte Malerin.

Nach dem Abbruch einer aufgezwungenen Kaufmannslehre lernte Otzen Zimmermann, besuchte 1858/59 die Baugewerkeschule Nienburg und bis 1862 das Polytechnikum Hannover. Danach war er für Hase als Bauführer tätig, u. a. leitete er 1866-68 den Bau der Stiftskirche llfeld/Harz. Ab 1866 war Otzen auch 2. Baubeamter der Bauverwaltung Schleswig. Nach der Baumeisterprüfung im November 1868 ging er auf Veranlassung des Unternehmers und Grundstücksspekulanten Carstenn 1869 nach Berlin und wurde als Generalbevollmächtigter Leiter der Carstennschen Baugesellschaften, bei einigen sogar Aktionär.

Johannes Otzen

305

Unabhängig von Carstenn gehörte er 1872 zu den Gründern der bis 1902 bestehenden „Moabiter Baugesellschaft im Kleinen Tiergarten". 1874 trennte er sich im Gründerkrach rechtzeitig geschäftlich von Carstenn und etablierte sich als Privatarchitekt.

JOHANN ANTON WILHELM CARSTENN (12. 12. 1822 Neverstaden b. Oldesloe – 19. 12. 1896 Lichterfelde b. Berlin), am 2. 9. 1872 nobilitiert durch Wilhelm I. als „v. Carstenn-Lichterfelde", gehörte zu den schillerndsten Vertretern der Terrainunternehmer in der 2. Häfte des 19. Jh.s. Der Sohn eines wohlhabenden Großgrundbesitzers begann seine Karriere nach der Ausbildung in der Landwirtschaft und Bildungsreisen, u. a. England, 1864 mit dem Erwerb von Gütern und ihrer anschließenden gewinnbringenden Parzellierung in Wandsbeck und Mariental bei Hamburg. Im Jahr darauf erwarb Carstenn wegen der vermuteten Stadtentwicklungsrichtung nach Westen die Rittergüter Giesendorf, Lichterfelde und Wilmersdorf, ließ sie teilweise parzellieren und Straßen anlegen, später auch Eisenbahnen. Bereits 1868 verkaufte er erste Grundstücke in den neu gegründeten Siedlungen Lichterfelde-Ost und -West, Friedenau und Halensee. Durch groß angelegte Terrainkäufe und die Gründung mehrerer Bau-Gesellschaften beherrschte Carstenn im Südosten Berlins bis zu den Gründerjahren das Grundstücksgeschäft unangefochten. Die Millionenverluste aus dem Gründerkrach und die dann nicht mehr erfüllbaren unerbittlichen Forderungen des preuß. Kriegsministeriums nach buchstabengetreuer Vollziehung des Vertrages über die Schenkung der Zentralkadettenanstalt Lichterfelde durch Castenn, ließen dessen bis nach Westfalen und Holstein reichendes Imperium bis 1887 weitgehend gänzlich unter den Hammer kommen.

Otzen begann 1878 seine Lehrtätigkeit an der Technischen Hochschule, wurde 1879 Professor und war 1883/84 Vorsteher der Architektur-Abteilung. Wegen seiner Verpflichtungen an der Akademie der Künste – seit 1883 Mitglied, 1885 Leiter eines Meisterateliers und Senatsmitglied – legte er 1885 die TH-Professur nieder, bis September 1902 blieb er noch Dozent. 1904–07 war Otzen Akademie-Präsident. Die Gründung der Vereinigung Berliner Architekten am 8. 6. 1879 ging wesentlich auf Otzen, seit 1909 Ehrenmitglied, zurück. Mit Pastor Veesemeyer erarbeitete er 1891 das „Wiesbadener Programm" für den protestantischen Kirchenbau. An der Vorbereitung des 1. Dt. Kirchenbaukongresses im Mai 1894 in Berlin war er ebenso beteiligt wie mit Adler und v. d. Hude an dem für 1896 geplanten, aber erst 1906 in Dresden stattfindenden 2. Kongress. Otzen war Ehrenmitglied mehrerer ausländischer Akademien und wurde 1891 Dr.-Ing. e. h. der TH Hannover. Als maßgeblicher Theoretiker des protestantischen Kirchenbaues befasste er sich auch praktisch mit der Wiederherstellung historischer Kirchen. Dabei ging er von Befund und Baugeschichte aus und strebte eine historische – nicht historisierende – Fassung an. Er war einer der schärfsten Gegner des Blankenstein-Entwurfs für die Wiederherstellung der Nikolaikirche.

WERKE OTZEN: Bebauungsplan Friedenau (1870/ 71); Gesellschaftshaus Lichterfelde (1870/ 71); Flora-Etablissement, Charlottenburg (Entw. 1871/72; Weiterführung H. Stier); Bauten f. Gewerbeausstellung, Lehrter Bhf. (1879); Heilig-Kreuz-Kirche, Blücherstr. (1885–88); Villa Oppenheim, Am Sandwerder 11 (1886/87); Lutherkirche, Dennewitzplatz (1891–94); Georgenkirche, Georgenkirchplatz/Alexanderplatz (1894–98); Portal u. Turm Gewerbeausstellung Treptow (1896). – Villen in Berlin u. Kirchen in ganz Deutschland, u. a. Johanniskirche (1883) u. Petrikirche (1884) Altona; Lutherkirche Apolda (1891–94); Ringkirche Wiesbaden (1892–94).

Auf Wunsch Otzens kam nach Abschluss des Polytechnikums Hannover 1874 **JOHANNES VOLLMER** (30. 1. 1845 Hamburg –

8. 5. 1920 Lübeck), Sohn des Malers Adolf Vollmer, nach Berlin. Als Mitarbeiter Otzens war er auch dessen Assistent an der Technischen Hochschule, wo er selbst 1885 Lehrer und 1891 Professor wurde. 1898 siedelte er nach Lübeck über und gründete eine Firma, 1905 zog sich Vollmer vom Beruf zurück.
WERKE: Mitarbeit an Bauten v. J. Otzen in Lichterfelde (ab 1874); Stadtbahnhöfe Friedrichstr. u. Börse (1881/82); Ks.-Friedrich-Gedächtniskirche, Händelallee (1892–95); Trinitatiskirche, Charlottenburg (1896–98); Ateliergebäude d. Bildhauers O. Lessing, Grunewald (1897).

LUDWIG HEIM (8. 10. 1844 Salzungen – 13. 11. 1914 Berlin), während des Studiums bei Lucae und Hitzig praktisch tätig, ging nach der Baumeisterprüfung 1870 in den Staatsdienst, wo er 1875–77 am Stadtbahnbau mitwirkte. Ab 1877 war er Privatarchitekt. Sein Entwurf „Empfangsgebäude für Hannover" (1869 Schinkelpreis des Architektenvereins) diente vermutlich Hubert Stier als Grundlage seines späteren Ausführungsentwurfes.
WERKE: Unionclub, Schadowstr. 9 (1881/82); Hotel Continental, Neustädt. Kirchstr. 6/7 (1884/85); Restaurant Kaiserhallen (Hopfenblüte), Unter den Linden 27 (1885); Grandhotel Bellevue, Potsdamer Platz, u. Monopolhotel, Friedrichstr. 100 (1887/88); Dresdner Bank, Behrenstr. 37-39 (1887–89); Preuß. Boden-Credit-Actienbank, Voßstr. 6 (1890); Palasthotel, Leipziger/Potsdamer Platz (1892/93); Geschäftshäuser, Behrenstr. 17 u. Frz. Str. 18 (1896/97); Disconto-Gesellschaft, Behrenstr. 42-45 (1899/1900).

Einen langen Ausbildungsweg hatte **OTTO MARCH** (7. 10. 1845 Charlottenburg – 1. 4. 1913 ebd.). 1866 bestand er das Abitur am Friedrichwerderschen Gymnasium und begann eine durch den Kriegsdienst 1866/67 abgebrochene Maurerlehre. Nach Praktika, u. a. bei Edmund Knoblauch, studierte er 1868–76, wiederum unterbrochen 1870/71 durch Kriegsdienst und

mehrere Praktika bei Gropius & Schmieden und Julius Emmerich, bis zur Bauführerprüfung an der Bauakademie und am Polytechnikum Wien bei Ferstel. 1878 legte er das Baumeisterexamen ab und ging zur Ministerial-Baukommission, ehe er sich 1880 als Privatarchitekt etablierte. Seit Schinkel war der Name March mit dem Berliner Bauen verbunden. Ottos Vater Ernst, Schüler und ehemaliger Kompagnon von Tobias Feilner, eröffnete am 1. 1. 1836 die bis 1902 bestehende Tonwarenfabrik in Charlottenburg. Für die begehrten Terrakotten lieferte auch Schinkel Entwürfe. Die Firma führten die Mutter und die Brüder Ottos nach des Vaters frühem Tod weiter. Ottos Söhne Werner und Walter waren als Architekten zeitweise gemeinsam in Berlin tätig.

1905–11 hatte March den Vorsitz des gemeinsamen Ausschusses des Architektenvereins und der Vereinigung Berliner Architekten inne, der die Vereinigung beider Vereine vorbereitete, ab 1907 gehörte er dem Ausschuss Groß-Berlin an und war 1909 Initiator des Städtebauwettbewerbs und der Ausstellung 1910. In dieser Funk-

Otto March

tion wie auch seit 1899 als Mitglied der Akademie des Bauwesens und ab 1908 als Mitglied und ab 1912 als Senatsmitglied der Akademie der Künste gingen von ihm Initiativen für eine rechtzeitige städtebauliche Planung einer Groß-Gemeinde Berlin aus. Wie andere Architekten war March als Direktor der „Landhaus-Baugesellschaft Pankow" auch Unternehmer. *Werke: Villen Ahornallee 13 (1873), 4 (1875), 18-22 (1881/82) u. 44/45 (1882); Geschäftshäuser, Alte Leipziger Str. 7/8 (1887), Schimmelpfennig, Charlottenstr. 23, u. Schering, Müllerstr. 170/171 (1889/90), „Zum Hausvoigt", Hausvogteiplatz 8/9 (1889/90), „Zur Mauerkrone", Leipziger Str. 19 (1891/92); Kaufhaus Köln, Kloster-/Neue Friedrich-/Rosenstr. (1894/95; m. Kayser & v. Großheim); Hospiz Marienheim, Borsigstr. 5 (1890/ 91); Wohnanlage Amalienpark, Amalienpark/Breite Str. (1896/97); „Hoffmann-Haus", Sigmundstr. 4 (1899/1900) u. Erweiterung Nr. 3 (1907/08); Amerikan. Kirche, Nollendorfplatz/Motzstr. 4 (1901/ 02); Schiller-Theater, Bismarckstr. 110, Charlottenburg (1904 u. 1907; nicht ausgef.); Umbau Frz. Kirche, Gendarmenmarkt (1905); Rennbahngebäude, Grunewald (1906–09) u. Dt. Stadion (1912/ 13) Arbeiterversicherungsschiedsgericht Charlottenburg, Str. d. 17. Juni 116-118 (1910/11). – Wohnhäuser, Rennbahnen u. Kirchen in ganz Deutschland*

Nach Besuch der Baugewerkeschule Höxter und Bauakademiestudium, unterbrochen durch Frankreich- und Italienreisen, ließ sich **Johann Hoeninger** (24. 4. 1850 Zülz/Oberschlesien – 26. 1. 1913 Berlin) als Privatarchitekt in Berlin nieder. 1881 wurde er zum Gemeindebaumeister der Jüdischen Gemeinde ernannt. Ab 1887 war er mit **Jakob Sedlmeyer** (10. 8. 1861 Lindau – 6. 12. 1929 Berlin) assoziiert. *Werke J. Hoeninger: Bauten Jüd. Fhf., Schönhauser Allee (um 1895); Jüd. Gemeindehaus, Oranienburger Str. 29; Synagoge, Rykestr. 53 (1903/04); Synagoge, Fasanenstr. (1912).*

Werke Hoeninger & Sedlmeyer: Jüd. Waisenhaus, Schönhauser Allee 162 (1896/97); Kaufhaus, Spandauer Str. 33-39 (1899/1900); Töchterschule, Zehlendorf (1902/03); Kaufhaus, Kronenstr. 45 (1904/05); Geschäftshaus f. Gold- u. Silberwaren, Wallstr. 15/15A/Neue Grünstr. (1910/11; Portal-Figuren P. Henlein u. B. Cellini von Richard Kühn); Synagoge u. Wohnhaus, Artilleriestr. 32; Hochschule für die Wissenschaften des Judentums, Artilleriestr. 9 (bis 1907); Geschäftshaus Wallstr. 27/ Neue Roßstr. (um 1913).

Der wohl stilistisch einflussreichste Neogotiker war **Conrad Wilhelm Hase** (2. 10. 1818 Einbeck – 28. 3. 1902 Hannover), mütterlicherseits einer Malerfamilie entstammend. Nach sowohl theoretisch wie praktisch vielseitiger Ausbildung in Hannover und Bayern arbeitete er 1843–48 als Kondukteur bei der Hannoverschen Eisenbahn und anschließend bei der Wiederherstellung des Klosters Loccum. Ohne Baumeisterabschluss erhielt er am 1. 12. 1849 ein provisorisches Lehramt am Polytechnikum Hannover, nach zwei Jahren in eine feste Anstellung umgewandelt, die er bis zum Ruhestand 1894 innehatte. Hase begründete 1862 die „Niedersächsische Bauhütte Hannover" und wirkte 1863–97 als hannoveranischer Konsistorial-Baumeister. Gemeinsam mit Stüler und v. Leins hatte er auch das 1861 als lutherische Kirchenbauordnung für verbindlich erklärte „Eisenacher Regulativ" ausgearbeitet. Er unternahm zahlreiche Reisen im In- und Ausland und war Mitglied mehrerer Akademien. Sein auf Nordwestdeutschland konzentriertes Werk umfasste außer Kirchen auch zahlreiche öffentliche und Wohnbauten. In Berlin fühlte sich vor allem **August Adolf Max Spitta** (13. 7. 1842 Lissa – 12. 12. 1902 Berlin) Hase verpflichtet, der auch den einzigen Bau mit dessen direkter Beteiligung leitete. Spitta entstammte einem alten, ursprünglich in Belgien beheimateten Geschlecht mit zahlreichen Vertretern in musischen und wissenschaftlichen Berufen. Nach Studium an der Bauakademie mit Praktika bei Lohse und im Kriegsministerium legte Spitta im Februar 1872 die Baumeisterprüfung ab und kam nach kurzer Tätigkeit in der Berliner Magistratsbauverwaltung zur Ministerial-Baukommission. Nach Einsatz bei der Regierung Potsdam vom Februar 1877 bis Mai 1878 war Spitta bis September 1883 beim Kultusministerium tätig, in das er nach Tätigkeit bei der Ministerial-Baukommission – zuständig vorwiegend für Kirchenbau – 1896 zurückkehrte. *WERKE: Bltg. Umbau Min. d. Innern, Unter den Linden 72/73 (1873–76; Entw. J. Emmerich); Turnhalle Ksn.-Augusta-Gymnasium (1879; m. P. Spieker); Luisengymnasium, Moabit (1880–82; m. P. Spieker, F. Schulze); Obduktionshaus, Universitäts-Frauenklinik (1888); Umbau Staatsministerium, Leipziger Str. (1889; Bltg. H. Steuer); Neue Nazarethkirche, Leopoldplatz (1889–93); Erlöserkirche, Rummelsburg (1890–92; Vorentw. C. W. Hase n. Entw. Apostelkirche Hannover); Gnadenkirche, Invalidenpark (1891–95); Erweiterung Johanniskirche, Moabit (1892); Dt.-Wilmersdorfer Kirche (1895–97); architekt. Ltg. Denkmalanlagen Siegesallee (ab 1897); Johann-Evangelist-Kirche, Auguststr., u. Golgathakirche, Borsigstr. (1898–1900). – Kirchenbauten außerhalb Berlins zum Teil vollendet von F. Schwechten.*

Sowohl für den Kirchenbau wie für die Weiterentwicklung der Bau-Fachzeitschriften und -Fachvereine war das Wirken von KARL EMIL OTTO (K.E.O.) FRITSCH (29. 1. 1838 Ratibor – 31. 8. 1915 Grunewald b. Berlin) wichtig. Der Schwiegersohn Theodor Fontanes legte nach längerer Bauführertätigkeit im Herbst 1864 die Baumeisterprüfung ab, wirkte aber nur kurze Zeit als praktischer Architekt. Fritsch war 1866 Mitbegründer und bis 1900 Leiter der „Deutschen Bauzeitung", 1871 Mitbegründer des Verbandes der Deutschen Architekten- und Ing.-Vereine und 1879 der Vereinigung Berliner Archi-

K. E. O. Fritsch

tekten. Er hinterließ – zumeist in Fachzeitschriften – ein umfangreiches publizistisches Werk; besonders wichtig war seine Herausgabe der Publikation „Kirchenbau des Protestantismus" (1893).

Einer der prominentesten und als Denkmalpfleger umstrittener Neogotiker war CARL WILHELM ERNST SCHÄFER (18. 1. 1844 Kassel – 5. 5. 1908 Carlsfelde b. Brehna). Nach Studium an der Gewerbeschule und der Kunstakademie Kassel 1858–62 wurde Schäfer Lehrer an der Baugewerkeschule Holzminden, 1864–66 war er am Dom- und Diözesan-Bauamt Paderborn angestellt. In diesen Jahren hatte er Kontakt zu Hase und bereiste Frankreich, Oberitalien und die Schweiz. Bis zum Kriegsdienst 1870/71 versuchte er als Privatarchitekt Fuß zu fassen, im Juni 1871 wurde er Universitätsbaumeister in Marburg und war bis zum Zerwürfnis mit der Stadtverwaltung 1873 auch Stadtbaumeister. Kritik an seiner Geschäftsführung führte im Herbst 1877 zur Entlassung, Anfang 1878 kam Schäfer zum Handelsministerium nach Berlin. Mit der Professur an der TH Charlottenburg 1885, an der er

Wilhelm Schäfer

seit 1878 Privatdozent war, schied er aus dem Staatsdienst aus. Nebenberuflich fungierte er 1884-87 als 2. Redakteur beim „Zentralblatt der Bauverwaltung" und bei der „Zeitschrift für Bauwesen". Von 1887 bis zu seiner Berufung an die TH Karlsruhe 1894 war er mit Hugo Hartung assoziiert.

Am 1. 1. 1903 übernahm Schäfer auch das Amt des Dombaumeisters in Meißen und wurde im gleichen Jahr Mitglied der Badischen Ministerialkommission für das Hochbauwesen. Im Mai 1905 promovierte ihn die TH Dresden zum Dr.-Ing. e. h. Schäfers Bestreben, den zu restaurierenden original-gotischen Bauten seine ideale Neogotik überzustülpen, war schon zu seiner Zeit umstritten. Nach dem Tod der Ehefrau Clara brach bei Schäfer eine schwere Herz- und Nervenerkrankung aus, er musste die Lehrtätigkeit aufgeben, bereits im Winter 1903/04 war er aus gesundheitlichen Gründen beurlaubt. Sein ältester Sohn Hermann August, ebenfalls Architekt, erhielt Generalvollmacht zur Abwicklung aller Geschäfte. Schäfer hinterließ ein großes Lebenswerk, seine

Publizistik reicht von Stilgeschichte bis zu konstruktiven und Materialproblemen. *WERKE: Hotel Schlösser, Jägerstr. 16 (1886); Geschäftshaus Equitable, Friedrichstr. 59/60 (1887-89); Kaserne Fidicinstr./Tempelhofer Feld (um 1895). - Wiederherstellung Schloss Marburg (1872-74) und Friedrichsbau Schloss Heidelberg (1897-1903); Gebäude in Schulpforta b. Naumburg (1879/80); Ev. Kirche Glinde/Krs. Calbe (1884-86); Domküsterwohnhaus, Merseburg (1886); Ev. Kirche Bralitz/Krs. Freienwalde (1889/90); Turmfront Dom Meißen (1903-07); Kirchen, Wohnhäuser, Gaststätten u. Lehrgebäude.*

HUGO HARTUNG (19. 8. 1855 Großjena b. Naumburg - 21. 12. 1932 ebd.) absolvierte 1876-80 die Bauakademie und war als Bauführer u. a. an der Universität Marburg tätig, wo er Schäfer kennen lernte. Nach der Baumeisterprüfung 1885 wurde er Privatarchitekt und war 1887-94 mit Schäfer assoziiert. Wie dieser Vertreter der Neogotik, folgte er ihm 1894 in der Professur an der TH Charlottenburg. 1901-12 war er Professor an der TH Dresden und dann bis zum Ruhestand 1920 wiederum in Berlin. Als Dombaumeister vollendete Hartung 1907/08 Schäfers Bau in Meißen. Nach eigenen Entwürfen entstanden vorwiegend Wohnhäuser.

WERKE: Villa, Wissmannstr. 16, Grunewald (1893); eig. Haus, Furtwänglerstr. 28-30 (1898/99); mit Schäfer entstanden vorwiegend Villen u. Wohnhäuser; Offiziersspeiseanstalt Friesenstr. 15 (1895-97) u. 16 (1896/97).

Mit nur einem Bau wurde PAUL JEAN WALLOT (26. 6. 1841 Oppenheim/Rhein - 19. 8. 1912 Langenschwalbach/Taunus) in Europa bekannt - dem Reichstag in Berlin. Nach Besuch der Höheren Gewerbeschule Darmstadt studierte er 1859/60 in Hannover Maschinenbau, 1860-63 an der Bauakademie und kurzzeitig am Polytechnikum München. 1863/64 besuchte

Wallot die Bauschule der Universität Gießen und legte dort die Baumeisterprüfung ab. Bis zu seiner Italien- und Englandreise 1867/68 war er bei Strack, Lucae, Hitzig und Gropius & Schmieden in Berlin tätig. 1868–83 Privatarchitekt in Frankfurt/M., baute er Villen, Wohn- und Geschäftshäuser. Nach dem Sieg im 2. Reichstagswettbewerb 1882 siedelte Wallot nach Berlin über, wurde 1885 Mitglied der Akademie der Künste und 1894 der des Bauwesens. Die feierliche Schlusssteinlegung am 5. 12. 1894 (Grundsteinlegung 9. 6. 1884) erlebte er bereits – seit dem 1. Oktober in Dresden lebend – als Lehrer der dortigen TH und Professor der Kunstakademie. 1911 trat Wallot in den Ruhestand und siedelte nach Bieberich/Rhein über. Der Reichstagsbau trug ihm mehrfache Ehrendoktorwürden, Ehrenbürgerschaften und Akademie-Mitgliedschaften ein. Außer dem Reichstag entstand nach seinem Entwurf das Reichstagspräsidentenpalais, Sommerstr. 7 (1897–1903; Bltg. W. Haeger); in Dresden baute er das Ständehaus, Brühlsche Terrasse (1901–06).

Paul Wallot

Den ersten Reichstagswettbewerb hatte 1872 **LUDWIG BOHNSTEDT** (27. 10. 1822 St. Petersburg – 3. 1. 1885 Gotha) aus Gotha überlegen gewonnen. Sein Entwurf wurde sehr populär und entsprach in der Gestaltung einem volkstümlichen Demokratieverständnis. Eine Kampagne des Architektenvereins und antidemokratisch-monarchistischer Kräfte lösten eine Anti-Bohnstedt-Welle aus: Ein im Dienst eines Kleinstaates stehender und in Russland geborener bayerischer Staatsbürger konnte unmöglich der Architekt des repräsentativsten Gebäudes des Deutschen Reiches sein! Ungeklärte Probleme im vorgegebenen Raumprogramm und in der Bauplatzwahl taten ein übriges, den Entwurf 1874 zu den Akten zu legen. Am zweiten Wettbewerb 1882 nahm Bohnstedt, unterstützt von seinem in Berlin als Privatarchitekt und später Baubeamten tätigen Sohn Alfred nur noch pro forma und sichtlich deprimiert teil.

Wallot zur Seite standen eine Reihe bekannter Architekten und Ingenieure. Leiter des Technischen Büros der Reichstagsbauverwaltung und eines der drei Entwurfs-Ateliers war 1883–98 **WILHELM HAEGER** (1. 9. 1834 Greifswald – 2. 3. 1901 Friedenau b. Berlin), der nach Studium an der Bauakademie und Universität (Kunstwissenschaften, Mathematik) 1865 die Baumeisterprüfung ablegte. Nach einer Italienreise war er bis 1883 bei der Ministerial-Baukommission und beim Ministerium für Handel, Gewerbe und öffentliche Arbeiten angestellt. *WERKE: Umbau Palais Raczynski, Königsplatz (1867); Bltg. Reichsbank (Entw. F. Hitzig); Erweiterung Ministerium f. öfftl. Arbeiten, Voßstr. 35 (m. F. Schulze; Entw. H. Herrmann); Erhöhung Kreuzbergdenkmal (Entw. H. Strack, J. Schwedler); Universitäts-Frauenklinik (Entw. Gropius & Schmieden).*

In Haegers Atelier war 1884–86 **JOHANN ALBRECHT BECKER** (22. 2. 1840 Rostock – 11. 10. 1911 Mallentin b. Grevesmühlen) tätig. Nach dem Bauakademiestudium 1862–65 arbeitete er als Bauführer u. a. bei Ende &

Böckmann. 1873 legte er die Baumeister-prüfung ab und wurde Privatarchitekt. Seit 1862 mit Lucae bekannt, arbeitete Becker ab 1876 für ihn und führte nach dessen Tod einige seiner Bauten zu Ende. *WERKE: Villen; Geschäftshäuser, Leipziger Str. 121 u. Werderstr. 10-12 (1873/74); Etablissement „Stadtpark", Friedrichstr. 147 (1875); Erziehungsanstalt Crain, Westend (1889-91); Pfarrhaus Deutsche Kirche, Kronenstr. (1893); Börsenrestaurant, Burgstr.; Dienstgebäude Zeughausverwaltung. - Opernhaus Frankfurt/M. (Bltg. 1876-80; Entw. R. Lucae).*
Nach Querelen zwischen Wallot und Wilhelm II. wegen der Lage des Plenarsaales bzw. der Kuppel des Reichstages musste für bereits vorhandene Stützmauern während des Baues eine neue Kuppel entworfen werden. Die Berechnung führte **ERNST AUGUST HERMANN ZIMMERMANN** (17. 12. 1845 Langensalza - 3. 4. 1935 Berlin), Ingenieur und Mathematiker, aus. Nach einer abenteuerlichen Jugend, er brach 1862 den Schulbesuch ab und ging zur See, gelangte er durch deutsche Kleinstaaterei nur auf Umwegen zu seiner beruflichen Qualifikation. Während er bereits 1874 an der Universität Leipzig zum Dr.-Ing. promovierte, legte er 1875 am Polytechnikum Karlsruhe die Dipl.-Bauing.-Prüfung ab und musste 1878 für das Baumeisterexamen in Baden extern das Abitur nachholen. Von ihm stammen zahlreiche bis Mitte unseres Jahrhunderts gültige Eisenbahnbau-Berechnungsverfahren, die Reichstagskuppel ging als erste Standard-„Zimmermann-Kuppel" in die Technik-Geschichte ein. 1904 wurde er Mitglied der Akademie der Wissenschaften, er war auch Alpinist, Inhaber des Ballonführerpatentes, Mitglied des Berliner Vereins für Luftschiffahrt und befreundet mit Ferdinand v. Zeppelin.

Wenn auch oft ungenannt, so hat **RICHARD EDMUND OTTO CRAMER** (13. 6. 1847 Köthen - 9. 9. 1906 Berlin) als Ingenieur und Statiker doch Anteil an vielen Monumen-tal-Bauten nicht nur in Berlin. So berechnete er das Kyffhäuserdenkmal, die Rathäuser Leipzig und Stuttgart, die Theater Hannover (Umbau), Halle, Essen, Rostock und das Reichsgericht Leipzig. Ein Spezialgebiet Cramers waren Aufzüge und hydraulische Anlagen. Nach einer Elevenzeit in der Dinglerschen Maschinenfabrik Köthen studierte Cramer 1865-68 an der Gewerbeakademie, anschließend war er Konstrukteur in Berliner Maschinenbaufirmen, u. a. bei Hoppe und Hummel. Nach der Zeit im Eisenbahnbau 1871-74 machte er sich selbstständig, 1888 wurde er auch als gerichtlicher Sachverständiger für Aufzüge und Baukonstruktionen zugelassen. Studienreisen führten Cramer nach Frankreich, Belgien und England; 1894 wurde er Mitglied der Akademie des Bauwesens und 1899 Professor.
WERKE: Reichspostamt (C. Schwatlo) u. Erweiterung (E. Hake); Umbau Altes Museum (1876-84); Zeughausumbau (F. Hitzig); Erweiterung Börse (F. Hitzig, J. Hennicke); Völkerkundemuseum (Ende & Böckmann); Umbau Deutsche Kirche

Richard Cramer

(Hude & Hennicke); Naturkundemuseum (A. Tiede); Umbau Hedwigskirche (M. Hasak); Aufstockung Neues Museum (1885); Heilig-Kreuz-Kirche (J. Otzen); Patentamt (A. Busse); Lessingtheater (Hude & Hennicke); Umbau Schauspielhaus (R. Persius); Synagoge, Lützowstr. (Cremer & Wolffenstein); Provis. Pergamon-Museum (F. Wolff); Ks.-Wilhelm-Militärärzteakademie (Cremer & Wolffenstein) u. a.

Die Militär- und Eisenbahnbaumeister als sehr spezialisierte Berufsgruppen waren zumeist architektonisch und ingenieurtechnisch gebildet. **OSKAR APPELIUS** (11. 11. 1837 Berlin - 27. 9. 1904 Charlottenburg), seit 1848 Schüler des Grauen Klosters, war 1857/58 Eleve bei Stadtbaurat Holtzmann. Während des vermutlich 1864 abgeschlossenen Studiums arbeitete er u. a. bei M. Gropius. Nach Tätigkeit bei der Berlin-Anhalter Eisenbahn kam Appelius 1876 zur Militärbauverwaltung, 1879 wurde er nach Stettin und 1883 nach Straßburg versetzt. Im Kriegsministerium, wo er seit 1888 tätig war, wurde Appelius 1897 zum Leiter der Bauverwaltung berufen. 1903 trat er in den Ruhestand.
WERKE: Bltg. b. G. Voigtel; Anhalter Bhf. (1875/76; Entw. F. Schwechten); Bltg. Oberfeuerwerkerschule Invaliden-/Ecke Lehrter Str. (1879-81; m. R. Lapierre); Erweiterung Ulanenkaserne, Moabit (1879-88; m. R. Lapierre); Kaserne Tempelhofer Feld (um 1895); Karlshallen u. Bierhaus, Karlstr. 25 (m. F. Schwechten); Schultheiß-Ausschank, Neue Jacobstr. 24/25.

Neben Bauten bei Voigtel und mit Appelius verwirklichte **GOTTLIEB HEINRICH RICHARD LAPIERRE** (21. 1. 1842 Berlin - 14. 10. 1893 ebd.) auch eigene Entwürfe. Der Hugenotten-Nachfahre schloss 1872 nach Elevenzeit bei Hermann Ende und dem Bauakademiestudium seine Ausbildung ab und kam zur Nordbahn, zeitweise arbeitete er auch für Lucae. 1877 trat er in den Staatsdienst, lehrte nebenamtlich an

der Bauakademie und wechselte 1879 zur Garnisonbauverwaltung.
WERKE: Lehrter Bhf. (1869-71; m. A. Lent u. a.); Bltg. Umbau Bauakademie (1874/75; Entw. R. Lucae); Nordbahnhof (bis 1877); Erweiterung Ks.-Wilhelm-Militärärzteakademie, Reichstagufer (1880-83); Kaserne, Kruppstr. (1886-89; m. A. Zaar); Kriegsministerium, Wilhelmstr. 82-85 (1888-90). - Bltg. Theater Magdeburg (1872-76; Entw. R. Lucae); Opernhaus Frankfurt/M. (1873-76; Entw. R. Lucae).

ALFRED LENT (7. 6. 1836 Berlin - 4. 1. 1915 ebd.), in dritter Ehe mit Paul Stegmüllers Witwe verheiratet, absolvierte die Feldmesserausbildung an der Deutz-Gießener Eisenbahn und studierte 1856-58 an der Bauakademie und der Universität. 1863 legte er die Baumeisterprüfung ab. Bis zum Kriegsdienst 1866 arbeitete Lent beim Eisenbahnkommissariat Berlin und im Atelier Hitzig, dessen Markthallenbau er leitete. 1861, 1864, 1867 führten ihn Studienreisen durch Süddeutschland, Österreich, Frankreich, Italien, Belgien und die Schweiz. 1867-70 leitete er die Bauabteilung der Magdeburg-Halberstädter Eisenbahn und baute 1869-71 mit Lapierre u. a. den Lehrter Bahnhof. Im Krieg 1870/71 war er im Eisenbahnwesen eingesetzt. Danach ging Lent zur Disconto-Gesellschaft, deren Mitinhaber er 1878 wurde, und betrieb Bau- und Terrainspekulationen. 1887 holte er auch seinen Bruder Hugo, 1863 Bauakademieabsolvent und dann maßgeblich am Bau von Eisenbahnlinien im Hallenser und Magdeburger Raum beteiligt, zur Disconto-Gesellschaft. 1901 trat Lent in den Ruhestand.
Vom Eisenbahnbau bis zur Denkmalpflege reichte das Arbeitsgebiet von **HERMANN CUNO** (16. 1. 1831 Naugard - 24. 8. 1896 Pfaffendorf b. Koblenz). Er besuchte 1849-53 die Bauakademie und arbeitete als Bauführer u. a. bei Hesse d. Ä. an der Orangerie von Sanssouci. Nach der Baumeisterprüfung war er 1861-64 bei der Direktion der Ostbahn in Bromberg angestellt, anschließend bei der Kommis-

sion zum Bau der Schlesischen Gebirgs-
bahnen und 1866-70 bei der Direktion
der Berlin-Anhalter Bahn. Danach trat
Cuno in den Staatsdienst, wurde 1870
Kreisbaumeister in Ahrweiler und 1874 in
Marburg. Hier übernahm er 1877 auch die
Vertretung Schäfers als Universitätsbau-
meister und wurde 1878 sein Nachfolger.
Ein Jahr später ging Cuno zur Landdrostei
Hildesheim und 1890 zur Regierung
Koblenz.
*WERKE: Schlesischer (Ost-)Bhf. (Bltg.
1866/67; Entw. A. Lohse); Anhalter Bhf.
(1874-80; m. F. Schwechten, H. Seidel). -
Auditorium, Universität Marburg (Bltg.
1877-79; Entw. K. Schäfer); Chem. Institut,
Marburg (1879-81; Bltg. A. Meyden-
bauer); Wiederherstellung St. Peter,
Bacharach (1890-92 u. 1894-96); Burg
Kaden, Cochem (1892-95).*

Der bekannteste unter Berlins Eisenbahn-
baumeistern war ERNST AUGUST DIRCKSEN
(31. 5. 1830 Danzig - 11. 5. 1899 Erfurt), dessen Sohn Friedrich ebenfalls - außerhalb
Berlins - diesen Beruf ergriff. Nach der
Bauführerprüfung 1853 an der Bauakademie war Dircksen im Brückenbau
(Weichselbrücke Dirschau, Rheinbrücke
Köln) tätig, 1859 legte er die Baumeisterprüfung ab und ging zur Ober-
schlesischen Eisenbahn. Bei der Deutschen Eisenbahngesellschaft Berlin arbeitete er 1867-70 am Ringbahnbau. Kurz vor
Kriegsausbruch kam Dircksen zwar zur
Eisenbahndirektion Elberfeld, wurde aber
schnell eingezogen und diente 1870/71 als
Chef der Feldeisenbahnabt. I der 2. Armee.
Dank der frühzeitigen Wertschätzung der
Eisenbahn durch den 1857-88 amtierenden preuß. Generalstabschef Helmuth v.
Moltke erreichte die preuß. Armee schon
während des Aufmarsches gegen Dänemark (1864) eine konkurrenzlose Mobi-
lität. Fortan spielte die Eisenbahn einschließlich ihres militärischen Ablegers,
der Feldeisenbahn, eine wichtige Rolle in
der Logistik deutscher Armeen. Dircksen
war nicht der einzige Berliner Architekt in
der Feldeisenbahntruppe im Dt.-Frz.

Krieg. Direkt unter seinem Befehl diente
Albrecht Meydenbauer als Bauführer.
Hermann Wex war Chef der Feldeisen-
bahn-Abt. II, bei ihm dienten auch Alfred
Lent und Hermann Oberbeck. In Abt. III
waren Friedrich Schulze und Ernst
Grüttefien und in Abt. IV Friedrich Wiebe
tätig.
Seit dem 2. Juni Direktor der am 20. 3. 1874
gegründeten Direktion für den Stadtbahnbau, wirkte Dircksen 1874-83 in
Berlin. Von der Direktion der Links-
rheinischen Eisenbahn wechselte er 1890
zur Eisenbahndirektion Erfurt nach Thü-
ringen.
*WERKE: 1. Bauabschnitt Ringbahn Moabit-
Stralau-Schöneberg (1867-70; Bltg.);
Stadtbahn Schlesischer (Ost-)Bhf.-Fried-
richstr.-Charlottenburg incl. Viadukt
(1874-83; Entw. u. Ltg.). - Bahnlinien Trip-
tis-Blankenstein u. Zella(-Mehlis)-
Schmalkalden (1890-99; Entw. u. Ltg.) u. a.*

Als leitender Architekt des Stadtbahn-
baues wirkte 1875-82 JOHANN EDUARD
JACOBSTHAL (17. 9. 1839 Preuß. Stargard - 1.
1. 1902 Charlottenburg) bei Dircksen. Er
hatte 1866 die Ausbildung an der Bauakademie abgeschlossen, während des
1857 begonnenen Studiums reiste er
durch Süd- u. Westdeutschland, England,
Belgien, Frankreich, Italien, Griechenland
und Kleinasien. Nach kurzer Tätigkeit bei
der Magistratsbauverwaltung war Jacobsthal 1867-76 bei der Ministerial-Baukommission bzw. beim Handelsministerium angestellt. Seit 1866 nebenamtlich
Hilfslehrer, wurde Jacobsthal 1873 Lehrer
an der Bauakademie und 1874 Professor.
An der Schule des Kunstgewerbemuseums lehrte er 1868-72, an der Kunstschule 1870-76, 1876 wurde er auch
Professor an der Gewerbeakademie und
gab den Staatsdienst auf. An der TH
Charlottenburg fungierte Jacobsthal
1881/82 als Abt.-Vorsteher für Architektur
und Senatsmitglied, 1889/90 als Rektor
und 1890/91 als Prorektor. Mit Adler und
dem Kunsthistoriker und späteren Denkmalkonservator Thüringens Paul Lehfeldt

Wilhelm Housselle

war er bei der Deutschen Eisenbahngesellschaft unter Dircksen 1868-71 am Ringbahnbau, 1877-83 am Stadtbahnbau tätig. Von einer Reise durch Holland, Belgien, Frankreich und England zurückgekehrt und nach anschließender Tätigkeit am Ringbahnbau war Housselle bei der Anhalter Bahn am gleichnamigen Bahnhofsbau (Entwurf F. Schwechten) beschäftigt, 1874 ging er nach Saarbrücken. Von 1877 bis zum Ruhestand 1901 war er Mitarbeiter der Eisenbahndirektion Berlin, seit 1891 Direktionsmitglied.

AUGUST GIER (24. 12. 1848 Schönlancke – 18. 8. 1903 Hofheim/Taunus), Sohn eines Architekten, begann seine berufliche Laufbahn 1868 als Eisenbahnbaueleve. 1869-73 besuchte er die Bauakademie und war bis 1878 Bauführer im Eisenbahnbau. Nach der Baumeisterprüfung 1879 arbeitete Gier beim Stadtbahnbau, danach bis 1895 im Rheinland, Spreewald und in Mecklenburg. Bis zu seinem Ruhestand 1899 war er bei Siemens & Halske Leiter der Entwicklungs- u. Bauabteilung für die Hochbahn.

Als Chef des Entwurfsbüros der Berlin-Anhalter Bahn wurde 1871 der Privatarchitekt **FRANZ HEINRICH SCHWECHTEN** (12. 8. 1841 Köln – 11. 8. 1924 Berlin) berufen. Seine erste Ausbildung erhielt er bei Raschdorff, 1861-69 studierte er an der Bauakademie und arbeitete nach der Baumeisterprüfung kurzzeitig bei Stüler und Gropius. Nach einer Italienreise 1869/70 machte er sich selbstständig. Schwechten wurde 1885 Mitglied der Akademie der Künste und 1889 ihres Senats, ab 1902 leitete er ein Meisteratelier. Seine Lehrtätigkeit an der TH Charlottenburg begann er 1885, 1888 wurde er Senatsmitglied und 1889 Mitglied der Akademie des Bauwesens.

WERKE: Anhalter Bhf. (1875-80; Hallenkonstr. H. Seidel); Bltg. Erweiterung Kriegsakademie, Dorotheenstr. (1879-83; Entw. A. Zaar u. a.); Industriegelände Beuthstr. (ab 1886); Philharmonie, Bernburger Str. 22/23 (1888); Fassade AEG-Gebäude, Ackerstr. (1888/89); Schultheiß-

bereiste er 1874 Italien, 1899/1900 Ägypten. Jacobsthal war Mitglied der Akademien des Bauwesens und der Künste. Neben der Lehre und architektonischen Entwürfen befasste er sich intensiv mit dem Kunstgewerbe.

WERKE: Bltg. Umbau Abgeordnetenhaus, Dönhoffplatz (1867; Entw. H. Blankenstein); Prachtschrank für Nachlass B. Kolscher, Kunstgewerbemuseum (1868/69); Bltg. Siegessäule (1871/72; Entw. H. Strack); Verbreiterung Friedrichsbrücke (1873-75); Humboldt-Gymnasium, Gartenstr. 29 (1874/75); Stadt-Bahnhöfe Bellevue u. Alexanderplatz (1878-82); Bühnenvorhang, Schauspielhaus (1889). - Turmoberteil Moritzkirche, Mittenwalde (1877/78); Villa „Hügel" (Krupp) Essen (m. P. Spieker); Bahnhofsbauten, Typenentwürfe f. kleine Kirchen (m. W. Salzenberg).

Nach seinem Bauakademiestudium 1858-61 wurde **WILHELM HOUSSELLE** (5. 4. 1841 Elbing – 24. 9. 1910 Potsdam) Bauführer beim Eisenbahnbau unter Adler. Nach der 1867 bestandenen Baumeisterprüfung

Brauerei, Schönhauser Allee 36-39 (1890/91); Ks.-Wilhelm-Gedächtniskirche (1891-95); Apostel-Paulus-Kirche, Schöneberg (1892-94); Simeonkirche, Kreuzberg (1893-97); AEG-Bauten, Brunnenstr. (1895-97); Roman. Häuser, Auguste-Viktoria-Platz (1895/96 u.1900/01); Ks.-Wilhelm-Turm, Grunewald (1898/99); Kraftwerk Moabit (1899); Wiederherstellung Kirche Schönefeld b. Berlin (1904/05); Etablissement „Potsdam", Königgrätzer Str. (1912). - Kirchen in Deutschland; Bahnhöfe Dessau (1874-76; Hallenkonstr. H. Seidel) u. Wittenberg (1880); Kriegsschule Brauhausberg, Potsdam (1899-1902); Kaiserschloss Poznan (1905-10; m. A. Geyer).

Der mit Schwechten in Berlin und Dessau tätige **HEINRICH SEIDEL** (15. 6. 1842 Perlin/ Meckl. - 7. 11. 1906 Lichterfelde b. Berlin) kam vom Maschinenbau zum Bauwesen, 1868 beendete er die Gewerbeakademie und ging zur Firma Wöhlert, wechselte 1870 zur Berlin-Potsdam-Magdeburger Bahn, wo er 1870-72 an der Bahnsteighalle des Potsdamer Bahnhofs mitwirkte, und 1872 zur Anhalter Bahn. Ab 1880 lebte Seidel als freischaffender Schriftsteller in Berlin, 1883-86 war er Mitarbeiter des „Kladderadatsch". Seine gesammelten Werke umfassen 27 Bände. Bekannt wurde er vor allem durch seinen literarischen Helden Leberecht Hühnchen. Sein Sohn Heinrich Wolfgang war Pfarrer und Schriftsteller und mit der Schriftstellerin Ina Seidel, seiner Cousine, verheiratet.

Zusammen mit Schwechten am Kaiserschloss Poznan wirkte **ALBERT GEYER** (17. 5. 1846 Charlottenburg - 14. 9. 1938 Berlin), Bruder des Bildhauers Otto Geyer. Er studierte 1867-69 Philosophie und Mathematik an der Berliner Universität und war nebenberuflich bei Haeger im Baubüro des Reichsbankneubaues tätig. Dem Kriegsdienst 1870/71 folgte das Bauakademiestudium mit der Bauführerprüfung 1874. Nach Reisen durch Deutschland, Belgien, Frankreich und die Schweiz war

Geyer bei Reinhold Persius für dessen Privatbauten in Potsdam angestellt, 1880 legte er die Baumeisterprüfung ab und ging zur Schlossbaukommission, deren Direktor er von 1909 bis zur Auflösung am 1. 4. 1921 war. Seit 1909 Mitglied der Akademie des Bauwesens, fungierte er 1922-29 als deren Präsident. Geyer veröffentlichte zahlreiche Publikationen über die Schlösser in Berlin und Potsdam. *WERKE: Bltg. Erweiterung Palais Prinz Leopold, Wilhelmplatz 9 (1883-85; Entw. R. Persius); Erweiterung Mausoleum, Charlottenburg (1888/89); Umbauten Palais Prinzessin Friedrich Karl, Leipziger Platz (1890); Berliner Schloss (1891-1905; m. E. v. Ihne) u. Jagdschloss Glienicke (1892). - Erweiterung Schloss Neustrelitz (1905-09) u. Schloss Babelsberg (1907); Jubiläumsterrasse Neue Orangerie, Potsdam (1910-13); weitere Schlossumbauten u. Einrichtungen von kgl./ksl. Wohnräumen.*

Die repräsentativsten Bauten des wilhelminischen Barock schuf **ERNST EBERHARD IHNE** (23. 5. 1848 Elberfeld - 21. 4. 1917 Berlin), geadelt 1906 und in der Hedwigskirche bestattet. Der Sohn des Historikers und Anglistik-Professors Wilhelm Ihne hatte kurzzeitig Neue Sprachen und Schöne Wissenschaften studiert und sich nach längerem Englandaufenthalt bei der Familie mütterlicherseits am Polytechnikum Karlsruhe und der Bauakademie immatrikuliert. 1870-72 studierte er an der École des Beaux Arts Paris und legte die Baumeisterprüfung ab. Danach ließ er sich in Berlin als Privatarchitekt nieder und war 1878-88 mit Paul Stegmüller assoziiert. Friedrich III. ernannte ihn 1888 zum Hofbaurat und kaiserlichen Hofarchitekten. Ihne weilte mehrfach in Italien, reiste durch die USA und war Dr. h. c. der Universität von Pennsylvania. 1899 wurde er Mitglied der Akademie des Bauwesens und 1910 Ehrenmitglied der École des Beaux Arts.

WERKE: Schloss Hummelshain (1880-85; m. P. Stegmüller). - Wohnhaus m.

Restaurant „Löwenbräu", Charlotten-/Frz. Str. (1885; m. P. Stegmüller); „Café Keck", Leipziger Str. 96 (m. P. Stegmüller); Kraftzentrale Siemenswerke, Charlottenburg (1891); Umbau Weißer Saal, Schloss (1891-95; Bltg. A. Geyer); architekt. Gestaltg. Ks.-Wilhelm-Denkmal, Schlossfreiheit (1895-97); Neuer Marstall, Schlossplatz (1897-1901); Ks.-Friedrich-(Bode-)Museum (1897-1904) m. Monbijou-Brücken (1903/04); Wohnhaus, Pariser Platz 5a (1900); architekt. Gestaltg. Hindenburgplatz m. Denkmal Ksn. Victoria u. Ks. Friedrich III. (1903); Akademie f. ärztl. Fortbildung, R.-Koch-Platz 7 (1904-06); Umbau Palais Arnim in Akademie d. Künste, Pariser Platz (1906/07); Staatsbibl. Unter den Linden (1908-14); Ks.-Wilhelm-Institut f. Biologie, Dahlem (1914/15).

Lag die Bedeutung der Stadtbauräte, deren Lebenswege kaum überliefert sind, in der ersten Jahrhunderthälfte auf anderem Gebiet als dem des kommunalen Bauens, so änderte sich das in den 60er Jahren entscheidend. 1845 wurde **FRANZ ALEXANDER WILHELM KREYHER** (17. 5. 1806 Kalkberge b. Rüdersdorf - 12. 7. 1855 Berlin) Stadtbaumeister bei Langerhans, später als Stadtbaurat dessen Nachfolger. Nach Besuch des Grauen Klosters 1819-25 hatte er 1828 das Bauakademiestudium begonnen und ab 1839 als Kondukteur bei Hampel in Potsdam gearbeitet, von wo er 1843 zum Finanzministerium versetzt worden war.

WERKE: Friedrich-Wilhelm-Hospital, Palisadenstr. 3 (1845-48); Überarb. Petrikirchen-Entw. (1846; Strack); Erweiterung Klostergymnasium (1848/49).

GUSTAV HOLZMANN (? Breslau - 1860 Berlin), bekannt bisher nur durch wenige Nachrichten über seine Tätigkeit, war vor 1843 als Privatbaumeister in Berlin tätig, 1852 wurde er Stadtbaurat. Nach seinem Tod erschien 1861 sein „Lehrbuch der theoretischen Mechanik".

WERKE: Anhalter Bhf. (1841); Bltg. Jacobikirche (1844/45; Entw. A. Stüler);

Städt. Friedrichs-Waisenhaus, Rummelsburg (1845-49); Propstei Nikolaikirche, Propststr. 7.

Bedeutender als seine Vorgänger war **CARL ADOLPH FERDINAND GERSTENBERG** (3. 1. 1826 Magdeburg - 22. 1. 1896 Berlin), der 1848 die Kondukteurprüfung ablegte. Mit Gustav Möller war er ab 1848 Vertreter des Architektenvereins in der Kommission zur Ausarbeitung der neuen Bauordnung, 1851 gehörte er zu den Begründern der städtischen Berufsfeuerwehr und fungierte bis 1861 als Brandinspektor. Sein Vorgesetzter im Innenministerium, Branddirektor Louis Scabell, war ebenfalls Architekt. Gerstenberg, der 1858 die Baumeisterprüfung abgelegt hatte, war von Anfang 1861 bis Ende 1871 Stadtbaurat, danach Privatarchitekt und Sachverständiger für Brandschäden und Hypothekenschätzungen sowie Direktor der Preußischen Baugesellschaft.

WERKE: Gemeindeschule (Blindenanstalt), Oranienstr. 26 (1863/64); Zentralturnhalle, Prinzenstr. (1863/64; 1. städt. Turnhalle); 22. Gemeindeschule, Kurfürstenstr. (1863/64); Schule, Wassertorstr. 4 (1865); Sophien-Gymnasium u.-Realschule, Weinmeisterstr. 15 (1865-67); Kölln. Gymnasium m. Lehrerwohnhaus, Wallstr. 42-48/Inselstr. 2-5 (1865 u. 1868); 27./44. Gemeindeschule, Wilhelmstr. 116/117 (1868).

JAMES FRIEDRICH LUDOLF HOBRECHT (31. 12. 1825 Memel - 8. 9. 1902 Berlin) war als Urheber des berühmt-berüchtigten Bebauungsplanes von 1861, Chefingenieur sowie Schöpfer der Berliner Kanalisation und Stadtbaurat in vielfacher Hinsicht für Berlin bedeutsam. Sein jüngerer Bruder Arthur Hobrecht, 1872-78 Oberbürgermeister Berlins, erlangte 1875 für die Stadt die Hoheit über die öffentlichen Straßen und Plätze und damit endlich auch über das Weichbild, als preuß. Finanzminister 1878/79 beschloss er früh seine politische Karriere.

Nach mehrmaligem Wechsel zwischen der landwirtschaftlichen und der Bau-Ausbildung, unterbrochen 1850/51 durch den Militärdienst, schloss James Hobrecht das Bauakademiestudium 1853-56 mit dem Landbaumeister-Examen ab, im Juni 1858 folgte auch die Wasser-, Wege- und Eisenbahnbaumeisterprüfung. Am 1. 4. 1858 wurde er beim Polizeipräsidium angestellt. Genau ein Jahr später, in dieser Zeit nebenberuflich auch für die Gemeinnützige Berliner Baugenossenschaft tätig, avancierte Hobrecht zum Leiter der Kommission für die Ausarbeitung des Bebauungsplanes für die Umgebung Berlins, deren Arbeit am 6. 12. 1861 beendet war. Nach der offiziellen Kündigung am 15. 12. 1861 trat er das ihm im November zugesagte Amt als Stadtbaurat von Stettin an. Am 19. 5. 1869 wurde Hobrecht zum Chefingenieur der Berliner Kanalisation ernannt, 1872-74 lehrte er auch an der Bauakademie.

Bereits 1860 hatte er mit Eduard Wiebe Deutschland, England und Frankreich zum Studium großstädtischer Abwassersysteme bereist. Im Gegensatz zu Wiebe, der eine - unhygienische - Ableitung in die Spree vorsah, entwarf Hobrecht ein System mit Ableitung über Pumpwerke auf Rieselfelder außerhalb der Stadt, zukünftige Bebauungsgebiete und vorhandene Vorstädte einschließend. Dieser Bau begann 1873 und war bis auf das System XI (1911) 1893 abgeschlossen. Das Prinzip hatte er erstmalig in Stettin verwirklichen können, in Berlin war es - dringend notwendig und längst überfällig - über ein Jahrzehnt verschleppt worden. In stadttechnischer Hinsicht ist dieses weitsichtig angelegte System bis in unsere Gegenwart von Bedeutung. Bei einer Zahl von 1,575 Mio. Einwohnern auf 23.302 Grundstücken (1890) wurde über die Radialsysteme I-X u. XII eine Fläche von 5.595,07 ha über 143.855 km unterirdische Kanäle und 584.185 km Rohrleitungen entwässert.

Am 20. 12. 1884 wurde Hobrecht (Dienstantritt 1. 5. 1885) für 12 Jahre zum Stadtbaurat für Straßen- und Brückenbau gewählt, einer Wiederwahl stellte er sich aus gesundheitlichen Gründen nicht mehr, sondern trat 1897 in den Ruhestand. Mit der Berliner Kanalisation und dem Bebauungsplan war Hobrecht auch international als Spezialist bekannt geworden. Neben den Entwürfen von Abwassersystemen für deutsche Städte, die ihm zahlreiche Ehrenbürgerschaften und den Dr. med. h. c. der Universität Halle für Verdienste um die Stadthygiene eintrugen, erarbeitete er 1880 bei seinem Moskauaufenthalt einen Bebauungsplan für diese Stadt, 1887 begutachtete er in Tokio - vermutlich initiiert durch Ende & Böckmann - den Bebauungsplan und die Planung für das Wasserversorgungs- u. Abwassersystem und weilte 1892/93 mit gleichen Aufgaben in Kairo und Alexandria.

Ungerechtfertigt ist es, Hobrecht aufgrund seines Bebauungsplanes die Mietskasernenbebauung Berlins anzulasten. In gewissem Maße sorgten bestimmte Formen dieses Bautyps durchaus für eine Verbesserung der Wohnverhältnisse, städtebaulich verdankte Berlin Hobrecht - bis heute spürbar - eine relativ klare und lange Zeit erweiterungsfähige Straßenverkehrsplanung und stadttechnische Erschließung. Die enge Bebauung innerhalb der von ihm zwischen den Magistralen bzw. Nebenstraßen vorgesehenen tiefen Baublöcke war keine Vorgabe des Bebauungsplanes, sondern Folge des Profitstrebens der Bauunternehmer. Ein dichteres Erschließungsstraßennetz durfte Hobrecht nicht vorgeben, da der Straßenbau wegen der Eigentumsrechte vom Staat zu finanzieren war. Die Stadt wurde so zweifach geschädigt: Sie musste die Kosten für den von ihr nicht beauftragten und beeinflussbaren Bebauungsplan tragen und mit dessen Folgen fertig werden. Anzulasten ist Hobrecht dagegen seine folgenreiche Gegnerschaft zum U-Bahnbau.

Hobrecht war beim Polizeipräsidenten Nachfolger des hier seit 1852 tätigen **HEINRICH JULIUS KÖBICKE** (26. 7. 1803 Berlin - 28. 8. 1873 ebd.), der 1858 einen Schlaganfall erlitt und dann von 1859 bis zum Ruhestand 1863 sein Mitarbeiter war. Köbicke hatte an der Bauakademie studiert und 1832-38 bei Schinkel gearbeitet; 1833 begleitete er Stüler und Scheppig nach Italien. Über Staatsanstellungen in Schneidemühl und Gleiwitz (1845) kam er zum Polizeipräsidium, eigene Bauten sind nicht bekannt.

Stellvertreter Hobrechts bei der Erarbeitung des Bebauungsplanes war der ebenfalls 1858 eingestellte und bis 1867 beim Polizeipräsidium tätige FRANZ GUSTAV ASSMANN (18. 11. 1825 Frankfurt/O. - 3. 6. 1895 Kassel). Nach der Feldmesserprüfung 1846 bis 1848 bei der Ostbahn angestellt, studierte er bis zur Bauführerprüfung 1850 an der Bauakademie und war dann bei der Ostbahn (1850-53) und am Neuen Museum (1853-57) tätig. Der Baumeisterprüfung 1857 folgte vor der Anstellung in Berlin eine kurzzeitige in Danzig. Nach Tätigkeit bei der Regierung Liegnitz kehrte Gustav Assmann 1869 zum Polizeipräsidium zurück, ehe er 1872 auf eigenen Wunsch zur Regierung Kassel versetzt wurde. 1880-88 war er Leiter der Bauabteilung des Kriegsministeriums, ehe er in Kassel in Ruhestand ging. 1880-89 gehörte er der Akademie des Bauwesens an. Bauten Assmanns in Berlin sind - abgesehen vom Küsterhaus der Johanniskirche Moabit (1865) - kaum bekannt, in seiner umfangreichen sozialkritischen Publizistik befasste er sich intensiv mit den Wohnungsproblemen Berlins.

Noch heute prägen die Bauten von HERMANN WILHELM ALBERT BLANKENSTEIN (10. 1. 1829 Grafenbrück b. Finowfurt - 6. 3. 1910 Berlin) das Stadtbild. Verheiratet war er mit Auguste Johanna geb. Bruns, Schwester der auch kurz in Berlin tätigen Architekten Louis B. und Otto B. Im öffentlichen Leben Berlins spielten Hermann Blankensteins Söhne Otto als Maler und Paul als 2. Bürgermeister von Schöneberg 1906-18 eine Rolle.

Der Sohn des zuletzt als Wasserbauinspektor am Finowkanal tätigen Baumeisters Johann Georg Blankenstein schlug die Feldmesserlaufbahn ein und begann nach dem Militärdienst 1849 das Studium an der Bauakademie, abgeschlossen 1851 als Bauführer. Während der praktischen Tätigkeit war Blankenstein u. a. 1851/52 bei Salzenberg an der zeichnerischen Aufbereitung von dessen Bauaufnahme der Hagia Sophia beteiligt. Das Bauakademiestudium 1854-56 schloss er mit der Landbaumeisterprüfung ab und war anschließend bei der Regierung Stettin tätig, angefordert von seinem dortigen Vorgesetzten Emil Prüfer. 1862 folgte die Wasser-, Wege- u. Eisenbahnbaumeisterprüfung, 1863 die Versetzung nach Stargard/Pommern. Auf Empfehlung Adlers kam Blankenstein 1865 zur Ministerial-Baukommission, nebenamtlich lehrte er 1866-72 an der Bauakademie.

Am 6. 6. 1872 wurde Blankenstein als Stadtbaurat für Hochbau in sein Amt eingeführt. Ab 1876 war er Mitglied der Baudeputation bzw. der Akademie des Bauwesens bis 1901. Er unternahm Reisen nach Brüssel und Paris (1878), Wien (1882), London (1887) und Italien (1890). 1884 wurde er erneut für 12 Jahre zum Stadtbaurat gewählt. Blankenstein gehör-

Hermann Blankenstein

te der Jury des 2. Reichstagswettbewerbs 1882 als Reservemitglied an und war Mitglied der Gutachterkommission der Akademie des Bauwesens für Wallots Entwurf. Mit Ernennung zum Stadtältesten trat Blankenstein am 6. 6. 1896 in den Ruhestand. Die Liste seiner Bauten in Berlin ist fast unübersehbar, allein 120 Schulen zeugen von seinem Arbeitspensum. Blankensteins konservativ-nüchterne Baugestaltung in Ziegel und Terrakotta überdauerte den übersteigerten Eklektizismus von den Gründerjahren bis in die wilhelminische Epoche. Sein Werk kann hier nur stark gekürzt genannt werden.

WERKE: Annenkirche, Annenstr. 52/53 (1855-57) u. Pfarrei/Schule (1864/65); Umbau Sitzungssaal u. Anbau Abgeordnetenhaus, Leipziger Str. 75/76 (1866/67; Bltg. E. Jacobsthal); Bltg. Umbau Seitenhallen Brandenburger Tor (1867/68; Entw. J. H. Strack); Hauptgebäude (1869) u. Nebengebäude (1873 u. 1880) Augusta-Hospital, Scharnhorststr.; Zwölf-Apostel-Kirche, Genthiner Str. (1871-74; vollend. J. Emmerich); Dorotheenstädt. u. Friedrich-Wilhelm-Gymnasium, Dorotheenstr. 13/14 (1871-75); Gemeindeschule, Pappelallee 31/32 (1873/74); Leibniz-Gymnasium, Mariannenplatz 27/28 (1874/75); Sophien-Töchterschule, Weinmeisterstr. 16/17, u. Realgymnasium, Steinstr. 32-34 (1874-76); Wiederherstellung u. Doppelturmfassade Nikolaikirche (1876-78); Städt. Arbeitshaus (1877-79) u. Arresthaus (1893/94), Rummelsburg; Städt. Irrenanstalt, Dalldorf (1877-79); Central-Vieh- u. Schlachthof, Eldenaer Str. (1877-83); Zentralmarkthalle, Ks.-Wilhelm-Str./Panoramastr. (Halle 1; 1883-86) u. Ks.-Wilhelm-Str./Rochstr. (Halle 2; 1891-93); Markthallen II-XIV (1884-92); Städt. Obdach, Fröbelstr. 15 (1886/87); Städt. Hospital, Fröbelstr. 17, u. Siechenhaus, Prenzl. Allee 63-77 (1886-89); Polizeipräsidium, Alexanderstr. (1886-90); 45. Gemeindeschule, Auguststr. 67/69 (vor 1887); Krankenhaus Am Urban (1887-90); 174.

u. 110. Gemeindeschule, Schönhauser Allee 166a (1886-90); 2. Städt. Realschule, Weißenburgerstr. 4a (1889); 186. u. 111. Gemeindeschule, Pflugstr. 12 (1889/90); Städt. Irrenanstalt, Herzberge (1889-93); Anstalt f. Epileptische Krankheiten., Wuhlgarten (1890-93); Eingangsbau u. Kapelle Fhf. Friedrichsfelde (1890-93); Um- bzw. Neubau Mühlendammbebauung u. -schleuse (1890-93); Auferstehungskirche (1892-95; Vorentw. u. Bltg. A. Menken) u. 4. Städt. Realschule (1893), Friedenstr. 84; Wiederherstellung u. Umbau Marienkirche (1893/94); 10. Städt. Realschule, Auguststr. 21 (1895); Pavillon d. Stadt Berlin, Gewerbeausstellung Treptow (1896).

Paul Blankensteins Sohn Hermann heiratete Constanze Streichert, die Tochter des Blankenstein-Mitarbeiters EMIL JOHANN GOTTLIEB STREICHERT (3. 1. 1848 Tilsit - 19. 1. 1929 Berlin), der nach dem Bauakademiestudium in den 70er Jahren bei Wilhelm Dörpfeld, dem Schwiegersohn des mit Blankenstein befreundeten Friedrich Adler, an den Ausgrabungen in

Emil Streichert

Olympia/Griechenland teilgenommen hatte und dann in Halle angestellt war. 1884 kam er nach Berlin in das Büro Blankensteins, wurde 1888 dessen Stellvertreter und stand ihm in technischen und administrativen Fragen zur Seite. Mit Amtsantritt von Ludwig Hoffmann, der die entscheidenden Stellen in der städtischen Bauverwaltung neu besetzte, wurde er Verwaltungsdirektor der städtischen Gaswerke; 1900 trat er wegen Erblindung in den Ruhestand.

AUGUST LINDEMANN (6. 9. 1842 Neustadt/Dosse - 28. 3. 1921 Berlin) beriet den Stadtbaurat in architektonischen Belangen. Am 12. 6. 1869 beendete er das Bauakademiestudium. 1893-95 fungierte Lindemann als Schatzmeister des Architektenvereins, dessen Mitglied er seit 1870 war. Gemeinsam mit Blankenstein errichtete er den Vieh- u. Schlachthof und 1884-86 die Markthallen II-IV; nach eigenem Entwurf entstand in den 90er Jahren die Viehhoferweiterung zwischen Landsberger und Thaerstraße.

Wenn auch **GEORG DIESTEL** (1854 Linden b. Hannover - 20. 1. 1926 Berlin), der erst 1889 nach Berlin gekommen war, wegen des Altersunterschieds und der unterschiedlichen Aufgabengebiete kaum von Blankenstein wahrgenommen worden sein dürfte, so stehen seine zwischen 1895 und 1913 errichteten Charité-Bauten doch - wenn auch in einer eigenen Formensprache - wie das Blankensteinsche Schaffen in der Backsteintradition des 19. Jh.s. Diestel hatte seine Bauausbildung in der heimatlichen Gegend, vornehmlich in Hannover, absolviert, 1880 das Bauführer- und 1883 das Baumeister-Examen abgelegt. Staatsanstellungen in Stade und Hildesheim folgte 1885-89 bei der Regierung Breslau die Zuständigkeit für den Bau des dortigen Regierungsgebäudes sowie für Krankenhausbauten. 1896 wurde Diestel vom Ministerium für öffentliche Arbeiten zur Ministerial-Baukommission in die Charité-Baukommission versetzt, wo er seine Lebens-

aufgabe bis zur Pensionierung im April 1921 fand. Ausgerechnet in der Charité starb Diestel nach dreijährigem Tuberkuloseleiden.

An dem vom Preuß. Abgeordnetenhaus 1896 beschlossenen Bauprogramm für die Charité, vom Abteilungsleiter für Universitäten im preuß. Kultusministerium Friedrich Theodor Althoff initiiert, hatte noch der Anfang des Jahres verstorbene Oberbaudirektor Otto Lorenz mitgewirkt; seitens des Ministeriums für öffentliche Arbeiten begleitete der seit 1895 das Ressort Universitätsbauten leitende Geh. Baurat Georg Thür das Vorhaben. Von 1896, dem Baubeginn des „Pathologischen Museums", bis 1913, der Fertigstellung der I. Medizinischen Klinik, wurde die Charité durch Diestel im Wesentlichen erneuert. Noch bis 1921 folgten Ergänzungsbauten.

War Blankenstein - wegen der herausragenden Rolle im städtischen Bauen als Folge der Gründerjahre und dem Ausbau Berlins zur Reichshauptstadt - der erste bedeutende Stadtbaurat, so endete mit dem Abgang seines ebenfalls langzeitig amtierenden Nachfolgers Hoffmann bereits die dominierende Stellung des Stadtbaurates. Nach dessen Amtszeit - vor der Jahrhundertwende im Kaiserreich begonnen und in den 20er Jahren in der Weimarer Republik endend - unterlag (und unterliegt) das Bauen in der Hauptstadt wieder vielfältigen, nicht allein kommunal bestimmten Einflüssen und Anforderungen. Berlin wurde in der Architektur zur „offenen Stadt".

Architekten im Wandel
Jahrhundertwende und Stilwende

Wie kaum zuvor in einer derart kurzen Zeitspanne entschied sich am Ende des Kaiserreiches die weitere Entwicklung des Bauens - sowohl der Architektur als auch des Städtebaues. Der Ausbruch aus der Erstarrung des Historismus ging in der öffentlichen Wahrnehmung recht unvermittelt über vielerlei gesplittete Strömungen vonstatten, die eine letztlich verwirrende Etikettierung erhielten: Jugendstil, Heimatstil, Materialstil, gemäßigter Historismus usw. usf. Klar war nur, die „Zeit besaß keinen Stil. Sie konnte keinen haben, da ihre Gesellschaft jene Einheit nicht besaß, die man Kultur nannte." *[Posener/32]* So ist natürlich die übliche Schubladenklassifizierung der nennenswerten Architekten hier durchaus anfechtbar – welcher Gestalt-Auffassung in welcher Lebenszeit ist dieser oder jener zuzuordnen? Eine gewisse Wahrscheinlichkeit hätte nur das selten vorhandene Selbstzeugnis. Und wie sind die „Ein-Mann-Stile" zu bewerten, d. h. die Entwicklung einer individuellen einzigartigen Formensprache ohne Zuordnungsmöglichkeit? Ungeachtet dieses Chaos bildete sich in dieser Epoche aber das zukünftige Bild der Metropole, ihr Wesen, ihre Charakteristika heraus. Die Prägung der republikanischen Großstadt erfolgte noch in der Kaiserstadt.

Zwei Architekten stehen gewöhnlich für die progressive Berliner Architektur der Jahrhundertwende, ohne dass sie den Historismus endgültig überwunden hätten: Ludwig Hoffmann und Alfred Messel. Beide gingen unterschiedliche Wege, beider Werk aber führt vom Eklektizismus zu einer neuen Architekturauffassung, beide waren seit der gemeinsamen Schulzeit befreundet und beide bereisten – z. T. gemeinsam – fast ganz Europa. LUDWIG ERNST EMIL HOFFMANN (30. 7. 1852 Darmstadt – 11. 11. 1932 Berlin), seit 1895 verheiratet mit der Bankierstochter Maria Weisbach, studierte bis 1884 an der Kasseler Akademie und der Bauakademie Berlin, wo er im Bauführer-Praktikum 1879–84 an Schwechtens Kriegsakademie in Berlin arbeitete. Nach Reisen in Südeuropa und dem Wettbewerbssieg errichtete er gemeinsam mit seinem späteren Schwager Peter Dybwad noch ganz im Stil der Neorenaissance 1887–96 das Reichs-

gericht Leipzig. Im Anschluss an dieses Vorhaben wurde Hoffmann am 1. 4. 1896 zum Nachfolger Blankensteins als Stadtbaurat für Hochbau in Berlin gewählt, am 1. Oktober trat er das Amt an. 1906 Mitglied der Akademie der Künste, wurde Hoffmann 1912 auch Mitglied des Senats und Professor an der TH Charlottenburg. Bis zu seinem Ruhestand 1924 prägte er wesentlich das Berliner Bauen. Zeugnisse seiner Produktivität sind die über 100 Bauten der Städtischen Krankenhäuser, Heilstätten und Heime in Berlin-Buch (1899–1914), etwa 70 Schulen sowie Schulanlagen und zahlreiche Verwaltungsgebäude. Der unterschiedliche Stil der Schulbauten wird offenkundig beim Vergleich der Objekte Koppenplatz 12 (1902–07) und Linienstr. 162 (1911) im Bezirk Mitte sowie Driesener Str. 22 (1905–08), Gleimstr. 49 (um 1915), Schönfließer Str. 7 (1913–15), Dunckerstr. 64 (1913/14) und 65/66 (1899/1900), Greifenhagener Str. 58/59 (1904), Lychener Str. 75/77 (1905) und Senefelderstr. 6 (1907/08), alle im Prenzlauer Berg.

Ludwig Hoffmann, 1927

322

Hoffmann war ein Meister der schöpferischen und vor allem unaufdringlichen Verwendung historischer Stilformen, an den Bauten oft auf den ersten Blick nicht erkennbar. Besonders die Schulen sind klar gegliedert; sparsam eingesetzter plastischer Bauschmuck – am ausgeprägtesten sind die Portale – und die standortgerechte räumliche Gliederung hinterlassen einen modernen Eindruck. Während die Schulen als Putz- oder Klinkerbauten ausgeführt wurden, bevorzugte Hoffmann für die Verwaltungsbauten – meist mit Fassaden in Kolossalordnung und plastisch reich geschmückt – Muschelkalkstein. Mit dem Kuppelturm für das Stadthaus (1902–11) nahm er die traditionelle Form der Gontardkuppeln auf, die auch auf den Turmhäusern (1957–60) von Hermann Henselmann am Frankfurter Tor zu finden sind.

Die ausgesprochen historisierende Gestaltung des Märkischen Museums (1901–07) – jeder Bauteil hat ein originales Vorbild in bekannten Bauten der Mark – geht auf den Gedanken der äußeren Sichtbarmachung von Inhalt und Funktion des Gebäudes zurück. Hoffmann arbeitete bei der plastischen Ausschmückung seiner Bauten vorwiegend mit den Bildhauern Otto Lessing, Josef Rauch, Georg Wrba und Ignaz Taschner zusammen, die drei Letztgenannten schufen auch die Plastiken für Hoffmanns Märchenbrunnen (1902–13) im Volkspark Friedrichshain.

Werke: Volksbad Baerwaldstr. (1897–1902); Volksbad Dennewitzstr. (1897–1903); Rudolf-Virchow-Krankenhaus, Amrumer Str. (1897–1906); Roßstraßenbrücke, Neue Roßstr. (1899–1901); Märkisches Museum, Kölln. Park (1901–07); Verwaltung Städt. Gaswerke, Stralauer Str. (1902–09); Stadthaus Klosterstr. 47 (1902–11); Volksbad Gerichtsstr. (1908); Pergamon-Museum (Entw. A. Messel; Ausführungs-Entw. u. Bltg., 1909–30); Inselbrücke, Inselstr. (1912/13); Anbau Nordflügel Universitätsgebäude, Unter den Linden (1913–19);

Höhere Webeschule, Warschauer Platz (1910-14); Vergrößerung des Stadtverordneten-Sitzungssaals im Roten Rathaus (1921); Aufstockung Dresdner Bank, Behrenstr. (1923); Umgestaltg. Fhf. der Märzgefallenen, Volkspark Friedrichshain (1925). – Bebauungsplan Athen (1908).

Wenn auch nur kurz, so arbeitete Hoffmann mit dem norwegischen Architekten Peter Dybwad (17. 2. 1859 Christiana {Oslo} – 13. 10. 1921 Leipzig) doch intensiv zusammen. Dybwad hatte 1878-82 die Bauakademie absolviert, wo sich beide kennen lernten. Der gemeinsame Wettbewerbsentwurf von 1884 für das Reichsgericht Leipzig erhielt unter 119 eingereichten Arbeiten einstimmig den 1. Preis. Nach einer Entwurfsüberarbeitung ab 1885 erfolgte am 31. 10. 1887 die Grundsteinlegung. Dybwad fungierte während des Baues bis 1895 als technischer Beirat in Bausachen am Reichsgericht, danach ließ er sich in Leipzig als Privatarchitekt nieder. 1898 heiratete er die Zwillingsschwester von Hoffmanns Frau, Susanne Weisbach. Für deren Bruder errichtete er das Wohnhaus Margaretenstr. 19 am Tiergarten.

Über den „modernen Historismus" Hoffmanns als mehr oder minder rein künstlerischer Suche nach einem neuen Stil ging sein Jugendfreund Alfred Peter Franz Wendel Simon Messel (22. 7. 1853 Darmstadt – 24. 3. 1909 Berlin) mit dem Ansatz der Entwicklung eines neuen Stils aus der Einheit von Form und Funktion hinaus. Nach Studium 1873–78 in Darmstadt, Kassel und an der Bauakademie bei Lucae, Strack, Bötticher und Ende blieb Messel 1878–88 im Staatsdienst in Berlin, wo er nebenberuflich als freier Architekt arbeitete und 1885–93 an der TH Charlottenburg und bis 1895 am Kunstgewerbe-Museum, Prinz-Albrecht-Str., lehrte. 1892 gehörte Messel zu den Gründern des „Berliner Spar- und Bauvereins von 1892" und war bis 1902 Mitglied des ersten

Alfred Messel

Vorstands. Hoffmanns Schwiegervater, der Bankier Valentin Weisbach, war Vorsitzender des 1888 gegründeten „Vereins zur Verbesserung der kleinen Wohnungen", für den Messel ebenfalls arbeitete. Zwischenzeitlich war er 1894–1900 mit Martin Altgelt aus der Gropius-Familie assoziiert. Seit 1896, dem Jahr von Hoffmanns Dienstantritt als Stadtbaurat, war Messel nur noch freischaffend tätig; zeitweise wohnte er mit Hoffmann in einem Haus – Schellingstr. 14. 1904 erfolgte seine Aufnahme in die Akademie der Künste. Auch Messel begann in der Neorenaissance, so 1890/91 bei den Gebäuden Neue Schönhauser Str. 13, 1892 Chausseestr. 105, löste sich wie auch Hoffmann aber bald davon. Seine Wohnhausbauten der späten 90er Jahre kamen dem Materialstil nahe. Wenn auch z. T. heute verändert, legen die Wohnanlage Sickingenstr. 7/8 (1893/94), der Baublock Proskauer Str. 15-17/Bänschstr. 26-30/Schreinerstr. 63-64 (1897/ 98), dessen Entwurf auf der Pariser Weltausstellung 1900 preisgekrönt wurde, die Wohnhausgruppe Stargarder Str. 3-

5/Greifenhagener Str. 56/57 (1899/1900) und die Wohnanlage Weisbachstr. (1899– 1905) davon ebenso Zeugnis ab wie sie gleichsam typische Beispiele des Reformwohnungsbaues der Jahrhundertwende sind.

In seinem bedeutendsten Werk, dem 1896–1906 in mehreren Etappen entstandenen – kriegszerstörten – Warenhaus Wertheim am Leipziger Platz, entwickelte Messel bereits die Form aus der Funktion. Historisierende Details wie das fast gotische Erscheinungsbild blieben untergeordnet, die konstruktiv bedingten Pfeilerreihen und die funktionell notwendigen Glasflächen prägten die Gestalt des Baues. Den Bildschmuck schufen auch hier Wrba, Taschner und Rauch. Mit diesem Bau wie auch dem heute nur noch durch den Seitenflügel in der Sophienstr. dokumentierten Wertheim-Kaufhaus Rosenthaler Str. (nach 1903) schuf Messel den lange Zeit gültigen Standardtyp Warenhaus. Die gestalterische Grundkonzeption seiner Warenhäuser verfolgte Messel jedoch nicht weiter. Das Bankgebäude Behrenstr. 32/33/Französische Str. 42 (1899/1900) näherte sich mit der Kolossal-Ordnung der Fassaden wieder dem Historismus. Das Versicherungsgebäude Am Köllnischen Park 2a/3 (1903/04) zeigt dagegen zwar eine dem Barock entlehnte Grundform, die betonte Pfeilergliederung und der äußerst sparsame plastische Schmuck des Klinkerbaues nehmen ihm aber jede historisierende Wirkung. In der Wahl des Materials lässt sich die Abstimmung zum gleichzeitig entstandenen benachbarten Museumsbau Hoffmanns erkennen. Die engste Verbindung Messels und Hoffmanns war der Bau des Pergamon-Museums. Der von Fritz Wolff und Richard Cramer 1901 errichtete Interimsbau war schon 1906 abrissreif. Messel entwarf für den gleichen Standort ein repräsentatives Gebäude, starb aber vor Baubeginn. Auf seinen hinterlassenen Wunsch übernahm Hoffmann die Ausführung (1909–1930), die sich wegen häufiger Unterbrechungen – Weltkrieg, Inflation, kulturpolitische

Querelen – verzögerte. Die Anlage ist unvollendet, der eingeschossige Verbindungsbau der Seitenflügel am Kupfergraben, der Eingangsbau und der Übergang zum Bode-Museum sowie der dem Neuen Museum am Kupfergraben vorgelagerte flache Erweiterungsbau für das Ägyptische Museum blieben ebenso unausgeführt wie eine neue Straßenachse zwischen Ehrenhof und dem umzugestaltenden Hegelplatz hinter der Universität. Dadurch wurde die Gelegenheit versäumt, den durch die relativ regellose Bebauung und die S-Bahn-Trasse städtebaulich unorganisch wirkenden Komplex am Kupfergraben neu zu ordnen, architektonisch zusammenzufassen und mit der Dorotheenstadt städtebaulich zu verbinden. Im Rahmen des Masterplans zur Rekonstruktion der Museumsinsel werden nach Entwurf von O. M. Ungers bis 2008 „Nachträge" im Sinne Messels vorgenommen.

WERKE: Retorten- u. Kesselhaus Gaswerk Schöneberg, Torgauer Str. 12-15 (1890/91); Landhaus, Lassenstr. 4 (1899; m. M. Altgelt); Landhaus Springer, Am Gr. Wannsee 39 (1901/02); Haus des Lette-Verein, Viktoria-Luise-Platz 6 (1901/02); Grabstätte Rathenau, Waldfriedhof Oberschöneweide (1903/04); AEG-Verwaltungsgebäude, Friedrich-Karl-Ufer (1905/06); Villa Wertheim, Temmeweg 21 (1906); Säuglingsklinik Ksn.-Auguste-Victoria-Haus, Heubnerweg 6-10 (1907-09); Villa Oppenheim, Zum Heckeshorn 38 (1908).

Fast zeitgleich mit Hoffmann für den Hochbau amtierte **RICHARD HERMANN FRIEDRICH KRAUSE** (1. 3. 1856 Uggehnen/Ostpr. – 11. 8. 1925 Berlin) 1897-1920 als Stadtbaurat für Tief- und Brückenbau in Nachfolge Hobrechts. Nach Studium an den TH Charlottenburg und Dresden war Krause ab 1880 als Bauführer bei den Regierungen Königsberg und Wiesbaden tätig. Dem Baumeisterexamen folgte die Anstellung bei der Tiefbauverwaltung Königsberg, 1888 der Posten des Stadtbauinspektors in Posen und 1890 des Stadtbaurates von Stettin. Am 3. 6. 1897 wurde der am 1. April gewählte Krause in sein Berliner Amt eingeführt. Der fortwährende innerstädtische Ausbau Berlins und die territoriale Expansion bis zur Bildung Groß-Berlins 1920 stellte die Tiefbauverwaltung vor große Aufgaben, ihr Leiter bewältigte dabei persönlich ein großes Pensum, das von Bebauungsplänen über U-Bahn- und Straßenbahnlinien bis zu Brücken und Häfen reichte. Im Gegensatz zu Hobrecht, der sich offen gegen den U-Bahnbau gestellt hatte, forcierte Krause den Ausbau des Netzes. 1909 wurde er zum Geh. Baurat befördert und 1917 zum Mitglied der Akademie des Bauwesens ernannt. Zwar scheiterte er bei der ersten Wahl des Groß-Berliner Magistrats 1920 knapp, wurde aber 1924 mit der Wahl zum Stadtältesten gewürdigt.

WERKE: Planungen/Entwürfe: Osthafen (1907-13; m. A. Gottheiner, C. Zaar u. a.) u. Westhafen (1914-23; m. R. Wolffenstein u. a.); Nord-Süd-Bahn (Vor-Entw. ab 1901; Entw. 1905-11, Ausf. in Etappen 1912-30; m. A. Grenander); U-Bahn Moabit-Neukölln (AEG-Bahn; Ausf. in Etappen 1913-30; m. A. Grenander); Straßentunnel Unter den Linden (1914-16); Adalbertbrücke (1903/04; m. L. Hoffmann); Borsigsteg (1904/05; m. B. Möhring); Brommybrücke (1907-09; m. A. Messel); Föhrer Brücke (1910/11; m. A. Körnig); Hansabrücke (1909/10; m. B. Möhring); Jungfernsteg (1914; m. F. Hedde); Lessingbrücke (1901-04; m. L. Hoffmann); Möckernbrücke (1898/99; m. L. Hoffmann); Potsdamer-/Viktoriabrücke (1897/98; m. F. Eiselen).

Wenn auch jünger als Hoffmann, startete zur gleichen Zeit wie dieser in Berlin der Schwede **ALFRED (FREDERIK) ELIAS GRENANDER** (26. 6. 1863 Sköfde – 14. 7. 1931 Berlin) seine Karriere. Nach dem Studium in Stockholm und 1885-88 an der TH Charlottenburg war er bis 1890 Mitarbeiter bei Messel und Martens, arbeitete bis 1897 bei Wallot am Reichstag und übernahm anschließend ein Lehramt an der

Unterrichtsanstalt des Kunstgewerbemuseums, dem 1901 noch eine Professur an den Vereinigten Staatsschulen für freie und angewandte Kunst folgte. 1896 hatte sich Grenander mit seinem Studienfreund und Schwager Otto Spalding (24. 5. 1863 Jahnkow b. Grimmen – 1945 Berlin) selbstständig gemacht, 1903 trennten sie sich nach Grenanders Einstieg bei der Hochbahngesellschaft wieder. Spalding wurde vor allem mit Villen und Einfamilienhäusern sowie Postbauten bekannt. Nach dem einstweiligen Ruhestand als Ober-Postbaurat 1924 zog er sich 1928 endgültig aus dem Beruf zurück. Ab 1900 bestimmten die Arbeiten für die Hochbahngesellschaft – Bahnhöfe, Depots und Betriebsgebäude, Viadukte, Verwaltungsbauten, U-Bahn-Wagen – das Schaffen Grenanders bis zu seinem Tod. An einzelnen nördlichen sowie allen südlichen Bahnhöfen der Nord-Süd-Bahn arbeitete er 1922–30 mit Alfred Fehse von der Nordsüdbahn-AG zusammen, der schon mit ihm beim Bau von Knorr-Bremse mitgewirkt hatte. Von Heinrich Jennen, freier Architekt in Berlin, stammten zahlreiche

Alfred Grenander

Vorentwürfe für den Streckenabschnitt Seestr.–Kochstr., die Grenander und Fehse verwendeten. Grenander beschränkte sich bei den Hochbahnlinien aber nicht auf punktuelle Bauten, sondern schuf ganze Streckenabschnitte als geschlossene Einheit.

Die durch konstruktive und funktionale Zusammenhänge und die bevorzugten Materialien – vor allem Eisen bzw. Stahl und Klinker – geforderten neuen Gestaltungsformen führten Grenander vom Wallotschen Historismus zu einer dem Ingenieurbau gerecht werdenden funktions- und materialgerechten Gestaltung, die er bei seinen weiteren Hochbauten pflegte und vervollkommnete. Grenander entwarf auch zahlreiche Interieurs von Wohngebäuden und Kleinarchitektur, wie Kioske und Kassenhäuschen.

Werke U-Bahn: 1900–02 Überarbeitung der seit 1891 von Siemens & Halske als reine Zweckbauten konzipierten Bahnhöfe u. Viadukte der Stammlinie zw. Görlitzer Bhf. u. Hallesches Tor sowie der Bahnhöfe Potsdamer Platz, Wittenbergplatz u. Zoolog. Garten; vorläufiger Endbahnhof Knie (heute Ernst-Reuter-Platz) der Stammlinie (1901/02); Charlottenburger Verlängerungen der Stammlinie Bismarckstr./Deutsche Oper–Wilhelmplatz (heute Richard-Wagner-Platz) (1902–06) und Bismarckstr.–Reichskanzlerplatz (heute Theodor-Heuss-Platz) (1906–08); Bahnhöfe Wittenberplatz u. Uhlandstr. (1910–13), Potsdamer Platz – Alexanderplatz – Nordring/Schönhauser Allee (1906–13) u. Nordring–Pankow/ Vinetastr. (1930), die Bahnhöfe der Nord-Süd-Bahn Gesundbrunnen (1929/30; m. A. Fehse), Schwartzkopffstr., Zinnowitzer Str., Oranienburger Tor (1913–23; m. H. Jennen, A. Fehse), Friedrichstr. (1915–23), Französische Str. (1923), Kochstr. (1920–23; m. H. Jennen, A. Fehse) sowie Belle-Alliance-Platz (heute Mehringplatz)– Tempelhof-Neukölln (1922–30); Kurfürstenstr.–Nollendorfplatz (1926); Gesundbrunnen–Neukölln (außer Moritzplatz; 1926–30; m. A. Fehse), Alex-

anderplatz–Friedrichsfelde (1927–30);
Stadion–Ruhleben (1928/29); Onkel-
Toms-Hütte–Krumme Lanke (1929/30).
WEITERE WERKE: Wohnhaus, Potsdamer Str.
22a (1894/95; m. O. Spalding); Kioske,
Savignyplatz u. Heinrichplatz (1905);
Wagenreparaturhallen Hochbhf. War-
schauer Str. (1907); Einfamilienhaus,
Libellenstr. 15 (1908/09); Maschinenfabrik
Ludwig Loewe, Huttenstr. 17-20 (1907/08)
u. Wiebestr. 42-45 (1914–17); Gotzkowsky-
brücke (1910/11); Gewerbehof Schles. Str.
26 (1910–13; m. W. Peters); Knorr-Bremse
AG, Neue Bahnhofstr. 9-17 (1913–16) u.
Hirschberger Str. 4 (1922–27); Schwed.
Viktoriakirche, Landhausstr. (1922);
Schwed. Fhf. Stahnsdorf (1922/ 23); Beam-
tenhäuser d. Hochbahngesellschaft, Charl-
ottenburg (1926); BVG-Siedlg. am U-Bhf.
Friedrichsfelde (Entw. 1927, nicht ausgef.);
Wohnhaus, Marathonallee 34 (1927/28);
Umbau Metropoltheater, Behrenstr. 54-57
(1928); BVG-Gebäude, Dircksenstr. 32-35
(1928–30); Umgestaltg. Kaiserpassage
Behrenstr.–Unter den Linden (1930/31).

Peter Behrens, 1908

Der Bahnhof Moritzplatz, der einzige der
U-Bahn-Strecke Gesundbrunnen–Neukölln, den Grenander nicht entworfen hat,
ist ein Werk von PETER BEHRENS (14. 4. 1868
Hamburg – 27. 2. 1940 Berlin). Als Designer – zeitgenössisch: Kunstgewerbler –,
Architekt, Maler und Grafiker, Buch- und
Schriftgestalter war Behrens von unge-
wöhnlicher künstlerischer Vielseitigkeit.
Seit dem Jahrhundertbeginn vom Jugendstil geprägt, machte er im Laufe der Zeit die
Zweckmäßigkeit zur Grundlage der künstlerischen Ausformung und verzichtete auf
überflüssige Schmuckformen. Dieser für
die moderne Architektur so wichtige
Architekt war eigentlich Maler. 1885–87
besuchte er die Kunstschule Karlsruhe
und nahm nach dem einjährigen Militärdienst 1888–92 Privatunterricht in
Düsseldorf und München. Schon 1897 gab
Behrens die Malerei auf und ging zum
Kunstgewerbe und zur Buchkunst über,
im Jahr darauf gehörte er zu den Mitbegründern der „Vereinigten Werkstätten

für Kunst im Handwerk" in München.
Bereits 1899 erfolgte die Berufung an die
Darmstädter Künstlerkolonie Mathilden-
höhe, wo er 1901 mit dem eigenen
Wohnhaus seinen ersten Bau vorstellte.
Weiterhin auch kunstgewerblich tätig, begann Behrens 1902 mit seinen bis 1914
dauernden Schrift-Entwürfen. Für den
deutschen Katalog zur Weltausstellung
1904 in St. Louis entwarf er eigens eine
Schrift, die er 1915/16 für die Giebelinschrift am Reichstag abwandelte. Ab 1903
leitete er die Kunstgewerbeschule Düsseldorf, die er in kürzester Zeit gründlich reformierte.
Am 1. 10. 1907 wurde Behrens als künstlerischer Berater der AEG, für die er bereits zuvor gearbeitet hatte, nach Berlin berufen. Bei der AEG fand er das Experi-
mentierfeld für die Entwicklung eines
Firmendesigns von der Grafik – Schriftgut
und Werbung – über die Produkt-Formge-
bung bis zur Architektur der Produktions-
stätten. Neben dieser seiner Vielseitigkeit
entgegenkommenden Tätigkeit lehrte
Behrens 1921/22 an der Kunstakademie
Düsseldorf und bis 1929 an der Wiener

Akademie. Mit der Deutschen Botschaft in St.Petersburg (1911/12) setzte er außerhalb seiner AEG-Tätigkeit Akzente. In seinem Berliner Atelier arbeiteten vor dem Ersten Weltkrieg u. a. Le Corbusier (1910/11), Gropius (1907–10) und Mies v. d. Rohe (1908–11). 1936 übernahm Behrens ein Meisteratelier an der Akademie der Künste in Berlin. Sein Versuch einer Einordnung in den Speerschen „Unstil" mit der AEG-Hauptverwaltung an der Großen Achse blieb erfolglos, als „Kulturbolschewist" wurde er zur Unperson und starb vereinsamt.

WERKE: Berlin/Potsdam (ohne Interieurs): NAG-Stand Int. Automobil-Ausstellung Berlin (1907); Wohnhaus u. Garten Haus Behrens, Neubabelsberg (1907/08); AEG-Pavillon Dt. Schiffbau-Ausstellung Berlin (1908); AEG-Kraftzentrale u. Montagehalle d. AEG-Turbinenfabrik, Huttenstr. 12-16 (1908/09); AEG-Hochspannungsfabrik, Hussitenstr. 23-33 (1909/10); AEG-Verkaufsstellen, Potsdamer Str. u. Königgrätzer Str. (1910); Ausstellungsbauten f. Verein dt. Portlandzementfabriken, Verein dt. Kalkwerke u. Kalksandsteinfabrikanten auf II. Ton-, Zement- u. Kalkindustrieausstellung, Treptow-Baumschulenweg (1910); AEG-Porzellan-, Öltuch- u. Lackfabrik, Hennigsdorf (1910/11); Zinshäuser f. AEG-Arbeiter, Rathenaustr. 3-9, Hennigsdorf (1910/11); Alte AEG-Fabrik f. Bahnmaterial, Voltastr. 20-22 (Umbau; 1911); AEG-Torgebäude (Tor 4), Hussitenstr./G.-Meyer-Allee (1910–12); Bootshaus „Elektra", An der Wuhlheide 192-194 (1910–12); AEG-Kleinmotorenfabrik, Voltastr. 5/6 (1910–13); Neugestaltg. Dachgarten AEG-Verwaltungsgeb. u. Großmaschinenhalle, Wedding (1911); Neue AEG-Fabrik f. Eisenbahnmaterial, Wedding (1911/12); Verwaltung u. Fabrikhalle T-Z-Gitterwerk, Tempelhof (1911/ 12); Wohnhaus Wiegand, Lenné-Str. 28-30 (1911/12); AEG-Montagehalle f. Großmaschinen, Wedding (1912); AEG-Bootshaus, Hennigsdorf (1912); AEG-Lokomotivfabrik, Hennigsdorf (1913); AEG-Hallen d.

flugtechn. Abteilung, Hennigsdorf (1915); U-Bahnhof Neanderstr. (1915; nicht ausgef.); AEG-Siedlg. Zeppelinstr. (1915–21; m. J. Th. Hamacher); NAG-Fabrik (AEG) Wilhelminenhof-/Ostendstr. 1-4 (1915/16); AEG-Kabelwerk (Press-, Stanz- u. Werkzeugfabrik), Wilhelminenhofstr. 74 (1916); AEG-Munitionsfabrik, Moabit (1916); Zinshäuser f. AEG-Arbeiter, Paul-Jordan-Str., Hennigsdorf (1918/19); Waldsiedlg. Hegemeisterweg (1915 Entw.; Ausf. 1919/20); Siedlungsplan Potsdam-Babelsberg (1920); Geschäfts-Hochhaus Kemperplatz (1921; nicht ausgef.); Rundfunkmessehalle, Berlin (1924; nicht ausgef.); U-Bahnhof Moritzplatz (1926-28); Umgestaltg. Platz d. Republik (Wettbewerbs-Entw.; 1927); Durchbruch Jägerstr.–Ministergärten (1927; nicht ausgef.); Hochhaus Fa. Adam, Leipziger Str. (1928; nicht ausgef.); Umgestaltg. Alexanderplatz (Wettbewerbs-Entw.; 1928/29); Erweiterung Reichstagsgebäude (Wettbewerbs-Entw.; 1928/29); Villa Lewin, Waldsängerpfad 3 (1929/30); Mietshäuser, Bolivarallee 9/Eichenallee 61-63 (1929/30); Umgestaltg. Neue Wache zum Ehrenmal (Wettbewerbs-Entw.; 1930); Berolina- u. Alexander-Haus, Alexanderplatz 1 u. 2 (1930–32); AEG-Hauptverwaltung, Gr. Achse (1938/39; Konkurr.-Entw. zu H. Freese; nicht ausgef.).

Nicht nur im Zusammenhang mit Behrens' berühmter AEG-Turbinenhalle wird der Name **KARL BERNHARD** (4. 11. 1859 Goldberg/Mecklbg. – 30. 3. 1937 verm. Berlin) genannt. Der Bauingenieur und Statiker hatte an der TH Hannover studiert und 1888–98 bei Hobrecht in der Magistrats-Tief- und Brückenbau-Verwaltung gearbeitet, wo er u. a. am Bau der Luther- und der Oberbaumbrücke beteiligt war. Sein 1898 gegründetes eigenes Konstruktionsbüro für Statik und Baukonstruktion entwickelte sich zur führenden Anstalt der Branche in Berlin. Bernhard lehrte 1898–1930 an der TH Charlottenburg/Berlin und befasste sich eingehend mit den künstlerischen Aspekten des modernen Ingenieurbaues. Die Liste seiner Konstruktionen, u. a. bei Behrens, Klingenberg & Issel und Muthesius, reichte von Groß-Brücken über Industrie- und Gewerbebauten bis zu Kulturbauten.

HERMANN MUTHESIUS (20. 4. 1861 Großneuhausen/Thür. – 26. 10. 1927 Berlin-Lichterfelde) ist einer der am schwierigsten im Wandel zwischen Kaiserreich und Republik einzuordnenden Architekten. Eigentlich konservativ ausgerichtet, bereitete er mit der von ihm vorangetriebenen Reformierung der preuß. Kunstgewerbe- und Fachschulen und seinen beispielhaft im Materialstil ausgeführten Landhäusern der Moderne – ungewollt – den Weg, ohne auf eine formale Richtung festgelegt zu sein. Als Vertreter der Maschinenästhetik bemühte er sich intensiv um die formale Verbesserung der Industrieprodukte. Die Gründung des „Deutschen Werkbundes", dessen Vorstand er bis 1916 angehörte, im Jahr 1907 war wesentlich auf ihn zurückzuführen. Sein Rückzug aus dem Bund und der öffentlichen Reformdiskussion war

die Folge eines internen Machtkampfes und der Ablehnung der von Muthesius in Architektur und Industrieformgebung vertretenen Forderung nach Typisierung. Nach der Maurerlehre in der väterlichen Firma und dem Abitur in Weimar studierte Muthesius 1881–83 Kunstgeschichte und Philosphie an der Berliner Universität, anschließend folgte bis 1887 das Architekturstudium an der TH Charlottenburg und zeitweilige Mitarbeit bei Wallot. Als Bauleiter von Ende & Böckmann war er 1887–91 an deren Tokioter Bauten tätig, die Rückreise führte über China, Indien und Oberägypten. Nach der Hauptprüfung für den Staatsdienst 1893 stand Muthesius bis 1904 im Dienst des Ministeriums für öffentliche Arbeiten, unterbrochen 1894/95 durch die vertretungsweise Redaktion des amtlichen „Centralblatt der Bauverwaltung" und der „Zeitschrift für Bauwesen" sowie eine mehrmonatige Italienreise 1896. Ab dem 1. Oktober 1896 war Muthesius der Deutschen Botschaft in London als „Technischer Berichterstatter" zugeteilt. In England lernte er die Gartenstadtbewegung als Reaktion auf die Industrialisierung sowie weitere Reformbewegungen in Architektur und Stadtplanung unmittelbar kennen. 1904 bis zum Ruhestand 1926 war Muthesius im Handelsministerium für die Reformierung der Kunstgewerbe- und Fachschulen zuständig, ab 1905 betrieb er auch ein privates Entwurfsbüro. Nach seinem Tod löste sein Sohn und Mitarbeiter ECKART MUTHESIUS (17. 5. 1904 Nikolassee – 27. 8. 1989 Berlin) das Atelier auf und gründete mit Klemens Weigel, Meisterschüler und ebenfalls ehemaliger Mitarbeiter des Vaters, ein eigenes Büro. Die Zusammenarbeit dauerte bis in die 70er Jahre .

WERKE BERLIN/POTSDAM: *Haus Seefeld, Knesebeckstr. 5 (1904/05); Landhaus Schuckmann, Nikolassee (1904/05); Haus Bernhard, Winklerstr. 11 (1905/06); Landhaus Neuhaus, Bernadottestr. 56-58 (1906); Haus Mellinger, Bogotastr. 5 (1906); Einfamilienhaus, Schopenhauer-*

Hermann Muthesius

str. 71 (1906/07); Landhaus Muthesius, Potsdamer Chaussee 50 (1906/07); Landhaus Fischer, Olafstr. 14 (1907); Landhaus Freudenberg, Potsdamer Chaussee 48 (1907/08); Landhaus Velsen, Limastr. 29 (1907/08); Landhaus Koch, Beerenstr. 51 (1908/09); Einküchenhäuser, Unter den Eichen (1909); Kleinhaussiedlg. Germanenstr., Altglienicke (1910-13; m. Bel & Clement); Haus de Burlet, Schlickweg 12 (1911); Haus Cramer, Pacelliallee 18-20 (1911/12); Bebauungsplan Hermsdorf (1912; m. R. Eberstadt); Seidenweberei Michels & Cie., Babelsberg (1912/13; m. K. Bernhard); Umbau Kaufhaus Kersten & Tuteur, Leipziger Str. 36 (1912/13); Haus Mohrbutter, Schlickweg 6 (1912/13); Einfamilienhaus Schopenhauerstr. 46 (1913/14); Villa Kuczynski, Nikolassee (1913/14); Landhaus Terrassenstr. 16 (1913/14 u. 1919/20); Landhausgruppe Kirchweg 24/25 u. 28 (1913-25); Landhaus Mittelhof, Kirchweg 33 (1914/15); Großfunkstation Nauen (1920); Haus Vowinckel, Schopenhauerstr. 53/55 (1920/21); Wohnhaus Tuteur, Charlottenburg (1923/24); Grabanlage J. Freudenberg, Fhf. Nikolassee (um 1924); Mietwohnhaus-Siedlg. Oranienburger Str., Wittenau (1924/25 u. 1927/28); Wohnanlage Breitenbachplatz 11-15 (1925/26); Wohnhaus, Limastr. 30a (1925/26); Ladenzone Geschäftshaus Kurfürstendamm 48/49 (1925-28); Hochhaus Alexanderplatz (1926; nicht ausgef.); Umbau Geschäftshaus Kersten & Tuteur, Steglitz (1927); Wohnhaus, Im Gehege 9 (1927); Landhaus Brasch, Am Großen Wannsee 36 (1927/28); Wohnanlage Kollatzstr., Charlottenburg (1928/29).

Wenn auch der Jugendstil in Berlin – beispielsweise im Gegensatz zu München – nur eine untergeordnete Rolle spielte, so hinterließ er doch einige Spuren und gab der Berliner Architektur der Jahrhundertwende durchaus Impulse. Auf der Suche nach einem materialgerechten Umgang mit dem Baumaterial Eisen kam der Berliner U-Bahn, insbesondere ihren Hochbahnviadukten, eine besondere Rolle zu. Deutlich vom Jugendstil beeinflusst ist der von Möhring konzipierte Bahnhof und Viadukt Bülowstr., den er seinem ähnlich gestalteten Bahnhof Döppersberg (1899/1900) der Wuppertaler Schwebebahn folgen ließ. **BRUNO MÖHRING** (11. 12. 1863 Königsberg – 26. 3. 1929 Berlin) war nach Besuch des Realgymnasiums zum Studium an die TH Charlottenburg gekommen. Nach praktischer Arbeit am Bau des Hauptbahnhofes Halle/S. (1889/90) und Studienreisen durch Österreich, Italien und die Schweiz machte er sich 1892 in Berlin selbstständig, zeitweilig assoziiert mit Hans Spitzner. Anfänglich vor allem im Brückenbau aktiv, errichtete Möhring später zahlreiche Wohnbauten und war auch stadtplanerisch tätig. Ab 1899 fungierte er als Mitherausgeber der „Berliner Architekturwelt". Der von Grenander angestrebten Versachlichung der Eisengestaltung mochte er nicht folgen und blieb dem Ornament verpflichtet, seine Brücken sind ausnahmslos „jugendstilig".

WERKE BERLIN: Wohnhaus, Ernststr. 5 (1894/95); Mietshäuser, Pallasstr. 8-12 (1896/97); Viadukt u. Hoch-Bhf. Bülowstr. (Wettbewerbsentw. 1898; Ausf. 1900-02); Haus Lehmann, Brandenburg (1902); Swinemünder Brücke, Swinemünder Str. (1902-05; m. F. Krause); Villa Möhring, B.-Möhring-Str 14b (1903-10); Borsig-Steg, Flensburgerstr. (1904/05; m. F. Krause); Villa Werner, Klein-Glienicke (1907); Hansa-Brücke, Altonaer Str. (1909/10; m. F. Krause); Generalbebauungsplan f. Berlin (Wettbewerbs-Entw. 1910; m. R. Petersen, R. Eberstadt); Brunnenhäuschen der Dt. Glas-Mosaik-Gesellschaft Puhl & Wagner, Pavillon d. Dt. Gipsverein u. Stand d. Tonindustrievereins Velten auf II. Ton-, Zement- u. Kalkindustrieausstellung, Treptow-Baumschulenweg (1910); Bebauungsplan Schöneberger Südgelände/Grazer Damm (Wettbewerb-Sieg 1911); Rathaus Nikolassee, Alemannenstr. 10 (1912); Bebauungsplan Parkring

Tempelhofer Feld (1912; m. P. Jatzow); Mietshäuser, Dudenstr. 9/ Tempelhofer Damm 2 (1912/13); Gericke-Steg, Holländer Ufer (1917/18); Wohnhaus, Ostpreußendamm 136 (1913/14); Bebauungsplan Zentrum Treptow (1914; m. R. Eberstadt); Villa Schippert, Emilienstr. 15-17 (1915/16); Bebauungsplan Gartenstadtsiedlg. An d. Heerstr. (1920); Umbau Dorfkirche Alt-Marienfelde (1921); Ev. Gemeindehaus Lichterfelde-Süd, Ostpreußendamm 64 (1924/25; m. H. Spitzner); Wohnhaus, Paulinenstr. 14 (1924/25); Wohnanlage Gartenstr. 30-34, Weißensee (1924-27; m. H. Spitzner); Wohnhaus, Ostpreußendamm 153/153a (1925/26; m. H. Spitzner); Wohnanlage Sonnenallee 191-199 (1925-29; m. H. Spitzner); Kapelle Kirchhof Marienfelder Allee 127 (1927/28); Wohnsiedlg. Ostender Str. 6-38 (1927-30; m. A. Gessner, F. Hennings, F. Seeck u.a.)

Einer der deutschen Hauptvertreter des Jugendstils war **ERNST MORITZ AUGUST ENDELL** (12. 4. 1871 Berlin - 13. 4. 1925 ebd.), in der Blütezeit und im Abgesang des Jugendstils 1901–18 in Berlin tätig und hier 1904–09 an der von ihm gegründeten Schule für Formkunst lehrend, die mit Kriegsbeginn 1914 geschlossen wurde. Sein Vater **KARL FRIEDRICH ENDELL** (7. 4. 1843 Stettin - 8. 3. 1891 Berlin) war Architekt, Baubeamter und langjähriger Redakteur der von ihm mitbegründeten „Zeitschrift für Bauwesen" und „Zentralblatt der Bauverwaltung". 1889 wurde er Oberbaudirektor und damit oberster preuß. Baubeamter. In Berlin schuf er als vermutlich einzige Werke 1891/92 das II. Anatomische Institut – heute Oskar-Hertwig-Haus – der Universität an der Philippstr. mit dem zugehörigen Pförtnerhaus sowie das Dienstleutehaus (1892/93) und die Stallanlage (1893) der Tierärztlichen Hochschule, Luisenstr. 56. Der Bruder Fritz kam über das Theologiestudium durch Hermann Obrist in München zur Kunst und wurde Grafiker, vor allem pflegte er Holzschnitt und Radierung.

Wie seinem Bruder Fritz 1895 gab Obrist im Jahr darauf in München auch August den entscheidenden Anstoß zum Wechsel in die Kunst, nachdem dieser seit 1891 Philosophie, Psychologie und Ästhetik in Tübingen und München studiert hatte. Bereits 1897 stellte der Autodidakt Endell erste Entwürfe vor, 1898 entstand die berühmte Fassade des „Foto-Atelier Elvira" in München, mit der er in die Reihe der Arrivierten aufstieg. Endells Berliner Zeit endete, als er den Ruf an die Spitze der Staatlichen Akademie für Kunst und Kunstgewerbe in Breslau erhielt, der er bis zu seinem Tod vorstand.

WERKE BERLIN: Ausbau u. Ausstattung Buntes Theater (Wolzogen-Theater), Köpenicker Str. 67/68 (1901/02); Hackesche Höfe/Fassaden u. Treppenhäuser 1. Hof sowie Neumannsche Festsäle, Rosenthaler Str. 40/41 (1905/06; Gesamt-Entw. K. Berndt); Mietshaus (später Hotel/Seniorenheim), Steinplatz 4 (1906/07); Wohnhaus (Pension Müller), Kastanienallee 32 (1908); Landhaus Nelson, Eichenallee 15 (1910); Villa Kühl, Akazienallee 14 (1910/11); Trabrennbahn (Tribünen u.

August Endell

*Restaurantgebäude), Mariendorfer Damm
222-298 (1911/12).*

CARL JAMES BÜHRING (11. 5. 1871 Berlin – 2.
1. 1936 Leipzig) gehörte nicht zu den in der
Berliner City oder den großbürgerlichen
Villenkolonien sich produzierenden
Architekten, dennoch ist sein Werk trotz re-
lativer Unbekanntheit von beeindrucken-
der Qualität. „Anders jedoch als viele seiner Zeitgenossen, die in gänzlich neuen
Kunstformen, in der Anwendung von modernen Techniken und der Verbindung
von Stahl, Glas und Beton oder anderen
Kunststoffen die Architektur des 20. Jh.s zu
schaffen begannen, war es sein Bestreben,
seine Ziele durch die Bewahrung von traditionellen Grundauffassungen bei gleich-
zeitiger Hinwendung zu den Erfordernissen einer Zeit zu erreichen, die sich
durch einen fast alles Überkommene zerstörenden Krieg, durch Revolution und
Umwälzung der Lebensweise angekün-
digt hatte." *[Bennewitz/5]* Bührings These
von der „Stadt als Wohnung" nahm die
20er Jahre fast vorweg.
Der Sohn eines Großkaufmanns verlebte
seine Kindheit und Jugend in Edinburgh
und dem späteren Oslo, wo er nach dem
Abitur 1891 einige Seminare an der
Universität belegte, bevor er im folgenden
Herbst sein Studium an der TH Charlottenburg begann. 1894 wechselte Bühring
nach Braunschweig, wo er zwei Jahre später das Studium abschloss. Nach längerem
Aufenthalt bei den Eltern in Norwegen
ging er am 26. 1. 1897 zur Regierung nach
Wiesbaden. Nach vier Jahren folgten bis
1906 kurzzeitige Staatsanstellungen in ra-
schem Wechsel: 1901 in Berlin, wo er sich
1898 bereits am Charlottenburger Rat-
hauswettbewerb beteiligt hatte, 1902 in
Nienburg a. d. Weser mit Nebentätigkeiten
als Privatarchitekt und Lehrer an der
Kunstgewerbeschule in Hannover und als
stellvertretender Konsistorialbaumeister
der Kirchenprovinz Hannover, 1904 als
Assistent an der TH Hannover. An
Selbstvertrauen mangelte es ihm sicher
nicht, was seine Beteiligung am Wettbe-

Carl James Bühring

werb für den Friedenspalast Den Haag
(1906) beweist. Am 1. 4. 1906 trat Bühring
sein Amt als Gemeindebaurat für
Hochbau in Weißensee bei Berlin an, wo
er dank der offensiven Baupolitik der
Gemeinde ein weites Arbeitsfeld vorfand.
Die vehement betriebene Wandlung eines
nicht sonderlich gut beleumdeten Sied-
lungsplatzes zu einer attraktiven Kommune war auch eine Bauaufgabe, die ihm
allerdings nach einem Jahrzehnt zu klein
wurde. In der Wahl zum Stadtbaudirektor
von Posen scheiterte er 1913 noch mit
einer Stimme, das Auswahlverfahren für
die Stadtbauratsstelle in Leipzig gewann er
am 10. 3. 1915 jedoch überlegen. Dort in
parteipolitischen Machtkämpfen geopfert, schied Bühring am 30. 9. 1924 aus dem
Amt, blieb aber bis zu seinem Tod als
Privatarchitekt in Leipzig.
*WERKE GEMEINDE WEISSENSEE: Turn- u. Fest-
spielhalle, Pistoriusstr. 23 (1907/08); Büro-
u. Beamtenwohnhaus, Pistoriusstr. 24-24b
(1907/08); Oberrealschule am Kreuzpfuhl, Woelckpromenade 38 (1908-10);
Pumpstation-Verwaltungsgebäude u.
Bibliothek, Pistoriusstr. 127 (1909); Pump-*

station, Pistoriusstr. 128 (1910); Parkanlage am Kreuzpfuhl, Woelckpromenade (1910); Mietshaus, Pistoriusstr. 16 (1910); Gemeindeschule, Bernkasteler Str. 78 (1910), Lyzeum, Park-/Amalienstr. (1910; nicht ausgef.); Mietshausanlagen Tassostr. 1, 4/5, 14-16, 21/22/Berliner Allee 47-51/Charlottenburger Str. 1-3, 141/142/ Parkstr. 107-109 (1910-16); Säuglingskrankenhaus m. Nebengebäuden, Hansastr. 178-180 (1911); Ledigenheim, Pistoriusstr. 17 (1911-13); Gemeindebadeanstalt am Weißen See (1912) u. Ufergestaltg. Parkstr. m. Kühlwassereinlauf (1912; m. H. Schellhorn); Wohnanlage Woelckpromenade 2-7 (1912-14); Toranlage Roelckestr., Gemeinde-Fhf. Roelckestr. (1913; m. H. Schellhorn); Erbbegräbnis Woelck, Gemeinde-Fhf. Roelckestr. (um 1913); Wohnanlage Caseler Str. 1-5/Berliner Allee 196-198/ Trierer Str. 9-17 (1913/14); Mietshäuser, Buschallee 108-110/Berliner Allee 178 (1914); Wohnanlage Woelckpromenade 36/37/Paul-Oestreich-Str. 1-4 (1914/15); Wohnanlage Langhansstr. 111/Friesickestr. 43-47/Streustr. 46/47 (1915).
WERKE BERLIN U. UMLAND: Wettbewerbsentw. Rathaus Charlottenburg (1898; nicht ausgef.); Pfarrhaus m. Einfriedung, Romain-Rolland-Str. 54-56, Heinersdorf (1909); Wettbewerbsentw. Rathaus Schöneberg (1910; nicht ausgef.); Ev. Kirche Roedernstr. (1910; nicht ausgef.); Gemeindedoppelschule, Roedernstr. 69-72 (1911-14); Gestaltg. Rüdesheimer Platz (1912; nicht ausgef.); Hotel-Hochhaus am Bhf. Friedrichstr. (1915; nicht ausgef.).

Dass sich die Kaufmannssöhne Bühring und **REINHOLD KIEHL** (22. 4. 1874 Danzig – 10. 3. 1913 Berlin) gekannt haben, ist zwar nicht belegt, aber naheliegend. Beide studierten – Bühring zwar bereits nach der bestandenen Vorprüfung, Kiehl erst mit einigen Monaten Studienpraxis in München – zur gleichen Zeit an der TH Carolo Wilhelmina Braunschweig, Kiehl begann 1893, Bühring 1894. Und beide bestanden den Abschluss mit preisgekrönten Ar-

beiten, 1896 Bühring als Baumeister und Kiehl ein Jahr später in Gemeinschaft mit Wilhelm Kreis die Vorprüfung. Nach praktischer Arbeit als Bauführer in Danzig, Dresden (städtische Krankenhausbauten), Berlin (Erweiterung TH Charlottenburg) legte Kiehl im Dezember 1900 das Regierungsbaumeisterexamen ab. Von Januar bis September 1901 fungierte er als Lehrer an den Baugewerksschulen Breslau und Hildesheim. Als Stadtbauinspektor bei der städtischen Bauverwaltung Charlottenburg 1901–04 leitete er den Rathausbau von Reinhardt & Süßenguth, gleichzeitig war er nebenberuflich Assistent an der TH Charlottenburg. Am 1. 5. 1904 wechselte Kiehl als Stadtbauinspektor nach Rixdorf, wo er schon am 23. 3. 1905 zum – ersten – Stadtbaurat des neu eingerichteten Hochbauamtes gewählt wurde. Zeitweilige Mitarbeiter waren Max Taut (u. a. Rathaus, 1906/07 Städtisches Rieselgut Waßmannsdorf, 1908/09 Städtisches Rieselgut Boddinsfelde) und Ludwig Mies v. d. Rohe (1905 Interieurs Rathaus). Am 15. 9. 1912 schied Kiehl in allen Ehren aus dem Dienst

Reinhold Kiehl, 1912

der nunmehrigen Stadt Neukölln und trat sein Amt als Sachverständigenbeirat für Städtebau beim Zweckverband Groß-Berlin an. In den acht Jahren seines Wirkens in Rixdorf-Neukölln prägte der jung verstorbene Architekt das bauliche Antlitz des späteren Bezirks sowohl in planerischer Hinsicht als auch im architektonischen Erscheinungsbild, sicher jedoch durch den Umfang des Werkes.

*WERKE NEUKÖLLN: Elbe-Grundschule, Elbestr. 11/12 (1905/06); Rathaus Neukölln, Karl-Marx-Str. 83 (1905–14); Städt. Freibank, Kirchhofstr. 20 (1906); Schule, Sonnenallee 79 (1906/07); Albrecht-Dürer-Schule, Emser Str. 134-137 (1906/07); Albert-Schweitzer-Oberschule, Karl-Marx-Str. 12b-c/14 (1906–09); Krankenhaus Neukölln, Rudower Str. 56-76 (1906–10); Mietshäuser, Karl-Marx-Str. 12/12a/16-18 (1906–09); Hermann-Sander-Schule, Mariendorfer Weg 69/70 (1907); Hermann-Boddin-Grundschule, Boddinstr. 50-56 (1908); Mietshaus, Karl-Marx-Str. 7 (1909); Rütli-Oberschule, Rütlistr. 41-45 (1909); Öffentl. Bedürfnisanstalt, Maybachufer (1909); Passage m. Saalbau, Karl-Marx-Str. 131-133 (1909/10); Mietshaus, Richardstr. 110 (1910), Bürknerstr. 1/ Maybachufer 20/21 (1909/10), Donaustr. 78/79 (1909/10); Trinkhalle, Richardplatz (1910); Brücke Sonnenallee-Neuköllner Schifffahrtskanal (1910); Wohnanlage Emser Str. 7-9/Kirchhofstr. 24 (1910); Stadttheater Neukölln, Körnerpark (Entw. 1910/11; nicht ausgef.); Mietshaus, Anzengruberstr. 23/24 (1910/11), Bürknerstr. 29/30 (1910/11), Richardstr. 31/32 (1910/11); Friedhofsgebäude (Kapelle, Verwaltung, Inspektorwohnhaus, Kolonnade) St.Jacobikirchhof I, Karl-Marx-Str. 4 (1910–13); Berufsfachschule, Donaustr. 120-127 (1910–13); Wohnanlage Stuttgarter Str. 44-49 (1911); Elektrizitätswerk, Weigandufer 45-49 (1910–12); S-Bhf. Sonnenallee, Saalestr. (1911–13); Straßenreinigungsanstalt u. Feuerwache, Emser Str. 132/Kirchhofstr. 22/23 (1911–13); Wohnanlage Hermannstr. 114 (1911/12); Realschule am Boddin-*platz, Boddinstr. 34 (1912); Mietshaus, Richardstr. 76/77/Kirchgasse 1 (1912); Brücke Wildenbruchstr.-Neuköllner Schifffahrtskanal (1912); Richard-Schule, Richardstr. 47-51 (1912/13); Pumpwerk, Sonnenallee 283-289 (1912/13); Stadtbad Neukölln, Ganghoferstr. 5 (1912–14; m. H. Best); Baugewerkschule, Leinestr. 37-45 (1913/14); Desinfektionsanstalt, Mittelbuschweg 8/9 (1913–15; m. H. Best); Siedlg. Franz-Körner-Str. (1914); Brücke Treptower Str.-Neuköllner Schifffahrtskanal (1918/19); zahlr. Teil-Bebauungspläne.*

Um die Personen namens **KLINGENBERG** und vor allem die Werkzuschreibungen gab – und gibt – es immer wieder Irritationen. **ERNST KLINGENBERG** (21. 5. 1830 Osnabrück – 28. 5. 1918 Berlin) wirkte als Privatarchitekt vorwiegend in seiner norddeutschen Heimat. Vermutlich um 1870–80 war er in Berlin ansässig, wo er u. a. als Direktor der Preuß. Baubank und des Bauvereins Königstadt fungierte. Seine zahlreichen Wettbewerbsentwürfe, u. a. 1868 für den Dom, 1872 und 1882 für den Reichstag, 1884 für die Bebauung der Museumsinsel, blieben ohne Preis. Erhalten geblieben sind von seinen Berliner Wohnbauten der so genannte Begaswinkel Genthiner Str. 30 a-c/f-k (1872/73), wo u. a. Peter Behrens, Julius Meier-Graefe, Adalbert Begas und Luise Begas-v. Parmentier wohnten; das Wohnhaus Anton v. Werners, Potsdamer Str. 81a (1873/74), und das Haus Mehringdamm 80 (1874).

Sein jüngerer Bruder **LUDWIG KLINGENBERG** (29. 10. 1840 Wittmund – 1. 4. 1924 Elmendorf/Oldenburg) war ebenfalls Architekt, blieb aber in seiner Tätigkeit auf Norddeutschland beschränkt. Zwei der fünf Söhne Ludwigs, **GEORG KLINGENBERG** (28. 11. 1870 Hamburg – 7. 12. 1925 Berlin), Elektro-Ingenieur, und **WALTAR HERMANN KLINGENBERG** (13. 6. 1881 Bad Zwischenahn – 6. 10. 1963 ebd.), Architekt, wurden die bekanntesten Vertreter der Familie. Georg K., verheiratet mit Maria geb. Kay-

ser, einer Tochter des Berliner Architekten Heinrich Kayser, hatte 1890-95 an der TH Charlottenburg Maschinenbau, Elektrotechnik und theor. Physik studiert und an der Universität Rostock promoviert. 1897 bis 1909 lehrte K. anschließend selbst in Charlottenburg, bis 1899 war er Assistent bei Adolf Slaby. Danach widmete er sich der Konstruktion von Autos, dessen berühmtestes von Tochterunternehmen der AEG, zuletzt der NAG Oberschöneweide, produziert und vertrieben wurde. Am 1. 7. 1902 übernahm Klingenberg in Nachfolge des ausscheidenden Walter Rathenau den für den Bau und Betrieb von Elektrizitäts-Kraftwerken zuständigen Bereich der AEG und wurde gleichzeitig Vorstandsmitglied. Georg K., zeitweise mit seinem Bruder Waltar zusammenarbeitend, hinterließ trotz seines durch eine Lungenentzündung verursachten frühen Todes ein umfangreiches Lebenswerk an gebauten Kraftwerken im In- und Ausland. Zahlreiche zukunftweisende Konzeptionen, so z. B. das nationale Fernleitungsverbundnetz, und technische Entwicklungen im Übergang vom Gleich- zum Wechsel- und Drehstrom und von der Dampfmaschine zur Dampfturbine gehen auf ihn zurück. Im äußeren Erscheinungsbild „seiner" Kraftwerke gab es konsequent einer modernen, oft expressiv beeinflussten Architektur den Vorzug und ließ sich die aktive Entwurfsmitwirkung nicht nehmen.
Waltar K. hatte vermutlich wie sein Bruder die TH Charlottenburg absolviert und sich dann in Berlin niedergelassen, 1912 heiratete er hier. 1913 assoziierte er sich mit WERNER ISSEL (11. 6. 1884 Buxtehude - 16. 11. 1974 Bad Sachsa/Harz), der zuvor in der Bauabteilung der AEG tätig war. 1926 endete diese seit Anfang der 20er Jahre besonders intensive Zusammenarbeit nach Auskunft der Familie abrupt „aus persönlichen Gründen". Waltar K. unterhielt 1926-43 in Lichterfelde ein eigenes Büro, u. a. erweiterte er 1929/30 das Kraftwerk Moabit, Friedrich-Krause-Ufer 10-15, und zog sich dann in den Ruhestand in seine Geburtsstadt zurück. Neben Kraftwerken errichtete er weitere Industriebauten, so Flugzeughallen, und Wohnhäuser. *WERKE KLINGENBERG & ISSEL: Wohnhaus Klingenberg, Karpfenpfuhl 2b (1921/22); Büro- u. Wohnhaus, Str. 22 Nr. 2-10/Otisstr. 53-57, Tegel (1922); Gleichrichterwerk, Zauritzweg 15 (m. G. Klingenberg; 1922); Wohnhaus G. Klingenberg, Alemannenallee 6 (1922/23); Villa, Burgunder Str. 9 (1924/25); Kraftwerk Klingenberg, Köpenicker Chaussee 8 u. 42-45 (1925/26; m. G. Klingenberg).*

Die Großvorhaben wurden nach wie vor von Architekten-Assoziationen beherrscht, wobei diese sich zunehmend auch eigens nur für die meist vorangehenden Wettbewerbe zusammenfanden. Vielfach ist heute schwer bestimmbar, wie eng diese Bindungen - auch wirtschaftlich - waren und wie lange sie bestanden. Für größere Siedlungsvorhaben wurde die territoriale Aufteilung auf der Basis eines verbindlichen Bebauungsplanes üblich, die Gestaltung der einzelnen Gebäude erfolgte dann im Rahmen dieser Vorgaben. Den vordringlich gewinnorientierten Dauer-Partnerschaften waren der Bruch mit Konventionen bzw. das Experiment nur selten eigen.
HEINRICH REINHARDT (19. 9. 1868 Offenbach/M. - 19. 7. 1947 Berlin) und GEORG AUGUST SÜßENGUTH (27. 1. 1862 Göttingen - 30. 3. 1940 Berlin) schlossen sich 1894 zusammen, hatten ihre große Zeit als „Rathausbaufirma" zwischen Jahrhundertwende und Erstem Weltkrieg und lösten sich formal erst mit dem Tod Süßenguths auf. Beide hatten ihr Studium jeweils in der engeren Heimat - Kunstgewerbeschule Offenbach bzw. Polytechnikum Stuttgart - begonnen und waren dann an die TH Charlottenburg gewechselt, wo sie sich kennen lernten; Süßenguth lehrte hier später im Nebenamt. *WERKE: Rathäuser Steglitz (1896/97), Charlottenburg (1899-1905), Treptow (1909-11), Spandau (1910-13); Eckener-Schule, Kaiserstr. 17-21, Marienfelde*

335

(1909-11); Ev. Kirche Zum Vaterhaus m. Pfarrhaus, Schule, Lehrerwohnhaus, Baumschulenstr. 79-83, Baumschulenweg (1910-12); Reichsmarineamt, Reichpietschufer 67-72 (1911-14); Bank-Gebäude m. Direktorenwohnung, Jungfernstieg 26a (1921); Wohnanlage Kugler-/Duncker-/Gudvanger-/Krüger-/Wisbyer Str. (1928/29; m. Fedler & Kraffert); Wohnanlage Fabricius-/Herschel-/Kamminer-/Olbersstr. (1928/29). - Rathäuser Köthen (1898-1900), Dessau (1899-1901; Rekonstruktion n. Brand 1910).

Eine ähnliche Stellung nahmen anscheinend Thoemer & Mönnich für Gerichtsbauten ein. Nur - sie waren keine Firma, sondern staatsangestellte Baubeamte, die häufig gemeinsam für die Entwürfe großer Justizbauten verantwortlich zeichneten und so ungewollt in der Öffentlichkeit zu der falschen Deutung beitrugen. Und natürlich konnte man gerade von Staatsbeamten keinen Umsturz in der Architektur erwarten. Alle Stile von der Romanik bis zum Klassizismus feierten - abgeschwächt - Auferstehung, vornehmlich in den beeindruckenden Treppenhäusern etablierte sich aber auch der Jugendstil. **RUDOLF MÖNNICH** (5. 6. 1854 Osnabrück - 13. 8. 1922 Berchtesgaden) hatte wie **PAUL THOEMER** (20. 6. 1851 Köslin - 3. 6. 1918 Berlin) an der Bauakademie Berlin studiert und war nach Tätigkeit in der Provinz 1894 in Berlin in den Staatsdienst eingetreten. Bis 1907 war er bei der Ministerial-Baukommission im Ressort Justizbauten tätig, anschließend bis zu seinem Tod im Ministerium für öffentliche Arbeiten auf dem gleichen Gebiet. Hier hatte Thoemer seine Karriere im Ressort Eisenbahnhochbauten begonnen, bevor er 1896 zu den Justizbauten wechselte. Wie in Behörden üblich, waren an den Entwurfsvorgängen noch zahlreiche andere Baubeamte beteiligt, und sei es nur unterschriftlich. In vielen Fällen waren es bei den Justizbauten **CARL VOHL** (20. 10. 1853 Esch - 29. 9. 1932 verm. Berlin), mindestens 1902-14 bei der Ministerial-Baukommission tätig, und der etwa zeitgleich dort beschäftigte **CARL TESENWITZ** (24. 7. 1860 Berlin - nach 1. 4. 1925 ?).

WERKE: Land- u. Amtsgericht I, Littenstr. 16/17 (1896-1904; Ausf.-Entw. O. Schmalz); Landgericht III, Tegeler Weg 17-20 (1901-06; m. H. Dernburg, E. Petersen); Amtsgericht Schöneberg, Grunewaldstr. 66/67 (1901-06); Amtsgericht Wedding, Brunnenplatz 1 (1901-06); Kriminalgericht Moabit, Turmstr. 89-93 (1902-06); Amtsgericht Weißensee, Parkstr. 71 (1902-06); Amtsgericht Pankow m. Gefängnis, Kissingenstr. 5-6 (1902-06); Amtsgericht Lichterfelde m. Gefängnis, Ringstr. 9 (1902-06); Amtsgericht Lichtenberg m. Gefängnis, Roedeliusplatz (1903-06); Kammergericht, Elßholzstr. 30-33 (1909-13).

Auf die gleiche Weise passt hier **OTTO LOUIS HERMANN SCHMALZ** (30. 3. 1861 Carthaus/Westpr. - 6. 10. 1906 Charlottenburg) ins Bild, der seine Entwürfe - so auch die Überarbeitung der von Thoemer und Mönnich für das Land- und Amtsgericht I - 1895 bis 1905 als Beamter der Bauabteilung des Ministeriums für öffentliche Arbeiten geliefert hat. Kurz vor seinem Tod wurde Schmalz zwar noch zum Stadtbaurat (Hochbau) von Charlottenburg ernannt, konnte hier aber nicht mehr wirken. Einzig die Höhere Mädchenschule Danckelmannstr. 28 wurde noch nach seinem Tod 1908 vollendet. Schmalz hatte nach dem Studium an der TH Charlottenburg bei Hermann Eggert am Kaiserpalast Straßburg, bei Hoffmann am Reichsgericht Leipzig und bei Wallot am Reichstag gearbeitet. 1894 war er an die TH Charlottenburg berufen worden, an der er neben der ministeriellen Tätigkeit lehrte.

Parallel zum Klärungsprozess in der Architektur war die städtebaulich-stadtplanerische Perspektive der Reichshauptstadt aktueller Gegenstand langjähriger theoretischer Untersuchungen, unverwirklichter Bebauungspläne und vor allem von Eingemeindungsplänen, die erst 1920 verwirklicht werden konnten. Auf Initiative der beiden Berliner Architektenvereine und aktives Betreiben von Otto March wurde am 15. 10. 1908 der Wettbewerb „Grundplan für die bauliche Entwicklung von Groß-Berlin" ausgeschrieben, bei Einsendeschluss am 15. 12. 1909 lagen 27 Entwürfe vor, die 1910 auf der „Allgemeinen Städtebauausstellung Berlin" präsentiert wurden. Den ersten 1. Preis erhielt Hermann Jansen, der zweite 1. Preis wurde Brix & Genzmer zuerkannt. HERMANN JANSEN (28. 5. 1869 Aachen - 20. 2. 1945 Berlin), der sich zwischen 1906 und 1926 intensiv mit dem Generalbebauungsplan für Berlin befasst hatte, war vielleicht der bedeutendste deutsche Stadtplaner der ersten Jahrhunderthälfte, dem das Ende der so genannten Mietskaserne mit zu verdanken ist, der die Grünräume als dem Menschen zugehörig und als unverzichtbare Funktionsträger integrierte und die bewusste Berücksichtigung des Autos - nicht Rücksichtnahme darauf – durchsetzte. Er hatte nach dem Gymnasium 1888-93 die TH Aachen besucht, war dann in einem dortigen Architekturbüro tätig und ging 1897 nach Berlin. Der kurzen Zeit beim Hochbauamt unter Hoffmann folgte bereits im Jahr darauf die Selbstständigkeit und Büroassoziation mit William Müller. Mit zahlreichen Mitarbeitern unterhielt Jansen dieses Büro bis 1944. Bereits 1904 beteiligte es sich an seinem ersten Bebauungsplan-Wettbewerb, dem zahllose weitere - auch internationale - folgten. 1903 hatte Jansen mit Müller die Herausgabe der renommierten Fachzeitschrift „Der Baumeister" in München übernommen, die er bis 1929 fortführte. Seine Lehrtätigkeit an der TH begann er 1920 als Honorarprofessor neben dem etatmäßigen Genzmer, dem er 1923-38 im Lehrstuhl folgte. 1930 übernahm er auch den Lehrstuhl für Städtebaukunst an der Universität. Die Machtübernahme der Nationalsozialisten überstand Jansen unbeschadet, ohne in die nationalsozialistischen Planspiele einbezogen zu werden.

Hermann Jansen

WERKE: *Bebauungspläne Berlin/Potsdam: Gartenstadt Frohnau (1908); Dotti-Areal Lichtenberg (1908); Generalbebauungsplan Groß-Berlin (1908/09); Tempelhofer Feld (1909); Domäne Dahlem (1909-11); Schöneberger Südgelände (1910); Treptow-Mitte (1913/14); Afrikan. Viertel Wedding (1916); Teilbebauungspläne Charlottenburg-Nord u. Nord-Westend (1918); Siedlg. Johannisthal (1918/19); Reinickendorf (1918/19); Gemarkung Lübars (1919/20); Siedlungsplan Wittenau f. Primus m. b. H. (1919/20); Revision d. Bebauungsplanes f. d. Fischtalanlagen (1921); Siedlg. Heiligensee (1921-23); Gesamt-Stadt Potsdam (1921-23); Kleinsiedlg. Borsig, Tegel (1922); Blockbebauung Borsigwalde (1922); Verkehrsregulierungen auf innerstädt. Plätzen (1922-25); Verkehrsregulierung Tiergartenviertel (1922-26); Verkehrsgutachten f. Verbindung Zehlendorf-Dahlem-Stadtmitte (1934/35); Landhaussiedlg. Gatow-Kladow (1939-43). Bebauungspläne außerhalb: Siedlungen Streiffeld u. Kellersberg b. Aachen (1904); Bergen/Norwegen (1920); Prag (1921-*

24); Stockholm (1922/23); Nürnberg-Fürth (1923-27); Ankara (1929); Madrid (1929/30); Wiesbaden (1929-31); Bamberg (1929-32); Adana, Izmir, Tarsus u. a. türk. Städte (1929-40); Dortmund (1938-41); Köln; Leipzig; Lodz; Preßburg; Riga; Schleswig; Schwerin.

Die im erwähnten Wettbewerb hauchdünn unterlegenen Professoren JOSEPH BRIX (27. 6. 1859 Rosenheim - 10. 1. 1943 Berlin) und FELIX AUGUST HELFGOTT GENZMER (22. 11. 1856 Labes/Po. - 6. 8. 1929 Berlin) arbeiteten öfter bei größeren Aufgaben zusammen, vor allem gründeten sie 1907 gemeinsam das „Seminar für Städtebau, Siedlungs- und Wohnungswesen" an der TH Charlottenburg. Im gleichen Jahr wie Genzmer - 1904 - trat Brix, der nach dem Ingenieur-Studium in München u. a. längere Zeit als Stadtbaurat von Altona gearbeitet hatte, mit der Professur für Städtischen Tiefbau bis 1937 ebenfalls ein Lehramt an der TH Charlottenburg an.

Felix Genzmer hatte nach dem Studium an den TH Hannover und Stuttgart in kommunalen Anstellungen in Köln (1887-90 Mitarbeiter Stadtbauverwaltung), Hagen (1890-94 Stadtbaumeister) und Wiesbaden (1894-1903 Stadtbaumeister) Erfahrungen mit städtischen Hochbauten - Schulen, Theater, Privathäuser - gesammelt und war auch im Kunstgewerbe tätig gewesen, bevor er 1903-19 als Architekt der Kgl. Theater in Berlin ansässig wurde und gleichzeitig bis 1926 die Professur für künstlerischen Städtebau an der TH Charlottenburg übernahm. Als Theaterarchitekt hatte er sich u. a. mit der Erweiterung der Kroll-Oper am Königsplatz (1895) und dem Foyerbau des Wiesbadener Theaters empfohlen. Unter seiner Leitung wurde 1903-05 das Schauspielhaus im Inneren völlig umgebaut, sein Wettbewerbsentwurf 1912 für ein neues Kgl. Opernhaus blieb wie alle anderen unausgeführt.

WERKE: Planungen Brix: Stadterweiterung Altona (1898); Bebauungsplan Monte-

video (1913); Generalbebauungsplan Groß-Hamburg (1923). Planungen Genzmer: Bebauungsplan Mainz; Bebauungsplan Lankwitz (1910); Bebauungsplan Bernau (1926). Planungen Brix & Genzmer: Gartenstadt Frohnau (1908); Generalbebauungsplan Groß-Berlin (1908/09).

Die Zwiespältigkeit dieser Umbruchzeit zeigt deutlich das Werk von BRUNO SCHMITZ (21. 11. 1858 Düsseldorf - 27. 4. 1916 Berlin). Seine Ausbildung - Malerei und Architektur - hatte er 1874-78 an der Düsseldorfer Kunst-Akademie genossen und war dann Mitarbeiter eines dortigen Privatarchitekten. Nach kurzer Tätigkeit 1884-86 in Leipzig etablierte sich Schmitz, schon international bekannt, als Privatarchitekt in Berlin. 1894 wurde er hier Mitglied der Akademie der Künste, später auch der in Dresden. Sein Bekanntheitsgrad resultierte vornehmlich aus dem weltweiten Fundus an monumentalen Denkmalbauten, weniger bekannt waren den Zeitgenossen sicher die Geschäfts- und Wohnhäuser von Schmitz - und seine Teilnahme am Wettbewerb „Groß-Berlin" 1908/09, wo er mit Otto Blum und Havestadt & Contag einen beachtlichen 4. Platz belegte.

Schmitz' Denkmalbauten waren zwar vom Gegenstand der Verehrung, der Dimension der Anlage und dem ungebremsten Pathos klassisch wilhelminisch, also ohne Zukunft. Die Gestaltung der in noch ungewohnter Weise aus der Landschaft wachsenden Monumente jedoch hatte neue Züge - die „Symbiose einer skulpturalen Architektur mit einer architektonischen Skulptur", beschrieb Posener das Leipziger Völkerschlachtdenkmal. [Posener/96] Gleichzeitig schuf Schmitz mit dem Geschäftshaus Automat oder dem Weinhaus Rheingold Bauten, die im Verzicht auf historisierende Formen über Messels „Gerüststil" hinausgingen bzw. wie sein eigenes Wohnhaus mit einer abstrakten schmucklosen Fassade fast schon auf die 20er Jahre deutete.

Bruno Schmitz

WERKE: *Denkmalbauten u. -entwürfe:*
Viktor-Emanuel-Denkmal, Rom (1883;
Wettbew.-Sieg, nicht ausgef.); National-
(Sieges-)denkmal des Staates Indiana,
Indianapolis/USA (1888-93); Ks.-Wil-
helm-Denkmal, Schlossfreiheit Berlin
(1890; Wettbew.-Sieg, nicht ausgef.); Ks.-
Wilhelm-Denkmal, Kyffhäuser (1890-96);
Ks.-Wilhelm-Denkmal, Porta Westfalica
(1892-96); Ks.-Wilhelm-Denkmal, Dt. Eck
Koblenz (1894-97); Ksn.-Augusta-Denk-
mal, Koblenz (1896); Ks.-Wilhelm-Denk-
mal, Halle/S. (1896-1901); Völkerschlacht-
denkmal, Leipzig (1896-1913); Bismarck-
Denkmal, Hamburg (1903; nicht ausgef.);
Bismarck-Denkmal, Bingen/Rh. (1910;
nicht ausgef.).
Bauten Berlin: Synagoge Lindenstr. (1888;
nicht ausgef.); Wettersäule a. d. Schloss-
platz (1894/95); Haupt-Ausstellungsge-
bäude u. Restaurant m. Festsaal Gewerbe-
ausstellung 1896, Treptow (1896);
Charlottenburger Brücke, Str. d. 17. Juni
(1901; nicht ausgef.); Achenbach-Brücke,
Spree/Wullenweber Steig (1902-07; m.
Hermann Krause); Oranienbrücke,
Luisenstädt. Kanal/Oranienplatz (1903-

08); Geschäftshaus Automat, Friedrichstr.
167/168 (1904/05); Wohnhaus. B.
Schmitz, Sophienstr. 11, Charlottenburg
(1904-06); Weinhaus Rheingold, Pots-
damer Str. 8 (1905-07); Gildenhaus
„Papierhaus", Dessauer Str. 2 (1906);
Opernhaus Kurfürstendamm (1912; nicht
ausgef.); Villa Bondy, An der Rehwiese 13
(1913).

Die 20er Jahre
Aufbruch in die Moderne

Wenn landläufig für die 20er Jahre in der
Architektur Namen wie – wahllos heraus-
gegriffen – die der Gebrüder Taut, Hugo
Häring, Martin Wagner oder Ludwig Mies
van der Rohe genannt werden, scheint die
Epoche bestimmt zu sein. Nur ist das Bild
nicht klar und der Weg zu einer neuen
Architektur nichts weniger als geradlinig.
So spielten in den Goldenen Zwanzigern
in Berlin zwar Architekten unterschiedlichster Couleur eine Rolle, das öffentliche
Erscheinungsbild bestimmten jedoch die
Vertreter des Neuen Bauens und anderer
progressiver Strömungen. Nicht zu vergessen, dass Berlin zeitweise – neben Paris –
als Emigrantenzentrum die internationale
Moderne regelrecht anzog.
Die Vielfalt der Strömungen führte
zwangsläufig zu mehr oder minder engen
Zusammenschlüssen Gleichgesinnter.
Eine der wichtigsten Gruppierungen war
der 1923 gegründete „Zehner-Ring", ab 4.
6. 1926 einfach „Der Ring", der sich unter
dem politischen Druck 1933 auflöste. In
diesem Sammelbecken der Vertreter des
wirtschaftlich deutlich prosperierenden
Neuen Bauens waren als Gründungs-
mitglieder Bruno und Max Taut, Walter
Gropius, Hugo Häring, Hanns Poelzig,
Erich Mendelsohn, Ludwig Hilberseimer,
Otto Bartning, Walter Curt Behrendt und
Mies v. d. Rohe – in dessen Atelier man sich
vorzugsweise traf – versammelt, später
kamen u. a. Hans und Wassili Luckhardt,
Peter Behrens, Martin Wagner und – nur

kurzzeitig – Heinrich Tessenow hinzu. Als Gegenpol zum „undeutschen" Geist der Moderne gründete sich 1928 die konservative Architektenvereinigung „Der Block" mit Paul Bonatz, German Bestelmeyer, Paul Schmitthenner, Schultze-Naumburg u. a. Die öffentlich geführten Auseinandersetzungen gingen besonders seitens des durch Schultze-Naumburg ideologisierten „Blocks" oft über das Fachliche hinaus, die Terminologie passte später den Nationalsozialisten nahtlos ins Programm. Die politische Polarisierung Ende der 20er Jahre erfasste auch die Architektenwelt.

MARTIN WAGNER (5. 11. 1885 Berlin – 28. 5. 1957 Cambridge/USA) hatte an den TH Charlottenburg (1905–08) und Dresden (1909–11) studiert, unterbrochen von einer achtmonatigen Tätigkeit bei Muthesius. Der kurzzeitigen Arbeit bei der Hochbaudeputation Hamburg folgte die Berufung zum Stadtbaumeister von Rüstringen bei Wilhelmshaven, wo er seine ersten eigenen Bauten – beeinflusst von James Bühring – schuf. 1914 ging Wagner als Atelierleiter für den Kreis Teltow (Bebauungspläne, Freiflächen- und Verkehrsplanung) zum Zweckverband Groß-Berlin. Im Jahr darauf promovierte er mit dem Thema „Das sanitäre Grün der Städte", das neue Wege in der Grünflächenplanung wies. Bereits hier entwickelte er seine Auffassung von der Kommune als Wirtschaftsbetrieb. Nach dem Kriegsdienst wurde Wagner am 1. 7. 1918 zum Stadtbaurat von Schöneberg bei Berlin berufen. Mit der Eingemeindung 1920 gab er das Amt aber bereits am 1. Oktober auf und widmete sich dem gewerkschaftlich organisierten Wohnungsbau.

Bis Ende 1926 wirkte Wagner als Vordenker und dann als Geschäftsführer des im gleichen Jahr von ihm mitgegründeten „Verbandes der gewerkschaftlichen sozialen Baubetriebe", der Dachorganisation der 1919 gegründeten gewerkschaftlichen „Bauhütten". Sozialer Wohnungsbau, wie Wagner ihn verstand und zu begründen

Martin Wagner

suchte, sollte durch ebenfalls soziale Bauunternehmen mit hoher Produktivität erfolgen. Folgerichtig waren die Großsiedlungen auch ein Mittel zur Rationalisierung und Baukostenminderung im Wohnungsbau. Mit der „Arbeiterbank" schufen die Gewerkschaften sich ihr eigenes Finanzierungsinstitut, die im März 1924 gegründete und von Wagner geleitete DEWOG fungierte als Koordinierungsorgan für Finanzierung und Auftragsvergabe. Unter Beteiligung mehrerer Gewerkschaften, Wohnungsbaugenossenschaften und Einzelpersonen gründete diese am 14. 4. 1924 die Wohnungsbaugesellschaft GEHAG, deren erster Aufsichtsratsvorsitzender Wagner wurde und die als kommunal-gewerkschaftliches Unternehmen bis zu ihrer Privatisierung 1998 bestand. Bruno Taut wurde mit einem verlängerbaren Pauschalvertrag gewissermaßen als „Chefarchitekt" engagiert. Die enge Zusammenarbeit mit Wagner dauerte bis zu Tauts Emigration.

Sicher auch zur Durchsetzung seiner – nur teilweise praktikablen – Ziele ließ sich

Wagner am 26. 11. 1926 zum Stadtbaurat für Hochbau im Magistrat wählen. In Solidarität mit den aus der Akademie der Künste auf Betreiben der Nationalsozialisten ausgeschlossenen Käthe Kollwitz und Heinrich Mann trat Wagner 1933 – Mitglied seit 10. 8. 1931 – freiwillig aus und als Stadtbaurat zurück. 1935 emigrierte er in die Türkei und ging 1938 in die USA, wo er bis 1950 – im Jahr 1944 eingebürgert – an der Harvard University lehrte. Nach dem Krieg wieder in Deutschland Fuß zu fassen, misslang Wagner.

WERKE: Siedlg. Lindenhof, Arnulfstr. (1918/19); Siedlg. Splanemannstr. (1924–26); Siedlg. Eichkamp (1925-27; m. B. u. M. Taut); Planung Groß-Siedlg. Britz (1925–33; m. B. Taut) m. Block Stavenhagener Str. 4-32 (1925/26); Erweiterung Ernst-Ludwig-Heim-Krankenhaus, Hobrechtsfelder Chaussee 150, Klinikum Buch (1927–29); Erweiterung Messegelände, Charlottenburg (1927–31; m. H. Poelzig, teilw. ausgef.); Städtebaul. Umgestaltg. Alexanderplatz (1929; nicht ausgef.); Städtebaul. Planung Großsiedlg. Siemensstadt (1929; m. H. Scharoun); Strandbad Müggelsee (1928/29); Strandbad Wannsee (1928/29; m. R. Ermisch); Wohnbauten in Borsigwalde (1934/35).

Wagner ohne Taut in Berlin ist ebenso undenkbar wie das Neue Bauen ohne Taut. BRUNO JULIUS FLORIAN TAUT (4. 5. 1880 Königsberg – 24. 12. 1938 Ankara), älterer Bruder des Architekten Max Taut, begann seinen beruflichen Weg 1897–1901 mit dem Besuch der Baugewerkschule Königsberg und durch Geldmangel bedingter sommerlicher Arbeit auf dem Bau. Zwischenzeitlicher Tätigkeit bei Architekten in Hamburg und Wiesbaden folgte 1903/04 eine kurze Anstellung bei Möhring in Berlin und der gleichzeitige Besuch der Baugewerbeschule Marienfelde. Wochenendfahrten führten zum zeitweiligen Künstlertreffpunkt in der Gastwirtschaft Wollgast in Chorin, wo Taut mit einer der Wirtstöchter auch seine spätere Ehefrau kennen lernte, deren

Schwester heiratete den Bruder Max. Bei Theodor Fischer in Stuttgart, wo Taut 1904-08 angestellt war, arbeitete er u. a. mit Paul Bonatz zusammen und lernte Heinz Lassen aus Berlin kennen. Fischer vermittelte ihm noch in Stuttgart erste eigene Aufträge, wie den ersten überhaupt mit der Renovierung der Dorfkirche Unterriexingen (Württemberg) zusammen mit dem Maler Franz Mutzenbecher im Jahr 1906. Nachdem sich Taut 1908 in Berlin selbstständig gemacht hatte – nebenbei absolvierte er an der TH Charlottenburg noch ein Städtebau-Zusatzstudium –, vermittelte ihm Fischer weitere Aufträge. 1910–12 entwarf Tauts Büro für zahlreiche von Lassen konzipierte Mietshäuser die Fassaden. Am 1. 8. 1909 schloss sich Taut mit Franz Hoffmann, bis dahin bei Lassen angestellt, zusammen. Hoffmann bearbeitete vorwiegend die finanziellen und juristischen Probleme und kümmerte sich um die Bauausführung. Ihr erstes gemeinsames Werk war 1909 das Beamtenerholungsheim „Ettershaus" der Siemens & Halske AG in Bad Harzburg. 1912 wurde auch Max Taut Mitglied der ab

Bruno Taut, 1933

1914 firmierenden „Bürogemeinschaft Brüder Taut & Hoffmann". Beide Brüder arbeiteten bis auf wenige Ausnahmen zwar weiterhin getrennt, manchmal sogar konkurrierend, nutzten aber die gemeinsamen Büro-Ressourcen und den wirtschaftlichen und organisatorischen Sachverstand Hoffmanns.

Tauts frühes Engagement für das Siedlungsgrün führte 1913 zu seiner Berufung zum beratenden Architekten der Deutschen Gartenstadtgesellschaft. Anerkennung – auch international – erzielte er 1913/14 mit Ausstellungsbauten, vor allem dem Pavillon des Deutschen Stahlwerkverbandes und des Verbandes Deutscher Brücken- und Eisenbahnfabriken „Monument des Eisens" auf der Internationalen Baufach-Ausstellung (IBA) Leipzig (1913; m. F. Hoffmann) und dem Pavillon des Luxfer-Prismen-Syndikats „Glashaus" auf der Werkbundausstellung in Köln (1914). Seine auch publizistisch artikulierte Anti-Kriegshaltung konnte er ab 1915 mit „uk"-Anstellungen in der kriegswichtigen Industrie letztlich nur bedingt demonstrieren. Der – erfolglosen – Wettbewerbsteilnahme 1916 für das „Haus der Freundschaft" in Konstantinopel folgte die erste Reise dorthin.

Vom Ende des Ersten Weltkrieges an legte Taut bis in die Emigration eine umfangreiche Publizistik zum sozialen Auftrag der Architektur und deren Integration im Städtebau unter strikter Beachtung der konkreten Vor-Ort-Bedingungen, d. h. der klimatischen, ökologischen und regionalen Aspekte vor, die zeitweise zu intensiven öffentlichen Kontroversen führte. Die für diese Zeit extreme Farbigkeit seiner Bauten – für Taut war die Farbe nicht Dekoration, sondern gleichberechtigtes architektonisches Gestaltungselement – erregte öffentliche Aufmerksamkeit. Die Novemberrevolution – 1918 Mitglied der Novembergruppe und Mitbegründer des „Arbeitsrat für Kunst", 1919 Mitbegründer der Künstlergruppe „Gläserne Kette" – und die Erfahrungen als von der Sozialdemokratie eingesetzter Stadtbau-

rat in Magdeburg führten Taut endgültig an die Seite des gewerkschaftlichen und sozial determinierten Wohnungsbaues. Mit Martin Wagner ging er den letzten Schritt von der Gartenstadt zur Großsiedlung.

Sein 1921 angetretenes Amt als Stadtbaurat von Magdeburg gab Taut 1924 selbst auf, der bürokratische Kampf mit kommunalen Institutionen und konservativ bis ultrarechts geprägten Parteien ließen ihn offenbar resignieren. Von 1924 bis zu seiner Umsiedlung nach Moskau 1932 stand Taut in Berlin als freier Architekt bei der GEHAG unter Vertrag, sein dortiger Partner war der Leiter der Entwurfsabteilung Franz Hillinger. Wohnanlagen unterschiedlichster Größe entstanden aber auch für andere Gesellschaften, so dass am Ende etwa 10.000 von Taut entworfene Wohnungen zu Buche stehen.

Als Mitbegründer des „Zehner-Rings" 1923 und des Nachfolgers „Der Ring" 1926 und Teilnehmer an der legendären Werkbundausstellung „Die Wohnung" in Stuttgart-Weißenhof (1927) positionierte sich Taut zusätzlich und wurde damit auch zur Zielscheibe der Konservativen. Gegen deren Widerstand war er 1930–32 Honorar-Professor an der TH Berlin-Charlottenburg, am 10. 8. 1931 wurde er Mitglied der Akademie der Künste. Mit dem Abschwung des Wohnungsbaues im Gefolge der Wirtschaftkrise suchte auch Taut neue Wirkungsmöglichkeiten. Im April 1932 erfolgte als letzter deutscher Taut-Bau die Einweihung der Schule (Lyzeum/Gymnasium) Senftenberg, deren Bau Max Taut 1930/31 geleitet hatte. Bereits seit Ende August 1931 hatte er ein eigenes Büro für mehrere Wettbewerbsbeteiligungen in Moskau gegründet und war auch Mitglied der Leitkommission für die Ausarbeitung des Generalbebauungsplanes geworden. Am 18. 3. 1932 übersiedelte er ganz nach Moskau. Mangelwirtschaft und extreme Bürokratie sowie ein neuer ideologisch determinierter Kurs in den Künsten verhinderten die Realisierung all seiner Entwürfe von

Wohnanlagen, Hotels und Theatern. Ohne die politische Situation zu bedenken, kehrte Taut am 16. 2. 1933 nach Berlin zurück, floh aber schon am 10. März in die Schweiz. Am 2. Mai traf er auf Einladung des dortigen Architektenverbandes in Japan ein. Kurzzeitig war er am Crafts Research Institute (Staatl. Kunstgewerbliches Forschungsinstitut) in Sendai tätig, bevor er im August 1934 eine Anstellung als Designer für Kunstgewerbe in der Fa. MIRATISS in Takasaki erhielt. Dem Angebot einer Professur an der Kunstakademie Istanbul folgte am 10. 11. 1936 die Übersiedlung in die Türkei. Zusätzlich Leiter des Architekturbüros des Unterrichtsministeriums, arbeitete er bei Entwurf und Bau von Schul- und Universitätsgebäuden wieder mit Hillinger zusammen.

WERKE BERLIN: Fassade Mietshaus, Bismarckstr. 10/Grolmannstr., Charlottenburg (1908/09; m. H. Lassen); Villa Flamm, Nikolassee (1908/09; m. H. Lassen); Pavillon Träger-Verkaufs-Kontor Berlin GmbH auf II. Ton-, Zement- u. Kalkindustrieausstellung, Treptow-Baumschulenweg (1910; m. F. Hoffmann); Wettbewerbsentw. Erweiterung Warenhaus Wertheim, Leipziger Str. (1910; m. F. Hoffmann, Ankauf); Mietshaus, Nonnendammallee 91 (1910/11; m. F. Hoffmann); Mietshaus m. Eden-Lichtspiele, Kottbusser Damm 2/3 (1910/11; m. A. Vogdt); Villa Reibedanz, Dahlem (1911; m. F. Hoffmann); Dampfwäscherei Reibedanz, Teilestr. 23 (1911/12; m. F. Hoffmann); Wettbewerbsentw. Teilbebauungsplan Neukölln (1912; m. M. Taut); Wettbewerbsentw. Gestaltg. Rüdesheimer Platz (1912); Wettbewerbsentw. Gestaltg. Umfeld Flugplatz Johannisthal (1912; 1. Preis, nicht ausgef.); Gartenstadtsiedlg. „Am Falkenberg", Berlin-Grünau (1913–15; teilw. ausgef.); Fassadenumbau Sezessionsgebäude, Kurfürstendamm 232 (1914; m. M. Taut); Wettbewerbsentw. Städtebaul. Planung Kladow/Gatow/Groß Glienicke (1914; 1. Preis, nicht ausgef.); Ledigenheim d. Siedlg. „Lindenhof",

Schöneberg (1920; Siedlungsplan M. Wagner); Kleinhaussiedlg. Johannisthal/Bauteil Taut, Breiter Weg 3-35 (1924/25; B. Ahrends 1919/20, Engelmann & Fangmeyer 1924/25); Siedlg. „Freie Scholle" Schollenhof, Tegel (1924–26, 1929–33); Siedung „Schillerpark", Wedding (1924–30; m. M. Taut, F. Hoffmann); Wohnanlage Leine-/Okerstr. (1925/26); Groß-Siedlg. Britz mit Hufeisensiedlg. (1925/26; 1925–31; m. M. Wagner); Wohnanlage Weigandufer 12-16/Wildenbruchstr., Neukölln (1925/26); GEHAG-Wohnanlage Am Vogelherd, Charlottenburg (1925–27; m. M. Wagner); Wohnhaus Taut, Wiesenstr., Dahlewitz b. Berlin (1926); Wohnzeile Trierer Str. 8-18 (1926); Siedlg. Eichkamp, Waldschulallee/Lärchenweg (1926/27); Wohnanlage Heinz-Bartsch-/Paul-Heyse-Str. (1926/27); Wohnanlage Conrad-Blenkle-Str. 58-60 (1926/27); Kleinsiedlg. Paul-König-Str. (1926/27); Siedlg. „Paradies", Hundsfelder Str., Bohnsdorf (1926–30); Streusiedlg. „Lichtenberger Gartenheim", Frettchenweg, Mahlsdorf (1926–31); Waldsiedlg. Zehlendorf, „Onkel Toms Hütte" (1926–31; m. H. Häring, O. R. Salvisberg); Wohnanlage Ossastr. 36 (1927/28); Wohnanlage Fuldastr. 22/23 (1927/28); Gewerkschaftshaus Engeldamm 70 (Vor-Entw.; Ausf. 1927–29 M. Taut); Wohnanlage Grellstr. (1927–30; m. M. Taut, F. Hoffmann); Wohnanlage Rusche-/Normannenstr. 13-18 (1928); Wohnhaus Ossastr. 9-16a (1928); Siedlg. Baugenossenschaft „Ideal", Franz-Körner-Str./Buschrosenplatz (19-28/29); Wohnbebauung Buschallee (1928–30); Siedlg. „Attilahöhe", Attila-/Tankredstr. (1928–30); Wohnhaus, Am Rosenhag 38/39, Dirschauer Str. 6 (1929), An den Siedlungsgärten 17 (1931, Hellersdorf); Wohnstadt „Carl Legien", Prenzl. Berg (1929/30; m. F. Hillinger); Block III Friedrich-Ebert-Siedlg., Wedding (1929–31; m. M. Taut, F. Hoffmann).

MAX TAUT (15. 5. 1884 Königsberg – 26. 2. 1967 Berlin) erreichte zwar nicht die Bedeutung seines Bruders, war aber einer der Protagonisten des Neuen Bauens in Berlin mit dem Schwerpunkt Bürogebäude. Nach Mittelschule und Zimmermannslehre arbeitete er 1903–05 in einem Königsberger Architekturbüro bei gleichzeitigem Besuch der Baugewerbeschule. 1906/07 war er wie Mies v. d. Rohe bei Kiehl im Hochbauamt Rixdorf tätig, dann bis 1911 bei Hermann Billing in Karlsruhe. Nach Berlin übergesiedelt, schloss er sich nach kurzer Tätigkeit bei Emil Schaudt dem von seinem Bruder gegründeten Büro mit Franz Hoffmann an. Die Bürogemeinschaft, in der beide Brüder ihre Selbstständigkeit wahrten, setzte Max Taut mit Hoffmann nach dem Ausscheiden seines Bruders Bruno 1932 bis zu Hoffmanns Tod 1950 fort. Nach Kriegsdienst 1914–18 wurde er mit seinem Bruder 1918 Mitglied der Novembergruppe und war Mitbegründer des „Arbeitsrat für Kunst" und 1923 des „Ring". In Konkurrenz auch zu seinem Bruder beteiligte sich Max Taut an den Wettbewerben für die Pavillons der großen Ausstellungen 1913/14, wobei er in Leipzig mit Friedrich Seßelberg eine Goldmedaille erhielt, und baute 1927 zwei Häuser im Stuttgarter Weißenhof. 1931 besuchte er Moskau, ohne dass er – wie sein Bruder – ein Angebot erhielt. In den Jahren 1933–45 wurden zwar an das Büro „Taut & Hoffmann" keine öffentlichen Aufträge vergeben, beide Partner blieben aber im Land. Nach Kriegsende baute Taut die Architekturabteilung der Hochschule für Bildende Künste auf und leitete sie bis zur Emeritierung 1954, 1947–49 arbeitete er außerdem bei Scharoun am Institut für Bauwesen der Akademie der Wissenschaften, seit 1951 Bauakademie der DDR. 1955 gehörte Max Taut zu den Wiederbegründern der Akademie der Künste und war bis zu seinem Tod Direktor der Bauabteilung. Für die 1952 wiedergegründete GEHAG erweiterte er Mitte der 50er Jahre die Großsiedlung Britz. Beigesetzt ist Max Taut in Chorin, der zweiten Heimat der beiden Brüder.

Max Taut, Juni 1961

WERKE BERLIN (s. a. Bruno Taut): *Bebauungsplan Siedlg. „Eichkamp" (1919); Wohnhäuser, Eichkatzweg/Maikäferpfad (1919–23); Gewerkschaftshaus Wallstr. 61-65 (1922/23; m. F. Hoffmann); Verbandshaus der Dt. Buchdrucker, Dudenstr. 10 (1924–26; m. F. Hoffmann, K. Bernhard); Dewog-Wohnanlage Am Vogelherd 36-50 (1927/28); Dorotheenschule, Oberspreestr. 173-179 (1928/29); Reichsknappschaftshaus Rüdesheimer Str. 54-56, Wilmersdorf (1929/30); Wohnanlage Waldowstr. 1-32, Reinickendorf (1929/30; m. F. Hoffmann); Schulkomplex Schlichtallee, Lichtenberg (1929–32); Wohnhaus, Benediktinerstr. 32 (1930/31; m. F. Hoffmann); KONSUM-Warenhaus, Oranienplatz 4-10 (1931–33; m. F. Hoffmann); Wohnanlage u. Stadtbücherei, Dudenstr. 12-20 (1954/55); Wohnanlage Paster-Behrens-Str. 52-86 (1954–56); IBA-Wohnhaus, Hanseatenweg 1-3 (1958); Wohnanlage Bismarckstr. 34-36, Steglitz (1958/59); Innenumbau Jagdschloss Glienicke, Königstr., Wannsee (1963); Kinderheim, Alte Jakobstr. 10-13 (1964–67; m. F. Bornemann, H. Mattern).*

344

Kaum bekannt ist der Lebensweg und das Schaffen einer der Bauleiter(innen) Tauts in der Waldsiedlung Zehlendorf. LUDMILLA HERZENSTEIN (24. 3. 1906 St. Petersburg - 4. 8. 1994 Berlin), Tochter eines russ. Bauingenieurs, wuchs als „Staatenlose" mit ihren Brüdern bei der Mutter in Berlin auf und begann 1926 das Studium an der TH Charlottenburg, das sie - mehrfach unterbrochen von Anstellungen in Baubüros zur Finanzierung des Studiums - spätestens 1933 bei Heinrich Tessenow abschloss. Die zwischenzeitlichen Tätigkeiten führte sie auch in das Büro des ebenfalls aus Russland stammenden Alexander Klein, den sie vermutlich 1929 an seinen Zehlendorfer Häusern im Fischtalgrund kennen gelernt hatte. Die Staatenlosigkeit war, obwohl Herzenstein noch vor 1935 Mitglied der Reichskulturkammer werden konnte, für den Berufsweg im Dritten Reich äußerst hinderlich. Bis 1935 hatte sie kurzzeitige Anstellungen bei Architekten und Baufirmen in Berlin, ging dann nach Rostock, 1938 nach Hamburg, 1939 zu Hanns Hopp nach Königsberg und 1940 zum landwirtschaftlichen Bauen in das westpreuß. Konitz. Sowohl Taut als auch Klein hatten mit ihren Bauauffassungen offenbar tiefe Spuren hinterlassen, Bauen war für Herzenstein fortan eine soziale Aufgabe, der Entwurf basierte auf der Funktion - erkennbar auch an den wenigen überlieferten Nachkriegsplanungen und -bauten. Ab 1945 war Herzenstein beim Berliner Magistrat angestellt, arbeitete bis 1946 unter Leitung des Bau-Stadtrates Scharoun - u. a. mit Wils Ebert, Reinhold Lingner, Selman Selmanagic - am so genannten „Kollektivplan" mit und 1948/49 - wieder unter Scharouns Leitung - mit Chen Kuen Lee, Peter Pfankuch, Sergius Ruegenberg und Alfred Schinz an der Planung der „Nachbarschaft Friedrichshain" südlich der Stalinallee als neuem stadtplanerischen Element. Die beiden hier überlieferten Laubenganghäuser (1949/50) von Herzenstein blieben der unvollendete Beginn dieser Planung, die Übernahme

der sowjetischen Architekturdoktrin verhinderte fortan in der DDR für lange Jahre die Anknüpfung an das Neue Bauen, die ihr dennoch in kleinem Maßstab als Stadtplanungsamtsleiterin (1958) und als Stadtbezirksarchitektin (1964) - u. a. mit dem Milchhäuschen am Weißen See (1967) - in Weißensee gelang.

Die wichtigsten Architekten des Neuen Bauens waren auch - bis auf wenige Ausnahmen - im boomenden Wohnungsbau der 20er Jahre engagiert, wenn schon nicht im Großsiedlungs- dann wenigstens im Villenbau. Der berufliche Weg von HARRY ROSENTHAL (3. 5. 1892 Posen - 1966 London) war lebenslang kriegsbestimmt. Während des Architekturstudiums in München brach der Krieg aus, Rosenthal meldete sich freiwillig, wurde vor Verdun schwer verwundet und invalide entlassen. 1917-19 setzte er das Studium an der TH Charlottenburg fort und arbeitete anschließend bei Poelzig und Bruno Taut, 1922 gründete er sein eigenes Büro. Bis 1939 entstanden für das begüterte Bürgertum in und um Berlin zahlreiche Villen und Atelierhäuser, u. a. für Arnold Zweig und Joseph Thorak, deren Formensprache sich vom Expressionismus zum Neuen Bauen wandelte. Mit dem Haus Rosenthal für sich und seinen Bruder in Wilmersdorf löste er 1923 wegen des Flachdaches wie Taut in Zehlendorf einen regelrechten Dächerkrieg mit dem Bauamt aus. Rosenthals Kommentar im Fachblatt „Bauwelt": „Es sollte doch nun bald Gemeingut sein, dass die Übertragung von Formen und Lösungen aus früheren Jahrhunderten auf unsere veränderten Bedürfnisse ein Armutszeugnis für die heutige Menschheit ist." *[Klemmer/194]* Erhalten haben sich in Berlin u. a. die Landhäuser Konstanzer Str. 26/27 (1923/24) in Wilmersdorf, Kranzallee 8-10 (1923/24) und Kühler Weg 9 (1930/31) in Charlottenburg sowie das Schmargendorfer Mietshaus Salzbrunner Str. 25-29 (1927). Unmittelbar nach Machtantritt der Nationalsozialisten emigrierte Rosenthal nach Palästina, 1939 ging er wegen des für

Harry Rosenthal

ihn unverträglichen Klimas nach London. Trotz der Unterstützung von Scharoun, Erwin Redslob und Arnold Zweig gelang ihm nach dem Krieg kein Neuanfang. **HEINZ LASSEN** (27. 3. 1864 Flensburg - 21. 4. 1953 ebd.), nicht zu verwechseln mit den aus der gleichen Region stammenden Architekten Heinrich oder dessen Bruder Hans L., war mit Bruno Taut seit dessen Stuttgarter Zeit bekannt. Vor dem Ersten Weltkrieg hatte er auch mit ihm zusammengearbeitet, war aber deutlich der Tradition verhaftet geblieben. Nach dem Studium an der TH Charlottenburg hatte sich Lassen in der Provinz betätigt und schließlich als Privatarchitekt in Berlin niedergelassen, wo er 1913-15 auch an der Baugewerkeschule lehrte. 1921-30 amtierte er in Nachfolge Wagners als Stadtbaurat von Schöneberg. Hier erweiterte er 1929/31 auch die unmittelbar nach dem Krieg von Wagner in Zusammenarbeit mit Taut errichtete Lindenhofsiedlung und baute u. a. die Siedlung Ceciliengärten (1924-28), die Wohnanlagen Eisackstr. (1924-28) und Meraner Platz (1926) sowie das Stadtbad Hauptstr. 38/39 (1928-31).

Stärker noch als Lassen war **FRITZ BRÄUNING** (20. 1. 1879 Halle/S. - 10. 6. 1951 Berlin) konservativ geprägt, was sicher auch auf seine Tätigkeit im Ministerium für öffentliche Arbeiten 1905-12 zurückzuführen war. Bräuning hatte an den TH München, Dresden und Charlottenburg studiert. 1912 wurde er Gemeindebaumeister von Tempelhof, von 1921 bis zur vorzeitigen Versetzung in den Ruhestand 1934 firmierte er als Stadtbaurat. Nach dem Krieg übte Bräuning „sein" Amt wieder bis 1948 aus. Von ihm stammt die (Groß-)„Siedlung auf dem Tempelhofer Feld", errichtet 1919-28 und erweitert 1926-34 in Anlehnung an die Gartenstadtbewegung.

Der Schweizer **OTTO RUDOLF SALVISBERG** (19. 10. 1882 Köniz b. Bern - 23. 12. 1940 Arosa/Schweiz) hinterließ aus seiner Berliner Zeit 1908-30 ein umfangreiches Werk. Nach dem Studium in Biel/Schweiz und Karlruhe sowie kurzzeitiger Tätigkeit als angestellter Architekt gründete er in Berlin ein eigenes Büro. In die Schweiz zurückgekehrt, lehrte Salvisberg bis zu seinem Tod an der eidgenössischen TH Zürich. Neben zahlreichen Villen und Reihenhäusern sowie der Siedlung „Elsengrund" (1919-29) in Köpenick und Fabrikanlagen nach eigenen Entwürfen war er auch maßgeblich an den Großsiedlungen Waldsiedlung Zehlendorf „Onkel Toms Hütte" (1926-31; m. B. Taut/ H. Häring), „Weiße Stadt" in Reinickendorf (1929-31; m. B. Ahrends/W. Büning) und am BVG-Betriebshof mit Wohnumbauung Knobelsdorffstr. (1928-30; m. J. Krämer) beteiligt. Gleichzeitig war Salvisberg von Breslau über Böhmen, Bayern, das Ruhrgebiet bis ins mitteldeutsche Chemie-Gebiet tätig.

Als auswärtiges Mitglied der „Novembergruppe" (1918), Sekretär der Architektenvereinigung „Der Ring" 1926-33 und Mitbegründer der CIAM, Internationale Kongresse für Neues Bauen, 1928 in der Schweiz hatte sich **HUGO HÄRING** (19. 5. 1882 Biberach - 17. 5. 1958 Göppingen) auch öffentlich deutlich positioniert. Dennoch blieb er im Dritten Reich relativ unbehelligt und konnte sich 1943 in seiner Geburtsstadt zur Ruhe setzen. Nach dem Studium an den TH Stuttgart (Th. Fischer) und Dresden (P. Wallot, F. Schumacher) arbeitete er als Privatarchitekt 1904–14 in Hamburg und Ulm und 1915–21 in Allenstein/Ostpr., bevor er sich in Berlin niederließ. 1935–43 lehrte er an der unter seiner Leitung stehenden privaten Reimann-Schule „Kunst und Werk". Kennzeichen seiner Gestaltungsweise ist, darin Scharoun ähnlich, die konsequente Entwicklung der Gestalt aus der Aufgabe, d. h. Funktion. Häring gehörte zu den Teilnehmern des legendären Wettbewerbs um ein Hochhaus am Bahnhof Friedrichstr. (1921/22), lieferte nicht ausgeführte Entwürfe für ein Hochhaus am Kemperplatz (1922), für die Bebauung der Prinz-Albrecht-Gärten (1924), die Erweiterung des Reichstages (1927), die Umgestaltung der Berliner City zur Hochhausstadt (1928) und die Neugestaltung des Platzes der Republik (1928/29). Außer an zahlreichen Miets- und Einfamilienhäusern war Häring vor allem an den Großsiedlungen Wald-

siedlung Zehlendorf „Onkel Toms Hütte" (1926–31; m. B. Taut/O. R. Salvisberg) und „Ringsiedlung" Siemensstadt (1929–31; m. O. Bartning/F. Forbat/W. Gropius/P. R. Henning/H. Scharoun) beteiligt.

Zu den produktivsten und in der Wahl der Gestaltungsmittel unauffälligsten Architektenbüros der 20er Jahre sind Mebes & Emmerich, d. h. **PAUL LOUIS ADOLF MEBES** (23. 2. 1872 Magdeburg – 9. 4. 1938 Berlin) und **PAUL KARL WILHELM EMMERICH** (27. 7. 1876 Berlin – 28. 9. 1958 ebd.) zu rechnen. Mebes hatte an den TH Braunschweig und Charlottenburg studiert und war 1902–06 im Staatsdienst tätig. Ab 1906 selbstständig, schloss er sich 1911 mit seinem Schwager Emmerich zusammen. 1929–34 war Paul Baumgarten d. J., seit 1924 Mitarbeiter, assoziierter Partner. Neben dieser Tätigkeit leitete Mebes 1906–22 als Technisches Vorstandsmitglied des Beamten-Wohnungs-Vereins dessen sämtliche Bauvorhaben. Nach seinem politisch erzwungenen Austritt aus der Akademie der Künste am 16. 5. 1933 zog er sich allmählich zurück, löste 1934 die Verträge mit Emmerich und Baumgarten und arbeitete stark eingeschränkt bis zu seinem Tod nur noch solo. Wenn auch kein Pionier, so suchte Mebes als gestandener Praktiker die Synthese zwischen Tradition und Neuem Bauen und führte das architektonische Gestalten wieder auf einfache Ordnungsprinzipien, schlichte Zweckdienlichkeit und konstruktive Logik zurück.

Paul Emmerich, Sohn des vor allem als Reichsbank-Architekten bekannt gewordenen Julius E., hatte an der TH Charlottenburg studiert und sich nach Staatsanstellungen mit seinem Schwager zusammengeschlossen. Nach der Trennung arbeitete er bis zum Tod mit seinem Sohn Jürgen zusammen.

WERKE MEBES: Institut f. Kirchenmusik, Hardenbergstr. 41 (1902/03; m. A. Adams); Wohnanlagen „Schöneberg", Martin-Luther-Str. (1906/07); „Steglitz", Fritschweg (1907/08); „Charlottenburg", Horstweg (1907/08); „Grabbeallee", Pankow

Hugo Häring

(1908/09); „Johannisthal", Vereinsstr. (1910/11); „Am Heidehof", Potsdamer Chaussee, Zehlendorf (1923-25); Donaustr., Neukölln (1925/26); „Fehrbelliner Platz", Hohenzollerndamm 181/182/ Sächsische Str. 32/33 (1935/36); Verwaltungsgebäude „Iduna"-Versicherung, Charlottenstr. 82, Kreuzberg (1912-14); „Nordstern"-Versicherung, Badensche Str. 2 (1912-15); „IG-Farben", Pariser Platz/ Neue Wilhelmstr. (1938).
Werke Mebes & Emmerich: Gartenstadt Zehlendorf, Berlepschstr. (1912-14); Wettbewerbsentw. Hochhaus am Bhf. Friedrichstr. (1921/22; nicht ausgef.); Wohnanlagen Paul-Heyse-Str. (1927/28), Prenzl. Allee/Wisbyer Str. (1927/28), Lincolnstr. (1927-29), Meyerheimstr. (1928), Friedrich-Ebert-Siedlg., Afrik. Str. (1928-31; m. B. Taut); Beteiligung an GAGFAH-Versuchssiedlg., Am Fischtal (1928/ 29; Ltg. H. Tessenow); Versuchssiedlg. Haselhorst (1930-32; m. F. Forbat); Wettbewerbsentw. Umgestaltg. Alexanderplatz (1928; m. P. Baumgarten); Siedlg. „Rauchlose Stadt", Steglitzer Damm/Munsterdamm (1930-32; m. H. Straumer); Wohnanlage Große-Leege-Str. (1932); Verwaltungsgebäude Feuersozietät d. Provinz Brandenburg, Am Karlsbad 3-5 (1934/35).

Entgegen der landläufigen Ansicht ist unter „Bauhaus" kein definierter Stil zu verstehen und der Begriff in der so beliebten kunstgeschichtlichen Kategorisierung nicht als Schubkasten für die Moderne an sich zu verwenden. Vielmehr ist unter der Verallgemeinerung des Begriffes „Bauhaus" eine - neben konkurrierenden anderen - lebensgestaltende Ideologie zu verstehen, die einen nachhaltigen Einfluss auf die Künste, auf ihr Verhältnis untereinander und zu Industrie und Handwerk und auf das Verhältnis zwischen Lehrenden und Lernenden nicht nur an den Kunstschulen hatte. Natürlich war Berlin davon nicht ausgenommen, das bauliche Werk der „Bauhäusler" in der Stadt selbst war nicht sonderlich umfangreich.

Der in Berlin bekannteste Bauhaus-Name, verewigt sogar in einem Stadtteilnamen, ist sicher der seines Gründers **WALTER ADOLF GEORG GROPIUS** (18. 5. 1883 Berlin - 5. 7. 1969 Boston/USA), Großneffe des Architekten Martin Gropius und Sohn des Architekten Walter Gropius d. Ä.. Das vom Militärdienst in einem Berliner Husarenregiment unterbrochene Architekturstudium in München (1903/04) und Berlin (1905-07) setzte Walter Gropius (d. J.) nach längerem Spanienaufenthalt durch seine erste berufliche Tätigkeit bei Behrens 1908-10 fort. Fast zeitgleich arbeiteten hier auch Mies v. d. Rohe und Le Corbusier. Sein dann gegründetes eigenes Büro in Berlin führte er mit Unterbrechungen durch den Kriegsdienst 1914-18 und zeitweise durch sein Bauhausengagement bis zur Emigration. Mit dem bis 1925 bei ihm tätigen Atelierleiter Adolf Meyer, den er bei Behrens kennen gelernt hatte, wurde Gropius mit dem durchaus epochal zu nennenden Bau der Faguswerke (1911-14) in Alfeld schon zeitig international bekannt. 1918 gehörte er zu den Mitbegründern der „Novembergruppe" und des „Arbeitsrat für Kunst" und war als Nachfolger Tauts von 1919 bis zur Selbstauflösung 1921 dessen Vorsitzender. Am 12. 4. 1919 wurde er Direktor des aus der Vereinigung der Weimarer Kunsthochschule und der Kunstgewerbeschule hervorgegangenen „Staatlichen Bauhauses zu Weimar". Für die seinerzeit wohl modernste, aber auch umstrittenste Kunstschule entwarf er 1925/26 das weltbekannte Hauptgebäude und die Meisterhäuser in Dessau. Am 1. 4. 1928 trat Gropius als Direktor des 1925 nach Dessau verlegten Bauhauses zurück und aktivierte wieder sein Berliner Atelier, 1929/30 war er Leiter des Siemensstadtprojektes. Wie Häring gehörte er zu den Mitbegründern der CIAM und war 1929-57 ihr Vizepräsident. 1934 nach England emigriert, ließ sich Gropius 1937 endgültig in den USA nieder, wo er bis 1941 mit Breuer arbeitete und dann mit eigenem Büro eine umfangreiche Lehr- und Entwurfstätigkeit

Walter Gropius, April 1961

entfaltete. Ab 1964 baute Gropius auch wieder in Deutschland. Seine 1960/61 erarbeitete Planung für das Bebauungsgebiet Britz-Buckow-Rudow (BBR), heute „Gropiusstadt" (1962–75), wurde aus wirtschaftlichen Gründen durch Berliner Planer so verändert, dass Gropius sich schließlich davon distanzierte. Einzelne Bauten von Gropius, wie das halbrunde Gropius-Haus und das Ideal-Hochhaus, kamen dennoch zur Ausführung.
WERKE: *Haus Sommerfeld, Limonenstr. 30a (1920/21; m. A. Meyer); Reihenhaus, Kamillenstr. 10-16 (1920–22); Haus Otte, Wolzogenstr. 17 (1921/22); Grabmal Mendel, Jüd. Fhf. Weißensee (1923); Haus Lewin, Fischerhüttenstr. 106 (1928/29); Groß-Siedlg. Siemensstadt (Ringsiedlg.), Jungfernheideweg/Goebelstr. (1929–31; m. H. Scharoun, O. Bartning, F. Forbat, H. Häring, P. R. Henning); Wettbewerbsentw. Versuchssiedlg. Haselhorst (1930; nicht ausgef.); Haus Maurer, Am Erlenbusch 14a (1933); Wettbewerbsentw. Reichsbank, Werderscher Markt (1933; nicht ausgef.); Interbau-Hochhausscheibe, Händelallee 3-9 (1956/57); Groß-*

Siedlg. Britz-Buckow-Rudow (Gropiusstadt); Neukölln (Planung 1960–62; Einzelbauten 1964–75); Gesamtoberschule BBR (Gropius-OS) Fritz-Erler-Allee 66-96 (1965–68); Bauhaus-Archiv, Klingelhöferstr. 13/14 (1976–78; urspr. Entw. 1964 f. Darmstadt).

MARCEL LAJOS BREUER (22. 5. 1902 Pécs/ Ungarn - 1. 7. 1981 New York/USA) hatte 1920–24 unter Gropius am Bauhaus in Weimar studiert und war 1925–28 nach einem Parisaufenthalt selbst Lehrer am inzwischen nach Dessau verlegten Bauhaus; dann bis 1931 vor allem Möbeldesigner und Ausstellungsgestalter in Berlin. Die Ausgestaltung der Wohnung Erwin Piscators (1927) oder die Mosaiken im Lichterfelder Haus Heinersdorff (1929) sind nicht erhalten, Breuers erster Bau – Haus Harnischmacher – entstand 1932 in Wiesbaden. Nach ausgedehnten Reisen durch Europa und Marokko lebte er 1935–37 in London und emigrierte von dort in die USA. 1938–41 war er mit Gropius assoziiert, dann selbstständig. Bekannt wurde Breuer vor allem mit seinen Stahlrohrmöbeln.

Ein durch die politischen Zustände erst spät bekannt werdender Bauhäusler und zeitweiliger Mitarbeiter von Gropius war FRANZ EHRLICH (28. 12. 1907 Leipzig - 28. 11. 1984 Bernburg). Nach Abschluss seiner Ausbildung als Maschinenschlosser und Maschinenbauingenieur studierte er 1927–30 am Dessauer Bauhaus. 1930 trat er in die KPD ein und folgte Gropius nach Berlin, später arbeitete er bei Poelzig und Mies v. d. Rohe. 1932 gehörte er - u. a. mit dem 1922–33 in Berlin lebenden russ. Konstruktivisten Naum Gabo zu den Mitbegründern des Ateliers „Studio Z". 1933 gründete Ehrlich in Leipzig ein eigenes Büro. 1934 verhaftet, wurde er 1935 wegen Vorbereitung zum Hochverrat verurteilt. Der Entlassung aus dem KZ Buchenwald 1939 folgte eine Dienstverpflichtung in Berlin und 1943–45 das Strafbataillon 999. Nach der Kriegsgefangenschaft war Ehrlich 1946/47 als

Abt.-Leiter bei der Dresdner Stadtverwaltung angestellt, betrieb dann ein eigenes Atelier und wurde 1950 Technischer Direktor der VVB Industrieentwurf Berlin. Der Bau des Rundfunkzentrums Nalepastraße (1951–56) führte zu seiner Ernennung als Beauftragter des Staatlichen Rundfunkkomitees der DDR (1953–60), als der er auch Teile des Fernsehzentrums (1956/57) Adlershof schuf. Ehrlichs weitere Funktionen – 1955–58 Architekt des Ministeriums für Außen- und innerdeutschen Handel, nach dem Bau der Franz-Vollhard-Klinik in Buch (1956/57) ab 1957 leitender Architekt des Forschungsrates, 1959–62 Architekt der Forschungsgemeinschaft der Akademie der Wissenschaften, 1963–66 Chefarchitekt des Leipziger Messeamtes und ab 1968 Hausarchitekt der Deutschen Werkstätten Hellerau – ermöglichten ihm mit seinen Wissenschafts-, Handels- und Botschaftsbauten sowie Ausstellungsgestaltungen relativ unabhängig von den aktuellen offiziellen Architekturdogmen der DDR ein Anknüpfen an den Funktionalismus und die Neue Sachlichkeit der 20er Jahre Ehrlich nahm in der DDR eine Sonderstellung ein. Neben seinem Schaffen als Architekt und Stadtplaner trat LUDWIG KARL HILBERSEIMER (14. 9. 1885 Karlsruhe – 6. 5. 1969 Chicago/ USA) als Theoretiker und Fachschriftsteller hervor. Das Werk seiner Berliner Jahre 1911–38 ist daher wenig umfangreich. Hilberseimer hatte 1906–11 an der TH Karlsruhe studiert und danach in Berlin sein eigenes Büro gegründet. 1916–18 war er in einem Büro für den Bau einer Flieger-Versuchs- und Lehranstalt tätig, die sich durch die Kriegsniederlage von selbst erledigte, und betätigte sich 1919–22 vornehmlich als Kunstkritiker. Hilberseimer gehörte auch der „Novembergruppe" und dem „Ring" an. 1929–33 lehrte er am Bauhaus in Dessau und bis zur Auflösung in Berlin. 1933 musste er seine publizistische Tätigkeit weitgehend einschränken, 1938 emigrierte er über England in die USA, wo er u. a. mit Mies v. d. Rohe zusammenarbeitete.

Ludwig Hilberseimer

WERKE: Entw. Zentralbhf. Lehrter Str. (1927; nicht ausgef.); Bebauung Hallesches Tor (1927; nicht ausgef.); Wohnanlage Süßer Grund, Anna-Seghers-Str. 118-122 (1929/30); Haus Blumenthal, Wilskistr. 66 (1932); Haus Fuchs, Dietrich-Schäfer-Weg 19 (1935); Wohnhaus, Am Rupenhorn 9 (1935); Entw. Neubau Universität Berlin (1936; nicht ausgef.).

Als Nachfolger des nach Gropius als Direktor amtierenden Schweizers Hannes Meyer leitete 1930 bis zur Auflösung im April 1933 LUDWIG MIES VAN DER ROHE (27. 3. 1886 Aachen – 17. 8. 1969 Chicago), bürgerlich L. Mies, das Bauhaus. Nach dem Besuch der Aachener Domschule und der Gewerbeschule war Mies 1901–05 dort als Gestalter für Stuckornamente tätig, anschließend kurzzeitig beim Hochbauamt Rixdorf und in Berlin bis 1907 bei Bruno Paul als Möbelzeichner und 1907–11 als Bauzeichner und Architekt bei Behrens, u. a. als Bauleiter von dessen Deutscher Botschaft in St. Petersburg. Unterbrochen vom Kriegsdienst 1914–18, unterhielt Mies 1912–38 sein eigenes Büro in Berlin. Bekannt wurde er hier auch wegen seines legendären Entwurfs im Wettbewerb für ein Hochhaus am Bahnhof Friedrichstr. (1921/22) und das von den Nationalsozialisten zerstörte Revolutionsdenkmal auf dem Friedhof Friedrichsfelde (1926). International erregten sein Haus Tugenhat in Brünn (1928–30) und der Dt. Pavillon auf der Weltausstellung in Barcelona (1929), später abgerissen und kürzlich wieder rekonstruiert, Aufmerksamkeit. 1938 emigrierte er in die USA. Nach dem Krieg baute Mies nur noch einmal in Berlin.

WERKE: Haus Perls u. Museumsanbau Hermannstr. 14, Zehlendorf (1911 u. 1928); Haus Werner, Quermatenweg 2-4 (1913); Wettbewerbsentw. Hochhaus am Bhf. Friedrichstr. (1921/22; nicht ausgef.); Haus Eichstaedt, Dreilindenstr. 30 (1922); Wohnanlage Afrik. Str. (1925–27); Wettbewerbsentw. Umgestaltg. Alexanderplatz (1928; nicht ausgef.); Haus Lemke, Oberseestr. 60 (1932); Wettbewerbsentw. Reichsbank, Werderscher Markt (1933; nicht ausgef.); Neue Nationalgalerie, Potsdamer Str. 50 (1965–68).

Ludwig Mies van der Rohe

Einer der interessantesten Architekten seiner Zeit war **ERICH MENDELSOHN** (21. 3. 1887 Allenstein/Ostpr. – 15. 9. 1953 San Francisco), bekannt als Schöpfer des Einstein-Turmes (1920–24) auf dem Potsdamer Telegrafenberg. Wenngleich sein Berliner Werk fast völlig dem Krieg zum Opfer fiel, war es doch selbst für die bunten 20er Jahre ungewöhnlich und in seinem Einfluss auf die internationale Architektur nicht zu unterschätzen. Seine expressive und äußerst plastische Architektur erschloss dem Baustoff Beton völlig neue – heute gewohnte – Gestalten, wurzelte aber trotz der Internationalität seines Lebenswerks immer in der jeweiligen nationalen Tradition. Mendelsohns Bauten „sind die ersten sichtbaren Zeichen einer neuen Stahlbetonarchitektur, deren Ziel letztlich die Konstruktion als freie organische Skulptur ... ist ...“ [Greenberg/503] Unter väterlichem Druck begann der offenbar musisch begabte Abiturient 1907 ein Volkswirtschaftsstudium in München, wechselte aber im Jahr darauf an die Charlottenburger TH zum Architekturstudium, das er 1910–12 in München – bei Theodor Fischer – fortsetzte und abschloss. Zwar firmierte Mendelsohn 1912–14 in München als Privatarchitekt, war aber vorwiegend als Plakatkünstler, Dekorationsgestalter und Möbeldesigner tätig und der Expressionistengruppe „Der Blaue Reiter“ verbunden. Der Übersiedlung nach Berlin Ende 1914 folgte von Oktober 1915 bis zur Rückkehr nach Berlin am 9. 11. 1918 der Kriegsdienst an der russ. und frz. Front. In den Jahren 1918/19 gehörte Mendelsohn zum Kreis der im „Arbeitsrat für Kunst“ und in der „Novembergruppe“ assoziierten progressiven Architekten, den „Ring“ begründete er mit. 1919 eröffnete er offiziell sein Büro in Berlin und erhielt entgegen der allgemeinen Auftragslage dank Verbindungen zur Wirtschaft relativ schnell größere Aufträge. Seine Mitgliedschaft und Mitarbeit in zahlreichen internationalen Fach-Gremien war auch Ausdruck der Anerkennung. Am 11. 8. 1932 wurde Mendelsohn

Erich Mendelsohn, 1936 Jerusalem

Mitglied der Akademie der Künste Frühzeitig orientierte er sich auch über die internationale Entwicklung. War seine Italienreise 1911 noch traditionell bestimmt, so galten die Aufenthalte in den Niederlanden 1919 und 1923 den kollegialen Kontakten mit Hendrik Berlage, dem Taut-Vertrauten J. J. P. Oud, der „Stijl"-Gruppe und anderen Progressiven. Die Reise nach Palästina und Ägypten 1923 diente der Vorbereitung eines – dann unausgeführt gebliebenen – großen Kraftwerkprojektes nahe Haifa, der USA-Aufenthalt 1924 führte wieder zu Fachkollegen, u. a. zu Frank Lloyd Wright. Mehrere Reisen 1925/26 in die UdSSR hatten sogar dann ausgeführte Projekte zur Folge. 1929 bereiste er über Paris Spanien und wurde 1930 in London zum Ehrenmitglied des „Arts-Club" ernannt. Über Korsika gelangte er 1931 auch zum traditionellen Architekten-Ziel Griechenland, die Reisen nach Paris und Südfrankreich sowie in die Schweiz 1932 waren die letzten vor der Emigration. Ende März 1933 floh Mendelsohn nach Belgien und in die Niederlande, später nach London, wo er

mit einem Partner ein Entwurfsbüro eröffnete, das für Standorte in England und Palästina plante. Nachdem er 1935 in Jerusalem ein Zweitbüro eröffnet hatte, siedelte er 1939 ganz nach Palästina über. Hier waren namhafte deutsche Architekten in großer Zahl tätig – etwa ein Viertel dieser Berufsgruppe. 1940 meldete sich Mendelsohn, seit 1938 britischer Staatsbürger, erfolglos zur britischen Armee. Im Jahr darauf ging er über Indien, Südafrika und Trinidad in die USA, wo er aufgrund der wirtschaftlichen Lage erst 1945 in San Francisco ein eigenes Büro gründen konnte, 1946 wurde er eingebürgert.

WERKE: Fassade „Versicherungsgesellschaft Hausleben", Dorotheenstr. 13, Mitte (1920); Umbau „Mosse-Haus" (Berliner Tageblatt), Jerusalemer Str. 46/47/ Schützenstr. 18-25 (1921–23; m. R. Neutra); Wettbewerbsentw. Hochhaus Kemperplatz (1921/22; nicht ausgef.); Doppelvilla, Karolingerplatz 5/5a (1921/ 22); Villa Sternfeld, Heerstr. 107, Charlottenburg (1923); Pelzhaus C. A. Herpich Söhne, Leipziger Str. 9-13 (1924); Neubau Ausstellungshallen am Zoo (1927; nicht ausgef.); Geschäftshaus „Deukonhaus", Markgrafenstr. 48, Mitte (1927); Kesselhaus am „Mosse-Haus", Jerusalemer Str. (1927); Landhaus Bejach, Bernhard-Beyer-Str. 12, Zehlendorf-Steinstücken (1927/28); WOGA-Komplex m. Universum-Kino, Kurfürstendamm 153-156 (1927–31); Galeries Lafayette, Potsdamer Platz (1928; nicht ausgef.); Verwaltungsgebäude Dt. Stickstoff-Syndikat, Hoffmann-v.-Fallersleben-Platz (1929; nicht ausgef.); Haus d. Dt. Metallarbeiter-Gewerkschaft, Lindenstr. 148-155/Alte Jakobstr. (1929–31); Haus Mendelsohn, Am Rupenhorn 6 (1929/30); Wettbewerbsentw. Bürohaus d. Berliner Passagier- u. Transport GmbH, Friedrichstr. (1929/30; nicht ausgef.); Wettbewerbsentw. Umgestaltg. Alexanderplatz (1929/ 30; nicht ausgef.); Columbus-Haus, Friedrich-Ebert-Str. 11/12/Ecke Bellevuestr. am Potsdamer Platz (1929–31).

„Kein bestimmter Stil – aber immer unbefangen, sicher, stilvoll." Diese auf einer Geburtstagskarte von Mendelsohn verewigte Einordnung seines Kollegen **HANS POELZIG** (30. 4. 1869 Berlin – 14. 6. 1936 ebd.) charakterisiert diesen treffend. Stilistisch blieb Poelzig Zeit seines Lebens unangepasst und avancierte dadurch – ungewollt – mit zum Wegbereiter einer unkonventionellen Architektur nahe dem Materialstil mit expressivem Einschlag. Nach dem Studium an der TH Charlottenburg 1888–93 bei Karl Schäfer und Hugo Hartung war er kurzzeitig bei Hartung tätig und dann beim Ministerium für öffentliche Arbeiten angestellt. 1900 Lehrer an der Kunst- und Gewerbeschule in Breslau, die er ab 1903 auch leitete, betrieb er nebenher sein privates Entwurfsbüro mit Aufträgen in Breslau und der weiteren Umgebung. 1916 Stadtbaurat in Dresden, wo er eine Professur an der TH innehatte, war er Mitglied der „Novembergruppe" und 1919/20 Vorsitzender des 1907 von ihm mitbegründeten Werkbundes. Noch von Dresden aus nahm er 1918/19 seinen später weltbe-

rühmten Umbau des Schumann'schen Zirkus in der ehemaligen Markthalle am Schiffbauerdamm zum Großen Schauspielhaus für Max Reinhardt vor, an dem auch seine zweite Frau Marlene mitarbeitete. Ab 1920 lebte Poelzig wieder in Berlin und leitete neben seinem privaten Büro ein Meisteratelier an der Akademie der Künste, seit 1922 deren Mitglied und ab dem 1. 10. 1932 Vizepräsident. Gelegentlich betätigte er sich auch als Bühnenbildner im Großen Schauspielhaus – so z. B. für „Hamlet" (1920), „Don Giovanni", „König Lear" (1923), „Ein Sommernachtstraum" (1926) – und Filmarchitekt in den Weißenseer Studios – so 1920 für „Der Golem" mit Paul Wegener. 1923 trat er eine Professur an der TH Berlin-Charlottenburg an. Nach der kommissarischen Leitung im Jahre 1932 übernahm er am 1. 1. 1933 auch das Amt des Direktors der Vereinigten Staatsschulen für freie und angewandte Kunst (Hochschule für bildende Kunst). Von den Nationalsozialisten aus allen Ämtern entlassen, entschloss sich Poelzig nur zögernd zur Emigration. Bevor er nach Istanbul ausreisen und die angebotene Professur an der dortigen Kunstakademie annehmen konnte, verstarb er plötzlich. Sein Sohn **PETER POELZIG** (6. 8. 1906 Breslau – 26. 1. 1981 Duisburg), ebenfalls Architekt, hatte sich mit den neuen Machthabern arrangiert und war von Speer in dessen Wiederaufbaustab für die Stadt Münster eingesetzt worden. *WERKE: Wettbewerbsentw. Opernhaus am Königsplatz (1912; nicht ausgef.); Umbau Circus Schumann zum Großen Schauspielhaus, Am Zirkus 1 (1918/19; m. M. Poelzig); Wettbewerbsentw. Hochhaus am Bhf. Friedrichstr. (1921/22; nicht ausgef.); Ladenzeile am Zoolog. Garten m. Lichtspieltheater „Capitol am Zoo", Budapester Str. 42-46 (1924-26); Wettbewerbsentw. Ausstellungshalle am Funkturm (1925; nicht ausgef.); Umbauung Rosa-Luxemburg-Platz (1928-35); Generalplan Messegelände am Funkturm u. Flügelbauten Funkhalle (1927-30; Entw. u. reduzierte Ausf., m. M. Wagner); Haus*

Hans Poelzig, um 1920

des Rundfunks, Masurenallee 8-15 (1928–30/33); Beteiligung GAGFAH-Versuchssiedlg., Am Fischtal (1928/29; Innengestaltg. M. Poelzig; Ltg. H. Tessenow); Berufsschulen, Am Urban (1928/29); Kabelwerk Cassirer & Co. AG, Rauchstr. 23, Spandau (1928–30); Wettbewerbsentw. Dienstgebäude Luftkreiskommando II (Luftgaukommando Berlin), Kronprinzenallee/Saargemünderstr. (1935; nicht ausgef.).

Wenn mit den Bauten Schwechtens der Historismus in der Industriearchitektur zu Ende ging und Grenander den Übergang vollzog, so steht HANS CHRISTOPH HERTLEIN (2. 7. 1881 Berlin – 13. 6. 1963 Mammern/Schweiz) für den modernen Industriebau, der sich zu einer auch öffentlich gewürdigten eigenständigen – und lohnenswerten – Bauaufgabe entwickelte. Modern waren aber nicht nur das äußere Erscheinungsbild von Hertleins Bauten, sondern auch die Funktion, welche die Gestalt des Baues bestimmte. Das Schaltwerk-Gebäude an der Nonnendammallee, Europas erstes Fabrik-Hochhaus, war in seiner sachlichmonumentalen Gestaltung in Berlin beispiellos. Nach dem Studium an den TH München, Charlottenburg und Dresden war Hertlein jeweils nur kurzzeitig in verschiedenen städtischen Anstellungen tätig, ehe er 1912 als Bauleiter in die Bauabteilung der Siemens & Halske AG eintrat. 1915 Nachfolger des seit 1902 als Abteilungsleiter amtierenden Maschinenbauingenieurs und Architekten Karl Janisch, blieb er leitender Siemens-Architekt bis zum Ruhestand 1951; 1946–56 lehrte er auch an der TU Berlin. Als Siemens-Chefarchitekt für zahlreiche Bauten der einzelnen Firmen des Konzerns an anderen Standorten – Buenos Aires, Duisburg, Köln und Nürnberg – verantwortlich, ließ die relative Freiheit der Industriearchitekten großer Konzerne auch Hertlein das Dritte Reich nur mit geringen stilistischen Zugeständnissen – wie bei der Spekte-Siedlung – durchstehen.

Hans Christoph Hertlein, Juni 1957

WERKE: Chem.-Physik. Siemens-Forschungslaboratorium, Wernerwerkdamm 2 (1914–17 m. K. Janisch; 1920, 1935); Wernerwerk II, Wernerwerkdamm 5-9 (1916–22; Baubeginn 1914/15 K. Janisch); Erweiterung Siemens-Hauptverwaltungsgebäude, Nonnendammallee 101 (1921/22, 1926–28); Werkssiedlg. „Siemensstadt", Harries-/Diehlmannstr. (1921–30); Erweiterung Kabelwerk m. Heizwerk, Gartenfelder Str. 28 (1922, 1927–30, 1955); Erweiterungen Dynamowerk, Nonnendammallee 62-79 (1922, 1940–42); Wohnhaus, Olympische Str. 9 (1925); Erweiterung Zwietuschwerk, Salzufer 6/7 (1925/26); Schaltwerk-Hochhaus, Nonnendammallee 104-110 (1926–28); Heizkraftwerk Gartenfeld (1927); Siemens-Klubhaus (Erholungsheim), Goebelstr. 141-145, (1927/28); Hochbauten d. Siemens-Bahn (Bhf., Umspann-, Stellwerke, Brücken etc.) Jungfernheide-Wernerwerk- Siemensstadt– Gartenfeld (1927–29); Schlauchturm u. Erweiterung Siemens-Feuerwache, Rohrdamm 17-19 (1928, 1931); Siemens-Turnhalle, Rohrdamm/Lenther Steig (1928/29); Werner-

werk X, Siemensdamm 50-54 (1928–30; m. Gerhard Mensch); Siemens-Kinderheim (II), Goebelstr. 139 (1929/30); Siemens-Verwaltungsgebäude, Schöneberger Str. 2-4 (1929/30); Ev. Kirche (Christophorus-kirche), Schuckertdamm 336-340, (1929–31); Siemens-Werkssiedlg. „Heimat", Schuckertdamm/Rohrdamm (1929–33); Haus des VDE, Bismarckstr. 33, Charlottenburg (1930/31); Kleinsiedlg. Spekte (Siemens-Kurzarbeiter-Siedlg.), Falkenseer Chaussee/Spekteweg (1933); Gedenkstätte der Siemens-Weltkriegsgefallenen, Nonnendamm 101 (1933/34; m. J. Wackerle); Wohnzeilen am Goebelplatz (1933–35); Kath. St. Josef-Kirche, Quellweg 43 (1934/35); Wohnanlage Heckerdamm 271-273 (1936/37; m. W. Rahlfs); Wernerwerk XV, Siemensdamm 62-66 (1936/37, 1940/41); Erweiterung Fertigungshalle u. Personalgebäude Gewehrfabrik, Am Juliusturm 14-38 (1937); Telefunken-Werke, Goerzallee 190-238 (1937–40); Siemens-Großschweißerei, Motardstr. (1938/39; m. W. Günther); Siemens-Luftfahrtgerätewerk, Streitstr. 5-15 (1938–42); Altersheim „Heimstatt Jungfernheide", Schweiggerweg 2 (m. P. Bonatz; 1939–42 Rohbau, 1946–52 Vollendung); Siemens-Normalschuppen, Wernerwerkdamm 16 (1944); Siedlg. Rohrdamm-West, Rohrdamm/Janischweg (1953-56, 1966/67; m. S. Fehr u.a.); Neugestaltg. Eingangsvorbau Siemens-Verwaltungsgebäude, Nonnendamm 101 (1956–60).

Vergleichbar in Qualität und Quantität des Werkes sind für den Berliner Raum noch eine Reihe anderer Architekten, wie Hans H. Müller, Richard Brademann, Martin Punitzer und Eugen Schmohl. **HANS HEINRICH MÜLLER** (20. 4. 1879 Grätz b. Posen – 7. 12. 1951 Berlin) war nach dem Studium an der TH Charlottenburg kurzzeitig als freier Architekt und dann in kommunalen Anstellungen, so 1909–21 als Gemeindebaumeister von Steglitz und ab 1921 als Baustadtrat von Neukölln, tätig. 1924 Chefarchitekt der gerade gegründe-

ten Bewag, machte er sich 1930 wieder selbstständig. In der Bewag-Zeit schuf Müller allein 45 Um- und Abspannwerke und andere große Funktionsgebäude zumeist als Stahlskelett-, aber auch Stahlbetonbauten, die seinen Ruf als Meister der modernen Backsteinarchitektur begründeten. Die Beherrschung großer Kubaturen mit einer oft expressiven und im Detail überraschend abwechslungsreichen Formensprache war Müllers Markenzeichen.

WERKE: *Wohnhaus, Neue Str. 19, Zehlendorf (1906/07; m. Bastian & Kabelitz); Gemeindedoppelschule, Karl-Stieler-Str. 10/11 (1909/10); Kraftwerk Birkbuschstr. 40-44, Steglitz (1909–11); Finanzamt Steglitz, Rothenburgstr. 16/17 (1910/11); Auguste-Victoria-Lyzeum, Rothenburgstr. 18 (1911); Gemeindedoppelschule, Gritznerstr. 21-23 (1911/12); Wasserturm Fhf. Steglitz, Bergstr. 38 (1915); Umbau Festsaal zum Schlosspark-Theater, Schlossplatz 48, Steglitz (1920/21); Umspannwerk Kopenhagener Str. 83-89, Wilhelmsruh (1925); Erweiterung Umspannwerk Wilhelmshavener Str. 7,*

Hans Heinrich Müller

Tiergarten (1925); Wohnhaus H. Müller, Freiwaldauer Weg 32 (1925/26); Umspannwerk „Humboldt", Kopenhagener Str. 58-63, Prenzl. Berg (1925-27); Erweiterung Kraftwerk Rummelsburg, Rummelsburger Landstr. 2-12 (1925-29); Um- u. Abspannwerk Breitenbachstr. 32 (1925-29); Erweiterungsbau Bewag-Unterstation, Auguststr. 56/57, Mitte (1926); Umformwerk Prenzl. Allee 33 (1926/27); Netzstation Arnimplatz (1926/27); Abspannwerk Paul-Lincke-Ufer 19-22 (1926-28); Wohnhaus u. Bewag-Schalthaus, Richardstr. 20/21 (1926-28); Abspannwerk Wilhelmsruh, Kopenhagener Str. 83-89 (1927); Bewag-Stützpunkt u. Abspannwerk, Marienburger Str. 23 (1927/28); Umspannwerk Humboldthafen (1927/28); Abspannwerk „Leibniz", Leibnizstr. 65-68a, Charlottenburg (1927-29); Abspannwerk „Scharnhorst", Sellerstr. 16-26 (1927-29); Netzstation Alte Jakobstr. 91 (1928); Abspannwerk „Buchhändlerhof", Mauerstr. 78-80, Mitte (1928); BVG-Leitstelle u. Gleichrichterwerk, Idastr. 20 (1928); Stromversorgungsstützpunkt „Zeppelin", Brüsseler Str. 32 (1928); Gleichrichterwerk Machnower Str. 83, Zehlendorf (1928); Gleichrichter- u. Umspannwerk Herzbergstr. 111 (1928); Umspannwerk „Christiania", Osloer Str. 16/17 (1928/29); Umspannwerk „Uklei", Abspannwerk u. Wohnhaus, Am Juliusturm 2-8 (1928/29); Elektr. Stützpunkt Lindenstr. 33, Köpenick (1928/29); Umspannwerk Bergmannstr. 5-7, Kreuzberg (1929-31); Gleichrichterwerk Mauerstr. 6-10, Spandau (1930); Klein-Abspannwerk Radickestr. 59-61 (1930/31); Abspannwerk „Oberspree", Wilhelminenhofstr. 78 (1933-35).

Manches von der S-Bahn zu sehende und an Müller erinnernde Umspannwerk ist mitnichten von ihm, sondern von **RICHARD JOHANN GUSTAV BRADEMANN** (17. 5. 1884 Halberstadt - 20. 4. 1965 Berlin), als Hochbaudezernent der Reichsbahndirektion Berlin der führende Bahnarchitekt der 20er und 30er Jahre in Berlin. Besonders

die 1924 beginnende Elektrifizierung der S-Bahn, im Wesentlichen abgeschlossen 1930, und der Bau der Nord-Süd-S-Bahn Mitte der 30er Jahre forderte Brademann. Die Liste der von ihm verantworteten Entwürfe – S-Bahnhöfe, Stellwerke, Wassertürme, Gleichrichter-, Umform- und Umspannwerke, Betriebswerke und Beamtensiedlungen – ist unübersehbar. Wie Müller bevorzugte Brademann Ziegel bzw. Klinker als Gestaltungselement. Ohne jedoch daraus ein Dogma zu entwickeln, passte er nötigenfalls die Gestaltung der Bahnhöfe den ein anderes Erscheinungsbild erfordernden örtlichen Gegebenheiten an.

WERKE: Schaltwerk Halenseestr. 26-30 (1927/28); Umspannwerk Markgrafendamm 24b (1927/28); Gleichrichterschaltwerk Friedrichstr., Planckstr. 13 (1927/28); Erweiterung Reichsbahn-Direktion, Schöneberger Ufer 1-3 (1929-38); S-Bahnhöfe Warschauer Str. (1922-24), Hohen Neuendorf, Birkenwerder (1923-26), Westkreuz (1926-28), Halensee (1927/28), Eichkamp (1927-30), Feuerbachstr. (1932/33), Sundgauer Str.

Richard Brademann, Dezember 1933

(1933/34), Humboldthain (1934/35), Oranienburger Str. (1934-36), Gesundbrunnen u. Bornholmer Str. (1935), Unter den Linden (1935/36), Potsdamer Platz (1937-39); S-/Fern-Bhf. Wannsee (1927/28, 1932).

Kaum vom Namen, dafür aber durch zwei prägnante Hochhäuser – die ersten Berlins–,bekannt ist EUGEN SCHMOHL (2. 8. 1880 Ludwigsburg – 18. 6. 1926 Berlin). Der Absolvent der TH Charlottenburg war 1901-08 Mitarbeiter Messels, für den er auch das Grabmal entwarf. Danach war er mit Alfred Salinger assoziiert, wobei beide Partner häufig eigene Vorhaben betrieben. Am bekanntesten sind wohl das Verwaltungshochhaus der Borsig AG (1922-24), Berliner Str. 25, in Reinickendorf und das Druckereigebäude der Ullstein-AG (1925–27), Mariendorfer Damm 1-3, in Tempelhof. Schmohls expressive Formensprache im Industriebau fand in einer seiner wenigen Wohnanlagen, dem Krügerblock-Nord (1926/27), Kuglerstr. 95-97/Krügerstr. 18-22/Prenzlauer Allee, ihre Entsprechung.

Ebenso wenig bekannt ist MARTIN ALBRECHT PUNITZER (7. 7. 1889 Berlin – 7. 10. 1949 Santiago de Chile), der mit seinen Industriebauten für die Entwicklung der Moderne in Berlin bedeutsam war. Nach Besuch des Friedrich-Realgymnasiums absolvierte er 1905/06 den einjährig-freiwilligen Militärdienst und anschließend ein Praktikum bei einem Berliner Maurermeister. 1907-09 besuchte Punitzer die Baugewerkeschule Stettin, anschließend bis 1912 die TH Charlottenburg. Bis zum Kriegsdienst 1914-18 arbeitete er im Büro von Moritz Lesser, nach dem Krieg ließ er sich in Berlin nieder. 1935 erhielt er als Jude Berufsverbot, am Tag nach der Pogromnacht 1938 wurde er für drei Wochen im KZ Oranienburg inhaftiert. Nachdem er zur Rettung der Familie zum christlichen Glauben konvertiert war, gelang ihm 1939 die Emigration nach Santiago de Chile. Nach seinen Entwürfen begonnene Bauten wurden durch Kolle-

gen fertig gestellt. Da Punitzer auch in Chile die Zulassung als Architekt verweigert wurde, schlug er sich bis zu seinem Tod mit Gelegenheitarbeiten und als Zeichner durch.

WERKE: Wohn- u. Geschäftshaus, Turmstr. 76/76a/Ottostr. 21 (1924); Wohnhaus, Westfälische Str. 64 (1927), Joachim-Friedrich-Str. 8 (1928); Geschäftshaus, Bismarckstr. 5, Charlottenburg (1928); Fabrik R. Abrahamson, Nicolaistr. 7, Steglitz (1928); Villa R. Abrahamson, Calandrellistr. 45 (1928/29); Kino „Roxy-Palast", Hauptstr. 78/79, Friedenau (1929); Umbau Komische Oper, Friedrichstr. 104 (1929); Fassade f. Erweiterung Industriehof Oranienstr. 6 (1929); Erweiterung Berliner Wäschefabrik AG, Gerichtsstr. 27 (1932-38); Maschinenfabrik M. E. Queitzsch KG, Oranienburger Str. 170-172, Wittenau (1935/36); Maschinenfabrik H. Lindner, Lübarser Str. 8-38 (1932-40).

Wie kaum eine andere Branche standen gerade die Architekten 1933 vor existenziellen – sowohl wirtschaftlichen, aber vor allem auch moralischen und nicht zuletzt für manchen lebensrettenden – Entscheidungen. Wenig Prominenz blieb auf Dauer im Lande. Und wer blieb, zog sich zumeist ins Private zurück. Von denen, die noch bis 1939 gezwungenermaßen oder scheinbar freiwillig gingen, kam kaum einer zurück, der Neueinstieg in der alten Heimat nach dem Krieg gelang den wenigsten. Die allerdings, die sich 1933-45 profilierten, hatten – nach einer kurzen Pause – beim Wiederaufbau Deutschlands mehrheitlich wieder die führenden Positionen inne.

Architektur oder Gigantomanie
Architekten im Dritten Reich

Mit dem sofort 1933 einsetzenden intensiven propagandistischen Missbrauch der Architektur war in der Praxis noch lange keine systemtypische architektonische Ausdrucksform gefunden, derer sich die Nazi-Ideologen bedienen konnten. So wenig eine nationalsozialistische Architektur schlechthin zu definieren ist, so wenig gab es den typischen Nazi-Architekten. Natürlich schieden sich nach dem 30. Januar 1933 die Geister, nur waren die, die in Deutschland blieben und weiterhin bauten, nicht unterschiedslos systemnah.

HANS HENRY BERNHARD SCHAROUN (20. 9. 1893 Bremen – 25. 11. 1972 Berlin) gehörte zu den Architekten, denen es im Dritten Reich gelang, im Hintergrund zu agieren und trotzdem seinen Beruf weiter auszuüben. Dem Studium an der TH Charlottenburg 1912–14 folgte die Meldung Scharouns als Kriegsfreiwilliger. Dank des Eingreifens eines bekannten Architekten konnte er die Militärzeit ab 1915 in Insterburg im Dienst der Militärbaukommission zum Wiederaufbau Ostpreußens ableisten, wo er auch 1918–25 sein privates Büro betrieb. 1925–32 lehrte Scharoun als Professor an der Breslauer Kunstakademie und baute gleichzeitig zunehmend in Berlin. In Breslau trat er 1926 dem „Ring" bei; der von Bruno Taut initiierten „Gläsernen Kette" gehörte er von Ende

Hans Scharoun, November 1945

1918 bis 1925 an. Die Schließung der Akademie veranlasste ihn endgültig zur Übersiedlung in die Hauptstadt. Ab 1933 erhielt Scharoun keine öffentlichen Aufträge mehr und schlug sich unauffällig mit Einfamilienhausprojekten für seinen großen Bekanntenkreis durch, ab 1942 konnte er jedoch keinen Entwurf mehr realisieren. Ab 1945 betrieb er wieder ein eigenes Büro ungeachtet seiner Ernennung zum ersten Berliner Stadtrat für Bau- u. Wohnungswesen nach dem Krieg. Wegen inhaltlicher Differenzen verhinderte die SPD nach den ersten Magistratswahlen 1946 seine neuerliche Berufung. 1946–58 lehrte Scharoun auch als Professor an der TU Berlin, vom 19. 10. 1947 bis zum 31. 12. 1950 war er außerdem Leiter des Instituts für Bauwesen der Akademie der Wissenschaften Berlin, dem Vorläufer der 1951 gegründeten Bauakademie der DDR. 1955–68 stand er der Akademie der Künste als Präsident vor. Mit dem Kulturforum (1963–78) – Staatsbibliothek (m. E. Wisniewski), Philharmonie (m. W. Weber), Kammermusiksaal u. Musikinstrumentenmuseum (m. E. Wisniewski) – schuf Scharoun am südlichen Tiergartenrand nahe des von Speer geplanten Runden Platzes eine völlig neue städtebauliche Struktur und versuchte jegliche Wiederholungsmöglichkeit des nationalsozialistischen Gigantismus zu blockieren.

WERKE BERLIN BIS 1945: Wettbewerbsentw. Hochhaus am Bhf. Friedrichstr. (1921/22; nicht ausgef.); Wettbewerbsentw. Bebauungsplan Messe- u. Ausstellungsgelände Messedamm (1925/26; nicht ausgef.); Junggesellenhaus Kaiserdamm 25/Kgn. Elisabeth-Str. (1928/29; m. G. Jacobowitz); Junggesellenhäuser Hohenzollerndamm/ Mansfelder Str./Flinsberger Platz 3 (1928–31; m. G. Jacobowitz); Apartmenthäuser Kaiserdamm 25 (1928/29) u. Hohenzollerndamm 35/36 (1929/30); Städtebaul. Planung Großsiedlg. Siemensstadt (1929; m. M. Wagner); „Ringsiedlg." Siemensstadt (1929–31; m. O. Bartning, F. Forbat, W. Gropius, P. R. Henning, H. Häring); Siedlg. Zweibrücker Str. 38-46 (1930–32 u.

1934/35); Haus Schuldenfrey, Garystr. 26 (1931/32); Haus Baensch, Höhenweg 19, Gatow (1934/35); Siedlg. „Im Hottengrund", Kladow (1935/36); Haus Moll u. Siedlg. Schulzendorf (1937); Haus Scharf, Miquelstr. 39a, Schmargendorf (1938); Haus Mohrmann, Falckensteinstr. 10, Lichtenrade (1939); Haus Endell, Am Kleinen Wannsee 30b (1939/40); Atelier-Umbau, Kantstr. 12 (1940).

Der berufliche Weg von SERGIUS RUEGENBERG (17. 1. 1903 St. Petersburg – 23. 2. 1996 Berlin) führte von Mies v. d. Rohe bis zu Hans Scharoun – dazwischen lag für den besonders sensiblen Architekten der Zwang der braunen Zeit. Die russ. Revolution 1917 hatte die Familie zur Emigration nach Deutschland veranlasst, wo er ab 1921 die Baugewerbeschule Düsseldorf besuchte. 1924/25 studierte er bei Bruno Paul an der Kunsthochschule, erhielt seine erste Anstellung 1925–31 bei Mies v. d. Rohe und war zwischenzeitlich 1926–28 in Hamburg tätig. Ruegenberg leitete für Mies 1929 den Bau des legendären Ausstellungspavillons in Barcelona und 1928–30 der Villa Tugenhat in Brünn/CSR. In der kurzen Zeit seiner Selbstständigkeit 1931–34 befasste er sich intensiv mit Flughafenanlagen, wurde deshalb von der Tätigkeit beim Messeamt Berlin 1937 zum Reichsluftfahrtministerium zwangsverpflichtet, um Militärflughäfen zu entwerfen. Unmittelbar nach Kriegsende schloss er sich Scharoun an und begleitete diesen über den Magistrat, das Institut für Bauwesen bis an die TU Berlin, wo er 1948–58 als dessen Assistent wirkte. 1958 gründete er nochmals ein eigenes Büro. Von seinen eigenen Vorkriegsbauten ist nichts überliefert.

Gehörte Scharoun beruflich zur Generation, die in den 20er Jahren groß geworden war, so hatte JOHANN EMIL SCHAUDT (14. 8. 1874 Stuttgart – 6. 4. 1957 Berlin) sich erst aus den Zwängen des Eklektizismus befreien müssen. Nach dem Studium an der TH Stuttgart war Schaudt bei mehreren be-

kannten Architekten in Stuttgart, Dresden und Berlin, so bei Ihne und Wallot, angestellt, bevor er sich 1901 in Berlin selbstständig machte. Hier gehörte er zu den Initiatoren der Künstlervereinigung „Neue Gruppe Berlin", die sich modernen Raumgestaltungen widmete und auf der Großen Berliner Kunstausstellung 1904 erstmals öffentlich auftrat. „In den Räumen der ‚Neuen Gruppe' muss jedem Besucher zum Bewußtsein kommen, welche Reize im ausgleichenden Schematismus der Mietshäuser verloren gehen, und wie wirksam andererseits das Anpassen der Maßverhältnisse eines Raumes an seine Bestimmung ist". *[Lüer/198]* Nach seiner Beteiligung am U-Bahn-Bau in Schöneberg ging Schaudt zwischenzeitlich nach Hamburg in Erwartung größerer Aufträge beim dortigen Hochbahn-Bau. Mit dem Bismarck-Denkmal (1902–06; m. H. Lederer) war er dort früh bekannt geworden. Trotz des Ausflugs in den Verkehrsbau blieben in Schaudts Lebenswerk Waren- und Geschäftshäuser in vielen deutschen Städten und der Schweiz bestimmend. Er entwickelte im Gegensatz zu Messel den hinter einer typischen Geschäftshausfassade ohne ausgeprägte Lichthöfe auskommenden Basar-Typ.

WERKE: Pförtnerhaus Villa Griebenow, Bismarckallee 13a, Grunewald (1903); Kaufhaus des Westens (KaDeWe), Tauentzienstr. 21-24 (1905–07; 1929/30 Erweiterung); Industriepalast Warschauer Str. 39-40/43-44 (1906/07); Mietshaus, Südwestkorso 74 (1907/08); Stössenseebrücke, Heerstr., Spandau (1908); U-Bhf. Stadtpark (Rathaus Schöneberg) m. Straßenbrücke (1909/10); Bierhaus Siechen, Potsdamer Platz (1909/10; m. P. Zimmerreimer); Wohnhaus, Scabellstr. 12, Wannsee (1910/11); Seidenhaus Cords, Leipziger Str. (1910/11); Tauentzien-Palast m. Kino U. T., Nürnberger Str. 57-59/Tauentzienstr. 19-19a (1912/13); Geschäftshaus Michels & Cie., Kurfürstendamm 237 (1913/14); Handelshaus „Hermes", Universitätsstr. 2-3a (1913/14); Wettbewerbsentw. Hoch-

haus am Bhf. Friedrichstr. (1921/22; nicht ausgef.); Automobil-Ausstellungshalle, Kgn.-Elisabeth-Str. (1924; m. J. Krämer); Entw. Umgestaltg. Bülowplatz (R.-Luxemburg-Platz), (1925; nicht ausgef.); Umbau Hotel Excelsior (1926–28); Wettbewerbsentw. Umgestaltg. Alexanderplatz (1928; nicht ausgef.); Salamander-Haus, Kurfürstendamm 28 (1928); Otag-Haus (Orientteppich AG), Leipziger/Markgrafenstr. (1928); GdA-Haus, Am Karlsbad 8 (1928/29); Versicherungsgebäude „Deutscher Herold", Friedrichstr. 220 (1928–30); Wohn- u. Atelierhaus Schaudt, Ahornallee 36, Charlottenburg (1929); Warenhaus Tietz, Chausseestr. 70/71, Wedding (1929); Geschäftshaus Michels & Cie., Leipziger Str. 87 (1930); Bürogebäude Salamander AG, Königstr. (Rathausstr.)/Hoher Steinweg (1930/31); Dän. Gesandtschaft, Drakestr. 1, Tiergarten (1938–40).

Seit Beginn des Jahrhunderts waren Dinklage & Paulus, später mit dem Norweger Olaf Lilloe assoziiert, in Berlin vor allem im Kirchenbau und durch kleine Wohnanlagen bekannt. Etwa 1923 wurde der Sohn **GÜNTHER PAULUS** (2. 10. 1898 Berlin - 3. 9. 1976 Tegernsee) Mitinhaber des väterlichen Büros, das nunmehr als Paulus & Paulus firmierte. Nach dem Tod des Vaters 1935 führte er das Büro bis nach Kriegsende weiter, ehe er sich um 1950 für längere Zeit in Brasilien niederließ. Paulus d. J. hatte in Karlsruhe und an der TH Charlottenburg studiert und in Darmstadt zum Dr.-Ing. promoviert. Die folgende Tätigkeit bei Alfred Breslauer war nur von kurzer Dauer.

WERKE PAULUS & PAULUS: Doppelwohnhaus Isay, Drygalskistr. 5, Dahlem (1924–26; m. G. Krahl); Großhandels- u. Lagerei-Berufsgenossenschaft, Bundesallee 57/58 (1925/26; m. Otto Walter); Wohnanlage Künstlerkolonie Laubenheimer Platz (Ludwig-Barnay-Platz), Wilmersdorf (1927–33); Kreuzkirche, Hohenzollerndamm 130 (1928/29); Villa, Schweinfurthstr. 43-47 (1929); Wohnhäuser, Gorkistr. 23-105/Tile-Brügge-Weg 2-88 (1929);

Mietshaus, Breitenbachplatz 17-19 (1930/-31); Wohnanlage Badener Ring (1930/31; m. F. Bräuning); Wohnanlage Karlstadter Str. 8-18 (1931/32); Kleinhaussiedlg. „Mariengarten", Belßstr. (1932/33); Siedlg. "Am Mühlenberg, Berliner Str., Zehlendorf (1931–36; m. Erich Richter).

WERKE G. PAULUS: Wohnhaus, Bismarckstr. 28, Wannsee (1922/23); Landhaus, Bernadottestr. 7 (1922/23); Wohnanlage Ks.-Wilhelm-/Havensteinstr. (1930/31; m. O. R. Salvisberg, P. R. Henning u. a.).

GEORG FRIEDRICH RICHARD ERMISCH (17. 6. 1885 Halle - 7. 12. 1960 Berlin) war an der Kgl.-Preuß. Baugewerkeschule Erfurt ausgebildet worden und 1907 zur städtischen Bauverwaltung Charlottenburg gegangen. 1923 wechselte er vom nunmehrigen Bezirk zur Berliner Magistratsbauverwaltung, wo er bis zum Ruhestand 1950 blieb, zeitweise als Stadtarchitekt amtierend. Richard Ermisch gehörte zu den wenigen Architekten, die sich als Vertreter der frühen Moderne im Dritten Reich ohne großen Gesichtsverlust etablieren konnten und nach dessen Untergang er-

Richard Ermisch

staunlicherweise keiner fachlich-ideologischen Unmoral bezichtigt wurden.
WERKE: *Holzhaus, Zerbster Str. 59, Lankwitz (1907/08); Entw. Hochhaus am Humboldthafen (1921; nicht ausgef.); Wohnanlage Adam-/Konkordia-/Melanchthon-/Weverstr., Spandau (1925); Planetarium am Zoo (1926); Siedlg. Zeppelinstr., Spandau (1926/27); Siedlg. Birkenwäldchen, Pichelsdorfer Str. 28-48 (1926-28); Erweiterung Städt. Vieh- u. Schlachthof, Landsberger Allee (1926-34); Wohnanlage Wilhelm-/Sprengel-/Konkordia-/Ulmenstr., Spandau (1928/ 29); Strandbad Wannsee, Wannseebadweg 25 (1929/30; m. M. Wagner); Wohnanlage Betckestr. 5-8 (1929-31); Umgestaltg. Arnswalder Platz (1933/34; m. H. Lederer); Volksschule, Odernheimer Str., Müggelheim (1933/34); Volksschule, Berliner Str., Heinersdorf (1933-36); Umgestaltg. Bülowplatz in Horst-Wessel-Platz (heute Luxemburgplatz), (1933-36); Matthias-Claudius-Grundschule, Köpenicker Str., Rudow (1933-36); Messehallen am Funkturm, Messedamm (1934-36); Schule m. Turnhalle, Schulfarm Scharfenberg, Tegel (1934-36); Entwürfe f. Bebauung Molkenmarktviertel (Ratsburgbezirk) (1934-37); Städt. Verwaltungsgebäude A Spandauer-/Böß-/Jüden-/Parochialstr. (nicht ausgef.), statt: Städt. Verwaltungsgebäude B Jüden-/Stralauer-/Klosterstr./Rolandufer (nicht ausgef.) Städt. Verwaltungsgebäude C Stralauer-/Klosterstr./Rolandufer (1937-39 ausgef.); Städt. Verwaltungsgebäude D Breite Str./Kölln. Fischmarkt/Spree (1938 ausgef.); Innen-Umgestaltg. Rotes Rathaus (1934-38); Rathaus Tiergarten, Mathilde-Jacob-Platz 1 (1935/36); Rettungsamt d. Stadt Berlin, Marienburger Str. 41-46 (1935/36); Entw. Großmarkthalle Beusselstr. (1936-39; nicht ausgef.); Wettbewerbsentw. Rathaus Kreuzberg am Blücherplatz (1938; nicht ausgef.); Entw. Erweiterung Treptower Park m. Abtei-Insel (1938/39; nicht ausgef.); Büro- u. Geschäftshaus, Tauentzienstr. 16 (1950; m. Ernst Runge).Wettbewerbs- u. Auftragsent-*würfe *für Germania-Planung (A. Speer) 1937-41; Städt. Kunsthalle a. d. Marienkirche (um 1939); Berliner Rathaus am Großen Becken, Moabit (um 1939/40); Städt. Tiefbauamt Südstadt, Tempelhof (um 1940/41).*

Wie keinem anderen gelang wohl EGON EIERMANN (29. 9. 1904 Neuendorf b. Berlin – 19. 7. 1970 Baden-Baden) mit Industriebauten und Wohnhäusern das Überleben im Dritten Reich. Nach dem Abitur studierte Eiermann 1923-27 bei Poelzig an der TH Charlottenburg und arbeitete anschließend in den Bauabteilungen von Karstadt in Hamburg und der BEWAG in Berlin. 1930 gründete er sein lebenslang betriebenes eigenes Büro, das er in den letzten Lebensjahren wegen der besseren Möglichkeit der Mitarbeit seiner Studenten an die TH Karlsruhe, an der er seit 1947 lehrte, verlegte. War Scharouns Architektur durch die Plastizität in der Baukörpergestaltung und belebten Umriss gekennzeichnet, so entwickelte Eiermann durch die dezente Widerspiegelung der Funktionen in den Gebäudestrukturen und durch die Eleganz der Proportionen eine Gestaltungslinie der Nachkriegsmoderne.
WERKE: *BEWAG-Umformwerk Birkbuschstr. 40/41, Lankwitz (1930); Haus Finkelstein, Kaulbachstr. 30, Lankwitz (1931); Haus Hesse, Siemensstr. 44, Lankwitz (1931/32); Haus Kleinwächter, Franzstr. 15b, Lankwitz (1933/34); Haus Bolle, Föhrenweg 12 (1934/35); Wohnhaus, Lohengrinstr. 32, Nikolassee (1935/36); Haus Wolleck, Föhrenweg 10 (1936); Haus Steingroever, Stallupöner Allee 37 (1937); Haus Bertram, Nibelungenstr. 15, Nikolassee (1937); Einfamilienhaus, Nibelungenstr. 16, Nikolassee (1937); Erweiterung Auer-Lichtgesellschaft AG, Friedrich-Krause-Ufer 24 (1937/38); Haus Vollberg, Delbrückstr. 29, Grunewald (1939/40); Propellerfabrik Schwarz, Hermsdorfer Str. 70, Wittenau (1942/43); Neue Ks.-Wilhelm-Gedächtniskirche, Breitscheidplatz (1959-63); Interbau-Wohnhaus Bartningallee 2-4 (1960-62).*

Zwischen den ausgehenden 20er Jahren und dem Ende des Krieges kann es bei dem Namen Baumgarten zu Irritationen kommen – zwei Architekten dieses Namens, beide auch noch auf den gleichen Vornamen Paul hörend, wirkten in Berlin. Für die Berliner Baugeschichte war der jüngere, **PAUL G. R. BAUMGARTEN** (9. 5. 1900 Tilsit/Ostpr. – 9. 10. 1984 Berlin), von größerer Bedeutung. Nach dem Militärdienst studierte der Sohn des Tilsiter Stadtbaurates Paul B. – seit 1920 in Tegel ansässig und später beim Berliner Magistrat angestellt – 1919/20 an der TH Danzig und 1920–24 an der in Charlottenburg. Anschließend war er bei Mebes & Emmerich als Mitarbeiter und dann Partner tätig. Sein 1929 gegründetes Büro führte er – in der elterlichen Wohnung in Tegel – bis 1934, dann war er als Leiter der Bauabteilung bei der Berliner Müllabfuhr AG (BEMAG) angestellt, nachdem er vorausschauend in die NSDAP eingetreten war. Ab 1937 leitete Baumgarten das Hochbau-Konstruktionsbüro Berlin der Philipp Holzmann AG, 1938–45 war er Leiter der gesamten Berliner Hoch-

bauabteilung. Nach dem Krieg führte er 1946–75 in Berlin wieder sein eigenes Büro und lehrte 1952–68 an der Hochschule für bildende Künste. 1962 wurde Baumgarten Mitglied im Planungsrat für die Neubauten des Deutschen Bundestages und des Bundesrates. Befreundet war er u. a. mit Eiermann und Hermann Henselmann. Zu seinen bedeutendsten Nachkriegswerken gehören die Bauten für die Eternit-AG (1955/56 Gästehaus Wißmannstr. 12a; 1956–58 Werk Kanalstr. 117-155, 1958 Kantinengebäude Köpenicker Str. 26), die Saalbauten für die Kunsthochschulen (1952–54 Konzertsaal und 1971–75 Studiosaal/-bühne Hochschule für Musik, Fasanenstr. 1; 1957 Umbau der Aula Hochschule der bildenden Künste Hardenbergstr. 33) und der von 1961 bis 1969 ausgeführte umstrittene Teil-Wiederaufbau und Umbau des Reichstagsgebäudes.

WERKAUSWAHL BIS 1945: Haus Mutzenbecher, Wachtelstr. 14b, Dahlem (1925); Wettbewerbsentw. Versuchssiedlg. Spandau-Haselhorst (1928; nicht ausgef.); Wohnhausgruppe Stolzenfelsstr. 11-13, Karlshorst (1929); Umbau barocke Wohnhäuser Poststr. 13/14 zum BEMAG-Bürohaus (1929–35); Haus Czesalsky, Spandauer Str. 1a, Tegel (1932); BEMAG-Müllverladeanlage Helmholtzstr. 42, Charlottenburg (1932–36); Haus Seemann, Hermsdorfer Damm 155, Hermsdorf (1933); Wohnanlage Hohenzollerndamm 67-76/Flinsberger Platz 6, Wilmersdorf (1935/36); BEMAG-Fuhrhof u. Wohnhausgruppe Ilsenburger Str. 18-22, Charlottenburg (1934); Haus Hübner, Rauchstr. 18, Tiergarten (1935); Wohnhausgruppe Georg-Wilhelm-Str. 7-11a/Katharinenstr. 22-23a (1936/37); Geschäftshaus Salzdetfurth AG u. Wohnhausgruppe Brandenburgische Str. 26-26a/Düsseldorfer Str. 37-39, Wilmersdorf (1938); Wohnhäuser, Bolivarallee 8/ Eichenallee 56 (1938); Haus Hübner, Badenallee 29 (1938/39); Verwaltungsgebäude Philipp Holzmann AG, Heerstr.

Paul Baumgarten d. J., Februar 1969

12-16, Charlottenburg (1938–41); 1941–45 mil. Gebäude u. Anlagen, u. a. 1944 Flaktürme Reichstag.

Der Namensvetter **PAUL BAUMGARTEN** d. Ä. (25. 6. 1873 Schwedt/O. - 26. 2. 1946 Berlin) galt als der bedeutendste Theaterarchitekt des Dritten Reichs. Nach dem Studium hatte er sich 1899–1902 in Berlin kurzzeitig mit dem von Ludwig Hoffmann kommenden Eugen Kühn zusammengeschlossen, danach arbeitete er ohne Partner.

WERKE: Villa Liebermann, Am Großen Wannsee 42 (1909); Umbau Schweizer Generalkonsulat, Otto-von-Bismarck-Allee 4, Tiergarten (1910/11); Villa Minoux, Am Großen Wannsee 58 (1914); Erweiterungsbau u. Umbau Deutsches Opernhaus, Bismarckstr. 35, Charlottenburg (1934–36); Umbau Schillertheater u. Vorplatz, Bismarckstr. 110, Charlottenburg (1936–38); Mitarbeit Neue Reichskanzlei, Voßstr. 4-6 (1937–39; Entwurf A. Speer); Umbau Schloss Bellevue zum Reichsgästehaus (1938); Neubau Schweizer Gesandtschaft, Tiergarten (1938); Umbau Admiralspalast-Theater, Friedrichstr. 101/102 (1939/40); Umbau Volksbühne, Bülowplatz (R.-Luxemburg-Platz), (1939).

Ohne sichtbaren Bruch im Schaffen kamen zahlreiche mit großer Produktivität schaffende Architekten über die Zeit. So steht der Name Krüger für die Brüder **JOHANNES** (23. 11. 1890 Charlottenburg - 7. 5. 1975 Berlin) und **WALTER KRÜGER** (30. 12. 1888 Charlottenburg - 15. 11. 1971 Berlin) mit einem quantitativ beachtlichen, vom Kaiserreich bis zur Bundesrepublik reichenden Lebenswerk. Nach anfänglichen Versuchen einer Solo-Karriere schlossen sich beide 1924 in Berlin in einer lebenslang bestehenden Partnerschaft zusammen. Eines ihrer ersten und seinerzeit international beachteten Werke war das Reichsehrenmal Tannenberg/Ostpr. (19-24-27), in dem 1934 Reichspräsident Hindenburg beigesetzt wurde.

WERKE GEBR. KRÜGER: Haus Neumann, Alemannenstr. 36, Frohnau (1925); Freibad Plötzensee, Nordufer 26 (1926-28); Haus Döring, Markgrafenstr. 45, Frohnau (1927); Geschäftshaus, Theodor-Heuss-Platz 4 (1927-29); Wohnhaus Iffland, Edelhofdamm 67 (1928); Gemeindehaus Ev. Epiphanienkirche, Knobelsdorffstr. 72-74 (1929/30); Wohn- u. Geschäftshaus, Zeltinger Platz 2-6, Frohnau (1929–31); Wohn- u. Geschäftshaus, Zeltinger Platz 1-3, Frohnau (1931/32); Ev. Johanneskirche Zeltinger Platz 17/18 (1934–37); Haus Modersohn, Zerndorfer Weg 26 (1935); Wohnhaus, Forstweg 25, Frohnau (1935), Im Fischgrund 39 (1936), Edelhofdamm 31 (1936), Johannisberger Allee 12 (1936/37); Generalkonsulat Spanien, Lichtensteinallee 1 (1938); Gauverwaltung Berlin d. NSDAP, Am Friedrichshain 22 (1937/38); Landeszentralbank, Bismarckstr. 14/15, Charlottenburg (1953/54); Waldkirche, Stolpmünder Weg 35 (1954/55).

OTTO FIRLE (14. 10. 1889 Bonn - 4. 7. 1966 Berlin) hatte an der TH München studiert und war im Ersten Weltkrieg zum Flieger ausgebildet worden. Nach Kriegsende arbeitete er anfänglich als Werbegrafiker bei der Deutschen Luftreederei und ließ sich dann als Privatarchitekt in Berlin nieder. Sein Weg führte von der Neuen Sachlichkeit zum Speerschen Neoklassizismus. Nach 1945 war Firle längere Zeit in Düsseldorf tätig, wo er u. a. 1951-53 die Dresdner Bank baute und sich 1956 an einem Hochhaus-Wettbewerb beteiligte. In Berlin spielte er in den 50er Jahren keine Rolle mehr.

WERKE: Grabstätte Seeligsohn, Jüd. Fhf. Schönhauser Allee (1920); Wettbewerbsentw. Hochhaus am Bhf. Friedrichstr. (1921/22; nicht ausgef.); Wohnhaus, Potsdamer Str. 20a, Lichterfelde (1924); Doppel-Landhaus Cohn, Hubertusbader Str. 22-24 (1925); Gemeindehaus St. Laurentiusgemeinde, Am Generalshof 1a, (1927/28); Warenhaus Grünfeld, Kurfürstendamm 227/Joachimsthaler Str. 37 (1928); Wohn- u. Geschäftshaus-Zeile, Breitenbachplatz 10-18 (1929–32); „Europahaus", Stresemannstr. 102 (1931); Wettbewerbsentw. Bebauung Fehrbelliner Platz (1935; veränd. Ausf. bis 1943); Nordstern-Versicherungs-Bank AG, Fehrbelliner Platz 2 (1935/36); Wohnanlage Hohenzollerndamm 78-80 (1938/39).

ERNST SAGEBIEL (2. 10. 1892 Braunschweig – 5. 3. 1970 Starnberg) hatte mit zwei Groß-Bauten in Berlin – dem Reichsluftfahrtministerium (1934–36) und dem Flughafen Tempelhof (1936–39) – die Sternstunden seiner Architektenkarriere, spielte aber sonst weder in der Reichshauptstadt noch in den Speerschen Behörden und Stäben eine Rolle. Erwähnenswert wären als Zeitzeugnisse höchstens noch seine Wohnhäuser für das Luftkreiskommando Hüttenweg 21 und 25 (1935–37) und der Olympische Sportflughafen Rangsdorf (1935/36). Für die Germania-Planung war er nur zu Entwürfen für das „Haus deutscher Ärzte" (1939) an der Ost-West-Achse und das Bürohaus für das

Ernst Sagebiel, 1939/40

Luftfahrtministerium (1940/41) an der Südachse aufgefordert. Nach Studium und Tätigkeit in Köln kam Sagebiel zu Mendelsohn nach Berlin, zuletzt fungierte er als dessen Bürochef. Als dieser im März 1933 emigrierte, übernahm Sagebiel das komplette Büro und führte es, für das Reichsluftfahrtministerium mit dem Professorentitel und der Mitgliedschaft in der Akademie der Künste (1937) geehrt, unter seinem Namen weiter.

Einer der bekanntesten Berliner Architektenfamilien entstammte **WERNER JULIUS MARCH** (17. 1. 1894 Charlottenburg – 11. 1. 1976 Berlin), Enkel des Begründers der berühmten Tonwarenfabrik Ernst M. und Sohn des Architekten Otto M.; Bruder Walter war ebenfalls Architekt. Werner March begann sein Studium 1912 in Dresden, wechselte aber noch im gleichen Jahr an die TH Charlottenburg. 1914 meldete er sich am ersten Kriegstag freiwillig; nach vier Jahren als Offizier entlassen, besuchte er 1918/19 nochmals die TH Charlottenburg, war 1921/22 Meisterschüler bei Bestelmeyer an der Akademie der Künste und leitete 1922/23 den Bau von dessen Reichsschuldenverwaltung. Nach bestandenem Regierungsbaumeister-Examen 1923 war er bis 1926 bei der Reichsbank angestellt. 1925 hatte er sein privates Büro eröffnet, an das er 1931 das seines verstorbenen Kollegen Hans Jessen angliederte. Marchs Parteieintritt bereits am 1. 5. 1933 war wohl der Beförderung des Auftrages für das Reichssportfeld geschuldet, im gleichen Jahr wurde er Mitglied des Olympischen Organisationskomitees. Als Folge seines „olympischen" Erfolgs übernahm March 1936 die Leitung des Instituts für Übungsstättenbau an der Deutschen Reichsakademie für Leibesübungen und erhielt zahlreiche Aufträge für Stadionplanungen im Ausland von Bagdad bis Kopenhagen. „Nebenbei" arbeitete er auch für NS-Größen, so baute er 1934 für Göring das Jagdhaus „Karinhall" in der Schorfheide. Für Speers Germania-Planung erhielt er

Werner March

halle Rohrbach-Flugzeugwerke, Kiau-tschou-/ Sprengelstr., Wedding (1927/28); Landhaus Behringer, Am Rupenhorn 16 (1928); Dt. Ev. Kirchenbundesamt, Marchstr. 2 (Entw. 1929/30 H. Jessen; Ausf. 1931); Reichssportfeld m. Olympia-stadion (1934–36); Dietrich-Eckart-Frei-lichtbühne (Waldbühne), Friedrich-Friesen-Allee (1934–36); Werkhalle Weser Flugzeuggesellschaft mbH, Werk Rohr-bach, Sprengelstr., Wedding (1935); Jugosl. Gesandtschaft, Drake-/Rauchstr., Tiergarten (1938–40); Vaterunser-Kirche, Detmolder Str. 17 (1959–61); Wieder-aufbau Glockenturm am Olympiastadion (1961).

Marchs verehrter Lehrer **Johann Georg German Bestelmeyer** (8. 6. 1874 Nürnberg – 30. 6. 1942 Bad Wiessee/Tegernsee), auf-gewachsen als Sohn eines geadelten bay-erischen Generalstabsarztes in konserva-tivem Elternhaus, suchte in den 20er Jahren durch Milderung der historischen Formen den Weg aus dem Eklektizismus. Damit gelangte er zu einer eher konserva-tiven Modernität, weitab vom Neuen Bauen. Folgerichtig war Bestelmeyer auch 1928 einer der Mitbegründer des „Blocks" und wurde 1935 Mitglied des NS-Reichs-kultursenats. Studiert hatte er in München und Wien und war 1897–1906 bei den Landbauämtern Nürnberg, Regensburg und München angestellt. 1906–10 leitete er die Neubauten der Münchner Universität und der dortigen TH. 1910 begann Bestelmeyers bis zu seinem Tod ununter-brochene Lehrtätigkeit: 1910–15 TH und ab 1911 auch Akademie der bildenden Künste Dresden, 1915–22 Meisteratelier an der Akademie der Künste und ab 1919 TH Charlottenburg. 1922 ging er nach Mün-chen zurück und lehrte an der dortigen TH, ab 1924 stand er der Akademie der Künste vor. Von Speer wurde Bestelmeyer 1937 zum Wettbewerb zur Hochschulstadt eingeladen, zur Großen Achse steuerte er 1939–42 einen Entwurf für das neue Berliner Rathaus am Großen Becken bei *Werke: Villa Pannwitz, Brahmsstr. 6-10,*

die Wettbewerbseinladung für das Oberkommando der Marine (1939) an der Großen Achse und – jeweils vom Kriegsdienst dafür freigestellt – die Aufträge zum Entwurf der Kaserne der SS-Leibstandarte Adolf Hitler (1940–43) und des Stadions (1941–43) an der Süd-Achse. Im Auftrag Hitlers arbeitete March 1938/39 auch an der Planung zur städte-baulichen Umgestaltung der „Füh-rerstadt" Breslau. Wie im Ersten meldete sich March auch im Zweiten Weltkrieg frei-willig und tat 1940–45 Dienst bei der Abwehr im OKH und in verschiedenen Stäben, das Kriegsende erlebte er in Italien. 1946–53 wirkte er, den zu erwar-tenden politischen Anfeindungen auswei-chend, in Minden als freier Architekt. Bis zur Emeritierung 1960 war er anschlie-ßend Professor und Direktor des Zentral-instituts für Städtebau an der TU Berlin. Wie vor dem Krieg, erfolgten auch in jener Zeit zahlreiche Stadionplanungen im Nahen Osten und Südeuropa.

Werke: Reichsbanksiedlg. Cunostr. (1923–26); Deutsches Sportforum, Charlotten-burg (1926–28); Bürohalle u. Montage-

Grunewald (1912-14); Gestaltg. „Deutsches Museum" (Säle Nordflügel) im Pergamonmuseum (1916); Umbau-Entwurf Berliner Dom (1918; nicht ausgef.); Reichsschuldenverwaltung, Oranienstr. 106-109/Alte Jakobstr. 117-120 (1919-24; Plastik H. Lederer); Universitäts-Gefallenenehrenmal, Unter den Linden (1926); Wettbewerbsentw. Umgestaltg. Platz d. Republik (1929; nicht ausgef.); Gästehaus Str. zum Löwen 11, Wannsee (1929); Wettbewerbsentw. Reichsbank, Werderscher Markt (1933; nicht ausgef.).

HEINRICH HELLMUTH JOACHIM TESSENOW (7. 4. 1876 Rostock - 1. 11. 1950 Berlin) hatte sich nach der Zimmermannslehre an den Baugewerkeschulen Neustadt und Leipzig weitergebildet und 1900/01 an der TH München studiert. Nach dem Zwischenspiel bei Martin Dülfer ging er 1902 als Lehrer an die Baugewerkeschulen Sternberg und Lüchow. 1904/05 arbeitete er bei Schultze-Naumburg, dann bis 1909 an der Kunstgewerbeschule Trier. Wiederum als Assistent Dülfers, nun aber in Dresden, war Tessenow maßgeblich am Entwurf

und Bau der Gartenstadt Hellerau beteiligt. Es folgten, unterbrochen von einem erneuten Jahr in Hellerau (1919/20), die Lehrtätigkeiten an der Wiener Kunstgewerbeschule (1913-19), an der Dresdner Kunstakademie (1920-26) und an der TH Berlin-Charlottenburg (1926-41). 1926 trat er auch dem „Ring" bei, zog sich aber 1928 bereits wieder zurück. Zwischen 1933 und dem Ruhestand 1941 gab es für ihn kaum etwas zu bauen, ihm blieb nur die Lehre. Zur Verweigerung der Teilnahme am NS-Gigantismus schrieb Speer: „Auch meinen Lehrer Tessenow forderte ich mehrmals zur Teilnahme an Wettbewerben auf. Tessenow wollte seinen schlichten handwerklich-kleinstädtischen Stil jedoch nicht aufgeben und hielt sich beharrlich von der Versuchung fern, Großbauten zu errichten." [Speer/159] Nach dem Krieg nahm Tessenow seine Lehrtätigkeit in Charlottenburg noch einmal auf. Sein spektakulärstes der wenigen Berliner Werke war sicherlich der umstrittene Umbau der Neuen Wache zum Reichsehrenmal (1931).

WERKE: Wohnhaus, Am Falkenberg 119, Altglienicke (1914/15); Planungsltg. Gagfah-Versuchssiedlg., Am Fischtal (1928); Stadtbad Gartenstr. 5, Mitte (1928-30; m. C. Jelkmann); Wohnhaus, Sophie-Charlotte-Str. 7, Zehlendorf (1929/30); Umbau Neue Wache Unter den Linden 4 zum Reichsehrenmal (1931).

In der populistischen baugeschichtlichen Überlieferung ist Tessenows Schüler **ALBERT SPEER** (19. 3. 1905 Mannheim - 1. 9. 1981 London) so etwas wie die Inkarnation der nationalsozialistischen Architektur schlechthin geworden. Speer hat zwar mit seinem amtlich verordneten Stildiktat die Architektur dieser Ära zwangsläufig mit geprägt, jedoch als Rüstungsminister mehr zur Zerstörung Berlins beigetragen, denn als Architekt Bleibendes geschaffen. Der Sohn und Enkel rheinischer Architekten hatte nach dem Besuch der Heidelberger Oberrealschule Mathematik studieren wollen, was der Vater aber

Heinrich Tessenow

verbot. Das verordnete Architektur-studium begann er in Karlsruhe (1923/24), setzte es in München fort und beendete es in Berlin an der TH (1925-28) bei Tesse-now, bei dem er 1927-29 im Privatatelier und dann bis 1932 als Assistent an der Hochschule angestellt war. Bereits am 1. 3. 1931 war Speer Mitglied der NSDAP ge-worden. Dem vergeblichen Versuch, sich als Privatarchitekt in Mannheim zu etablie-ren, folgte 1932 die Rückkehr nach Berlin. Relativ schnell konnte er sich hier mit Bürobauten und -umbauten für die NSDAP interessant machen. Nach Ernen-nung Hitlers zum Reichskanzler baute Speer 1933 die Amtsräume des Reichs-propagandaministers Goebbels und die des Reichskanzlers um, denen die des preuß. Ministerpräsidenten Göring folg-ten. Damit war Speer etabliert und mach-te über obskure Parteiämter, wie „Amts-leiter für künstlerische Gestaltung der Großkundgebungen in der Reichs-propagandaleitung" (1933) und „Leiter des Amtes Schönheit der Arbeit in der Deutschen Arbeitsfront" (1934), schnell Karriere.

Albert Speer, 1937

Als „Parteiarchitekt" plante er in seinem privaten Büro in der Behrenstraße, später in der Lindenallee in Westend, die Ausstattungen der großen Propaganda-schauen, des Nürnberger Parteitags-geländes sowie zahlreicher Parteidienst-stellen, vor allem jedoch den Neubau der Reichskanzlei in der Voßstraße. Spätes-tens mit seiner Ernennung zum General-bauinspektor im Range eines Staats-sekretärs am 3. 1. 1937 hatte Speer sein Ziel, die inoffizielle Stellung als „Architekt des Führers", erreicht und unterhielt enge Kontakte zu dem von ihm verehrten Hitler. Seit dem 8. 2. 1942 Minister für Be-waffnung und Munition sowie wenig spä-ter auch Generalinspekteur für das deut-sche Straßenwesen, Generalinspekteur für Wasser und Energie, Leiter des Hauptamtes für Technik der NSDAP, Generalbevollmächtigter für Rüstungs-aufgaben im Rahmen des Vierjahres-planes usw. usf., hatte Speer entscheiden-den Anteil an der materiellen Sicher-stellung der Kriegsführung. In aussichts-loser Lage sabotierte er im Frühjahr 1945 allerdings offen Hitlers Befehl zur Zerstörung von Verkehrsanlagen und Wirtschaftseinrichtungen im noch unbe-setzten Reichsgebiet. Der ehemalige Rüstungsminister Speer wurde am 1. 10. 1946 als Kriegsverbrecher in Nürnberg zu 20 Jahren Haft verurteilt, die er bis zum letzten Tag im Kriegsverbrechergefängnis Berlin-Spandau absaß.

Ein größerer Kreis zumeist jüngerer, weit-gehend im Verborgenen arbeitender Architekten und Stadtplaner war seit der Schaffung des Amtes des General-bauinspektors (GBI) im Jahr 1937, das Speer auch als Rüstungsminister formal weiter ausübte, mit der Planung der neuen Welthauptstadt „Germania" befasst. Die wenigsten von ihnen stammten aus der Berliner Architektenschaft. Mit der die Absurdität dieser Planung verdeutlichen-den zunehmenden Zerstörung Berlins durch die alliierten Luftangriffe wurde das Germania-Programm reduziert und schließlich eingestellt. Die „Zukunftsplanung" der Nachkriegszeit für Berlin und eine Reihe deutscher Großstädte übernahm ein ebenfalls Speer unterstellter Arbeitsstab unter Leitung seines Freundes Rudolf Wolters (1903-1983) aus der GBI-Behörde, dessen Legitimation auf dem „Erlaß des Führers über die Vorbereitung des Wiederaufbaues bombengeschädigter Städte" vom Oktober 1943 beruhte. Speer rekrutierte die neue Behörde weitgehend aus der eingearbeiteten GBI-Mannschaft und den gleichartigen im Oktober 1937 eingerichteten Planungsbehörden für die „Neugestaltung [ausgewählter] deutscher Städte". Hier offenbarte sich die ganze Widersinnigkeit des Systems – der Rüstungsminister plant den Nachkriegswiederaufbau! Vollendet wurde das Unglaubliche damit, dass die meisten Planer des Arbeitsstabes nach 1945 an maßgeblicher Stelle in den jeweiligen Städten – 1944 waren 42 benannt worden – diese Planung fortführten und größtenteils auch noch nach Gründung der Bundesrepublik verwirklichten. In der sowjetischen Besatzungszone diese Karriere fortzusetzen versuchte dagegen keiner ...

WILHELM HEINRICH KREIS (17. 3. 1873 Eltville/Rhein – 13. 8. 1953 Honnef/Rhein) stand der nationalsozialistischen Ideologie durchaus reserviert gegenüber, wenn er auch mit seinen Kult-Bauten – Denkmalen, Ehrengräbern, Gedenkhallen u. a. – und in zahlreichen Funktionen diese tatkräftig und uneingeschränkt unterstützte. Zwar gehörte er nicht zum engeren Umfeld Speers, war aber mit Entwürfen für die Germania-Planung beauftragt. Nach dem Studium 1893–97 in München, Karlsruhe, Charlottenburg und Braunschweig, wo er Kiehl begegnete, arbeitete er 1897–99 bei Hugo Licht am Rathausbau Leipzig und 1899–1902 bei Wallot am Bau des Ständehauses in Dresden, nebenher besuchte er Lehrveranstaltungen an der Kunstakademie. 1902–08 lehrte er als Professor für Raumkunst an der Kunstgewerbeschule

Dresden, fungierte 1904 als Beauftragter des Reiches und Sachsens für die Weltausstellung in St.Louis/USA und gehörte 1907 zu den Mitbegründern des Deutschen Werkbundes. 1908–20 war er Direktor der Kunstgewerbeschule Düsseldorf, 1920–26 Professor an der Akademie der Künste Düsseldorf, 1926–41 Professor an der Akademie der Künste Dresden. 1935 Mitglied des NS-Reichskultursenats, wurde Kreis am 6. 2. 1941 als „Beauftragter Architekt des GBI für die Reichshauptstadt" berufen. Noch 1943 ließ er sich zum Präsidenten der „Reichskammer für bildende Künste" und zum „Generalbaurat für die Gestaltung deutscher Kriegerfriedhöfe" ernennen. Kreis' vermutlich erster Berliner Auftritt war die – erfolglose – Teilnahme am Reichsbank-Wettbewerb 1933. Für Speer entwarf Kreis 1937–40 Erweiterungsbauten für die Museumsinsel anstelle des Monbijouparks und nördlich des Zeughauses sowie an der Großen Achse das Oberkommando des Heeres und die Soldatenhalle. Sein Entwurf für das Grabmal R. Heydrichs auf dem Invalidenfriedhof (1942/43; m. A. Breker) entfiel, da Heydrich nicht in Berlin bestattet wurde.

Die Zusammenarbeit mit Speer begann für **CÄSAR F. PINNAU** (9. 8. 1906 Hamburg – 29. 11. 1988 ebd.) an dessen Reichskanzlei (1937–39), für die er maßgebliche Teile des Interieurs schuf. Dem Studium 1927–30 in Berlin und München war die Mitarbeit bei Fritz August Breuhaus de Groot in dessen Düsseldorfer und Berliner Büros gefolgt, 1938 eröffnete Pinnau sein eigenes Büro in Berlin. Gemeinsam mit Ludwig Moshamer baute er 1938–42 die Japanische Botschaft, Tiergartenstr. 24-27. Nach Mitarbeit an Entwürfen für die Große Achse ab 1940, u. a. 1940 die Römischen Thermen und das Hauptgebäude der Feuersozietät, wurde Pinnau am 6. 2. 1941 zu einem der „Beauftragten Architekten des GBI für die Reichshauptstadt" ernannt, 1943 zum Berater im „Arbeitsstab zum Wiederaufbau bombenzerstörter Städte". Nach dem Krieg unterhielt er Ateliers in Hamburg und Frankfurt/M. und baute zahlreiche Villen für die deutsche Wirtschaftsprominenz, aber auch Verwaltungshochhäuser in New York sowie Schiffsinterieurs für Aristoteles Onassis und Stavros Niarchos.

FRIEDRICH TAMMS (4. 11. 1904 Schwerin – 4. 7. 1980 verm. Düsseldorf) studierte Hoch-, Brücken- und Städtebau an der TH München, 1926–29 in Berlin, und war danach beim Brückenbauamt des Magistrats angestellt. 1934 machte er sich selbstständig und arbeitete unter Speer beim Umbau der Reichskanzlei mit, außerdem übernahm er Brückenentwürfe für die Reichsautobahnen und war ab 1935 dem Autobahn-Vertrauensarchitekten Bonatz als Chefarchitekt zur Seite gestellt. Mit dem befreundeten einstigen Kommilitonen Rudolf Wolters reiste er 1936 durch Sizilien, die den Krieg überdauernde Freundschaft führte beide 1952 durch Italien. Am 6. 2. 1941 wurde Tamms zum „Beauftragten Architekten des GBI für die Reichshauptstadt" und 1942 zum Professor an der TH Berlin-Charlottenburg ernannt. Im von Wolters geleiteten „Arbeitsstab zum Wiederaufbau bombenzerstörter Städte" übernahm Tamms 1943 das Ressort Sonderaufgaben und war als Wiederaufbau-Architekt für Lübeck eingesetzt, wo er auch 1944–47 tätig war. Die Weiterführung seiner Berliner Professur (1945/46) als auch die Ernennung zum Stadtbaurat von Ankara (1947) scheiterten beide aus politischen Gründen. Vom Leiter des Stadtplanungsamtes Düsseldorf (1948) stieg Tamms jedoch unaufhaltsam zum Dezernenten für das gesamte Bauwesen der Stadt auf, 1964–68 fungierte er auch als Präsident der Deutschen Akademie für Städtebau und Landesplanung. Am 1. 12. 1969 in den Ruhestand getreten, wurde Tamms 1970 noch mit dem Großen Verdienstkreuz des Verdienstordens der Bundesrepublik dekoriert. In seiner GBI-Zeit hatte Tamms

u. a. Entwürfe für die Universitätsklinik (1938), das Haus der Deutschen Ärzte (1939) und die „Brückenkopf"-Bebauung Nord-Süd-Achse einschließlich Viadukt über den Teltowkanal (1941) geliefert. Einzig verwirklichte Bauten Tamms in Berlin waren sinnigerweise die Flakbunker Friedrichshain, Zoo (1940/41) und Humboldthain (1941/42).

PAUL MICHAEL NIKOLAUS BONATZ (6. 12. 1877 Solgne b. Metz – 20. 12. 1956 Stuttgart) galt in den 20er Jahren als einer der Hauptvertreter der so genannten „Stuttgarter Schule" und gehörte ab 1928 zum harten Kern des konservativen „Block". Studiert hatte Bonatz 1896–1900 an der TH München, war dort Mitarbeiter Fischers und eröffnete 1902 sein eigenes Büro in Stuttgart. Nach Kritik am Werk Paul Ludwig Troosts, des „Urvaters" der vermeintlichen NS-Architektur, war er 1934 von Staatsaufträgen ausgeschlossen, auf Veranlassung Speers jedoch 1935 zum Vertrauensarchitekten des Generalinspektors für das deutsche Straßenwesen ernannt worden. In dieser Funktion ent-

Paul Bonatz, um 1955

warf Bonatz zahlreiche Hochbauten, wie Tankstellen und Autobahnmeistereien sowie Brücken. Vom GBI 1937 zum Vertrauensarchitekten ernannt, lieferte er Entwürfe für die Hochschulstadt am Grunewald (1938) und die benachbarte Universitätsklinik (1943), zur Achsenplanung Entwürfe für das Oberkommando der Kriegsmarine (1939–43) und das Polizeipräsidium (1940–43). Als Leiter der Abt. III. 8 war er auch künftiger Bauleiter für das Areal um den Reichstag. 1943–46 war Bonatz als Berater des türk. Kultusministeriums in Ankara tätig, wohin er 1944 übersiedelt war. Anschließend hatte er bis zur Rückkehr nach Deutschland 1954 eine Professur an der TH Istanbul inne. Sein Bruder Karl war als Abt.-Leiter beim GBI für den Bunkerbau zuständig und machte nach dem Krieg in Steglitz und in der West-Berliner Bauverwaltung – 1949/50 Stadtbaudirektor – Karriere.

Wie Speer im Jahr 1931 war **HANS STEPHAN** (2. 1. 1902 Dramburg/Po. – 28. 11. 1973 Berlin) frühzeitig der NSDAP beigetreten und arbeitete nach dem Studium 1924–28 als Assistent von Hermann Jansen an der TH Berlin-Charlottenburg. Der Tätigkeit in der Hochbauverwaltung des Magistrats bis 1931 und im Städtischen Planungsamt folgte 1936 der Wechsel in Speers privates Büro und 1937 die Berufung in die GBI-Behörde als Leiter der Abt. I. 2. – u. a. Ost-West-Achse, Südstadt, Wohnungsbau – in der Hauptabteilung I (Planungsstelle). Ab 1944 gehörte Stephan auch zum Wiederaufbaustab mit dem Aufgabengebiet Bayreuth und Hessen-Nassau, seit 1940 war er Sonderbeauftragter des GBI für die Wiederaufbauplanung norwegischer Städte. 1948 Mitarbeiter in der Magistratsbauverwaltung (West), amtierte Stephan bereits 1953–56 als Leiter der Abt. Landes- und Stadtplanung beim Bau-Senator, 1956 bis zu seinem erzwungenen Rücktritt 1960 war er Senatsbaudirektor.
Nachdem schon frühere Berufungen von – im heutigen Sprachgebrauch – „system-

nahen" Architekten auf Hochschullehrstühle und in öffentliche Ämter Aufsehen erregt hatten, führte Stephans Aufstieg zum öffentlichen Protest der Architektenschaft. Im Namen des erstmals seit 1933 wieder in Erscheinung tretenden „Ringes" schrieb der bekannte Gartenarchitekt Walter Rossow am 5. 2. 1953 an den Bau-Senator Karl Mahler: „... Es handelt sich hier nicht um einen Streit über Partei- oder Organisationszugehörigkeit vor 1945 ... Es handelt sich vielmehr um eine geistige Einstellung. Das ist eine viel ernstere Frage, denn wie konnte man solche Ämter innehaben, ohne sich dafür zu qualifizieren? ... Wir bezweifeln mit gutem Grund, dass jemand dem Dritten Reich als städtebaulicher Spitzenfunktionär dienen konnte und dass dieselbe Persönlichkeit heute im demokratischen Staat die gleiche Aufgabe lösen kann. Denn die ideellen Grundlagen der Städteplanung und auch der Planungsdurchführung sind ... in einem demokratischen Staatswesen denen des totalitären Staates diametral entgegengesetzt." *[GeistIII/362-363]*

HANNS DUSTMANN (25. 5. 1902 Diebrock b. Herford – 26. 4. 1979 Düsseldorf) studierte 1922–28 an der TH Hannover, war danach kurzzeitig dort im Staatsdienst und ab 1929 bei Walter Gropius tätig. Nach dessen Emigration machte sich Dustmann selbstständig, neben Berlin unterhielt er in Wien ein zweites Büro. 1935 wurde er zum „Reichsarchitekten der Hitlerjugend" ernannt, im Februar 1943 erhielt er eine Professur an der TH Berlin-Charlottenburg. Nach Mitarbeit an Entwürfen für die Germania-Planung – u. a. 1941 für das Völkerkundemuseum zwischen Friedrichstr. und Monbijoubrücke und 1943 für die Aula (Langemarckhalle) und die Türme der Hochschulstadt – wurde Dustmann 1943 in den Wiederaufbaustab mit dem Arbeitsgebiet Düsseldorf, Frankfurt/M., Mainz und Stuttgart berufen. Nach dem Krieg betrieb er in Bielefeld und Düsseldorf private Büros. Mit der Bebauung des Victoria-Areals Kurfürstendamm/Joachimsthaler Str./Kantstr. (Bilka-Kaufhaus, Café Kranzler und Victoria-Haus) kehrte Dustmann 1955–63 sozusagen wieder nach Berlin zurück.

FRIEDRICH HETZELT (26. 7. 1903 Liegnitz – 27. 11. 1986 Wuppertal) war nach dem Studium an der TH Berlin-Charlottenburg 1926 in den Staatsdienst, u. a. im Preuß. Finanzministerium, eingetreten und hatte es bis 1941 zum Oberregierungs- und Baurat gebracht, 1942 wurde er Professor. Beim GBI wurde Hetzelt zum Leiter der Abt. III. 11. berufen, dem u. a. die Neubauten für das Reichssicherheitshauptamt, die Deutsche Akademie für Luftfahrtforschung, das gleichnamige Institut, das Reichsforstamt und andere Bereiche unterstanden. Folgerichtig lieferte Hetzelt 1938 Entwürfe für die Akademie für Luftfahrtforschung und um 1941 Entwürfe für das Reichsforstamt und das Jagdmuseum bei der geplanten Hochschulstadt im Grunewald. Von seinen ausgeführten Bauten sind die Nebengebäude des Hauses Lindemann, Am Rupenhorn 5 (1937), und die Italienische Botschaft, Hiroshimastr. 1 (1938–41), überliefert. Das von ihm für die Gestapo 1941/42 umgebaute, erweiterte und im Krieg schwer beschädigte Palais Prinz Albrecht wurde nach 1945 beseitigt. 1944 wurde er im Wiederaufbaustab für einen Teil des Ruhrgebiets berufen, wo er 1945 in Oberhausen und 1953–68 in Wuppertal Ämter in den kommunalen Bauverwaltungen ausübte.

Als am 19. Mai 1945 der Sowjetische Stadtkommandant Nikolai E. Bersarin den ersten Nachkriegsmagistrat in sein Amt einführte, begann auch der neue Leiter der Abt. Bau- und Wohnungswesen im Range eines Stadtrats seine neue Tätigkeit. Mit Hans Scharoun war ein neuer Anfang gewiss. Dass er nicht allzuweit führte und schon nach drei Jahren in der Spaltung der Stadt endete, konnte keiner ahnen. Es mag seltsam klingen – aber dieser Spaltung war die andernorts nicht anzutreffende architektonische Vielfalt der 50er bis 80er Jahre in Berlin geschuldet.

Anhang

Zitat-Nachweis und Literaturauswahl

Architekten-Verein zu Berlin (Hrsg.): Berlin und seine Bauten, Berlin 1877.

Bennewitz, Joachim: Die Stadt als Wohnung. Carl James Bühring – Architekt in Berlin und Leipzig, Berlin 1993.

Berger, Manfred: Historische Bahnhofsbauten. Bd. I, Berlin 1980.

Berger, Ursel: Die Athleten von Olympia-Berlin. Wie nazistisch sind die Skulpturen von 1936? – Zur Diskussion um ein schützenswertes Denkmal. In: Jahrbuch 1993 des Sportmuseum Berlin, S. 117-119, Berlin 1993.

Bienek, Karl H. P: Wohnen in Siemensstadt. Wohnungs- und Sozialbauten, Versorgungs-, Verkehrs-, Bildungs- und Freizeiteinrichtungen. Siemensstädter Lexikon Teil 2, Berlin 1991.

Börsch-Supan, Eva: Berliner Baukunst nach Schinkel 1840-1870, München 1977.

Börsch-Supan, Helmut: Künstlerwanderungen nach Berlin. Vor Schinkel und danach, München/Berlin 2001.

Demmin, August: Handbuch der bildenden & gewerblichen Künste. Bd. I, Leipzig (1877/78).

Die Denkmalpflege. (Hrsg.) Schriftleitung des Zentralblattes der Bauverwaltung, Berlin 1901, S. 6.

Denkmaltopographie Bundesrepublik Deutschland. Baudenkmale in Berlin. Bezirk Zehlendorf. Ortsteil Zehlendorf, Berlin 1995.

Droste, Magdalena: Bauhaus 1919-1933, Köln 1998.

Fuchs, Wilhelm A.: Kiehls architektonischer Nachlaß in Neukölln – Eine Aufgabe für die Denkmalpflege. In: Bezirksamt Neukölln (Hrsg.) Architekt Reinhold Kiehl. Stadtbaurat in Rixdorf bei Berlin, Berlin 1987.

Geist, Johann Friedrich/Kürvers, Klaus: Das Berliner Mietshaus 1945-1989. (Geschichte des Berliner Mietshauses, Teil III), München 1989.

Goethe, Johann Wolfgang. Von deutscher Baukunst (1772). In: Von deutscher Art und Kunst, Leipzig 1975.

Greenberg, Ita Maria: Erich Mendelsohn. In: Baumeister · Architekten · Stadtplaner. Biographien zur baulichen Entwicklung Berlins, Berlin 1987, S. 489-510.

Groehler, Olaf: Berlin im Bombervisier. Von London aus gesehen 1940 bis 1945. Miniaturen zur Geschichte, Kultur und Denkmalpflege Berlins, Nr. 7, Berlin 1982.

Hübner, Holger: Das Gedächtnis der Stadt. Gedenktafeln in Berlin, Berlin 1997.

Hüter, Karl-Heinz: Architektur in Berlin 1900-1933, Dresden 1987.

Huse, Norbert: „Neues Bauen" 1918 bis 1933. Moderne Architektur in der Weimarer Republik, Berlin 1985.

Junghanns, Kurt: Bruno Taut – Gedanken zu Leben und Werk. In: Symposium Bruno Taut, S. 17-18. Reihe Dokumentationen der Gutachten des Stadtplanungsamtes Magdeburg, 48 I-II/95, Magdeburg 1995.

Klemmer, Klemens: Jüdische Baumeister in Deutschland. Architektur vor der Shoah, Stuttgart 1998.

Köhler, Henning: Berlin in der Weimarer Republik (1918-1932). In: Ribbe, Wolfgang (Hrsg.): Geschichte Berlins. Bd. 2, S. 797-923, München 1987.

Krüger, Rolf-Herbert: Friedrich Wilhelm Diterichs. Architekt, Ingenieur und Baubeamter im Preußen des 18. Jahrhunderts, Potsdam 1994.

Lüer, Hermann: Neue Gruppe Berlin. In: Berliner Architekturwelt 1904, S. 197-212.

Manger, Heinrich Ludwig: Baugeschichte von Potsdam, besonders unter der Regierung König Friedrichs des Zweiten. 3 Bde., Berlin/Stettin 1789/90. Reprint Leipzig 1987.

Materna, Ingo/Ribbe, Wolfgang: Geschichte in Daten. Berlin, München/Berlin (1997).

Mesecke, Andrea: Zur Spezifik der Repräsentationsarchitektur im Nationalsozialismus. In: Scheer, Thorsten/Kleihues, Josef Paul/Kahlfeldt, Paul (Hrsg.) Stadt der Architektur – Architektur der Stadt. Berlin 1900-2000. Katalog, S. 187-199, Berlin 2000.

Müller, Regina: Das Berliner Zeughaus. Die Baugeschichte, Berlin 1994.

Nicolai, Friedrich: Beschreibung der Königlichen Residenzstädte Berlin und Potsdam, alles daselbst befindlicher Merkwürdigkeiten, und der umliegenden Gegend. Dritte völlig umgearbeitete Auflage, Berlin 1786. Reprint Berlin 1980.

Pehnt, Wolfgang: Ein Kerl wie Poelzig. In: Schirren, Matthias (Hrsg.) Hans Poelzig. Die Pläne und Zeichnungen aus dem ehemaligen Verkehrs- und Baumuseum in Berlin, S. 12-20, Berlin 1989.

Posener, Julius: Berlin auf dem Wege zu einer neuen Architektur. Das Zeitalter Wilhelms II., München/New York 1995.

Reichardt, Hans J./Schäche, Wolfgang. Von Berlin nach Germania. Über die Zerstörungen der „Reichshauptstadt" durch Albert Speers Neugestaltungsplanungen, Berlin 1998.

Ribbe, Wolfgang/Schäche, Wolfgang (Hrsg.): Baumeister · Architekten · Stadtplaner. Biographien zur baulichen

Entwicklung Berlins, Berlin 1987.

Rosenberg, Adolf: Berlins neuere Baukunst. In: Illustrierte Deutsche Monatshefte, 1899, S. 615-653.

Scheffler, Karl: Deutsche Baumeister, Leipzig 1939.

Schmidt, Thomas: Werner March. Architekt des Olympia-Stadions. 1894-1976, Basel/Berlin/Boston 1992.

Siedler, Wolf-Jobst: Anstößige Athleten. Überflüssige Diskussion: Die Skulpturen des Olympiageländes. In: Jahrbuch 1993 des Sportmuseum Berlin, S. 107-109, Berlin 1993.

Speer, Albert: Erinnerungen, Frankfurt a. M./Berlin 1989.

Zedlitz, Leopold Frhr. v.: Neuestes Conversations-Handbuch für Berlin und Potsdam zum täglichen Gebrauch der Einheimischen und Fremden aller Stände, Berlin 1834. Reprint Leipzig 1981.

Personenregister